Henriette Herz

in Erinnerungen
Briefen
und Zeugnissen

Insel

Herausgegeben von Rainer Schmitz

Insel Verlag Frankfurt am Main 1984

Printed in the German Democratic Republic

Erinnerungen

Aus den Kinderjahren

Mein Vater war portugiesischer Jude, dessen Großvater mit vielen seiner Glaubensgenossen aus Portugal fliehen mußte, um nicht in die Hände der Inquisition zu geraten.

Der früheste Zeitpunkt meines Lebens, dessen ich mich erinnere, ist der, in welchem ich die Blattern hatte, die man damals noch völlig der Natur überließ, indem man weder inokulierte noch vaccinierte. Das letzte war vielleicht noch ganz unbekannt. Ich hatte viel, aber gutartige Blattern, und obschon ich erst zwei Jahre alt war, so weiß ich doch in diesem Augenblick des fast überreifen Alters noch den Ort im Zimmer, wo mein Bette stand, und wie ich einen kleinen Napfkuchen mit Rosinen geschenkt bekam. Mein Vater war ausübender Arzt von gutem Rufe und behandelte mich selbst in der Krankheit. Ich war das erste Kind in seiner zweiten Ehe. Die Kinder der ersten waren noch vor der Mutter gestorben, und er liebte mich sehr. Nicht lange nach den Blattern, ich mochte etwa drei Jahre alt sein, hatte ich einen unglücklichen Tag. Ich hatte neue Schuhe an, fiel mehrere Male im Tage, weil die Sohlen sehr glatt waren, und als ich das letzte Mal fiel, hätte es beinah mein junges Leben gekostet; ich fiel nämlich mit dem Kopfe an eine scharfe Ecke der Türe, meine Mutter kam herzu, und ohne zu sehn, ob ich mich beschädigt hatte oder nicht, legte sie mich über ihren Schoß und strafte mich für meine Unvorsichtigkeit; mein Schreien störte sie nicht in der Ausübung der eingebildeten Gerechtigkeit, und als sie mich entließ, sah sie mein Gesicht und ihre Schürze voll Blut – nun erst merkte sie, daß ich mich beschädigt hatte, es ward nach dem Wundarzt geschickt, und es fand sich, daß die Kopfwunde bis auf die Hirnhaut ging; wäre auch diese verletzt gewesen, so hätte ich ohne Rettung sterben müssen.

Als ich das gehörige Alter erreicht hatte, wurde ich in eine Schule geschickt, und es ist mir sehr gegenwärtig, daß ich sehr oft, wenn ich dahin geführt wurde, den Vorsatz faßte, meinem Führer auf irgendeine Weise zu entspringen, aber immer hielt mich der Gedanke ab, was wohl nachher aus mir werden solle, doch aber wollte ich es fast jeden Tag wieder tun. Es waren sehr gute Leute, denen ich anvertraut wurde, und der Gefährtinnen hatte ich auch nur wenige – eine von diesen kenne ich noch, sie war Erzieherin der jüngsten Tochter eines der ersten Fürsten Deutschlands und lebt noch jetzt bei der jungen Fürstin; sie spielte schon damals gut Klavier (war um mehrere Jahre älter als ich), und das gab mir den Wunsch, auch Musik zu lernen, und auf meine Bitte gaben meine Eltern mir einen Lehrer. Die Stunden wurden in der sogenannten Wohnstube genommen; die andere Zeit, die ich nicht in der Schule war, brachte ich in der Kinderstube zu, die damals der alleinige Aufenthalt der Kinder war, die nicht wie jetzt sich der Nähe der Eltern zu erfreuen hatten; sie durften nur selten im Lauf des Tages zur Mutter kommen, und sie selbst kam noch seltner zu ihnen. Ich machte sehr schnelle Fortschritte in der Musik, und in meinem achten Jahre spielte ich in einem öffentlichen Konzert mit vielem Beifall, was mir indes gar kein Beweis ist, daß ich auch nur erträglich gespielt habe, da die Zuhörer wohl schwerlich imstande waren, es zu beurteilen, und ein hübsches Kind leicht in dem gefällt, was es auch nur halb gut macht. Die Gesellschaft bestand aus Leuten der Mittelklasse, vielleicht auch wohl aus solchen, die sich nicht einmal dazu zählen konnten. Doch erinnere ich mich, daß außer vielen Juden auch einige Offiziere da waren – einer von diesen spielte das Violoncell und begleitete mich; er war ein Bekannter meines Schulherrn und ist als ganz alter Mann vor zwei Jahren durch wild gewordene Pferde getötet worden. Nach dem Konzerte ward getanzt, und mein Tanz gefiel wie mein Spiel; man drängte sich zum Tanzplatz, stellte sich auf Stühle, um mich mit meinem Tanzmeister, einem kleinen ältlichen Franzosen, ein Menuett tanzen zu sehen. Der Mittelstand, zu dem ich gehörte, war damals weniger luxuriös und machte weniger Ansprüche an Vornehmigkeit als jetzt, daher mein Erscheinen an diesem öffentlichen Orte mit meinen Eltern, was jetzt niemand von gleichem Stande tun würde, und dort, wo die Gesellschaft sehr gemischt war, mag leicht der erste Grund zu der Eitelkeit in mir gelegt worden sein, gegen welche ich sehr viel zu kämpfen hatte.

Die Musik, zu der ich wohl kein eigentliches Talent hatte, trieb ich nicht weiter, mein Meister war gestorben, der den Unterricht für einen geringen Preis gab, und das sich vergrößernde Hauswesen meiner Eltern erlaubte es ihnen nicht, mir wieder einen Meister zu geben. Meine Eltern waren mit einem reichen israelitischen Hause sehr befreundet; es waren treffliche Menschen, welche ihrer zahlreichen Familie die beste Erziehung geben ließen; diese Freunde wollten mich mit in dieser bilden lassen, ich ward hingeführt, es mißfiel mir aber dort alles so sehr, daß ich fast immer heulte und schrie und man mich endlich nicht mehr haben wollte. Mit mehreren dieser Familie bin ich jetzt noch befreundet, doch war eine Reihe von Jahren zwischen jener ersten Zeit und der, in welcher ich es ward. Ich ward nun in eine andere Schule geschickt, wo ich nur lernte, wie angenehm es sei, hübsch zu sein, sowohl durch das, was mir selbst gesagt wurde, als was ich den andern jungen Mädchen von jungen Offizieren, welche das Haus oft besuchten, sagen hörte, welche teils Schülerinnen, teils Besuchende waren. Unter den letzten waren zwei Schwestern, Töchter eines sehr reichen jüdischen Hauses, die eine zwar elegante, aber nicht eben gute bürgerliche Erziehung genossen hatten; der Vater war alt und gehörte zu der ganz ungebildeten Klasse der damaligen Israeliten, die Mutter war wahnsinnig. Die jüngste Tochter war sehr schön. Beide waren bedeutend älter als ich, sahen schon Gesellschaften in ihren Zimmern, und es machte mich sehr glücklich, wenn sie mich auch einmal kommen ließen – denn man fand mich dort auch sehr schön, und obschon ich noch so Kind war, daß ich oft wegen kleiner Vergehungen von meiner Lehrerin an den Bettpfosten gebunden ward, von welchem ich zwar bald von irgendeinem jungen Herrn losgebeten ward, so gefiel es mir doch gar wohl, wenn man mir sagte, daß ich hübsch sei – wie würde ich mich sonst noch jetzt mancher Momente erinnern, in welchen es geschah. Ich hatte den Ruf eines schönen Kindes, und einst, als die Prinzessin Amalie, Schwester Friedrichs des Großen, eine Laubhütte bei einem der reichsten Israeliten besah, wurde ich hingeholt, um mich ihr zu zeigen, und ich mag wohl in meinem blaustoffenen Kleide mit bunten Blumen recht gut ausgesehn haben – ich weiß, daß die Fürstin mir die Backen klopfte und daß ich vor ihren schielenden Augen erschrak. Die Freude, das Haus jener oben erwähnten beiden Schwestern zu besuchen, dauerte fort, und in meiner Unschuld erzählte ich zu Hause von diesen sowohl als von den Besuchen der Offiziere in der Schule, und meine Mutter hielt es für besser, mich nicht mehr dahin zu schicken, sondern mir einige Lehrer zu geben, die mich im Notwendigsten unterrichten sollten – im Hebräischen, Französischen, Schreiben, Rechnen und Geographie –, in der ersten Sprache fing ich an, die Bibel zu übersetzen und sogar mit einigen ihrer Kommentatoren; mein Lehrer darin sowohl in den andern Dingen gehörte zu den allerunsittlichsten Männern, die man hätte wählen können – meine gute Mutter glaubte gut zu wählen, wie schlecht aber die Wahl war, lernte ich erst später verstehn. Meine Eltern konnten mit dem besten Willen nichts selbst für meine Bildung tun. Die Geschäfte meines Vaters hielten ihn den Tag über bis spät abends aus dem Hause, und meine Mutter hatte weder Talent noch Geduld, mich in irgend etwas zu unterrichten; auch vermehrte sich die Zahl meiner Geschwister, also auch der Hausstand, und sie arbeitete fleißig für Kinder und Haus. Obschon ich das älteste Kind war, das sonst, als das erste, wohl oft vorzüglich geliebt wird, so schien meine Mutter mich dennoch nicht sehr zu lieben, denn so weit ich zurückdenken kann, bin ich nie, solange ich im väterlichen Hause war, freundlich von ihr behandelt worden. Das ging so weit, daß ich ihre Unfreundlichkeit, selbst wenn ich unwohl war, erfuhr. Ich hatte oft Anfälle von Engbrüstigkeit, besonders wenn ich schnell gegangen war, so daß man mir eilig die Schnürbrust lösen mußte, und ich erinnere mich, daß einst, als der Anfall sehr stark war, man mich in der Wohnstube auf Stühle gelegt hatte; mein Vater war nicht zu Hause, meine Mutter spielte im daranstoßenden Schlafzimmer Karten, und als mein Vater nach Hause kam, sagte sie ihm nicht einmal, daß ich krank sei. Mein Vater hingegen war immer sehr milde gegen mich, obschon leicht empfindlich und sehr oft durch meine Mutter zum Zorn gegen mich gereizt, und so gleichgültig mir das immerwährende Schelten dieser war, so tief schmerzte mich ein unfreundliches Wort meines

Vaters, und stieg sein Unwillen gar so hoch, daß er mir den Segen versagte, welchen die im Gesetz lebenden Israeliten noch jetzt am Sonnabend ihren Kindern geben, die Hand auf das Haupt derselben legend, dann war ich sehr unglücklich und ließ nicht ab mit Bitten und Flehen, bis er versöhnt war; – gegen meine Mutter ward ich aber bei solchen Gelegenheiten immer unwilliger, weil sie fast immer die Ursache zu dem Unwillen meines Vaters gegen mich war; sie ward mir durch ihr ewiges Zanken, das ich immer für ungerecht hielt, so zuwider, daß ich oft Gesichter hinter ihr schnitt, wenn sie zur Türe hinausging.

Das, was ich über meine Mutter hier sage, ist das, was ich als Kind gegen sie fühlte; war es Sünde, so beging ich sie unbewußt, und die Überwindung, die es mich kostet, es jetzt niederzuschreiben, sehe ich als Buße an. – Was in jener frühen Zeit schon mich hätte sollen ertragen machen, was mich drückte, war mir nicht gegeben worden – die Grundsätze der Religion, wie denn die Erziehung, in dieser Hinsicht, bei den damaligen Juden noch viel mangelhafter war, als sie jetzt ist. Das Kind, besonders aber die Mädchen, wurden gar nicht eigentlich im *Glauben* ihrer Eltern unterrichtet, wurden aber angehalten, die *Formen* desselben zu beobachten, d. h., sie mußten alle die unzähligen Gebräuche beobachten, welche er oder vielmehr die Rabbinen vorschrieben. Das Mädchen mußte in hebräischer Sprache beten, ohne daß es verstand, was es betete, und ich erinnere mich wohl, mit Andacht und Inbrunst zuweilen so gebetet zu haben, besonders aber, wenn es gewitterte, was mich immer sehr ängstigte, dann sagte ich geschwind viele, irgendwelche Gebete hintereinander her. Jetzt tun die Judenkinder dies freilich nicht mehr, denn die Gebete sind ins Deutsche übersetzt worden, aber – frömmer sind sie deshalb nicht: ihre Eltern, die noch auf jene Weise erzogen worden, warfen die ihnen lästigen Beobachtungen der jüdischen Gebräuche, worin allein die Religion bestand, beiseite, sobald sie ihre eigne Herrn wurden, es trat nichts in die Stelle, und so lebten sie fort ohne Gedanken an Gott, als höchstens in Zeiten der Not. Die Kinder wurden nun auf dieselbe Weise erzogen, man wollte sie nicht lehren, was man selbst nicht glaubte, und so wurden und werden sie in keinem Glauben erzogen – keine Andacht erfüllt ihr Gemüt, und sie können nicht beten zu Gott, wenn ihr Herz gedrückt ist und geängstigt von unendlicher Qual. – Die Vernunft, welche die Gebildeteren sich zur Stütze und Hilfe nehmen, reicht nicht hin, sie zu tragen in schweren Leiden. Glücklich der, dem später im Leben wenigstens noch das schöne Licht des Glaubens im Innern aufgeht, und er nicht stirbt, ohne von jenem erhebenden, beglückenden Gefühl der Andacht durchdrungen gewesen zu sein. – Gottes Gnade sei es Dank, daß auch mir dieses Glück ward. Ich fahre fort, die Erinnerungen aus meiner Kindheit niederzuschreiben.

Oben schon erwähnte ich, daß man mich ein schönes Kind nannte; jetzt nannte man mich auch ein kluges, und wenn in der jüdischen Kolonie irgendeine Feierlichkeit begangen werden sollte – als Überreichung eines Karmens oder Halten einer Anrede –, ward ich dazu gewählt. Die Königin Ulrike von Schweden, Schwester Friedrichs des Großen, war einst in Berlin und wollte den Zeremonien einer jüdischen Hochzeit beiwohnen; sie sollte nun würdig empfangen werden – Ehrenpforten, weißgekleidete Mädchen und dergleichen, durften nicht fehlen –; ich ward, ein Kind von acht bis neun Jahren, gewählt, ihr mit einer kleinen Rede einen Karmen zu überreichen – höchst beglückt erwarte ich den Tag – eine Entzündung am Auge aber machte es mir unmöglich, des Glücks zu genießen; ich sah nun aus einem Fenster der Feierlichkeit zu und weinte mein krankes Auge noch kränker.

Einst hatten mehrere junge Leute sich verabredet, Komödie zu spielen, meine Eltern wurden gebeten, mich mitspielen zu lassen, und sie erlaubten es. – Ich war noch nie im Schauspielhause gewesen, hatte aber im Hause jener oben erwähnten reichen Schwestern Richard III. aufführen sehn und war überglücklich, nun auch eine Bühne betreten zu dürfen. – Ich sollte ein Landmädchen in einer Operette vorstellen – es ging eine fröhliche Zeit für mich an, die vielen Proben gaben Gelegenheit zu öfterem Ausgehn, und das Zusammensein mit Erwachsenere machte mir besondere Freude. Ein junger Mann, der sehr musikalisch war und sich für das lustige Unternehmen interessierte, übernahm es, uns die Gesänge zu lehren, und so kam er denn auch oft zu mir – ich mochte acht bis neun Jahr alt sein, und dieser junge Mann machte einen solchen Eindruck auf mich, daß ich nur immer an die Zeit dachte, wo er mit seiner Violine wiederkommen sollte;

ich ging dann wohl vor die Haustüre und erwartete ihn mit Ungeduld. Endlich war alles wohl eingerichtet und einstudiert, das kleine Theater war im Hause einer reichen Israelitin errichtet, und die ganze spielende Gesellschaft bestand aus Israeliten. Schon war der Tag der Aufführung genannt, als zum größten Schrecken der Gesellschaft ein Verbot von den Ältesten der Gemeinde an sie erging, Komödie zu spielen. Dies Verbot nicht zu achten oder sich dagegen aufzulehnen war in jener Zeit noch nicht tunlich. Wir waren höchst unglücklich, man lief zu- und untereinander und beschloß, zu einem und dem andern angesehenen Mann und zu den Vorstehern der Gemeinde zu gehn und die Erlaubnis zu erbitten – man ging, man bat – vergebens – sie wurde uns nicht erteilt. Ohne einem von der Gesellschaft, ohne meinen Eltern etwas davon zu sagen, faßte ich den Entschluß, am nächsten Sonntage, als der Tag, an welchem die Ältesten der Gemeinde sich gewöhnlich versammelten, mich vor ihnen zu stellen und um ihre Einwilligung zu der unschuldigen Belustigung zu bitten. – Ich führte meinen Vorsatz aus – ging allein in den Versammlungssaal, trat an das Gitter, hinter welchem die ehrwürdigen Männer saßen, die nicht wenig verwundert waren, das dreiste kleine Mädchen vor sich zu sehen. Zuerst sprach ich einige bittende Worte, dann sagte ich, daß es sich für so würdige Männer gar nicht zieme, sich um Kinderspiel zu bekümmern – kurz, ich erreichte meinen Zweck. – Vor Freude außer mir, lief ich von einem der Gesellschaft zum andern.

Es war Winter und sehr glatt, ich gleitete oft und fiel mehrere Male, aber ohne mir Schaden zu tun, lief immer weiter, ohne zu denken, wie meine Eltern meine lange Abwesenheit von Hause aufnehmen würden. Die wohl verdienten Verweise, die ich von ihnen bekam, gingen in der großen Freude meines Herzens an mir vorüber. Aus einer Komödie wurden nun drei, bis endlich der Sache durch die Verständigern ein Ende gemacht wurde; der Zeitverlust und die Nachteile, die ein solches Treiben, besonders für Kinder und junge Mädchen, unleugbar hat, sind nicht zu berechnen. Auch hier ward meiner Eitelkeit reichliche Nahrung gegeben, man bewunderte mein Spiel, meinen Gesang und vor allen meine Gestalt und mein Gesicht – ohne daß ich mich des letzten deutlich erinnerte, habe ich doch ein dunkeles Bild von meinem

Aussehen im ganzen – vorzüglich gefiel ich mir und andern in meinem Theaterkleide. Ein weißseidener Rock, mit rosenfarbenen Bändern besetzt, ein Mieder von derselben Farbe, alles mit guten Silberflittern besetzt, ein weißseidnes Hütchen mit vielen Porzellanblumen vollendete den Putz. Man hob mich gewöhnlich nach geendigtem Schauspiel von der Bühne herab, küßte und herzte mich und sagte mir viel Schmeichelhaftes. Nun fing mein stilleres Leben wieder an – doch ehe ich mehr davon sage, will ich von meinen Eltern und einigen Hausbewohnern sprechen, mit denen ich fast ausschließlich lebte.

Mein Vater war, wie ich schon oben gesagt, ein portugiesischer Jude und hatte in Hamburg gelebt, bis er die hohe Schule bezog; er hatte in Halle die Arzneiwissenschaft studiert und war der erste Arzt jüdischer Nation, in Berlin bekam er schon bald Praxis bei seinen Glaubensgenossen, so wurde er doch zu Anfang so schlecht bezahlt, daß er manchen Mittag sich mit Kartoffeln oder Kaffee begnügen mußte, da er alles, was er verdiente, auf seine Kleidung, auf die er sehr viel hielt, verwenden mußte – auch gab es damals nicht so viel reiche Israeliten in Berlin als späterhin; manche von denen, welchen mein Vater mit einigen Groschen aushalf, wurden sehr reich, sie gedachten aber der früheren Zeit dann nicht. Mein Vater heiratete, seine Praxis vermehrte sich, und er konnte ohne eigentliche Sorge leben, – seine Frau starb bald, nachdem sie zwei Töchter verloren hatte, und mehrere Jahre nach ihrem Tode heiratete er meine Mutter. Ich habe meinen Vater nicht jung gekannt, er soll aber sehr schön gewesen sein, was sowohl an einem Jugendbilde, das ich von ihm besitze, zu sehn ist, als man auch noch bis zu seinem Tode Schönheitsspuren in seinem Gesichte sah. Nase und Mund, dem fast schon alle Zähne fehlten, als ich ihn mit Bewußtsein ansehn konnte, waren ausgezeichnet schön, ein sanfter, höchst lieblicher Ausdruck des Gesichts, den schönsten Fuß und Hand, edle Haltung und Gelenkigkeit machten, daß er selbst im Alter noch schön war: seine Sprache war rein, wie denn die portugiesischen Israeliten überhaupt den jüdischen Jargon und Ton nicht haben. Mein Vater lebte streng im Gesetz seines Glaubens, hatte aber die Milde und Liebe des Christentums im Herzen und war daher duldsam gegen alle die, welche dagegen handelten. Das Haus war völlig nach jüdischen Gesetzen und Gebräuchen eingerichtet. Die Geschäfte des ausübenden Arztes waren in jener Zeit beschwerlicher als in der jetzigen, weil die wenigsten Equipage hatten und mein Vater auch nicht so bezahlt ward, sich welche halten zu können; auch legte er sorgsam jeden Taler, den er erübrigen konnte, für die immer größer werdende Familie zurück. Bis spät am Abend besuchte er die Kranken, von einem Bedienten begleitet, der in dunkeln Winterabenden ihm mit einer Stocklaterne vorleuchtete – wie oft sah ich ihn von Regen durchnäßt oder mit Schnee bedeckt nach Hause kommen! Er genoß aber einer sehr guten Gesundheit, und ging er schon nie mit Überrock oder Mantel, so war es höchstens ein Schnupfen, den er sich zugezogen hatte. Seine Kleidung war, nach damaliger Zeit, elegant, feine tuchene und seidne und samtne Kleider, mit Tressen besetzt, immer Schuh und seidene Strümpfe, seidne Westen und dergleichen, die feinste Wäsche, eine Knotenperücke und feinen dreieckigen Hut – und fing dieser Anzug auch schon damals an, altmodig zu werden, so stand er ihm doch sehr gut, und die älteren Ärzte zeichneten sich in der Zeit alle in ihrem Anzuge auf diese Weise aus. Sein reinlicher Kattunschlafrock und die weiße Mütze an Werkeltagen, der rotdamastene, mit ebensolcher Mütze und Pantoffeln an Festtagen, kleideten ihn fast besser als jedes andere.

Meine Mutter, die ich nur kränklich und mit bösen Augen kannte, welche sie sich durch unaufhörliches Weinen über den Tod eines zweijährigen Knaben verursachte, soll sehr hübsch gewesen sein, obschon, ich gestehe es, mir keine Spuren davon sichtbar waren. Sie war sehr heftig und fast immer verdrüßlich wegen ihres Augenübels, gegen das alles, was die besten Ärzte und Augenärzte verordneten, vergebens angewandt wurde. – Sie war geschickt in Handarbeiten, selten aber konnte sie welche machen. Sie war wirtschaftlich, ordentlich, reinlich, sehr gefällig und dienstfertig gegen jedermann und liebte meinen Vater bis zur Anbetung, was er ihr auch ebenso erwiderte. Ich erinnere mich nicht, daß sie einander je bei ihre Namen genannt hätten; immer riefen oder redeten sie einander mit Zärtlichkeitsnamen an, und nie war ein Streit oder ein unfreundliches Wort zwischen ihnen zu hören. Meine Mutter war die Ratgeberin vieler Menschen und tätige

Helferin in Not und Freude; diese Eigenschaften machten sie vielen teuer, und sie verdiente es. Sie hatte geraden, richtigen Verstand, und ohne eigentlich gebildet zu sein, würdigte sie doch alles, was zur höheren Bildung gehörte; sie ließ sich gerne vorlesen und hatte ein sehr gutes Gedächtnis: wenn sie einmal im Theater war, so erzählte sie nachher nicht nur den Inhalt der Vorstellung sehr genau, sondern auch, wie Akte und Szenen folgten. Sie liebte ihre Kinder, glaubte aber vielleicht, daß zur Erziehung wie zu guter Führung eines Hausstandes vieles Schelten gehöre, und oft ward ihr Unwille durch die geringfügigste Kleinigkeit gereizt, was aber wohl oft durch ihre Schwächlichkeit, besonders durch ihr Augenübel herbeigeführt wurde – und welch ein kleines Mittel hätte das letzte nicht heilen können, wenn die Ärzte es früher erkannt hätten! Das Übel war nämlich folgendes: Durch das viele Abwischen der Tränen nach dem Tode des oben erwähnten Kindes wurden die Augenwimpern nach innen gebogen, und endlich gar wuchsen sie aus den Lidern nach innen zu – das hatte aber viele Jahre lang keiner der Augenärzte bemerkt, sondern [sie] richteten ihre Kuren immer nur auf die daraus enstandenen Entzündungen, bis nach vielen Jahren endlich ein alter und berühmter Augenarzt die wahre Ursache des Übels entdeckte; zu spät, es heilen zu können, denn schon waren die Augen rot und getrübt, erleichterte er die stechenden Schmerzen dadurch, daß er die Wimpern mit einer kleinen feinen Zange auszog – es kam zwar nun keine Entzündung mehr, die Augen waren aber fast zerstört, sie wurden nie wieder klar, doch erblindete sie nicht und fast jeden Tag mußten die kleinen, sehr schnell wachsenden Wimpern ausgezogen werden, sonst kam Entzündung.

Zu meiner nächsten Umgebung gehörte noch eine alte Tante und ihr Mann, beides sehr gewöhnliche Leute; sie hatten ein paar Hinterstübchen inne und ihre eigne kleine Wirtschaft, zankten und schimpften sich oft und waren nicht sehr von meiner Mutter geliebt. Ein alter Verwandter meiner Mutter, ein höchst unreinlicher Mann, der mir oft Naschwerk gab, bewohnte eine kleine dunkele Kammer im Hause. Die andern Mieter des Hauses, alles Israeliten, waren Handelsleute, die oft abends zu uns kamen. Der älteste Sohn dieser Leute, der ein völlig verwachsener und sehr liederlicher Mensch war, hätte mir, eben durch meine Unschuld, verderblich werden können. Gott hat mich beschützt.

Ich mußte viel arbeiten und durfte nur höchstens einmal in der Woche mit der oben erwähnten alten Großtante ausgehen. Die Besuche, die ich mit ihr machte, waren bei zwei alten Leuten und ihrer nicht mehr jungen Tochter, und ich war sehr froh dort, aber das jedesmalige Schelten meiner Mutter, wenn ich nach Hause kam, vergällte mir die gehabte Freude – indes mochte ich wohl sehr oft die Schelte verdient haben, denn ich war sehr wild und sehr unordentlich, und zwar das erste in sehr hohem Grade. Ich ging eigentlich nie, sondern lief oder sprang: so erinnere ich mich, einst mitten im Laufe still gestanden zu sein, mich selbst fragend, ob ich denn gar nicht gehn könne? Eigentliche Fremde sahen meine Eltern nie zum Essen, meine Mutter hatte aber oft Besuche von Frauen, die gewöhnlich in der Putzstube aufgenommen wurden, zu der ich dann auf einige Augenblicke Zutritt hatte, um einen kleinen Kuchen oder einen Apfel zu bekommen; solche Kaffeebesuche endigten gewöhnlich mit einer Spielpartie. Jedes Jahr ging ich einmal mit meinen Eltern in die große italienische Oper – es war in der Blütenzeit der Mara. Die Näschereien, die mitgenommen wurden, und die Mara hatten gleichen Wert für mich – doch aber erinnere ich mich noch jetzt der wunderherrlichen Stimme, mit welcher sie das durch sie berühmte mi paventi sang, und der Wirkung, welche sie auf das volle Schauspielhaus machte. Zur Zeit Friedrichs II. war das Parterre voll von Soldaten, die auf Befehl des Königs in die Oper geführt wurden; niemand sonst bekam einen Platz darin. Wir hatten unsere Plätze in einer Parkettloge, und oft störte uns das Geräusch, das die dicht aneinandergedrängten Soldaten machten, oder ihr Geflüstere; laut durften sie nicht sein; wenn aber die Mara eine Bravourarie sang, hörte man auch nicht den geringsten Laut oder Bewegung, nicht einen Atemzug konnte man vernehmen – es herrschte die tiefste Stille – und wenn sie geendigt hatte, war es, als hörte man einen tiefen Atemzug von der ganzen Menge. Die Freude der Oper ward mir aber auch immer durch das Schelten und Keifen der Mutter, beim Nachhausekommen, verdorben. Oft schützte mich die alte Tante, die mich liebte und verzog, vor ihrem Zorne – ich schlief bei dieser und war immer um sie, und war sie in der Küche, so verließ ich sie, wider den Willen meiner Eltern, auch dort nur selten – und da ich lieber kochen und scheuern als Handarbeiten machen mochte, so half ich ihr und der Köchin oft tüchtig und fleißig nach meinen Kräften. Ich hörte sehr früh auf zu spielen, und früher vielleicht, als es gut für mich war, fand ich Geschmack am Lesen; ich las fertig und mußte meiner Mutter oft im Winter des Abends vorlesen, ehe mein Vater nach Hause kam und sie keinen Besuch hatte. Die Sommerabende durfte ich wohl zuweilen mit der alten Tante durch ein paar Straßen spazierengehn oder auch nach einem Garten, welchen meine Eltern in einem Sommer bewohnten, nachdem mein Vater eine schwere Krankheit überstanden hatte. Gespielinnen meines Alters hatte ich nur zwei, von denen die eine früh gestorben, die andere noch jetzt meine Freundin ist; mit diesen und meiner jüngeren Schwester ging ich dann wohl vor der Türe auf und ab. Diese Schwester war von meiner Mutter viel mehr geliebt als ich, und ich mochte sie deshalb nicht leiden, wir zankten uns oft, einmal haben wir uns sogar geprügelt, worüber meine Mutter sehr böse auf mich ward, daß ich mich den ganzen Tag nicht durfte vor ihr sehn lassen – das tat mir unendlich weh, ich setzte mich in einen Winkel auf den Boden und weinte den ganzen Tag – meine Tante, um meiner Mutter zu zeigen, daß ich ihre Härte tief fühlte, sagte ihr, daß ich mich mit einem Messer habe umbringen wollen (was aber völlig unbegründet war); das machte sie wirklich für diesen Tag milder, und ich durfte den Abend zu Tische kommen.

Ich bin nicht klar und gewiß, ob ich mich täusche oder ob es Wahrheit ist, mich dünkt aber, als hätte ich damals so gedacht und gefühlt, wie ich es jetzt noch würde, wenn ich in meinem gegenwärtigen Alter plötzlich wieder in jene Welt versetzt werde. Ich erinnere mich keines eigentlich kindischen Wesens oder Denkens, die übergroße Lustigkeit ausgenommen könnte ich kindisch nennen, die kein Zanken der Mutter dämpfen konnte. Früh schon hatte ich einen großen Hang zur Wohltätigkeit, und um ihn zu befriedigen, borgte ich mir von einem Hausfreunde fünf Reichstaler; er sagte es meinem Vater, der sie ihm bezahlte. – Ich ward streng befragt, zu welchem Behuf ich das Geld geborgt hatte, ich gestand die Wahrheit, und mir ward vergeben.

Wir waren selten allein, denn, ohne Fremde zu sehen, besuchten uns die Hausbewohner sehr oft – meine Mutter spielte gewöhnlich Karten mit einem oder dem andern von ihnen, und wenn mein Vater nicht zu spät von seinen Geschäften nach Hause kam, so spielte er zuweilen mit, gewöhnlich las er aber in heiligen Büchern; ich konnte nun tun, was ich wollte, trieb mich mit meinen jüngern Geschwistern in der Kinderstube umher, hörte dort dummes und schlechtes Zeug von den Leuten, die oft Gespenstergeschichten erzählten, wovon mir noch bis jetzt ein leichtes Gefühl Grauen der Mitternachtsstunde geblieben ist, oder las schlechte Romane und Komödien oder schlief auch wohl bis zur Essenszeit in einem Winkel des Zimmers. Unsere Hausbewohner waren harmlose Leute, bis auf den oben Erwähnten, der zu den gemeinsten Menschen gehörte, denn ohne alle Scheu, ohne alle Schonung meiner Unschuld und Jugend sprach er die niedrigsten Worte und die zweideutigsten Dinge. Wenn er mich küßte, und [das] tat er oft und viel, war eine große Heftigkeit in seinem Kusse; ich verstand es nicht, denn ich war etwa zehn Jahr alt; er hatte freien Zutritt zu uns, und niemand achtete auf ihn, und ohne daß ich es mir selbst bewußt war, bekam ich durch ihn die Kenntnis, daß es zwei Geschlechter gäbe. Dieses Unwesen ging übrigens glücklich an mir vorüber, es schadete mir nicht – denn eine höhere Hand beschützte mich. Meine Lebensweise blieb sich nun gleich, am Tage arbeitete ich bei meiner Tante, die mich nähen lehrte, und abends nach dem Essen, wenn mein Vater allein noch wachte, saß ich bei ihm, während er las, machte meine Arbeiten für den Französischlehrer oder las selbst. Meine eigentlichen Freuden waren Hochzeiten, wo immer getanzt wurde, und gewöhnlich konnte ich die Nacht zuvor, in der Hoffnung auf diese Freude, nicht schlafen; oft aber hatte ich den Schmerz, daß, obschon ich sehr hübsch tanzte, mir doch ältere Mädchen vorgezogen wurden, und dann weinte ich still in einem Winkel des Tanzsaals, Tränen, die der nächste Tanz wieder trocknete – wie ich denn überhaupt fast immer heiter und vergnügt und nicht selten ausgelassen war – bei dem allen aber hatte ich zuweilen ein trübes, sehnsüchtiges Gefühl, dann saß ich wohl im kleinen Pelzmäntelchen gehüllt auf einer Galerie und guckte in den Mond und weinte, ohne zu wissen warum. Das Leben des Siegwarts und mehr dergleichen sentimentalen Romane mögen wohl das Ihre zu dieser Stimmung beigetragen haben, und oft dachte ich, daß dergleichen Entführungen und wunderbare Dinge, wie ich sie so viel las, auch mit mir vorgehn müßten – auch hatte ich eine solche Wut, dergleichen Bücher zu lesen, daß ich gar nicht arbeitete, und da meine Tante, die mich nähen lehren sollte, mir allen Willen ließ, sah meine Mutter sich genötigt, mich in die Nähschule zu schicken; ich konnte nun an Wochentagen wenig lesen, tat es aber am Sonnabend und Sonntage desto mehr, und zwar mit einer solchen Schnelligkeit und Anhaltsamkeit, daß ich an einem Tage mehrere Teile eines Romans durchlas und immer nach der Leihbibliothek lief, die nicht weit von unserm Hause war, um mir andere Bücher zu holen. Am Freitagabend las ich meinen Eltern vor; mein Vater hörte am liebsten Schauspiele; diese las ich auch gerne laut, Romane lieber für mich allein, sie rührten mich immer zu bittern Tränen, und ich schämte mich zu weinen. Das Schauerliche war besonders von großer Wirkung auf mich, und alles, was ich von Gespenstergeschichten las, ward mir in der Kinderstube bestätigt. Das Sentimentale aber kam wohl ganz aus mir allein, denn niemand, den ich sah, erregte es auf irgendeine Weise, und ward es auch meine Eitelkeit, so kam sie doch nur zuweilen recht hervor – so zum Beispiel ging ich während eines Sommers jeden Abend mit meiner Tante nach einem Garten, in welchem mein Vater wohnte, und ich weiß, daß ich mich jedesmal vor den Spiegel stellte und mir die Backen rot kniff; auch ward zuweilen wohl der Spiegel verhängt, weil ich immer hineinsah, doch gab ich wenig auf meinen Anzug, am liebsten war ich in einem Kostüm, in welchem ich scheuern und kochen konnte. Von jenen oben erwähnten Gespielen, die ich vorzüglich liebte, die eine war still, tief, besonnen und kalt und sehr verständig, sie hatte viel Verstand, war aber ohne alle Erziehung und Bildung, da ihre Eltern zu der nicht sogenannten aufgeklärten Klasse der Juden gehörten; sie starb nach kurzer Ehe, an der Schwindsucht; die andere war sehr lebhaft, tief wie jene, aber warm, oft glühend enthusiastisch für irgendeinen Romanenheld oder Heldin – sie hatte viel Verstand und war ungemein klug, ihr Vater gehörte zur höheren Bürgerklasse und war [ein] sehr geachteter Gelehrter – er liebte meine Freundin vorzugsweise und bildete sie selbst. Wir drei jungen Mädchen, fast noch Kinder, wohnten ziemlich nahe zusammen, und sobald es eine von uns wagen durfte, sich von Hause zu entfernen, kam sie zur andern, und mit der letzten machte ich immer schon Pläne auf die Zukunft.

Ich war nun zwölf Jahre alt – man sah als schönes Kind, das für sein Alter ungemein groß war, mit Wohlgefallen auf mich. – Ein ältlicher Mann, ein portugiesischer Jude, war um diese Zeit in Berlin – er hielt um mich an, wollte noch drei Jahre warten, aber die Gewißheit von meinen Eltern haben, mich dann als seine Frau heimzuführen – er sprach von Mohren und Papageien, die auf dem Wege nach Berlin seien und seine Schätze mitbrächten – die Geschichte endigte damit, daß er meinem Vater eine silberne Tabaksdose stahl und verschwand. Meine Mutter fand es nun nötig, daß ich in eine förmliche Nähschule geschickt werden müßte, weil ich wohl Französisch sprechen, tanzen und lesen könnte, aber weder stricken noch nähen, und die Tante, die es mich lehren sollte, zu nachsichtig gegen mich sei. – Ich mochte wohl sechs Monate in die Nähschule gegangen sein, als mir die Mutter sagte, ich solle wieder bei der Tante nähen lernen, und wie sehr erstaunte ich nicht, als diese mir im Vertrauen sagte, ich solle Braut werden – mit wem, fragte ich sie, und sie nannte mir den Mann; er war angehender praktischer Arzt – ich hatte ihn einige Male bei meinem Vater und auch wohl an seinem Fenster gesehn; er wohnte in unserer Nähe, und ich mußte vor seinem Hause vorübergehn, wenn ich mir Bücher aus der Leihbibliothek holte – da begegnete es mir auch einmal, daß ich an einem Wintertage, mit einem schauerlichen Roman in der Hand, vor seinem Hause gleitete und fiel – meine Beschämung war groß, denn er war im Fenster. Ich freute mich kindisch dazu, Braut zu werden, und malte es mir recht lebhaft aus, wie ich, von meinem Bräutigam geführt, nun spazierengehn würde, wie ich bessere Kleider und einen Friseur bekommen würde, denn bis jetzt machte mir die Tante das Haar, mit Talg geschmiert, nach ihrem eigenen Geschmack zurechte; ferner hoffte ich auf ein größeres Taschengeld, das jetzt in zwei Groschen monatlich bestand, und von den kleinen, etwas feineren Gerichten, die zuweilen für meinen Vater bereitet wurden, etwas zu bekommen. Mit Ungeduld erwartete ich den Tag der Verlobung, den mir die Tante im

Vertrauen genannt und mir dabei gesagt hatte, daß mein Vater mich fragen würde, ob ich zufrieden mit seiner Wahl für mich sei. Der ersehnte Tag erschien, der Morgen verstrich, und mir ward nichts gesagt – beim Mittagsessen fragte mich mein Vater, ob ich lieber einen Doktor oder einen Rabbiner heiraten wolle? Mir klopfte das Herz mächtig, und ich antwortete, daß ich mit allem zufrieden sei, was er über mich beschließen würde. Nach dem Essen sagte mir meine Mutter, daß ich am Abend mit dem Doktor Marcus Herz verlobt werden würde – und hielt mir eine lange Rede, die mir im Augenblick langweilig und unangenehm war, von der ich mich aber in späteren Zeiten manch Gutes erinnerte. Sie sagte mir, wie ich mich gegen meinen Bräutigam betragen und ihre Ehe zum Muster meiner künftigen nehmen sollte – und wahr ist es, daß es nie eine glücklichere gegeben.

Die Gesellschaft versammelte sich, ich war in einem andern Zimmer; es war damals nicht Sitte, daß die Braut in dem Zimmer, in welchem die Eltern und die Notarien [waren, sich aufhielt], und erst, nachdem sie förmlich um ihre Einwilligung gefragt worden und der Ehekontrakt unterschrieben ist, kömmt sie zur Gesellschaft. In banger Erwartung saß ich geputzt da – glühend vor Angst – ich wollte nähn, die Hand zitterte mir aber, ich ging im Zimmer auf und ab, kam zufällig dem Spiegel vorbei und erschien mir zum ersten Male mehr als hübsch – ein apfelgrün und weiß gestreiftes, seidnes Kleid, ein schwarzer Hut mit Federn standen mir sehr gut, mein dunkeles Auge glänzte durch die Röte der Wangen, und der kleine Mund war freundlich. Viele Jahre sind seitdem vorübergegangen, das jugendliche Gesicht jenes Augenblicks steht mir aber so lebhaft vor mir, daß ich es malen könnte. Ich wollte ruhig scheinen, als ich die Tür öffnen und den Notarius und zwei Zeugen hereintreten sah – sie fragten mich, ob ich meine Einwilligung zu der Verbindung gäbe, und ich stammelte das *Ja*. Bald darauf kam Marcus, küßte mir die Hand und führte mich zur Gesellschaft. Meine Eltern waren sehr vergnügt und zärtlich und liebevoll gegeneinander wie immer – eine Nachbarin machte Marcus aufmerksam darauf und sagte, daß es eine Freude sei, eine solche Ehe zu sehen – gedulden Sie sich ein paar Jahre, antwortete er, und Sie sollen eine zweite sehn.

Ich wußte wenig von meinem Bräutigam, er war fünfzehn Jahre

Marcus Herz

älter als ich, klein und häßlich, hatte aber ein geistreiches Gesicht und den Ruf eines Gelehrten – er war geliebter Schüler Kants, – und hatte sowohl Arzneiwissenschaft als Philosophie in Königsberg studiert; auch hatte er schon einige scharfsinnige kleine philosophische Schriften herausgegeben. Seine frühe Jugend war ihm in sehr gewöhnlicher Umgebung verflossen, seine spätere in bloß wissenschaftlichem Umgang, [so] lernte er weder Menschen noch Welt kennen, und so ward sein Geist gebildet, ohne daß es sein Charakter ward. Mein Leben im väterlichen Hause blieb sich gleich, so wie auch das Betragen meiner Mutter gegen mich. Man gab mir nicht besser und nicht mehr zu essen als sonst, und was immer weniger war, als ich essen mochte, doch bekam ich statt zwei Groschen sechs Groschen wöchentlich und wurde zweimal in der Woche vom Friseur frisiert. – Ich durfte fast gar nicht ausgehn, selten nur mit dem Bräutigam, und war ich einmal allein ausgegangen, so ward ich früh abgeholt, weil Marcus gewöhnlich einen Abend um den andern kam und Karten spielte – was mich entsetzlich langweilte, da ich kaum eine Karte kannte und immer neben ihm am Spieltisch sitzen mußte, und oft ward ich aus sehr vergnüglicher Gesellschaft zu dieser Langenweile geholt. Allein war ich fast nie mit Marcus, denn ich hatte kein eigenes Zimmer – wenn er fortging, begleitete ich ihn, und war dann alles still im Hause, so blieben wir im Hausflur, seine Liebkosungen taten mir dann wohl, doch verstand ich manche in meiner Unschuld nicht, denn trotz allem, was ich gehört und gesehn hatte, war mein Sinn doch völlig rein geblieben. So fragte ich einmal eine junge Frau in unserm Hause, auf welche Weise man ein Kind bekäme – und sie antwortete mir, wenn man sehr oft an denselben Mann denke – das tat ich oft und viel an Marcus, und ich ängstigte mich, daß ich so Schande über meine Eltern bringen würde. Ich freute mich mit der Aussicht, bald Frau zu werden, um ausgehn und essen zu können, soviel und was ich wollte. Marcus behandelte mich meistens wie ein Kind, was ich denn auch war, doch verdroß es mich, wenn man mich so nannte.

Marcus führte mich nun in mehrere befreundete Häuser ein, wo es mir aber gar nicht gefiel, sie gehörten alle zu den Vornehmeren und schienen mir unerträglich steif. – Zu einer Familie mußte ich besonders oft hingehn, und Marcus hätte es bald sehr bedauren müssen, mich dort eingeführt zu haben – da einer der Söhne, mit welchem ich mich zufällig allein im Zimmer befand, so zudringlich ward, daß mein lautes Geschrei mich nur rettete.

Die Zeit, die zu meiner Hochzeit bestimmt war, näherte sich – meine Schwester Hanne und ich nähten emsig an meiner Ausstattung. Die Wirtschaft war auch größer geworden, denn meine Mutter hatte Zwillinge geboren. Meine Mutter zankte fortwährend mit mir, und nur die Abende waren gegen die Zeit der Hochzeit angenehm, wo mehrere junge Leute, Marcus' Freunde, kamen und viel gescherzt und gelacht wurde. Unangenehmes fehlte aber auch nicht – Marcus und mein Vater hatten oft harte Gespräche über einige Artikel des Ehekontrakts, und das war mir sehr schmerzlich – doch war das nur sehr vorübergehend in mir – denn alle die schönen neuen Kleider und der Putz, der vor mir ausgebreitet lag, und die nahe Aussicht zur Freiheit erfüllten mich mit jugendlichem Entzücken.

Der Hochzeitstag erschien endlich, und obschon viele, viele Jahre seitdem verstrichen sind, so ist mir der Morgen und der ganze Tag fast in jedem Moment erinnerlich. Mit unbeschreiblicher Wehmut erwachte ich, der Gedanke, meinen Vater zu verlassen, tat mir unendlich weh, und unter tausend Tränen ließ ich mir das Brautkleid anziehn, das von weißem Atlas war, mit roten Rosen besetzt. – Der Bräutigam kam, und die Gäste versammelten sich – kurz vor der Traue suchte ich meinen Vater allein zu sprechen – ich bat ihn mit heißen Tränen, mir in diesem Augenblick der Trennung alles zu verzeihen, wodurch ich ihn je gekränkt und geärgert hätte, und mir seinen Segen zu geben, er tat es, umarmte mich mit Tränen und sagte: Kind, brich mir das Herz nicht: Bis zu meinem letzten Atemzuge werden diese Worte mir unvergeßlich bleiben. – Sein Segen ist von Gott erhört worden – denn ich ging einem schönen, reichen Leben entgegen. Es war 1. Oktober des Jahres 1779, glaube ich. Es lag hoher Schnee auf dem Hofe, auf welchem der Baldachin stand, unter welchem ich, nach jüdischem Gebrauche, getraut ward – mehrere Vornehme, die Herz kannten, waren gegenwärtig. Ein Mittagsmahl, das bis spät am Abend dauerte, beschloß den Tag. – Herz' Freund Friedländer und seine Frau begleiteten das neue Ehepaar nach Hause.

Die ersten drei Jahre nach meiner Heirat

Herz' Friseur war der erste Mensch, der die fünfzehnjährige Frau am Morgen nach der Hochzeit sah. Wie viele Jahre auch seitdem verstrichen sind, so weiß ich doch noch, wo ich saß und wie ich in einem, nach damaliger Mode, reizenden Morgenanzug gekleidet und wie stolz ich auf meine neue Würde als Hausfrau war, da der alte Friseur ins Zimmer trat. Eine Köchin, die gleich am Morgen meine Befehle zum Mittagsessen einholte, und eine alte, etwas betrunkene Frau, die Herz schon früher in seinem Dienste hatte, machten meinen Hausstand. Den Abend war Ball im Hause meiner Eltern. Ich zog mich an – ich gefiel mir nicht – änderte und änderte am Putz, und ich gefiel mir nicht besser – die Ursache war, weil, nach jüdischem Gebrauch, ich mein Haar als Frau völlig verbergen mußte und das Kopfzeug, mit Perlen und Blumen geziert, mir nicht gut stand; ich kam etwas später als einige Gäste, und meine Mutter empfing mich mit Unwillen und schalt, daß hie und da etwas von meinem Haar unter dem Kopfzeug hervorsah – wie bald war das aber vergessen, als mein geliebter Vater mich zu einem Menuett aufforderte und den Ball mit mir eröffnete! Herz tanzte nicht. Mein Vater war schon in den sechziger Jahren und tanzte noch mit vieler Anmut und Festigkeit, daß er die Bewunderung der zahlreichen Gesellschaft vermehrte; mir ist wenig mehr von dem Abend erinnerlich, als daß ich Langweile hatte und froh war, als ich das Fest geendigt sah. Die nächsten Tage vergingen mit Besuche machen und empfangen; das eigentliche neue Leben fing erst einige Wochen später an. Alle junge Leute, die mein väterliches Haus besuchten und die meistens Studenten waren, kamen nun auch zu mir, und nicht einer war unter ihnen, den ich besonders interessiert hätte; ich fand auch keinen unter ihnen interessanter als den andern. Heiter und unbefangen ging ich mit ihnen um, und mein Mann sah sie gerne in seinem Hause. Meine Mutter besuchte mich und war meistens mit allem unzufrieden, was sie mich tun sah – ach, sie hatte wohl gewiß recht. Mein Vater kam seltener – es war mir aber immer ein Fest, wenn er kam. Freitag mittag aßen gewöhnlich einige jener jungen Leute und meine Mutter bei uns. Wir waren oft im elterlichen Hause, wo Herz spielte und ich mich langweilte.

Ich war glücklich, liebte mit der fünfzehnjährigen Liebe einen dreißigjährigen Mann, ich hatte viele Romane gelesen und sie in mich aufgenommen. Herz lachte mich aus, wenn ich schwärmte – tanzte ich um ihn her, hing ich mich an seinen Hals, wies er mich zur Vernunft. Dorothea und ich sahn uns nun fast täglich, und konnten wir uns nicht sehn, so schrieben wir einander. Herz war Arzt in ihres Vaters Hause, unsere Männer waren gute Freunde, und sahn wir uns nicht öfterer, als es geschah, so lag es an der Verschiedenheit unseres Umganges.

Schon in Königsberg hatte er [Herz] viel von der Bildung gehört, welche in Berlin durch alle Stände verbreitet sei, und so kenntnisreich er war, so trat er doch aus diesem Grunde seine Reise hierher mit einer gewissen Bangigkeit an. Die Antwort eines Schusterburschen sollte ihn sehr bald in seiner Furcht bestärken. Er hatte unterweges einen seiner Pantoffeln verloren, und kaum hier angekommen, bestellte er sich einen anderen genau nach dem Muster des ihm gebliebenen. Diese Bedingung fand sich jedoch keinesweges erfüllt, als der neue Pantoffel ankam, und er fragte etwas erzürnt den Überbringer, den Burschen des Schuhmachers, ob er wohl in der Tat der Meinung sei, daß dieser Pantoffel dem andern völlig gleiche? – So auffallend nun auch die Ungleichheit war, so brachte dies den Jungen doch nicht einen Augenblick in Verlegenheit. Er maß vielmehr Herz mit keckem Blicke von oben bis unten, und sprach dann: »Sie wissen wohl noch nicht, liebes Herrchen, daß es in der ganzen Welt nicht zwei völlig gleiche Dinge gibt?« – Herz stand ganz verblüfft vom Stuhle auf, zahlte schweigend den Pantoffel und ließ eine ziemliche Zeit vergehen, bis er sich in eine Berliner Gesellschaft wagte.

Schon zur Zeit unserer Verheiratung war Herz ein geachteter Arzt. Bald wurde er ein sehr gesuchter, und dies brachte uns in gesellige Beziehungen zu vielen größtenteils sehr achtbaren Familien, welche er ärztlich behandelte. In kurzem fing er auch an, in unserer Wohnung philosophische Collegia zu lesen, zu welchen sich ein sehr gewähltes Publikum einfand. Diese hatten um so mehr eine förderliche Ausdehnung unserer Verbindungen zur Folge, als er die tüchtigeren und ihm interessanteren unter seinen Zuhörern bisweilen zum Abendessen einlud. Später traten noch sehr beifällig aufgenommene, durch Experimente erläuterte Vorlesungen über Physik hinzu, in welchen er durch vortreffliche Instrumente und Apparate unterstützt wurde. Sie wurden von Personen aus den höchsten Ständen besucht, sowohl Wißbegierigen als allerdings auch bloß Neugierigen, und führten unseren Gesellschaften viele der ausgezeichnetsten Notabilitäten zu. Diesen Vorträgen wohnten selbst die jüngeren Brüder des Königs bei, und auch den damals etwa fünfjährigen Kronprinzen brachte späterhin dessen Erzieher Delbrück mit sich, um ihn einige interessante Experimente sehen zu lassen. Ich erinnere mich, selbst für den kleinen Prinzen einige solche mit Phosphor angestellt zu haben.

Der Ruf dieser Vorlesungen machte, daß man Herz um mancherlei dahin Gehöriges um Rat frug, so auch um die damals erst aufkommende Blitzableiter, und eines Tages kam der jetzige Geheimrat Kunth, dann Hofmeister in einem vornehmen Hause, um Herz wegen eines Blitzableiters, der in Tegel errichtet werden sollte, um Rat zu fragen. Diese Angelegenheit führte ihn oft zu uns, und er brachte bald seine beiden Zöglinge Wilhelm und Alexander von Humboldt mit sich, – 16 – 17 Jahr alt –, diese beiden in der Folge so höchst merkwürdig gewordene Menschen.

So jung und unwissend ich auch war, unterhielten sie [die Gäste] sich doch viel mit mir, weil sie mir und auch wohl sich selbst einbildeten, ich sei klug, weil ich hübsch war; doch waren diese Gespräche nicht ohne Nutzen für mich, denn es waren größtenteils gescheite Leute, die sie führten, und konnten sie auch nicht immer *mit* mir sprechen, so sprachen sie doch *zu* mir.

Herz war ein scharfer Kritiker. Es gehörte nicht viel dazu, damit er ganze Werke der Unklarheit beschuldigte. Oft und gern führte er einen Ausspruch von Malebranche an, daß es eine ganze Klasse sehr fruchtbarer Autoren gäbe, in deren Werken sich kaum eine Stelle finde, von welcher man behaupten könne, daß sie sie selbst verstanden hätten.

Das Erscheinen von Goethes ›Götz‹ und ›Werther‹ bezeichnete einen Wendepunkt in der schönen Literatur. Es ist begreiflich, daß ein solcher zugleich eine allgemeine literarische Parteiung zur Folge haben mußte. Sie fehlte selbst in unserer Ehe nicht. Mich, die junge, mit lebhafter Phantasie begabte Frau, zog alles zu der neu auftauchenden Sonne, zu Goethe, hin. Mein Mann, älter, mit Lessing persönlich befreundet, in diesem nicht nur den größten Kritiker der Deutschen, sondern, im Widerspruch mit Lessings eigener Ansicht, einen großen Dichter achtend, wies selbst in der schönen Literatur alles zurück, was nicht mit Lessingscher Klarheit und Durchsichtigkeit geschrieben war. Er teilte diesen Sinn mit mehreren seiner Freunde, unter anderen mit David Friedländer. Als dieser eines Tages mit der Bitte, ihm eine dunkle Stelle in einem Goetheschen Gedichte zu erklären, und die stille Hoffnung im Herzen, er werde es nicht vermögen, zu ihm kam, wies er ihn mit den Worten an mich: »Gehn Sie zu meiner Frau; die versteht die Kunst, Unsinn zu erklären!«

Als einst Karl Philipp Moritz eben bei mir war, trat Herz, Goethes Gedicht ›Der Fischer‹ in der Hand, zu mir ein. – »Kühl bis ans Herz hinan!« rief er. »Erkläre mir doch gefälligst einer, was das hier sagen will!« – »Aber wer wird dies Gedicht auch da verstehn wollen!« erwiderte Moritz, den Zeigefinger auf die Stirn legend. – Herz sah ihn groß an. – Es gibt gewiß vieles in der Poesie, was nur demjenigen verständlich ist, welcher Gleiches oder doch Ähnliches selbst empfunden hat, und ich darf sagen, daß Herz nicht vieles solcher Art empfunden hatte.

Mit dem Auftauchen der romantischen Schule steigerten sich nun vollends meine ästhetischen Leiden. Hier war für Herz alles unwahr oder unverständlich. Aber den Höhepunkt erreichten sie mit Novalis. Für die Mystik hat freilich die bloße Wissenschaftlichkeit kein Organ. Und dazu kam, daß auch mir allerdings in den Schriften dieses Dichters manches unverständlich blieb, wenngleich ich seinen Geist und sein Streben im Ganzen wohl begriff. Herz, der eben in Novalis' Schriften nur blätterte, um seinen Witz an ihnen zu üben, wußte meisterlich, eben solche Stellen aufzufinden. Eines Tages las er mir wieder eine solche vor und wollte sie von mir erklärt haben. Nach einigen vergeblichen Versuchen mußte ich gestehn, daß ich sie nicht verstände. – »Aber du meinst wohl etwa«, sprach Herz mit einem sehr sarkastischen Lächeln, »daß das Männchen selbst sie verstanden hat?« –

Sosehr Herz die Geselligkeit liebte, so suchte er doch eigentlich nur Erholung von seiner Tätigkeit in ihr. Denn diese war in der

Tat unermüdlich, und er achtete nichts feindlicher gegen sich, als was ihn an ihr hinderte. Daher vor allem die Migräne, an welcher er oft litt. Er trotzte ihr, solange es irgend möglich war. War sie jedoch heftig genug, um ihn von seinen Berufsgeschäften abzuhalten, so stieg seine Ungeduld und sein Ärger, sie nicht überwinden zu können, auf's höchste. – »Aber«, rief er einmal in einem solchen Anfall dieses Übels, »wie ist es nun, wenn ein Feldherr am Tage einer Schlacht, die über das Schicksal eines Staates entscheidet, von solcher Migräne befallen wird?«

Mein Hang zum Lesen wuchs, und ich konnte ihn jetzt ungestört befriedigen. Das erste Buch, das ich ganz eigentlich unter Leitung meines Mannes las, war Eulers Brief an eine deutsche Prinzessin. War Herz schon zu sehr beschäftigt, um mich eigentlich unterrichten zu können, so konnte er mir doch manches erklären, was ich nicht verstand. Was ihn damals neben seiner Praxis beschäftigte, war die Übersetzung einer kleinen englischen Broschüre. Ich sah oft in das Buch hinein, mit dem Wunsche, es zu verstehen; er ward bald befriedigt, indem mein Mann mir einen alten Schottländer zum Lehrer annahm. Ich machte schnelle Fortschritte, die aber unterbrochen wurden, indem ich den Lehrer abschaffen mußte, weil – er sich in mich verliebte. Nun sollte ein anderer angenommen werden, dazu kam es aber nicht so bald, weil Herz in eine gefährliche Krankheit fiel. Er mußte wohl ganz zu Anfang derselben das Gefühl davon haben, denn als der Staatsrat Rose ihm das Honorar für die Vorlesungen, die er gerade in dem Winter hielt, geben wollte, wollte er es nicht annehmen, sagend, daß er vielleicht sterben würde. Dies war meine erste wahre Leidenszeit. Ich war noch kein volles Jahr verheiratet und liebte meinen Mann mit der ganzen Liebe eines noch nicht sechzehnjährigen weiblichen Wesens. War diese Liebe schon mehr in mir gelegt als in mir entstanden, so kannte und ahnete ich doch nichts anderes und Schöneres. Siebzehn Tage und Nächte kam ich nicht aus meinen Kleidern. In den ersten Tagen der Krankheit pflegte und wartete ich den lieben Kranken allein, am achten Tage saß ich auf seinem Bette, da sagte er mir, daß er mir etwas, das ihn sehr quäle, vertrauen wolle, und er erzählte mir eine ganz gräßliche Geschichte von einem uns befreundeten Hause, die sich am Tage vor seiner Krankheit daselbst zugetragen hätte, mich bittend, einen Verwandten desselben rufen zu lassen, weil er ihn notwendig sprechen müsse. Ich tat, wie er wollte, der Mann kam, Herz sprach ihn, jener Geschichte aber erwähnte er nicht, und am Abend zeigte es sich, daß diese im genauesten Zusammenhange erzählte Geschichte das Werk einer krankhaften Phantasie war, die nun durch steigendes Fieber immer mehr zerrüttet ward und eine so traurige Richtung für mich nahm, daß ich auf das Verlangen des trefflichen Selle, der Herz' Arzt und Freund war, das Krankenzimmer meiden mußte. Nie hatte Herz die kleinste Spur von Eifersucht geäußert, obschon viele jüngere und ältere Männer in unser Haus kamen; plötzlich aber zeigte sie sich in einem so hohen Grade, daß er mich gar nicht mehr sehn wollte, weil ich, wie er sagte, mit all den jungen Leuten, die ihn bewachten und pflegten, in einem schlechten Verhältnis wäre. Ich war völlig ruhig bei dieser Beschuldigung, da ich das volle Bewußtsein meiner Unschuld hatte und überzeugt war, daß ein solcher Gedanke nur die Ausgeburt eines kranken Gehirns bei Herz sein konnte. Als einzige mögliche Ursache konnte ich mir nur denken, daß die jungen Leute und ich, die fast noch Kind war, über die wunderliche, oft komische Phantasien lachten, die Herz hatte. Die Entfernung vom Krankenbette tat mir indes sehr weh, und ich saß still hinter einem Schirm, auf die kleinste Bewegung des Kranken lauschend.

Am zwölften Tag der Krankheit, die sich als ein heftiges hitziges Fieber entschieden hatte, verging Herz plötzlich die Sprache, und die Ärzte glaubten seinen Tod nahe. Wie mir ward, als ich von einem derselben zu hören glaubte, er stirbt, kann ich nicht sagen; ich weiß nur, daß ich ins Nebenzimmer lief, dort, fast ohne Bewußtsein, im Kreise umhergehend, fortwährend die Worte wiederholte: »Ich bin noch so jung.« Dann bat ich, mir ein Werkzeug zu geben, mit welchem ich mich töten könnte. – Später erfuhr ich, daß ich das Fenster aufgerissen hatte, um mich hinauszustürzen. Die augenblickliche Gefahr ging vorüber, und in der Freude meines Herzens, das Verbot vergessend, trat ich ans Bett, legte mich liebkosend über den Kranken und fragte: »Ist dir besser?« – »Besser?« war seine Antwort, »ich war ja fast schon tot, aber geh nur, geh!« In so schmerzlichen Zustande verbrachte ich noch mehrere Tage – am vierzehnten der Krankheit war endlich den

Ärzten alle Hoffnung geschwunden, die Nacht sollte entscheidend sein, und wirklich erreichte die Krankheit in derselben den höchsten Grad. Ein Unbesonnener unter den Wächtern lief zu meinem alten Vater, ihm die äußerste Lebensgefahr seines Schwiegersohnes zu verkünden, und der Schrecken lähmte ihm die Zunge augenblicklich. Meine gute Mutter, die mein Haus nur nachts verließ, zitterte nun für des geliebten Gatten Leben. Nach einigen Stunden wich die Gefahr nach vielen angewandten Mitteln wieder, und Herz erholte sich ein wenig. Ich wand mich in meinem Schmerz, als mir die bessere Nachricht gebracht ward, und mein erster Gedanke war, daß sie sogleich meinem Vater mitgeteilt werde. Der Bote fand den lieben frommen Mann mit Andacht und Inbrunst zu Gott beten; Gedanken nur konnte er zu seinem Schöpfer senden, denn noch war seine Zunge gebunden – als er aber die freudige Botschaft vernahm, ward sie ihm im Augenblick gelöst; ein ›Gott lob‹ kam von seinen Lippen, wie wohl nie ein frömmeres von heiligen Lippen gekommen war. Die Ärzte hofften indes wenig für Herz von dieser augenblicklichen Besserung und sagten, daß allein ein ruhiger Schlaf, den er die ganzen sechzehn Tage der Krankheit nicht genossen hatte, ihn vielleicht retten könnte. Seit mehreren Tagen schon hatte er gesagt im fortwährenden Delirio, daß er gern schlafen möchte, es aber in diesem fremden Hause und fremden Zimmer nicht könne; wenn man ihn aber aus diesem Lazarett heraus nach Hause und in das Zimmer bringen würde, wo die Bilder von Leibniz, Euler, Lessing usw. hingen (unser Putzzimmer meinte er; sein Bett stand in seinem Studierzimmer, weil die Schlafkammer zu klein war), dann würde er schlafen. Die Kälte war sehr heftig, und die Ärzte wollten eine Ortsveränderung, nach einem nicht durchheizten Zimmer, nicht zugeben; meine Mutter drang darauf, daß es geschehe, und am siebzehnten Tage der Krankheit, wo die Ärzte den Kranken völlig aufgegeben hatten, erlaubten sie es – da nichts mehr zu verlieren wäre. Das Zimmer war auf Befehl meiner Mutter schon den Tag zuvor geheizt worden, es war durchwärmt, und der Kranke wurde gegen Mittag in seinem Bette hineingetragen, und fast in demselben Augenblick fiel er in einen ruhigen, sanften Schlaf, der sechs Stunden dauerte, während welchen wir in ängstlicher, gespannter Erwartung waren, weil Selle gesagt hatte, daß es ungewiß sei, ob der jetzt gut scheinende Schlaf nicht Todesschlaf würde. Er erwachte, und die Krankheit war gebrochen. Schwämme von der Lippe bis tief in den Schlund waren die Krise. War das volle Bewußtsein schon zurückgekehrt, so war der Grad der Schwäche doch so groß, daß er auch keinen Finger bewegen konnte; seine ganze Kraft verglich er mit der einer Mücke. Von meiner, meiner Eltern und der Umgebung Freude über die plötzliche Gewißheit der Genesung schweige ich. Die Rekonvaleszenz ging anfangs langsam wegen der Schwämme, welche der treffliche Voitus, der Mitarzt war, behandelte; als diese aber vorüber waren, nahmen die Kräfte sehr schnell zu. Herz war sehr vergnügt, denn sehr bald war er überzeugt, daß alles, was ihn im Delirio gequält hatte, Eifersucht, Entfernung vom eignen Hause, Unfälle, die Freunde betroffen hatten usw., Erzeugnisse seines kranken Gehirns waren. Die große Teilnahme, die Freunde und Bekannte ihm bewiesen, die Treue der jungen Leute, die fast alle angehende Ärzte waren, worunter einer ein Bruder meiner Mutter war – ein lieber Mann, der jetzt (1824) 70 Jahre alt, Arzt in der Provinz ist –, die jetzt teils tot, teils in der weiten Welt zerstreut sind. Die Heiterkeit kehrte nun in Herz und die Lustigkeit, ja, Ausgelassenheit in mir wieder, das Andenken an alle Phantasien, die Herz hatte, hielt er nur noch in psychologischer Rücksicht fest und beschrieb die ganze Krankheit in einem an einen nun auch schon heimgegangenen Freund [gerichteten Brief], von welchem Herz einen sehr interessanten Auszug in Moritz' Erfahrungsseelenkunde gegeben.

Das frühere Leben war nun wieder begonnen. Herz ging seinen Geschäften nach, die anfingen zuzunehmen; ich nähte, las, wusch, scheuerte und ging aus; das letzte indes selten; meine neuen Bekanntschaften waren noch eingeschränkt, und von den alten war mir fast keine geblieben. Ich wuchs und blühte immer mehr und mehr empor, vernachlässigte meinen Anzug und meinen Körper aber auf unerhörte Weise, so auch meinen kleinen Hausstand. Die Unordnung und Unreinlichkeit, welche mit so großem Rechte den Unwillen und Zorn meiner Mutter auf mich zogen, ehe ich verheiratet war, hatte ich mit in das neue Leben genommen, und mein Mann tadelte mich sehr ernstlich darüber, besonders dann, wenn seine Wäsche zerrissen war, die ich ihm, weiß, aus irgendeinem Winkel des Hauses hervorgeholt hatte. Er ließ mich dann zu sich rufen und machte mir gerechte Vorwürfe darüber. Da es nicht half, ward er ernstlich böse, obschon ich erschrak, wenn er mich während seines Anziehns nach seinem Zimmer kommen ließ, so half es doch noch immer nicht, und sonderbar ist es, als ich in späterer Zeit fast zum andern Extrem übergegangen war, ich noch immer, heftig sogar, erschrak, wenn er mich während seines Anziehns rufen ließ. Meiner Eitelkeit ward auch sattsam nach Herz' Krankheit gefrönt. Es kam nämlich ein russischer General nach Berlin, der eine sehr schöne Zirkassierin geheiratet hatte; er wohnte in einem der ersten Gasthöfe, wo auch vornehme Polinnen wohnten, bei welchen Herz Arzt war; sie hatten mich gesehn und schöner als jene schöne Zirkassierin gefunden, wollten den Gemahl derselben davon überführen, daß sie recht hätten, und ohne daß ich etwas davon wußte, ward ein Frühstück in ihren Zimmern angeordnet, wo ich gesehen werden sollte. Wer den Sieg davontrug, weiß ich nicht mehr, ich kann aber versichern, daß, wenn ich der phrygische königliche Hirtenknabe gewesen wäre, die Zirkassierin den goldenen Apfel bekommen hätte. Ich sehe sie noch in ihrer Schöne vor mir, im leichten weißen Morgengewand von dünnem, schön sich faltenden Zeuge und dem schwarzen, langen, fliegenden, sich wellenden Haar; die anmutigste Gestalt, die zierlichsten Bewegungen, und alles, was sie sagte, war kindlich und naiv; sie mochte ein paar Jahre älter gewesen sein als ich. Meine Kleidung war besser, konnte mir aber nicht stehn, denn ich hatte eine tiefe Haube auf, weil ich mein Haar verbergen mußte, und wenn unordentlicher Anzug und selbst Unlust an Pflege des eignen Körpers weder zu verteidigen noch zu entschuldigen ist, so dürfte das Mißfallen an mir selbst, eben durch den gesetzlichen Kopfputz, doch die Hauptursache davon gewesen sein.

Dorothea sah ich sehr oft, öfterer aber noch ein junges Mädchen aus meiner nahen Nachbarschaft, die ich sehr liebgewonnen hatte, Marianne Schadow, und Reil, der um diese Zeit als Student in Berlin war und durch Herz' Freund in Halle, Goldhagen, empfohlen worden. Er gab sich bei uns in die Kost, und sein Geist, seine Kenntnisse und Tüchtigkeit machten ihn Herzen sehr lieb, und meinem Oheim. Das Mädchen und ich waren von gleichem

Alter und meinten beide, daß noch große Dinge mit uns vorgehn müßten, denn so ruhig, wie unser Leben damals war, dürfe es nicht verfließen. Leider war das ihre nur kurz; sie kam mit einem jungen Manne in ein Verhältnis, das ihr Ehre und Leben nahm; sie verließ heimlich ihr väterliches Haus und starb bald darauf im Wochenbett, doch geschah das erst zu Ende des Sommers, und den vorhergegangenen Winter sah ich sie täglich, besonders während einer Maserkrankheit, die ich durchmachte, wo ich das Bett hüten und fast niemanden sehn durfte. – Kurz vor meiner Krankheit hatte ich eine junge, sehr liebenswürdige Frau kennengelernt. Sie war aus Prag, wo sie, sich von einer unglücklichen Ehe losmachend, in ein Kloster geflüchtet war. Ihr Vater, ein frommer, im Gesetz lebender Jude, entführte sie daraus, obschon sie bereits, auf Zu- und Bereden der Klosterfrauen, katholische Christin geworden war. Der Vater ließ sie in Berlin zurück, wir gewannen uns lieb und sahen uns oft; sie ward später Gattin eines trefflichen Künstlers. Auch wurden ihre Söhne, wovon der älteste nur zu früh starb, wackere Künstler. Diese Frau sah ich oft, und mein Krankenzimmer war belebt durch sie und die andern Genannten. Ich genas bald und ward schöner und blühender. Meine Eitelkeit bekam auch Gelegenheit, sich zu freuen, weil um diese Zeit den jüdischen Frauen gleichsam die Erlaubnis gegeben ward, wenn auch nicht ihr eigenes, doch falsches Haar tragen zu dürfen, und da meine Eltern nichts dagegen hatten, wurde eine Perücke angefertigt, die mir sehr gut stand, doch ward sie bald beiseite gelegt, und das eigne, rabenschwarze, glänzende Haar ersetzte sie. Ich lebte fröhlich und fleißig; unser kleines Haus war viel besucht, und wir besuchten viele Häuser, unter andern auch das jener Freunde, von denen Herz in seiner Fieberphantasie mir die schreckliche Geschichte erzählt hatte. Dieses Haus war sehr elegant und gewaltig nach Vornehmigkeit strebend. Dorthin wurden wir oft eingeladen. Die Männer spielten, und die Frau und ich gingen, war es Sommer, wohl in den am Hause stoßenden Garten. So geschah es eines Abends, daß wir in den Garten kamen und zwei Herrn darin fanden, die mir völlig unbekannt waren. Madame Cohen nannte sie mir beide; der ältere war der englische Gesandte: ein schöner Mann, der jüngere Offizier und zur Gesandtschaft gehörig, beide Bewohner des Hauses; der letztere gab mir den Arm, und wir gingen im nicht sehr großen [Garten] spazieren, als die Cohen, eine Klingel hörend, sagte, sie müsse fort; ihr Führer begleitete sie; sie waren so schnell verschwunden, daß ich mich schon mit dem meinigen allein sah, ehe ich mich noch von seinem Arm losmachen konnte. Mir war gleichsam unheimlich zumute, und ich gab den Bitten des hübschen jungen Mannes, länger im Garten zu bleiben, nicht nach, sondern eilte ins Haus zurück. Da wir diese sogenannten Freunde oft besuchten, so konnte Ewart (der Name des jungen Mannes) mich auch oft sehn, wozu die englische Kammerjungfer, wahrscheinlich auf Geheiß ihrer Herrin, Gelegenheiten veranstaltete, die ich, wäre ich älter als sechzehn Jahre gewesen, wohl nicht benutzt und in ihrem rechten Lichte erkannt hätte. Nun aber ließ ich mir's gefallen, mir, wenn ich Ewart wie zufällig antraf, was nicht selten geschah, Schmeicheleien von ihm vorsagen zu lassen; auch dauerte es nicht lange, so kam er zu uns ins Haus, er war sehr klug und wußte Herz zu gewinnen, mit dem er Französisch sprach, Deutsch wußte er nicht, und sehr oft kam er schon morgens um neun Uhr und blieb bis Mittag um zwei Uhr. Wir lasen, und er erklärte mir in zarten Worten seine Liebe, die ich zwar nicht eigentlich erwiderte, mich aber doch nicht ruhig ließ, und ich kann mit der größten Wahrheit sagen, daß ich ihm auch nicht die geringste Gunstbezeugung gewährte, denn kaum erlaubte ich ihm, mir die Hand zu küssen, dennoch aber fühlte ich mich nicht ganz gleichgültig gegen ihn, wenn er vor mir auf den Knien lag und mit feuchten Augen um einen Kuß bat, und wenn ich an Herz dachte, weinte ich über mein Vergehen gegen ihn, das nur in ganz vorübergehenden Gefühlen und Gedanken bestand. Wie oft bat ich Herz nicht, daß er, wenn Ewart am Morgen käme, ihn nicht annehmen möchte, damit er dann nicht so viele Stunden bei mir sein könne. Herz meinte aber, was es mir denn täte, ich könne ihn ja da sitzen lassen und immer arbeiten. Welche Sicherheit? Ewart kam nun zu allen Tageszeiten, vernachlässigte die Kreise, in welchen er sonst gelebt, wozu auch die Höfe gehörten, und war immer da, wo ich war; konnte er es irgend möglich machen, so ließ er sich, ich weiß nicht, durch wen, auch bei Moses Mendelssohn einführen, den wir oft besuchten. Da er sah, daß er durch Feinheit seinen Zweck, der mir endlich nicht mehr verborgen bleiben

Johann Gottfried Schadow, Brustbild eines jungen Mädchens
mit turbanähnlichem Kopfputz
(wahrscheinlich Studie zur Büste von Henriette Herz)

konnte, nicht erreichen würde, ward er zudringlich, und das rettete meine Seele. Sie wandte sich ab von ihm, und er ward jedesmal von meiner Türe abgewiesen, wenn ich allein war. Eines Sonnabends mittag kam ich von meinen Eltern nach Hause und fand ihn an meiner Türe, die mir eben geöffnet ward; ich mußte ihn jetzt schon des Dienstmädchens halber hereinlassen. Kaum waren wir im Zimmer, so beschwor er mich, ihm eine Zeit zu bestimmen, in welcher er mich allein und ungestört sehn könne; er kniete vor mir nieder und schwur, daß er nicht eher aufstehn würde, bis ich ihm eine Stunde genannt hätte. Ich hörte klingeln, hörte Tritte – ich beschwor ihn aufzustehn – umsonst – man näherte sich der Tür, – er sagte, daß es ihm gleich wäre, wer käme, es sei mein Mann oder ein Fremder – man war an der Türe, und ich nannte ihm neun Uhr am andern Morgen – mit dem Gedanken, dann nicht mehr zu Hause zu sein. Ich war ruhig, und war Ewart schon der erste Mann, der meine Brust auf eine Weise bewegte wie kein anderer, so war es doch in sehr geringem Grade, und es durfte mehr der hübsche englische Offizier sein als der Mensch in ihm. – Am Abend desselben Tages, den ich außer dem Hause zugebracht hatte, sagte mir mein Mädchen beim Auskleiden, daß Ewart mehrere Male dagewesen wäre und daß er ihr einen Brief für mich gegeben; ich nahm ihn ihr ab, erbrach ihn nicht, schlief ruhig und eilte am andern Morgen vor neun Uhr mit dem Briefe zu meiner Freundin, mit der ich näherkam, da ihr nachheriger Gatte, mit dem sie in einem Hause wohnte, meine Büste machte, Marianne, sie um ihren Rat bittend. Ich wollte nämlich den Brief nicht erbrechen, sondern ihn entweder unerbrochen zurückschicken oder ihn meinem Manne geben; gegen das letzte war sie entschieden, und ihre Neugier, vielleicht auch die meinige, machte, daß wir den Brief erbrachen: sein Inhalt läßt sich leicht erraten; er war in englischer Sprache geschrieben, teils in Versen, teils in Prosa, voll der glühendsten Leidenschaft. Ich ward fest und fester, den Brief meinem Manne zu zeigen und dann zu tun, was er mir sagen würde. Der Umgang mit Ewart hatte mir eine ziemliche Fertigkeit im Verstehn des Englischen gegeben, wir lasen viel miteinander, und daher ist es kein Wunder, daß ich mehr wußte als Herz. Ich mußte ihm daher fast den Brief wörtlich übersetzen, er blieb ruhig und sagte, ich möchte ihm alle Bücher, deren er mir viele geliehen hatte, zurückschicken und ihm folgende Worte dabei schreiben: Sachez que la comédie est finie et que vous ne trouverez jamais plus ni moi ni mon mari à la maison. Es kostete mich keinen Kampf, dies zu tun, mir war ganz leicht dabei, und meine Heiterkeit war auf keine Weise gefährdert. Daß die Bekanntschaft Ewarts im Cohenschen Hause gemacht war, wußte Herz. Die Gelegenheiten, ihn zu sehn, aber, die mir gemacht wurden, verschwieg ich ihm, was freilich nicht recht war; aber – so jung, so schön – man verzeihe mir's. Mehrere Wochen verstrichen, ohne daß ich Ewart sah, es geschah einmal – wahrscheinlich veranstaltet –, und er sagte mir, daß man ihn auf unerhörte Weise in Hinsicht meiner hintergangen habe, daß man ihm gesagt (und zwar ließ er es mich durchsehn, daß es jene eben genannten Freunde gewesen wären), daß es ihm leicht werden würde, was er nun als unmöglich erkenne, daß ich ihm doch nur wieder erlauben möchte, zu mir zu kommen. Ich glaubte ihm, was er sagte, da ich der Cohen nie recht getraut hatte, sprach mit Herz, sagte ihm alles, und da er Ursache hatte, Cohens zu schonen, so ließ er geschehn, daß Ewart wiederkam. Er war nun ganz anders in seinem Betragen, ich bin aber weit entfernt, zu glauben, daß diese Änderung aus dem rechten Grund entstand, glaube vielmehr, daß er kälter ward durch eine neue Verbindung mit einer Hofdame der Königin, die später seine Gattin ward; seine Besuche wurden immer seltner und hörten endlich ganz auf; ich blieb ruhig, und als ich ihn nach Jahren einmal wiedersah, ward ich wohl einen Augenblick bewegt, blieb aber ruhig. Mehrere Jahre nachher ward er Gesandter am hiesigen Hofe, und ich sah ihn höchst selten, doch erinnere ich mich, daß, als ich ihn zum ersten Male nach langer Zeit sah, ich erschrak und Herzklopfen bekam. So endigte die erste Begebenheit dieser Art, und ich danke noch heute Gott, daß sie mich nicht ins Verderben gestürzt hat. Seine Hand allein konnte mich dagegen schützen, und er hat sie über mich gehalten. Dorothea wußte auch ein Teil der Geschichte; auch sie war unbefangen und unschuldig wie ich; mehr und um alles wußte Marianne, die ich öfterer sah, weil ihr Freund und nachheriger Gatte meine Büste in seinem Hause machte, in welchem sie wohnte, und sie gewöhnlich den Sitzungen beiwohnte. Sah ich nun schon Dorothea seltner, so war sie meinem Herzen dennoch näher; auch verstand sie mich oder vielmehr meine Unschuld besser, weil sie selbst unschuldig war. Vor meiner Bekanntschaft mit Ewart hatte ich nie die Möglichkeit gedacht, daß eine verheiratete Frau von einem anderen als von ihrem Manne geliebt werden oder einen andern als ihn lieben könnte. Wie durch einen allmählichen Zauber ward mir langsam ein Vorhang weggezogen, hinter welchem ich eine neue große Welt erblickte und fühlte. Oft sagte ich das zu Dorothea, die ich jede Woche einmal sah, wozu eine in ihrem Hause eingerichtete Lesegesellschaft Gelegenheit gab.

Ich fahre nun fort in der Erzählung meiner früheren Lebenszeit. Bald nach der glücklich vorübergegangenen Zeit, in der ich Ewart sah, verließen wir die Wohnung und bezogen eine größere, ganz in der Nähe von Freunden, deren älteste Tochter, um einige wenige Jahre jünger als ich, ein sehr ausgezeichnetes Wesen war; wir wurden bald näher befreundet und sahen uns oft. Der Vater, der Juwelenhändler war, bezog die Leipziger Messe, und ich war außer mir vor Freuden, als er und seine Frau mir sagten, daß sie mich zur nächsten Ostermesse mitnehmen wollten. Es war die erste Reise, die ich machen sollte, und ich dachte still in mir, daß die Leute über Potsdam hinaus doch wohl anders aussähen als bis dahin, und mit Freude und Neugier trat ich die Reise an.

Mein Mann konnte seiner großen ärztlichen Praxis halber sich nicht wohl von Berlin entfernen. Eigentlicher Zweck der Reise war ein Ausflug, welchen ich von dort auf seinen Wunsch nach Halle machen sollte, damit sein Lehrer und Freund Goldhagen mich kennenlerne. Ich erfüllte diesen Wunsch, und es wurde mir bei dieser Gelegenheit in Halle zugleich die Bekanntschaft zweier vielgenannter, aber sehr verschiedenartiger Menschen, des Romandichters Lafontaine, damals noch ein sehr junger Mann, und des mehr berüchtigten als berühmten Theologen Bahrdt. Aber ungeachtet jener vielleicht niemandem jemals ein Haar gekrümmt hat und seiner Zeit der Liebling vieler, zumal fast aller romanelesenden, Frauenzimmer war, während dieser schon damals fast mit aller Welt, namentlich mit der Geistlichkeit, in Streit und Hader lebte, so gestehe ich doch, daß er mich viel mehr interessierte als der weiche sentimentale Lafontaine, der im Leben vielleicht ebensooft gerührt war, als er durch seine Werke

Leser und Leserinnen gerührt hat. Bahrdt war in der Tat in der Gesellschaft ein durchaus angenehmer Mann, wenn in dieser nur nicht die Gegenstände seines Grolles und seiner Polemik berührt wurden. Er war unterhaltend, er sprach fließend, ja elegant, und oft mit einer Wärme, welche meinem jugendlichen Gemüte sehr wohl tat. Er und der zu jener Zeit in Halle studierende, später als Arzt berühmt gewordene Formey begleiteten mich nach Leipzig zurück, und ich gedenke noch seiner lebendigen und anregenden Unterhaltung auf dieser kleinen Reise.

In der letzten Stadt lernte ich teils damals, teils auf einem späteren Ausfluge dahin in Gesellschaft meiner Freundin Dorothea Veit noch andere in jener Zeit glänzenden Sterne am Himmel der Kunst und Literatur kennen, welche alle aber auch zugleich als Menschen höchst achtenswert und liebenswürdig waren. Liegt es an dem Fortschritt, oder auch nicht, teilweise wenigstens, an dem Undank und der Selbstgenügsamkeit der jetzigen Generation, daß ihr Andenken heute fast gänzlich verschollen ist? Und doch gehörte zu ihnen Ernst Platner, zugleich Arzt, Physiolog und Philosoph, und in allen diesen Fächern ausgezeichnet; Friedrich von Blankenburg, der, nachdem er im siebenjährigen Kriege sich als tapferer Offizier bewährt, aber auch infolge der Strapazen der Feldzüge seine Gesundheit eingebüßt hatte, durch ästhetische Werke sich einen Namen in der damaligen Literatur erwarb, ein wackerer, milder Mann, der nach dem Tode seines Heldenkönigs nie anders als in Trauer erschien, jedenfalls eine sehr interessante Persönlichkeit, und der schon deshalb nicht ganz vergessen sein sollte; der liebenswürdige C. F. Weiße, der Kinderfreund, und eine Reihe von Jahren hindurch sehr beliebter dramatischer Schriftsteller; der treffliche Oeser, der als Mensch vielleicht noch höher stand, wie er, der Sohn einer wenig erquicklichen Kunstzeit, als Künstler stehen konnte, der aber doch die Kunst des Bildhauers und die des Malers in seiner Person vereinte und in seiner Epoche in beiden hervorragte, dessen größtes Verdienst jedoch das jetzt fast vergessene sein möchte, daß er infolge seiner vielseitigen Bildung seinem Freunde Winckelmann die erste Anleitung zu seinen archäologischen Studien geben konnte; Bause, der Kupferstecher, dessen noch heute hochgeschätzte Blätter sein Andenken wenigstens unter den Kupferstichsammlern erhalten haben wird. –

Als ich auf meiner Reise nach Italien wieder durch Leipzig kam und von allen diesen nur noch Platner am Leben fand, schien mir diese Stadt fast verwaist. Mit diesem körperlich und geistig noch frischen Greise jedoch verlebte ich zu meiner Freude noch schöne Stunden bei der Frau Löhr, der Tochter Bauses, aber ich hatte fast Ursache, diese Freude zu bereuen, und mußte über die Vergänglichkeit alles Irdischen schmerzliche Betrachtungen machen, als ich kurz nachher erfuhr, daß der eben noch so lebensfrohe Mann von einer Gemütskrankheit befallen worden sei, von welcher ihn glücklicherweise ein baldiger Tod erlöste. –

Zurück jedoch zu der befreundeten Familie, mit welcher ich jene erste Reise nach Leipzig machte. Sie bestand aus dem Juwelenhändler Levin, seiner Frau und ihrer Tochter Rahel, später Frau von Varnhagen. Der Vater war der geistreichste und witzigste Despot, den man sich denken kann, und eben deshalb der verletzendste. Aber darum kümmerte er sich wenig, denn in der Tat war seine größte Lust die an der Unlust. Wie es hieß, hatte er ein sehr schlechtes Leben geführt, soll unter einer Räuberbande gewesen und gebrandmarkt gewesen sein. Er war ungemein klug, aber nicht gut. Sein Wille war sein höchstes Gesetz, und unter diesem eisernen Willen litt seine ganze Familie; doppelt aber Rahel, welche auch das Leid mitlitt, unter welchem ihre gute, sanfte, doch etwas geistesbeschränkte Mutter seufzte. Das etwa fünfzehnjährige Mädchen war infolge dieser Verhältnisse wirklich sehr unglücklich. Denn neben dem Geiste und der Freiheitsliebe, welche sie schon damals vor allen Mädchen ihres Alters auszeichneten, war sie auch durch ein fühlendes Herz hervorragend, wie sie mir denn überhaupt immer für die schlagendste Widerlegung der Behauptung gegolten hat, daß Herzensgüte nicht neben einem scharfen und kritischen Verstande bestehen könne. Sie war von der regsten Teilnahme für die Ihrigen und für ihre Freunde, und diese Teilnahme war um so wohltuender und wirksamer, als Rahel tief in die Geschichte der Herzen eindrang. Hilfreich war sie bis zur Selbstaufopferung, und dies von jenen frühen Jahren an bis zu ihrem Lebensende.

Der Vater war reich. Er machte in Berlin auf gewisse Weise ein Haus, denn er sah viele Leute bei sich, aber es waren größtenteils Schauspieler, ein Umstand, der auf manche Lebensansichten der

Leopold Friedrich Günther von Goeckingk

Kinder nicht ohne Einfluß blieb. Die Frau war einfach und gut, dem Mann in jedem Sinne unterworfen.

Wir reisten mit Extrapost, kehrten daher immer in den Posthäusern ein, wo die bessere Gesellschaft war, und so geschah es auch in Beelitz. Beim Hereintreten ins Gastzimmer fiel mir Gesicht und Gestalt eines Jünglings auf, der wohl zu den schönsten in allen Zeiten gehören dürfte. Ein ältlicher Mann war mit ihm, wir kamen allmählich ins Gespräch, und ich erfuhr, daß sie nach Berlin gingen, wo der Jüngling sich längere Zeit aufhalten würde. Als wir fortfuhren, stand er vor der Türe und nickte mir ein gar freundliches Lebewohl zu.

Auch hier in Leipzig lebten wir auf anständigstem Fuße. Wir speisten in den ersten Hotels. Mein Aufenthalt in Leipzig, der vier Wochen dauerte, gehört zu den angenehmsten Erinnerungen meiner Jugendzeit. Täglich des Vormittags auf Auerbachs Hof, den damaligen Sammelplatz der eleganten Welt, wo man sich einfinden mußte, weil es zum guten Ton gehörte, und des Abends ins Theater.

Ich glaube, daß ich damals in der Tat schön war. Hatten sich schon in Halle die Studenten haufenweise meinem Fenster gegenüber versammelt, so konnte es mir nicht minder verborgen bleiben, daß ich in Leipzig große Aufmerksamkeit erregte, ja, dienstfertige Seelenverderber sagten mir später, man sei des Morgens eigens nach Auerbachs Hof gegangen, um mich zu sehn, weil ich dann gewöhnlich dort zu finden war. Ich lernte auf diese Weise viele Leute äußerlich kennen, aber es knüpften sich hier auch zwei Freundschaftsverhältnisse an, die mir für das Leben blieben. Das eine mit dem feinen, geistreichen und vielseitigen Schweden Gustav von Brinckmann, einem Altersgenossen von mir, das andere mit dem viel älteren Goeckingk, welches aber schon deshalb ein innigeres wurde, weil ich länger mit ihm als mit jenem an demselben Orte lebte und wir uns zuzeiten fast täglich sahen.

Man darf sich das Aufsehen, welches Goeckingk in der Zeit vor dem Auftreten der Koryphäen unserer Dichtkunst bei dem gebildeten Publikum erregte, nicht als ein geringes denken. Die gewandte Form und die Tiefe und Zartheit der Empfindungen in seinen ›Liedern zweier Liebenden‹ hatten sie mir nicht weniger als der ganzen Lesewelt jener Zeit wert gemacht, und seine damals berühmten ›Episteln‹, in welchen Feinheit der Beobachtung mit Gefühl und Anmut wetteifern, mich geradezu entzückt. Ich hatte mir immer seine Bekanntschaft gewünscht, und nun wurde sie mir durch ein zufälliges Zusammentreffen. Und wunderbar! – ich war gewohnt, mir ein Bild von der Persönlichkeit mir interessanter Menschen zu machen, und nie fand ich es der Wirklichkeit entsprechend, wenn ich sie später kennenlernte; ihn allein hatte meine Phantasie mir ganz entsprechend gebildet. Deshalb stand er mir auch vom ersten Augenblicke näher, als es sonst bei neuen Bekannten der Fall ist.

Wer das Interesse, welches ich an ihm nahm, zuerst bemerkte und mir dies scharf genug bezeichnete, war der Buffo einer italienischen Truppe, welche sich damals – es war zur Meßzeit – in Leipzig befand. Er galt für vortrefflich, da ich jedoch noch kein Wort Italienisch verstand, so war es nur seine Gewandtheit und vor allem sein höchst ausdrucksvolles und zuzeiten ungemein komisches Mienenspiel, was ich an ihm würdigen konnte; aber dies ließ mich, auch wenn er auf der Szene war, selten aus dem Lachen kommen. Er bemerkte dies bald, da wir immer in einer Prosceniumloge saßen, und zum Dank für meine Anerkennung schnitt er, beim Abgehen, aus der Kulisse hinaus immer noch ein paar Gesichter zum Totlachen eigens für mich. Heute hatte mich Goeckingk ins Theater begleitet, und seine Unterhaltung interessierte mich zu sehr, als daß ich viele Aufmerksamkeit für die Lazzi des Buffo gehabt hätte. Als ich nun aber die Fratze aus der Kulisse erwartete, nachdem ich meinen Begleiter auf sie vorbereitet hatte, erfolgte sie nicht, und statt ihrer wurde mir ein zorniger, vorwurfsvoller Blick aus dunkelglühenden Augen heraufgeschleudert. –

Nach dem Theater – es war ein schönes Frühjahr – gingen wir gewöhnlich noch spazieren, und ein junger Engländer, dem ich im Theater aufgefallen war, folgte uns gewöhnlich, sowie einige andere junge Leute, die ich auch nicht kannte. Ich bin jetzt 65 Jahr alt, wir zählen 1829, und ich darf daher wohl von meiner damaligen, anerkannten Schönheit sprechen, von der auch keine kleinste Spur mehr sichtbar ist. Die dunkeln, glänzenden Augen sind heller und matt geworden, das rabenschwarze Haar weiß, die weißen perlenartigen Zähne schwarz und schadhaft, das schöne Oval des Gesichts mager und lang....

Mein Lehrer gab zu seinem Besten jährlich den ›Tod Jesu‹ in der Nikolaikirche, und in diesem Jahre ging ich hin, weil er eben mein Lehrer war. Kaum hatte ich einen Sitz in einer Reihe mit der Kanzel genommen, als ich den Beelitzer Jüngling erblickte; er stand angelehnt unter der Kanzel und sah mich mit unverwandtem Blicke an; daß meine Aufmerksamkeit jetzt mehr auf ihn als auf die Musik gerichtet war, läßt sich denken. Beim Hinausgehn aus der Kirche seh ich ihn an meiner Seite, er redete [mich] an, indem er mich fragte, ob ich mich wohl erinnere, ihn gesehn zu haben. »O ja«, war meine Antwort, »Sie stehn auch in meinem Tagebuch.« Das schien zuviel, und ich setzte schnell hinzu: »Es war meine erste Reise, und da habe ich alles, was ich sah, Mensch und nicht Mensch, bemerkt.« Wenige Tage nach diesem Wiedersehn kam der Staatsrat Kunth zu uns und bat um die Erlaubnis, einen jungen Freund, den Sohn von Sophie La Roche, einführen zu dürfen. Das geschah denn nach wenigen Tagen, und ich war nicht wenig erstaunt, meinen Beelitzer Jüngling in dem Eingeführten zu erblicken. Er kam oft, und wir wurden Freunde, ohne daß ich mich erinnere, daß irgendein leidenschaftliches Gefühl sich hineingemischt hätte. In der Nähe meiner Wohnung wurden Vorlesungen gehalten, denen Karl beiwohnte und einer seiner Freunde, und es ist mir wohl zu verzeihen – ich war 17 Jahr alt –, wenn ich am Fenster war, wenn die Vorlesungen zu Ende waren, um Karl vorbeigehen zu sehn. Nach einem Jahr verließ er Berlin.

Lesegesellschaften

In meiner Jugendzeit wurde viel mehr gemeinschaftlich gelesen als jetzt. Teils kaufte man damals noch weniger schönwissenschaftliche Bücher, während es doch in Berlin zu jener Zeit nur eine irgend wohlversehene Leihbibliothek gab, die Viewegsche in der Spandauer Straße, teils bezweckte man, sich über das Gelesene gegenseitig zu verständigen. Wie es denn überhaupt hinsichtlich der Mittel, welche man ergriff, um sich zu bilden, und die Art, auf welche jeder im geselligen Verkehr sein Wissen anderen mitteilte, anders stand als jetzt. Einmal schon sprach man unbefangen und rückhaltlos aus, man habe das Bestreben, sich zu bilden, ein Wort, welches jetzt beinah lächerlich geworden ist. Weil man aber die Absicht und das Verlangen darnach aussprach, fanden sich sehr tüchtige Männer, und später, als die Pedanterei schon mehr einer freieren Bewegung Platz gemacht hatte, selbst berühmte Gelehrte, welche es nicht unter ihrer Würde hielten, den so Strebenden ihr Bestes mitzuteilen. Oft trugen sie in geselligen und sehr gemischten Kreisen vor, was unsere heutigen Gelehrten vielleicht nur Studierenden und Studierten vorzutragen der Mühe wert achten würden. Ebenso vereinigten sich sogar Gelehrte aller Fächer, Philologen, Philosophen, Theologen, Juristen usw. mit Frauen und Männern, welche an Wissen und Urteil weit unter ihnen standen, um sich miteinander an Erzeugnissen der schönen Literatur zu erfreuen, welche man sich wie gesagt zu diesem Zwecke vorlas.

Daß unter solchen Verhältnissen die Fähigkeit, gut vorzulesen, lebhaft angestrebt wurde, ist begreiflich. Auch mein Mann achtete dies Talent sehr, und kurz nach unserer Verlobung fragte er mich, ob ich lesen könne? – Da er mich während meines Brautstandes, und namentlich während der ersten Zeit desselben, meist wie ein Kind behandelte – und in der Tat war ich dies, denn ich zählte damals kaum dreizehn Jahre, und wurde auch im Hause selbst als Braut zu meinem großen Verdrusse noch so genannt –, so bezog ich diese Frage auf das Mechanische des Lesens und fühlte mich um so mehr durch sie gekränkt, als ich nicht nur schon fast die ganze Viewegsche Leihbibliothek zweimal durchgelesen hatte, sondern auch einst auf dem Wege dahin, einen schauerlichen Roman in der Hand, vor seinem Fenster, zu welchem er eben hinaussah, ausgeglitten und hingefallen war; was er, meiner Meinung nach, um so weniger hätte vergessen dürfen, als meine Beschämung darüber ihm nur zu sichtbar geworden war. Tränen rollten über meine Backen, und kaum vermochte ich ein leises: Ja! herauszubringen. Er bat mich nun, ihm etwas vorzulesen. Aber nach den ersten Zeilen schon sagte er, lächelnd zwar, doch mit der ihm eigentümlichen witzigen Schärfe: »Das nenne ich: ablesen!« – Nun las er mir seinerseits vor, und er las ganz vortrefflich. Jetzt verstand ich erst, was er gemeint hatte, und erklärte ihm, nun müsse ich freilich gestehn, nicht lesen zu können. »Ich werde es Sie lehren!« sprach er; und ich mußte mir schon den meine Eitelkeit verletzenden, aber mir sehr förderlichen Unterricht gefallen lassen.

Ich las später, wie man mir sagte, gut. Als ich einmal Goethes ›Fischer‹ in Gegenwart Zelters las, schien dieser sehr erfreut von der Art meines Vortrages des Gedichts, ja er sagte dem Dichter davon. Es zeugt von Goethes trefflichem Gedächtnis, selbst für Unbedeutendes, daß er, als ich ihn nach Jahren in Dresden sah, Zelters Bericht noch in Erinnerung hatte. Ich dankte diesem sehr freundliche Äußerungen des Dichters über die Sache. –

Eine der frühesten Lesegesellschaften, deren ich mich erinnere, war die, welche sich wöchentlich im Hause meiner ein Jahr früher als ich verheirateten Freundin Dorothea Veit, der Tochter Mendelssohns, später Friedrich Schlegels Gattin, versammelte. Zu ihr gehörten außer dieser Freundin und mir unter anderen mein Mann, Moritz, David Friedländer und eine zweite Tochter Mendelssohns. Gewöhnlich wurde Dramatisches gelesen, und ich darf sagen, gut. Mendelssohn war uns ein fleißiger und aufmerksamer Zuhörer. Aber wie schlichen wir auch um ihn herum, um ein Wort des Urteils von ihm zu hören! War es gar ein beifälliges, wie glücklich waren wir! – Der Weise war so gut und mild in seiner Weisheit. Dabei liebte er den Scherz, aber der seine war nie beißend. Selbst seinem Tadel wußte er eine anmutige, ja wohltuende Form zu geben. Ich war verwöhnt, weil man mir huldigte, und geneigt, selbst über harmlose Neckereien empfindlich zu werden. Als dies eben einmal wieder der Fall gewesen war, tadelte er mich ernst deshalb, schloß aber mit den Worten: »Sie sollten doch so etwas ruhig ertragen können!«

Etwas später, etwa um das Jahr 1785, bildete sich eine Lesegesellschaft, an welcher die ausgezeichnetsten Männer Berlins von den verschiedensten Fächern und Altern teilnahmen. Ich will unter ihnen nur Engel, den stets alten und etwas pedantischen Ramler, Moritz, Teller, Zöllner, Dohm, den Juristen Klein und meinen Mann nennen. Auch die weiblichen Mitglieder ihrer Familien gehörten ihr an. Außerdem aber auch die beiden sechzehn- bis achtzehnjährigen Brüder Wilhelm und Alexander von Humboldt, damals schon von feiner Sitte, lebendig, geistreich, kurz, durchaus liebenswürdig, und von umfassendem Wissen. Sie waren zu jener Zeit schon in unser Haus eingeführt, und so konnte es denn bei ihrem Interesse für alles Schöne, welchem sich später wohl auch einiges für die Schönen unserer Gesellschaft beimischte, nicht fehlen, daß sie dieser angehörten.

Die Versammlungen fanden stets bei dem Kastellan des Königlichen Schlosses, Hofrat Bauer, statt, dessen Frau ihrer Zeit den Anspruch machte, ein bel-esprit zu sein, und zwar im Winter im Schlosse, im Sommer in einem Garten, welchen Bauer vor dem Königstor besaß. Gelesen wurde jedesmal. Kleinere und größere Aufsätze, lyrische und epische Dichtungen, Dramatisches usw. wechselten ab, und sowohl Männer als Frauen lasen vor. Aber im Winter tanzten wir Jüngeren nach dem frugalen Abendessen, und ich erinnere mich, daß Alexander von Humboldt mich an einem jener Abende die damals noch neue Menuet à la Reine lehrte, und im Sommer spielten wir allerlei gesellige Spiele im Freien, bei welchen sich jedoch oft auch die Älteren beteiligten, schlugen Ball usw. Diese Allotria wurden freilich stets nur zu großer Unzufriedenheit der Frau Bauer getrieben, welcher nie genug gelesen werden konnte.

Engel präsidierte gewissermaßen in dieser Lesegesellschaft. Er führte die Irrenden auf den richtigen Pfad, und zwar im Winter von einem Platze hinter dem Ofen aus, welchen er stets einnahm, wann er nicht las. Ich erinnere mich noch, daß, als eines Abends Frau Bauer das Wort: Kritiker in einem Aufsatze, in welchem dasselbe wiederholt vorkam, stets: Kritíker aussprach, Engel nicht müde wurde, den Fehler zu korrigieren »Krítiker!« erschallte es immer von neuem hinter dem Ofen hervor, und wie die Folge bewies, immer vergebens. Die Sache war allerdings geeignet, den Anwesenden ein Lächeln abzunötigen, aber deshalb erschien uns die Frau noch nicht lächerlich, und Engel und alle die Notabilitäten unseres Kreises erschienen sich nicht so, in ihren literarischen Unterhaltungen eine solche Frau zur Genossin zu haben. –

So lebten wir ein ganzes Jahr auf hochvergnügliche Weise miteinander, von manchem geistigen Nutzen für alle. Der Eindruck, den ich auf Wilhelm gemacht, entging mir nicht, auch schrieben wir einander – ich ihm sehr ruhig, denn ich war es, er mir weniger so, doch wäre es nicht zur Leidenschaft in ihm gekommen, wäre ich zurückhaltender gewesen, so wie überhaupt weder irgendeine Art von Verhältnis noch auch, was man den Hof machen nennt, stattfinden kann, wenn die Frau nicht entweder darin eingeht oder doch geschehn läßt, was sie nicht sollte geschehn lassen. Jede Frau hat es in ihrer Gewalt, den sich ihr nähernden Mann, auf wie feine, geistige Weise er es auch tue, von sich entfernt zu halten, denn sieht er, daß es ihr wahrer Ernst ist, *daß* er fernbleibe, so bleibt er es auch, und die entstehende Neigung oder auch Leidenschaft geht in sich selbst zurück, und – hiermit habe ich mir mein Urteil gesprochen, denn meine Eitelkeit allein war schuld, daß so viele Männer aller Arten und aller Stände mir den Hof machten und in heftige Leidenschaft entbrannten.

Etwas später bildete sich ein sogenanntes ›Teekränzchen‹, in welchem jedoch ebenfalls öfter gelesen wurde und an welchem unter anderen G. v. Brinckmann, Graf Christian Bernstorff, Ancillon, Gentz und Leuchsenring teilnahmen, welches jedoch auch von solchen Freunden, die sich in Berlin damals nur zeitweise aufhielten, wie zum Beispiel von Dohm und Karl La Roche, bei ihrer Anwesenheit hier stets besucht wurde.

In den letzten Jahren des vorigen Jahrhunderts endlich wurde eine Lesegesellschaft gegründet, welche sich noch bis jetzt erhalten hat. Ihr Gründer war Feßler, welcher sich durch sie vielleicht das beste Andenken erwarb, welches er in Berlin hinterließ, da seine anderweite Tätigkeit hier, oft nicht mit Unrecht, vielfach angegriffen wurde. Diese Gesellschaft jedoch, welche noch heute unter dem Namen ›Mittwochs-Gesellschaft‹ besteht, hat sehr förderlich gewirkt. Sie versammelte sich damals im Englischen Hause. Auch an ihr nahmen gleich anfangs Männer der verschiedensten Fächer teil, Gelehrte, Künstler, Staatsmänner. Aber Frauen waren auch hier nicht ausgeschlossen, ja sie waren tätige und gern gesehene Mitwirkende. Zu den ersten Teilnehmern gehörten unter anderen Herz, Fischer, der Physiker, Hirt, Schadow und der große Schauspieler Fleck. Herz las hier wissenschaftliche Abhandlungen aus verschiedenen Fächern, Fischer physikalische, die er durch Experimente erläuterte. Schönwissenschaftliches fehlte auch hier ebensowenig als Dramatisches, und keiner las das letztere schlechter als der, welcher der erste Stern an einem damals wahrhaft glänzenden Theaterhimmel war, als Fleck. Ihn inspirierten nur die Bretter. Auf ihnen sprach er hinreißend, jedes

Gefühl mit unnachahmlicher Wahrheit ausdrückend, jedes unwiderstehlich in dem Hörer anregend.

Freilich mußte man auch in dieser Gesellschaft hinsichts der geistigen Kost bisweilen genügsam sein; immer aber hinsichts der leiblichen, denn man aß nach dem Lesen ungemein schlecht. Und dies bei einigen Talglichten, die kaum mehr als einen Dämmerschein über einen Saal, lang und schmal wie ein Darm, verbreiten. Aber keiner war anspruchsvoll, keiner tat vornehm, und so störten uns denn diese Äußerlichkeiten nicht. –

Mehrere der Teilnehmer der Feßlerschen Gesellschaft kamen in unser Haus, so wie fast jeder an Geist bedeutende Fremde es besuchte. Unter so begünstigenden Umständen bildete sich unser Haus, von welchem ich ohne Übertreibung sagen kann, daß es in nicht langer Zeit eines der angesehensten und gesuchtesten Berlins wurde. Herz zog durch seinen Geist und als berühmter Arzt die Leute an sich, ich durch meine Schönheit und durch den Sinn, den ich für alles Wissenschaftliche hatte, denn es gab kaum eine, in der ich mich nicht einigermaßen umgesehen hätte, und einige betrieb ich ernstlich, so Physik und später mehrere Sprachen.

Eine lange Reihe von Jahren lebte ich mit allen vorzüglichen Menschen Berlins in geselligem Verkehr. Wozu das Leben mich durch den Umgang mit ausgezeichneten Menschen gemacht hat, dafür danke ich allein Gott.

Man las damals anders als jetzt, so wie auch auf der Bühne anders gesprochen wurde als jetzt. Zunächst meist mit gerundeter, klangvoller Stimme. Denn wer vorlesen oder gar die Bühne betreten wollte, strebte vor allem, sein Organ zu bilden. Die Annahme, daß die wohltuenden Stimmen, welche man damals von den Brettern herab hörte, und deren einige noch in die neuere und neueste Zeit hinüberreichten, z. B. in der Bethmann, in Beschort, in der Schröck, eben nur Gaben der Natur waren, würde sehr irrig sein. Die damaligen Bühnenkünstler hielten vielmehr die sorglichste Ausbildung ihres Organs für eine ihrer ersten Berufspflichten. Sie glaubten nicht, man spreche tönend, rund, weich, weil man überhaupt spreche, wie sie auch nicht einmal glaubten, man gehe auf eine gefällige Weise, weil man sich überhaupt gehend fortbewegen könne; sie lernten beides. Dafür ersparten sie sich andererseits manche Mühe, an welcher es unsere neuen Bühnenhelden und -heldinnen leider nicht fehlen lassen. Denn hatten sie jene Vorbildung erworben, so strebten sie, eine Rolle einstudierend, wohl sich in sie hineinzudenken, sich hineinzufühlen, meinten aber nicht, beim Vortrage derselben etwas anderes tun zu müssen, als mit ihren eigenen schönen menschlichen Stimmen zu sprechen, wie es der jedesmalige Moment des Dramas erforderte oder ihnen eingab. Daß solch ein Held, Liebhaber, Bösewicht von der Bühne herab mit einem ganz anderen Tonfalle sprechen müsse, als irgendein Mensch in der Wirklichkeit spricht, ja mit dem absonderlichsten, und zumal im ernsten Drama, fiel ihnen entfernt nicht ein, und Iffland, der schon etwas von dieser Unart hatte, galt auch trotz seines trefflichen Spiels bei allen Leuten von Geschmack in dieser Beziehung für einen Manieristen, namentlich solange der so ganz unverkünstelte Fleck mit seinem wahrhaft wunderbaren Naturell neben ihm stand, und mehr noch der, wenn auch in einigen Rollen sehr anerkennungswerte, Mattausch, der nun wieder ein Nachahmer der Manier Ifflands war.

Gleiche Ansichten leiteten die Dilettanten bei dem damals sehr häufigen Lesen dramatischer Werke mit verteilten Rollen. Man trug sie mit möglichstem Verständnis des betreffenden Charakters und seines Verhältnisses zum Ganzen des Werkes und mit möglichst gebildetem Organe vor, dann aber auch mit möglichster Natürlichkeit. In dieser Art hatte ich in früherer Zeit oft die Leonore von Sanvitale in Goethes ›Tasso‹ mit Beifall gelesen. In späterer forderte mich der verstorbene Delbrück einmal auf, mit Frau von Knoblauch, der Tochter des Ministers Schrötter, und der Schauspielerin Demoiselle Beck, welche sich in die Rolle der Prinzessin teilen wollten, den ›Tasso‹ zu lesen. Ich sagte ihm: das geht nicht, das wird abscheulich! Jedes Wort dieser Damen wird gewichtig auftreten wie ein Flügelmann, denn sie werden glauben, auch die Kehlen müßten vom Kothurn zeugen. Ich werde leichtweg lesen, wie ich spreche. Wie soll da Einklang in die Bewegung kommen? – Aber Delbrück bestand, ich fügte mich dem Wunsche des Freundes, und der Erfolg war, wie ich ihn vorhergesagt hatte. Ich sah ein, daß ich nicht mehr vorlesen dürfe und daß man froh sein müsse, wenn das Vernünftige sich auch nur eine Zeit hindurch geltend gemacht hat.

Dorothea von Schlegel

Moses Mendelssohn lebte streng nach dem mosaischen Gesetze. Die Leute glaubten jedoch den vertrauten Freund Lessings zu ›aufgeklärt‹ und ›vernünftig‹, als daß es ihm um das Judentum ernst sein könne. Ihrer Ansicht nach hielt er die jüdischen Gesetze und Gebräuche nur, weil er andernfalls das Vertrauen seiner Glaubensgenossen verloren hätte und sein Zweck, sie aufzuklären, dadurch vereitelt worden wäre. Ich bin anderer Ansicht über ihn. Eben die Duldung und Nachsicht, mit welchen er auch die sogenannten Freidenker ertrug, sind mir ein Beweis für die innere Wahrhaftigkeit des ebenso weisen als milden Mannes, der Gott im Herzen trug, und sprechen mir dafür, daß er in der Tat auf dem Wege des Judentums zu ihm zu gelangen hoffte. Im Judentum erzogen, ohne Glauben für das Christentum, an welches er daher nur den Maßstab seiner Philosophie anlegte, lebte er gläubig in dem ersteren fort und hielt darauf, daß sein Haus nach jüdischen Gesetzen und Gebräuchen geführt wurde und seine Kinder Unterricht im Judentum erhielten. Indes blieben diese in einer Zeit des religiösen Indifferentismus, wie dies namentlich die spätere Zeit Mendelssohns schon war, nicht lange innerlich Juden.

Die Freunde des Hauses, zum großen Teil sogenannte aufgeklärte Juden und Christen, d. h. eigentlich bloße Deisten, trugen eben auch nicht dazu bei, den Kindern einen andern Sinn einzuflößen als den, welcher im Geiste der Zeit lag, und um so weniger, als diese Freunde aus ihrem eigenen Innern die Ansicht schöpften, daß der Vater es mit dem Judentume nicht ernst meinen könne. Da, wo das religiöse Element in den Kindern hätte wohnen können, blieb nun eine Leere. Aber begabte Naturen, wie sie alle waren, machte sich in allen später das Bedürfnis rege, diese Leere auf irgendeine Weise auszufüllen. Bei mehreren von ihnen brach eben das lang unterdrückte religiöse Bedürfnis um so mächtiger durch, so bei meinen Freundinnen Dorothea und Henriette Mendelssohn, welche sich später dem Katholizismus mit Eifer zuwendeten.

Ohne noch zum Bewußtsein gekommen zu sein, war der Umgang mit diesem Hause wohl von sehr gutem Einfluß auf mich, und der treffliche Mendelssohn trug meine jugendliche, wahrhaft ausgelassene Lustigkeit mit großer Nachsicht.

Der sonst so treffliche Mendelssohn beging doch das Unrecht, die Neigung seiner Töchter bei ihrer Verheiratung nicht zu Rate zu ziehen, wenngleich er ihnen auch nicht gerade einen Zwang in dieser Beziehung antat. Dorothea war die Gespielin meiner Kindheit gewesen. Sie war ein Jahr vor mir verheiratet worden, und gleich mir sehr früh. Mendelssohns Scharfblick sah in dem Manne, welchen er ihr bestimmt hatte, dem Bankier Veit, schon alle die trefflichen Eigenschaften im Keime, welche sich später bei ihm entwickelten, aber der Tochter genügte eine Anweisung auf die Zukunft nicht, und der Vater irrte, wenn er meinte, daß sie den Mann so erkennen würde, wie er es vermochte. Wie sollte aber auch das etwa siebzehnjährige, lebendige, mit glühender Einbildungskraft begabte Mädchen, gebildet von einem solchen Vater – er hatte für sie und ihren ältesten Bruder eigens die ›Morgenstunden‹ geschrieben –, erzogen in einem Hause, das von den vornehmsten wie von den geistig hervorragendsten Personen besucht wurde, einen Mann lieben, der, damals noch von sehr beschränkter Bildung, ihr nur als philiströser Kaufmann erschien und nicht einmal durch äußere Vorzüge ihr irgendeinen Ersatz bot, denn er war unschön von Gesicht und unansehnlich von Gestalt. Erst später trat die hohe Moralität des Mannes hervor, bildete sich seine wahrhaft edle Gesinnung aus und gab sich ein Streben nach geistiger Ausbildung bei ihm kund, in welchem er dann bis zu seinem Lebensende nicht nachließ. Sie liebte ihn nicht, als sie ihm ihre Hand gab, sie lernte niemals ihn lieben, und auch als sie ihn erkannt hatte, lernte sie nur ihn achten. Ihr junges Leben ward in seiner Blüte geknickt.

Ich hatte sie seit ihrer Hochzeit aus den Augen verloren. Wenige Tage nach der meinen begegnete ich ihr auf der Straße. Wir sprachen viel in wenigen Augenblicken. Ich wußte nun zu meinem Schmerze, daß sie nicht glücklich war.

Die Voraussetzung jedoch, daß sie, so wenig innere Befriedigung sie in ihrem ehelichen Verhältnisse fand, der Neigung zu einem anderen Manne Raum gegeben hätte, würde eine durchaus irrige sein, und ebensowenig bot das äußerliche Leben des Ehepaares ein Bild der Uneinigkeit dar. Aber sie verzehrte sich, und

Dorothea Schlegel

ich sah sie so unglücklich, daß ich später selbst mit ihr von einer Trennung von ihrem Gatten sprach. Sie wies den Vorschlag jedoch mit Entschiedenheit zurück. Sie wollte um keinen Preis den Ihrigen, und namentlich ihrem Vater, der noch lebte, den Schmerz verursachen, mit welchem dieser Schritt sie erfüllen würde. – Aber auch die Geburt zweier Söhne, der späteren Maler Johann und Philipp Veit, vermochte nicht, dem Verhältnisse eine höhere Weihe zu verleihen.

Nun aber kam Friedrich Schlegel nach Berlin. Er war mir durch Reichardt zugewiesen worden, und bei mir sah er seine nachherige Frau zum ersten Male. Doch sogleich bei diesem ersten zufälligen Zusammentreffen machte sie einen so gewaltigen Eindruck auf ihn, daß er sogar mir bemerkbar wurde. Nicht lange, und das Gefühl war ein gegenseitiges, denn Schlegel konnte in der Tat ein liebenswürdiger Mann genannt werden und mußte allen Frauen gefallen, welchen er gefallen wollte.

Jetzt aber wurde die Trennung ihrer Ehe in der Tat eine Notwendigkeit. Das Herz erfüllt von einem anderen Manne, welcher eine soviel geistreichere und glänzendere Erscheinung war als ihr Gatte, den sie nie geliebt hatte, wäre die Fortdauer des ehelichen Verbandes für Dorothea wahrhaft zu einer Pein geworden. Auch bestand das Hindernis nicht mehr, welches sie früher vermocht hatte, jeden Gedanken an eine Trennung abzuweisen: ihr Vater war längst tot. Als aufrichtige Freundin beider Eheleute eignete ich mich am füglichsten dazu, die betreffende Verhandlung zu führen, und ich unterzog mich dem allerdings kritischen Geschäfte im Interesse beider.

Veit wollte anfangs von einer Trennung nichts wissen. Bei dem äußerlich durchaus einträchtigen, ja freundlichen Verhältnisse zwischen den Eheleuten hatte er kaum eine Ahnung von der inneren Unbefriedigung seiner Frau. Ich war genötigt, ihm einen Blick in ihr Inneres zu eröffnen, und dies hatte seine endliche Einwilligung zur Folge. Er handelte dabei aufs großmütigste gegen sie, denn sie war ohne väterliches Vermögen, und er konnte dies bewirken, ohne den Schein von Großmut anzunehmen, indem er ihr den ältesten Sohn überließ und eine ansehnliche Pension für ihn zahlte. Später ließ er diesem auf die dringenden Bitten der Mutter auch den zweiten nachfolgen, ich glaube nach

Bonn hin. – Nie ließ er in seiner lebendigen Teilnahme für seine frühere in der Tat hochbegabte Gattin nach. Er sah sie nachmals öfter, einmal unter andern in Dresden, und wann es dem Schlegelschen Ehepaare nicht eben gut erging, wie dies zum Beispiel zu einer Zeit sogar in Wien der Fall war, erhielt sie ansehnliche Unterstützungen von ihm, ohne zu wissen, woher sie kamen. –

Die Schließung der neuen Ehe konnte nicht unmittelbar auf die Trennung der früheren folgen. Dorothea bezog eine Wohnung in der Ziegelstraße, in einem damals sehr abgelegenen Teile der Stadt, denn die Umgegend dieser Straße war fast noch gar nicht angebaut, und machte dort eigene Menage. Ich erinnere mich nicht, daß Schlegel bei ihr wohnte, aber er aß bei ihr und war fast immer um sie; seine literarische Tätigkeit war eben damals eine bedeutende, und er arbeitete gern unter ihren Augen, ja mit ihrem Beirat. Das gegen die Sitte Verstoßende dieses Verhältnisses war nicht zu leugnen. Und wird schon im allgemeinen bei einem Weibe ein Verstoß gegen die Sitte fast einem gegen die Sittlichkeit gleichgeachtet, so setzt auch die arge Welt nur zu gern selbst die Unsittlichkeit da voraus, wo sich nur irgendein Anlaß zu einer solchen Voraussetzung bietet. Es ist gewiß, daß das Verhältnis großes Aufsehen machte. Mein Mann hätte gewünscht, daß ich den Umgang mit der Freundin meiner Kindheit abgebrochen hätte. Ich erklärte ihm, daß er Herr in seinem Hause sei, daß ich ihn aber bitte, mir zu gestatten, hinsichts meines Umgangs außer seinem Hause auch ferner meiner Ansicht zu folgen, und daß ich eine so liebe Freundin in einer so schwierigen Lage nicht verlassen würde. – Auch Schleiermacher nahm keinen Anstoß an dem Umgang mit beiden. Er war eben in dieser Zeit viel sowohl mit Dorothea als mit Schlegel, mit welchem letzteren er damals die Übersetzung des Platon im Werke hatte, die er später allein fortsetzte. Gegen die Trennung der Veitschen Ehe hatte er durchaus nichts gehabt, weil, seiner damaligen Ansicht nach, eine Ehe gleich dieser eben eine Entheiligung der Ehe war.

Daß nun eben in der Zeit eines solchen Zusammenlebens Schlegels mit Dorothea die ›Lucinde‹ erschien, machte das Verhältnis ihrer Freunde zu ihnen allerdings etwas schwierig. Denn von dem sofort als höchst unsittlich verschrieenen Buche, mit welchem doch nur eine Verklärung der sinnlichen Liebe gemeint war, wurde nun von allen dem Paare ferner Stehenden behauptet, daß Schlegel, wie umhüllt auch, wesentlich darin sein Verhältnis zu Dorothea dargestellt habe. Dies war geradehin lächerlich. An Dorothea war nichts zur Sinnlichkeit reizend. Nichts war schön an ihr als das Auge, aus welchem freilich ihr liebenswürdiges Gemüt und ihr blitzender Geist strahlten, aber sonst auch gar nichts, nicht Gesicht, nicht Gestalt, ja nicht einmal Hände und Füße, welche doch an sonst unschönen Frauen mitunter wohlgeformt sind. – ›Mit der Lucinde werden wir wohl beide unsere Not haben‹, schrieb mir Schleiermacher nach dem Erscheinen des Buchs. ›Der vertraute Freund eines Predigers soll so ein Buch schreiben, und dieser soll nicht mit ihm brechen! – Ich werde es machen wie Sie, und habe es schon unterschiedlich so gemacht.‹ – Er meinte damit, daß er sich um das Gerede nicht kümmern werde. –

Dorothea war anfangs mit dem Buche gar nicht zufrieden. Sie klagte sehr über das ›Herauswenden alles Inneren in der Lucinde‹. – Auch Schleiermacher hatte sich nicht sofort in dasselbe hineingefunden. Er schrieb mir gleich nach dem Erscheinen, daß er ›doch eigentlich keine rechte Idee von der Lucinde habe‹. Aber bald gewann er diese, und das oft fast vorsätzlich erscheinende Mißverstehen des Buches seitens des großen Lesepublikums und ein gewisser Oppositionsgeist, welcher ihm überhaupt und namentlich gegen alles innewohnte, was ihn philisterhaft dünkte, veranlaßte ihn nach einiger Zeit, mit seiner Ansicht über dasselbe in den ›Briefen über die Lucinde‹ hervorzutreten. Ich will jedoch bemerken, daß einige dieser Briefe nicht von ihm, sondern von einer Dame sind, zu welcher er damals in sehr freundschaftlicher Beziehung stand, der Gattin des hiesigen Predigers Grunow. –

Ich gestehe, daß ich seit der Verbindung meiner Freundin mit Schlegel nicht ohne Befürchtungen für ihr künftiges Lebensglück war. Ich glaubte nämlich bald die Überzeugung erlangt zu haben, daß es ihm an Gemüt fehle. Ich hatte diese namentlich aus seiner Beziehung zu dem für seine Freunde so durchaus hingebenden, gemütvollen Schleiermacher geschöpft und sie diesem auch sowohl mündlich als schriftlich ausgesprochen. Schleiermacher, unendlich mild in seinem Urteil über seine Freunde und stets ihrer Individualität selbst da, wo sie ihm verletzend entgegentrat, wie dies bei derjenigen Schlegels öfter der Fall war, große Rechnung tragend, wollte es nicht Wort haben. Die Folge erwies, daß ich mich nicht getäuscht hatte. Ich glaube, daß meine Freundin, wie sie die geistige Höhe und die poetische Natur ihres zweiten Gatten um so wohltuender empfand, wenn sie ihn in dieser Hinsicht mit ihrem früheren verglich, doch das warme Gemüt des letztern, welches sich in der liebendsten Sorgfalt für sie äußerte, bisweilen schmerzlich vermißte. Weniger schmerzlich jedoch, als es in ihren früheren Jahren der Fall gewesen wäre. Denn ihr späteres Leben war ein fortwährender innerer Läuterungsprozeß, infolgedessen sie immer höhere Ansprüche an sich selbst und immer geringere an andere, namentlich sofern es deren Beziehungen zu ihr betraf, machte.

Nachdem die Liebenden ihren Bund durch die Ehe geheiligt hatten, gingen sie zunächst nach Jena. Schon dieser erste Ausflug brachte meiner Freundin unangenehme Tage, denn das Ehepaar wurde von August Wilhelm Schlegel und seiner ersten Frau, einer gebornen Michaelis, nicht eben freundlich aufgenommen. Hierauf lebten sie eine Zeitlang in Dresden, wo ich sie wiedersah, dann, nachdem sie in Köln zur katholischen Religion übergetreten waren, in Bonn. Später gingen sie nach Paris und dann nach Wien, wo Schlegel Anstellung fand. Es war ein Leben, das, wie interessant auch, doch ein unruhiges zu nennen war. Aber es gab Dorotheen eine Masse neuer Anschauungen von Welt, Menschen und Kunst, welche sie dazu benutzte, und bei der Schärfe ihres Geistes geeignet war, dazu zu benutzen, das Nichtige von dem Unvergänglichen immer mehr unterscheiden zu lernen, um nur das letztere festzuhalten.

Dann sah ich das Ehepaar im Jahre 1811 in Wien wieder. Ich fand ein zufriedenstellendes Verhältnis, aber wohin war die Poesie entschwunden, welche das frühere, von der Welt so verpönte durchdrungen hatte! Freilich lag auch die poetische Jugendzeit hinter ihnen. – Ich hatte meine Wohnung bei ihnen genommen, nachdem ich in dem etwas geräuschvollen Hause meiner Freundin, der Baronin Arnstein, vom kalten Fieber befallen worden war. Eines Abends war auch Dorothea leidend. Ich saß vor ihrem Bett. Wir klapperten beide ein wenig in Fieberfrost. Schlegel saß uns gegenüber an einem Tische, aß Orangen und leerte dazu eine

Flasche Alicante! Ich weiß nicht, ob er auch uns dadurch von einiger südlichen Glut zu durchhauchen dachte. –

Im Jahre 1818 ward mir von neuem die Freude, Dorothea zu sehen, und diesmal in dem ewigen Rom, wohin sie gekommen war, um ihre dort weilenden Söhne zu besuchen. Ich bekenne, daß ich in der ersten Zeit unseres dortigen Zusammenseins nicht von einer Art Unmut, ja von einem gewissen Gefühle von Eifersucht frei war. Es wendete sich damals bei den in Rom anwesenden deutschen Katholiken, und namentlich den neubekehrten, fast alles um den Katholizismus, und in allem freundlichen, ja vertraulichem Umgange hatte man mitunter wahrzunehmen, daß man als ein Heide, ja als eine Art Halbmensch angesehen wurde. Aber ich mußte doch bald durch alle Äußerlichkeiten hindurch den tiefreligiösen Kern in meiner Freundin entdecken. Sie war ganz mit Gott und mit sich einig. Die Klarheit, Sicherheit und Ruhe, welche sie in allem und über alles besaß, wurde mir wahrhaft wohltuend, und ein Sommeraufenthalt in Genzano in ihrer Nähe wird mir unvergeßlich bleiben.

Ich sah sie seitdem nicht wieder. – Sie lebte später in Frankfurt bei ihrem Sohne, dem Maler Philipp Veit, von einer kleinen österreichischen Pension, welche in ihren letzten Lebensjahren um etwas erhöht wurde. Eine lange gehaltvolle Korrespondenz mit ihr habe ich auf ihren Wunsch vernichten müssen. Nur ihrem letzten, etwa zwei Monate vor ihrem Tode geschriebenen Briefe habe ich ein längeres Dasein vergönnt. Sie war müde und sehnte sich nach dem Jenseits, aber trotz der Unbilden des Alters und trotz dieses Sehnens ertrug sie das Leben mit Ruhe und Heiterkeit. Ein kalter Frühling hatte sie unangenehm afficiert. ›Nun‹, schrieb sie in diesem Briefe, ›man muß es sich eben gefallen lassen wie die Pflanzen und Blüten, die ihre Schuldigkeit tun und in ihrem Beruf fortblühen, als machte es ihnen das größte Vergnügen.‹ Und an einer anderen Stelle, in Beziehung auf eine Äußerung, die ich in einem Augenblicke des Unmuts niedergeschrieben hatte: ›Alles was wir Weltkinder sonst Poesie des Lebens genannt haben, das ist weit, weit! – Ich könnte sagen wie Du, ich bin es satt. Aber ich sage es dennoch nicht, und ich bitte und ermahne Dich: sage auch Du es nicht mehr. Sei tapfer! das heißt, wehre Dich nicht, sondern ergib Dich in tapferer Heiterkeit! – – Laß den Überdruß des Lebens nicht herrschend werden, ich bitte Dich darum, sondern denke beständig daran, daß dieses arme Leben weder Dein Eigentum noch Dir zur willkürlichen Benutzung oder zur angenehmen Beschäftigung verliehen worden ist; jeder Tag desselben ist ein Kleinod der Gnade, ein Kapital, das Du weder vergraben noch von Dir werfen darfst.‹ –

So dachte die teure, oft verkannte Freundin, und ich will ihrem letzten Rate folgen.

Zur Geschichte der Gesellschaft und des Konversationstones in Berlin

Mit Moses Mendelssohn war das Streben, sich deutsche Bildung und Gesittung anzueignen, in den Juden Berlins, und namentlich in der jüngeren Generation, erwacht. Die Männer wendeten sich, durch ihn angeregt, philosophischen Studien zu. Aus diesen Bestrebungen gingen allerdings sowohl philosophisch gebildete Männer, wie zum Beispiel David Friedländer, als tüchtige Philosophen von Fach, wie Salomon Maimon, Bendavid und andere, hervor. Da jedoch die Philosophie von ihren Jüngern wissenschaftliche Vorbildung, geistige Tiefe und bedeutende Opfer an Zeit fordert, die meisten damaligen Juden aber Kaufleute waren und ihren Handelsgeschäften mit Eifer oblagen, so ist es begreiflich, daß ein Teil bald von diesem Studium gänzlich abließ, ein anderer es doch sehr dilettantisch betrieb. Die Frauen wendeten sich, teils durch Mendelssohn persönlich, teils durch seine Aufsätze in den ›Briefen, die neueste Literatur betreffend‹ und in der ›Allgemeinen Deutschen Bibliothek‹ veranlaßt, mit dem Feuer, mit welchem lebhafte Naturen ihnen bis dahin gänzlich Unbekanntes erfassen, der schönen Literatur zu. Ihnen standen natürlich in diesen Bestrebungen viel weniger Hindernisse entgegen als den Männern in ihren philosophischen. Die größten waren diejenigen, welche manchen von ihnen durch ihre Eltern entgegengesetzt wurden. Denn diese sahen nicht nur in einer deutschen Bildung zugleich eine auf christlichem Boden ruhende, sondern waren auch jeder Beschäftigung ihrer Kinder abhold, welche diese, ohne einem äußern Berufe zu dienen, von dem Kreise und den Interessen der bis dahin patriarchalisch gestalteten Familie abziehen konnte. Aber der Widerstand wurde nur zu einer neuen Anregung. Die reicheren Juden, schon durch ausgebreitete Geschäftsbeziehungen in manchen Berührungen mit Christen, waren in dieser Hinsicht die nachsichtigsten.

Zuerst war es die am drastischesten wirkende Poesie, die dramatische, mit welcher man sich vorzugsweise beschäftigte. In den Häusern der reicheren Juden wurden bereits in meiner Kindheit Schauspiele aufgeführt. Schon etwa in meinem neunten Jahre, also ungefähr um 1773, wohnte ich, wie ich früher erzählt habe, in dem Hause eines jüdischen Bankiers der Darstellung eines Trauerspiels bei. Es war dies ›Richard der Dritte‹ – von welchem Verfasser, weiß ich nicht mehr –, und die Töchter des Hauses hatten in demselben die weiblichen Hauptrollen übernommen. Der Eindruck dieser ersten dramatischen Vorstellung, welche ich überhaupt sah, wurde ein unauslöschlicher. – Später war das Lesen mit verteilten Rollen sehr an der Tagesordnung und blieb es bis in das erste Jahrzehent dieses Jahrhunderts hinein. Aber man war bald nicht bei der dramatischen Literatur stehengeblieben. Man suchte sich mit der deutschen schönen Literatur in ihrem ganzen Umfange bekannt zu machen, und eine besondere Gunst des Geschickes wollte, daß die Blütezeit derselben eben damals begann. Ihre Meisterwerke wurden mit uns, und es ist etwas anderes, eine große Literaturepoche erleben, schon was das Interesse an ihren Erzeugnissen und das Verständnis derselben betrifft, und an dem ersten Urteil über die letzteren mitarbeiten, als sie als ein Abgeschlossenes nebst den fertigen Urteilen über sie und ihre Werke überkommen.

Der daneben noch fortdauernde Einfluß der französischen Literatur auf einen Teil der deutschen führte bald auch auf sie hin. Noch lebte Voltaire im Anfange der Epoche, von welcher ich spreche, ja er schrieb noch, und kein Name hatte einen Klang gleich dem seinen. Die französische Sprache war von den Töchtern der wohlhabenden Juden schon etwas früher, wie oberflächlich auch immer, getrieben worden. Die Alten hatten aus Gründen der Nützlichkeit nichts dagegen; sie war eine Sprache, durch welche man sich in allen zivilisierten Ländern verständlich machen konnte. Die Töchter hatten freilich meist ganz andere

Gründe. Sie bezweckten hauptsächlich, ungeniert und in der Modesprache mit den Hofkavalieren und hübschen jungen Offizieren zu konversieren, die das Geld, welches sie von den Vätern erborgten, oft nur durch die Aufmerksamkeiten bezahlten, welche sie den Töchtern erwiesen. Jetzt aber wurde sie aus besseren Gründen mit Erfolg studiert, man wollte sich befähigen, die älteren und neueren Schriftsteller Frankreichs in der Ursprache zu lesen.

Aber doch hatte damals schon Lessing die dramatische Poesie der Franzosen mit seiner hellen kritischen Leuchte beleuchtet und zugleich die Aufmerksamkeit auf Shakespeare gelenkt. Die Übersetzungen der Dramen des letzteren, welche man vor der Schlegelschen besaß, waren weniger geeignet zu befriedigen als auf die Quelle hinzuleiten, und dieser Weisung genügen zu können, suchte man sich Kenntnis der englischen Sprache zu erwerben. Sie eröffnete zugleich den Zugang zu manchen Romanen der Zeit, welche der Liebesschwärmerei der jugendlichen Mädchenherzen süße Kost boten. Und daß ich es gestehe, wir hatten alle selbst einige Lust, Romanheldinnen zu werden. Keine von uns, die nicht damals für irgendeinen Helden oder eine Heldin aus den Romanen der Zeit schwärmte, und obenan stand darin die geistreiche, mit feuriger Einbildungskraft begabte Tochter Mendelssohns, Dorothee. Aber auch an Wissen und geistiger Fähigkeit stand sie obenan.

Auch die Kenntnis der italienischen Dichter in der Ursprache eröffneten sich mehrere aus unserm Kreise, der allgemach um so mehr nun auch schon junge Ehefrauen umfaßte, als die jüdischen Mädchen damals sehr früh heirateten. Da nun manche der jungen Ehepaare ihr Haus den beiderseitigen Bekannten eröffneten, so wurde dies Gelegenheit, den Geist, welcher sich durch die Beschäftigung der Frauen mit der Literatur, ihre Unterhaltung darüber und die Ideen, welche sich durch beide in ihnen erzeugten, gebildet hatte, zur Kunde und Teilnahme weiterer Kreise zu bringen. Und dieser Geist war in der Tat ein eigentümlicher. Er war allerdings einerseits aus der Literatur der neueren Völker hervorgegangen, aber die Saat war auf einen ganz ursprünglichen, jungfräulichen Boden gefallen. Hier fehlte jede Vermittelung durch eine Tradition, durch eine von Geschlecht zu Geschlecht sich fortpflanzende, mit dem Geist und dem Wissen der Zeit Schritt haltende Bildung; aber auch jedes aus einem solchen Bildungsgange erwachsene Vorurteil.

Einer solchen Natur dieses Geistes und dem Bewußtsein derselben in seinen Trägerinnen ist die Üppigkeit, der Übermut, ein sich Hinaussetzen über hergebrachte Formen in den Äußerungen desselben zuzuschreiben; aber er war unleugbar sehr originell, sehr kräftig, sehr pikant, sehr anregend und oft bei erstaunenswerter Beweglichkeit von großer Tiefe. Die höchste Blüte desselben offenbarte sich etwas später in Rahel Levin. Sie war etwa sechs Jahre jünger als ich und die meisten meiner Freundinnen, aber die Wärme ihres Geistes und Herzens im Verein mit dem Unglück hatten sie früh gereift. Ich habe sie von ihrer ersten Kindheit an gekannt und weiß daher, wie früh sie die hohen Erwartungen rege machte, welche sie später erfüllte.

Die christlichen Häuser Berlins boten andererseits nichts, welches dem, was jene jüdischen an geistiger Geselligkeit boten, gleichgekommen oder nur ähnlich gewesen wäre. Allerdings gab es auch schon damals hier Männer der Wissenschaft, wenngleich Berlin erst dreißig bis vierzig Jahre später eine Universität erhielt. Aber diese blieben, nachdem sie den größten Teil des Tages ihren Studien und ihren Amtsgeschäften gewidmet hatten, entweder zurückgezogen im engsten Kreise ihrer Familie oder trafen einander an irgendeinem öffentlichen Orte, wo sie bei einem Glase Bier sehr ernst und sehr pedantisch über gelehrte Gegenstände diskutierten; und ein sogenannter Montags-Club, dessen Teilnehmer aus den geistigen Notabilitäten der Stadt bestanden, brachte es damals selten nur auf zehn Mitglieder. Ihre Frauen hätten ihrer Eigenschaft als gute und ehrsame Hausmütter Eintrag zu tun geglaubt, wenn sie geistigen Interessen irgend Raum in sich gegönnt hätten, und nächstdem wäre ihre Gegenwart bei den gelehrten Gesprächen ihrer Eheherren diesen eine Störung geworden, hätte sie ihnen nicht gar eine Profanation ihres Heiligtums der Wissenschaft geschienen. – Zu den wenigen, welche bisweilen geladene Gesellschaft bei sich sahen, gehörte Nicolai. Er war auch gastfreundlich gegen fremde Gelehrte, so wie er denn auch später an einem Kränzchen teilnahm, welches sich abwechselnd bei dem Juristen Klein, dem General-Chirurgus Görcke, in unserem

Hause und in dem einiger anderen Freunde versammelte, zu welchem auch jeder in das Haus des jedesmaligen Wirts eingeführte Fremde geladen wurde und welches für die damalige höhere Geselligkeit Berlins nicht ohne Bedeutung war: aber ein eigentliches Haus machte auch Nicolai nicht, ungeachtet er die Mittel dazu besessen hätte. Nur von einem Gelehrten Berlins läßt sich sagen, daß er ein Haus machte, wenn man es nämlich als ein Kennzeichen eines solchen betrachtet, daß Freunde und Eingeführte auch ungeladen gastlichen Empfanges sicher sind, und dieser eine gehörte seinem äußeren Berufe nach dem Kaufmannsstande an. Es war dies Moses Mendelssohn. Das Haus dieses trefflichen Mannes, dessen Einkünfte als Disponent in einer Seidenwarenhandlung im Verein mit dem Ertrage seiner schriftstellerischen Arbeiten immer noch wenig bedeutend waren und welchem die Sorge für sechs Kinder oblag, war dennoch ein offenes. Selten berührte ein fremder Gelehrter Berlin, ohne sich bei ihm einführen zu lassen. Seine und der Seinigen Freunde kamen ungeladen, daher auch die geistreichen Freundinnen der Töchter des Hauses. Fehlten alte orthodoxe Juden ebenfalls nicht, gegen welche Mendelssohn sich stets als ein freundlich gesinnter Glaubensgenosse erwies, so waren es doch die intelligentesten der Stadt. Und Mendelssohn übte diese ausgedehnte Gastfreundschaft, ungeachtet die Familie sich ihrethalben große Beschränkungen auferlegen mußte, wobei dennoch die materiellen Genüsse, welche sein Haus den Gästen bot, die Grenzen strengster Mäßigkeit nicht überschreiten durften. Ich wußte, als genaue Freundin der Töchter, daß die würdige Hausfrau die Rosinen und Mandeln, damals ein Naschwerk de rigueur, in einem bestimmten Verhältnis je nach der Zahl der Gäste in die Präsentierteller hineinzählte, bevor sie in das Gesellschaftszimmer gebracht wurden. – Aber Mendelssohns Haus war immer nur eines und konnte nicht das geistige Bedürfnis vieler befriedigen.

Von einem christlichen bürgerlichen Mittelstande, welcher andere geistige Interessen gehabt hätte als diejenigen, welche der äußere Beruf etwa anregte, war damals hier noch nicht die Rede. Es gab da viele ehrenwerte Familientugenden, aber jedenfalls noch mehr geistige Beschränktheit und Unbildung. Der höhere christliche Kaufmannsstand zählte nur noch wenige Mitglieder, und es stand bei ihm in geistiger Beziehung nicht viel anders. In den Häusern desselben wurden wohl große prächtige Gastmähler und Feste gegeben, die Töchter des Hauses wurden in dem verweichlichendsten Luxus erzogen, aber von Bildung ward nur der äußerlichste Firnis angestrebt. Von dem Beamtenstande war der niedere bei geringen Einkünften mit Amtsgeschäften überhäuft, die Not in den Büros und die Not im Hause, letztere durch die oft zahlreiche Familie verursacht, drückte jede etwa erstrebte geistige Erhebung sofort nieder. – Die hohen Zivil- und Militärbeamten teilten das Geschick des Hofes, welchem der bei weitem größte Teil durch adelige Geburt angehörte und welchem eine geistreiche und anregende Geselligkeit gänzlich abging.

Das letztere war erklärlich genug. In einem monarchischen Staate kann nur der gesellige Kreis des Herrschers den Mittelpunkt für die Geselligkeit des Hofes bilden. Und an einem solchen fehlte es eben unter der Regierung Friedrichs des Großen sowie unter der seines Nachfolgers. Den Umgang des ersteren bildete nur eine kleine Anzahl von Freunden, meist Franzosen. Wenige andere Personen, selbst vom Hofe, wurden zugezogen, und von einer aus Herren und Damen gemischten Gesellschaft war da nicht die Rede. Die Königin aber lebte getrennt von dem Könige in fast gänzlicher Zurückgezogenheit im Schlosse zu Schönhausen und kam nur mitunter zu Haupt- und Staatsaktionen nach Berlin. Unter seinem Nachfolger konnten die anderweiten Verbindungen des Königs der Gemahlin desselben wenig Veranlassung sein, ihren Sinn für Ruhe und Bequemlichkeit zu überwinden, die Kreise des Königs aber konnten eben jener Verbindungen halber nicht zu jenem Mittelpunkte werden. Es gab nur hergebrachte große Hoffeste, Couren, vorschriftsmäßige Assembléen bei den hohen Zivil- und Militärbeamten zur Karnevalszeit und tödliche Langeweile, namentlich für die jungen Edelleute.

Diesen wehte von Frankreich schon die revolutionäre Luft entgegen, welche die Schriften der Enzyklopädisten angefacht hatten, in Deutschland hatte ihnen Goethe die Ahnung einer neuen geistigen Zukunft erschlossen. Was konnten ihnen nun jene Gesellschaften bieten, was selbst das Haus, sogar wenn man in diesem nicht ohne geistige Interessen war! Hier waren Haller,

Hagedorn, Gellert, Ewald von Kleist und die dramatischen Schriftsteller à la Gottsched und Bodmer noch die Heroen der deutschen schönen Literatur. Lessing war dort schon ein freigeistiger Neuerer. – Auch in den Familienkreisen Geistlosigkeit und Langeweile! – Wenn Alexander von Humboldt in jenen Jahren einer gemeinschaftlichen Freundin und mir von dem seiner Familie gehörenden Schlosse Tegel aus schrieb, datierte er den Brief gewöhnlich von: Schloß Langeweile. Freilich tat er dies meist nur in solchen Briefen, welche er in hebräischen Schriftzügen schrieb, denn in dieser Schrift hatte ich ihm und seinem Bruder Wilhelm den ersten Unterricht erteilt, den später ein anderer auf sehr erfolgreiche Weise fortsetzte, und sie schrieben sie trefflich. In Briefen, deren Inhalt jedem zugänglich gewesen wäre, kundzugeben, man unterhalte sich besser in Gesellschaft jüdischer Frauenzimmer als auf dem Schlosse der Väter, war damals für einen jungen Edelmann nicht ganz unbedenklich!

War es aber zu verwundern, daß, als inmitten solcher gesellschaftlichen Verhältnisse oder eigentlicher Mißverhältnisse eine geistreiche Geselligkeit sich bot, sie trotz der damals gegen die Juden herrschenden Vorurteile begierig von denjenigen ergriffen wurde, welche überhaupt auf dem Wege mündlichen Ideenaustausches geistige Förderung suchten? Nicht minder begreiflich aber ist es, daß es unter den Männern die jüngeren waren, welche sich zuerst diesen Kreisen näherten. Denn der Geist, welcher in diesen waltete, war der einer neuen Zeit, und nächst dem waren die Trägerinnen desselben durch eine Gunst des Zufalls zum Teil sehr schöne junge Mädchen und Frauen. Und ebenso lag es in den Verhältnissen, daß zuerst der strebende Teil der adeligen Jugend sich anschloß, denn der Adel stand in der bürgerlichen Gesellschaft den Juden zu fern, um selbst, indem er sich unter sie mischte, als ihresgleichen zu erscheinen.

Freilich aber änderten sich innerhalb unseres Kreises die Verhältnisse früh genug. Der Geist ist ein gewaltiger Gleichmacher, und die Liebe, welche hin und wieder auch nicht unterließ, sich einzumischen, wandelte oft den Stolz gar in Demut. Höfisches Wesen vollends hätte sich hier, wo Zwanglosigkeit eine Lebensbedingung war, bald der Satire ausgesetzt gesehen. Sie richtete sich ohnedies schon gegen die ganze Klasse des Hofadels mit seinem kalten steifen Formenwesen. Da der Hof damals aber viel um allerlei Prinzen und Prinzchen trauerte, die niemand kannte, auch er selbst nicht, und man ihn daher kaum anders als mit sogenannten Pleureusen sah, so wurde der Hofadel in unserm Kreise gewöhnlich durch den Spitznamen ›Pleureusenmenschen‹ bezeichnet.

In diesen Kreis war nach und nach wie durch einen Zauber alles hineingezogen, was irgend Bedeutendes von Jünglingen und jungen Männern Berlin bewohnte oder auch nur besuchte. Denn Selbstbewußtsein und Lebensfrische duldeten nicht, daß das einmal aufgesteckte Licht unter den Scheffel gestellt würde, und schon leuchtete es daher in weitere Fernen. Auch geistesverwandte weibliche Angehörige und Freundinnen jener Jünglinge fanden sich allgemach ein. Bald folgten auch die freisinnigen unter den reiferen Männern, nachdem die Kunde solcher Geselligkeit in ihre Kreise gedrungen war. Ich meine, pour comble kamen wir zuletzt in Mode, denn auch die fremden Diplomaten verschmähten uns nicht.

Und so glaube ich nicht zuviel zu behaupten, wenn ich sage, daß es damals in Berlin keinen Mann und keine Frau gab, die sich später irgendwie auszeichneten, welche nicht längere oder kürzere Zeit, je nachdem es ihre Lebensstellung erlaubte, diesen Kreisen angehört hätten. Ja die Grenze ist kaum bei dem Königlichen Hause zu ziehen, denn auch der, jedenfalls geniale, Prinz Louis Ferdinand bewegte sich später viel in denselben. Rahels Briefwechsel, soweit er erschienen ist, kann einigermaßen zum Belege meiner Behauptung dienen. Ich sage einigermaßen, denn waren gleich die Freunde und Freundinnen, an welche ihre Briefe gerichtet, und die, welche in denselben erwähnt sind, mehr oder minder auch die der Genossen dieser Gesellschaft, so würde doch die vollständige Veröffentlichung desselben gewiß noch mehr bedeutende ihr befreundete Persönlichkeiten vorführen; und überdies stand sie zu mehreren einer etwas früheren Zeit angehörenden nicht in Beziehung. Ja ebensowenig fürchte ich zu übertreiben, wenn ich ausspreche, daß der diesen Kreisen entsprossene Geist in die Gesellschaften selbst der höchsten Sphären Berlins eindrang, denn schon die äußere Stellung vieler, welche ihnen angehörten, macht dies erklärlich. Nächst dem aber fand dieser Geist fast überall leere Räume.

Karl Philipp Moritz

Moritz war ein genauer Freund unseres Hauses. So lange er nunmehr (1838) auch schon tot ist, so habe ich ihn doch aufs lebendigste in Erinnerung. Er war in der Tat ein genialer, aber ein kränklicher und hypochondrischer Mensch. Man hat dies bei seiner Beurteilung nicht genug in Anschlag gebracht. Unwahr gegen sich selbst, wie man ihn oft hat schildern wollen, habe ich ihn nie gefunden. Es war ihm mit allen Empfindungen, die er aussprach oder die seine Handlungen bestimmten, im entsprechenden Augenblicke ernst, aber er war unstet, und daher mußte öfter sein Handeln ohne Konsequenz erscheinen. Sein Gemüt war von einer liebenswürdigen Kindlichkeit; da er jedoch gewohnt war, sich gehen zu lassen, so konnte es nicht fehlen, daß er bisweilen kindisch erschien. Die Gesellschaft stimmte ihn in der Regel zu schweigendem Ernst; regte ihn jedoch irgend etwas zur Munterkeit an, so lachte er, wie ich noch kaum einen Menschen lachen gehört habe. Selbst Unbedeutendes, aber ihm Neues, ja irgendein Gerät, ein Möbel, konnte ihn zu lauten Ausbrüchen des Erstaunens und der Freude hinreißen. »Ja, das lobe ich mir! – Ja, wer so etwas auch haben könnte!« – habe ich ihn bei solchen Gelegenheiten einmal über das andere ausrufen hören.

Den Eindruck, welchen einer unserer jungen feinen, wohlgeputzten, sprachgewandten und sprechseligen Gelehrten, das Entzücken der geistreichen Damen unserer Teezirkel, uns gibt, machte der lange Moritz mit seiner hektischen Gestalt auf diese Weise freilich nicht. Aber ward er einmal durch irgendeinen Gegenstand angeregt genug, um sich zur Äußerung über ihn gedrängt zu fühlen, so war die Lebendigkeit, mit welcher er es tat, von um so größerem und bleibenderem Eindruck. Nie werde ich in dieser Beziehung seine Schilderung der Peak-Höhle in Derbyshire vergessen, die er uns sogleich nach seiner Rückkunft von seiner von einem Spaziergange aus angetretenen Reise nach England mündlich machte, später aber in seiner Reisebeschreibung auch dem Publikum gab. – Auch las er ganz vortrefflich. In unserer damaligen Lesegesellschaft wurde fast jährlich einmal Lessings ›Nathan‹ mit verteilten Rollen gelesen. Moritz las die Rolle des Tempelherrn, und ich habe sie nie wieder so vortragen hören. –

Als Herz die bekannt gewordene Kur mit ihm vornahm, war ich schon verheiratet. Eine lediglich eingebildete Krankheit war Moritzens Übel nicht. Er war in der Tat krank, jedoch nicht gefährlich. Aber der Wahn, daß er ein Opfer des Todes sei, hatte ihm ein Fieber zugezogen, welches ihn aufzureiben drohte. Lebhaft erinnere ich mich noch der Besorgnis, welche Herz, der ihn sehr liebte, um ihn hegte. »Gott!« rief er an jedem Abende, »wenn ich doch dem Moritz helfen könnte!« – Eines Morgens jedoch, als er sich zur Umfahrt bei seinen Patienten bereitete, eröffnete er mir, er habe in der Nacht ein Mittel ersonnen, welches, wenn überhaupt Hülfe möglich sei, Moritz retten werde. Ich glaubte, es handle sich von einer Arznei; und da ich mit meinem Manne auf dem Fuße stand, über seine Berufsangelegenheiten mit ihm sprechen zu können, so bat ich ihn, mir das Mittel zu nennen. »Laß es gut sein«, antwortete er mir. »Ich werde es dir mitteilen, sobald ich eine Wirkung davon wahrnehme.«

Er fuhr nun zu Moritz, dessen Fieber er noch gesteigert fand. Der Arme warf sich im Bette hin und her und rief wie gewöhnlich dem Arzte entgegen: »Aber muß ich denn sterben? – eben ich? – Ist denn keine Hülfe möglich?« – »Keine!« antwortete Herz, »länger will ich es Ihnen nicht verhehlen. Aber es ziemt sich für einen Mann, und gar für einen Weisen, dem Unvermeidlichen mit Ruhe, ja mit Heiterkeit entgegenzutreten.« – Und nun sprach er trefflich, wie er sprechen konnte, in diesem Sinne weiter mit ihm, immer aber den Tod des Patienten dabei als gewiß hinstellend. Gründe der Religion konnte er ihm dabei freilich nicht anführen, denn gab es je einen Freigeist, so war es Moritz, und nie wurde er heftiger, als wenn es galt, gegen eine geoffenbarte Religion zu Felde zu ziehen.

Als Herz am nächsten Morgen seinen Kranken besuchte, fand er ihn zum ersten Male ruhig im Bette liegend und dieses selbst mit Blumen geschmückt. – »Nun, wie geht es Ihnen?« fragte Herz. – »Sie sehen es!« antwortete Moritz. »Ich gehe mit Fassung, ja mit Seelenruhe meiner Auflösung entgegen. Der Tod soll in mir keinen Feigling finden.« – »Brav!« erwiderte Herz. »So habe ich Sie zu finden erwartet. Dies Bild will ich mir nach Ihrem

Abscheiden von Ihnen bewahren!« Er fühlte dem Kranken den Puls. Das Fieber hatte bedeutend nachgelassen. Nach drei Tagen, welche Moritz mit der Gemütsruhe eines sterbenden Weisen zugebracht hatte, war es gänzlich verschwunden und nicht lange darauf der Kranke völlig hergestellt. –

Goethe interessierte sich aufs lebendigste für Moritz, und in jener früheren Epoche seines Lebens tat er dies selten für andere als für sehr bedeutende Menschen. Beide waren in Rom viel miteinander, und nach jenem, auch durch Goethe bekannt gewordenen, tragisch-komischen Ereignisse, dem Ritte zu Esel nämlich, welchen sie miteinander machten und bei welchem Moritz in einen Laden hineinritt, vom Esel fiel und ein Bein brach, pflegte Goethe ihn aufs freundschaftlichste. In Rom und seiner Nähe war zur Zeit meiner Anwesenheit daselbst, also dreißig Jahre nachher, das Andenken an Goethe und Moritz noch nicht erstorben. Man nannte sie oft gemeinsam, und namentlich erinnere ich mich, daß der Wirt in der ›Sibilla‹ in Tivoli mir noch mancherlei von ihnen zu erzählen wußte. –

Mir ist der Tag noch in lebendiger Erinnerung, an welchem Moritz mir seine Braut, eine geborne Matzdorff, in meiner Wohnung vorstellte. Kaum hatte er es getan, so winkte er mir, mit ihm in das anstoßende Kabinett zu treten, und fragte mich ganz ernst und trocken: »Nicht wahr, ich habe da« – hier wies er mit dem Zeigefinger auf das Zimmer, in welchem sich seine Braut befand – »einen sehr dummen Streich gemacht?« – Ungeachtet schon diese Frage bewies, daß er einen gemacht hatte, denn wie konnte ein unter solcher Voraussetzung geschlossenes Ehebündnis zu seinem Heile ausschlagen, und trotz meines lebendigen Interesses für den Fragenden, war ich im Begriff zu lachen, so komisch wurde die Frage durch Art, Zeit und Ort. Später ging denn auch die Frau mit einem gewissen Sydow oder Zülow – ich erinnere mich des Namens nicht mehr genau –, der ein Buch über die Art, sich in Gesellschaft zu benehmen, geschrieben und, wie es schien, seine Theorie in der Gesellschaft der Frau Moritz mit gutem Erfolge angewendet hatte, auf und davon. Moritz eilte den Flüchtlingen nach und kam ihnen endlich auf die Spur. In einem Dorfe oder Städtchen angekommen, erfährt er auf Nachfrage im Gasthofe, daß der Herr, welchen er bezeichnet, sich im Hause befinde, und man deutet ihm an, daß er bei Moritzens Ankunft sich unter einem umgestülpten Fasse versteckt habe. Moritz tritt an das Faß, steckt die Mündung eines Pistols in das Spundloch und ruft: »Meine Frau mir herausgegeben, oder ich schieße!« Der geängstete Entführer gibt den Versteck der Frau an, denn er weiß nicht, daß das Pistol nicht geladen ist. Moritz führt seine Frau zum zweiten Male heim, und, so unglaublich es scheinen mag, die Eheleute lebten nachher ganz erträglich miteinander, ja die Frau pflegte den Mann in seiner letzten Krankheit, einem Lungenübel, so treu, daß sie von ihr angesteckt wurde und gleichfalls an derselben starb!

Mirabeau

Auch Mirabeaus Gesicht schwebt mir, so viele Jahre vergangen sind, seit ich ihn sah, doch noch ganz deutlich vor. Denn es zu vergessen war schwer, wenn man ihn auch nur einmal gesehen hatte, wie es doch andererseits wegen seiner großen und ganz absonderlichen Häßlichkeit immer von neuem auffiel, wenn man ihn wiedersah. Am wenigsten trugen seine Pockennarben zu dieser Häßlichkeit bei, wenngleich sein Gesicht von ihnen gänzlich zerrissen war; weit mehr die Eigentümlichkeit, daß das ganze sowie alle einzelnen Teile desselben auf eine kolossale Weise in die Breite gezogen waren. Breiteste Nase, erdenklich größter Mund mit dicksten wulstigsten Lippen. Dabei war er zur Zeit seiner Anwesenheit in Berlin schon nahe den Vierzigen, und war gleich seine Gestalt noch von großer, ja auffallender Kräftigkeit, so waren über sein Gesicht die Ausschweifungen seiner Jugend nicht spurlos hingegangen.

Aber man vergaß alles, wann er sprach. Denn er sprach hinreißend, wie ich nie jemanden sprechen gehört habe, und namentlich ist mir eine solche Eleganz der Sprache in der Leidenschaftlichkeit – und in diese geriet er leicht – nie weiter vorgekommen. Leider weiß ich nichts mehr vom Inhalte seiner Unterhaltungen mit mir, was vielleicht daran liegt, daß es das Ganze seiner Erscheinung war, was mich zunächst in Anspruch nahm. Aber ich weiß, daß, als er einige Jahre später einer der ersten Helden der Französischen Revolution wurde, nichts von dem, was man über

Honoré Gabriel de Riqueti Graf de Mirabeau

die gewaltige Wirkung seiner Reden las und hörte, mich in Erstaunen setzte. –

Übrigens genoß er schon bei seiner Anwesenheit in Berlin eines bedeutenden Rufes. Schon hatte er in Gutem und Üblen viel von sich reden gemacht. Man wußte auch, daß er alle Frauen, die er gewinnen wollte, für sich gewonnen hatte, seine eigene ausgenommen, und es sprach sehr für das Vertrauen, welches mein Mann mir stets bewies, daß er mir, einer jungen und hübschen Frau, diesen gefährlichen Menschen zuführte. Denn er war es, der es tat. Ein Baron Nolde, ein Kurländer, hatte ihn ihm vorgestellt. Aber da Herz nur schlecht französisch sprach, so überwies er ihn mir; was der Einführende hatte erwarten können und auch dem Eingeführten weder unerwartet noch unerwünscht zu sein schien.

Friedrich von Gentz

Hat man, gleich mir, in Beziehung zu vielen bedeutenden Menschen gestanden, deren Leben später Gegenstand öffentlicher Besprechung geworden ist, so wird man oft sehr schmerzlich durch die Art berührt, auf welche es geschieht. Während ich die ausgezeichnetesten Menschen nicht nur nicht genug gewürdigt, sondern oft schwer verkannt, ja verlästert gefunden habe, und zwar letzteres oft wegen Handlungen, deren achtungswerte Motive ich wußte, und in Hinsicht auf Gesinnungen, um welche es ihnen ein heiliger Ernst war, mußte ich Handlungen, deren nichtsnützige Beweggründe offen vor mir lagen, als Frucht trefflichster Gesinnung herausstreichen sehen. Das letzte möchte eher hingehen. Mögen immerhin Menschen, die im Leben nicht viel taugten, nach dem Tode auf solche Weise zu Ehren kommen. Doch immer ist solches Verfahren nicht nur eine Versündigung gegen die Wahrheit, sondern es wirft oft ein unverdient nachteiliges Licht auf diejenigen, welche sich eben im Interesse dieser in völlig entgegengesetztem Sinne aussprechen. Sind nun die dargestellten Personen gar etwa zu historischen geworden, so darf man sagen, daß eine Fälschung an einem Gemeingute begangen ist. Hat aber vollends die Ungerechtigkeit ihren Grund allein in persönlicher Neigung oder Abneigung gegen die Dargestellten, so kann ich sie nicht scharf genug tadeln. Denn von diesen sollte sich jeder frei machen, welcher sich öffentlich über Menschen ausspricht.

So soll Gentz jetzt durchaus ein Mann von Gesinnung gewesen sein! – Möge man immerhin bei der Beurteilung des Publizisten und des Politikers von seinem sittlichen Leben absehen, möge man die seinerseits so ohne Scheu affichierten Ausschweifungen seiner alten Tage mild, ja lobend der unvertilgbaren inneren Jugendlichkeit des Mannes zuschreiben – den ich doch schon lange vor jener so bekannt gewordenen zärtlichen Liaison als einen Graukopf mit zitternden Händen in Wien wiedersah – und dem alten aimable roué deshalb beifällig zulächeln: aber niemand soll mir sein Umspringen aus einem Erzliberalen in einen Konservativen als eine achtungswerte Folge geänderter innerer Überzeugung darstellen wollen! Wüßte ich nur nicht allzu gut und genau, wie es um diese Änderung stand! –

Ich habe Gentz viel gesehn, am meisten aber doch beim Ausbruche und in den ersten Zeiten der Französischen Revolution. Nie werde ich vergessen, wie hingerissen er gleich vielen von ihr war, namentlich zur Zeit der Versammlung der Notablen, aber auch nicht wie hinreißend. Denn mit seinem geistreichen Wesen und der Klarheit seines Verstandes verband er, damals wenigstens, eine Gewandtheit und Gewalt der Rede, hinter welcher seine treffliche, schlagende Schreibart noch weit zurückblieb. Diesem Vorzuge sind denn auch die Erfolge zuzuschreiben, welche ihm bei den Frauen wurden. Denn wenngleich hoch gewachsen, war er doch nicht eigentlich hübsch, und von Gemüt, einer Eigenschaft, welche große Macht über die Frauen übt, habe ich nie etwas an ihm bemerkt. Freilich war er leidenschaftlich, und dadurch geeignet, im Sturm zu erobern. Durch diese Leidenschaftlichkeit unterschied sich auch seine Genußliebe von der eines seiner, später noch berühmter als er gewordenen Jugendfreunde und Gefährten auf den Pfaden der Sinnlichkeit, der sich stets sorglichst gegen jeden Affekt wahrte und heitere Ruhe als die Grundbedingung jedes Genusses betrachtete. In der Genußsucht selbst begegneten sich beide jedoch ganz und gar. Aber so wie diese Gentz zu allbekannten Perfidien verleitete, deren Form noch weniger zu rechtfertigen war als ihre Beweggründe, so war er auch gegen den anderen durch die nicht aufhörenden Verlegenheiten im Nachteil, in welche diejenigen seiner Genüsse, welche nur durch Geld zu erlangen waren, ihn stürzten. Und er war Bonvivant in jeder Beziehung. In solchen Augenblicken war ihm jedes Mittel, sich diesen Verlegenheiten zu entreißen, völlig gleichgültig, führte es nur nicht eine größere für ihn herbei, als diejenige es war, welcher er gerade entgehen wollte. So zog er einmal einer Frau meiner Bekanntschaft, auf deren Nachsicht er glauben mochte ein Recht zu haben, bei einem Besuche einen kostbaren Diamantring vom Finger. Vergebens stellte sie ihm vor, daß das Fehlen dieses Ringes ihr die empfindlichsten häuslichen Ungelegenheiten zuziehen würde; nur nach langem Flehen, vielleicht auch durch pekuniäre Opfer, gelang es ihr, ihn wieder zu erhalten.

Doch in der Zeit seiner drückendsten Geldverlegenheiten huldigte er fortwährend den freisinnigsten politischen Ansichten. Für die Französische Revolution hatte freilich seine Sympathie, gleich der so mancher anderen Zeitgenossen, nachgelassen, nachdem sie weit von ihrer ursprünglichen Richtung abgewichen war, aber er schwärmte noch für Preßfreiheit, welche er dem jetzigen Könige bei seiner Thronbesteigung dringend anempfahl, sowie für möglichste Freisinnigkeit aller politischen Institutionen. An einem schönen Morgen jedoch war die allen, welche ihm näherstanden, sehr bekannte Geldnot, wenn auch nicht gehoben – dazu hätte er sehr ansehnlicher Summen bedurft –, doch ganz augenscheinlich gemildert und die Freisinnigkeit verschwunden. Der Grund beider Änderungen war mir mit Gewißheit bekannt, ich wußte den Moment, in welchem er eintrat, und konnte die Gleichzeitigkeit von Ursach und Wirkung genau beobachten. Eine österreichische Pension hatte beide Wunder bewirkt. Er war damals noch, und noch längere Zeit nachher, als Kriegsrat beim General-Direktorium in preußischen Diensten. Durch den österreichischen Gesandten, Grafen Stadion, auf ihn aufmerksam gemacht, der ihn nicht minder als der englische mit großer Auszeichnung behandelte, erkannte das Wiener Kabinett seine Brauchbarkeit, wie es seine Geldverlegenheit kannte.

Von da an schrieb Gentz, was dieses Kabinett begehrte, selbst wenn es gegen die Absichten und die Interessen der preußischen Regierung oder gar gegen deren Handlungen gerichtet war, wie

Friedrich von Gentz

einige seiner Schriften aus jener Zeit, deren ich mich erinnere, das letztere in der Tat sind. Wenn er jedoch Österreich in manchen Beziehungen in Berlin nützlicher werden konnte als in Wien, so mußte ihm selbst doch eine so zweideutige Stellung auf die Länge unhaltbar erscheinen, und er ging, die Quelle seines Heils aufzusuchen. Aber von Freisinnigkeit war keine Spur mehr in ihm, wenigstens in seinen Reden und Schriften nicht. Er verließ Berlin als vollkommener Konservativer oder, wie man es damals ausdrückte, als eingefleischter Aristokrat.

Frau von Grotthuis – Frau von Eybenberg

Varnhagens Feder wird dem Andenken einiger Personen Dauer verleihen, welche durch sich selbst wenig Anspruch darauf haben. Ich zähle Frau von Grotthuis zu diesen. Sie war eine hübsche Frau, es hat dümmere gegeben, als sie war, aber, Gott verzeihe mir, daß ich es ausspreche, ungeachtet sie nun gestorben und, wie ich glaube, sinnverwirrt gestorben ist, unter allen ihren Eigenschaften stand die Narrheit obenan. Wenn sie in Beziehung zu bedeutenden Männern war, so dankte sie dies zumeist den Aufmerksamkeiten, welche sie ihnen erwies und für welche diese, als von einer hübschen Frau ausgehend, nicht unempfänglich waren. Von diesem Gesichtspunkte aus ist auch ihr Verhältnis zu Goethe zu betrachten.

Ein anderes war es jedenfalls mit ihrer Schwester, Frau von Eybenberg, ungeachtet diese zu denjenigen gehörte, deren völlige Bedeutung Frauen nur durch einen Rückschluß zu erkennen vermögen, durch den Eindruck nämlich, welchen sie auf Männer, und auf tüchtige Männer, machen. Freilich konnten auch Frauen körperliche und geistige Vorzüge an ihr nicht verkennen. Sie war hübsch, von elegantem Wuchse, in ihren Bewegungen durchaus anmutig. Ihr Temperament war lebhaft, wenngleich unstet. Ihr Geist war mehr anregend als schöpferisch; konnte man sie auch nicht gerade geistreich nennen, doch ebensowenig geistlos. Sie hielt darin eine Mitte, wie sie den meisten Männern und Frauen sehr wohlgefällig ist. Mit ihren Kenntnissen stand es so, daß man sie den damaligen Ansprüchen an weibliches Wissen nach ein unterrichtetes Frauenzimmer nennen durfte. Verschweigen will ich nicht, daß namentlich einige unserer gemeinschaftlichen männlichen Bekannten ihr wenig Gemüt und vielen Leichtsinn zutrauten. Sie fanden diese Ansicht von ihr besonders zu einer Zeit bestätigt, als Mariane Meyer, so hieß sie früher, ohne Wissen ihrer sehr orthodoxen Eltern zur christlichen Religion übergegangen war und sich ausgelassen lustig erwies, während sie wußte, daß die Kunde von ihrer Religionsänderung für ihre Eltern ein überwältigender Schlag sein mußte.

Als Tochter eines Kaufmanns und als Jüdin, und sonach, bei der Kluft zumal, durch welche Verschiedenheit des Standes und des Glaubens damals noch die Menschen trennte, vermöge ihrer Stellung in der Welt nicht auf den Umgang oder gar auf eine nähere Verbindung mit christlichen Männern hohen Standes angewiesen, sah sie doch eben von diesen letzteren einen nach dem andern zu ihren Füßen, ja ernstlich um sie werbend. Die Liebe des ersten derselben erwies sich freilich der Ungleichheit der äußeren Verhältnisse nicht gewachsen. Dieser war Graf Geßler, der sächsische Gesandte am preußischen Hofe. Er verhehlte seine Gefühle für Mariane Meyer so wenig, daß man nicht Anstand nahm, auch mit ihm bei Gelegenheit von seiner Liebe zu sprechen. Als nun nach seiner Abreise von Berlin Mariane zum christlichen Glauben übergetreten war und öffentlich und laut behauptet ward, Graf Geßler sei nur abgereist, um alles Erforderliche vorzubereiten, sie aus dem elterlichen Hause zu führen und sich dann mit ihr zu vermählen, glaubte ich, als ich ihn in Leipzig traf und er sich angelegentlichst nach der Dame seines Herzens erkundigte, wohl von dem mit ihm sprechen zu dürfen, was das Gespräch des ganzen Kreises der gemeinsamen Bekannten war. Wie erstaunte ich jedoch, als ich ihn stutzen, erschrecken sah! Er leugnete jede Absicht, sich mit Marianen zu verbinden, und ich erfuhr nachher, daß er eiligst verschiedenen Freunden in Berlin Briefe geschrieben habe, in welchen er das Vorhaben, welches man ihm beimaß, eifrigst desavouierte. Ich mußte hier wie bei anderen ähnlichen Gelegenheiten den Scharfblick Alexanders von Humboldt auch hinsichts solcher Verhältnisse anerkennen. Er hatte von Anfang an im Widerspruche mit der Meinung aller ausgesprochen, daß Geßler sie nie heiraten werde. Und doch war es gewiß nur Mangel an

Kraft, sich über Vorurteile hinwegzusetzen, was diesen so handeln machte. Er hörte niemals auf, die lebendigste Teilnahme für Mariane zu haben, dies bewies die Art, auf welche er sich später, sooft wir uns wiedersahen, nach ihr erkundigte. –

Hatte nun in diesem Falle das Vorurteil eines der Liebenden verhindert, daß das zärtliche Verhältnis zu einem ehelichen wurde, so wurde ein zweites, welches sich bald nachher knüpfte, durch die Vorurteile Dritter von diesem Ziele abgewendet. Graf Christian Bernstorff, später preußischer Minister, zu jener Zeit bei der dänischen Gesandtschaft in Berlin angestellt, wurde von den lebhaftesten Gefühlen für Mariane Meyer ergriffen. Aber seinem Vorsatze, sich mit ihr zu verbinden, stellte sich der sehr entschiedene Widerspruch seines Vaters, des dänischen Ministers, entgegen. – Schon gleichzeitig mit ihm war Fürst Reuß, österreichischer Gesandter am preußischen Hofe, ihr Bewunderer gewesen, ein guter, wackerer Mann, aber ihr ziemlich ungleich an Jahren und häßlich wie die Nacht. Er bat später um ihre Hand. Gewiß ist's, daß sie ihn achtete, aber ich weiß nicht, ob sie ihn liebte. Fast schien es mir, als nahm sie seine Hand nur an, weil sie von den Revers gelangweilt war, welche ihr bis dahin stets vereitelnd entgegengetreten waren, wann eine ihrer zärtlichen Verbindungen zu einer Ehe zu führen schien. Und soll ich es nun Tücke des Geschicks oder Vergeltung nennen, eben am Morgen ihrer Verehelichung mit dem Fürsten Reuß erhält sie einen Brief von Bernstorff, den sie zuverlässig so sehr liebte, als sie bei einem nicht sehr warmen Gemüte überhaupt lieben konnte, in welchem er ihr, ich weiß nicht mehr genau, ob infolge des Todes seines Vaters oder einer geänderten Gesinnung des letzteren, seine Hoffnung ausspricht, sie in kurzer Frist die Seine nennen zu dürfen. Sie hat mir dies, wenn mein Gedächtnis mich nicht trügt, selbst erzählt.

Trug nun gleich Fürst Reuß seine Gattin auf Händen, so konnte doch, da er Prinz eines souveränen Hauses war, seine Ehe mit dem bürgerlichen Mädchen nur eine morganatische sein. Ja sie wurde auch bei Lebzeiten des Fürsten niemals öffentlich erklärt, und deshalb wohnte auch die Gattin nicht im Hause des Gatten. Ihre eheliche Verbindung war deshalb nicht minder bekannt, und hier in Berlin wurden in jede Gesellschaft, bei welcher nicht Hoffähigkeit die Zulassung bedingte, stets beide Eheleute eingeladen, wenngleich jeder Teil durch besondere Einladung.

Als nun nach einigen Jahren Fürst Reuß starb, fühlte sich Mariane in einer peinlichen Lage, ja ihre Stellung schien ihr gewissermaßen zweideutig. Sie wurde nicht als Mädchen, nicht als Frau, nicht als Witwe betrachtet. Und während sie sich einerseits doch die Witwe eines Fürsten wußte, war sie, da Rang und Ansehn ihres Gatten ihr nicht mehr zur Seite standen, dort, wo Wohlwollen sie nicht freiwillig höher stellte, auf Stand und Stellung eines bürgerlichen Mädchens gewiesen. Das vermochte sie nicht zu ertragen. Sie ging nach Wien, und man spricht von einem Fußfalle, den sie vor dem Kaiser tat. Sie wurde freundlich empfangen. Aber zu einer Fürstin Reuß konnte der Kaiser sie nicht machen, oder doch nicht ohne die Bewilligung der fürstlich reußischen Häuser, welche schwerlich zu erlangen gewesen wäre, und so machte er sie denn zu einer Frau von Eybenberg.

Ich sah sie im Jahre 1811 in Wien wieder. Sie litt in solchem Grade an der Wassersucht, daß ich ihre Auflösung nahe glaubte. Und als ich sie eben tief bewegt verlassen habe, treffe ich Bernstorff, der als dänischer Gesandter nach Wien gekommen war. Eine seiner ersten Fragen ist nach Marianen. Ich erzählte ihm von ihrem trübseligen Zustande, und er eilt sogleich zu ihr. Es war ein schmerzliches Wiedersehn nach jahrelanger Trennung, denn auch er konnte sich über die Hoffnungslosigkeit ihres Zustandes keinen Augenblick täuschen.

Ein Tugendbund – Wilhelm von Humboldt

Die Kinderjahre der Brüder von Humboldt waren nicht eben heiter zu nennen. Sie hatten den Vater früh verloren. Die Mutter war eine kränkliche Frau, die durch ihren leidenden Zustand öfter verstimmt wurde und zu einer lebendigen Unterhaltung wenig geeignet war. Auch der Erzieher der Knaben, Kunth, später Geheimer Staatsrat und als tüchtiger Beamter wohlverdient, Freund und Gesellschafter der sehr zurückgezogen lebenden Mutter und von großem Einflusse im Hause, war ein ernster, dem regsamen Geiste seiner Zöglinge wenig entsprechender Mentor. Doch mußten die Knaben jeden Abend mehrere Stunden in der Gesellschaft beider zubringen, Stunden, welche besonders dem lebhaften und geistreichen Alexander langsam genug vergingen.

Auf ihren Unterricht wurde von früh an große Sorgfalt verwendet. Außer mehreren anderen Notabilitäten gehörten Campe und Engel zu ihren frühesten Lehrern. Kunth selbst erteilte ihnen wenig Unterricht und war auch bescheiden genug, sich nur geringen Anteil an der geistigen Höhe zuzuschreiben, welche sie später erreichten. Als Alexander von Humboldt im Winter von 1827 auf 1828 hier vor einem gemischten Publikum dem Inhalte wie der Form nach bewundernswerte Vorträge hielt und einmal die Blicke aller Zuhörer mehr als je von freudiger Befriedigung erstrahlten, flüsterte mir Kunth ins Ohr: »Von mir hat er's wahrhaftig nicht!« –

Die Zurückgezogenheit seiner früheren Jahre hatte die lebhafte Empfänglichkeit Wilhelms von Humboldt für den Umgang mit Frauen nicht unterdrücken können. Er schloß sich sehr bald, nachdem wir uns kennengelernt hatten, an mich an. Er war damals etwa 17 Jahr alt, und obgleich ich nur einige Jahre mehr zählte, so war ich Frauenzimmer und Gattin und daher doch um vieles älter als er. Heute mag es anmaßend klingen, wenn ich es ausspreche, aber ich übte damals, ganz ohne es zu beabsichtigen, eine gewisse Superiorität über ihn. Ich führte ihn gewissermaßen in die Welt ein, und bald war er der Freund aller meiner Freundinnen geworden, deren Mehrzahl allerdings durch Geist und Herz hervorragte.

In dem Kreise der Bekannten wurde bald darauf ein Bund gestiftet, in welchen wir nach und nach auch uns persönlich Unbekannte, deren ernstes Streben und deren Bedeutung uns durch gemeinschaftliche Freunde kundgeworden war, hineingezogen. Der Zweck dieses Bundes, einer Art Tugendbund, war gegenseitige sittliche und geistige Heranbildung sowie Übung werktätiger Liebe. Er war ein Bund in aller Form, denn wir hatten auch ein Statut und sogar eigene Chiffern, und ich besaß noch in späteren Jahren manches von der Hand Wilhelms von Humboldt in diesen Chiffern Geschriebene. Zu den Mitgliedern gehörten unter anderen Karl von La Roche, Sohn der trefflichen Sophie von La Roche – mit welcher ich mich auf Anlaß ihres Sohnes in briefliche

Verbindung setzte, aus der eine vieljährige Korrespondenz erwuchs –, Dorothea Veit und ihre Schwester Henriette Mendelssohn, aber auch die uns persönlich unbekannten: Caroline von Wolzogen, Therese Heyne, die Tochter des berühmten Philologen, später Gattin des unglücklichen Georg Forster und dann L. Fr. Hubers, und Karoline von Dacheröden, mit welchen ein brieflicher Austausch von Gedanken und Gefühlen stattfand. Meine nur kurze Beziehung zu Therese Heyne wurde durch Wilhelm von Humboldt von Göttingen aus veranlaßt, wo der etwa siebzehnjährige Jüngling die Bekanntschaft der drei Jahre älteren Jungfrau gemacht hatte und in dem Maße ihr Verehrer geworden war, daß ich damals die feste Überzeugung hegte, er werde niemals eine andere als sie die Seine nennen. Und doch traf es sich, daß ich mehr als dreißig Jahre später (1819) eben in Gesellschaft seiner nachherigen Gattin und seiner Kinder in Stuttgart zuerst ihre persönliche Bekanntschaft machte. – Ich will hier noch als ein eigentümliches Zusammentreffen bemerken, daß ich acht Tage später, und zwar in Frankfurt, eine andere der mir bis dahin persönlich unbekannt gebliebenen früheren Bundesschwestern kennenlernte, Caroline von Wolzogen. Sie gefiel mir, ich darf es sagen, besser als Therese Huber, in welcher jedoch vielleicht eben durch unseren Besuch manche Erinnerungen an frühere herbe Schicksale auf eine verstimmende Weise rege geworden sein mochten. –

Unser Bund mußte in der Tat ganz achtunggebietend sein. Wir wollten auch Wilhelm von Humboldt in denselben aufnehmen, dieser kam jedoch an einem Sonnabend vormittag zu meiner Mutter, um mich dort aufzusuchen – ich weiß den Tag genau, denn ich brachte den Vormittag des Sonnabends stets bei ihr zu –, und erklärte mir mit sehr zerknirschtem Gemüte, er fühle sich nicht würdig, in unseren Kreis einzutreten! – Aber wir rechneten dem Jünglinge die Reue und die Strenge gegen sich selbst, vielleicht auch den Respekt vor unserer sittlichen Größe, hoch genug an, um ihn dennoch aufzunehmen. – Dieser Bund gab auch später Anlaß zu seiner Heirat. Der Briefwechsel mit Karoline von Dacheröden, in welchem sie uns ihr Herz und ihren Sinn auf die gemütvollste und geistreichste Weise eröffnete, hatte sie uns als seiner völlig würdig kennen gelehrt. Therese Heyne hatte bereits

Forstern geheiratet, und so konnten wir ihm raten, die Bekanntschaft dieser ihm geistig Ebenbürtigen zu machen. Er befolgte den Rat, fand sie unserer Schilderung mehr als entsprechend, und sie wurden ein Paar. –

Wir Bündner duzten einander. Jedoch machten hinsichtlich mehrerer derselben spätere Lebensverhältnisse in Beziehung hierauf ihre Rechte geltend. Als Wilhelm von Humboldt mit seiner jungen Frau nach Berlin kam, wo ich sie dann zum ersten Male sah, nannte sie mich ›Sie‹, und als fast notwendige Folge hörte später auch das ›Du‹ zwischen ihrem Gatten und mir auf.

Mein Mann sah dem bündnerischen Treiben lächelnd zu, ohne jedoch irgend störend einzugreifen. Als ich aber in tugendhafter Werktätigkeit ein wunderschönes Kind, Tochter jüdischer Bettler, an mich nahm, welches ich auf der sogenannten Landwehr gefunden hatte (einem Hause außerhalb der Stadt, welches als Herberge für fremde Juden der ärmeren Klasse diente, die damals nicht in der Stadt übernachten durften), um es, wenngleich für den dienenden Stand, jedoch sehr zur Tugend zu erziehen, war er höchlich dagegen, ließ es jedoch am Ende geschehn. Aus meiner Erziehung ging aber leider ein Erztaugenichts hervor. Das Mädchen war mir weit über das Bestehen des Tugendbundes hinaus eine sehr herbe Frucht desselben. Sie machte mir vielen Kummer, und der Zögling der Tugend starb zuletzt als Dienstmädchen in der Charité im Wochenbette. –

Doch zurück zu einer für mich erfreulicheren Frucht dieses Bundes, meiner näheren Beziehung zu Wilhelm von Humboldt. Auch in Rom brachte sie mir viele Annehmlichkeiten zuwege, denn die Aufmerksamkeit für seine Familie während ihres mehrjährigen Aufenthaltes daselbst, mit welchem der meine zum Teil gleichzeitig fiel, war überaus groß, und ich hatte mich der damit verbundenen Vorteile oft wenigstens mittelbar zu erfreuen. Pius VII. und der Kardinal Consalvi wußten nämlich sehr wohl, was Rom Wilhelm von Humboldt zu danken hatte. Denn sehr zu bezweifeln ist es, ob überhaupt noch ein Kirchenstaat existierte, hätte nicht er auf dem Wiener Kongresse sich so lebhaft dafür verwendet, daß dem Papste das frühere Gebiet zurückgegeben werde. Die meisten anderen Mächte waren dieser Restitution eher entgegen, keine eigentlich dafür, selbst die beiden einflußreich-

Wilhelm von Humboldt

sten katholischen nicht. Ich betrachte Frankreich, wenngleich damals besiegt, als die eine derselben, weil es durch Talleyrand repräsentiert wurde, dessen Klugheit dem Schwerte eines Siegers gleich in der Waage der Unterhandlungen wog. Frankreich hatte jedoch in Wien zuviel um andere, ihm und zumal dem Sinne seines Vertreters näherliegende Interessen zu kämpfen. Österreich aber, die andere dieser Mächte, würde in dem Kirchenstaate ein gänzliches oder teilweises Besitztum für sich oder doch für einige Fürsten seiner Dynastie nicht verschmäht haben. Ob jedoch die geistliche Macht ohne den Rückhalt und Stützpunkt einer weltlichen und politischen wieder festen Fuß hätte fassen können, steht dahin.

Preußen wähnte kein unmittelbares politisches Interesse zu haben, welches gegen die Herstellung des Kirchenstaates spräche, und der milde Sinn des an trüben Erfahrungen reichen Pius VII. machte vergessen, daß er anders gesinnte Nachfolger haben könnte. Auch kamen mittelalterliche Ideen, zu welchen man sich nach den Befreiungskriegen bei uns, und zumal in höheren Kreisen, hinzuneigen anfing, dem historischen Humboldt entgegen, welchem es unmöglich war, sich, während alles ringsumher in geschichtlich begründete Rechte und Besitztümer wieder einzutreten strebte, den Kirchenstaat als Besitztum einer weltlichen Macht, und dadurch seine mehr als tausendjährige Färbung immer mehr einbüßend, zu denken.

So habe ich diese Verhältnisse aus bester Quelle kennengelernt, und so kannte man sie auch in Rom noch während meiner dortigen Anwesenheit. Sehr betrüben mußte es mich daher, als man später von dort aus so eifrig bemüht war, Preußen Verlegenheit zu bereiten, und sich jedes Dankes gegen dasselbe überhoben glaubte. –

Alles hat seine Kehrseite. Auch die Annehmlichkeiten, welche mir aus der Geltung Humboldts in Rom erwuchsen, schlugen bei einer Gelegenheit in das Gegenteil um. Frau von Humboldt hatte nämlich für sich und ihre älteste Tochter Caroline am Fronleichnamstage 1818 Eintrittskarten zu dem Balkon eines Hauses auf dem Petersplatz erhalten, von welchem aus die Prozession sich sehr gut und bequem ansehn ließ. Sie wurde unwohl, ihrer Tochter kam eine Hinderung, und so bot sie mir die Billetts an. Ich wollte sie nicht annehmen, weil sie auf ihren Namen lauteten. »Nehmen Sie sie!« rief sie in ihrer Freundlichkeit, »Sie sehn das so nicht wieder!« Endlich nahm ich sie an, und ließ mich von einem Dänen nach dem bezeichneten Hause begleiten. Bald trat ein Hauptmann von der Schweizergarde auf den Balkon und fragte laut nach Eccellenza Umbolde. Als die Frage öfter wiederholt wurde, sah ich mich, wie ungern auch, endlich genötigt, Eccellenza Umbolde zu spielen, worauf dann die Mitteilung erfolgte, daß Eminenza Cardinale Consalvi sich erkundigen ließen, ob Eccellenza Umbolde von ihrem Platze aus gut sähen. Aber damit war es nicht abgetan. Als die Prozession der Geistlichkeit vorüber war und nur noch das Militär vorüberzog, ertönte von neuem die Frage nach Eccellenza Umbolde aus dem Munde eines Offiziers, welcher uns dann hinuntergeleitete und uns vier Schweizergardisten übergab, um uns nach der Peterskirche zu eskortieren. Der Zug des Militärs mußte haltmachen, um uns durchzulassen, und unsere Begleiter trieben und stießen dann mit solchem, ihnen ohne Zweifel zur Pflicht gemachten, Eifer alles, was von Zuschauern irgend unserm Vordringen hinderlich war, auseinander, daß dagegen meine lebhaftesten Vorstellungen vergeblich waren. Ja ich bot ihnen zuletzt Geld, wenn sie uns nur verlassen wollten, aber auch dies Erbieten blieb fruchtlos. – Ich nahm mir heilig vor, niemals wieder eine andere Person darzustellen als meine eigene, am wenigsten aber in Rom jemals wieder die Eccellenza Umbolde, vor welcher auf höchsten und heiligsten Befehl alles mit Kolbenstößen aus dem Wege getrieben wurde.

Schleiermacher

Ich machte Schleiermachers Bekanntschaft zuerst um das Jahr 1794, als er noch in dem Schullehrerseminar angestellt war, welches unter Gedikes Leitung stand. Der Graf Alexander Dohna war es, der ihn mir zuführte. Aber diese erste Bekanntschaft war nur flüchtig, weil er bald als Hülfsprediger nach Landsberg an der Warthe ging, wo er etwa zwei Jahre blieb. Erst nach seiner Rückkehr von dort, im Jahre 1796, wurde unsere Verbindung enger. Schleiermacher war damals Prediger an der Charité und wohnte auch in dem Charité-Gebäude, dessen Umgegend noch wüst, unangebaut, ja ungepflastert war. Dennoch kam er fast jeden Abend zu uns, die wir damals in der Neuen Friedrichsstraße nahe der Königsstraße wohnten. An Winterabenden war sein Weg zu uns, namentlich jedoch der Rückweg, gar nicht ohne Beschwerlichkeit. Aber er wurde noch weiter und beschwerlicher, ja an Winterabenden sogar bedenklich, als Schleiermacher während eines Umbaues in der Charité eine Wohnung auf der jetzigen Oranienburger Chaussee bezogen hatte, damals eine abends unbeleuchtete Landstraße, an welcher nur wenige Häuser in weiten Entfernungen voneinander standen. Er hatte sich jedoch bereits in dem Maße an meinen Mann und mich angeschlossen und wußte seinerseits uns ihm so aufrichtig befreundet, daß er dadurch nicht von seinen allabendlichen Besuchen abgehalten wurde. In unserer Besorgnis um ihn verehrten wir ihm eine kleine Laterne, dergestalt eingerichtet, daß er sie in ein Knopfloch seines Rockes einhaken konnte, und so angetan ging dann der kleine Mann an jedem Winterabende von uns, wenn er nicht schon so ankam.

Von einer Berühmtheit oder auch nur von einem Rufe Schleiermachers war damals noch nicht die Rede. Erst in jener Zeit fing seine literarische Tätigkeit insofern an, als er Predigten aus dem Englischen übersetzte; aber diese Art der Tätigkeit war nicht geeignet, ihm zu einem Namen zu verhelfen. Doch ich darf sagen, daß sowohl mein Mann als auch ich sehr früh seine Bedeutung erkannten. –

Als Friedrich Schlegel nach Berlin kam, beeilte ich mich, ihn mit Schleiermacher bekannt zu machen, überzeugt, daß ein näheres Verhältnis beiden förderlich sein würde. Auch Schlegel wurde bald inne, welch einen großen Schatz an Geist der kleine Körper seines neuen Freundes barg, denn die Beziehung war in kurzem eine vertraute geworden. Schlegel und ich nannten ihn daher bald nicht anders als unser Bijou. Wir waren es auch, welche ihn zuerst aufmunterten, selbstständig als Schriftsteller aufzutreten, indem wir ihn veranlaßten, einen Beitrag zu dem von den Brüdern Schlegel herausgegebenen ›Athenäum‹ zu liefern. Dies war die erste Original-Arbeit, welche von ihm im Druck erschien. – Schon im Sommer 1798 wurde dann zwischen ihm und Friedrich Schlegel die erste Verabredung hinsichts der Übersetzung des ›Platon‹ getroffen, zu welcher der Vorschlag von Schlegel ausging. Aber sie war, größtenteils durch Schlegels Schuld, noch sehr wenig vorgerückt, als dieser im Jahre 1802 Berlin verließ und auch Schleiermacher als Hofprediger nach Stolpe ging. Von da an ließ Schlegel den letzteren ganz in Stich, so daß er, nicht ohne Kampf und Zagen, sich entschloß, das Werk allein fortzuführen. So konnte erst im Jahre 1804 der erste Band erscheinen.

Schleiermachers erstes größeres und selbstständiges Werk waren die ›Reden über die Religion‹. Er schrieb sie in Potsdam, und zwar von etwa Mitte Februar bis Mitte April 1799. Wir korrespondierten während seines dortigen Aufenthalts, welcher sich noch bis in den Mai hinein verlängerte, fast täglich miteinander, und während er die ›Reden‹ schrieb, gab er fast in jedem seiner Briefe Rechenschaft über das Fortschreiten des Werks, so wie er mir auch stets jede fertige Rede zuschickte, die ich dann gewöhnlich Friedrich Schlegeln und unserer gemeinschaftlichen Freundin Dorothea Veit mitteilte, bevor sie zur Zensur und in die Druckerei ging. Wir sagten ihm auf seinen Wunsch auch stets redlich unsere Ansicht über die fertigen Teile des Werks, ohne daß jedoch unsere hie und da von der seinen abweichende Ansicht irgendeine Änderung zuwege brachte, denn er war zu einig mit sich, bevor er ans Werk ging, als daß dies hätte der Fall sein können, und nur die Änderungen, welche jedem Autor die Ausführung des im ganzen und großen konzipierten Werkes im einzelnen, die Feder in der Hand, fast notwendig auferlegt, fanden statt; aber auch über diese gab er uns Rechenschaft.

Überhaupt legt seine Korrespondenz mit mir von den Jahren 1798 bis 1804, einer Zeit großer innerer und äußerer Tätigkeit Schleiermachers, ja vielleicht seiner eigentlichen Entwickelungs-Periode, das lebendigste Zeugnis für Geist und Gemüt des trefflichen Mannes ab. Wir waren in Berlin gewohnt, uns täglich zu sehen, und waren wir voneinander getrennt, mußte briefliche Mitteilung den mündlichen Verkehr tunlichst ersetzen. Nun war er in dieser Zeit oft länger von Berlin abwesend, unter anderem zwei ganze Jahre als Hofprediger in Stolpe, und andererseits brachte ich, solange er in Berlin war, den Sommer größtenteils auf dem Lande zu; daher Anlaß zu vielen Briefen. Und der

Drang, sich Freunden mitzuteilen, ja sich ihnen ganz bis in alle kleinsten Falten des Sinnes und Herzens hinein zu eröffnen, war mächtig in ihm. Ebenso nötig jedoch waren ihm Lebens- und Liebeszeichen seiner Freunde, die er, wenn er einmal von ihrer Freundschaft überzeugt war, über Verdienst hochstellte; und ich rechne mich selbst zu diesen. Eine Stelle aus einem seiner Briefe an mich – wie fast immer trotz der tiefen Empfindung nicht ohne die ihm eigene Beimischung von Humor – charakterisiert den Mann in diesen Beziehungen ganz. ›Ach, Liebe‹, heißt es darin, ›tun Sie Gutes an mir, und schreiben Sie mir fleißig. Dies muß mein Leben erhalten, welches schlechterdings in der Einsamkeit nicht gedeihen kann. Wahrlich, ich bin das allerabhängigste und unselbstständigste Wesen auf der Erde, ich zweifle sogar, ob ich ein Individuum bin. Ich strecke alle meine Wurzeln und Blätter aus nach Liebe, ich muß sie unmittelbar berühren, und wenn ich sie nicht in vollen Zügen in mich schlürfen kann, bin ich gleich trocken und welk. Das ist meine innerste Natur, es gibt kein Mittel dagegen, und ich möchte auch keines.‹

So war der Mann, der hin und wieder des Mangels an Liebe beschuldigt worden ist, bloß weil er sich in seiner Polemik bisweilen da der Form der Ironie bediente, wo ihm eben keine andere passender und eindringlicher erschien. Freilich berührte diese Ironie, wenngleich nur gegen Sachen gerichtet, doch auch die Personen der Gegner unangenehm, aber das wäre auch bei einer anderen Form kaum weniger der Fall gewesen.

Es ist begreiflich, daß Leute, welche so viel miteinander verkehrten wie Schleiermacher und ich, auch außer dem Hause oft miteinander gesehen wurden. Und da mag denn der Kontrast zwischen mir, der sehr hochgewachsenen und damals noch mit ziemlicher Fülle begabten Frau, und dem kleinen magern, nicht eben gut gebauten Schleiermacher wohl sein Komisches gehabt haben. So verstieg sich denn der Berliner Witz gar bis zu einer Karikatur auf uns, einer damals hier noch überaus seltenen Äußerungsweise der Satire. Ich spazierte nämlich mit Schleiermacher, indem ich ihn als Knicker, einer damals gebräuchlichen Art kleiner zusammenzulegender Sonnenschirme, in der Hand trug, während ihm selbst wieder ein solcher Knicker im kleinsten Format aus der Tasche guckte. Diese Karikatur blieb uns nicht verborgen, und ich

Friedrich Daniel Ernst Schleiermacher

glaube, daß niemand in Berlin mehr über sie gelacht hat als Schleiermacher und ich, denn der Witz derselben war eigentlich ziemlich wohlfeil.

Es fehlte auch nicht an Leuten, welche, die Innigkeit unseres Verhältnisses kennend, ein anderes Gefühl als das der Freundschaft in uns voraussetzten. Sie waren im Irrtum. Man konnte sich mit niemandem unumwundener über das gegenseitige Verhältnis aussprechen als mit Schleiermacher, ja es war recht eigentlich sein Bestreben, sich und den anderen über dasselbe ins klare zu setzen, damit nicht irgendeine Täuschung in dieser Beziehung ein Verhältnis trübe, welches, so wie es eben in Wirklichkeit bestand, ein schönes und das allein angemessene war. So haben wir uns denn auch öfter darüber ausgesprochen, daß wir kein anderes Gefühl für einander hätten und haben könnten als Freundschaft, wenngleich die innigste, ja, so sonderbar es scheinen mag, wir setzten uns schriftlich die Gründe auseinander, welche verhinderten, daß unser Verhältnis ein anderes sein könne. –

Schleiermachers großes inneres Wohlwollen war Ursach, daß er, so vorzugsweise erfreulich ihm auch eine geistig anregende Unterhaltung war, doch auch sehr gern mit Leuten umging, die nicht auf gleicher geistiger Höhe mit ihm standen, ja überhaupt geistig nicht bedeutend waren, denn schon Gemütlichkeit allein konnte ihn aufs mächtigste anziehen. Deshalb waren auch seine geselligen Beziehungen sehr ausgedehnt und haben ihm viele Zeit gekostet, ja sie tragen vielleicht allein die Schuld, daß er seine Vorlesungen nicht für den Druck bearbeitet hat. Nun konnte er zwar zu jeder ihm beliebigen Zeit arbeiten und war stets gesammelt genug zur Arbeit, auch ging ihm jede aufs leichteste und schnellste vonstatten, aber eben deshalb glaubte er, noch mehr Zeit übrig zu haben, als er in der Tat hatte. Selten nur wies er eine Einladung zurück, und ebenso sah er viele Leute in seinem Hause. Aber freilich konnte er sich auch unmittelbar nach dem reichsten und fröhlichsten Diner oder Souper, und nach einem der letzteren oft in später Nacht, an den Schreibtisch setzen und war im Augenblick mitten in der tiefsinnigsten Spekulation. Hatte er am nächsten Tage zu predigen, so pflegte er sich, und wenn er Gesellschaft hatte, im Gesellschaftszimmer, auf etwa eine Viertelstunde an den Ofen zu stellen und denkend vor sich hinzublicken. Seine näheren Freunde wußten, daß er dann über seine Predigt dachte, und ließen ihn ungestört. In kurzem war er wieder mitten in der Unterhaltung. Auf irgendeinem kleinen Papierstreifchen hatte er sich wohl mit Bleistift einige Notizen gemacht, dies war jedoch alles, was er von einer Predigt zuvor aufschrieb. Und nach solcher scheinbar flüchtigen Vorbereitung habe ich ihn oft am nächsten Morgen die gedankenreichste und gefühlteste Predigt halten hören.

Nie gab es überhaupt wohl einen Menschen, dessen Geist eine gleiche Macht über seine physische Natur geübt hätte wie der seine. Noch auf dem Sterbebette, und mit der Gewißheit, daß er nur noch Stunden zu leben habe, berichtete er über seine inneren – seligen – Zustände, zum Teil auch in der ausgesprochenen Absicht, seinen Lieben damit kundzugeben, daß er nicht so viel leide, als es wohl scheinen möchte. Die Geschichte seiner letzten Tage, wie sie seine Witwe niedergeschrieben hat, gibt uns das erhebendeste Bild eines bis zum letzten Atemzuge liebenden, selbstbewußten, geistesklaren, in sich befriedigten großen Menschen.

Frau von Genlis

Ich habe Frau von Genlis während ihrer Anwesenheit in Berlin viel gesehn, denn ich nahm Unterricht bei ihr. Eine Freundin von mir, welche sie sehr für sich zu interessieren gewußt hatte, führte sie mir – es war im Jahre 1798 – nach meiner Sommerwohnung im Tiergarten zu. Als ich zur Erwiderung des Besuches zu ihr nach der Stadt fuhr, fand ich sie in dem schlechten kleinen Zimmer einer engen Straße der Neustadt, nahe der heutigen Dorotheenstraße. Hier saß die berühmte Gräfin Genlis, Marquise de Sillery, vor einem Windofen und kochte ihre Schokolade. Auf einem etwas gebrechlichen Tische stand ein schlechter hölzerner Leuchter mit einem dünnen Talglichte. Auf einem sogenannten Schappen, wie sie sonst nur in Küchen stehen, fehlte es nicht an Töpfen, Pfannen und anderem Kochgeschirr, und ein gewisses Gerät unter dem Bett bemühte sich nicht im mindesten, sich zu verbergen. Auch die Bewohnerin des Zimmers wäre nicht imstande gewesen, den Eindruck eines niederländischen Genrebildes der unfeineren Gattung, welchen das Ganze machte und der sich mir sogleich beim Eintreten aufdrängte, zu verwischen, denn in der gewöhnlichsten und vernachlässigtesten Kleidung, das schon ergrauende Haar unordentlich unter der wenig sauberen Haube herabhängend, saß sie bei ihrem Geschäfte, hätte nicht eine schöne Harfe, welche in einer Ecke des Zimmers stand, die wenig erfreuliche Illusion gestört. Sie schien in dieser Umgebung einen ganz ausgesprochenen Ausdruck zu haben, sie sah ernst und befremdet aus wie ein gebildeter Mann, der durch Zufall in eine unfeine Gesellschaft geraten ist. Bald aber ward uns ein zweiter, wenngleich nicht so in die Augen fallender Gegensatz bemerkbar. Auf einem Tische befanden sich, unter vielen anderen sehr heterogenen Gegenständen, künstliche Blumen und saubere Körbchen, welche Frau von Genlis anfertigte.

Schon damals traf ich Verabredungen mit ihr wegen eines mir zu erteilenden Unterrichts im französischen Stil; nächst dem wollte ich französische Klassiker mit ihr lesen. Aber für diesmal scheiterte das Vorhaben an der auf höheren Befehl erfolgten Ausweisung der Frau von Genlis. Das Hindernis, welches ihrem Aufenthalt entgegenstand, wurde jedoch in kurzem beseitigt, und sie kehrte nach Berlin zurück.

Als nun der Unterricht beginnen sollte und Frau von Genlis von mir hörte, daß ich die Stunden nicht allein nehmen wolle, erklärte sie mir sofort, daß, wenngleich sie auch Herren unter ihren Schülern zähle, sie doch nie einen Herrn und eine Dame gemeinschaftlich unterrichte. Wie sie denn überhaupt die Trennung der Geschlechter bis ins wunderlichste trieb. So trennte sie zum Beispiel, als sie sich später in Berlin wieder in den Besitz eines kleinen Büchervorrats gesetzt hatte, die männlichen Schriftsteller aufs sorgfältigste von den weiblichen. Nicht nur wurde jedem Teile eine andere Seite des Repositoriums eingeräumt, zu größerer Sicherheit blieb auch noch ein leerer Zwischenraum zwischen ihnen. – Ich sah mich nach einer Gefährtin um und fand sie in der als Schriftstellerin nicht unbekannten Frau Sophie Bernhard, geborene Gad.

Frau von Genlis wohnte jetzt schon etwas besser; das Zimmer, in welchem sie Unterricht erteilte, war ein reinliches Zweifenster-Zimmer. Auch war sie nicht mehr allein. Sie hatte eine Frau

Stéphanie Gräfin de Genlis

Klebe, geborene de la Garde, von der französischen Kolonie, zu sich genommen, und nächstdem wohnte der kleine Casimir bei ihr, welcher ihr Schüler auf der Harfe war, später als einer der ersten Virtuosen auf diesem Instrumente Europa durchreiste und sich namentlich in Frankreich einer gewissen Berühmtheit erfreute.

Mich hatte sie besonders in Affektion genommen, weil ich, ihrer Behauptung nach, ihrer Tochter oder Pflegetochter, ich weiß dies nicht mehr genau, ähnlich sah. Aber das hinderte sie nicht, mit meinem französischen Stil sehr unzufrieden zu sein. Meine Arbeiten unterlagen vielfachen Korrekturen, während sie sich von denen meiner Gefährtin sehr befriedigt erwies. Doch die Szene änderte sich, als es an das Vorlesen der französischen Klassiker ging. Da wurde ich mit Lob überschüttet, während die andere ihr nichts zu Dank tun konnte. Die Komödie namentlich las ich, ihrer Behauptung nach, vortrefflich. Aber als wir zur Tragödie übergingen, wurde sie wieder unzufrieden. »Ce n'est pas là le ton de la tragédie!« rief sie einmal über das andere. Ich wußte wohl, woran es lag, daß sie diesen bei mir vermißte, und bat sie, mir einige Stellen aus einem Trauerspiele vorzulesen; worauf ich ihr denn erklärte, daß ein solcher hohler Pathos mir völlig unerträglich sei und ich lieber darauf verzichte, Tragödien zu lesen, als daß ich mich zu ihm verstände. »Vous ne voulez pas lire la tragédie?« rief sie, »vous qui êtes fait pour la jouer? vous avec votre figure tragique?«

Sie selbst war freilich eine ganz vortreffliche Schauspielerin. Ich sah sie einmal in dem Hause des reichen jüdischen Kaufmanns Cohen so meisterhaft spielen, daß ich nicht umhin konnte, ihr nach der Vorstellung mein Kompliment deshalb zu machen. »Mais«, rief sie mit einem vieldeutigen Lächeln, »j'ai joué la comédie toute ma vie!«

Ich glaube übrigens nicht, daß sie jemals schön war, ungeachtet man ihr selbst damals, wo sie schon im Anfange der Fünfziger stand, sehr deutlich ansah, daß sie früher den Anspruch gehabt hatte, hübsch genannt zu werden. Sie war schlank und gut gewachsen, ihr Teint war von großer Klarheit, ihr Auge dunkel und lebendig, ihre Züge waren fein, aber es fehlte den Verhältnissen des Gesichts einiges an der Regelmäßigkeit, welche ein notwendiges Erfordernis der Schönheit ist. Daß sie niemals gut und fest angekleidet war, schadete nächstdem ihrer Erscheinung. Ich wenigstens habe, so lange ich sie kannte, ihre Kleidung nie anders als salope gesehen.

Ihr früheres Verhältnis zu dem Herzoge von Orleans wurde viel besprochen. Aber wenn es in der Tat so verfänglicher Art war, wie man behauptete, so muß man erstaunen, daß Louis-Philippe und seine Schwester, welche beide nicht nur sehr sittlich sind, sondern auch das Andenken ihrer Mutter hoch verehren, sie mit so vieler Rücksicht behandelten. Der erstere bot ihr sogar eine Wohnung im Schlosse an. Sie nahm sie jedoch, an ihre bisherige einmal gewöhnt, nicht an. Ich meinerseits habe bei unserer Bekanntschaft nichts an ihr wahrgenommen, was mich berechtigt hätte, sie für unsittlich zu halten, und würdige und einsichtige Frauen teilten meine Ansicht. So schrieb mir Sophie von La Roche im Jahre 1798 während der Anwesenheit der Genlis in Berlin über sie: ›Genlis sehen Sie vermutlich und beurteilen Sie selbst. Es fällt mir schwer, das Böse zu glauben, so man von ihr sagt. Man überhäufte mich schon in Paris damit, wo ich nur sagen konnte: prouvez moi qu'elle a le temps d'écrire des livres, d'élever et d'instruire les enfans d'Orléans et de faire ce que vous dites, alors je vous croirai. Es ist schwer, geistvoll oder schön zu sein, weil man immer in Gefahr ist, von Männern, die gern leiten – oder gern versuchen wollten, verleumdet zu werden.‹

Jean Paul Friedrich Richter

Ich lernte Jean Paul schon bei seiner ersten kürzeren Anwesenheit in Berlin im Frühjahr 1800 kennen. Er wohnte damals in einem ziemlich obskuren Wirts- oder eigentlich Kaffeehause, ja das vulgäre Wort ›Kneipe‹ möchte für dasselbe das bezeichnendste Wort gewesen sein. Mit ihm, dem überaus Unbefangenen, wohnte dort die schon von mir erwähnte Sophie Bernhard, geborne Gad, welche später Domeier, den Leibarzt des Herzogs von Sussex, heiratete, dessen Bekanntschaft sie in Berlin gemacht hatte, wohin er im Gefolge des Herzogs gekommen war. – Sophie Bernhard war eine geistreiche und sehr gutmütige Frau, nichts weniger als schön, aber sehr empfänglichen Herzens, und vorzugsweise richtete sich ihr Gefühl auf Literaten. Da sie mit einer großen Fülle des Busens gesegnet war, so wurde in Berlin scherzweise von ihr gesagt: sie lege die Gelehrten an ihre Brüste.

Richter war im allgemeinen in Berlin nicht eben wählig hinsichts seiner Wohnungen, und einmal hatte er sich in dem Hause in der Neuen Friedrichsstraße, in welchem ich wohnte, ein ziemlich schlechtes Stübchen im Hofe gemietet. Dies hinderte jedoch nicht, daß die ausgezeichnetsten und vornehmsten Damen dort bei ihm vorfuhren und ihn besuchten, und besonders viel war die bekannte Gräfin Schlabrendorf, zugleich eine Freundin Sophiens, dort bei ihm.

Überhaupt ist es kaum zu beschreiben, wie viel Aufmerksamkeit ihm von den Frauen, selbst von denen der höchsten Stände, erwiesen wurde. Sie wußten es ihm Dank, daß er sich in seinen Werken so angelegentlich mit ihnen beschäftigt und bis in die tiefsten Falten ihres Sinnes und Gemüts zu dringen gesucht hatte; hauptsächlich aber dankten es ihm die von höherer Bildung und die vornehmen Damen, daß er sie so viel bedeutender und idealer darstellte, als sie in der Tat waren. Dies hatte jedoch seinen Grund darin, daß, als er zuerst Frauen der höheren Stände schilderte, er in Wirklichkeit noch gar keine solche kannte und einer reichen und wohlwollenden Einbildungskraft hinsichtlich ihrer freien Spielraum ließ, diejenigen aus diesen Klassen jedoch, welche er später kennenlernte, alles anwendeten, um die ihnen schmeichelhafte Täuschung in ihm zu erhalten und ihm möglichst ideal zu erscheinen. So hat er die Frauen der höheren Stände, so viele er deren auch später sah, eigentlich niemals kennengelernt, ja diejenigen, deren Bekanntschaft er machte, in gewisser Beziehung immer falsch beurteilt. Nicht, als ob er die Bedeutenden für unbedeutend gehalten hätte – das Umgekehrte begegnete ihm wohl bisweilen –, aber die Kenntnis der Eigenschaften, welche eben ihre Eigentümlichkeit ausmachten, erlangte er am wenigsten, weil fast keine sich ihm gab, wie sie war, sondern meist alle ihm nur ihre glänzendsten Seiten zuwendeten, welche selten ihre bezeichnenden waren. Dadurch verwirrte sich auch sein Urteil hinsichtlich der wenigen, welche ihm für nichts anderes gelten wollten als für das, was sie wirklich waren, und ich rechne mich zu diesen. Er war viel, und ich glaube gern, in unserm Hause, aber zu meinem Verdruß glaubte ich zu bemerken, daß er in mir vor allem eine von ihm vorausgesetzte Gelehrsamkeit achtete, eine Eigenschaft, auf welche ich weder Anspruch hatte noch machte.

Zeichnete ihn die Berliner Gesellschaft aus, so stellte er seinerseits diese sehr hoch. Es war die Mischung aller Stände innerhalb derselben, welche ihm besonders behagte, und allerdings kontrastierte die hiesige Gesellschaft in dieser Beziehung sehr von der damaligen sächsischen, welche er bis dahin vorzugsweise gekannt hatte. –

Man darf übrigens von seiner Schreibart keinen Schluß auf seine Unterhaltung ziehen, wozu man um so eher geneigt sein könnte, als fast jedes seiner kleinsten Handbilletts den Stil seiner Schriften trägt. Er sprach anspruchslos, klar, geordnet und sehr selten humoristisch. Dabei war er sehr eingehend und ließ noch lieber mit sich sprechen, als daß er selbst gesprochen hätte. – Es wohnte ein tiefes Gefühl in ihm, namentlich für seine Freunde, und es war mir immer rührend, wenn er mir von seinem Freunde Emanuel sprach, für welchen, als einem Juden, er ein besonderes Interesse in mir voraussetzen konnte. Emanuel wollte im Herbst 1801 nach Berlin kommen. Er empfahl ihn mir brieflich als »seinen Glaubensgenossen in höherem Sinne«, der nach Berlin, »der hohen Schule seiner Religionsgenossen«, reisen wolle. Aber Emanuel, der jedenfalls ein ausgezeichneter Mann gewesen sein muß und dessen Bekanntschaft ich gern gemacht hätte, kam nicht, schickte jedoch den Brief. –

Von den Damen, welche von der zuvorkommendsten und schmeichelhaftesten Aufmerksamkeit für Richter waren, sind selbst die Königin Luise und ihre Schwester, die damalige Prinzeß Luise von Preußen, nicht auszunehmen. Die Königin führte ihn selbst in Sanssouci umher, und die Aufmerksamkeiten, welche ihre hohe Stellung sie verhinderte ihm persönlich zu zollen, ließ sie ihm durch ihren, ebenfalls für ihn sehr eingenommenen Bruder, den Prinzen Georg, jetzigen Großherzog von Mecklenburg-Strelitz, erweisen. Unter den Damen des Hofes war viel und mit hoher Anerkennung die Rede von Jean Paul, und als er beabsichtigte, sich in Preußen niederzulassen, wurde der König sogar bewogen, ein Kabinettsschreiben an ihn zu erlassen, in welchem er ihm erklärte, daß ihm seine Übersiedlung nach Preußen angenehm sein würde. Als er jedoch später beim Könige um eine Präbende anhielt, wurde sie ihm nicht bewilligt. Dem Könige war es zuletzt der Begeisterung für Jean Paul zuviel geworden. Ich habe dies von einer Freundin der Königin, irre ich nicht, von Frau von Berg. Der König äußerte: »Höre denn doch zuviel diesen Jean Paul herausstreichen. Mag ganz gute Romane geschrieben haben – für den Liebhaber, denn mir war das, was mir davon zu Händen gekommen ist, ein bißchen gar zu kraus –, aber dies ist doch ein Verdienst, das sich noch halten läßt. Wie will man erst von einem großen Staatsmann sprechen, oder von einem Helden, der das Vaterland gerettet hat? Die Damen verstehen immer das Maßhalten nicht.« –

Ich hatte Jean Paul mit Schleiermacher bekannt gemacht, dessen ganze Persönlichkeit ihm sehr wohl gefiel, und ihm auch dessen ›Reden über die Religion‹ zu lesen gegeben, welche er mir mit einem Schreiben voll begeisterten Lobes zurückschickte. Später kamen ihm auch Predigten Schleiermachers zu. Auch über diese schrieb er mir. Sie seien vortrefflich, sagte er in diesem Schreiben, und nur seine ›Reden‹ seien zehnmal besser.

Viel weniger zufrieden als Jean Paul mit Schleiermachers Leistungen war dieser es mit denen des anderen. Dem Manne der klassischen Form konnte Jean Pauls Formlosigkeit nicht behagen. Aber auch der Inhalt mancher seiner Werke befriedigte ihn wenig, und selbst an dem hochgefeierten ›Titan‹ hatte er viel auszusetzen. Er schrieb mir kurz nach dem Erscheinen über diesen: ›Es sind doch wahrlich alles die alten Sachen und auch in der Geschichte und den Dekorationen die alten Erfindungen, welches eine schreckliche Armut verrät. Selbst die Charaktere sind, wenn auch nicht gerade kopiert, doch ganz in dem alten Genre. Indes ist vieles besser als in dem ‚Hesperus' und der ‚Loge', selbst die Geschmacklosigkeit.‹ – Nachdem er den Anhang und die Clavis gelesen hatte, fuhr er fort: ›Nachgerade wird doch Richter so klug, die Sachen, die gar nicht in das übrige hineinwollen, allein zu drucken, er richterisiert aber doch so sehr, daß sie dem anderen angehängt werden müssen und daß sie auch unter sich nicht zusammenhängen dürfen. Nur wie er den Anhang komisch und satirisch nennen kann, ist schwer zu begreifen. Das einzige recht Komische ist eine Satire auf ihn selbst, eine Anweisung, seine Bücher zu machen, nämlich ein Erzählungsspiel, wo man in eine angefangene Erzählung hineinbringen muß, was einer sagt. Doch wird es nicht übelgenommen, wenn man auch bisweilen nur scheint, es hineingebracht zu haben. Auch fängt er an, Noten zu machen zu seinem Witz, und schließt sogar mit einer solchen, und wenn noch mehrere Frauen ihm sagen, daß er schwer sei – fällig nämlich, so wird er gewiß noch mehrere Verbesserungen dieser Art anbringen.‹ –

Doch würde man Unrecht tun, diese brieflichen Expektorationen Schleiermachers an eine Freundin so zu betrachten, als sprächen sie seine vollständige Ansicht über Jean Pauls schriftstellerische Leistungen aus. Er wußte auch vieles an diesen zu schätzen. Um eine erschöpfende Kritik war es ihm in solchen flüchtigen Mitteilungen nicht zu tun. –

Auf meiner Reise nach Italien ging ich hauptsächlich deshalb über Bayreuth, um Jean Paul nach 16 Jahren wiederzusehen. Ich verfehlte ihn, denn er war verreist. Aber in seinem Hause, wo ich seine Frau und Kinder fand, wurde mir sein von Maier gemaltes Porträt gezeigt, welches sehr ähnlich sein sollte. Ich hätte es nie für das seine gehalten. Nach diesem Bilde hatte sich sein Äußeres durchaus nachteilig verändert. Sein sonst schmales und bleiches Gesicht war ganz rot und bierdick geworden. Sein Auge, welches außer dem immer schon etwas sonderbaren Blick früher schon klein war, war durch die Aufgedunsenheit des Gesichts noch kleiner geworden. Ich wünschte, daß hinsichts der Ähnlichkeit eine Täuschung obwalte. Sah er in der Tat so aus, so schien mir meine Folgerung, daß die kleine bierselige Stadt überhaupt nicht vorteilhaft auf ihn gewirkt habe, nicht zu kühn.

Der Zufall wollte, daß ich ihn auf meiner Rückreise von Italien gegen Ende des Juni 1819 in Stuttgart bei Cotta traf. Das Bild erwies sich als ähnlich. Wir waren gegenseitig erstaunt über die Änderung unseres Äußeren. Er war wohlbeleibt, ich war mager geworden. Meine Voraussetzung, daß er einiges von dem Spießbürgertum der kleinen Stadt angenommen habe, war nicht unrichtig. Dennoch war genug von dem früheren Richter geblieben, und wir freuten uns sehr miteinander. Es war das letzte Mal, daß ich ihn sah.

Ludwig Börne

Ludwig Börne war von seinem Vater, dem Bankier Baruch in Frankfurt a. M., für die Arzneikunde bestimmt worden. Da dieser Bedenken trug, den 16- bis 17jährigen jungen Menschen ohne Aufsicht auf eine Universität zu schicken, so wendete er sich an meinen Mann mit der Bitte, daß er ihn in sein Haus aufnehmen und seine Studien leiten möge. Schon vor Errichtung der Universität bestanden hier nämlich medizinische Lehranstalten und Institute.

Börne, damals noch Louis Baruch und in unserem Hause schlechtweg Louis genannt, tat wenig in dem ihm bestimmten Fache, zu welchem er keine Neigung zu haben schien, ja im ganzen sehr wenig. Es schien ihm überhaupt nicht darum zu tun zu sein, sich eine wissenschaftliche Bildung anzueignen. Aber auch die Gelegenheit, sich durch den Umgang mit bedeutenden Menschen zu bilden, welche unser Haus ihm in reichem Maße bot, benutzte er nicht, wie er gekonnt hätte. Ja er schien solche Leute vielmehr zu meiden. Ihr freundliches Entgegenkommen, sogar ihre bloße Nähe schien oft ihm drückend zu sein. Aber dennoch gab sich mitunter ein bedeutendes Selbstbewußtsein bei ihm kund, welches, da es unbegründet erscheinen mußte, für Dünkel galt und ihm manche der Besucher unseres Hauses entfremdete. Was er tat und unterließ, sollte nächstdem den Anschein haben, als geschähe es aus Grundsatz, und vielleicht verhielt es sich auch so. Er gebärdete sich daher auch nie, als wenn er irgend fleißig sei und seine Kenntnisse zu vermehren strebe, vielmehr gab er zu verstehen, daß er seine Trägheit und Gleichgültigkeit in dieser Beziehung nicht überwinden könne, es aber auch nicht wolle, daß jedoch diese Zeit seines Lebens deshalb noch keine verlorene sei. Warum nicht? – darüber schwieg er.

Ich weiß nicht eigentlich Rechenschaft darüber zu geben, warum er unter solchen Umständen nicht mir, wie manchen sehr Scharfsichtigen unter meinen Freunden, als ein kleiner selbstzufriedener Faulenzer erschien. Allerdings hatte ich mehr Gelegenheit als andere, welche weniger oft in seiner Nähe waren, mitunter irgendeine geistreiche oder witzige Bemerkung einem Blitze gleich ihm entsprühen zu hören, auch verriet sich mir oft, eben

Ludwig Börne

wann er völlig teilnahmlos schien, ein aufmerksames Beobachten der Menschen. Nächstdem sah er viel zu klug aus, um beschränkt sein zu können. Kurz, mochte auch vielleicht das einigermaßen Mysteriöse in seinem Wesen dazu beitragen, er war mir interessant. Sprach ich dies jedoch meinen Freunden aus, so sahen sie mich ziemlich befremdet an.

Er war nicht lange bei uns, als mein Mann starb, aber er bat mich so dringend, ihm ferner den Aufenthalt in meinem Hause zu gönnen, daß ich, die ich füglich seine Mutter hätte sein können, ganz arglos seinen Bitten nachgab. Ich wurde zuerst aus meiner Unbefangenheit aufgeschreckt, als mir eines Tages, da ich mich eben bei meiner Mutter befand, von einem meiner Dienstmädchen ein von ihm an den Apotheker Lezius in der Königsstraße gerichteter Zettel gebracht wurde, in welchem er diesen unter Beifügung von zehn Friedrichsdor, als Zahlung seiner Rechnung, welche bedeutend weniger betrug, bat, ihm durch Überbringerin eine Dosis Arsenik zu schicken, weil er in seinem Zimmer sehr von Ratten und Mäusen geplagt sei und seine Abwesenheit während einer vorhabenden kurzen Reise zur Vertilgung derselben durch dieses Mittel benutzt werden solle. Dem Mädchen war jedoch sowohl der Inhalt des – offenen – Zettels als das Benehmen des Absenders aufgefallen, und dies war der Grund, weshalb sie das Papier statt zu dem Apotheker zu mir brachte. Ich erschrak so heftig, daß es mir unmöglich war, sogleich nach Hause zu gehen, schickte jedoch sogleich meine Schwester Brenna zu dem jungen Menschen. Und durch sie wurde mir denn zu meiner großen Betrübnis zuerst die Gewißheit, daß er andere Empfindungen für mich hege als die für eine mütterliche Freundin. Aber sie glaubte ihn zur Vernunft zurückgebracht zu haben.

Doch eine Zeit nachher, und wieder während meiner Abwesenheit vom Hause, fand das Stubenmädchen beim Reinigen seines Zimmers einen an mich gerichteten Zettel auf seinem Tische, in welchem er mit der Erklärung, daß wir uns in diesem Leben nicht wiedersehen würden, Abschied von mir nahm. Sie brachte mir auch diesen, ich hieß sie ihn still wieder auf sein Zimmer legen und folgte ihr sehr bald nach Hause. Ich traf Louis schon auf der Straße in der Nähe meiner Wohnung und forderte ihn auf, mir dahin zu folgen. Es ist begreiflich, daß ich ihn nicht aus den Augen ließ. Am Abend ging ich mit ihm ins Theater, um es ihm um so weniger möglich zu machen, sich von meiner Seite zu entfernen.

Doch war es mir unter solchen, mich zugleich betrübenden und ängstigenden, Verhältnissen nicht ferner möglich, den jungen Mann in meinem Hause zu behalten. Ich fragte bei Reil in Halle an, ob er ihn bei sich aufnehmen wolle, denn ich wußte, daß er dort gut aufgehoben sein würde, und als dieser es bewilligt hatte, schrieb ich seinem Vater, es gehe nicht wohl an, daß sein Sohn ferner bei mir bleibe, ich habe jedoch seinetwegen Schritte bei Reil getan, und wenn er damit einverstanden sei, daß er sich zu diesem begebe, möge er ihm befehlen, augenblicklich Berlin zu verlassen und nach Halle zu gehn. Der Vater tat dies, und der Sohn mußte gehorchen. Bei seinem Abschiede übergab er mir als ein Andenken das Tagebuch, welches er in den letzten Monaten geführt hatte, und an mich gerichtete Briefe, die ich damals jedoch zuerst zu Gesicht bekam. Ich muß gestehen, daß ich bis dahin sein Benehmen einer romanhaften Grille zugeschrieben hatte, aber nachdem ich diese Papiere gelesen hatte, mußte ich von dieser Ansicht zurückkommen. Es sprach eine Leidenschaft aus ihnen, die mir allerdings als eine wahnsinnige erscheinen mußte, die mich aber den Entschluß segnen ließ, ihn aus meiner Nähe entfernt zu haben.

Doch ließ ich ihn nicht abreisen, ohne ihm dringende Empfehlungen an meine Freunde in Halle mitzugeben, namentlich an Schleiermacher, welcher damals schon als Professor dort angestellt war und ihn schon von Berlin aus kannte. Im Anfange war das gegenseitige Verhältnis ein recht freundliches. Börne war oft und gern mit Schleiermacher, wie er mir berichtete, und Schleiermacher hatte den besten Willen, ihm nützlich zu sein. ›Daß Louis gern mit mir ist‹, schrieb er mir unterm 21. November 1804, ›freut mich; ich mag ihn auch sehr wohl leiden und denke, ihm noch nützlich zu werden, wenn wir recht zusammenkommen.‹ – Aber nach und nach wurde dem unermüdlich tätigen Manne, dem Manne, der durch eigene gewaltige Kraft sich über alle Ungunst äußerer Verhältnisse sowie über alle wie auch begründete innere Mißstimmungen hinaushob, der untätige junge Mensch, der gar keine Anstrengung machte, sich aufzuraffen, ja sich in seiner Untätigkeit zu gefallen schien, unangenehm. Seine Teilnahme für ihn nahm stets mehr ab, und Börne seinerseits mied ihn fast. Ja Schleiermacher wurde vielleicht ungerecht gegen ihn, indem er ihn auf Grund sich widersprechender Äußerungen über an sich unwesentliche Dinge, während diese Widersprüche vielleicht nur Folge ungleichartiger Stimmungen waren, des Mangels an Wahrhaftigkeit beschuldigte. Ich suchte zum Besten meines früheren Zöglings noch aus der Ferne die Mißverhältnisse auszugleichen, als ich durch diesen davon erfuhr, aber mit geringem Erfolge.

›Wegen Louis‹, schrieb mir Schleiermacher am 10. April 1806, ›hast Du etwas recht, und er etwas recht, und ich gar nicht unrecht. Er kam mir ein paar Mal sehr ungelegen wegen J. und W., und das mag es wohl sein, was ihm aufgefallen ist. Freundlich bin ich ihm übrigens immer, aber gleichgültig ist er mir sehr. Wie soll man mehr Interesse an einem Menschen nehmen, als er selbst an sich nimmt? Er fängt gar nichts mit sich selbst an, vertändelt seine Zeit, versäumt seine Studien, ruiniert sich durch Faulheit und sieht dies selbst mit der größten Gelassenheit an und sagt mir immer: es wäre ihm nun einmal so, und wenn er sich zu etwas anderem zwingen wollte, so wäre es ja dann doch nicht besser. Wie kann man auf einen Menschen wirken, der sich so den Willen selbst wegräsonniert? Ich weiß nicht, ob er untergehen wird, manche Natur rettet sich aus diesem Zustande; aber in diesem Zustande ist nicht auf ihn zu wirken und kein Teil an ihm zu nehmen. Dabei ziert er sich noch und ist falsch. So hat er sich zum Beispiel gegen mich angestellt, als ginge er höchst ungern nach Frankfurt und fürchte sich dort vor der schrecklichsten Langeweile, dagegen versichert mich die Reil, er habe sich gefreut darauf wie ein Kind. – Wie er klagen kann, daß er trübe ist, begreife ich wohl, aber nicht, wie Du es als Klage aufnehmen kannst. Was hat ein gesunder junger Mensch, dem nichts abgeht, trübe zu sein? Aller Trübsinn kommt aus seiner Untätigkeit, die ihn schlaff macht. – Du kannst ihm das alles schreiben, ich sage es ihm auch selbst ganz gewiß, wenn er wiederkommt. – Schade ist es um ihn, wenn er in diesem Gange bleibt, aber helfen kann ihm niemand, wenn er sich nicht selbst hilft.‹

Mein Interesse für ihn machte, daß ich immer noch in meinen

Bemühungen nicht nachließ, aber der Riß wurde stets größer. ›Mit Louis und mir, liebe Jette‹, schrieb er noch zuletzt am 10. Oktober 1806, ›ist es weiter nichts geworden. Er liebt und hätschelt seine Faulheit und Eitelkeit und will von allen Menschen entweder gehätschelt werden oder hochmütig über sie wegsehen. Das letzte kann er nicht über mich, und das erste kann ich nicht gegen ihn, denn Faulheit und Eitelkeit sind mir an jungen Leuten ekelhaft und verhaßt. Auf diese Weise ist er eigentlich von mir abgekommen. Ein interessanter Mensch, wenn Du es so nennen willst, kann er wohl immer bleiben, aber weiter glaube ich nicht, daß er etwas wird, zumal ich auch nicht einmal ein entschiedenes, tüchtiges, bestimmtes Talent an ihm bemerkt habe, auf welches ich meine Hoffnung setzen könnte, daß es Herr über ihn werden und ihn durcharbeiten würde.‹

Und doch blickt für denjenigen, welcher Schleiermacher kannte, durch alle diese wenn auch ungünstige Äußerungen über den jungen Mann, eine größere Teilnahme für ihn hindurch, als er selbst zugestand. Die gänzliche Nichtigkeit hätte ihn kaum zu einer Betrachtung veranlaßt, viel weniger zu einer Auseinandersetzung des Wesens und Charakters eines Menschen, wie jene Briefe sie enthalten. Sprach er ihm jedoch ein entschiedenes Talent ab, so mußte man ihm darin beistimmen. Ein solches schlummerte gewiß schon in ihm, aber erst spätere politische Zustände erweckten es, und ohne das Eintreten derselben wäre Börne als ein wirkungsloser, unberühmter, ja anscheinend unbedeutender Mensch gestorben. Doch konnte auch Schleiermacher in allem seinem sittlichen Zorne über ihn nicht ganz in Abrede stellen, wie es manche andere taten, daß er ein interessanter Mensch war. Wie wäre dies jedoch möglich gewesen, hätte nichts in dem Jünglinge auf geistige oder sittliche Anlagen mindestens schließen lassen?

Auch war Schleiermacher einer der ersten, die ihren früheren Irrtum einsahen, sobald Börne als politischer Schriftsteller aufgetreten war. Stimmte er auch mit manchen Ansichten desselben nur teilweise überein, war ihm gleich die, wie auch witzige und humoristische, Form, in welcher er andere aussprach, zu herb und bitter – ich war in gleichem Falle mit ihm –: als er im Jahre 1819 eine Reise an den Rhein vorhatte, lud er den faulen Louis, der sich seit einigen Jahren in einen der tätigsten politischen Schriftsteller umgewandelt hatte, zu einem Rendezvous ein.

Auch ich sah ihn, der inzwischen ein berühmter Mann geworden war, in demselben Jahre auf meiner Rückkehr aus Italien zuerst, und zwar in Frankfurt a. M., seinem damaligen Wohnorte, wieder. Ich ließ ihn sogleich nach meiner Ankunft zu mir einladen. Er war sehr bewegt, als er mich wiedersah, wenngleich er, Gott sei Dank, von seiner tollen Leidenschaft geheilt war. Ich fand ihn vorteilhaft verändert. Durch alle Einfachheit seines Wesens blickte eine gewisse Genialität hindurch. Ich sah ihn während meines zweimaligen Aufenthalts in Frankfurt fast täglich und las die meisten seiner bis dahin erschienenen Journal-Artikel hier zuerst; denn da sie noch nicht gesammelt waren, so waren sie schwer zu erreichen, auch hatte er die bedeutendsten derselben erst während meiner Reise geschrieben. Ich gestehe, daß mich namentlich die Darstellungsweise höchlichst überraschte.

Sein Vater, welchen er mir zuführte, erschien mir als ein recht gescheiter und wackerer Mann, und sehr gefiel mir seine Freundin, eine verwitwete Frau Wohl. Sie war eine ruhige, verständige, unterrichtete Frau von gefälligem Benehmen, und ich hätte es für ein Glück für ihn erachtet, hätte sie ihm ihre Hand gegeben, denn ein eheliches Band war ihm notwendig. Als ich ihn später bei seiner Anwesenheit in Berlin fragte, warum sie nicht ein Paar würden, antwortete er mir: »Sie traut mir nicht!« Aber der Grund muß ein anderer gewesen sein, denn es war damals schwer, an seiner Aufrichtigkeit und an seiner Treue zu zweifeln, wenn man ihn so genau kannte wie diese vieljährige Freundin. Und ich hörte von anderen, daß die Rücksicht auf ihre alte, sehr orthodox-jüdische Mutter sie hinderte, Börnen ihre Hand zu geben, der längst zur christlichen Religion übergetreten war. Sie heiratete bekanntlich später einen Herrn Strauß, der ihre Verehrung für ihn teilte und dessen vielbesprochener Auftritt mit Heinrich Heine, der sich Verunglimpfungen Börnes erlaubt hatte, seinerzeit großes Aufsehen erregte.

Was mir noch zur Kenntnis Börnes, des gereiften Mannes, fehlte, ergänzte mir sein späterer Aufenthalt in Berlin. Es war damals in manchen Kreisen Berlins an der Tagesordnung, ihn, wenn die Rede von ihm kam, mit Heine gewissermaßen in einen

Topf zu werfen. Wenngleich ich keineswegs mit allem, was er schrieb, einverstanden bin, so muß ich ihn doch gegen diesen Vergleich verwahren. Es war ihm um alles, was er schrieb, heiliger Ernst, der sich nur hinter der Form des Scherzes und der Satire versteckte. Bei Heine scheint mir gerade das Umgekehrte der Fall zu sein. Er affektiert den Ernst zuweilen, lediglich um die Wirksamkeit des Spaßes, um welchen es ihm eigentlich zu tun ist und dessen plötzliches Eintreten nur selten bei ihm ausbleibt, zu erhöhen.

Die Herzogin Dorothea von Kurland und ihr Haus

Goeckingk war es, welchem ich die Bekanntschaft der trefflichen Herzogin Dorothea von Kurland verdankte, die Bekanntschaft mit ihm aber verschaffte mir eine Reise nach Leipzig, auf welcher ich wenige Jahre nach meiner Verheiratung eine unserm Hause befreundete Familie begleitete.

Die Herzogin von Kurland hielt sich anfangs dieses Jahrhunderts im Winter in der Regel in Berlin auf, und im Jahre 1803 machte mir Goeckingk den Vorschlag, ihre jüngste Tochter im Englischen zu unterrichten. Meine pekuniäre Lage machte mir zu jener Zeit, wo die Pensionen aus der Witwenkasse noch pünktlich gezahlt wurden, diesen Schritt nicht zu einer Notwendigkeit, und ich war daher wenig geneigt, ihn zu tun. Aber Goeckingk hatte sehr richtig bemerkt, daß meine geselligen Verhältnisse, welche zu Lebzeiten meines Mannes eine seltene Ausdehnung hatten, nach dessen Tode beschränkter geworden waren, weil sowohl Schicklichkeit als das Versiegen der reichen Einnahmen, welche dieser aus seiner ärztlichen Praxis gezogen hatte, mir nicht mehr erlaubten, wie bis dahin, selbst ein bedeutendes Haus zu machen, während doch, wie ich nicht leugnen will und bei der Art der Gesellschaft, in welcher ich mich stets bewegte, zu leugnen nicht Ursach habe, das Leben in der Gesellschaft mir ein Bedürfnis geworden war. Er legte daher einen besonderen Akzent auf die schönen geselligen Verhältnisse, in welche ich durch meine Einführung in das Haus der Herzogin treten würde, und besiegte so sehr bald meinen Widerstand.

In der Tat kann man sich die Annehmlichkeiten, welche das Haus der Herzogin in dieser Hinsicht bot, nicht groß genug denken. Schon die liebenswürdige, geistvolle Dame des Hauses hätte es zu einem anziehenden machen müssen. Aber die Herzogin war die erste Frau so hohen Standes, und ist vielleicht die einzige in Berlin geblieben, welche die Ansicht, daß in der Gesellschaft der geringste dem Stande nach dem Höchsten gleichzusetzen sei, wenn er den Erfordernissen einer höheren Geselligkeit entspreche, praktisch durchführte, und überhaupt so durchzuführen imstande war. Denn es war hierzu erforderlich, daß das Haus von jemandem gemacht wurde, welcher die höchsten Personen zu sich einzuladen berechtigt war. Und dennoch gehörte die Unabhängigkeit, die Energie, der Geist und die taktvolle Humanität der Herzogin dazu, um nicht an dem Unternehmen zu scheitern, und leugnen läßt es sich bei alledem nicht, daß es ihr von manchem eifrigen Kämpen für das Althergebrachte Anfechtungen und Verkennung genug zugezogen hat. Aber sie hat sich durch dessen Durchführung nicht bloß um die geselligen Verhältnisse Berlins, sondern weit über diese hinaus um die Förderung der Achtung wahren Menschenwertes seitens der äußerlich Höhergestellten ein großes Verdienst erworben. Diese letzteren, und namentlich der weibliche Teil derselben, welche bis dahin selten Personen, die außerhalb der Hoffähigkeit standen, in engeren Kreisen gesehen hatten, lernten nun auch diese, befreit vom Zwange einer geistbeengenden Etikette, kennen, ja sie, die sich bis dahin im ausschließlichen Besitze feiner geselligen Formen geglaubt hatten, mußten sich gestehen, daß Geist und Urbanität im Verein sich auch hier zugleich natürlichere, wohltuendere, mannigfaltigere und bedeutungsvollere zu schaffen wissen. Einladungen an Personen der höchsten Stände waren der Herzogin nie ein Grund, Niedergestellte, welche zu ihrem geselligen Kreise gehörten, uneingeladen zu lassen. Man speiste abends stets an verschiedenen Tischen, und es herrschte völlige Zwanglosigkeit hinsichts der Plätze, welche die Gäste einnehmen wollten, aber mit großer Feinheit wußte die edle Wirtin doch auch hier eine ihr erwünschte Mischung der Stände zu bewirken. So erinnere ich mich, öfter meinen Platz am Tische neben der liebenswürdigen Prinzessin Luise von Preußen, Gemahlin des Fürsten Radziwill, gehabt zu haben. – Daß man in diesem Hause zugleich die höchsten geistigen Notabilitäten fand, darf ich wohl kaum versichern.

Der Frau von Staël verhalf ihre Einführung bei der Herzogin zur schnellen Bildung eines geselligen Kreises für ihr Haus. Sie wählte eben die Personen dazu, welche sie im kurländischen Palaste kennengelernt hatte. – In beiden Kreisen war mir ein Mann, der sich damals eines europäischen Rufes erfreute und fast nie in denselben fehlte, die am wenigsten angenehme Erscheinung. Dies war Johannes von Müller. In der Tat war es auch nur sein Name, welcher ihn zum Zutritt zu denselben berechtigte, seine geselligen Vorzüge waren es nicht. Seine Unterhaltung klang schon nicht geistreich, wenn er französisch sprach, eine Sprache, die Leute von einigem Geiste gewissermaßen zum Esprit herausfordert, aber sie erschien oft plump, wenn er mit seiner schweizerischen Aussprache und seinem besonders störenden, gurgelnden ›ch‹ deutsch sprach. Dabei war sein Äußeres unangenehm, seine Gesichtszüge waren breit, zerflossen, sein Mund sah stets aus, als sei er mit Fett bestrichen, eine Voraussetzung, welche bei dieses Gutschmeckers Rüstigkeit im Essen sehr berechtigt gewesen wäre, hätte man nicht zugleich vorauszusetzen gehabt, daß der Wein, welchen er in großer Fülle genoß, das Fett wieder abspülen mußte. Es konnte unter diesen Umständen nicht fehlen, daß er das Stichblatt der Scherze und der Satire des anmutigen und etwas übermütigen Prinzen Louis Ferdinand wurde, in dessen Gesellschaft er sehr viel war. Er, der Prinz und der holländische Gesandte Dedel schlemmten fast jeden Abend miteinander. Nach den Soiréen bei Frau von Staël wenigstens war dies regelmäßig der Fall, denn dort machten sie gar kein Hehl aus ihrem Vorhaben. Müllers Weinlaune ergötzte, wie es schien, den Prinzen sehr. »Laßt uns sehen«, rief er eines Abends im Hinausgehen, »was unser Gelehrter heute noch für Streiche machen wird!« Das Verhältnis erinnerte mich ein wenig an das seines Großvaters Friedrich Wilhelm I. zu Gundling. –

Die Herzogin von Kurland hätte bei aller schönen Weiblichkeit doch Energie genug gehabt, um ein großes Reich zu beherrschen, und ihr politischer Blick machte zuweilen den Gedanken rege, daß eine solche Bestimmung eine ihr angemessene gewesen wäre. Schon als sie eine Frau in den Zwanzigern war, hatten die Stände Kurlands gewünscht, daß sie die Regentschaft übernehme, und an ihr lag es nicht, wenn der Herzog, ihr Gemahl, nicht in besserem Einvernehmen mit diesen Ständen war, denn trat ein solches vorübergehend ein, so hatte eben sie es durch oft schwierige Unterhandlungen vermittelt. Um so höher hatte man die Anspruchslosigkeit der hochbegabten Frau zu schätzen, welche in ihrem Hause nur bestrebt schien, die freundliche Förderin einer schönen Geselligkeit zu sein.

Von ihren Töchtern, alle vier anmutig und geistreich, mochte vielleicht die Prinzessin Dorothea, später Herzogin von Dino, die hervorragendste gewesen sein. Auch sie war, gleich ihren Schwestern, hübsch, und man hätte an ihrem Gesichte höchstens aussetzen können, daß ihre oberen Zähne etwas hervorstanden. Dieser reichbegabten Prinzessin wurde nun das Los, einem wenig bedeutenden Manne vermählt zu werden. Denn dafür galt Graf Edmund Talleyrand schon, als zuerst von ihrer Verbindung mit ihm die Rede war, und es fehlte daher schon damals nicht an Einwendungen gegen die Partie. Es war deshalb auch nicht zu verwundern, daß die junge Frau sich bald dem geistvollen Oheim ihres Gatten zuwendete, der sie verstand, wie anderseits ihre Anmut und ihr Frohsinn geeignet waren, dem mehr witzigen als heitern Staatsmanne das Leben zu verschönen.

Elisa von der Recke

Eine in vielen Beziehungen von ihrer etwa fünf Jahre jüngeren Schwester, der Herzogin von Kurland, verschiedene Natur war Elisa von der Recke. Auch sie war schön. Ihr Äußeres war ebenso imposant als einnehmend. Ihr Wuchs war hoch und zierlich, ihr Gesicht fein, der Ausdruck desselben anmutig. Aber ein kräftiges, heiteres, geistreiches Wesen gehörte nicht zu ihren Eigenschaften. Sie litt vielmehr an einer Sentimentalität, welche sie teils der Zeit, in welcher sie ihre Ausbildung erhalten hatte, teils früheren, Geist und Herz bedrückenden, Verhältnissen, teils endlich physischen Einflüssen, ihren Nerven- und Unterleibsleiden nämlich, verdankte, auf welche letztere freilich jene Gemütsstimmung wieder

Elisa von der Recke

steigernd zurückwirkte. Aber sie war überaus wohlwollend, ja von unerschöpflicher Güte, und so konnten ihr denn Freunde nicht fehlen. Freilich auch ließ ihre Arglosigkeit sie in dem Vertrauen auf die Freundschaft anderer oft zu weit gehen, und es gab gar viele Personen, welchen man lediglich äußere Motive für ihre Anhänglichkeit an die edle Frau zuzuschreiben hatte, von denen man die letztere mit Erstaunen mündlich, ja schriftlich äußern hörte: ›diese gute Seele liebt mich innig!‹ – oder gar – ›liebt mich unendlich!‹

Sie hatte in ihren früheren Jahren des Trüben viel erfahren. Ich kenne manche Einzelnheiten ihrer Erlebnisse aus jener Zeit sowie auch aus ihrem späteren Leben durch einen autobiographischen Aufsatz, welchen sie mir einst vorlas. – Ihre Mutter war ihr schon in den ersten Lebensjahren durch den Tod entrissen worden, und sie erhielt ihre Erziehung durch deren Mutter, eine Frau von Korff. Diese harte, leidenschaftliche Frau behandelte das arme Mädchen mit solcher Strenge, daß sie sich einst anderthalb Tage unter dem Bette versteckt hielt, um sich dort totzuhungern, und die Furcht, wieder aufgefunden zu werden, vermochte sie zu solcher Unbeweglichkeit in diesem peinlichen Versteck, daß keiner der Hausgenossen sie dort vermutete und man sie förmlich austrommeln ließ.

In ihrer Ehe ward ihr eine womöglich noch härtere Begegnung. Erst fünfzehn Jahr alt, wurde die Hand der schönen Elise, die schon in diesem frühen Alter sich vieler Werber erfreute, von einer sonst sehr liebevollen und einsichtigen Stiefmutter, welche später ihre Erziehung übernommen hatte, dem nicht mehr jungen Freiherrn von der Recke zugesagt, welcher sich in sie verliebt hatte. Aber als das Feuer der Liebe verraucht war, wozu es, wie es scheint, nur kurzer Zeit bedurfte, sah der Ehemann in seiner jungen Frau nichts als körperliche und geistige Verzärtelung. Die Mittel, welche er anwendete, um diese zu beseitigen, waren freilich die wunderlichsten. So litt er zum Beispiel nicht, daß seine Frau jemals, auch in der strengsten Kälte nicht, Handschuhe trug, und entzog ihr, soweit er es irgend vermochte, alle Lektüre. Eine Trennung wurde unter solchen Verhältnissen unumgänglich, aber eine förmliche Scheidung vermied sie, solange eine Tochter, welche aus dieser Ehe entsprungen war, lebte, und sie erfolgte erst nach dem Tode derselben. Sonderbar war es, wenngleich ähnliches nicht gerade zu den Seltenheiten gehört, daß nach der Scheidung ihr Mann ihr ein sehr treuer Freund wurde.

Die traurigen Erfahrungen in ihrer eigenen Ehe hatten in der jungen, etwa zweiundzwanzigjährigen Witwe ein solches Mißtrauen gegen alle Ehen rege gemacht, in welchen ihr die Keime zu Verhältnissen, die denen der ihren glichen, zu liegen schienen, daß, als der Herzog von Kurland, ebenfalls viel älter als ihre Schwester Dorothea, seine Bewerbungen um diese begann, sie sie aufs äußerste warnte, ihm irgend Gehör zu schenken. Ja der Standesverschiedenheit wegen fürchtete sie sogar, daß er nicht redliche Absichten hege. Dieses Bedenken suchte der Herzog jedoch dadurch zu beseitigen, daß er die Erhebung der Medemschen Familie in den Reichsgrafenstand bewirkte, und Dorothea ward die Seine.

Als ihre Schwester nun eine Herzogin geworden war, befand sich Elisa in so beschränkten Vermögensumständen, daß jede Kammerfrau der Schwester sich besser kleiden konnte als sie. Von einer Equipage war vollends gar nicht die Rede, und wurde sie zu Hofe eingeladen, so mußte sie in einem herzoglichen Wagen abgeholt werden, wenn sie nicht zu Fuß gehen sollte. Diese Verhältnisse verbesserten sich erst, ja sie nahmen eine glänzende Wendung, als die Kaiserin Katharina, durch ihr Buch über Cagliostro, welcher die zur Schwärmerei geneigte Frau anfangs nicht ohne Erfolg in seine Netze zu ziehen gesucht hatte, aber doch später als das, was er war, von ihr erkannt wurde, auf sie aufmerksam geworden, sie nach St. Petersburg einlud und ihr die Nutznießung einer bedeutenden Domäne in Kurland auf ihre Lebenszeit anwies. Aber unter der Regierung des Kaisers Alexander verlor sie wieder einen Teil ihrer Einkünfte, irre ich nicht, in Folge der Aufhebung der Leibeigenschaft. Sie mußte sich von da an wieder um so mehr einschränken, als sie viel Geld auf Zwecke der Wohltätigkeit verwendete. Hielt sie sich in Berlin auf, so machte sie gar kein Haus, sondern bewohnte eine Hofwohnung im Palaste ihrer Schwester, aber auch in Dresden lebte sie sehr einfach, wenngleich abends zum Tee jeder bei ihr Eingeführte auch ungeladen Zutritt hatte. Aber ebenfalls ungeladen fand sich auch sehr oft dort die Langeweile ein, und an solchen Abenden vermochte kaum irgend etwas, ein, wenngleich schnell unterdrücktes, Lächeln auf die Lippen der Gäste zu locken, als die abgöttische Verehrung für den Freund und Hausgenossen Tiedge. Freilich konnte man sich auch zuweilen des Ärgers über diese nicht erwehren. Denn kam zum Beispiel das Gespräch auf Literatur, so war es, als sei neben Tiedges ›Urania‹ kaum irgendein Erzeugnis derselben nennenswert. Komisch aber mußte es jedesmal wirken, wenn die gute Elisa selbst nichts genießen wollte, ohne daß ihr verehrter Freund Tiedge sein Teil davon erhielt. Als einmal ihre Kammerfrau, die Bodijella, ihr Pillen reichte, lispelte sie in süßem, bittendem Tone: »O Bodijella, Tiedgen auch eine Pille!«

Ach, es wäre fast tragisch, wenn die gute Elise diesem Tiedge auch für mehr Liebe dankbar gewesen wäre, als er für sie hegte! Daß außer für sie noch Raum in seinem Herzen war, wollten wenigstens die Hausgenossen aus eigener Wahrnehmung wissen. Denn der Gegenstand seiner Freundschaft sollte eben auch eine Hausgenossin sein, die Frau Pappermann, Frau des Kochs und Kammerdieners Elisens.

Die Voraussetzung einer aufopfernden Zuneigung für sie in dem Priester Tomaso, oben auf der Höhe von Ischia, beruhte jedenfalls auf einem Irrtum, und ich und meine Reisegesellschaft haben diesen Irrtum ziemlich teuer bezahlen müssen. Sie selbst habe längere Zeit bei ihm gelebt, sagte sie mir, und der gute Tomaso sei ihr innig zugetan. Nur aus Gefälligkeit nehme der allem irdischen Eigennutz ferne Mann Gottes Fremde auf, aber mich werde er gern und freudig aufnehmen, wenn ich ihm Grüße von ihr bringe. Als ich nun Ischia in Gesellschaft Atterboms, Thorwaldsens, der Lady Frances Mackenzie und anderer Freunde besuchte, begaben wir uns sogleich zu ihm und baten um Aufnahme. Es war da oben in der Tat entzückend schön, die Gärten der Armida können nicht zauberischer gewesen sein, und so nannte ich den Ort auch. Der gute Tomaso aber erklärte, Fremde nicht aufnehmen zu können. Da schlug ich mit dem Blitze von Elisens Gruß in sein hartes Herz ein, und siehe, er zündete. Jetzt änderte sich alles. Wie könnte er Freunde der Signora Elisa abweisen! Heilig sei ihm ihr Andenken! – Mit bedeutsamer, geheimnisvoller Miene, als führe er uns zu der Reliquie einer Heiligen, führte er uns zu einem indischen Feigenbaume. »Ihn hat Elisa gepflanzt!«

Wirklich tat er auch vieles, um Raum für uns alle zu schaffen, und überhaupt fanden wir eine gute Aufnahme bei ihm. Und als wir abreisen wollten, weigerte er sich, irgendeine Zahlung anzunehmen. Zahlung von Freunden der Signora Elisa! Dabei konnten wir uns, wie er voraussehen durfte, nicht beruhigen. Wir baten ihn, uns nur die Erstattung seiner baren Auslagen zu erlauben. Endlich, endlich bewilligte er dies. Es war fabelhaft, wieviel der gute Mann ausgelegt hatte! Die Reisegesellschaft dachte noch lange an diese freundschaftliche und uninteressierte Aufnahme aus Liebe zur Signora Elisa!

Eine nicht minder freundliche und jedenfalls uneigennützigere verschaffte mir Elisens Namen bei dem berühmten Erzbischof von Tarent. Ich fand in ihm einen wohlwollenden, lebendigen, ja liebenswürdigen Greis von schönem Äußern, ohne eigentlich geistliche Haltung, aber doch von sehr männlicher. Die Welt kannte er genug und ließ dies in seiner Unterhaltung mehr durchblicken, als ein so hoher geistlicher Würdenträger einer anderen Nation es wahrscheinlich getan hätte. Aber ich habe die geistige Tiefe nicht in ihm gefunden, welche seine Berühmtheit mich erwarten ließ. Wir Deutsche sind gar zu verwöhnt in dieser Hinsicht! Ich kann nicht sagen, daß die persönliche Bekanntschaft irgendeines italienischen Mannes der Wissenschaft oder der Kunst die Erwartungen erfüllt hätte, zu welchen sein Ruf mich zu berechtigen schien.

Frau von Staël – August Wilhelm Schlegel

Eine Frau ganz anderer Art als Frau von Genlis war freilich Frau von Staël, welche fünf bis sechs Jahre später in Berlin war als jene und zu welcher ich in mannigfachen Beziehungen gestanden habe. Es ist nicht möglich, sich eine lebendigere und geistreichere Unterhaltung zu denken als die ihre. Allerdings aber wurde man von ihr fast bis zum Übermaß mit Geistesblitzen überschüttet. Und nicht minder lebhaft als im Antworten war sie im Fragen, ja ihre Fragen folgten einander mit solcher Schnelligkeit, daß es kaum möglich war, ihr genügend zu entgegnen. Ihr unersättlicher Durst nach Vermehrung ihrer Kenntnisse ließ ihr keine Ruhe, aber ihre Sucht, den subtilsten Geist, welcher aus den Tiefen der Wissenschaft aufsteigt, im Fluge von der Oberfläche wegzuhaschen, war schon bei ihrer Anwesenheit in Berlin Gegenstand leichten Spottes, und dieser blieb ihr nicht immer verborgen. Prinz August fragte sie einmal in meiner Gegenwart: ob sie denn nun schon glücklich in den Besitz der ganzen Fichteschen Philosophie gelangt sei? »Oh, j'y parviendrai!« antwortete sie mit großer Entschiedenheit, zugleich aber auch mit einer Schärfe des Tons, welche bewies, daß sie die Meinung des Fragenden wohl verstanden hatte.

Mit dieser Fichteschen Philosophie hat sie manche gute Leute nicht wenig gequält. – Ich begegnete eines Tages dem Professor Spalding, dem Philologen. »Ach«, rief er mir schon in der Entfernung einiger Schritte entgegen, »morgen steht mir ein saueres Diner bevor! – Im Laufe desselben soll ich ein Werk, das ich nicht ganz verstehe, in eine Sprache übertragen, die mir nicht geläufig ist.« Und es ergab sich, daß er zu Frau von Staël eingeladen war, um ihr beim Diner so nebenher ein philosophisches Werk Fichtes in französischer Sprache beizubringen.

Ein Diner, und zwar bei der Herzogin von Kurland, war es auch, bei welchem ich ihre Bekanntschaft machte, und zwar ein sehr interessantes, denn in der nur kleinen Gesellschaft befand sich außer ihr und Johannes Müller noch Prinz Louis Ferdinand.

Ich sah sie seitdem öfter bei mir. Sie hatte kaum August Wilhelm Schlegel kennengelernt, als der Wunsch, daß er sich ihr anschließe und sie begleite, sehr rege in ihr ward, und da Schlegel demselben anfangs nicht entsprechen wollte, so bat sie mich, ihn dazu zu bestimmen. »Vous avez quelque ascendant sur lui!« sagte sie mir. »Ich will ja nichts von ihm, als daß er meinen Sohn und meine Tochter im Deutschen unterrichte, alle übrige Zeit soll ihm ja bleiben! – Er schützt die Übersetzung des Shakespeare vor. Aber ich sehe die Notwendigkeit nicht ein«, rief sie mit großer Lebhaftigkeit, »den englischen Dichter eben in der Hauptstadt Preußens zu übersetzen!«

Es konnte ihr jedoch nicht lange verborgen bleiben, daß es in

Anna Louise Germaine Baronin de Staël-Holstein

der Tat nicht der englische Dichter, sondern eine berlinische Dame war, was ihn an Berlin fesselte. Schlegel hing mit zärtlicher Freundschaft an Sophie Bernhardi, geborener Tieck, nachherigen Frau von Knorring. Sobald Frau von Staël dies erfahren hatte, drang sie in mich, Schlegel und seine Freundin zu mir einzuladen, damit sie die letztere kennenlerne. Vergebens stellte ich ihr vor, daß Frau Bernhardi nicht französisch spreche, während sie das gesprochene Deutsch nicht verstehe. »Je la verrai parler!« rief sie mit ihrer überwältigenden Lebhaftigkeit. – Ich mußte nun eine größere Gesellschaft einladen, um durch sie die Absicht der Frau von Staël möglichst zu maskieren.

Ein Wunder wäre es jedoch gewesen, hätte Frau Bernhardi nicht bemerken sollen, worauf es abgesehen war. Denn kaum hatte sie irgend etwas gesprochen, so rief Frau von Staël Schlegeln aufs lebhafteste zu: »qu'est-ce qu'elle dit?« – und dieser, der hinter ihrem Stuhle stand, mußte das Gesagte übersetzen. Dabei verfuhr er denn aber aus Treue so treulos als möglich. Denn hatte Frau Bernhardi irgend etwas gesagt, was möglicherweise der Staël nicht behagen konnte, so gab er etwas anderes dafür. Dies erregte dann in der Gesellschaft ein Lächeln, von welchem ich befürchten mußte, daß es der Frau von Staël, weil sie es eben nicht zu deuten wußte, befremdlich werden könnte. Um daher einer möglichen größeren Unannehmlichkeit vorzubeugen, benutzte ich eine Gelegenheit, dem trügenden Dolmetscher in scherzendem Tone das Handwerk zu legen. Als nämlich Frau Bernhardi einmal behauptete, die französische Sprache sei eine durchaus unmusikalische und für den Gesang im geringsten nicht geeignet, Schlegel aber auf das ›qu'est-ce quelle dit?‹ der Frau von Staël der anderen eine Äußerung in den Mund legte, welche einem Lobspruch auf das melodische Element in der französischen Sprache ziemlich ähnlich sah, berichtigte ich den Übersetzer und machte so den Fragen der Frau von Staël ein Ende, die sich alsdann in der Tat hinsichts der Frau Bernhardi mit dem voir parler begnügte. –

Frau von Staël gab während ihres Aufenthalts in Berlin an jedem Freitage eine Soiree, aber sie lud jedesmal nur drei Damen dazu ein. Ich gehörte öfter zu den Eingeladenen und erinnere mich des letzten dieser Abende als eines vorzugsweise geistvollen und anregenden. Die drei weiblichen Mitglieder der Gesellschaft waren diesmal, außer der Wirtin, die Herzogin von Kurland, Frau von Berg und ich. Besonders geistreich und liebenswürdig erwies sich an diesem Abende Prinz Louis Ferdinand; wie er denn überhaupt einer der liebenswürdigsten Fürsten war. Es ist wahr, daß er bei alledem einen gewissen ton de corps de garde nie völlig unterdrücken konnte. Doch machte ihn dieser nicht irgend unangenehm, er diente nur dazu, ihm eine bestimmte, eigentümliche Färbung zu verleihen. So verfuhr er eben an jenem Abende hinsichts meiner auf eine Weise, die, von jedem anderen geübt, unzart, ja verletzend gewesen wäre, bei ihm jedoch sich wie gemütliche Teilnahme darstellte. Er faßte mich nämlich bei der Hand und führte mich vor die Herzogin von Kurland. »Betrachten Sie diese Frau!« rief er. »Und diese Frau ist nie geliebt worden, wie sie es verdiente!« – Recht hatte er in letzterem freilich. So unendlich gut mein Mann gegen mich war, so liebend er sich die Bildung meines Geistes angelegen sein ließ, so vertrauensvoll er mir alle Freiheit gewährte, die mir das Leben verschönen konnte, eine Liebe, wie ich sie im Herzen trug, kannte er nicht, ja wenn ich sie äußerte, wies er sie gleich einer Kinderei zurück.

Schon vor dieser Szene hatte ich gegen den Prinzen geäußert, daß ich ihn noch nie Piano spielen gehört hätte, und er war so freundlich, mir zu versprechen, daß er am nächsten Freitage sein Instrument zu Frau von Staël bringen lassen wolle. Doch an diesem Freitage bei dieser gab es keine Soiree mehr. Sie hatte die Nachricht von der Krankheit Neckers, ihres Vaters, erhalten und war eiligst abgereist, um ihn noch zu sehn. Aber sie fand ihn nicht mehr unter den Lebenden. –

Kurze Zeit darauf, bei der Anwesenheit Schillers in Berlin, wendete sich das Gespräch zwischen ihm und mir auf Frau von Staël. Er verhehlte mir seine Abneigung gegen sie nicht. An Anerkennung ihrer geistigen Vorzüge ließ er es zwar keineswegs fehlen. Er sagte mir in dieser Beziehung unter anderem, daß er erstaunt über die Fortschritte gewesen sei, welche sie in kurzer Zeit in der deutschen Sprache gemacht habe. Sie habe Manuskripte, welche Goethe und er ihr zum Durchlesen gegeben, vollkommen verstanden, was sich aus ihren Äußerungen über sie deutlich erwiesen habe. Aber von Schillers Ideal von Weiblichkeit war freilich Frau von Staël weit genug entfernt. Und eben der Mangel an Weiblichkeit, von welchem ich meinerseits zwar glaube, daß ihr lebhaftes, rasches Wesen ihn mehr voraussetzen machte, als daß er wirklich vorhanden war, mochte ihn hauptsächlich gegen sie eingenommen haben. – Sie hatte in Jena in einem Hause gewohnt, welches wegen eines Spukes – eines Papiermännchens, welches darin umgehen sollte – anrüchtig war, und wußte sich etwas damit, daß während ihrer Anwesenheit sich von diesem nichts habe merken lassen. Schiller erzählte mir davon. »Aber«, schloß er, »hätte denn selber ein Geselle Satans mit der zu schaffen haben mögen?« –

Wilhelm von Humboldt war bei seiner Anwesenheit in Paris im Jahre 1799 viel mit Frau von Staël, ja mehr vielleicht als mit irgend jemand anderem. Aber es war doch auch nur ihr Geist, der ihn zu ihr hinzog, einen Mangel echter Weiblichkeit glaubte doch auch er, und zwar auf eine wenig wohltuende Weise, bei ihr zu verspüren. Doch die übrigen Menschen in Paris genügten ihm damals so wenig, daß er sich vergleichsweise bei ihr wohl fühlte. Ihn erfreute überhaupt damals dort kaum etwas anderes als die Verehrung, welche man – in jener Zeit schon, noch vor dem Antritt der Reise, welche den Grund zu seiner Weltberühmtheit legte – für seinen Bruder Alexander hatte. Diese Verehrung eines ausgezeichneten Menschen, dessen Inneres er so ganz kannte, schien ihm ein besserer Kultus als der, welchen er damals in den Kirchen von Paris sah, ›in diesen Kirchen mit ihren moralischen Inschriften, ihren gipsernen Statuen der Freiheit und den paar Theophilanthropen, welche sich an jeder Dekade darin versammeln, um Gebote vorlesen zu hören, die nicht befolgt werden‹, wie er mir schrieb. Ihm wurde erst wieder wohl in dem Tempel der Natur, der sich ihm auf der Grenze Frankreichs, welches er ohne irgendein Bedauern verließ, in den Pyrenäen auftat. Madrid, wohin er von da ging, interessierte ihn unendlich mehr, als Paris es damals getan hatte. Er schwelgte in den Kunstschätzen dieser Stadt, und besonders in denen des Escurials. Und konnte er auch viele der Motive nicht teilen, welche die herrlichen spanischen Kirchen füllten, immer gaben sie und ihre Besucher ihm ein schöneres, erhebenderes Gefühl als jene französischen. So sprach er sich auch hierüber in seinen Briefen an mich aus. Aber

August Wilhelm Schlegel

dennoch sehnte er sich, sobald er sich von seinem Bruder hatte trennen müssen, der von Corunna aus seine Reise um die Welt antrat, aufs lebhafteste von Spanien hinweg und wieder nach Deutschland. Er war durch und durch Deutscher.

Doch zurück von dem teueren heimgegangenen Freunde zu Frau von Staël. Hatte diese geistreiche Frau den Nutzen, welchen ihr August Wilhelm Schlegel bringen konnte, sehr richtig erkannt, so hatte sie doch auch eingesehen, daß dieser sich seinerseits bei ihr wohl fühlen, daß das Leben, welches er bei und mit ihr führen werde, ihm ein anregendes und förderliches sein müsse. So war es auch in der Tat. Von eigenen Produktionen war der ›Jon‹ die letzte bedeutendere vor seiner Bekanntschaft mit der Staël, ein Werk ohne Eigentümlichkeit und Leben. Er erhob sich wieder an dieser Frau, und was er während seines Zusammenlebens mit ihr teils ausführte, teils konzipierte, gehört zu seinem Besten.

Am wenigsten an seiner Stelle war er als Universitätslehrer in Bonn. Er paßte nicht zu einem deutschen Professor, er paßte nicht zu dem derben Wesen deutscher Studenten. Oft mußte er diesen lächerlich, seinen Kollegen mindestens fremd vorkommen. Ich sah ihn auf meiner Rückkehr aus Italien im Jahre 1819 in Bonn wieder, wo er sich überaus freundlich gegen mich erwies. Wie war er schon äußerlich verändert! – das sonst so glänzende Auge war erloschen, der Teint bleich, verschossen, die früher schlanke Gestalt aufgedunsen, sein sonst so geistreiches Wesen war nur noch zu ahnen! Wir machten eine Land- und Wasserpartie mit Bonner Professoren und ihren Frauen. Sie waren fröhlich und laut, aber je mehr sie dies wurden, desto ernster und stiller wurde Schlegel. Zuletzt saß er mit gänzlicher, aber anständiger Teilnahmlosigkeit da, ganz wie ein ältlicher Franzose, der nicht deutsch versteht, in einer deutschen Gesellschaft dasäße, und auch sein Äußeres widersprach diesem Bilde nicht. Eigentlich verstand er auch nicht, was um ihn her gesprochen ward, wenn er auch die Worte verstand. – Er machte einen schmerzlichen Eindruck auf mich.

Schiller mußte auf die Mehrzahl der Menschen notwendig einen angenehmeren Eindruck machen als Goethe. Die äußere Erscheinung sprach allerdings im ersten Augenblick mehr für den letzteren. Aber er gab sich denjenigen gegenüber, welche ihn nicht besonders zu interessieren wußten, gar zu sehr seiner augenblicklichen Stimmung hin und schien die Verehrung, welche ihm entgegengebracht wurde, als einen schuldigen Tribut zu betrachten, der auch nicht die kleinste Erwiderung seiner Seite erheische. Gewiß mag ihn die Neugier unbedeutender Menschen oft ungebührlich geplagt und um eine edle Zeit betrogen haben, von welcher er fühlte, daß er sie ersprießlicher anwenden konnte. Aber ich habe ihn auch bisweilen von einem Kreise anerkannt tüchtiger Männer und strebender Jünglinge umgeben gesehn, welche alle, entbrannt von dem Wunsche, irgendeine Ansicht, eine Meinung nur, von ihm aussprechen zu hören, an seinen Lippen hingen und doch als die Beute eines langen, vielleicht ihr ganzes Leben hindurch ersehnten Abendes nichts mehr als ein gedehntes ›Ei– ja!‹ oder ›So?‹ oder ›Hm!‹ – oder bestenfalls ein ›Das läßt sich hören!‹ davontrugen. Schiller war eingehender. Auch sein Äußeres war jedenfalls bedeutend. Er war von hohem Wuchse, das Profil des oberen Teiles des Gesichtes war sehr edel; man hat das seine, wenn man das seiner Tochter, der Frau von Gleichen, ins Männliche übersetzt. Aber seine bleiche Farbe und das rötliche Haar störten einigermaßen den Eindruck. Belebten sich jedoch im Laufe der Unterhaltung seine Züge, überflog dann ein leichtes Rot seine Wangen, und erhöhete sich der Glanz seines blauen Auges, so war es unmöglich, irgend etwas Störendes in seiner äußeren Erscheinung zu finden.

Bis zum Jahre 1804, wo ich ihn zum ersten und letzten Male, und zwar hier in Berlin, sah, hatte ich ihn nur aus seinen Schriften gekannt, und wie es begreiflich ist, daß wir uns das Bild der Persönlichkeit eines Dichters, den wir kennen und lieben, aus seinen Werken gestalten, so hatte ich ihn mir in seiner Ausdrucksweise feurig und in seinen Reden rückhaltlos seine Überzeugungen aussprechend gedacht. Ich meinte, er müsse so im Laufe eines Gesprächs etwa wie sein Posa in der berühmten Szene mit

König Philipp sprechen. Zu meinem Erstaunen nun stellte er sich in seiner Unterhaltung als ein sehr lebenskluger Mann dar, der namentlich höchst vorsichtig in seinen Äußerungen über Personen war, wenn er irgend glauben durfte, Anstoß durch sie zu erregen.

Doch half ihm in Berlin die Zurückhaltung nicht viel. Die schlauen Hauptstädter wußten bald, daß seine Frau gegen ihre feingesponnenen Fragen weniger gewappnet war als er, wie ich denn überhaupt gestehen muß, daß sie auf mich nicht den Eindruck einer geistig bedeutenden Frau gemacht hat, namentlich nicht, wenn ich sie mit ihrer Schwester Caroline von Wolzogen vergleiche; und so erfuhr man denn von der Frau, was der Mann zu verschweigen für gut achtete. – Den auf ihre Bühne sehr eitlen Berlinern, deren Hauptinteressen sich damals um Schauspiel und Schauspieler wendeten, unter welchen letzteren sie sich in der Tat sehr großer Künstler, wie eines Fleck, eines Iffland, einer Bethmann, zu rühmen hatten, lag es besonders daran, Schillers Urteil über die hiesige Darstellung seiner Stücke zu hören. Nun war gerade über die der Thekla im ›Wallenstein‹ das ganze intelligente Berlin in zwei Parteien geteilt. Diese Rolle wurde von Flecks Gattin dargestellt, einer hübschen, mit einem weichen und tönenden Organ begabten Frau, die später als Madam Schröck in den Rollen der edlen Mütter und Anstandsdamen alle Stimmen für sich vereinigte, als jugendliche Liebhaberin jedoch von einem Teile des Publikums bis in den Himmel erhoben wurde, während ein anderer sie einer falschen langweiligen Sentimentalität beschuldigte, die bei ihr zur unaustilgbaren Manier geworden sei. So auch in der Rolle der Thekla. Aber von Schiller war nichts darüber herauszubringen. Seine Frau jedoch, so bemerklich ihr auch das Ausweichen ihres Mannes werden mußte, war bald zu der Mitteilung zu vermögen, daß ihm die Darstellung der Thekla gar nicht behage. Und allerdings konnte dies bei der gehaltenen und gemessenen, wenngleich wenig erwärmenden Art der Rezitation, welche Goethe und Schiller auf der Weimarschen Bühne eingeführt hatten, kaum anders sein. –

Goethe hatte ich noch nie gesehen, als ich während eines Aufenthalts in Dresden im Jahre 1810 in einer Soiree bei Frau Seidelmann, der trefflichen Sepiazeichnerin, plötzlich seine Ankunft berichten hörte. Ich äußerte meine Freude so lebhaft, daß der ebenfalls anwesende, noch sehr junge Herzog Bernhard von Weimar ihn durchaus herbeiholen wollte, um mir seine Bekanntschaft sogleich zu verschaffen. Ich weiß nicht, wie er dies gegen Goethe hätte verantworten wollen, aber gewiß ist es, daß ich ihn noch in der Tür am Rockschoße zurückhalten mußte, um ihn von seinem Vorhaben abzubringen. Am andern Morgen jedoch kam Frau Körner zu mir, um mich zu benachrichtigen, daß Goethe auf der Galerie sein werde. Natürlich eilte ich dahin. Hatte ich ihn gleich nie gesehn, dennoch erkannte ich ihn auf der Stelle, und ich hätte ihn erkannt, wäre mir auch nie ein Bildnis von ihm zu Gesicht gekommen. War schon seine ganze Erscheinung in aller Einfachheit imposant, so zeichnete doch vor allem sein großes, schönes, braunes Auge, welches sogleich den bedeutenden Menschen verriet, ihn vor allen Anwesenden aus. Er war so freundlich, sich mir durch Frau Seidelmann vorstellen zu lassen. Und da diese, eine Venezianerin von Geburt, nur italienisch und französisch sprach, so wurde die Unterhaltung anfangs in der letzteren Sprache geführt. Er drückte sich in derselben gut und mit Geläufigkeit aus. Da man jedoch in einer fremden Sprache, spreche man sie auch gut, immer nur sagt, was man kann, in der eigenen aber, was man will, so suchte ich es bald dahin zu wenden, daß wir uns in der Muttersprache unterhielten.

Am Abend fand ich ihn bei Körners wieder. Da umstand ihn eben auch solch ein Kreis von Leuten, die nichts von ihm zu hören bekommen konnten. Und bald trat er zu mir heran und sagte: »Geht's Ihnen wie mir, und hat das heutige Sehen der Gemälde Sie angestrengt, so setzen wir uns ein wenig, und nebeneinander.« Nichts konnte mir erwünschter sein. – Die Gemälde gaben den Stoff zur Unterhaltung. So Treffliches er auch über manche historische Gemälde sagte, so war ich doch hier nicht überall mit ihm einverstanden, denn ich gehörte damals, gleich dem ganzen Kreise meiner Freunde, der romantischen Richtung an, auch spukte schon vor unseren deutschen Künstlern in Rom etwas von jener, bald auf die deutsche Kunst so einflußreich gewordenen Nazarenischen Richtung über die Alpen herüber. Und so hörte denn zum Beispiel die italienische Kunst für mich so ziemlich mit dem Meister auf, mit welchem sie für Goethe eben recht begann, mit Raffael. Aber da mir vor allem darum zu tun war, ihn zu hören, so hütete ich mich sehr, ihm hierin zu widersprechen. Über Landschaftsmalerei jedoch sagte er das Trefflichste. Hier war er ganz zu Hause. Der Dichter, der Kritiker, der Naturbeobachter und der ausübende Künstler gingen hier bei ihm Hand in Hand. Denn bekanntlich war er selbst meisterlicher Landschaftzeichner.

Wir sahen uns nun während seiner Anwesenheit in Dresden fast jeden Abend, denn alle seine Freunde und Bekannte waren auch die meinigen. –

Diesen glänzenden Stern habe ich nun auf- und untergehen sehen, denn ich erinnere mich noch der Zeit, als sein ›Götz‹ und sein ›Werther‹ soeben erschienen waren und die Aufmerksamkeit aller, die sich für Literatur interessierten, auf ihn richteten. Habe ich ihm daher, nächst der Auszeichnung, welche er mir persönlich erwies, unendliche Genüsse, welche der Dichter mir gewährte, zu danken, so hat er mich doch auch in einem von mir hochverehrten Freunde sehr verletzt, und ich will nicht verhehlen, daß ich ihm dies stets ein wenig nachgetragen habe. Der Fall beweist, daß er sogar bis in seine Familienverhältnisse hinein sein Bestreben trug, alles was ihm unbequem war, oder auch nur dies zu werden drohte, rücksichtslos zu beseitigen. Als die Tochter seiner einzigen geliebten Schwester, der Gattin Schlossers, Nicolovius heiratete, hatte er etwas gegen diese Verbindung. Der geistige und sittliche Wert der letzteren gibt mir ein Recht zu der Voraussetzung, daß diese Unzufriedenheit nicht eine des Dichters, sondern eine des Ministers war und nur die, allerdings damals noch nicht glänzende, äußere Stellung Nicolovius' betraf. Doch mußten die Äußerungen derselben verletzend genug gewesen sein, namentlich wenn man den milden und versöhnlichen Sinn des guten Nicolovius in Anschlag bringt. Denn nie haben Goethe und er einander gesehn, so leicht dies auch von dem Augenblicke an zu bewirken gewesen wäre, wo Nicolovius als Mitglied des Staatsrats nach Berlin versetzt wurde und so manche Anlässe sich auch dazu boten. Auf die Kinder des letzteren übertrug Goethe jedoch seinen Mangel an Freundlichkeit nicht, und namentlich hatte er für Alfred Nicolovius viele Teilnahme.

Aus der Zeit der französischen Okkupation

An den Palast der Herzogin von Kurland unter den Linden, welche ich infolge meiner Beziehung zu dieser Fürstin und ihren Kindern vor dem Kriege von 1806 oft besuchte, knüpft sich für mich die Erinnerung an ein Erlebnis unter Verhältnissen, welche nicht nur im allgemeinen, sondern auch hinsichtlich der Bewohner dieses Gebäudes sehr veränderte waren. Ich achte es schon deshalb der Erzählung wert, weil es beweist, wie der Grund so mancher der Vorfälle während der französischen Okkupation, welche als Folgen des Übermuts und der Rücksichtlosigkeit der Sieger erschienen, in der gemeinen Gesinnung einzelner unter den Besiegten zu suchen war.

Als die Herzogin von Kurland 1806 mit ihren Töchtern nach Rußland ging, blieb Goeckingk im Palast zurück. Er bewohnte einige Zimmer im Hofe, und ich besuchte ihn dort mitunter zu der Zeit, als der französische General Hulin, damals Kommandant von Berlin, das Gebäude für sich und die Kommandantur in Besitz genommen hatte. Die Herzogin hatte in demselben nächstdem noch einen Kammerdiener, und zwar einen, der nicht zu den geringeren Klassen ihrer Dienerschaft gehörte und der geläufig französisch sprach, als Organ zur Verständigung mit den Fremden zurückgelassen. Er war dadurch mit diesen näher bekannt geworden und gab bald eine Art domestique de palace bei dem General ab.

Eines Tages nun tritt dieser Mensch, der mich von der Herzogin her kannte, ziemlich cavalièrment, einen großen Hund hinter sich, in mein Zimmer und fordert mich im Namen des Kommandanten auf, zu diesem zu kommen. Diese befremdende Aufforderung machte mich über alle Maßen betreten. Ich wußte zwar, daß man mir französischerseits nicht mit Fug und Recht etwas anhaben konnte, denn die Gefahr nur zu gut kennend, welche in jener Zeit mit Äußerungen über politische Gegenstände verknüpft war, hatte ich mich außerhalb der zuverlässigsten Kreise vertrautester Freunde begnügt, patriotisch zu denken und zu fühlen. Aber ein Nichts genügte auch, um den Franzosen verdächtig zu werden. Und nächstdem hatte ich viel mehr Ursach als die meisten anderen Einwohner Berlins, selbst nur ein Mißfallen

Hulins zu fürchten. Denn ich war, ohne mit einer Silbe bei ihm darum angehalten zu haben, wahrscheinlich auf die ohne mein Wissen erfolgte Verwendung seitens eines gemeinschaftlichen Bekannten, von Einquartierung frei, eine Vergünstigung, die nur von ihm ausgehn konnte und die eben mir von dem höchsten Werte war, weil ich, durch die Einstellung der Zahlung meiner Pensionen fast aller meiner Subsistenzmittel beraubt, die Last der Einquartierung nicht hätte tragen können, vielmehr unbedingt zur Auswanderung genötigt gewesen wäre, während doch die Sorge für meine in Berlin lebende alte und beinah blinde Mutter großenteils mir oblag. Und in der Tat war ich zu diesem betrübenden Schritte gezwungen, als unter Hulins Nachfolger, dem General St. Hilaire, jene Vergünstigung aufhörte. – Doch was half alles? – ich mußte dem Gebote folgen und versprach zu kommen.

Meine innere Unruhe und der Wunsch, nur recht bald Gewißheit über das Geschick zu erlangen, welches über mich verhängt war, ließen mich nicht lange zögern. Doch sprach ich, bevor ich zu dem General ging, bei Goeckingk vor, der meine Besorgnis teilte, ohne mir jedoch irgend Auskunft geben zu können. Wenigstens aber konnte er mir sagen, in welcher Art die mir wohlbekannten Zimmer des Palastes benutzt wurden. Und so faßte ich denn, um nur meine peinliche Ungewißheit nicht durch langes Antichambrieren vermehrt zu sehn, den Mut, in das mir von ihm als das Adjutanturbüro bezeichnete Zimmer zu treten und dort um Anmeldung bei dem General zu bitten. Diese erfolgte auch sogleich, und ich wurde augenblicklich vorgelassen.

»Sie haben befohlen, General!« sprach ich eintretend. »Ich befohlen?« erwiderte er erstaunt, und doch, wie mir schien, nicht ohne einen Anflug von Verlegenheit. – »Der N. N. war ja in Ihrem Namen bei mir, General!« – »Ist der Mensch von Sinnen?« Aber der Unsinnige wurde dennoch nicht von ihm vorgefordert, um die Sache aufzuklären. Ich sprach es nun aus, daß, sowenig ich mir einer Handlung bewußt sei, die mir seine Unzufriedenheit hätte zuziehen können, die Einladung mich dennoch nicht ohne Besorgnis gelassen habe. »Ich auf Sie zürnen?« erwiderte er. »Mais je ne connais que Madame Herz!« Als er eben im achtungsvollsten Tone noch einiges Schmeichelhafte hinzufügte, trat General Boyen ein. Ich blieb nur eben noch so lange, um ein leises Lächeln auf den Lippen beider zu bemerken, als ich mich mit erleichtertem Herzen empfahl und zu Goeckingk eilte, der in Unruhe meiner harrte. Doch kaum war die Besorgnis gewichen, so kehrte die Neugier ein. Gänzlich ohne Anteil an der Sache war Hulin nicht. Aber was wollte er eigentlich?

Ich traf bei einer Freundin zuweilen den Neffen des Schatzmeisters der Armee, Estève, welchen ich in ziemlich genauer Beziehung zu dem General wußte. Ihm erzählte ich den Vorfall und bat ihn, mir Aufklärung über denselben zu verschaffen. Als ich ihn nach einiger Zeit wiedersah, merkte ich wohl, daß er imstande war, sie mir zu erteilen, aber er wollte mit der Sprache nicht heraus. Endlich, nach manchen Präliminarien, und sich wiederholt darauf berufend, daß ich die Erklärung der Sache durchaus provoziere, kam er mit dieser hervor. Hulin hatte mich mehre Male gesehn, wann ich Goeckingk besuchte, und, da ich damals noch ganz stattlich aussah, sein Gefallen an mir geäußert. Jener Kammerdiener, in dem Augenblicke gegenwärtig, hatte dies aufgegriffen und gesagt: »Wenn Sie ihr einen Wink geben lassen, so kommt sie zu Ihnen.« Hulin hatte geschwiegen, und der dienstwillige Elende, der wohl wußte, wie er es zu machen habe, damit ich unfehlbar käme, hatte nun freie Hand zu haben geglaubt und dies mit der abscheulichen Bereitwilligkeit benutzt, deren Folgen mir so peinvolle Stunden verursacht hatten. Jedoch der Plan schlug fehl, und ich durfte von der Wirkung, welche mein persönliches Erscheinen gemacht hatte, sehr befriedigt sein. –

Mir ward übrigens bald ein Beweis von einem, bis in die intimsten Verhältnisse eindringenden, Spioniersystem während der französischen Okkupation Berlins, welcher meine Befürchtungen in dem Augenblick, als mir jene Botschaft des Kommandanten zukam, vollständig rechtfertigte. Vor dem Kriege war mir durch Delbrück, dem Erzieher des Kronprinzen, das ehrende Anerbieten gemacht worden, die Erziehung der Prinzessin Charlotte, jetzigen Kaiserin von Rußland, zu übernehmen, und ich hatte seinerzeit um so mehr nur mit einigen meiner vertrautesten Freunde von demselben gesprochen, als ich mich veranlaßt gefunden hatte, es abzulehnen. Wie erstaunt mußte ich nun sein, als eines Tages ein französischer Beamter zu mir sagte: »Nun? ist's jetzt nicht besser, daß Sie die Erziehung der kleinen Prinzessin nicht übernommen haben? Jetzt müßten Sie nun wahrscheinlich mit einem fliehenden Hofe nach Rußland ziehn!«

Aus Rom

Die Zeit meines Aufenthalts in Rom von 1817 bis 1819 bezeichnet einen Wendepunkt in der deutschen Kunst. Der Geist, welcher damals von den vielen dort anwesenden vaterländischen Künstlern ausging, verbreitete sich von jener Zeit an über Deutschland, und namentlich über das nördliche, und dies um so mehr, als manche derselben nach ihrer bald darauf erfolgten Rückkehr in das Vaterland sehr besuchte Schulen gründeten. Ich sah fast alle damals in Rom lebenden deutschen Künstler oft. Der Umgang mit ihnen war interessant genug. Es waren meist gesittete und kenntnisreiche junge Männer, welche über ihre Kunst zu sprechen wußten, ja mehrere derselben vielleicht besser, als es ihnen für ihre Leistungen nützte. Denn ihre Richtung war, wie auch eine ernste und würdige, doch von Einseitigkeit nicht frei; eine von dieser abweichenden Kunstansicht aber wurde, wenn auch vielleicht von einem oder dem anderen damals schon im Stillen gehegt, doch aus Furcht, Anstoß zu geben, nicht ausgesprochen, und so räsonierte man sich gewissermaßen immer tiefer in die Manier hinein. Wenn ich sage, daß kein Widerspruch geäußert wurde, so lag dies daran, daß jene Kunstansicht etwas von Fanatismus an sich trug, denn sie hing mit dem religiösen Bekenntnisse der Künstler zusammen, welche noch dazu meist Neubekehrte und daher im Glauben um so eifriger waren. – Dieser religiöse Eifer, der auch gegen Nichtkünstler gar nicht ohne seine Unduldsamkeit war, bildete jedoch für Protestanten auch eine Schattenseite des Umgangs mit diesen deutschen Künstlern.

Ich glaube gern, daß diese neue Kunstrichtung zum Teil eine sehr natürliche Gegenwirkung gegen die ihr vorangegangene völlig weltliche und flache war, bin aber doch auch der Ansicht, daß die Notwendigkeit, in welcher selbst die deutschen protestantischen Künstler sich befanden, ihrem religiösen Bedürfnisse in katholischen Kirchen zu genügen, nicht ohne Einwirkung auf die

Gestaltung der neuen Richtung blieb. Es gab damals noch keinen protestantischen Gesandtschaftsprediger in Rom und daher auch keinen protestantischen Gottesdienst, und unleugbar mußte der katholische Kultus für den Kunstsinn wie für die Phantasie dieser jungen Männer ansprechender sein als der protestantische. Da gab es denn bald Konvertiten, und die Neubekehrten begründeten in kurzem eine Manier, die sich an den strengsten Stil christlicher Kunst anlehnte, weil er ihnen eben der christlichste schien, welcher jedoch nicht eben der den Anforderungen an Kunstschönheit entsprechendste war.

Ich machte Niebuhr vor meiner Abreise nach Neapel im Jahre 1818 hierauf aufmerksam, und er versprach mir, für Anstellung eines Gesandtschaftspredigers Sorge zu tragen. Er hoffe, fügte er hinzu, ich werde schon bei meiner Rückkehr einen solchen vorfinden. Und irre ich nicht, so fand ich in der Tat alsdann schon den ersten preußischen Gesandtschaftsprediger, Schmieder, in Rom.

Den meisten dieser Kunstjünger haftete, bei der sonst höchst liebenswürdigen Persönlichkeit sehr vieler derselben, doch eine gewisse Krankhaftigkeit an, und nur zwei der damals in Rom lebenden Künstler gaben eigentlich den Eindruck zugleich von Ursprünglichkeit und unverkümmerter innerer Gesundheit, diese aber gehörten eben zu den älteren. Dies waren Koch und Thorvaldsen, der letztere allerdings kein Deutscher, der sich jedoch zu den deutschen Künstlern hielt, beide freilich durch ihre Kunstfächer, der erste als Landschafter, der andere als Bildhauer, jener frommen Kunstrichtung enthoben. Nur war mit beiden nicht allzuviel zu sprechen, mit Koch namentlich für ein Frauenzimmer nicht. Dieser Schöpfer so vieler schönen, geistvollen, von tief eindringender Naturbeobachtung zeugenden Landschaften, und auch in der Unterhaltung ein Mann von geistreicher Lebendigkeit, ist ein Tiroler Bauer und gewohnt, alles, was es auch sei, mit den nächstliegenden und derbsten, wenngleich oft bezeichnendsten und am meisten charakteristischen Namen zu nennen; mit Thorvaldsen nicht, weil er eigentlich gar keine Sprache spricht, denn seine Muttersprache hat er fast vergessen und doch keine andere Sprache genug gelernt, um sich mit Leichtigkeit in derselben auszudrücken. Oft betrachtete ich den herrlichen Kopf, das wunderbar strahlende blaue Auge des großen Künstlers, und dachte: wie trefflich müßte der Mann sprechen, wenn er überhaupt sprechen könnte! Was er aber auszudrücken wußte, zeugte von Gesundheit und Tüchtigkeit. –

Die Deutschen, sowohl Künstler als Literaten, erregten damals bei den Römern, in höherem Grade aber noch als bei diesen, welchen der Anblick nicht mehr neu war, bei den Fremden, einiges Aufsehen durch ihre sogenannte deutsche Tracht, und mehr noch als durch diese durch das lang herabhängende, oft sehr verwilderte Haar, welchen Schmuck keiner entbehren zu können glaubte, er mochte ihm nun gut oder schlecht stehn. Der große breitschulterige Rückert besonders tat in Beziehung auf das Haar das irgend Erreichbare. Er war außerhalb Roms ein Schrecken der Kinder, aber nicht bloß der Kinder, oft sogar der Erwachsenen. Als ich im Sommer 1818 mit meiner Freundin Dorothea Schlegel und einigen anderen Damen einige Monate in Genzano in einem am See von Nemi gelegenen Hause wohnte, gehörte auch eine ebenfalls in der Gegend wohnende Principessa Simonetta zu unseren Bekannten. Diese ging eines Tages, gefolgt von der Amme, welche ihr Kindchen trug, aus, als ihnen plötzlich Rückert, der sich damals in L'Arriccia aufhielt, in den Weg trat. »Simone mago, oimè Simone mago!« (Simon der Zauberer! Wehe mir, Simon der Zauberer!) rief entsetzt die Amme aus und war durch kein Zureden zum Stehen zu bringen. Spornstreichs und ohne sich auch nur umzublicken, lief sie wieder nach Hause, hinter ihr die Prinzessin, welche alle Ursach hatte, für ihr Kind zu fürchten. Es war eine überaus komische Hetzjagd. – Und dabei war der Gefürchtete selbst nicht ohne Furcht. Seine lebhafte Phantasie, welcher wir so viele schöne Schöpfungen danken, wurde ihm selbst in Italien mitunter zur Plage. Briganti und Schlangen waren die Gespenster, welche ihn schreckten. Um uns von L'Arriccia aus zu besuchen, hatte er einen Weg von einer Viertelstunde durch den Wald zu machen, und nie war er zu bewegen, bis zur Dämmerungszeit bei uns zu bleiben. Seine Einbildungskraft malte ihm stets Räuber vor, welche die macchia (den Buschwald) erfüllen würden, sobald es dunkelte, und doch verlautete nicht das mindeste von Unsicherheit der Gegend. Und als Frau von Schlegel und ich ihn einst baten, sich im Freien neben uns zu setzen, weigerte er sich dessen, so heiß und abmattend auch die Luft war, und erklärte uns auf unser Andringen endlich, er tue es nicht – der Schlangen wegen.

Die Erinnerung an solche kleine Schwächen macht es mir um so mehr zur Pflicht, einige schöne Züge von ihm im Gedächtnis zu bewahren. So hatte sich unter anderen Atterbom seiner Herzensgüte zu erfreuen. Dieser schwedische Dichter, daheim in mannigfache Streitigkeiten verwickelt, war in bester Absicht von Frau von Helvig nach Italien mitgenommen worden. Aber sie hatte übersehen, daß er in diesem Lande Mittel zur Subsistenz bedürfen würde, und dann welche zur Heimkehr. So befand er sich schon in Italien in großer Bedrängnis. Rückert befreite ihn durch tätige Unterstützung, ja durch eigene Aufopferung aus derselben. –

Ich bin in der Tat geneigt zu glauben, daß die Lebhaftigkeit der Phantasie der Dichter, geeignet, alle Gefühle in ihnen zu steigern, auch das der Furcht mächtiger in ihnen erregen kann als in uns gewöhnlichen Sterblichen. So erzählte man sich bei meiner Anwesenheit in Rom von der Furchtsamkeit Oehlenschlägers gar wundersame Geschichten. Folgende ist eine derselben. Als er einmal mit den Brüdern Riepenhausen, den bekannten Kupferstechern, von Rom aus einen Ausflug nach Tivoli machte, beschlossen diese, welchen seine Furchtsamkeit bekannt war, einen Scherz auf sie zu gründen. Nach getroffener Verabredung mit der Wirtin im Gasthofe lief diese, anscheinend sehr unruhig, bald Treppe auf und Treppe ab, bald im Zimmer umher. »Was mag der Frau sein?« fragte Oehlenschläger, aufmerksam geworden. Einer der Riepenhausen befragte sie um den Grund ihres Treibens. Nach einigem Zögern erklärte sie, daß sie alle Vorzeichen eines Erdbebens bemerke. Ein gelblicher, schwefelfahler Ton der Luft, noch andere Erscheinungen, welche sie angab, alles deute auf ein solches hin. Oehlenschläger erbleichte, seine Begleiter waren anscheinend betroffen. »Aber was ist in solchem Falle zu tun?« fragte er endlich mit bebender Stimme. – »Ja was wäre da zu tun!« rief einer der Riepenhausen. »Sich seinem Schicksal zu ergeben! Wohl dem, der klettern kann! Denn auf einem hohen Baume allein gibt es einige Sicherheit.« Oehlenschläger schwieg, in sich versunken. – Plötzlich hob einer seiner Begleiter unbemerkt mit dem Knie den Tisch, so daß die Flaschen schwankten und aus den Gläsern Wein überfloß. Entsetzt fuhr Oehlenschläger auf und eilte aus dem Hause. Bald bemerkten die anderen durch das Fenster, wie der wohlbeleibte, unbeholfene Mann mit Händen und Beinen eine hohe Pinie umklammerte und hinaufzuklettern begann. Mit unsäglicher Anstrengung gelang es ihm endlich, den Gipfel zu erreichen. Da saß nun hoch oben unbeweglich, geduckt und ängstlich der Dichter, der den Mut so mancher Nordlandsrecken zu singen gewußt hatte, und erwartete bange die krampfhaften Zuckungen der Erde. Diese blieben freilich aus, aber nur mit Mühe gelang es endlich seinen Begleitern durch die beruhigendsten Versicherungen, ihn von dem Baume herabzukirren und zur Rückkehr nach Rom zu bewegen. –

Aber auch Eitelkeit scheint zu den Schwächen Oehlenschlägers zu gehören, und dies ist um so mehr zu bedauern, als der als Dichter so bedeutende, als Mensch freundliche und wohlwollende Mann andernfalls alle Stimmen für sich vereinigen würde. Ich höre von einem jungen Freunde, welcher kürzlich aus Kopenhagen zurückgekehrt ist, daß diese Eitelkeit im Gegensatz zu der Bescheidenheit einer anderen, wie man wohl behaupten darf, ihm überlegenen Größe, des ebenfalls jetzt dort anwesenden Thorvaldsen, oft recht unangenehm in die Erscheinung tritt. Man erzählt unter anderm dort, daß er geäußert habe, er besuche keine Kirche mehr, und zwar aus Rücksicht auf die Andacht der Gemeine, welche durch die Aufmerksamkeit, die sich lediglich auf ihn richte, allzusehr von dem Zwecke des Kirchenbesuchs abgezogen werde.

Von den italienischen Künstlern, welche damals in Rom lebten, wüßte ich nicht viel zu sagen. Ich gestehe, daß sie weder als Künstler noch als Menschen mich besonders zu interessieren wußten. Selbst den damals hochgefeierten und bis zum Übermaß beschäftigten Canova kann ich davon nicht ausnehmen. Als Künstler hat er zwar die bis zu seiner Zeit in größter Ausartung durch geistlose Nachahmer herrschende Berninische Manier beseitigt, aber meiner Meinung nach nur eine andere Maniertheit an die Stelle gesetzt. Diejenige Berninis betraf die Gewandung, und dies war allenfalls zu ertragen, bei Canova äußert sie sich in den Linien und in der Bewegung der Figuren. Die ersteren sind von einer Weichheit, die bis zur Verweichlichung geht. Ein Perseus, welchen er nebst einem Paar unausstehlicher Fechter in einem Zimmer des Vatikans in fast unmittelbarer Nähe des ›Laokoon‹ und des ›Apoll von Belvedere‹ aufzustellen die Stirn hatte, gleicht einem schönen tänzelnden Mädchen.

Im Umgange war Canova von feiner Sitte und vieler Lebendigkeit. Wie fast alle Italiener, denen ihr Italien in jeder Beziehung genügt, bewunderte er es, wenn man noch eine andere Sprache sprach als die eigene. Aber er konnte auch gleich den meisten seiner Landsleute sein Erstaunen nicht bergen, wenn man ein vernünftiges Wort sagte. Italiener, wenn sie fremde Länder nicht sehr genau kennen, betrachten die Bewohner derselben noch immer mehr oder weniger als Barbaren.

Canova besuchte mich in Begleitung eines Freundes sehr bald nach meiner Ankunft in Rom. Als er das zweite Mal kam, hatten meine Reisegefährtin und ich einen Gipsabguß des Reliefs der ›Nacht‹ von Thorvaldsen, welcher in meinem Zimmer hing und dessen Wirkung von der gleichfalls weißen Wand beeinträchtigt ward, soeben mit einem Kranze von Lorbeern und Immergrün umgeben, welche wir zu diesem Behufe in den Orti inglesi gepflückt hatten. Der Zufall wollte, daß Canova der erste war, welcher ihn so umkränzt sah. Er äußerte nichts, aber er kam von da an nie wieder, ungeachtet ich ihn später noch mehre Male in seiner Werkstatt besuchte. – Das Verhältnis zwischen beiden Künstlern war nicht das beste, und konnte es bei ebenso abweichender Persönlichkeit als künstlerischer Richtung auch kaum sein. –

Nächst den Deutschen waren es die Engländer, welche damals in Rom die Aufmerksamkeit auf sich zogen. Die Frauen waren höchst wunderlich gekleidet, und noch mehr Aufsehn erregte die absonderliche Touristenkleidung vieler Männer, an welche man nach der vorhergegangenen mehrjährigen Ausschließung der Engländer vom Kontinent in Italien noch nicht so gewöhnt war als später. Dabei gab ihnen, eben infolge dieser längeren Isolierung, alles, was nicht englischer Sitte entsprach, Anstoß, und die Männer glaubten selbst Plumpheit und Roheit nicht scheuen zu dürfen, um die Einwirkungen solcher ihnen nicht zusagender Sitten und Gewohnheiten von sich abzuwenden, was sie sehr unbeliebt und zur Zielscheibe des Spottes der Römer machte. Selbst meine Reisegefährtin und ich hatten uns auf solchen Anlaß über schlechte Behandlung seitens eines Engländers zu beklagen. Wir fuhren während des Karnevals maskiert im Korso, und unser Begleiter warf einen Engländer mit Konfetti, wie dies bei diesem Feste ganz gebräuchlich ist. In dem Reisehandbuche des guten Mannes mochte jedoch wohl von diesem Gebrauche nichts erwähnt gewesen sein. Er kam an den Wagen und stieß meine Gefährtin heftig mit dem Stock. Ich war ganz empört von dieser Roheit, meine Begleiterin aber sann auf Vergeltung. Maskiert und überhaupt sehr vermummt, steckte sie ihm am nächsten Tage auf dem Korso ein Billett in die Hand, worin ihm von einem ›Wohlmeinenden‹ mitgeteilt wurde, daß sein Leben wegen seiner gestrigen Beleidigung einiger Damen in Rom aufs höchste gefährdet sei. – Wie viel wir uns auch seitdem an allen von Fremden besuchten Orten umherbewegten, wir sahen unsern Engländer nicht wieder. –

Mir ward später in Berlin ein neuer Beweis davon, daß manche Engländer im Auslande ein im allgemeinen ehrenwertes Nationalgefühl bis zu dem Grade steigern, um die Sitte des fremden Landes selbst dann völlig unberücksichtigt zu lassen, wenn sie ihnen vollkommen berechtigt entgegentritt, und da der Fall wunderlich genug ist, so will ich ihn erzählen.

Lady Frances Mackenzie hatte mir Charles Scott, den Sohn Walter Scotts, empfohlen, als er Deutschland besuchte. Ich kann nicht leugnen, daß die Bekanntschaft mit ihm mich erstaunen machte, daß der Vater eben diesem Sohne seine Liebe vorzugsweise vor seinen anderen Kindern zugewendet hatte. Ich wenigstens mußte sein Wesen viel mehr abstoßend als anziehend finden. Lady Mackenzie hatte ihrer Empfehlung den Wunsch hinzugefügt, daß ich den jungen Mann in das Haus des Ministers Humboldt einführen möchte. Aber Herr Charles Scott sprach keine andere Sprache als seine Muttersprache, im Humboldtschen Hause jedoch hatte man damals – es war vor der Zeit von Humboldts Gesandtschaft in London – eine entschiedene Abneigung gegen das Englischsprechen. – Frau von Humboldt selbst bat mich deshalb, ihn ihr nicht zuzuführen, und es war mir hinterher angenehm, daß aus diesem Grunde eine Einführung unterblieb, welche mir manchen Verdruß hätte bereiten können. Denn

Mr. Charles Scott war kürzer angebunden und rücksichtsloser, als man es im Humboldtschen Hause ertragen hätte, ohne verstimmt zu werden. Er gab mir selbst Gelegenheit, dies zu empfinden. Ich sprach einmal mit ihm in sehr anerkennender Weise von einem Romane seines Vaters, als von diesem verfaßt. Nun hatte sich Walter Scott damals zwar noch nicht öffentlich zu seinen Werken bekannt, seine Autorschaft derselben war aber bereits notorisch, und wiederholt öffentlich behauptet, von ihm jedoch niemals bestritten worden. »My father never spoke of such a book«, antwortete der Sohn sehr kurz. Und wahrscheinlich, um mir meine Indiskretion noch schärfer zu markieren und jeder weiteren Äußerung meinerseits über irgendein Werk seines Vaters zuvorzukommen, fügte er nach einer kurzen Pause die absonderlichen Worte hinzu: »He never spoke of a book!« –

Der Fall jedoch, in welchem er auf eine sehr aufsehnerregende Weise gegen die deutschen Begriffe von Sitte und Schicklichkeit verstieß, ist der folgende. – Bei Hofe, irre ich nicht, bei dem Herzog Carl von Mecklenburg, sollte ein Ball im Kostüm stattfinden, zu welchem Mr. Charles, wie er mir mitteilte, eingeladen war. Ich fragte ihn, in welchem Kostüm er erscheinen werde. »In my highland-dress«, lautete die Antwort. Vergebens bezeugte ich, markierte ich mein Erstaunen, wiederholte ich meine Frage. »In my highland-dress!« lautete unverändert die Antwort. – »Ganz treu? Nicht mit einer den Umständen angemessenen Modifikation?« – »In my highland-dress!« wurde mir beharrlich geantwortet. – Zu verwundern ist es, daß der englische Gesandte, der ebenfalls von dem Vorsatze wußte und aus mehr als einem Grunde deutlicher mit ihm hätte sprechen können als ich, ihn nicht davon abzubringen suchte. Kurz, Mr. Charles erschien in der Tat in seinem highland-dress, und ein großer Teil der Unbefangenheit, mit welcher sich die Damen ohne diesen Umstand auf dem Feste bewegt hätten, wurde ihnen durch die Bemühungen geraubt, den Highland-dress des Mr. Charles Scott, oder vielmehr das, was an demselben eben nicht dress war, zu meiden. –

Einen anderen seiner Landsleute, und zwar einen viel Höherstehenden und daher in der Gesellschaft viel Berechtigteren, seine Ansichten von Sitte zur Geltung zu bringen, habe ich dagegen wegen seines willigen Eingehens auf unsere deutsche Art zu loben. Es war dies der Herzog von Sussex, welcher um das Jahr 1800 einen Winter in Berlin zubrachte und welchen ich während seiner Anwesenheit daselbst viel sah. Schon damals zeichneten Wohlwollen und Humanität den äußerlich zwar ansehnlichen, aber nicht gerade schönen Prinzen aus, welcher in dieser Hinsicht seinem Bruder, dem Herzoge von Cambridge, nachstand. Auch die deutsche Literatur interessierte ihn lebhaft, und er ging gern mit Gelehrten und anderen unterrichteten Leuten um, welchen Standes sie auch sein mochten. Selbst an der Feßlerschen Lesegesellschaft nahm er zuweilen teil.

Dagegen gab mir dieser Prinz einmal Gelegenheit, mich zu überzeugen, wie selten so hochgestellte Personen eine richtige Ansicht von den äußeren Verhältnissen selbst solcher Leute haben, welche sie zu ihrem Umgange zuziehen. Es handelte sich wieder um einen Ball im Kostüm bei Hofe. Der Herzog bat mich schriftlich, ihm meinen Diamantschmuck zu demselben zu leihen. Und welchen Wert hätte dieser haben müssen, sollte ein englischer Prinz an einem königlichen Hofe in ihm glänzen können! – Ich antwortete ihm, ich sei überhaupt nicht reich genug, um einen Diamantschmuck zu besitzen, aber selbst wenn ich es in dem Maße wäre, um Eigentümerin eines seiner würdigen zu sein, so würde es mir an der dazu erforderlichen Eitelkeit fehlen. –

Uns Deutschen ist der Vorwurf des Bestrebens, unsere Art und Sitte auch im fremden Lande durchzuführen, nicht füglich zu machen, unser Fehler vielmehr ist vielleicht der entgegengesetzte, der eines zu leichten Aufgebens unserer Nationalität, ja dieser geht bei manchen Deutschen, welche sich in fremden Ländern niedergelassen haben, bis zur Verleugnung der schönen Muttersprache. Und diese Betrachtung führt mich von meiner Abschweifung nach Rom zurück, weil ich eben dort die so seltene entgegengesetzte Erfahrung machte. Leider mußte ich sie durch einen sehr langweiligen Abend erkaufen.

Die Gemahlin des Marchese Massimi, Tochter des Prinzen Xaver, Bruders des Königs Friedrich August von Sachsen, war, wenngleich in Deutschland geboren, doch in Frankreich erzogen worden, daher das Französische ihre eigentliche Sprache war, und verheiratete sich dann jenem Marchese, mit welchem sie in Italien lebte, so daß das Italienische ihre zweite Muttersprache wurde.

Dessenungeachtet hatte sie sich eine große Vorliebe für die Sprache ihres Geburtslandes bewahrt. Sie ließ es ihre Kinder lehren und sprach es mit ihnen, gab auch öfter società tedesche (deutsche Gesellschaften). Ich hatte schon von diesen Gesellschaften gehört, welche auf einige Zeit durch den Tod eines Schwagers der Marquise unterbrochen worden waren, als ich nebst einigen Landsleuten von ihr zu einer picola società tedesca eingeladen wurde. Ich war, ich leugne es nicht, recht neugierig auf das deutsche geistige Mahl, welches man uns Deutschen in Welschland auftischen würde, denn es mußte ein tüchtiges sein, wenn es uns, die wir von der Quelle kamen, befriedigen sollte. Der Abend kam heran. Wir wurden mit bedeutungsvollen Mienen in einen kleinen Saal geführt, in dessen Hintergrund Schirme aufgestellt waren. Unsere Spannung auf das Geheimnis, welches sie bargen, war groß. Bald sollte es sich offenbaren. Hinter einem Schirme nach dem anderen trat irgendeiner, ein Papier in der Hand, hervor, aus welchem er eine Rolle aus einem dramatisierten Sprüchworte ablas. Die Kinder des Hauses waren unter den Lesenden. Alle diese Italiener aber, wenn sie auch sonst das Deutsche richtig aussprachen, hatten keinen Begriff von dem Tonfall oder Gesang der deutschen Sprache. Sie sprachen sie ungefähr, wie die Taubstummen sie sprechen. Das hätte der Sache etwas Komisches gegeben, hätte man nur lachen dürfen; so aber vermehrten die Bemühungen, das Lachen zu unterdrücken, noch die Pein. Glücklicherweise sind dramatisierte Sprüchwörter kurz, und man las ihrer nicht viele ab. Mir aber wurde nun die Ungeduld erklärlicher als je, von welcher ich oft Gelehrte erfaßt sah, wenn Laien ihnen dadurch besondere Aufmerksamkeit und großes Vergnügen zu erweisen meinten, daß sie ihre Kenntnisse in dem Fache der anderen vor ihnen auskramten. – So konnten wir denn der guten und freundlichen Marchesa für ihren deutschen Sinn in der Tat viel weniger Dank wissen, als wir ihr solchen ihrer guten Absicht und der Schicklichkeit wegen aussprachen. –

Ist der Deutsche, wie ich schon bemerkte, im allgemeinen sehr geneigt, im fremden Lande seine Nationalität aufzugeben, ja zu verleugnen, und neigt dagegen der in Deutschland ansässige Fremde sehr selten dazu, so kannte ich doch einen der letzteren, und der noch dazu einem Volke angehörte, das sich sonst am schwersten in eine fremde Volkstümlichkeit hineinlebt, welcher durch und durch ein Deutscher geworden war. Dies war Chamisso. So wie seine Gedichte bekunden, wie sehr sein Sinn und sein Geist deutsch geworden waren, so ließ auch sein persönlicher Umgang kaum irgend etwas Französisches mehr hervorblicken. Aber nicht nur den Franzosen, sondern auch den Adeligen hatte er vollkommen abzustreifen gewußt. Erst sehr spät erfuhr ich, daß seine Familie bedeutenden regierenden Häusern, ja sogar dem dänischen Königshause, verwandt ist, aber ihre Vornehmheit leuchtete trotz ihrer Verarmung infolge der ersten französischen Revolution aus ihrem ganzen Wesen hervor, als sie während der letzteren nach Berlin kam. Chamisso wurde damals Page bei der Mutter des Königs, dann Offizier, und preußischer Offizier unter dem alten Regime, und wer hätte von diesem allen je etwas an ihm bemerkt? Niemand war weniger anmaßend als er, niemand machte für seine Person weniger Ansprüche. Die Begegnung, welche ihm bei seiner Weltumsegelung auf dem russischen Schiffe widerfuhr, hat er daher gewiß nicht verschuldet, und am wenigsten dadurch, daß er sich eine höhere Stellung als die ihm gebührende angemaßt hätte. In seinen Manieren war er durchaus bürgerlich im besseren Sinne des Wortes, in seinen Gewohnheiten schlicht, sein Äußeres vernachlässigte er sogar bisweilen bis zur Übertreibung.

Das letztere gab Anlaß zu einer komischen Geschichte. Ich pflegte einige Sommermonate auf dem Gute Lanke bei der Familie von Wülknitz zuzubringen, wo ich in der Frau vom Hause eine treffliche Freundin zu verehren hatte. Da tritt eines Tages der Bediente ein und überreicht mir eilfertig und ängstlich eine Karte, auf welcher die Worte stehen: *Ein Wilder von den Sandwich-Inseln.*

»Ein Wilder?« fragte ich erstaunt. »Ja, wild genug sieht er aus!« antwortete scheu der Bediente.

Ich trat sehr gespannt in das Vorzimmer. Ein Mann mit lang herabhängendem Haar, unrasiert, in einem schlechten grünen Kalmuck-Flausch, die Botanisiertrommel über die eine Schulter, über die andere einen Kasten gehängt, welcher, wie ich später erfuhr, ein Teleskop enthielt, stand vor mir. Es war Chamisso. Er war kurz vorher von seiner Reise um die Welt zurückgekehrt, hatte mich noch nicht wiedergesehn und benutzte jetzt, auf einer botanischen Exkursion in der Nähe des Gutes vorüberwandernd, die günstige Gelegenheit dazu. Wie ein Wilder von den Sandwich-Inseln sah er nun freilich nicht aus, aber doch dermaßen, daß ich nicht wagte, ihn in die feine Familie, in welcher man gewöhnt war, alles mit Glacé-Handschuhen anzufassen, einzuführen, ohne ihr in der Geschwindigkeit seine Geschichte gemacht und ihr als Mittel gegen den unrasierten Bart seinen Stammbaum und als Mittel gegen den Flausch seine Reise um die Welt eingegeben zu haben. Nun wurde er aber auch sehr freundlich aufgenommen, blieb den ganzen Tag über und setzte erst am nächsten Vormittage seine Wanderschaft fort. –

Die Marchesa Massimi, von welcher ich vorhin sprach, erinnert mich, daß man in Berlin verschiedentlich verbreitete, ich hätte mich dem Papste vorstellen lassen, und an diese Vorstellung sogar Erzählungen von einem in Rom erfolgten Übertritte meinerseits zum katholischen Glauben knüpfte; denn jene Fürstin war es, welche damals das Ehrenamt der Einführung der fremden Damen bei dem Papste bekleidete. Aber auch nicht einmal jene Vorstellung fand statt. Zwar waren schon alle Verabredungen hinsichts derselben zwischen uns getroffen, sogar der Schleier, welcher für die Vorzustellende de rigueur ist, war schon gekauft, als mir die vernünftige Erwägung kam, daß die herkömmlichen Vorgänge bei einer Präsentation, darin bestehend, daß die Vorgestellte Miene macht, dem Heiligen Vater den Pantoffel zu küssen, dieser es abwehrt und dann ein paar Worte mit ihr spricht, der Umstände derselben nicht wert seien. Zudem hatte ich Pius VII. öfter in unmittelbarster Nähe gesehen, zum Beispiel am Weihnachts-Heiligabend 1817 in St. Maria Maggiore und am folgenden Gründonnerstag bei der Fußwaschung und Speisung. An dem ersten dieser Tage wurde der Sessel, welchen er verließ, um nach dem Throne zu gehn, dicht vor uns niedergelassen. Der Papst sah sehr bleich aus und enthielt sich merkbar des Hustens, doch war seine Stimme, als er der Messe beistand, stark und klar. Bei der Fußwaschung und der darauffolgenden Speisung der sogenannten Pilger fand ich ihn schon viel kränklicher und schwächer, so daß die Emsigkeit, mit welcher er trotzdem diese Priester, unter welchen auch ein Neger war, mit Speise und Trank bediente, mich wahrhaft rührte, und um so mehr, als ich meinte, der gute Greis müsse sich sagen, es dürfte das letzte Mal sein, daß er dies Symbol christlicher Demut übe. Auch diese Schwäche war ein Grund, daß ich ihn einer leeren Zeremonie halber nicht in Bewegung setzen wollte. Dennoch lebte er noch fünf Jahre und starb auch dann nur infolge eines Falles.

Seinen Günstling, den Kardinal Consalvi, sah ich oft, sowohl bei mir als bei gemeinschaftlichen Bekannten, am meisten und im engsten Kreise bei meiner Freundin Dorothea von Schlegel. Es konnte in Italien, wo man jeden sich darbietenden Vorteil zu benutzen bemüht ist, hiernach kaum fehlen, daß meine Verwendung bei dem allmächtigen Minister öfter in Anspruch genommen wurde. Einmal hat mich ein solches Ansuchen in peinliche Verlegenheit gesetzt. Es galt nämlich, einen jungen Mann, welcher sich mit einem Mädchen vergangen hatte, die Folgen jedoch nicht durch eine Heirat wiedergutmachen wollte, von der nach unseren Begriffen freilich sehr harten, in Rom jedoch gesetzlich darauf stehenden Galeerenstrafe zu befreien. Ich kämpfte lange mit mir. Endlich jedoch siegte die Erwägung, daß der junge Mann sich selbst von der Strafe durch einen Schritt befreien könne, welchen eben Ehre und Pflicht ihm ohnedies geboten. Ich fühlte wohl, daß beiden Teilen aus einer auf solche Weise geschlossenen Ehe kein besonderes Glück erblühen könne, doch war dies eben eine Folge ihrer Schuld, welche beide Teile zu tragen hatten. Ich versagte meine Verwendung.

Consalvi war ein hochgewachsener hübscher Mann von der feinsten weltmännischen Haltung. Ob von so weltlichem Sinne, daß, wie man sagte, Napoleon eine Manifestation dieses Sinnes benutzen konnte, um dem Kirchenfürsten in dem Konkordate, welches er mit ihm, als dem Bevollmächtigten Pius' VII., schloß, sehr vorteilhafte Bedingungen abzudringen, muß ich dahingestellt sein lassen. Gewiß ist, daß sich äußerst bequem mit ihm umgehen ließ und daß nichts an ihm den Geistlichen verraten hätte, hätte es seine Kleidung nicht getan.

Dagegen hatte sonderbarerweise Kardinal Fesch, welcher in seinen früheren Jahren dem geistlichen Stande schon auf längere Zeit Valet gesagt, Kriegskommissär geworden war, als solcher, wie man versichert, Lieferungsgeschäfte betrieben hatte und nur auf

Napoleons Geheiß in den früheren Stand zurückgetreten war, ganz das Äußere eines kleinen feisten Prälaten. Im Anfange meines Aufenthalts in Rom gewährte er den Fremden mit großer Liberalität Zutritt zu seiner Gemäldesammlung, welche viel des Trefflichen enthielt. Gegen mich war er freundlich genug, mich selbst durch alle Zimmer zu führen. Aber so wenig ich sonst auf meine Kunstkennerschaft gebe, so möchte ich doch nicht auf die bedeutenden Namen schwören, die er vielen, wie mir schien ziemlich mittelmäßigen, Kunstwerken beilegte. Er teilte mir zuletzt mit, daß er die Sammlung gegen eine Leibrente von 12,000 Scudi zu verkaufen wünsche, und der ziemlich kaufmännische Geist, welcher aus ihm sprach, ließ einigen Verdacht in mir aufkommen, daß ich seine große Zuvorkommenheit vielleicht der Ansicht dankte, ich könnte ihm durch meine mannigfachen Beziehungen zur Erreichung dieses Zweckes verhelfen. Das Geschäft mußte aber jedem Kauflustigen als ein sehr gewagtes erscheinen, denn er sah sehr gesund und viel jünger aus, als er war. Englische Rücksichtlosigkeit entzog den Kunstfreunden später die leichte Zugänglichkeit zu der jedenfalls sehr interessanten Sammlung. Engländer, welche doch die Indiskretionen Fremder hinsichtlich ihrer Landsleute so scharf zu rügen lieben, hatten die fast unverzeihliche begangen, die auf dem Schreibtische liegenden Papiere des Kardinals zu durchstöbern, während er sie ungeleitet in den Zimmern sich ergehen ließ, damit sie desto ungestörter die Kunstwerke betrachten könnten. Diese unangenehme Erfahrung rechtfertigte allerdings Zurückhaltung und Vorsicht seitens des Eigentümers. –

Der Wunsch, möglichst wenige Kunstwerke von Bedeutung in Rom ungesehen zu lassen, führte mich in die Wohnung eines zweiten Verbannten von europäischem Rufe, wenngleich nicht vom besten, in die des Friedensfürsten Don Manuel Godoy. Von Gemälden fand ich wenige von Wert, aber nicht ohne Bedeutung und bezeichnend genug erschien es mir, daß die Zimmer dieses Günstlings einer Königin ganz wie die Zimmer einer petite maîtresse eingerichtet waren, namentlich das Schlafzimmer. –

Eine der angenehmsten und liebenswürdigsten Erscheinungen war mir, und gewiß allen damals in Rom befindlichen Deutschen, der Kronprinz Ludwig von Bayern. Es tat mir fürwahr weh, wenn ich später manche Stimmen des Tadels sich gegen ihn erheben hören mußte. Er, der äußerlich so Hochgestellte, welchem bei dem Alter des Königs, seines Vaters, der Thron bereits winkte, den er wenige Jahre später bestieg, und zugleich der schon durch sein umfassendes Wissen zu Ansprüchen berechtigte Mann, war gleichwohl der anspruchsloseste, welchen ich jemals gekannt hatte. Man vergaß bei ihm ganz seinen Rang, aber wahrlich nicht, um ihn deshalb weniger zu achten. Wie er sich seinerseits denen ganz hingab, welchen er wohlwollte, wo man dann seine Rechtlichkeit, seine Religiosität, seinen Sinn für Kunst, seine Verehrung alles Guten, seinen Fleiß anzuerkennen sich gedrungen fühlte, so schloß er auch andererseits so Begünstigten unwiderstehlich die Herzen auf, denn sie mußten sich ihm gegenüber zum Aufgeben aller Zurückhaltung gedrungen fühlen.

Alle irgend namhafte, damals in Rom befindliche Deutsche, zumal aber die Künstler, hatten sich mehr oder minder seiner wohltuenden Aufmerksamkeit zu erfreuen, aber ich darf sagen, daß er gegen mich ganz besonders freundlich war und nächst der Frau von Humboldt mich am meisten auszeichnete. Ich werde deshalb nie aufhören, eine dankbare Erinnerung an ihn zu bewahren. Ich sah ihn fast täglich, ja zuzeiten täglich zweimal, und unangemeldet schmückte er mitunter meine kleinen – stets ungeladenen – Abendgesellschaften durch seine Gegenwart. Ich erinnere mich besonders eines sehr anregenden Abends, an welchem er unter anderen Immanuel Bekker, Cornelius, Mosler, Koch, Ringseis und den wackeren Eberhardt bei mir fand, welchen letzteren, wenngleich ein Bayer, er in Rom erst würdigen lernte. Der Abend war der zwangloseste, welchen man denken kann, denn auch im gesellschaftlichen Umgange war der Prinz durchaus bequem. Wie er denn überhaupt seiner Würde nichts zu vergeben glaubte, wenn er weder anderen irgendwelchen Zwang auflegte noch selbst den Prinzen kundgab. »Noch zu Haus?« rief er mir wohl von der Straße aus nach meinem Fenster hinauf, wenn ich mich noch an diesem befand, während es in Rom etwas Besonderes zu sehen gab.

Daß er meist ohne Begleitung ausging, hätte ihm öfter beinah Unannehmlichkeiten zugezogen. Eines Abends rief er mir, bei mir eintretend, zu: »Soeben wäre ich bei einem Haar arretiert worden!« Er hatte sich in der Dunkelheit in dem Hause geirrt und war in die Wohnung ihm gänzlich Unbekannter geraten. Und da er in derselben ohne weiteres in die inneren Zimmer gegangen war, so hatten herzukommende Diener ihn für einen verdächtigen Menschen gehalten und ihn festnehmen lassen wollen. –

Noch ein anderer im engeren Freundeskreise mit dem Prinzen sehr heiter verlebter Abend ist mir lebhaft im Gedächtnisse, und zwar wurde dieser in einem Hause zugebracht, welches oberflächliches Urteil vielleicht dem Rang und der Würde eines Thronerben noch weniger entsprechend erachtet haben möchte als das meine. Es war das der Signora Buti, einer achtungswerten Witwe, welche Fremde logierte, meist aber Deutsche, und vorzugsweise deutsche Künstler, bei welcher aber auch Thorvaldsen fast während der ganzen Zeit seines Aufenthalts in Rom wohnte. Das Abendessen nahmen in der Regel alle Hausbewohner gemeinschaftlich ein, wobei die Wirtin und ihre sehr hübschen Töchter denn auch nicht fehlten. Es ging da in interessanter Gesellschaft sehr heiter zu, und Frau von Humboldt, eine andere Freundin und ich hatten uns deshalb auch einmal für den Abend anmelden lassen. Dem Kronprinzen war durch Herrn von Eckardtstein ein Wink davon geworden, und ganz unerwartet stellte auch er mit seinem Gefolge sich ein. Der Abend, welcher sich bis zwei Stunden nach Mitternacht hinzog, war einer der fröhlichsten meines Lebens, ja ich darf ihn von Ausgelassenheit nicht freisprechen. Und man denke sich die bunte Zusammensetzung der Gesellschaft von dem Kronprinzen an bis zu den Töchtern des Hauses, welche man dem Stande der Arbeiterinnen beizählen durfte, weil sie, um ihrerseits der früh verwitweten Mutter, welcher auch noch die Sorge für einen unmündigen Sohn oblag, die Bürde zu erleichtern, für Geld nähten und wuschen, durch die verschiedensten Nuancen der Stände und Bildungsstufen hindurch! Aber ein solch buntes Gemisch der Gesellschaft ist auch nur in dem glücklichen Süden möglich, wo nächst gesundem Verstande Grazie, Takt und gute Sitte in der Regel auch dem Geringsten inwohnen und die Macht über die anmutigsten Wendungen einer schönen und wohlklingenden Sprache Gemeingut ist. In Deutschland ist eine solche Gesellschaft fast eine unmögliche. Den Teilnehmern an derselben aus den höheren Ständen würde hier sofort der Vorwurf der Unschicklichkeit gemacht werden, ja es würden vielleicht sehr bereitwillig unsittliche Absichten präsumiert werden. –

Auch in Rom hatte ich bisweilen Anlaß, mich an die Mittel meiner Bekannten behufs der Erleichterung Unglücklicher zu wenden. Der Prinz spendete bei solchen Gelegenheiten selbst für seinen Stand reichlich. Einmal war das letztere besonders hinsichtlich eines armen kranken Bildhauers der Fall, der, sollte er nicht unrettbar dem Tode verfallen, seine Wohnung, welche ihm im Winter auch nicht einen einzigen Kamin bot, wechseln mußte, jedoch aller Mittel entbehrte, die rückständige Miete für die jetzige und die vorauszuentrichtende für eine künftige zu zahlen. Als ich zudem nun noch erfuhr, daß der Prinz ihm auch seinen Arzt geschickt habe, dankte ich ihm sehr bewegt. Da ergriff er meine Hand und rief in einem Tone, aus welchem ungeschminkte Wahrheit sprach: »Ich danke *Ihnen*!«

Wurde dem Prinzen zu Ehren irgendeine Festlichkeit, etwa eine Beleuchtung usw., veranstaltet, welche ein Interesse für die deutschen Künstler und seine sonstigen Bekannten haben konnte, so verfehlte er nie, sie davon zu benachrichtigen. Unter den Genüssen, welche mir selbst durch solche Begünstigung wurden, nimmt die Beleuchtung der Antiken im Vatikan für mich eine erste Stelle ein.

Die Künstler geizten nach seinem Lobe, weil sie seine Kunstkenntnis anzuerkennen hatten und seine Kunstliebe eine durchaus ungeheuchelte war. Er hat diese später genugsam durch die mannigfachen und großartigen Werke bekundet, welche er ausführen ließ. Während er es nun so als die würdigste Benutzung seiner reichen Geldmittel erachtete, Kunstschöpfungen ins Leben zu rufen, mußte es ihn begreiflich mit Unwillen erfüllen, wenn er des Geldes halber einen reichen Fürsten sich trefflicher ererbter Kunstwerke entäußern sah. Und so habe ich ihn nur einmal zornig, und doch vielleicht in höherem Grade noch als zornig, ergriffen gesehn, als er das Casino der Villa Borghese seiner herrlichen Skulpturen beraubt sah. Sein Unwille machte sich in einem Gedichte Luft, welches er mir mitteilte und von welchem ich noch eine Abschrift besitze.

Vor allem aber rühmten sämtliche in Rom anwesende Deutsche von dem Prinzen, daß er, der in so vielen Beziehungen den Anspruch hatte, zu gelten, keinen höheren Ehrgeiz zu besitzen schien als den, ein Deutscher zu sein. Es war die Zeit des Deutschtums. Auch den Kronprinzen sah man nicht anders als im deutschen Rocke, auf dem Kopfe die Mütze mit dem Landwehrkreuze. Er liebte es aber auch, alle Deutsche in diesem Rocke und mit dem Barett zu sehn, und wer, namentlich unter den Künstlern, nicht die Mittel besaß, sich diese Kleidungsstücke selbst anzuschaffen, dem verehrte er sie. Ein Deutscher in gewöhnlicher Tracht wurde zuletzt gewissermaßen anrüchig. Er galt für einen Undeutschen, und wenn diese Anschuldigung nicht Platz greifen konnte, doch für einen Philister. Noch heute ist mir in der Erinnerung der Augenblick ergötzlich, in welchem ich meinen guten Immanuel Bekker, der sein Lebelang sich um nichts weniger Not gemacht hatte als um seine Kleidung, endlich aber der vielen Insinuationen und Andeutungen im betreff derselben satt und müde geworden war, mit süßsauerm Lächeln im altdeutschen Rocke in mein Zimmer treten sah.

Kurz, die Deutschen und namentlich die Künstler fanden in dem Prinzen den seltensten Verein aller schönen Eigenschaften und edlen Neigungen. Die letzteren waren für ihn enthusiasmiert, ja begeistert, und ihr Enthusiasmus wurde ansteckend. Auch mir erschien der Prinz von so großer Trefflichkeit, daß ich, wie denn alle irdische Größe und Höhe solche Befürchtung einzuflößen geeignet ist, für ihren Bestand fürchtete. Und als ich in solcher Stimmung einst, in seiner Begleitung die spanische Treppe hinaufsteigend, ihn fragte: »Werden Sie denn auch als König so bleiben, wie Sie jetzt sind?« antwortete er mir, die Schlußzeile des Schillerschen Gedichts ›Kolumbus‹ variierend:

»Was der Jüngling verspricht, leistet der Mann euch gewiß.«

Der damalige Aufenthalt des Prinzen in Rom wurde vor seiner auf den nächsten Morgen festgesetzten Abreise nach Griechenland durch jenes herrliche, ihm von den deutschen Künstlern veranstaltete Fest beschlossen, dessen Beschreibung seinerzeit alle bessere deutsche Blätter enthielten. Ich will daher nicht auf sie zurückkommen und nur einige damals nicht bekannt gewordenen Einzelheiten erzählen. – Die Künstler beabsichtigten anfänglich, das diplomatische Corps zu dem Feste einzuladen, Frauen jedoch von demselben auszuschließen. Der Prinz verbat sich das erstere und erbat sich die letzteren. Es waren ihrer etwa zwanzig in der Gesellschaft, welche aus ungefähr hundertundzwanzig Personen bestand, unter ihnen mehre Frauen und Bräute anwesender Künstler, Frau von Humboldt, deren Töchter und ich. Die Herren nahmen das Souper stehend ein, mit Ausnahme des Kronprinzen, welcher seinen Platz zwischen Frau von Humboldt und mir eingenommen hatte, wie er sich denn überhaupt am meisten mit uns unterhielt. Das Fest zog sich bis spät in die Nacht hin. Auf 4 Uhr morgens hatte der Prinz seine Messe bestellt, um 5 Uhr wollte er abreisen.

Beim Abschiede verlangte er wiederholt von mir das Versprechen eines zweiten Zusammentreffens in Rom nach Verlauf von zwei Jahren. Ich konnte es ihm nicht geben und hätte es auch nicht halten können. Meine Bewegung bei diesem Abschiede war groß, meine Wünsche für den Prinzen waren die aufrichtigsten und heißesten.

Ein Erlebnis bei Ernst Moritz Arndt

Arndt ist ein Mann, welchen ich sehr hochachte und der sich mir auch stets freundlich erwiesen hat. Dennoch bin ich niemals dazu gelangt, mich ihm so zu erschließen, wie ich öfter den Drang dazu in mir fühlte, selbst bei einem längeren Aufenthalt in seinem Hause nicht. Ich glaube den Grund darin zu finden, daß er nur ein Organ für kräftige, fast heroische weibliche Naturen besitzt. Die übrigen Frauen stehn in seiner Meinung zu tief unter den Männern. Sie sind ihm alle Blumen und Kinder. –

Auf meiner Rückreise aus Italien gewährte er mir im Juli und August 1819 einen gastlichen Aufenthalt in seinem Hause in Bonn. Seine Frau, eine Schwester Schleiermachers, war schon vor ihrer Verheiratung meine Freundin. Sie war, als ich im Juli in Bonn ankam, erst seit kurzem von ihrem ältesten Sohne entbunden. Wenige Tage nach meiner Ankunft, am 14. Juli, morgens gegen 6 Uhr, ward an die Tür meines Schlafzimmers gepocht. Ich schrieb ein so frühes Klopfen einem Irrtum in betreff des Zim-

Ernst Moritz Arndt

mers zu und öffnete nicht. Nach einiger Zeit jedoch hörte ich ungewöhnliches Geräusch auf dem Korridor, und als ich nun öffnete, fand ich diesen von Polizeibeamten und Gensd'armen besetzt. Ans Fenster tretend, sah ich andere dieser Herren vor dem Hause aufgestellt. Bald ließ mich Frau Arndt wissen, daß die Papiere ihres Mannes durchsucht würden.

Mittlerweile war das Ereignis in der Stadt ruchtbar geworden. Studenten versammelten sich vor dem Hause. Einer von ihnen, welchem es gelungen war, in das Haus einzudringen, ein junger Mann aus Frankfurt a. M., trat in mein Zimmer und teilte mir seine Absicht mit, die vor dem Hause befindlichen Studenten einzulassen, worauf man dann Untersuchung und Beschlagnahme der Papiere verhindern und die letzteren, wenn möglich, in dem Tumulte über Seite schaffen wolle. Da er meine Ansicht über diesen Plan zu wünschen schien, so nahm ich nicht Anstand, ihm mit allem Ernst und aller Bestimmtheit zu erklären, daß er ein solch unüberlegtes, ja tollkühnes Beginnen unbedingt zu unterlassen habe. Nächst der Gefahr, welche es den Studierenden selbst brächte, müßte es auch Arndt und seiner Sache notwendig schaden.

Ich sah zu meiner Befriedigung auch bald darauf die Studenten auf Bänken, welche dem Hause gegenüberstanden, Platz nehmen und den Ausgang der Sache ruhig abwarten. – Nicht lange nachher sah ich Arndts Papiere, in eine Anzahl großer Säcke mindestens von der Höhe von Mehlsäcken gepackt, aus dem Hause bringen und in eine Chaise, welche zu diesem Behuf auf der Straße hielt, legen, welche dann mit ihnen abfuhr.

Bald klärte sich auch das frühere Klopfen an meine Tür auf. Die Frau des Professors Welcker, des Juristen, bei welchem man mit den Durchsuchungen angefangen hatte, hatte einen Boten abgeschickt, welcher mich wecken und mich von den Vorgängen in ihrem Hause unterrichten sollte, damit ich Arndt warne. Dies war nun zwar vereitelt worden, doch würde eine Benachrichtigung Arndt auch schwerlich irgend etwas in der Sache geändert haben. Er hätte sich ohne Zweifel dadurch nicht zu irgendeinem Schritte veranlaßt gefunden.

Arndts Haltung nach diesem Vorfalle, wie ernst sie auch war, verriet keine Bestürzung. Aber seine große innere Aufregung äußerte sich dadurch, daß er nachts so heftig perorierte, daß ich in meinem Schlafzimmer, welches neben dem seinen lag, öfter dadurch aus dem Schlafe geweckt wurde.

Zeitgeschichtliches

Betrachte ich das lebhafte Interesse, mit welchem viele meiner Geschlechtsgenossinnen politische Angelegenheiten besprechen, und dies sogar oft nicht ohne Anerkennung seitens sachkundiger Männer, so muß ich mir sagen, daß ich wenig zur Politik hinneige; ja seit Jahren ist mir das Übermaß der Verhandlungen über sie in geselligen Kreisen fast drückend geworden. Denn es äußert sich auch hier der tiefe Riß, welcher sich in den politischen und sozialen Ansichten gebildet zu haben scheint und der sich von den höheren und urteilsfähigen Klassen bis zu den unteren zieht, welche leider meist nur durch dunkle Gefühle und Leidenschaften bestimmt werden. Seit das Wort *Salon* statt unseres guten deutschen Wortes *Gesellschaftszimmer* sich bei uns einbürgerte, hat das letztere aufgehört, ein neutraler Boden zu sein. Man mag auch heute noch zusammenkommen, um einander zu erheitern, sich geistig zu fördern, der Erfolg widerspricht der Absicht, und an Stelle der erwärmenden, leuchtenden, oft freilich auch nur blendenden Geistesblitze, welche das Gesellschaftszimmer durchzuckten, höre ich in dem Salon oft nur ein dumpfes Donnergrollen. Und dieses würde vielleicht zu heftigeren Ausbrüchen fortschreiten, stemmte sich nicht der Teil guter Sitte dagegen, welcher unseren gebildeteren Kreisen denn doch noch geblieben ist. Ich sage der *guten* Sitte, denn die *feine* Sitte, jene, ich möchte fast sagen bestrickende Courtoisie der früheren Zeit, ist dahin, vielleicht nicht ohne Notwendigkeit dahin, vielleicht als Folge des Stückes Geschichte, welche die zivilisierten Völker in dem letzten halben Jahrhundert durchlebt haben, aber ich regrettiere sie dennoch. Die Frauen herrschen nicht mehr in der Gesellschaft, die Interessen der Männer drehen sich in derselben nicht mehr um sie, – da steckt der Fehler. Denn für die feine Geselligkeit sind nur die Frauen eigentlich bildend. Wir sind überhaupt in der Geltung gesunken. Gutzkow hat recht, wenn er hinsichts der

Liebe im letzten Viertel des vorigen Jahrhunderts sagt, die Leute verständen nicht mehr zu lieben wie damals.– Ich selbst habe von meiner Jugend an die Hinneigung der beiden Geschlechter zueinander in drei Kategorieen geteilt, in Liebhaben, Verliebtsein und Lieben. Die letztere, die höchste, scheint mir nicht mehr zu existieren; die beiden anderen gewähren uns keinen tiefeingreifenden Einfluß auf die Männer. –

Doch war es trotz meiner geringen Neigung zu den Bewegungen der Politik nicht möglich, daß ich zu irgendeiner Zeit ohne Kunde derselben blieb, denn es gehörten zu meinen nahen Kreisen viele Männer, welche, sei es durch äußeren oder inneren Beruf, selbst in die Speichen der Ereignisse einzugreifen strebten. Und daraus ergab sich für mich mit Notwendigkeit ein Interesse an den letzteren, aber auch die Möglichkeit, daß mein Urteil über sie zuzeiten durch die an ihnen beteiligten Persönlichkeiten bestimmt wurde. Eigentlich erwärmt, gehoben, ja ich möchte sagen elektrisiert habe ich mich jedoch nur durch drei Epochen der Geschichte meiner Zeit gefühlt: durch den amerikanischen Krieg, durch die ersten Zeiten der Französischen Revolution und durch die deutschen Freiheitskämpfe. –

Ich war zwar erst 19 Jahr alt, aber doch schon vier Jahre verheiratet, als die Anerkennung der Unabhängigkeit der Vereinigten Staaten seitens Englands durch den Pariser Frieden erfolgte, und schon im Hause meines Vaters, noch mehr aber in meinem eigenen, wo sich alsbald ein Kreis bedeutender Männer um uns versammelte, bildete während der ganzen Dauer des Krieges zwischen dem Mutterlande und seiner Kolonie dieser einen Hauptgegenstand des Gesprächs. Ich glaube nicht, wenigstens erinnere ich mich nicht, daß irgend jemand aus diesem Kreise sich auf die Seite Englands gestellt hätte. Es war hauptsächlich die der Kolonie von diesem versagte Gleichberechtigung mit ihm, was für die Bestrebungen und Kämpfe der Amerikaner interessierte, für ihre Unabhängigkeit von England war die Teilnahme geringer. Wie ich denn versichern kann, daß die Idee völliger Gleichberechtigung vor dem Gesetze damals vielleicht noch eine mächtigere Herrschaft übte als heute, und selbst von den jungen Edelleuten in unserem Kreise lebhaft erfaßt wurde, so viele politische Vorzüge der Adel auch in Preußen genoß. Auch dies lebt noch heute in meinem Gedächtnis, daß der Verkauf der Hessen und Braunschweiger an England von jedem als eine Schmach erkannt wurde, die alle Deutschen traf. Für mich, meine Freundinnen und auch für viele junge Männer unserer Umgebung, die wir uns keines staatsmännischen Blickes rühmen konnten, der etwa auch die Veränderungen in seinen Gesichtskreis zog, welche die Emanzipation der Kolonie in der Gestaltung der Weltverhältnisse hervorbringen könnte, wendete sich das Hauptinteresse um den tapferen und doch milden, kühnen und doch vorsichtigen, festen und doch gemütvollen Helden der amerikanischen Revolution, um Washington, ja der ganze Kampf verkörperte sich für uns in ihm, und die Folie, die seinen Glanz noch höher für uns erstrahlen machte, mußte uns der starre und eigensinnige Georg III. bilden. Die Zeit, welche unsere ästhetische Bestrebungen uns übrigließen, wurde durch begeisterte Unterhaltungen über ihn ausgefüllt, und diese Stimmung klang in manchem fort, bis nicht viele Jahre nachher die Anfänge der Französischen Revolution ein näheres mächtigeres Interesse in Anspruch nahmen.

Ich sage die Anfänge der *Revolution*. Aber man darf nicht glauben, daß schon bei den ersten Ereignissen derselben dasjenige, was Frankreich, das anmutige Nachbarland, welches durch so viele Bande des Geistes und der Sitte mit uns verbunden, ja in der letzteren maßgebend für uns war, bewegte, mit diesem Namen benannt wurde. Und auch noch später, als man hie und da anfing, jene Bewegungen als eine Revolution zu erkennen, war man im allgemeinen entfernt davon, an einen Ausgang zu denken, wie der es war, welchen sie nahm. Das letzte europäische Ereignis, welchem man später den Namen einer Revolution beigelegt hatte, war die englische von 1688 gewesen. Ein unpopulärer König hatte den Thron geräumt, ein anderer Fürst hatte friedlich seine Stelle eingenommen, und von da an über ein zufriedengestelltes Volk geherrscht, – das war die Revolution gewesen.

Und wieviel schöner noch ließ sich alles in Frankreich an Man kannte die Gebrechen des dortigen Regierungssystems, aber man wußte auch, daß dort ein menschenfreundlicher, nicht unbeliebter Fürst den Thron einnahm, und so war denn noch ein viel befriedigenderer Ausgang zu hoffen als in England. Man erwartete demnach ein rührendes Familiendrama, wie man es ja so häufig und so gern auf der Bühne sah, zwar in großem Maßstabe, durch größere Interessen in Bewegung gesetzt, und daher ergreifender, sonst aber ziemlich gleicher Art. Unverkennbare Mißstände, Irrungen, Zwiespalt, Edelmut, Selbstaufopferung, viele Tugendhafte belohnt, wenige Lasterhafte beschämt davonschleichend. Man konnte sich das gar nicht anders vorstellen.

Und begann denn nicht wirklich das große Drama auf die befriedigendste Weise? Schon die Ursache der Zusammenberufung der Notabeln, die Finanznot, mit welcher der erste Anstoß zur Revolution gegeben war, ließ niemanden einen blutigen Verfolg erwarten, denn man legte überhaupt materiellen Interessen nicht die Bedeutung bei wie heute, in meinen Kreisen vollends nicht. Schulden! Viele junge Männer, welche sich in unseren Gesellschaften bewegten, Beamte, hohe und niedere, Edelleute, wenige der letzteren ausgenommen, hielten sich ohne Schulden nicht für Leute comme il faut und schlossen mit liebenswürdigem Leichtsinn von den eigenen Verhältnissen auf die eines Staats. Und als nun Pairs und Adel allen ihren früheren Vorrechten entsagten, als die Bastille zerstört ward, an deren Namen sich die Erinnerung an so viele nicht allein infolge königlicher Launen Eingekerkte, die dem Leben entrissen wurden, ohne daß ihnen die Wohltat des Todes gewährt ward, an so viele düstere Mysterien knüpfte, wie wurde aufgejauchzt! Wie viele Tränen der Teilnahme wurden von uns Frauen geweint, als wir von Befreiten lasen, denen die Haft in dem düstersten Kerker so zum natürlichen Zustande geworden war, daß sie auf die Ruinen dieses Kerkers mit Trauer zurückblickten, weil Licht, Luft und Freiheit ihnen nur fremd und drückend geworden waren! – Und nun die Aufhebung des der Gleichberechtigung so feindlichen Feudalsystems, der gute König als Wiederhersteller der Freiheit begrüßt! wie mußte ihm solcher Zuruf das Herz weiten! Endlich die so schöne romantische Feier des Bundesfestes auf dem Marsfelde! Noch heute lebt der freudige erhebende Eindruck der Beschreibung dieses Festes in mir fort! –

Bald sollten die Gefühle, die Interessen, eine andere, eine entgegengesetzte Richtung nehmen. Schon das nächste Jahr ließ uns ahnen, daß das rührende Familiendrama in eine blutige, welthistorische Tragödie umschlagen möchte. Unser Interesse wendete sich bald vorzugsweise auf den hartbedrängten König, den ein Dekret der Nationalversammlung fast zum Gefangenen machte. – Und als er mit seiner Familie dieser Gefangenschaft zu entfliehen suchte und, in Varennes angehalten, nach Paris zurückgeführt wurde, da waren es nur er und die Seinen, die uns noch Teilnahme einflößten, was aber sonst noch von nun an in Frankreich geschah, erregte uns nur Abscheu und Grauen. Aus enthusiastischen Anhängern wurden wir erbitterte Feinde der Revolution; und ich spreche damit eine damals ziemlich allgemeine Umkehr aus. In den blutigen Greueln der Revolution die Bluttaufe einer neuen Zeit zu sehn, waren wir weit entfernt und hätten diese neue Zeit auch nicht durch solche Untaten erkauft sehn mögen. Wir hatten uns ja ganz wohl und behaglich gefühlt in unseren ästhetischen Kreisen, und wurden auch mitunter Wünsche für das Gemeinwesen wie für einzelne Stände des eigenen Vaterlandes in uns rege, um den Preis, den Frankreich zahlte, hätten wir ihre Erfüllung nicht begehrt.

Spannung, Neugier riefen nun freilich die Ereignisse in jenem Lande fortdauernd hervor, und ein Kannegießern, welches, da nun einmal das erhebende, das Herz weitende Interesse ängstigenden Gefühlen Platz gemacht hatte, mir und vielen meiner Freunde und Freundinnen sehr unangenehm und daher in unserm Kreise möglichst vermieden wurde. Ich sage kannegießern, denn von irgendeiner tieferen politischen Ansicht war damals bei den meisten Menschen, selbst aus den gebildeten Klassen, wenig die Rede. Es wurden hauptsächlich die kommenden Ereignisse konjekturiert; und zu solchen Konjekturen ließen die bedeutenden Zwischenräume, in welchen man ohne neue Nachrichten war, den erwünschtesten Spielraum. Denn die spärlichen Berliner Zeitungen erschienen damals und noch lange nachher nur zweimal wöchentlich, und ihr Inhalt war dürftig genug, ihre Nachrichten waren bei der Schneckenhaftigkeit der Kommunikationsmittel alt, oft von Kurier- oder Stafetten-Nachrichten überholt, und Mitteilungen aus den Kabinetten fehlten ihnen gänzlich. Mit Inbegriff aller Privatanzeigen überstieg ihr Volumen auch in den bewegtesten Zeiten selten einen Bogen in klein Quarto, und Beilagen gehörten zu den großen Seltenheiten. Um etwas besser unterrichtet zu werden, las man denn wohl noch den Hamburger

Correspondenten, welcher, irre ich nicht, auch nur dreimal wöchentlich erschien; aber auch was dieser gab, würde heutzutage sehr ungenügend genannt werden. –

Es ist die Art meines Geschlechtes, daß wir in kleinen Dingen gute Beobachterinnen sind. Und da entging mir denn die Wahrnehmung der wesentlichen Veränderung in den politischen Konversationen nicht, welche mit dem öfteren Erscheinen und dem reicheren Inhalte der politischen Zeitungen verbunden war. Die lästigen müßigen Konjekturen nahmen immer mehr ab und machten den Raisonnements Platz; man fing an, Ansichten und Prinzipien zu haben und zu vertreten, und die langweilige, kannegießernde Politik wurde damit immer seltener. Ich erwähne das, weil es auch eine Beziehung zu der Gesellschaft hat und das Bild derselben aus jener Zeit um etwas anders färben wird, als die jüngere und jüngste Generation gewohnt sein mag, sie sich zu denken. Zeit, viel Zeit ersparte das seltene Erscheinen und die Dürftigkeit der damaligen politischen Blätter allerdings. Seit dem täglichen Erscheinen und dem so sehr viel größern Umfange derselben ist fast eine andere Zeiteinteilung notwendig geworden, denn wer läse heute nicht täglich seine Zeitung? Fehlt doch selbst mir etwas, wenn mir in dieser Beziehung ein Hindernis in den Weg getreten ist, und ich vergesse nicht, das Versäumte nachzuholen. –

Wie sehr man nun auch das unglückliche Geschick Ludwigs XVI. bedauerte, große Zustimmung fand dennoch die Kriegserklärung Preußens gegen Frankreich nicht. Die Siegesgewißheit, welche ein Friedrich dem Vaterlande gegeben hatte, war doch nicht mehr vorhanden, wenngleich wenig Zweifel an der Trefflichkeit des preußischen Heeres gehegt wurde. Die Sache, um welche gekämpft ward, blieb eine fremde. Und als gar der Einfall der Verbündeten in Frankreich dem Schicksale seines unglücklichen Königs eine so unheilvolle Wendung gab und der Verlauf des Krieges den Lorbeeren unseres Heeres wenig neue Blätter hinzufügte, war man eigentlich in Berlin ganz zufrieden, als Preußen einen Separatfrieden schloß.

Neue Befürchtungen, ja Schrecken erregte mehrere Jahre darauf der Mord der französischen Gesandten bei deren Abreise von dem Kongresse zu Rastatt, und bildet daher einen sehr hervorleuchtenden Punkt in meinen Erinnerungen. Man fürchtete davon eine Erneuerung des Kampfes, einen blutigen Rachekrieg, in welchen auch Preußen hineingezogen werden würde. Auch in der Berliner Gesellschaft wurde der Mord, besonders da die Papiere der Gesandtschaft von den Mördern geraubt worden waren, politischen Motiven zugeschrieben, und es war vielleicht meist eine Wirkung dieser Befürchtung und des Wunsches, sich von einem ängstigenden Gefühle zu befreien, daß man bald anfing, die französische Regierung selbst der Anstiftung der Untat zu bezichtigen. Mein Freund Dohm, einer der preußischen Abgesandten zu dem Kongreß, beauftragt, den Bericht über das unglückliche Ereignis zu erstatten, widerlegte dies Gerücht. Aber es dauerte lange, bis es gänzlich verhallte, und ein zufälliges, von mir gar nicht zu erwartendes Zusammentreffen mit Dohm auf seiner Rückreise vom Kongresse war mir daher um so erwünschter, als schon vage Nachrichten, welche ich über körperliche Leiden hörte, von denen er infolge der Anstrengung bei der Vollführung jenes Auftrages heimgesucht war, es mir erfreulich machten, ihn zu sehn.

Ich verband nämlich meine Rückreise von Dresden im Frühsommer 1799 mit einem Ausfluge nach dem Harz und besuchte auf dem Wege dahin die Kanzlerin N. N. auf ihrem Gute in Lochau. Kurz nachdem wir dort zur Weiterreise Postpferde bestellt hatten, kam der Postmeister, bedauernd, daß wir noch würden warten müssen, da er nicht viele Pferde habe und soeben ein sechsspänniger Wagen mit einem aus Rastatt kommenden Gesandten angelangt sei, der zunächst befördert werden müsse. »Welcher?« fragte ich schnell. »Dohm«, war die Antwort. Ich eilte unverzüglich nach dem Gasthofe, in welchem er und seine Frau abgestiegen waren. Wir freuten uns herzlich über das so ganz unerwartete Zusammentreffen.

Dohm bestätigte mir, daß seine genauen Forschungen ihm die aufrichtigste Überzeugung gewährt hätten, jenes erwähnte Gerücht sei ein leeres Märchen. – Ich fand ihn weniger angegriffen, als verbreitet worden war. Freilich hatte er durch jenes traurige Ereignis viel gelitten. Er mußte die ganze Schreckensnacht bei Regen und Wind unter freiem Himmel zubringen, am andern Tage nahm er das Protokoll über die Untat auf, und am zweiten bracht man ihn, vor Mattigkeit fast bewußtlos, nach Karlsruhe. Dort arbeitete er, im Bette sitzend, während zweier Tage und Nächte das Protokoll für den Druck aus. Seine Frau saß beständig an seinem Lager und konnte seine Lebensgeister nur durch sehr kleine, aber oft wiederholte Gaben kräftiger Brühe aufrecht erhalten. Er ging jetzt behufs seiner völligen Wiederherstellung nach einem Bade. –

Ein leuchtendes Gestirn, welches bereits früher am politischen Horizont aufgegangen war und bald die allgemeine Aufmerksamkeit auf sich gezogen hatte, begann um diese Zeit der Hauptgegenstand der geselligen Konversation zu werden. Der kühne abenteuerliche Zug nach Ägypten umgab Bonaparte mit dem romantischen Zauber, welcher so sehr der Richtung der gebildeten Kreise Berlins entsprach, und als er bald darauf den Rat der Fünfhundert auseinandertrieb und als Erster Konsul die Regierung Frankreichs übernahm, glaubte man den Abgrund der verhaßt gewordenen Revolution durch ihn geschlossen, und es griff ein bewundernder Enthusiasmus für ihn Platz. Kaum taten Siege der französischen Heere in Deutschland und Italien dieser Stimmung Eintrag. Das deutsche Reich war fast ein lächerliches Ding geworden, man suchte Deutschland nur noch in Preußen, und die Schwächung Österreichs, welches trotz mancher in den letzten Jahren von ihm getanen annähernden Schritte seit den Zeiten Friedrichs des Großen als der Erbfeind Preußens betrachtet ward, wurde eher gern gesehn als bedauert. Die Bewunderung für den Helden des Tages erstreckte sich, wie man erzählte, bis auf die höchsten Kreise. Sollte doch selbst die hochverehrte allgeliebte Königin ihre Zimmer mit seinem Bilde geschmückt haben.

Die Besitznahme Hannovers seitens Frankreichs, eine nicht zu erwartende Gewalttat, denn das deutsche Reich war damals mit Frankreich im Frieden, erinnerte zuerst daran, daß der bewunderte Held ein sehr unbequemer, ja gefährlicher Nachbar werden konnte. Seine Heere hatten sich damit zwischen die getrennten Teile Preußens mitten inne geschoben. Die drohende Gefahr begann der Bewunderung Eintrag zu tun. Und als aus dem lebenslänglichen Ersten Konsul nun gar ein Kaiser der Franzosen erstand, erfolgte unter seinen berlinischen Anhängern ein bedeutender Abfall.

Was für einen Teil unserer Gesellschaft und namentlich für uns Frauen hinsichts der Gesinnungsänderung maßgebend wurde, war, daß eine letzte romantische Täuschung über ihn damit zerfloß. Der ritterliche Held der Pyramiden, der glühende Liebhaber seiner Gattin, von der wir wußten, daß ihr edles Herz sich nicht dem Gefühl für das Unglück der früheren Dynastie verschloß, unter deren Herrschaft sie und ihr erster Gemahl sich als wohlgelittene Erscheinungen in den Kreisen des Hofes bewegt hatten, ja daß sie nicht Anstand genommen hatte, dem Ersten Konsul ein Schreiben ihres Schwagers, des Marquis de Beauharnais, zu übergeben, in welchem dieser ihn aufforderte, dem vertriebenen Herrscherhause die Krone Frankreichs zurückzustellen, war für uns nun ein selbstsüchtiger Usurpator geworden. Unsere frühere Täuschung darf uns nicht allzusehr zur Last gelegt werden, hatten doch fast alle französischen Emigranten sie geteilt, ja gepflegt, von denen so manche sich in unseren Kreisen bewegten.

Auf die Gesellschaft übten diese letzteren im ganzen weniger Einfluß, als man denken könnte. Ich will nicht von denen der geringeren Stände sprechen, welche sich ebenfalls in nicht allzu kleiner Zahl bei uns eingefunden hatten, und von einem nicht unbedeutenden Teile derer man kaum wußte, welchem der verschiedenen Regimes, die während der Revolution in Frankreich herrschten, sie durch ihre Auswanderung zu entgehen gesucht hatten. Denn man argwöhnte unter diesen manche verkappte Jakobiner, ja, namentlich unter denen aus dem südlichen Frankreich, sogar manche, die den Greueln in Lyon und anderen Städten des Südens nicht fernstanden, während sie sich doch alle für Royalisten de pur sang gaben. Ich spreche von denen, welche dies wirklich waren und den höheren Ständen angehörten. Nicht nur, daß sie mit ihren Ideen bei den letzten Regierungsjahren Ludwigs XV. stehngeblieben waren, sie erkannten keine andere Bildung an als die französische, und behaupteten sie auch nicht, daß es noch gar keine deutsche Literatur gebe, denn dazu waren sie zu fein und zu hülfsbedürftig, so gebärdeten sie sich doch so. In irgendeine Richtung des deutschen Geistes einzudringen, fiel keinem von ihnen ein als dem trefflichen Chamisso, an welchem dies Bestreben sich dafür auch so schön belohnte, ja selbst in ihrer Kleidung hatten sie an derjenigen der ersten Jahre der Revolution festgehalten. Noch ist mir in dieser Beziehung ein Chevalier de St-Paterne erinnerlich, stets en escarpins und in seidenen Strümpfen, deren Farbe nur je nach Jahreszeit und Straßenkot zwischen weiß und schwarz wechselte, stets, auch im Winter auf der Straße, im Frack, in rotem Untergilet und in dem dreieckten Hut, dessen Form nach der Mode von 1789 kaum ein Hutmacher Berlins noch zustande zu bringen vermochte, und eines ähnlich gekleideten Chevalier Reinhard, der in einem ›Tableau de Berlin‹, um seinen Dank für die ihm hier gewordene freundliche Aufnahme zu bekunden, die schönen Gebäude Berlins weniger beschrieb, als durch gedrechselte Phrasen zu illustrieren strebte.

Die gute Gesellschaft hatte für diese Leute wohl Teilnahme, doch wenig geistige Anknüpfungspunkte. Aber als achtungswert mußte man fast alle in der Beziehung anerkennen, daß sie alles, was sie an Fähigkeiten oder auch bloßen Fertigkeiten besaßen, anwendeten, um sich selbstständig durchzubringen. Sie verwerteten ihr etwaiges musikalisches Talent, wie zum Beispiel die Genlis, erteilten Unterricht in ihrer Muttersprache, und manche, und gerade aus den niederen Ständen, deren einziger Beruf zum Lehrfache darin bestand, daß sie ihre Muttersprache zu sprechen, wenn auch nicht immer richtig zu schreiben wußten, verschafften sich die Erlaubnis, hier Schulen zu errichten, welche sie denn auch bestens auszubeuten strebten. Oft auch verwerteten Leute aus den höheren Ständen, ohne sich dessen irgend zu schämen, ihre Kenntnisse in Handwerken, welche sie daheim teils zu ihrer Unterhaltung in müßigen Stunden, teils einer unter dem französischen Adel herrschenden bezüglichen Mode folgend erlernt hatten, in welcher ihnen die Könige und Prinzen von Frankreich vorangingen. Aber auch der niedersten Arbeiten schämten sie sich nicht, wenn sie sich allein durch solche zu erhalten wußten. Als ich im Jahre 1799 Campe in Braunschweig besuchte, bearbeitete er, um sich von angestrengten geistigen Arbeiten durch rein körperliche zu erholen, einen 24 Morgen großen Garten selbst, und nur mit Unterstützung eines Gartenknechts und eines Tagelöhners. Der Gartenknecht aber war ein ci-devant französischer Chevalier, der sich jedoch in seine jetzige niedere Stellung mit allem Anstand schickte. Beim Abendessen, an welchem ich mit einigen anderen Gästen teilnahm, fand ich ihn bei Tische wieder, denn er schien mit Rücksicht behandelt zu werden. Und seine, wie auch seiner jetzigen Stellung gemäß zurückhaltende, Konversation kontrastierte doch durch Anmut und Leichtigkeit sehr gegen die des guten Campe, der, wenn ich mich mit ihm und seiner Familie allein befand, zwar munter und ohne Affektation war, wenn aber irgendein Fremder hinzukam, in einen salbungsvollen, wenig angenehmen Ton verfiel. –

Das ereignisreiche, verhängnisvolle Jahr 1805 war herangekommen. Das Schwanken der preußischen Politik zwischen einem Bündnisse mit Frankreich und einem mit den gegen dasselbe verbündeten Mächten rief zuerst die Gesellschaft beeinflussende Parteiungen hervor, und um so ausgesprochenere, als man nun anfing, den Ernst der Situation zu begreifen, ja die geistig bedeutendsten Männer aus unseren Kreisen wenn auch nicht die Existenz, doch die Machtstellung Preußens bedroht fürchteten, wenn nicht die richtige Partie ergriffen wurde. Drei Hauptansichten stellten sich heraus. Die eine verlangte nur, daß die Regierung einen Entschluß fasse, gleichviel welchen, und diesem mit Aufrichtigkeit und Energie Folge gebe; sie ging davon aus, daß Preußen nach jeder Seite hin den Ausschlag geben und sich dadurch die ihm gebührende Geltung verschaffen könne; die andere wollte ein mit den Verbündeten gemeinsames Vorgehn gegen Frankreich, die dritte, daß Preußen für jetzt dem Stern Napoleons folge, dessen Glanz so viele blendete, sich die Vorteile verschaffe, die aus einem Bündnis mit dem siegreichen Kaiser für dasselbe hervorgehn mußten, so zu einer in Norddeutschland gebietenden Macht wurde und den Kern eines Deutschlands bilde, dessen Hegemonie, wenn jener Stern einmal sänke und Preußen mit Klugheit den geeigneten Moment wahrnähme, um in eine andere Bahn einzulenken, ihm zum Heile Deutschlands notwendig anheimfallen müsse. Welche Ansicht sich zunächst zur Geltung bringen werde, war allen der Verhältnisse wie der wirkenden Persönlichkeiten Kundigen klar, als der, durch den in unsern Kreisen viel gesehenen Bignon, dem mehrjährigen Geschäftsträger Frankreichs in Berlin, diesem Staate zugewendete Haugwitz nach Schönbrunn zu Napoleon abgesendet wurde. Die aus dieser Sendung hervorgegangene Erwerbung Hannovers, eines zur Abrundung der deutschen Provinzen Preußens so wünschenswerten Besitztums, war den Anhängern des Bündnisses mit Frankreich sehr genehm, als ein vielverheißender Beginn zur Verwirklichung ihrer Pläne, aber von der Mehrzahl wurde das Geschenk Napoleons als eine Danaergabe betrachtet. Seit der Schlacht bei Austerlitz hatte sich doch der Gesellschaft merkbar eine trübe Stimmung bemächtigt, über welche man sich hin und wieder zu zerstreuen suchte, die jedoch immer wieder die Oberhand gewann. Man ahnte, daß auf Napoleons Siegeszügen die Reihe bald an Preußen kommen würde, und mehr als andere war von Besorgnissen erfüllt, wer die Unentschlossenheit und die Parteiungen in den höhern Regionen kannte. Wir in unseren Kreisen kannten sie sehr genau, wenngleich sie auch dem großen Publikum nicht verborgen bleiben konnten.

Denn es fehlte ja an öffentlichen, sogar lauten Kundgebungen derselben nicht. Dem Grafen Haugwitz wurden nach der Rückkunft von der Wiener Mission die Fenster eingeworfen, dagegen dem, wie es hieß, für den Krieg gestimmten, Herrn von Hardenberg (dem späteren Staatskanzler und Fürsten), welcher der seiner Ansicht jetzt widrigen politischen Strömung weichen und sein Amt niederlegen mußte, bis zu seinem Abgange von Berlin allabendlich Ständchen von Militärmusik gebracht. Den Anhängern des Bündnisses mit Frankreich standen freilich so laute Manifestationen ihrer Ansicht nicht zu Gebote. Denn jene gingen von den Offizieren des Regiments Gensd'armes und der Garde du Corps aus, jungen, in vielen Beziehungen übersprudelnden Edelleuten, welche keinesweges geeignet waren, das Verhängnisvolle eines Kampfes mit Napoleon zu erkennen, und vor allem ihrem Grimme darüber Ausdruck zu geben suchten, daß das preußische Heer, nachdem es einmal ins Feld gerückt, ohne Schwertstreich wieder heimgekehrt war. Ja man behauptete, sie hätten unter den Fenstern des friedliebenden und gewagten Entschlüssen abholden Königs ihre Säbel gewetzt.

Man hat vielfach den Prinzen Louis Ferdinand beschuldigt, der Anstifter dieser ungeschickten und teilweise rohen Demonstrationen gewesen zu sein. Der intellektuelle vielleicht, ja wahrscheinlich, denn er teilte jenen Grimm und scheute sich nicht, ihn im Gespräche in sehr drastischen, ja kaustischen Witzworten zu äußern, in anderer Weise jedoch nicht. Denn wie leidenschaftlich er auch war, und ich habe genug Äußerungen dieser Leidenschaftlichkeit von ihm gehört, da er in vertrauteren Kreisen gar nicht damit zurückhielt, er war weit entfernt, eine rohe Natur zu sein, vielmehr war er, trotz der Ausschweifungen, von denen man ihn nicht freisprechen kann, voll der edelsten Regungen. Bei dem Könige war er wegen seines dissoluten Lebens nicht beliebt, aber die Königin, welche wahrscheinlich diese Seite seines Lebens weniger genau kannte und edlen und liebenswürdigen Eigenschaften, wie der Prinz deren in der Tat viele besaß, sowie einem geistreichen Wesen selten Würdigung versagte, war nicht ohne Anerkennung für ihn, überdies behauptete man, daß auch sie das ruhige Hinnehmen der Unbilden, welche Napoleon Preußen in dem letzten Jahre zugefügt hatte, schmerzlich empfand. Und so hätte der Prinz schon der Königin halber Schritte nicht unmittelbar veranlaßt, welche den König in Rücksicht auf die Partie, die er ergriffen hatte, beleidigen mußten. Uns Frauen aus seinem Kreise riß er hin, viel weniger durch den Sarkasmus, mit dem er zuzeiten seinen Ärger über die Situation äußerte, als durch die viel öfter vorkommenden tiefgefühlten Ausdrücke echter, schmerzerfüllter, zu jeder Aufopferung bereiter Vaterlandsliebe. Von einem siegreichen Kampfe gegen Napoleon allein hoffte er zugleich den Sieg freisinniger Ideen, und dieser lag ihm ebensosehr am Herzen als die politische Unabhängigkeit des Vaterlandes. Er mußte untergehn, er war eine Abnormität, in ihm walteten die diametralsten Gegensätze: Ein Sklav seiner Leidenschaften, ein Mensch, ein Prinz, der beispielsweise eine ganze Nacht im Freien auf der Erde liegend zubringen konnte, nur um fortwährend die Fenster des Wohnzimmers eines hübschen, aber ziemlich gewöhnlichen Frauenzimmers zu sehn, welcher er schöne Emotionen und Gedanken andichtete, die sie gar nicht hatte, und ein Aar, der sich mit kühnem Schwunge über seine Zeit erheben konnte, der höchsten Ideen fähig und stets bereit, sein Leben für sie einzusetzen; in seinem Gebaren einerseits ganz ein damaliger preußischer Gensd'armes-Offizier – und man muß sie gekannt haben, um zu wissen, was das sagen will –, und dann wieder ein den zartesten Gefühlen und des entsprechendsten Ausdrucks derselben fähiger Mensch; ein stolzer hochfahrender Prinz, und zuzeiten ein schüchterner verlegener junger Mensch. Er rieb sich auf in diesen unausgleichbaren Gegensätzen, auch trug er die Ahnung eines frühen Todes lange in sich, und sie wäre auch ohne seinen Heldentod bei Saalfeld in Erfüllung gegangen. –

Die Tage der Vergeltung für das, was in Zeiten politischer Krisen der größte Fehler ist und vielleicht schlimmer noch als ein Fehler, für das Schwanken hinsichts des zu fassenden Entschlusses, brachen heran. Der Krieg war Preußen nun aufgedrungen, und das unter viel ungünstigeren Verhältnissen, als diejenigen im vorangegangenen Jahre es waren. Jetzt stand es dem gewaltigen, ohne Schwertstreich schon bis an die Grenzen des Reiches vorgedrungenen Feldherrn ohne Bundesgenossen gegenüber, denn was man von dem Ungestüm seines Angriffes aus früheren Feldzügen wußte, berechtigte zu der Annahme, daß der Feldzug entschieden sein könne, bevor noch ein Russe deutsches Gebiet betreten habe.

Genau die Stimmung unter den geringeren Klassen Berlins zu ergründen, war ich nicht in der Lage; mir schien es jedoch, als herrsche dort höchstens eine gewisse Spannung; von einem Bewußtsein des Verhängnisvollen des Augenblicks bemerkte ich wenig, von großen Befürchtungen ward nichts laut, aber auch nichts von großen Hoffnungen. Verhielt es sich in der Tat so, so war es ein übles Zeichen, ein Beweis eines fast bis zur Nullität gesunkenen Nationalgefühls, und aus dem Verhalten des Volks nach dem Einzuge der Franzosen glaubte ich mich zu dem Rückschluß berechtigt, daß ich mich nicht geirrt hatte. In unseren Kreisen gelangte man erst zu ruhigen Erwägungen, nachdem die Berliner Garnison ins Feld gerückt war; bis dahin hatte uns der ungestüme Kriegsdurst der jungen Offiziere unserer Bekanntschaft wenn auch nicht hingerissen, doch gewissermaßen betäubt. An der Tapferkeit des Heeres, des gemeinen Mannes wie der Offiziere, wurde kein Zweifel in uns rege, aber die Heerführer waren geeignet, uns mit den bangsten Befürchtungen zu erfüllen.

Welche Männer waren es, die dem größten Feldherrn der Zeit und seine infolge fast ununterbrochener Kämpfe kriegserfahrenen und dabei jugendkräftigen Generalen entgegengestellt wurden? Der 72jährige Herzog von Braunschweig, der sich hätte glücklich schätzen sollen, daß er dreizehn Jahre früher, schon fast ein Greis, ohne wesentliche Gefährdung eines noch um mehr als dreißig Jahre vorher erworbenen Kriegsruhms davongekommen war, der Feldmarschall Möllendorf, noch zehn Jahre älter als er, ein Mann, den wir täglich beobachten konnten, weil er in unserer Mitte lebte. Da sahen wir denn den hübschen Greis, der in früheren Jahren einen fast weiblichen Teint gehabt hatte, von dem er noch Spuren trug, mit seinem milden freundlichen Gesichte, im Schlafrock, eine schwarze Samtmütze auf dem Kopfe, vor einem Parterrefenster des Gouvernementsgebäudes in der Königsstraße stehn, im Frühjahr sich der Blüten der schönen Rosenbäume erfreuend, welche innerhalb eines Gitters vor dem Hause standen, stets aber, denn er fehlte dann fast nie am Fenster, den fröhlichen tobenden Kinderscharen, welche mittags und nachmittags den Schulen entströmten, teilnehmend und lächelnd zuschauend. Er war einer von den Leuten, von denen man trotz ihrer hohen Stellung gar nicht sprach; nur eine ihn betreffende Geschichte erinnere ich mich gehört zu haben, und sie wurde eben in jener Zeit öfter wiederholt. Als guter Wirt kümmerte er sich sorgsam um die Einzelheiten seines Haushalts, und da war er denn sehr erfreut, eines Tages in Abwesenheit seines Kochs einen fetten Truthahn, welchen einer jener Ausländer vor seinem Fenster vorübertrug, die damals noch im preußischen Heere dienten und denen es mitunter erlaubt ward, einen kleinen Handel zu treiben, für einen sehr billigen Preis zu erhandeln. Die Vorwürfe, welche der General-Feldmarschall dem heimgekehrten Koch machte, der ihm stets einen viel höheren für solches Geflügel anrechnete, begegnete dieser durch den Beweis, daß Exzellenz seinen eigenen, von dem Verkäufer unmittelbar vorher vom Hofe des Käufers gestohlenen Truthahn gekauft hatte. – Dieser gemütliche Greis und sorgsame Haushälter, der – unbeschadet seiner nun schon sehr antiquierten militärischen Verdienste – jetzt nur noch den Stoff zu einer Voßschen Idylle hätte abgeben können und nun, und das wider seinen Willen, denn er fühlte seine Jahre und seine Unzulänglichkeit, als einer der Oberbefehlshaber dem im kräftigsten Mannesalter stehenden kühnen Feldherrn entgegengestellt wurde, bildete seinen jetzigen Hinneigungen wie seiner äußeren Erscheinung nach einen für den Patrioten schmerzlichen Gegensatz zu diesem, den ein eben um jene Zeit an den Schaufenstern mehrer

Kunsthändler Berlins ausgestellter Kupferstich uns in dem Augenblicke zeigte, als er – nicht viele Jahre zuvor –, die wehende Fahne in der Hand, im Sturmschritt seine Krieger den mörderischen Geschossen der Feinde entgegen auf die Brücke von Arcole führt und so die blutige Schlacht entscheidet.

Das waren nun selbst für die Gesellschaft Berlins, wie sehr sie auch durch günstige Ansichten vieler ihrer Mitglieder beeinflußt sein mochte, handgreifliche Übelstände. Aber sie wurde auch auf andere Bedenken geleitet. Was die Organisation des Heerwesens, die Verproviantierung, die Bekleidung betraf, so hatte man nie an ihrer Trefflichkeit gezweifelt; das heißt stillschweigend, denn man hielt es für unnötig, dies erst auszusprechen. Aber alles dies mußte notgedrungen Gegenstand der Besprechung werden, als beim Ausrücken der Truppen – ich weiß nicht mehr, ob im Jahre 1805, wo der erste Feldzug notwendig ein Winterfeldzug hätte werden müssen, oder im Herbst 1806, wo mit Wahrscheinlichkeit ein solcher bevorstand – öffentliche Aufforderungen zur Spendung von Mänteln für die Soldaten oder zu baren Gaben behufs der Anschaffung solcher erschienen. Diese schmucken, wohlaufgeputzten Soldaten, deren Uniformen nicht das kleine Stäubchen aufweisen durften, sollten nicht Stockprügel oder Arrest den Frevel empfindlich strafen, waren nicht gegen irgendwelche Unbilden des winterlichen Wetters geschützt! Das streifte doch sehr an ›Sorglosigkeit‹, und hin und wieder fing man an, sie auch da als möglich anzunehmen, wo man sie nicht bemerkte.

Aber man verzagte darum doch nicht, wenn auch hin und wieder gezagt wurde. Schien doch der geliebte und als das Gegenteil von leichtfertig bekannte König so wenig von Zweifeln bewegt, daß er noch sehr wenig Abende vor seinem Abgange zum Heere in der Stimmung war, einer Vorstellung der de Bachschen Kunstreiter-Gesellschaft beizuwohnen. Und am Ende: ›die preußische Armee!‹ Ein Nimbus umgab noch immer das Wort. – Auch dem Glücke behielt man eine Rolle in dem Drama vor. Der Stern Preußens! Er sollte den Bonapartes erbleichen machen, der doch bisher so hell gestrahlt hatte. Die Denkendsten und daher Bedenklichsten suchten doch kaum zu ertragende Gedanken von sich fernzuhalten und fürchteten sich, ganz soviel zu fürchten, als sie doch Grund zum Befürchten zu haben meinten, wenn sie teils so übermütig, teils mit so heiterem Sinne die verhängnisvollen Würfel werfen sahen. Ein letztes Beruhigungsmittel für diese war: il y' a un Dieu des ivrognes.

Aber was nützten alle Selbsttäuschungen und Opiate! Gleich einem Donnerschlage rüttelte die Kunde von Saalfeld auf und machte selbst die Zuversichtlicheren erschrecken. Das erste Treffen in diesem Kriege unglücklich, und unglücklicher noch durch den Tod einer so hervorragenden, so allgemein interessierenden Persönlichkeit, wie die des Prinzen Louis es war! Wie schmerzlich die Trauerkunde unsere Kreise berührte, ist leicht zu ermessen. Aber auch die, welche dem Prinzen fernergestanden hatten und oft durch seinen anscheinenden Übermut, diejenige Seite an ihm, welcher er ihrer Natur nach zumeist der Öffentlichkeit zuwendete, choquiert worden waren, waren versöhnt und tief ergriffen. – Doch es blieb keine Zeit, irgendeinen Schmerz durchzufühlen. Die Nachrichten vom Kriegsschauplatz überstürzten sich.

Die nächste war freilich eine falsche. Soult sollte geschlagen, sein ganzes Corps gefangen worden sein. Ein Anschlag in der Flur eines Ministerhotels in der Behrenstraße – ich glaube, es war das Haugwitzsche – gab dem Publikum die Nachricht. War sie gegründet, so war sie von unermeßlicher Bedeutung. Aber man bemerkte keine freudige Aufregung im Volke, nach der ersten Stunde nicht einmal einen Andrang im Ministerhotel, um das lächerlich winzige Zettelchen, welches in kaum zu entziffernder Schrift einen so großen Erfolg verkündete, zu lesen. Als ich einige Stunden nach dem Erscheinen dieses Bulletins mich nach dem Hotel begab, um mich gegen meine Zweifel durch den Augenschein zu stärken, fand ich außer mir nur noch eine Person in der Hausflur, und diese war der Portier, der griesgrämig auf und ab schlich. War das preußische Volk stumpfsinnig geworden? oder gab es überhaupt keines mehr? Noch standen aus meiner Kindheit die gehobene Stimmung, die leuchtenden Blicke des Geringsten aus dem Volke, wenn das Gespräch auf die Siege der Preußen unter Friedrich kam, vor meinen Sinnen, und dieser Friedrich war ja erst zwanzig Jahre tot. Oder hatte das fast welthistorische Ereignis von Jena schon Schatten vor sich hergeworfen, welche Sinn und Gemüt der Menschen umdüsterten? Bei den höheren Ständen war dies gewiß der Fall.

Allen Konjekturen machte die furchtbare Nachricht ein Ende, welche schon der nächste Tag brachte. Dem Anschlage, der diese verbreitete, bestritt niemand die Wahrhaftigkeit, und dies war bezeichnend genug. Er ist öfter ungenau wiedergegeben worden, ich glaube aber mich des Wortlautes genau zu erinnern, denn er drang ätzend in meinen Geist ein.

›Der König hat eine Bataille verloren. Ruhe ist jetzt die erste Bürgerpflicht. Ich fordere sie von den Einwohnern Berlins. Der König und seine Brüder leben.‹ –

Welcher Lakonismus! – Und dabei immer noch Überflüssiges. Denn wer dachte in Berlin daran, die ›Ruhe‹ zu stören! – Dieser Anschlag wurde nun zwar gelesen. Aber kaum auf einigen Gesichtern malte sich ein Ausdruck des Schreckens, auf den meisten gar nichts, höchstens gingen einige kopfschüttelnd davon, mit einer Miene, die da zu sagen schien: Nun, das ist doch etwas allzurasch gegangen! –

Diese zur Ruhe aufgeforderten Berliner waren so kindlich ruheliebend, daß, als der ruhepredigende General wenige Tage darauf zu Pferde an der Spitze einiger noch in der Stadt zurückgebliebenen Truppen auszog, sie ihn mit der Bitte umscharten, sie doch nicht zu verlassen. »Ich lasse euch ja meine Kinder zurück!« war die Antwort des Kriegers. Die Leute sahen sich verblüfft an. Fast keiner wußte, wer diese ›Kinder‹ waren. Manche suchten ein Symbol, eine Art Mysterium, ein ihnen bis dahin unbekannt gebliebenes Palladium hinter dem Worte. Aber diese Kinder waren leibliche, und keine andere als die Fürstin Hatzfeld und ihr Gemahl; die Fürstin, eine mir sehr werte Freundin, die aber gewiß selbst sehr erstaunt war, als sie hörte, daß sie von ihrem Vater als Pfand für das Heil Berlins zurückgelassen wurde.

Dies war die letzte Tat des letzten preußischen Generals, welchen Berlin auf mehre Jahre hinaus an der Spitze von Truppen in seinen Mauern sah. Seine erste ist vielleicht nicht heldenmütiger gewesen. Er war General der Infanterie geworden, wie er Chef der Bank und Seehandlung, Generalpostmeister, Geheimer Staats- und Kabinettsminister, Kurator oder gar Präsident der Akademie und noch vieles andere geworden war und so die heterogensten Ämter und Würden in seiner Person vereinigte: weil es seit Jahren einmal hergebracht war, daß fast jedes vakante hohe und einträgliche Amt dem Grafen von der Schulenburg-Kehnert zufiel. Als die im Palast Monbijou residierende Königin, Mutter König Friedrich Wilhelms des Dritten, gestorben war, welche vom Volke Witwe Königin genannt wurde, begegneten sich zwei ehrsame Bürger vor diesem Palaste. »Weißt du schon, daß Witwe Königin gestorben ist?« sprach der eine. »Ei! – Aber wer wird denn nun Witwe Königin werden?« erwiderte der andere, der etwa glauben mochte, dies sei eine Würde oder eine Stelle, die niemals unbesetzt bleiben dürfe. »Wer wird's werden? Schulenburg wird's werden!« war die Antwort.

Die Furcht vor dem Heldenmut der Berliner mußte wohl in der Familie erblich sein. Denn kaum war der Schwiegervater abgezogen und hatte dem Schwiegersohn die Obhut der Stadt überlassen, so wußte dieser wieder nichts Eiligeres zu tun, als das Heldenvolk vor jedem Widerstand zu warnen: ›Ein jeder werde schreckliche Folgen haben. Der Überwinder ehre nur ruhige Hingebung im Unglück.‹ Die letztere Behauptung war ebenso neu als kühn, aber die Warnung in der Tat lächerlich. Doch einigen bangen Gemütern wurde dadurch noch banger. Sie fürchteten, daß ein heimlicher Widerstand sich organisiert habe, etwa von rauf- und raublustigen Horden, die sich von auswärts hereingeschlichen haben mochten. –

Das waren für die Einsichtigeren traurige Tage, das war ein klägliches Ende der vaterländischen Herrschaft. Aber wer 1813 erlebt hat, braucht sich nicht zu scheuen, die Erinnerung an 1806 zu fördern. Sie kann für jede Zukunft, wie sich diese auch gestalten möge, dazu dienen, das Vertrauen auf die Elastizität des preußischen Volks wie seiner Regierung aufrechtzuerhalten. Welche Änderung in wenigen Jahren! welch rascher Übergang von der Misere zur Hochherzigkeit, von der stumpfen Gesinnungslosigkeit zum klaren politischen Bewußtsein, von dem schwächlichsten Übersichergehenlassen zur kräftigsten Tat! – Aber auch dazu möge die Erinnerung beitragen, sie stets von neuem mit der an die Männer zu verbinden, welche die ersten Impulse zu dieser Wandelung gaben, ihr die förderlichste Richtung anwiesen und dabei keine Gefahr scheuten, statt, wie es wohl geschehn ist und von manchen Seiten noch fortdauernd geschieht, in Pietätlosigkeit und Undank diese Männer in den Hintergrund zu schieben oder gar zu verunglimpfen, ja zu verfolgen. –

Was man nach jener väterlichen Mahnung an die guten Berliner Kinder, sich artig und ruhig zu verhalten, wenn sie sich nicht verdienter Züchtigung aussetzen wollten, bis zum Einzuge der Franzosen an diesen vorherrschend bemerkte, war einige Neugier auf die Heere des Mannes, welcher soeben wieder einen so mächtigen Schritt auf der Laufbahn getan hatte, auf welcher er sich die Herrschaft über Europa zum Ziel gesteckt zu haben schien. Einem Fremden, der, unbekannt mit den welthistorischen Ereignissen, in diesen Tagen in Berlin eingetroffen wäre, wäre keine Ahnung von der Nähe eines für Stadt und Staat so verhängnisvollen Tages angeflogen. Hätte er früher Berlin gekannt, so hätte ihm höchstens auffallen können, daß trotz des schönen Herbstwetters die Spaziergänge etwas weniger belebt waren als sonst. –

Als ich an einem der folgenden Tage in der Mittagsstunde durch die Königsstraße ging, sah ich eine kleine Schar französischer Kavalleristen von der Kurfürstenbrücke herkommen und vor dem berlinischen Rathause halten. Sie erregten wenig Aufsehn und wurden nur in etwas respektvoller Entfernung von einigen Straßenjungen begleitet, die offenbar keine andere Absicht hatten, als etwanigen Konkurrenten bei dem Amte des Pferdehaltens zuvorzukommen. Einige der Reiter stiegen ab und begaben sich auf das Rathaus, wo der Magistrat in Erwartung der Dinge, die da kommen sollten, in Permanenz versammelt war, und forderten denselben zu den nötigen Vorkehrungen für die Einquartierung der am nächsten Tage eintreffenden französischen Truppen auf. Es waren Chasseurs à cheval in ihrer grünen Uniform, und es möge zum Beweise dienen, wie selbst der Mittelstand in der Lage der Dinge orientiert war, daß ein vorübergehender, sehr wohlgekleideter Mann, durch die Farbe der Uniformen veranlaßt, meinen Begleiter fragte, ob das nicht Russen seien. Durch Hinweisung auf die dreifarbige Kokarde eines anderen belehrt, ging er, ohne irgendeine Emotion zu zeigen, mit den Worten fort: »Da wird man wohl nach Hause gehn und wegen der Einquartierung Vorkehrungen treffen müssen.« – Ich sah den Geist Friedrichs des Großen mit zornsprühenden Blicken über der ganzen Szene schweben und wankte mehr nach Hause, als ich ging.

Die Tage des Einzugs der französischen Heeresteile widersprachen solchen Vorgängen nicht. Die Fenster waren besetzt mit Neugierigen, als gälte es einer Kuriosität oder einem festlichen Aufzuge. Von diesem hatte nun freilich dieser Einzug nichts; und dieser Umstand erregte in den Berlinern vielleicht die erste innere Bewegung in diesen verhängnisvollen Tagen. Nach preußischen Begriffen in schlechtester Haltung, geräuschvoll miteinander plaudernd, zogen capotbekleidete kleine Kerlchen, drei auf einen Pommern gehend, dahin, und pour comble d'horreur, auf ihren dreieckigen Hüten, in vertraulichster Nähe mit jenen eine neue Ära bezeichnenden drei Farben, welche zwei Weltteile fast stets siegreich gesehn hatten, steckten Blechlöffel behufs bereitester Benutzung. Es galt einen Witz machen, und das Volk taute auf. Sowie die Berliner das Wort ›Löffelgarde‹ als Bezeichnung für diese Krieger gefunden hatten, und sie fanden es am ersten Tage, belebten sich ihre Züge um etwas; jetzt war ihnen zumut, als hätten sie ihrerseits einen Sieg über die Sieger erfochten. Nur hin und wieder sah man ein trübes Gesicht. Es gehörte sicher jedesmal irgendeinem pensionierten preußischen Militär an, der das graue Haupt schüttelte, in welches der Gedanke an die Möglichkeit nicht eingehn wollte, daß diese ungeregelten Horden preußische, so sauber uniformierte, so trefflich dressierte, so zweckmäßig gedrillte Soldaten hätten besiegen können.

Ein reges Leben bewegte sich in den nächsten Tagen auf den Märkten, namentlich auf dem Gensd'armes-Markte, wo die Sieger die Früchte ihrer Beutelust, meist in Silber- und Goldsachen und fremden Münzen bestehend, zu Spottpreisen verhandelten und willige Käufer fanden, welche sie ihnen ohne Scheu und Scham abnahmen. Junge Dirnen, traurige Früchte anderer Siege als der auf den Schlachtfeldern errungenen, Städterinnen und Bäuerinnen in den verschiedensten Kostümen, mit den feindlichen Kriegern eingezogen, unter ihnen Mädchen, deren Haltung und Kleidung man es ansah, daß sie nicht den untersten Ständen angehörten, beobachteten je nach dem Grade ihrer Entsittlichung teils mit aufmerksamen, teils mit gierigen Blicken die Feilschenden, wissend, daß der Erlös den mit ihren Buhlen zu feiernden Orgien zugut kommen werde. Der Zufall führte mich über einige dieser Plätze, aber Unwille, gemischt mit einem Gefühl tiefer Demütigung, trieb mir das Blut ins Gesicht, und ich suchte längere Zeit hindurch stets sie zu umgehen.

Von durch die Feinde verübten Exzessen hörte man nur wenig. Und da die für die französischen Truppen ausgeschriebenen Lieferungen und die Wirkungen der bald eingetretenen sogenannten Kontinentalsperre, die Fabriken belebend, manchen Industriellen Gewinn und manchen Händen Beschäftigung zuführten, so ward in vielen Kreisen der Druck der schweren Kontributionen nicht allzu fühlbar. Am fühlbarsten wurde, und das allen Ständen, die immer größere Entwertung der früher in ungeheueren Summen ausgeprägten, sehr geringhaltigen Scheidemünze. Aber der Unwille darüber kehrte sich gegen die vaterländische Regierung. Wie denn überhaupt alle Fehler derselben vermittelst ihrer jetzt augenfällig gewordenen verderblichen Wirkungen plötzlich in den grellsten Farben vor die Augen des Volkes traten und die letzten Reste der Anhänglichkeit an den Staat, wie er eben noch bestanden hatte, vernichteten. Ein warnendes Beispiel!

Und überhaupt wurden in dieser Zeit der Schmach alle Fehler bestraft, Fehler der Regierenden, wie nicht minder der Regierten, und auch die beiden gemeinsamen. Bei der ohnehin so gesunkenen Kraft des Vaterlandsgefühls vollendete die Macht und der Zauber der Sprache des Feindes den Sieg desselben. Jetzt strafte sich die Torheit, daß man mit Hintenansetzung der schönen vaterländischen Sprache die französische zur Modesprache, zu derjenigen gestempelt hatte, in welcher allein man sich mit Feinheit und Anmut auszudrücken vermöge, und daß die französische Literatur vorzugsweise die geistreiche sei. War man doch sogar, mehr als man es heut glauben dürfte, wenn nicht schriftliche Dokumente es bewiesen, mit dem Gebrauche des Dativs und Akkusativs in der Muttersprache bis in die höchsten Klassen der Gesellschaft hinauf brouilliert, sprach aber die französische mit Geläufigkeit, oft sogar mit Eleganz. Verständige Franzosen selbst äußerten sich tadelnd in dieser Beziehung. »Was gewinnt die vornehme Berliner Gesellschaft dabei, daß sie nur französisch spricht, daß sie es hin und wieder sogar zu einem französischen bon mot oder Calembourg bringt? Eine deutsche Gesellschaft kann dadurch nur eine flachere werden!« hörte ich einst Frau von Staël in einem vertrauten Kreise sagen.

Bis in die unteren Stände hinab, und am festesten vielleicht bei dieser in der betreffenden Beziehung so einsichtslosen Masse, hatte sich denn begreiflicherweise der Glaube festgesetzt, daß die größere oder geringere Fertigkeit in dieser fremden Sprache bis zu ihrer gänzlichen Unkenntnis hinab das sicherste Kriterium für die ›Bildung‹ oder ›Unbildung‹ eines deutschen Menschen abgebe, und in den Schulen der mittleren Stände machte daher sie einen wesentlichen Teil der Unterrichtsgegenstände aus. So brauchte denn der Feind es gar nicht erst auszusprechen, daß seine Nation ›à la tête de la civilisation‹ marschiere. Man kam ihm mit dem stillen oder lauten Bekenntnis davon entgegen.

Die Mehrzahl sah demnach in den Feinden ›gebildete Leute‹ – widersprachen auch die Handlungen einzelner bisweilen dieser Bezeichnung –, Leute, denen man seinerseits mit Achtung und Artigkeit entgegenzukommen habe. Und zu Hülfe kam diesen überdies bei den in der Kenntnis der fremden Sprache Vorgeschritteneren, daß auch die unteren Klassen der Franzosen, wie die aller südlichen Völker, gewandter in der Handhabung der Formen ihrer Sprache sind als die der nordischen. Tür und Tor der Herzen, besonders der so einflußreichen weiblichen, war ihnen geöffnet, ein sehr freundlicher Verkehr zwischen Quartiergebern und Einquartierten stellte sich bald her, und als eine Frau aus dem Bürgerstande auf die Frage: warum sie denn für die Fremden so eingenommen sei? sehr naiv antwortete: »Weil sie alle so hübsch geläufig französisch sprechen«, hatte sie mit ihrer Antwort vielleicht mehr ins Schwarze getroffen, als der lachende Frager glauben mochte. – Ob es etwa dieselbe Frau war, hinsichts deren einer meiner Bekannten einmal einen französischen Offizier, auf die Frage eines anderen, wer denn die Leute gewesen seien, mit welchen er ihn gestern auf dem Spaziergange gesehn habe, antwortete: »C'ètait la femme de mon bourgeois avec son mari«, mag ununtersucht bleiben.

Man hörte trotzdem allerdings manche Stoßseufzer guter Hausfrauen, bei denen Offiziere ins Quartier gelegt worden waren, über die Kosten der Einquartierung. Zwei üble Gewohnheiten trugen sie ihnen besonders nach, einmal, daß sie, unserer Art von Zimmerheizung ungewohnt, diese zwar nicht erließen, aber dann alle Fenster öffneten, und ferner, daß sie zu ihren Mahlzeiten Wein verlangten. Für Heizungsmaterial war freilich kein Surrogat zu finden, für den Wein fand der hausfräuliche Scharfsinn verschiedene. Nachdem schüchterne Fälschungsversuche bewiesen hatten, daß die Geschmacksnerven so mancher Offiziere nicht eben die feinsten waren, ging man bald dreister zu Werke, bis das übelberüchtigte Gebräu zustande kam, von dessen immer nur mit vorsichtiger Heimlichkeit betriebener Bereitung die Hausfrauen bald durch Wein- und sogenannte Materialwarenhändler enthoben wurden und das, mit dem technischen Namen Einquartierungswein benannt, von den Käufern mit lächelnder Miene bei den Verkäufern gefordert, von diesen mit einer noch lächelnderen verabreicht wurde; denn die trügenden Hausfrauen wurden durch die Händler zu noch weit größeren Betrügerinnen gemacht, als sie selbst wähnten. Kostspielig blieb zwar die Einquartierung noch immer: »Aber«, sagte mir eine gute Hausfrau und sorgsame Mutter, »ich kann doch eine nicht unbedeutende Ersparnis in die Waageschale legen; die französische Konversationsstunde für meine Kinder habe ich jetzt gratis.« –

Bedeutungsvolleres, als man jetzt glauben mag, wendete sich daher um die durch unsere Torheit zur Herrscherin gewordene Sprache der Sieger. Und an diese Zeit denke ich, wenn ich nun schon seit Jahren wieder und stets von neuem in unseren öffentlichen Blättern Gesuche nach ›Bonnes françaises ou suisses qui ne parlent que leur langue‹ finde. ›Unsere Zeit geht schnell‹, sagt man, und ›keine Torheit, die nicht wiederkehre‹; aber geht jene denn so schnell, daß Torheiten, deren Folgen kaum vernarbt sind, schon wieder auftauchen müssen? In dieser den meisten verständlichen, viele bestrickenden Sprache wurde von den Siegern mit den preußischen Bürgern im Tone der souveränsten Verachtung von der Politik, den Feldherren, der Heeresorganisation, den Institutionen ihres Landes gesprochen. Leider unterstützten soeben erlebte Tatsachen die in übermütigster Weise ausgesprochenen Worte der Fremden, aber sie allein hätten nicht halb so sehr gewirkt, hätte man sie nicht von diesen in so pietätloser Darstellung gehört. Die Achtung vor dem Staate, in dem man lebte, das Band, das alle einzelnen zu einem gemeinsamen, allen förderlichen Ganzen zu verbinden bestimmt ist, mit dem der einzelne sich daher im lebendigsten Zusammenhange fühlen soll, machte dem

Unwillen, ja mitunter der Verachtung und in der Folge der Scham, ihm überhaupt anzugehören, Platz, für ihn etwas zu tun oder gar zu wagen hätte als Unsinn gegolten. Es gab kein Vaterland mehr, daher auch keine bessere Zukunft für dasselbe, wie andererseits die Geschichte seiner glorreichen Vergangenheit vergessen schien. Und das zwanzig Jahre nach dem Tode Friedrichs des Großen! – Es war sinnverwirrend für die wenigen, welche sich noch einen Sinn zu erhalten gewußt hatten.

Viel besser stand es mit geringen, um so achtungsvolleren Ausnahmen auch in den Provinzen nicht, und namentlich nicht in den vielen bedeutenden Städten derselben, welche schon im ersten Anlauf fast ohne jeden Widerstand dem Feinde zugefallen waren. Und diese gänzliche Apathie ersparte Napoleon ein Heer. Wie weit er auch vorrücken mochte, sein Rücken blieb ihm gedeckt. Wenige Jahre später, in Spanien, hat er empfunden, was es heißt, den Krieg in ein Land tragen, dessen Bewohner von einem Gefühle für das Vaterland beseelt sind.

Wie gut er die bei uns herrschende Gesinnung kannte, bezeugte, daß er die Bürger der Hauptstadt behufs der Erhaltung der Ordnung in derselben bewaffnete, oder vielmehr sich auf ihre Kosten bewaffnen ließ. Und wie gern übernahmen sie nicht die ihnen von dem Feinde übertragene Mission! Wußten sie ja doch, daß in Erfüllung derselben die Säbel, mit welchen man ihnen erlaubte, sich zu schmücken, von keinem kleinsten Rostfleckchen durch das Blut verunziert werden würde, welches sie in den Fall kommen möchten zu vergießen. Wie spreizten sich Gevatter Schneider und Handschuhmacher in der durch reiche goldne Epaulette gehobenen Offiziersuniform dieser gleichsam zum Hohne ›Nationalgarde‹ genannten Heldenschar und schienen nur zu bedauern, daß sie sich in ihr nicht vor jenen so exklusiven Kameraden aus dem vaterländischen Heere sehn lassen konnten, von denen sie bis dahin – und auch wahrlich nicht zur Stärkung des Vaterlandsgefühls –, wenn eine unangenehme Notwendigkeit es erforderte, sie nicht gänzlich zu ignorieren, mit so wegwerfendem Hochmut behandelt worden waren und denen nun, zur Vergeltung, mit geringem Schmerz und vieler Schadenfreude fast allein die Schuld der Niederlagen des preußischen Heeres beigemessen wurde. –

Aber wie wenig man auch des Staates eingedenk blieb, hinsichts des Herrschers desselben und seiner Familie war dies nicht der Fall. Man kann sagen, daß er, gleich als wäre er Herrscher eines echt verfassungsmäßigen Landes gewesen, über der politischen Diskussion stand. Keiner der Fehler, welche das Vaterland vernichteten, wurde ihm zugeschrieben. Er erschien dem Volke als ein verehrter, beklagenswerter Genosse desselben, mit ihm in den Abgrund gezogen durch die Täuschungen gewissenloser, durch die Fehler unfähiger Ratgeber, durch die Selbstüberschätzung untüchtig gewordener Feldherren. Und so wie er der Höchste im Staate gewesen war, um so tiefer und zerschmetternder wurde sein Fall erachtet, um so mehr er der Teilnahme werter als der Niederste im Volke, wie dieser auch unter dem Drucke des Feindes zermalmt werden mochte.

Es waren die persönlichen Eigenschaften der Mitglieder des Königshauses bis zu ihrer äußeren Erscheinung hin, die letztere namentlich für die sinnlichen Eindrücken so hingegebenen Massen kein unwesentliches Moment, sowie ihr schönes Familienleben, die ihnen die Liebe und die Verehrung des Volkes zugewendet hatten. Der König, von hoher imposanter Gestalt und edelster Haltung, der Gesichtsschnitt regelmäßig bis zu der Grenze hin, mit deren Überschreitung der Kopf des Mannes aufhört, den Eindruck männlicher Schönheit zu machen – man konnte dies aufs schlagendste bestätigt finden, als man ihn im Jahre 1805 neben dem schöneren Kaiser Alexander sah –, das klare blaue Auge von ernstem, doch nicht hartem Ausdruck, galt als Herrscher für einen höchst gerechten Mann, mit dessen Wissen und Willen auch dem Geringsten der Untertanen niemals ein Unrecht zugefügt wurde, als Gatte und Familienvater für musterhaft, letzteres bis zu dem Grade, daß er auch ein sehr genauer Haushälter war. Die Königin, – nun eben unbeschreibbar. Man muß sie gesehn haben. Ich kenne selbst kein Bildnis von ihr, welches ich, wenn auch nur annähernd, ähnlich nennen möchte. Zum großen Teil mag dies wohl darin liegen, daß die Schönheit ihres Kopfes nicht hauptsächlich auf den Formen beruhte. Ihr Gesicht mochte im Verhältnis zu der Länge um ein wie auch weniges zu breit sein, so daß man dem Kopfe nicht ein vollkommen schönes Oval nachrühmen konnte. Aber der Teint war der zarteste und feinste, den man sich denken kann, das schöne blaue Auge das mildeste, ihr Lächeln, welches zwei liebliche Grübchen auf ihren Wangen erzeugte, das holdseligste. Und nun die hohe majestätische Gestalt! Sie war zur Königin geboren. Aber der Verein von Lieblichkeit und Majestät war es, der sie über alle andere Fürstinnen hervorragend machte. Und damit ihr nichts fehle, was zu staunender Bewunderung hinzureißen geeignet war, war ihre Sprache Musik. Ich habe nie wieder einen so zauberischen Ton der Sprechstimme gehört als etwa bei der großen Schauspielerin Unzelmann, später Bethmann, welche aber auch ihrem Organe einen Teil ihrer großen Erfolge verdankte.

Daß die Königin, wenn sie bei irgendeiner feierlichen Gelegenheit im Glanz ihrer hohen Stellung öffentlich erschien, in einem seltenen Vereine Holdseligkeit mit Hoheit und Würde verband, ergibt sich nach dem Gesagten von selbst. Aber in welcher Eigenschaft sie auch sonst auftreten mochte, alles stand ihr aufs trefflichste an. Ich habe sie, ich glaube es war im Jahre 1805, an der Spitze eines Regiments Towarczys (unseren jetzigen Ulanen ähnlich), welches sie in Berlin hineinführte, im Reitkleide und in den Farben des Regiments hoch zu Rosse gesehn, ich habe sie im Königlichen Schlosse im antiken Kostüm mit einem großen Gefolge von Persern und Griechen als Statira – an ihrer Seite Prinz Heinrich von Preußen als Alexander – vor mir vorüberschreiten sehn, um sich zu einem Ball im Kostüm im Königlichen Schauspielhause zu begeben, – hier wie dort hätte man sich keine schönere und angemessenere Gestalt und Haltung denken können. Ohne es zu beabsichtigen, denn der Glanz ihres Kostüms war für eine Königin, die eine Königstochter darstellte, bescheiden zu nennen, überstrahlte sie bei der letzteren Gelegenheit weit alle andere Damen, und der preußische Hof war damals nicht arm an hervorragenden Schönheiten. Viele der Zeitgenossen, denen das Glück des Anblicks dieser ebenso glänzenden als wohltuenden Erscheinung nicht mehr zuteil wurde, kennen doch die edle fürstliche Haltung der Prinzessin Marianne, Gemahlin des Prinzen Wilhelm, welche sich in den Kriegsjahren ein so unzerstörbares Denkmal in den Herzen aller Preußen gesetzt hat. Nun, diese Prinzessin, heute ein Muster schöner Fürstlichkeit auch in ihrer äußeren Erscheinung, machte – und ich übertreibe nicht, denn ich gebe nur die allgemeine Stimme jener Zeit wieder –, neben der Königin gesehn, den Eindruck eines hübschen Landfräuleins, in solchem Maße verdunkelte die glänzende Erscheinung dieser alle Frauen, welche sich neben ihr bewegten. Aber durch ihre Milde wirkte sie auch bildend und zu sich emporziehend, und an ihrem hohen Anstande und ihrer anmutigen Sitte erhob sich denn auch die junge bildungsfähige Prinzessin ihrerseits äußerlich und innerlich zu der wieder mustergültigen Höhe, auf welcher wir sie jetzt kennen.

Dabei wußte, wie gesagt, das Volk das Familienleben in dem Königshause mustergültig, und weniges ist geeigneter, die Achtung vor den Herrschern in den Untertanen zu festigen. – Das öffentliche Auftreten war ebenso würdig als fern von steifer Etikette. Im Sommer bewegte sich die königliche Familie an den Sonntagen nach der Tafel im Schloßgarten zu Charlottenburg, wo die Musikcorps der in Berlin garnisonierten Regimenter alsdann spielten, frei und zwanglos, freundlich nach allen Seiten grüßend, unter dem Volke, dessen Haltung eben deshalb eine um so achtungsvollere war. Die der Umgebung des Königs und der Königin bewies, daß hier nicht ein hochfahrender Alleinherrscher walte; sie war nicht, gleich der der Hofleute an viel kleineren deutschen Höfen, eine sklavische. Man sah, daß die Kavaliere und Damen, auch in den Zeiten, wo sie bei dem Königspaare diensttuend waren, sich nicht in der Notwendigkeit befanden, ihre Geltung als Menschen aufzugeben. – Wie anders hatte sich mir das Gebaren des sächsischen Hofes dargestellt, als ich mich im Jahre 1799 eine Zeit hindurch in Dresden aufhielt!

Ich stand dort an einem Sonntage mit vielen anderen Schaulustigen nach der Musik in der katholischen Kirche in einem Gange, welcher nach den Gemächern der kurfürstlichen Familie führte, und daher von dieser auf dem Rückwege von der Kirche passiert werden mußte. Mit gespreizten Schritten und wichtigen Mienen gingen Kammerherren und andere Hofdienerschaft in Erwartung der hohen Herrschaften in dem Gange auf und ab; hin und wieder schien ein leises Kopfnicken, aber ein sehr leises, alten Bekannten beweisen zu sollen, daß man auch hier und in so wichtiger Funktion noch gnädigst einige Notiz von ihnen nehme. Sobald aber der Zug der Herrschaften ankam, welchem diese

Herren nun voranschritten, wurden sie bis zur Lächerlichkeit ernst und gemessen. Diesen selbst eröffneten zwei riesige gemästete Gardisten, Kammertürken genannt. Es wurden nämlich stets zwei der größten Leute aus der Garde ausgesucht, die vermittelst ihnen in Menge gereichter sehr nahrhafter Speisen fett gemacht wurden, während man sie zugleich auf das möglichst kleinste Maß körperliche Bewegung beschränkte, und denen, wenn sie den erforderlichen vorschriftsmäßigen Umfang erreicht hatten, um als respektable Kammertürken figurieren zu können, das türkische Kostüm angetan ward. Ihnen folgten zunächst nun jene Kammerherren, dann kamen die Fürstlichkeiten in geordnetem Zuge, Hofpersonal beider Geschlechter beschloß. Die Gemessenheit der Schritte, die Steifheit der Haltung, der Stolz in jeder kleinsten Gebärde, die geschmacklose altmodige Toilette der Damen versetzten mich um ein Jahrhundert zurück. Daß die Fürstlichkeiten Zuschauer gegrüßt oder auch nur eine Miene zur Freundlichkeit verzogen hätten, davon war nicht die Rede, dennoch aber unterließen sie, feierlich langsam vorüberziehend, nicht, jeden Fremden, und es fehlte ihnen nicht, einen jeden derselben unter den Einheimischen herauszufinden, mit diesen impassiblen Gesichtern vom Kopf bis zu den Füßen zu mustern. – Welcher Kontrast gegen das, was wir in Berlin zu sehn gewohnt waren! –

Bei so großer Anhänglichkeit an das Königshaus und so geringer an den zerfallenden Staat fühlte man eigentlich die Schläge, welche den letzteren noch fortdauernd bis zur fast gänzlichen Vernichtung trafen, nur im Reflex der Wirkungen, welche sie auf das Herz des Königs und der Königin üben mußten. Niederlagen großer Heere ohne vorangegangene Kämpfe, Verlust der stärksten Festungen, die ohne Belagerung fielen, und später Schlachten, mit ebensoviel Tapferkeit und heroischer Aufopferung als Erfolglosigkeit geschlagen, bis hin zu den Demütigungen in Tilsit und der willig angenommenen Bereicherung des Bundesgenossen aus der Beute, welche der Sieger dem unglücklichen Preußen abgenommen hatte – alles dies traf das Herz des Volkes schmerzlich, weil es das des Königspaars zerreißen mußte. Hatten doch schon rein persönliche Begegnisse der Mitglieder des Königshauses die lebhafteste Teilnahme erregt, wie die Hast der Flucht im

Oktober 1806, welche ihnen nicht gestattete, auch nur die für ihre Personen nötigsten Bedürfnisse mitzunehmen, mehr noch das traurige Ereignis, daß der Prinzessin Wilhelm ihr erstgeborner Sohn, bis dahin ihr einziges Kind, unterweges starb und sie nun auf dieser überstürzten Flucht seinen Leichnam, den sie nicht auf einem Boden zurücklassen mochte, welcher bald nicht heimischer mehr zu sein drohte, beinah zwei Tage im Wagen in ihren Armen tragen mußte. Selbst ein rein materieller Verlust des Königs erregte schon deshalb großes Bedauern, weil man darin ein Zeichen der Unermüdlichkeit des Geschicks in der Heimsuchung des Monarchen finden wollte. Die Pretiosen des Königs von hohem Wert, denn es befanden sich darunter seine sämtlichen Orden und die Achselbänder und Epaulette seiner verschiedenen Uniformen in Brillanten, waren, ich weiß nicht, ob vor Beginn des Krieges oder nach der Schlacht bei Jena, nach der Hauptstadt eines neutralen Staates, nach Kopenhagen, geschickt worden, weil sie dort völlig sicher geglaubt werden durften. Aber im September 1807 ward dieser neutrale Staat von den Engländern plötzlich angegriffen, Kopenhagen ward von ihnen bombardiert, und durch den infolge des Bombardements entstandenen Brand der Zollhäuser ging auch die dort niedergelegte, jene Kostbarkeiten enthaltende Kiste verloren.

Bei solcher Stimmung im Volke waren der verachtende Ton, in welchem die französischen Blätter, und namentlich das offizielle Reichsblatt, der ›Moniteur‹, von dem Könige sprachen, und die bösliche Verleumdungen der Königin, welche sie enthielten, das, was in Preußen zuerst einen Haß und eine Erbitterung gegen Napoleon erweckte, die bei der anderweit in politischer Hinsicht herrschenden Apathie wahrscheinlich sonst lange noch geschlafen hätten. Aber der französische ›Moniteur‹ wie die anderen französischen Blätter kamen doch nur wenigen in Preußen zu Gesicht, und so trug man denn französischerseits in ebenso übermütiger als unkluger Weise Sorge dafür, daß diese Verunglimpfungen eines geliebten Herrscherhauses zur Kunde auch des Geringsten im Volke gelangten. Ein offiziöses, in Berlin in französischer und deutscher Sprache erscheinendes Blatt, der ›Telegraph‹, welchem auch von allen hiesigen Blättern durch das französische Gouvernement die frühesten Nachrichten vom Kriegsschauplatze zukamen, irre ich nicht, fast unmittelbar nach dem Einrücken der Franzosen in Berlin gegründet, redigiert von einem früher schon übelberufenen Subjekte, einem gewissen Lange – ich freue mich hinzufügen zu können, kein Preuße, sondern ein Braunschweiger –, wurde bestimmt, diese Unbilden nicht nur bei uns zu verbreiten, sondern zu verbreitern, und das letztere vermittelst Zusätze von einem empörenden Zynismus. –

Aber der erwachte Haß gegen Napoleon tat der ruhigen Ergebung in das für zweifellos erachtete Geschick, mit dem ganzen übrigen Europa, sei es mittelbar oder unmittelbar, seiner Herrschaft unterworfen zu werden, noch immer keinen Eintrag. Und diese Ergebung wie der Glaube an diese vorherbestimmte welthistorische Mission des Kaisers trugen etwas von einem religiösen Charakter, so daß es dem in jener Zeit sonst nicht allzu bibelgläubigen Volke gewissermaßen zu einer Beruhigung, weil zur Bestärkung in seinem apathischen Verhalten, diente, als irgendein Grübler auf Kap. 9, V. 7 bis 11 der Apokalypse aufmerksam machte. Da wurde denn ohne weitere philologische Bedenklichkeit, bloß auf Grund einiger Homotonie, der König Apollyon, der Engel aus dem Abgrunde, für den Kaiser Napoleon erklärt, und seine Untertanen, die menschenpeinigenden Heuschrecken, mit ihren menschengleichen Antlitzen, ihren Panzern wie eiserne Panzer, ihrer Kopfbekleidung wie Kronen dem Golde gleich, ihren Schwingen gleich den Skorpionen, konnten ja wohl gar nichts anderes sein als seine Soldaten, namentlich die bepanzerten Kürassiere und die Dragoner mit ihren glänzenden metallenen Helmen, von denen, wenn auch nicht Skorpionen, doch Roßschweife herabhingen. Aber auch die Besten und Bedeutendsten kannten doch kaum noch ein anderes Gefühl als das der Ergebung, keine andere Tat als stilles Dulden. ›Jetzt ist nichts zu tun, als zu leiden, und zu retten, wo zu retten ist‹, schrieb mir noch im November 1807 Wilhelm von Humboldt aus Rom. –

Unsere geselligen Kreise waren aufgelöst. Ein Teil ihrer Mitglieder war nach allen Winden hin zerstreut. Von den Zurückgebliebenen hatten bei der materiellen Not der Zeit, welche vorzugsweise die höheren Stände traf, wenige die Mittel, und diejenigen, welche die Mittel hatten, nicht die Stimmung, um jetzt Gesellschaft bei sich zu sehn. Nur eine meiner Freundinnen machte hierin eine Ausnahme, anfangs fast notgedrungen, später nicht ohne eigene Befriedigung. Es war dies die treffliche Madame Levy. Früh schon Gattin, und damals schon seit mehren Jahren Witwe eines der ersten Bankiers Berlins, hatten die ausgedehnten auswärtigen Verbindungen ihres Gatten es mit sich gebracht, daß ihr Haus der Sammelplatz ausgezeichneter Fremder der verschiedensten Nationen wurde, welche sich kürzere oder längere Zeit in Berlin aufhielten, und dieser Umstand hatte die Unterhaltung in französischer Sprache in demselben einigermaßen zu einer Notwendigkeit gemacht, welcher die eigene Neigung der Wirtin, die in dem reichen väterlichen Hause der damaligen Sitte gemäß ihre Erziehung sehr nach französischem Zuschnitte erhalten und ihren Geist früh schon meist durch französische Literatur genährt hatte, sich keineswegs widerstrebend fügte. Bignon, der sich oft und gern in unseren Kreisen bewegt hatte, als er französischer Gesandter in Berlin war, und der nun nach kurzer Frist in einer von seiner früheren sehr verschiedenen Mission, nämlich zur Administration der Finanzen in den von den Franzosen besetzten Provinzen Preußens, dahin zurückgekehrt war, suchte bald wieder das gastliche und angenehme Haus der Freundin auf und ersetzte den Teil der deutschen Gesellschaft, welchen er nicht wieder vorfand, durch die Crême der Franzosen, namentlich von der Verwaltung, welche der Krieg nach Berlin geführt hatte. Es ist nicht zu leugnen, daß, wenn man die betrübenden Ereignisse auf Augenblicke vergessen konnte, welche diese Fremden nach der Hauptstadt Preußens geführt hatten, man sich in angenehmer, liebenswürdiger Gesellschaft fühlte und manchen Anlaß zu Vergleichen mit dem unfreundlichen hochfahrenden Wesen der Mehrzahl früherer preußischer Beamten hatte, die sich doch kaum an Kenntnissen und sicher nicht an Verwaltungstalent mit diesen meist noch sehr jungen Leuten messen konnten. Ich darf es aber auch, selbst auf Gefahr, ruhmredig zu erscheinen, aussprechen, daß sogar ein Grund des Patriotismus bestimmend sein konnte, sich von diesen Gesellschaften nicht zurückzuziehen. Bewies sich die für das Land so wichtige Verwaltung Bignons, wenn nicht der unbeugsame Wille seines despotischen Herrn dem zuzeiten entgegenstand, als eine den Verhältnissen nach möglichst milde und humane, so darf man es zum großen Teil seiner

Hinneigung zu den geselligen Kreisen Berlins zuschreiben, unter denen die unseren zur Zeit seiner Gesandtschaft in dieser Stadt, und die im Hause der Freundin jetzt, keinen unwesentlichen Platz einnahmen und die eine der ganzen Stadt, und vielleicht bis über die Grenze Berlins und selbst Preußens hinaus für Deutschland überhaupt, günstige Gesinnung zur Folge hatte. Aber wir hatten öfter Anlaß zu bemerken, daß nicht minder die jetzt in unseren Kreis eingeführten Franzosen in ihrem amtlichen Verkehr mit den Eingebornen sich freundlich und human erwiesen. –

Der Tilsiter Friede war im Juli 1807 geschlossen worden. Dem Namen nach blieb ein Preußen bestehn. Auch hatte das Haus Hohenzollern nicht ›aufgehört zu regieren‹. Aber ob in Wirklichkeit ein Preußen bestand, ob in der Tat König Friedrich Wilhelm III. imstande war, in diesem Preußen seine volle Macht als Souverän auszuüben, konnte bei den Bedingungen jenes Friedens allerdings zweifelhaft bleiben.

Aber schon an die Möglichkeit davon sah man im Winter von 1807 zu 1808 den ersten schüchternen Versuch eines kleinen Anlaufs zu einiger, wenn auch nicht direkt preußischen, doch als zum Übergange zu dieser geeignet, deutschen Gesinnung sich knüpfen, doch so schlau vermummt, daß kein französischer Spion herausfinden konnte, was eigentlich unter der Maske stecke, so unschädlich, daß kein französisches Kriegsgericht den Pfiffikus, wenn trotz aller Vorsicht aus seiner Verhüllung ausgeschält, bestrafen konnte; eine Art Opposition, ganz wie sie nach der feigen Apathie, welche bis dahin geherrscht hatte, eben allein möglich war. Die gebildeteren Klassen legten nämlich ohne alle Ostentation, still, vorsichtig, die französische Literatur beiseite und griffen zur deutschen. Aber zu welcher? Darin steckte wieder eine Feinheit. Zur altdeutschen, als der, welche man – damals – von allen romanischen Einflüssen frei glauben durfte. Noch war von derselben wenig publiziert, was dem größeren Publikum zugänglich gewesen wäre. Tiecks ›Minnelieder aus dem schwäbischen Zeitalter‹, die soeben sehr gelegen erschienenen ›Deutschen Gedichte des Mittelalters‹, von von der Hagen und Büsching herausgegeben, und eine Übertragung des ›Nibelungenliedes‹ von von der Hagen bildeten ungefähr das zugängliche Material, und man nahm nicht Anstand, in kleinen vertrauten Kreisen – größere gab es keine – Kraft, Innigkeit, Minnigkeit, Ritterlichkeit, Gemütlichkeit und Tiefe der Altvordern mit derjenigen gemäßigten Ekstase zu bewundern, welche eine Zeit, zu welcher die Wände noch einige Ohren mehr hatten als gewöhnlich, als die allein unbedenkliche erschien.

Doch man erhob sich bald zu etwas größerem Mut. Als im Winter von 1807 zu 1808 Dreher und Schütz ihr Marionetten-Theater in Berlin aufschlugen und man sich entsann, daß die Stücke, welche sie darstellten, alten deutschen Sagen entnommen waren, fingen die gebildeten Stände, welche bis dahin durch den Besuch von ›Puppenspielen‹ ihrer Würde etwas zu vergeben geglaubt hätten, an, sich zahlreich bei diesen Vorstellungen einzufinden, mit kühner Nichtachtung der Gefahr, daß die fremden Gäste, welche sich ebenfalls, freilich nicht so heiligen Ernstes, sondern frivolen Spaßes wegen, dabei einstellten, diesen zahlreichen Besuch auffallend finden könnten.

Die Verschiedenheit der Intentionen der Zuschauer rief aber in der Tat mitunter Reibungen hervor, und ich wurde durch eine solche einmal tiefer und unangenehmer affiziert, als es der Zweck des Besuches dieses Theaters wert war. Ich wohnte nämlich einst in Begleitung Varnhagens der Vorstellung des ›Faust‹ bei, für uns die bedeutungsvolle alte deutsche Sage, nach einem volkstümlichen, in unvordenklichen Zeiten nach mündlichen Überlieferungen zusammengestellten Text, welchen damals nur diese glücklichen Dreher und Schütz besaßen, dargestellt, für die Franzosen Puppenkomödie mit Hanswurst und daher von ihnen nach Belieben durch laute Unterhaltung, Lachen, ja sogar, o Greuel! durch bessere oder schlechtere Witze unterbrochen, welche den achtenswerten Darstellern bei irgendeiner nicht menschenmöglichen oder doch sehr unglaublichen Bewegung ihrerseits zugerufen wurden. Darob unterließen wir denn nicht, gebührend ergrimmt zu sein, ich, versteht sich, still in mich hinein, mein Begleiter seinem Ärger durch wiederholtes lautes ›Silence!‹-Rufen Luft machend. Damit begann denn, wenn auch nicht die Stille, doch die Ernsthaftigkeit der Franzosen. Zu meinem nicht geringen Schreck rief ein französischer Offizier während des nächsten Zwischenaktes Varnhagen beiseite, und man wechselte Karten oder gab sich gegenseitig seinen Namen an. Andere Offiziere aber folgten uns noch beim Nachhausegehn und gaben durch wenig angenehme Reden kund, wie sehr sie sich beleidigt fühlten, öfter dabei versichernd, daß nur meine Anwesenheit noch stärkeren Äußerungen Schweigen gebiete. – Ich verbrachte eine peinvolle Nacht und atmete erst frei auf, als ich erfuhr, daß am nächsten Tage die fatale Sache infolge gegenseitiger, durch Sekundanten vermittelter Erklärungen ausgeglichen worden war. Der Varnhagens war, wie ich mich erinnere, der nachherige Geheime Justizrat Reinhardt.

Aber diese nichtssagenden Plänkeleien waren doch, der Zeit nach wenigstens, die Vorläufer eines sehr ernsten Umschwungs in der Gesinnung des ganzen preußischen Volks. Er konnte in seiner Plötzlichkeit dem Beobachter fast wunderbar erscheinen und beruhte doch auf den natürlichsten Gründen. Steins Edikt vom Oktober 1807 und die Städteordnung vom folgenden Jahre waren es, welche, sobald nur ihre ganze Bedeutung dem Volke völlig klargeworden war und sie immer mehr zur Ausführung kamen, dieses anscheinende Wunder bewirkt hatten. Sie sprachen dem alten Staate das Todesurteil und reinigten damit das Volk vor sich selber, indem sie seiner bisherigen Apathie, in welcher es doch hin und wieder von einem unbehaglichen Gefühl mindestens seiner Pietätlosigkeit beschlichen worden war, zur Rechtfertigung dienten. Aber, was die Hauptsache war, sie stellten dem Volke in dem neuen Staate, welchen sie schufen, ein neues würdiges Objekt der Vaterlandsliebe hin. In diesem Staate gab es keine, einen der nützlichsten und wesentlichsten Stände daniederhaltende und verdumpfende Hörigkeit mehr, in ihm kam den städtischen Gemeinden das Recht zu, durch selbstgewählte Delegierte über das, was die gemeinsamen Interessen betraf, zu beraten, in ihm war keiner seiner Bürger mehr an der möglichst freien Entfaltung und Nutzbarmachung seiner Kräfte gehindert, in ihm gab es keine Pflichten mehr, denen nicht Rechte gegenüberstanden. Und ich darf behaupten, daß mit der Gründung dieses neuen Staates auch die Pietät gegen den alten zurückkehrte. Freudige Hoffnungen auf die Zukunft stimmten mild gegen jene Fehler der Vergangenheit, welche den gegenwärtigen Druck verschuldeten, und die glänzenden Momente der früheren vaterländischen Geschichte fingen wieder an zu leuchten und zu dem Vertrauen zu erheben, daß die Taten, welche unter einem für jene Epoche zeitgemäßen Regierungssysteme möglich gewesen waren, unter einem jetzt zeitgemäßen wieder möglich sein, ja vielleicht überboten werden würden.

Und dieser Staat sollte noch ferner unter einer Fremdherrschaft erseufzen, deren Druck zu ertragen sein mochte, solange er nur das materielle Wohl gefährdete, jedoch jetzt unleidlich wurde, wo zu befürchten stand, daß er alle neue verheißende Blüten von höherem Werte vernichtete, bevor sie zu Früchten heranzureifen vermocht hatten? – Mit diesem Gedanken war der Haß gegen die fremden Unterdrücker geboren. Nicht Individuen mehr, die sich nach Umständen mit Individuen eines feindlichen Heeres sogar befreunden konnten, standen von nun an einander gegenüber, ein unterdrücktes Volk seinen Unterdrückern.

Der zweite Gedanke, daß das neuerworbene Gut nur vermittelst eines heißen blutigen Kampfes erhalten werden konnte, war von nun an nicht zu umgehn. Aber er hatte, dank den Heereseinrichtungen des neuen Staates, nichts Abschreckendes mehr. Die Zeit war vorüber, wo jeder schlichte Bauersmann, jeder redliche Bürger der kantonpflichtigen Städte fürchten durfte, statt seines wohlgearteten Sohnes nach Ablauf der Militärzeit desselben ein vermittelst der Genossenschaft mit jenen, meist verlorenen, Subjekten von Ausländern, durch welche teilweise das preußische Heer rekrutiert ward, ein bodenlos verderbtes, durch Stockprügel gänzlich entwürdigtes Familienglied bei sich aufnehmen zu müssen; wo ich und viele meiner Freundinnen zur Revuezeit während der Appellstunden nur notgedrungen über die Straße gingen, um nicht durch den widerwärtigen Anblick von Strafvollstreckungen an Soldaten, oft schon von vorgerückten Jahren, angeekelt zu werden, welche, vielleicht wegen einer jedem Laien unbemerkbaren Vernachlässigung ihres Zopfes, auf Befehl eines fünfzehn- oder sechszehnjährigen Lieutenants ausgeprügelt wurden, wobei ihnen denn ein unwillkürlicher Schmerzenslaut zu einem neuen prügelwürdigen Vergehen wurde; wo – es war kurz vor 1806 – der Familie eines reichen Berliner Kaufmanns, dessen Gattin in ihrer Sommerwohnung in Charlottenburg von ihrer Niederkunft mit einem Sohne überrascht wurde, der nun kantonpflichtig war – Berlin war es nicht –, zu der Geburt des neuen, der trübsten Zukunft anheimgefallenen Ankömmlings fast Beileid bezeugt wurde. Jetzt begann das Volk das Heer als eine Schule nicht nur für den zu erwartenden Krieg, sondern auch für das Leben zu betrachten. – Erwägt man nun noch, daß in dem Maße, als der Gedanke an einen Befreiungskampf auftauchte, der an die Unbesiegbarkeit des bisher unbesiegten, ja neuerdings gegen Österreich sogar wieder siegreichen, Feldherrn als unstatthaft in den Hintergrund gedrängt werden mußte, so wird man es begreiflich finden, daß ich bei meiner Rückkehr aus Rügen im Mai 1809 eine gegen die frühere, mir so schmerzlich gewordene, sehr gehobene Stimmung vorfand. –

Und versichern darf ich mit vollster Überzeugung, daß der Kriegszug Schills trotz seines unglücklichen Ausgangs, und zum Teil vielleicht eben deshalb, wesentlich zu dieser beigetragen hatte. Er war eine Tat, die erste unter der neuen Ordnung der Dinge, und sie hatte vollgültig bewiesen, daß es in Preußen jetzt Männer gab, welche für ihren König und das Vaterland sogar unter Umständen alles aufzuopfern bereit waren, die es als möglich erscheinen ließen, daß dieser König selbst sie verleugnen, ja für ihre Hingebung strafen mußte; und dazu gehörte mehr und Höheres als Heldenmut. Und dieser Fall trat ein, mußte bei den politischen Verhältnissen der Zeit eintreten. Aber diese drückten nach solchen Vorgängen um so unerträglicher und stachelten zu gesteigerten Anstrengungen, sie zu beseitigen. Ein besserer Erfolg, wie er jedoch bei der Wendung, welchen der Krieg zwischen Frankreich und Österreich inzwischen genommen hatte, freilich kaum möglich war, hätte keine für die Sache des Vaterlandes heilsamere Wirkung üben können, und die Strafen, welche der fremde Unterdrücker über die Gefangenen verhängte, namentlich die Verurteilung vieler derselben zu der entehrenden Galeerenstrafe, stachelten bis zu derjenigen Erbitterung gegen ihn auf, welche er vier Jahre später so unheilvoll für ihn zu empfinden hatte.

Die große Volkstümlichkeit Schills ist dabei in Betracht zu ziehen. Er war der Held des neuen Preußen. Er war kein Stern solcher Größe, daß er nicht im Glanze eines glücklichen Krieges verdunkelt worden wäre, aber aus dem Dunkel des jüngst geführten strahlte er leuchtend hervor. Einem siegreichen großen Feldherrn gleich war er in Berlin empfangen worden, und zeigte er sich in den Straßen, so war der stattliche, ernst aussehende Mann mit dem etwas vollen, nach unten jedoch in ein schönes Oval ausgehende Gesichte, der sanft gebogenen Nase, dem braunen, etwas schwärmerisch blickenden Auge, dem auf der Stirn gescheitelten Haar von gleicher Farbe, dessen Arrangement den jungen Berlinern, ja selbst vielen Damen auf längere Zeit zum Vorbilde ihrer Coiffure diente, ein Gegenstand allgemeiner achtungsvollster Aufmerksamkeit. Der Volksglaube ließ ihn sogar sich aus Stralsund retten, um am Tage der blutigen Entgeltung den vaterländischen Heerscharen voranzuziehn.

Den angeregten, dem Vaterlande Heil verkündenden Ideen einen bewußtvollen geistigen, den Gefühlen einen sittlichen Halt zu geben, und dadurch zugleich die nicht zu unterdrückende Leidenschaftlichkeit zu veredeln, konnte nichts förderlicher sein als die um diese Zeit ins Leben getretene Berliner Universität. Der Glücksstern Preußens – ich glaube nicht zu übertreiben, indem ich mich so ausdrücke – wollte es, daß die Lehrer, welche dahin berufen worden waren, nicht bloß Notabilitäten in ihren Fächern, sondern Männer von der tüchtigsten Gesinnung waren, daß ihr Herz nicht minder deutsch war als ihr Geist und ihre Wissenschaft. Ich wüßte kaum einen, der nicht die Aufgabe, die er sich in dieser Zeit sowohl auf dem Katheder als für sein sonstiges Wirken zu stellen hatte, vollkommen erkannt hätte. In einem Staate, in welchem so vieles faul gewesen war, konnte ein patriotischer Aufschwung allein die Bürger desselben nicht alsbald mit der nachhaltigen Kraft gehoben haben, die sich auch nach Erreichung des nächstliegenden Zweckes erhielt und ausreichend war, den verheißenen Neubau des Staates zu festigen und ihn mit einem würdigen Inhalt zu erfüllen. ›Die geistige und sittliche Regeneration des Volkes‹ ward das Losungswort, welches mehr oder minder bestimmt und laut ausgesprochen ward, von Schleiermacher schon um etwa ein Jahr früher, als er, zuerst nur als Prediger an der Dreifaltigkeitskirche, nach Berlin kam.

Daß jeder von seinem Standpunkte aus und durch die Mittel, welche ihm sein Beruf bot, auf eben dieses Ziel hinwirke, war auch der Zweck des Tugendbundes, der sich damals von der Provinz Preußen aus auch nach unsern Gegenden zu verbreiten anfing. Da jedoch jeder, der sich in diesen Bund aufnehmen ließ, entsprechende Gesinnung und entsprechendes Streben schon hinzubringen mußte, wenn er überhaupt ein förderlicher Erwerb für den Bund sein wollte, so hat dieser Bund als solcher eigentlich wohl nie wesentlich genützt. Es war der stille Bund der Herzen und Geister seiner Mitglieder, welcher die Frucht trug, und diesen konnte Napoleon nicht vernichten, als er den Befehl des Königs zur Aufhebung des formalen Bundes durch das Gewicht seines Willens erzwang. – Auch Schleiermacher schrieb dem Bunde selbst nie eine bedeutende Wirksamkeit zu. –

Als mit der Rückkehr des Königs, und der mit ihr verbundenen Zurückverlegung des Sitzes der Regierung in die Hauptstadt des Reichs, noch eine Zahl wie durch Gesinnung so durch Wissen ausgezeichneter Beamten sich zu den Notabilitäten der Wissenschaft gesellte, welche die neugegründete Universität herbeizog, wurde Berlin in der Tat die Hauptstadt der Intelligenz und übte so einen mächtigen Einfluß auf die Provinzen, der durch die akademische Jugend, die das neue Institut aus allen Teilen des Reichs herbeigeführt hatte und welcher hier so reiche Nahrung für Geist und echt vaterländische Gesinnung geboten ward, nur noch gesteigert werden konnte. Die Gesellschaft bildete sich von neuem. Äußerlich durch Elemente, welche von denen der früheren nicht sehr abweichend erschienen, dem Wesen nach doch sehr abweichende. An die Stelle jener glänzenden, halb übermütigen, halb sentimentalen, halb leichtsinnigen, halb über jede ihrer eigenen Stimmungen sowie über die ihrer schönen und geistreichen Freundinnen grübelnden Militärs traten ernste kenntnisreiche, über die Rolle, welche ihnen in dem großen Drama zufallen mußte, dessen letzter Akt die Befreiung des Vaterlandes sein sollte, denkende Krieger; Beamte à la Gentz machten weniger geistreichen, aber um so gesinnungstüchtigeren Platz; auch die Frauen fingen an, den früheren Esprit mit Geist und Gesinnung zu vertauschen, und bemerkten, daß sie dadurch nicht an Geltung verloren; ästhetische Genüsse wurden bald heitere, bald anregende, bald sogar erhebende Begleiter der Gesellschaft, ohne wie früher die Herrschaft über diese zu beanspruchen, und zuletzt leitete meist alle Konversation unwiderstehlich auf die Hoffnung einer Machtstellung und Größe des Vaterlandes, wie sie auf den schönsten Blättern seiner früheren Geschichte verzeichnet waren, einer diesmal doppelt beglückenden Hoffnung, weil Macht und Größe dann nicht aus dem Durst nach Gewinn und Ruhm, sondern nach der Wiedererlangung der heiligsten Rechte eines Volkes hervorgegangen waren. Kurz, es war die Zeit der Hoffnungen, und diese Zeit bleibt stets die schönste, selbst dann noch, wenn ihnen ungekürzte Erfüllung ward. – Und kaum scheint mir für jene Zeit das Wort Hoffnungen das erschöpfende, man könnte von einem Glauben sprechen, einem Glauben, der den Charakter eines religiösen trug. So war denn auch das Jahr 1812 mit seinen für den Unterdrücker so verhängnisvollen Ereignissen in unseren Augen unverkennbar der Beginn eines Gottesgerichtes, in dessen weiterem Verfolg Preußen ein auserwähltes Werkzeug zu werden bestimmt war. –

Zwei Augen sollten die Tage der Vergeltung für so manche schwere Unbill nicht mehr sehn. Es waren dies die so schönen der Königin. Man hat ihren frühen Tod wesentlich dem Schmerze über die Ereignisse, welche Preußen und seinen Thron so jäh von einer glänzenden Höhe herabstürzten, zuschreiben wollen. Ich kann diese Ansicht nicht teilen. Sicher empfand sie diesen Schmerz tief, aber ich glaube kaum, daß er in dem Maße in ihr mit Hoffnungslosigkeit gepaart war, um so vernichtend auf sie zu wirken. Daß sie die Hoffnungen auf Wiedererhebung des Vaterlandes, welche schon vor ihrem Ableben das Volk beseelten, nicht geteilt haben sollte, ist kaum anzunehmen. Den Verunglimpfungen und Kränkungen, die sie persönlich trafen, hatte sie die Macht eines reinen Gewissens entgegenzusetzen, und diese mußte durch die Überzeugung eines ganzen Volkes, wenn möglich, noch gekräftigt werden. Auch sprach ihr Äußeres nach ihrer Rückkehr nicht für einen so nagenden Schmerz. Man sah sie wieder in ungebeugter Haltung, in voller Entfaltung sommerlicher Schöne. – Todesahnungen oder gar Todesgefühl umdüsterten ihren Sinn sicher nicht. Sie veranlaßte bald nach ihrer Rückkehr aus Preußen den Anbau an dem Königlichen Palais, welcher diesen jetzt mit dem sogenannten Prinzessinnen-Palais verbindet, um künftig die Erziehung ihrer Töchter, welche das letztere bewohnen sollten, besser beaufsichtigen zu können. Glänzende Hoffeste wie vor dem Kriege fanden nicht mehr statt, sie konnten kaum den Verhältnissen angemessen erscheinen. Aber den bescheideneren Festen, die wohl vorkamen, entzog sie sich nicht und gab sogar den Tanz nicht auf, welchen sie früher sehr geliebt hatte. Ich glaube mich zu erinnern, daß sie noch auf der Reise nach Hohen-Zieritz zu ihrem Vater, wo sie verschied, einen Ball annahm, welchen Offiziere eines Regiments, das in einem der Städte, welche sie passierte, lag, ihr anboten. – Verschiedene Berlinerinnen, denen größere oder geringere Sorgfalt, auf die Toilette verwendet, zum Kriterium für größere oder geringere Lust am Leben galt, bemerkten zwar mit einigem bedenklichen Kopfschütteln, daß die Königin, vor dem Kriege ein Muster in frischer und geschmackvoller Toilette, einen carmoisin Sammethut mit weißer Feder, in welchem sie im Dezember ihren Einzug in Berlin gehalten hatte, den ganzen Winter über trug, wenn sie öffentlich erschien, und daß der lilafarbne Atlas eines mit braunem Pelzwerk verbrämten Überrockes, in welchem sie sich oft zeigte, an einigen Stellen Miene machte zu verschießen. Ich meine jedoch, daß dem nicht allzu hohes Gewicht beizulegen ist. – Aber sei dem, wie ihm wolle, die Hiobspost von ihrem Tode, welcher kaum eine Nachricht von einer ernsten Erkrankung vorangegangen war, wirkte tief erschütternd. – In den Herzen der Preußen wird sie fortleben. –

Ich erzähle nicht von den Zeiten der Freiheitskriege, und wie Mann und Weib, Alt und Jung, Arm und Reich seine Pflicht tat, und vielfach noch weit über diese hinaus, und mit welcher Freudigkeit. Die Geschichte weniger Völker dürfte von einer Epoche zu berichten haben, in welcher sich so schwungvolle Begeisterung mit so viel klarer Besonnenheit, so heldenmütige Aufopferung mit so bescheidener Anspruchslosigkeit gepaart hätte. Und fast jeder der Zeitgenossen müßte das Gefühl haben, daß er diese letztere aufgebe, wollte er in die Einzelheiten dessen eingehn, was er damals mitwirkte und mitlitt. War ja doch auch der Lohn so groß, daß er über Mühen und Leiden hinaushob. –

Andauern konnte eine so schöne, gesteigerte Stimmung nicht, das wäre mehr gewesen, als uns Sterblichen beschieden ist. Diesmal waren es die Federn der Diplomaten, welche es verstanden, sie in kurzem herabzudrücken. Blüchers Worte über diese waren aus den Herzen aller Einsichtigen gesprochen, und ihre Wahrheit war bald auch von dem ganzen Volke anerkannt. Groll nach verschiedenen Richtungen hin trübte die bis dahin so reine Freude und richtete sich in einem Volke, das großmütiger Regungen fähig ist, von neuem auch auf den besiegten und daniedergeworfenen Feind. Denn man hatte ihn auf dem Felde der Verhandlungen Siege erringen lassen, welche die Früchte der auf dem Schlachtfelde gegen ihn errungenen schmerzlich verkümmerten. Dies war, meiner Ansicht nach, der Hauptgrund, weshalb der Haß gegen Frankreich noch manches Jahr nach dem Frieden fortdauerte, und das wieder hervorgesuchte Wort ›der Erbfeind‹ ward gehegt, weil es eine erwünschte Rechtfertigung für die Dauer der diesseitigen Abneigung bot. Ich kann mich selbst von solcher Stimmung nicht freisprechen. Noch mehre Jahre nach dem Kriege war mir eine Signora Mari, die ich damals in Florenz kennenlernte und welche zu Ende des vorigen Jahrhunderts an der Spitze des Aretiner Landvolks in Gesellschaft ihres Mannes diese Stadt von den Franzosen befreit hatte, eben deshalb eine der interessantesten und von mir verehrtesten Persönlichkeiten.

Als ich, erfüllt von den Eindrücken, welche Natur und Kunst des schönen Italien in mir hinterlassen hatten, im September 1819 wieder in Berlin eintraf, fand ich freilich Zustände in Deutschland vor, wohlgeeignet, den Sinn von Frankreich abzulenken. Gleichzeitig mit mir waren die Karlsbader Beschlüsse in Berlin eingetroffen, und die Mainzer Kommission begann kurz darauf ihre Wirksamkeit. Eine einzige unselige, und, wie sich später erwies, gänzlich alleinstehende Tat, die Ermordung Kotzebues, und viele vielleicht bedrohlich klingende Worte, denen jedoch zu fürchtende Taten kaum je gefolgt wären, waren imstande, diejenigen, welche die Jünglinge und Männer, die auf einmal zu gefährlichen Staatsumwälzern geworden sein sollten, nicht näher kannten, eine Reihe von Jahren in dem Wahn zu erhalten, daß Deutschland auf einem Vulkan stehe, und eine schwüle, ängstigende Stimmung hervorzurufen, die leider vielen nur erwünscht sein konnte. Die letzteren waren aber solche, die in den schönen Tagen der Erhebung, und als es der furchtlosen Tat und der Selbstaufopferung bedurfte, um zu gelten, wenig oder nichts von sich hatten bemerken lassen, jetzt aber auf einem weniger gefahrdrohenden Wege den deutschen Fürsten und Völkern als Retter des Vaterlandes gelten wollten.

Manche Erwartungen und Hoffnungen, welche namentlich der Jugend in den Jahren der Befreiungskriege mächtige Impulse zu heroischen und erfolgreichen Taten gewesen waren, waren freilich bis dahin unerfüllt geblieben. Die Bedeutung der Mitwirkung des Volkes bei diesen Kriegen war verkleinert worden, ja man ging mitunter so weit, dem Bewußtsein derselben im Volke mit Hohn entgegenzutreten, und es hatte sich nach und nach dadurch eine Verstimmung erzeugt, welche, da man auf anderen Seiten sich nicht gänzlich dem Gefühle ihrer Berechtigung verschließen konnte, zu Befürchtungen Anlaß geben mochte. Aber wären diese auch begründet gewesen, die Maßregeln, welche man nun ergriff, waren nicht geeignet, sie zu mindern. Sie hat noch lange nachgetönt und sich zu Zeiten lauter vernehmlich gemacht als zu anderen, und wer könnte behaupten, daß sie schon gänzlich verklungen sei.

Mich persönlich mußte vieles, was ich damals Männern geschehn sah, deren früheres Wirken für die Sache des Vaterlandes, deren reinen, ja großartigen Sinn ich kannte, aufs schmerzlichste ergreifen, und um so schmerzlicher, als ich im Geleit dieser Ereignisse hie und da eine Entsittlichung sich kundgeben sah, von der ich glaubte, daß sie nach den letzten Kriegen, deren schönstes Ergebnis ich in einer Läuterung, ja Heiligung des deutschen Charakters gesehn hatte, das Gemüt keines Deutschen mehr beflekken könne. Spionage und Angeberei schlichen sich in vertraut geglaubte Kreise ein, und Schleiermacher wurde wegen einer in einem solchen über den König getanen Äußerung denunziert, welche, was die Sache betraf, ihn nicht gravieren konnte, der Form nach aber zu mißbilligen gewesen wäre, hätte er sie, was jedoch niemals geschehn wäre, öffentlich, nicht aber in einem vermeintlichen Freundeskreise getan. Ich kenne die Sache genau, da ich für Schleiermacher mehre sie betreffende Pièces zu seinen Akten kopierte. – Er wendete sich zuletzt mit einer offenen Auseinandersetzung des Sachverhältnisses an den König selbst. –

Ich verweile nicht gern bei dieser Epoche. Ich habe während derselben Tage erlebt, die mir zu dem heißen Wunsche Anlaß gaben, sie nicht erlebt zu haben. Für eine wahrhaft fördernde Geselligkeit, wie man in den nächsten Jahren nach den Kriegen sich ihrer zu erfreuen hatte, wirkte sie, wenigstens nach meinen Ansichten von dem Zwecke gesellschaftlicher Zusammenkünfte, vernichtend. Es gab jetzt Stoffe der Unterhaltung, die man nur mit Mißstimmung auftauchen sehn konnte und über welche, waren sie nun einmal nicht zu beseitigen, ein großer Teil der Gesellschaft sich gar nicht, oder mit großer Zurückhaltung, oder mit geringer Wahrhaftigkeit äußerte, und war alles dies etwa nicht der Fall, so trat oft der unangenehmere ein: ein heißer Kampf entgegenstehender Ansichten und Überzeugungen, den niemals eine Einigung, höchstens eine oft sehr spät beachtete Rücksicht auf den übrigen Teil der Gesellschaft endete. –

Die Wogen beruhigten sich nach einigen Jahren wieder, nachdem es sich zum Schmerze der einen und zur Genugtuung der anderen gezeigt hatte, daß das Kind des mit so vielem Geräusch kreißenden Berges doch im Grunde nur eine Maus gewesen war; die Oberfläche der Gesellschaft erschien wieder eben und glatt, ich konnte mich der Geselligkeit wieder erfreuen, bis die plötzlich hereinbrechenden Ereignisse des Jahres 1830 erwiesen, daß die Gärung dennoch in der Tiefe fortgewühlt hatte. Die Befürchtungen, und zwar diesmal ernstgemeinte, hatten sich jetzt freilich nach einer anderen Seite hin gewendet, und es wurden nun politische Fehler dort zugestanden, wo sie früher lebhaft bestritten oder doch vornehm ignoriert worden waren. Aber sowie die diesmaligen Befürchtungen sich teils als übertrieben, teils als völlig unbegründet erwiesen hatten, wendete sich das Blatt von neuem, und Äußerungen, welche den Fürchtenden entschlüpft waren, wurden von diesen tief bereut und offener oder versteckter zurückgenommen, was wieder von anderen Seiten mit einem Mißbehagen, das sich mehr oder minder ernst oder spöttisch äußerte, aufgenommen ward.

Der Riß, welcher dadurch der Gesellschaft zugefügt wurde, war nicht wie der frühere vorübergehend, er ist noch heute bemerkbar. Der offizielle Teil derselben ward, durch die gemachte Erfahrung gewitzigt, nicht bloß in seinen Äußerungen über Politik, sondern auch über viele andere Gegenstände zurückhaltend; teils, um nicht durch einen Kontrast Absichtlichkeit bemerkbar werden zu lassen, teils, um überhaupt nicht von den Strudeln des Gesprächs fortgerissen zu werden und so dennoch unversehens an eine der Klippen zu geraten, die man ängstlich zu vermeiden strebte. Es ist dadurch, Dank sei es der leidigen Politik, für jede nicht aus völlig homogenen Elementen bestehende Gesellschaft viel Geist und viel Liebenswürdigkeit verlorengegangen. Doch ist zuletzt dieser kleinere Verlust in der neuesten Zeit, wo der Bankerott der Gesellschaft, infolge von Parteiungen, die sich schroffer als je entgegenstehn, in meinen Augen ein erklärter ist, kaum noch bedauernswert. Und so gewährt mir diese Gesellschaft denn auch keine Freude mehr. Die Geselligkeit bin ich freilich nicht imstande aufzugeben, und würde mir auch den Willen dazu verübeln, doch nur in einem kleinen Kreise vertrauter Freunde fühle ich mich wohl! –

Aber jetzt, da ich somit am Ziele meines Lebens in der Gesellschaft stehe, ist mein Blick, glaube ich, freier und geeigneter zur Umschau über die Wandelungen geworden, welche ich seit den frühen Jahren, in welchen ich in sie eintrat, mit ihr durchgemacht habe. Manches sie Betreffende habe ich schon erzählt. Ein erschöpfendes Bild davon zu geben würde für jeden schwierig sein. Es erforderte nicht bloß eine Darstellung der politischen Ereignisse, sondern auch eine der geistigen und sittlichen Zustände eines langen Zeitraums, welche zugleich die aller Klassen umfaßte, denn von oben herab und, genau betrachtet, auch von unten hinauf hat die in der Mitte stehende eigentlich gute Gesellschaft notwendig Einwirkungen erleiden müssen. Fern sei es daher von mir, dies unternehmen zu wollen. Aber einige einigermaßen ergänzende Züge kann ich meinen bisherigen Mitteilungen wohl noch hinzufügen. Sie werden nach dem Gesagten jedoch nur ziemlich aphoristischer Natur sein können. –

Die Gesellschaft war von der Zeit meines Eintritts in dieselbe bis etwa in das erste Jahrzehnt dieses Jahrhunderts hinein eine von der jetzigen in vielen Beziehungen wesentlich verschiedene. Ich habe in meinen bisherigen Mitteilungen manche der Momente berührt, welche diesen Unterschied zum Teil bedingen mußten. Man hat jene Gesellschaft in neuerer Zeit oft unsittlich genannt. Will man die Unsittlichkeit damit als einen der charakteristischen Züge der ganzen damaligen Gesellschaft bezeichnen, so muß ich den Vorwurf entschieden ablehnen. In betreff mancher, und zwar vielleicht ihrer geistig eminierendsten Mitglieder, mag er in einem Punkte nicht unbegründet sein, und möglicherweise hat im allgemeinen in dieser Beziehung damals eine etwas laxere Moral geherrscht als jetzt. Ich sage vielleicht. Denn ich sehe in der heutigen Gesellschaft so viel bewußte Unwahrheit und Heuchelei, daß jetzt vielleicht das nur mit dichten und trügenden Schleiern bedeckt wird, was damals nicht allzu ängstlich verheimlicht ward. Man verwechsele aber den letztern Umstand nicht etwa mit einem frechen Affichieren. Ein solches würde zu einem Schluß auf eine Gewohnheit der Unsittlichkeit berechtigen und auch die Sittlichkeit des übrigen Teils der Gesellschaft in nicht allzu günstigem Lichte erscheinen lassen. Der Grund lag anderswo. Während jetzt die Sinnlichkeit vielleicht wegen einer mit ihr verbundenen Roheit ängstlich nach Verborgenheit streben muß, war sie damals bei den wenigsten ohne ihr ästhetisches Moment, ja ich darf sagen, daß ich Fälle ernstlichster, tiefster und offen eingestandener Reue kenne, wenn sie sich einmal ohne diesen Begleiter geltend gemacht hatte. Die Sinnlichkeit war, wenn ich mich so ausdrücken darf, mit einer Art reinigenden Prinzips gemischt, welches zu verletzen man sich scheute, und die ›Lucinde‹ ist gewissermaßen aus der Idee dieses Verbandes hervorgegangen.

Daß ein solches Raffinement nicht sein Gefährliches gehabt hätte, bin ich ebensowenig willens zu behaupten, als ich überhaupt mit der Darstellung eines Sachverhältnisses eine Rechtfertigung beabsichtige. Es hat Selbsttäuschungen genug erzeugt, in deren Folge Objekten sinnlichen Verlangens oft Gaben des Geistes und Herzens beigelegt wurden, welche sie nicht besaßen, und diese Überschätzung ist später oft schmerzlich empfunden worden. – Eines jedoch darf ich mit Wahrheit behaupten: auf die anderweite Sittlichkeit und Ehrenhaftigkeit der großen Mehrzahl der Männer, welche diesen Verirrungen anheimfielen, sowie auf ihr emsiges und meist höchst erfolgreiches Streben, ihre geistige Begabung, sei es in ihnen äußerlich angewiesenem oder in selbstgewähltem Berufe, nützlich zu machen, haben sie keinen Einfluß geübt.

In Verbindung mit jenem Vorwurf der Unsittlichkeit ist noch ein anderer und anscheinend noch schwererer erhoben worden, welcher vorzugsweise, wenngleich nicht ausschließlich, die Mitglieder der damaligen sogenannten guten Gesellschaft Berlins traf. Die Bedeutung, ja die Heiligkeit des ehelichen Bundes sei mißachtet worden, tadelswürdige Verhältnisse Verehelichter seien nicht selten, und die Folge davon seien bedauerlich häufige Ehescheidungen gewesen. Die Wahrheit des Tatsächlichen der letzteren Behauptung ist nicht zu leugnen.

Doch auf eine Verkennung der Bedeutung wie der Heiligkeit der Ehe ist daraus nicht zu schließen, vielmehr auf eine von der heutigen abweichende Ansicht über die notwendigen Bedingungen eines beiden Teilen wahrhaft förderlichen Ehebundes.

Als ein solcher wurde nur derjenige erkannt, in welchem Geist und Gemüt des Ehepaars völlige oder doch beiden Teilen genügende Befriedigung fand, mit der Lösung des innern Bandes aber wurde das eheliche Verhältnis als die Heiligkeit der Ehe profanierend, ja als zu einem Konkubinat herabgesunken erachtet. In notwendiger Folge dieser Ansicht ward denn auch die Trennung eines solchen, nur noch äußerlich bestehenden, Bandes nicht als ein Übel, sondern als eine Wohltat, ja als eine Notwendigkeit für beide Ehegatten angesehn; nur durch die Lösung einer von jetzt an als unsittlich zu betrachtenden Verbindung konnte der verletzten Idee der Ehe Genugtuung gegeben werden. Solchen Trennungen wurde denn auch nicht entgegengetreten, es wurde eher auf die Beseitigung ihnen etwa entgegenstehender äußerer Hindernisse hingewirkt. – Mir selbst ist das letztere hin und wieder zum Vorwurf gemacht worden. Habe ich darin gefehlt, und ein Teil der jüngeren Generation scheint in der Tat die damalige Ansicht zu verwerfen oder gar zu verdammen, so bekenne ich offen meinen Irrtum, oder wenn man es so nennen will, meine Schuld. Aus einer frivolen Auffassung der Bedeutung der Ehe ist jene Ansicht wahrlich nicht hervorgegangen. In unserem ganzen Kreise, und er umfaßte Personen, deren hohe Sittlichkeit über allem Zweifel stand, wurde sie geteilt, und infolge davon erfüllte es uns denn auch wahrhaft mit Schmerz, wenn wir Ehen aus rein äußerlichen Rücksichten schließen sahen.

Ich mache kein Hehl daraus, und um so weniger, als der treffliche Freund selbst es sein ganzes Leben hindurch für seine Pflicht hielt, seine Überzeugungen mit aller Offenheit zu bekennen, daß

Schleiermacher diese Ansicht teilte und in vorkommenden Fällen förderte. Wir sprachen uns einst, es war längere Zeit vor seiner Verheiratung, mit der Aufrichtigkeit, welche zwischen uns herrschte, und bis in einzelnes eingehend, über das, was wir voneinander dächten und füreinander empfänden, aus. »Uns bindet Freundschaft aneinander, die reinste, treuste, hingebendste!« rief ich zuletzt hingerissen von der so anregenden und seitens des Freundes so geist- und gemütvoll geführten Unterhaltung aus. »Aber niemals, niemals könnte, dürfte ich dir als Gattin angehören!« – »Du hast ein großes Wort ausgesprochen!« antwortete der Freund. »Denn wenn dann für dich der Rechte käme, oder für mich die Rechte, wie dann?« –

Ich habe schon zugestanden, daß infolge dieser in den gebildeten Kreisen Berlins ziemlich verbreiteten Ansichten die Ehescheidungen innerhalb derselben häufiger waren als jetzt. Ich räume auch ein, daß, was oft Anstoß erregt hat, nicht selten nach einem langen, leeren, freudenlosen, oft peinvollen, die Sehnsucht eines liebebedürftigen Gemüts gänzlich unbefriedigt lassenden ehelichen Bunde, schon während der Dauer desselben eine anderweite Herzensverbindung eingegangen worden war. Aber mag es dafür heute nicht um soviel mehr die Ehegatten innerlich gänzlich unbefriedigt lassende, ja ihnen verderbliche, wenn auch, zu doppeltem Zwange, vor der Welt mit der Unwahrheit, welche diese oft ›Anstand‹ nennt, ertragene Ehen geben?

Verhältnisse der hier bezeichneten Art durchwebten damals die Gesellschaft und trugen nicht unwesentlich zu ihrer Färbung bei. Strebten die Beteiligten auch sie zu verbergen, sie verrieten sich dennoch schon um so mehr, als die damalige Gesellschaft in der Erkenntnis der verschiedensten Gefühlsregungen eine viel größere Virtuosität besaß als die heutige. Es entspannen sich da ganze Romane, entwickelten sich, verwickelten sich und endigten mit einer befriedigenden, mitunter, wenn auch seltener, mit einer tragischen Katastrophe. Und der ganze Verlauf derselben – und es spielten fast in jedem geselligen Kreise einige solche – wurde mit ebensoviel herzlicher Teilnahme als psychologischem Interesse verfolgt und bildete in kleinen vertrautesten Kreisen einen anregenden Gegenstand des Gesprächs. – Verschweigen will ich jedoch nicht, daß manche solcher getrübten und der Trennung nahen Ehebündnisse infolge in der zwölften Stunde geänderter Entschlüsse ungelöst blieben, und zwar waren es dann gewöhnlich die Frauen, welche den entscheidenden Schritt nicht zu tun vermochten; teils, weil sie jedes fernere eheliche Glück der Rücksicht auf eine mit der Ehe eingegangene Verpflichtung unterordneten, teils, wenn sie Mütter waren, weil Befürchtungen für die Zukunft ihrer Kinder sie bestimmten. Achtung und Anerkennung solcher Selbstverleugnung fehlten seitens der Gesellschaft auch in solchen Fällen nicht. –

Ich habe ausgesprochen, daß die Mitglieder der damaligen geselligen Kreise bessere Kenner der Herzen waren, als dies heute der Fall zu sein pflegt. Und will ich mich auch nicht zur Richterin darüber aufwerfen, ob nicht eine unseren damaligen Ansichten über das eheliche Verhältnis entgegengesetzte Auffassung, wie sie heute oft bekundet wird, ihre Berechtigung haben dürfte, im Betreff des Grundes jenes geübteren Blicks in das Innere der Menschen jedoch möchte ich der damaligen Zeit einen bedeutenden Vorzug vor der jetzigen zusprechen, dürfte ich gleich auch in diesem Punkte einer sehr abweichenden Ansicht begegnen.

Die Menschen waren sich damals mehr als jetzt gegenseitig Objekte der Betrachtung, und zwar – ich nehme nicht Anstand, es auszusprechen – weil mehr Liebe zu den Mitmenschen in ihnen wohnte als heut, wo sich der Egoismus tief in die meisten hineingefressen hat. Allerdings weiß dieser sich gegenwärtig in alle Gewänder, selbst in das der Menschenliebe, zu hüllen; aber dem ungetrübten Blicke erscheint er drum nur als ein raffinierterer. Damals fand von vornherein ein liebevolles Eingehn in die Individualität anderer statt, selbst bevor man diese ihrem Wesen nach noch genau erkannt hatte, diesem folgte aber das ernste und redliche Streben, sie richtig zu erfassen. Und hierbei bewährte sich denn auch hinsichts des einzelnen Menschen das Wort des Dichters, daß man nur in das volle Menschenleben hineinzugreifen habe, um es überall, wo man es packe, interessant zu finden. Daher war denn meistens bald ein Interesse gewonnen, welches, verbunden mit dem aus dem Gesagten mit Notwendigkeit hervorgehenden Umstande, daß man den Individualitäten der anderen vollkommene Rechnung trug, echte und dauernde Freundschaftsbündnisse erzeugte. Und für diese forderten die Freunde nicht

Gleichheit der Gesinnung nach allen Richtungen hin, sie gestalteten sich vielmehr oft um so fester, als man Stoff zu gegenseitiger Ergänzung in sich fand.

Mit diesem Denken über die geistigen und Gemütsevolutionen der anderen ging als verwandt ein Reflektieren über die eigenen Hand in Hand, und war man nur irgend aufrichtig gegen sich, so war auch hieraus genügend zu lernen. Und dieses Reflektieren über sich und den anderen bildet auch fast drei Jahrzehente hindurch einen Grundzug wie einen Hauptgegenstand in dem brieflichen Verkehr der damaligen gebildeten Welt bis hinauf zu den Koryphäen der Literatur, namentlich der schönen. Ohne diese, ich wiederhole es, aus einer echt humanen Gesinnung hervorgegangene, geistige Disposition hätte der ›Werther‹ einerseits nie entstehn, andererseits nie so elektrisch wirken können, wie er getan.

War die von mir behauptete Liebe und Humanität, waren jene Freundschaftsbündnisse echter Art, so mußten sie sich in vorkommenden Fällen werktätig bewähren. Und das haben sie wahrscheinlich mannigfach getan. Aber nicht Befreundete allein haben sich freudig füreinander gemüht und freudig Opfer füreinander gebracht, manche, und zwar auch der ausgezeichnetsten Mitglieder unserer Kreise, haben dies ebenso mit allem Eifer für außerhalb ihrer Kreise Stehende getan. Und in Fällen, in denen sie unmittelbar zu helfen außerstande waren, mußte dies oft mit Aufopferung einer Zeit geschehn, von welcher sie sonst nicht gern eine Stunde den bedeutendsten und oft für Mit- und Nachwelt erfolgreichsten wissenschaftlichen Bestrebungen entziehen mochten. –

Andere Generationen sind erstanden. Ich stehe unter ihnen, eine Ruine. Vor mir neues – mir nicht immer verständliches – Leben, hinter mir ein Leichenfeld. Aber noch ragt aus der neuen grünenden Welt in unversiegbarer Jugend ein Genosse der alten Zeit hoch empor. Möge, wer sich ein unparteiisches Urteil über meine Behauptungen bilden will, seine Rastlosigkeit, seinen Mitmenschen zu dienen und sie zu fördern, betrachten. Oft muß er sie durch am Schreibtische durchwachte Nächte zahlen. –

Auch war die Dauer jener Freundschaftsbündnisse keine vergängliche. Sie waren meist alle Geleiter bis an das Grab. Man hat in neuerer Zeit aus veröffentlichten Briefwechseln mehrer geistigen Notabilitäten gern den Schluß gezogen, daß sie ziemlich vorübergehender Natur waren. Will man genau prüfen, so wird man in den meisten Fällen diese Ansicht nicht stichhaltig finden. Grade die strebendsten Geister und eigentümlichsten Denker konnten im Laufe der Jahre in ihren Ansichten am merklichsten divergieren, und dann am wenigsten hoffen, sich gegenseitig zu überzeugen. Sie schwiegen gegeneinander, als sie nicht mehr glauben durften, einander fördern, oft sogar noch einander verstehn zu können. Aber hat man den Willen, redlich zuzusehn, so wird man finden, daß auch hier die Trennung in den meisten Fällen nur eine der Geister war und daß die Herzen sich drum nicht weniger zugewendet blieben.

Man hat außerdem aus einer gewissen, jetzt, vielleicht nicht ohne Fug, beseitigten stark auftragenden Ausdrucksweise auf eine Überschwänglichkeit und daher Unwahrheit des Gefühls geschlossen. Es waren dies eben Formen, die aus der Konversationssprache in den brieflichen Verkehr übergegangen waren. Jede Zeit hat ihre eigentümlichen Redemünzen und kennt den wahren Wert derselben. Die jener Zeit hatten ein reicheres, schmuckvolleres Gepräge, wurden aber doch nur nach ihrem Gehalt an edlem Metall geschätzt. Ob die heutigen, einfacher ausgeprägten, mehr von diesem enthalten, dürfte in Frage stehn. –

Die Treue war es vor allem, was geachtet wurde, und diejenigen, welche ohne die durchgreifendsten Gründe, auch nur in einzelnen Fällen, gegen sie fehlten, unterlagen dem Tadel. Rahel zum Beispiel, welche im allgemeinen ein überaus reges Gefühl für Freundschaft hatte und bei welcher sich gleichfalls die Teilnahme für den Befreundeten auf jede geistige und Gemütsbewegung desselben erstreckte, daher die meisten ihrer derartigen Beziehungen nur der Tod hat lösen können, war doch auch imstande, manche derselben aufzugeben, mitunter infolge augenblicklicher Stimmungen, wie diese denn bei ihrer großen Lebhaftigkeit oft wechselnd waren. Über den Grund der Lösung solcher Verhältnisse befragt, war ihre Antwort und Entschuldigung gewöhnlich: »Es kann ja nicht alles ewig dauern!«, und bei ihr konnte eine Erwiderung solcher Art nur auf einen Mangel an besseren Gründen deuten. Wie viel Bewunderung man ihr auch, und mit vollem Recht, in der Gesellschaft zollte, ein wie leuchtendes Bild in dieser auch von ihr entworfen werden mochte, diese Antwort fehlte selten in demselben als ein Schattenstrich. –

Mögen andere Interessen heute maßgebend sein, mag das Leben an Breite und, der Masse des Stoffes nach, an Inhalt gewonnen haben, mag der einzelne sich mehr in der Gesamtheit verlieren und daher an individueller Geltung aufgeben müssen, mag daher eine Zeit wie die, von welcher ich hier sprach, mit ihren Gebrechen und ihren Tugenden nie wieder heraufzubeschwören sein, mögen immerhin diese Tugenden der jetzigen Generation fast gänzlich mangeln; das nicht zu unterdrückende Gefühl dieses Mangels dadurch beschwichtigen, daß man ihn zu einem Verdienst erhebt und infolge davon auch die reinen und edlen Gefühle, an denen jene Zeit reich war, als heute glücklicherweise mit der Wurzel ausgereutete krankhafte Auswüchse mitleidig belächelt, wie ich dies jetzt oft erlebe, heißt denn doch, meiner Ansicht nach, nur das Urteil des Fuchses über die ihm zu hoch hängenden Trauben wiederholen. Nenne man mich immerhin eine ›Lobrednerin der vergangenen Zeit‹. Ganz fremd ist mir auch die gegenwärtige nicht, und wer weiß, ob diese mit ihrem kalten Verstande, ihrem schlecht verhehlten oder gar sich keck brüstenden Egoismus, ihrem vorherrschenden Streben nach materiellen Gütern jener Zeit der Hingebung an die Mitmenschen und des erfolgreichen Strebens nach geistigen Gütern von der Nachwelt vorgezogen werden wird!

Briefe

Ein Tugendbund 1787–1792

Wilhelm von Humboldt an Henriette Herz

[Tegel] Sonntag vormittag. 1786

[In hebräischer Schrift]

Wie oft werde ich mich noch mit innigem Vergnügen an die letztvergangene Woche erinnern! Seit langen, langen Jahren ist mir keine so angenehm verstrichen. Erst sah ich Sie Dienstag, dann empfing ich Ihren lieben freundschaftlichen Brief, Freitag konnte ich beinahe den ganzen Nachmittag mit Ihnen und Ihrer vortrefflichen Freundin – o grüßen Sie sie doch tausendmal von mir – allein sein; und dann noch Ihr gütiges, mir so teures Geschenk! Ich kann Ihnen nie genug für das alles danken, teuerste Freundin, ich kann Ihnen nur wiederholen, was ich Ihnen schon so oft sagte, und was gewiß so ganz wahr ist, daß ich jede recht glückliche Stunde nur Ihnen danke. Was habe ich bei der Durchlesung Ihres Briefes empfunden. O wie oft habe ich ihn gelesen und wiedergelesen! Er erregte ein so gemischtes Gefühl von Freude und Schmerz in mir, daß ich es Ihnen nicht beschreiben kann. Auf der einen Seite tat es mir so sehr, so innig leid, daß Sie, die Sie gewiß unter allen so vorzüglich glücklich zu sein verdienen, doch so oft Verdruß und Kummer erfahren müssen, und gerade von denen erfahren müssen, die Sie am meisten lieben, und von denen auch Sie wiedergeliebt sind; aber auf der andern freut es mich so herzlich, daß Sie mich des Vertrauens würdigten, mir Ihre Lage ein wenig genauer zu schildern. Denn seitdem ich mich Ihres Vertrauens, Ihrer Freundschaft schmeicheln darf, sehe ich mit einem weit ruhigern Blicke meinem künftigen Leben entgegen. Ich darf hoffen, Sie selbst berechtigen mich dazu, daß Ihre Freundschaft immerfort dauern wird, und wer eine solche Freundin hat, kann meiner Empfindung nach, das schwöre ich Ihnen, nie ganz unglücklich sein. Ich habe mich auch seit der Zeit meiner Bekanntschaft mit Ihnen fast ganz in meinem Charakter geändert. Sonst lebte ich mehr außer mir, weniger für mich und mit mir selbst; jetzt habe ich mich gleichsam mehr in mich zurückgezogen, den Kreis der Dinge und der Personen, die mich interessieren, verengt, und wenn ich gleich sonst oft munterer und aufgeräumter war, als ich jetzt bin, so bin ich doch nie so im eigentlichsten Verstande ruhig gewesen, als jetzt. Und so hoffe ich nun auch mein ganzes Leben hindurch zu bleiben, mag mich auch das Schicksal in eine noch so unglückliche Lage versetzen. Denn ich fange nun an, meine Zufriedenheit in Dingen zu suchen, die weniger dem Wechsel unterworfen sind, in dem Beifall meiner Freunde – und jetzt gewiß nur in dem Ihrigen – und in mir selbst. Es wird nun auch gewiß nicht wieder eine solche Veränderung meiner Denkungsart vorgehen, als bis jetzt so oft vorgegangen ist. Denn in der Tat, ich bin schon in den wenigen Jahren, die ich durchlebt habe, mehr als einmal zu ganz entgegengesetzten Arten zu denken und zu handeln übergegangen. Bis in mein zwölftes Jahr war ich natürlich, wie alle andern Kindern sind, nur ein wenig unartiger und verzogener als die gewöhnlichen. In meinem zwölften Jahre gewann ich durch die Lektüre der alten Geschichte auf einmal Geschmack an Literatur und Wissenschaften. Ich saß jetzt fast immer bei meinen Büchern und war äußerst arbeitsam, nur, wie es sich nach meinem damaligen Alter wohl denken läßt, bald mit größerm, bald mit geringerem Eifer. So dauerte es bis in mein achtzehntes Jahr. Da verliebte ich mich, wie Sie wissen, zum erstenmal, und wenn ich vorher ganz fühllos gewesen war, wenn ich mein Herz ganz unbeschäftigt gelassen hatte, so wurde ich nun in der Tat schwärmerisch. Ich habe noch einen Abschiedsbrief an das Mädchen, die ich damals liebte, den ich nicht Gelegenheit hatte abzugeben und der ein redender Beweis meiner damaligen Schwärmerei ist. Und dennoch werde ich mich dieses Sommers, wenngleich mit einiger Scham vor meinem Verstande, der kindisch genug war, so leichtgläubig zu sein, noch immer mit Vergnügen erinnern. Er hat bei dem allen einen sehr wohltätigen Einfluß auf meinen Charakter gehabt. Am Ende des Sommers mußte ich mich von dem Gegenstande meiner Liebe trennen. Nun folgten ein paar trübe, melancholische Wochen. Aber die

Abwesenheit von der, die ich liebte, erlaubte mir ein ruhigeres Nachdenken. Ich sah nun die Geschichte des Sommers mit andern Augen an als vorher. Ich wurde wieder heiterer, ich fing an, weniger an meine vorige Liebe zu denken, und nur wenige Wochen, so wurde ich, der ich mich vorher hatte durch eine verstellte Empfindsamkeit hintergehen lassen und der ich jetzt dies als eine törichte Leichtgläubigkeit verlachte, durch einen ganz entgegengesetzten Charakter betrogen. Eine Kokette, die viel in der Welt gelebt hatte und sich meisterhaft darauf verstand, jedermanns Schwachheiten zu entdecken und zu benutzen, sonst ein kluges, kenntnisvolles Mädchen, die aber fern von aller wahren und falschen Empfindsamkeit nur der kältesten Galanterie fähig war, diese wußte mich jetzt so an sich zu fesseln, daß sie meinem Herzen schon unentbehrlich war, ehe ich noch gewahr wurde, daß ich sie liebte. Man bildet sich immer nach dem, was man liebt; dies ist eine Wahrheit, die ich damals bestätigen mußte. Vorher hatte ich nie weder auf meinen Anzug noch auf mein Äußeres überhaupt gesehen, jetzt wendete ich die größte Sorgfalt darauf, und es fehlte nicht viel, so hätte ich mir eingebildet, nicht häßlich zu sein. Vorher mied ich jede Gesellschaft, war ich am liebsten allein, um ungestört an die denken zu können, die einzig mein ganzes Herz beschäftigte; jetzt schätzte ich das Vergnügen in jeder Gesellschaft nur nach der Anzahl ihrer Personen, und die größeste war mir gewiß immer die liebste. Vorher war ich mit der Liebe einer einzigen zufrieden und glücklich gewesen, jetzt suchte ich, ungeachtet ich verliebt war, einer jeden zu gefallen; und wie lächerlich dies nun mit meiner sonstigen Steifheit und Ungelenksamkeit kontrastierte, mögen Sie selbst beurteilen, beste Freundin. Das Schlimmste dabei war, daß in unserm Hause dieses Betragen Beifall erhielt. Meine Mutter, so vernünftig sie auch sonst in diesem Stücke ist, hat doch einmal in der Welt gelebt und wünscht eben das auch wieder von ihren Kindern; wenn sie daher auch wohl sahe, daß ich zu weit ging, so war ihr doch dies Extrem lieber als das vorige entgegengesetzte. Kein Wunder also, daß ich volle sechs Monate so blieb, und vielleicht noch ebenso wäre, hätte ich Sie nicht kennengelernt, teuerste Freundin. Ich mußte mich am Ende des Winters (ist es nicht sonderbar, daß immer der Wechsel der Jahreszeiten meiner Liebe so gefährlich war?) von Fanchon trennen, und wenn diese Trennung mir gleich nicht so schmerzhaft war als die vorige, so tat sie doch meinem Herzen sehr wehe. Indessen unterhielten wir noch eine sehr lebhafte Korrespondenz. Nun fing die Dienstag-Gesellschaft an; ich lernte Sie kennen, und dies ist die letzte wichtige Epoche in meinem Leben. Ich fing an, mich meiner Torheit zu schämen, ich schrieb seltener und kürzer an Fanchon, ich hätte gern ganz aufgehört, aber mein einmal gegebenes Wort war mir heilig. Ich entschloß mich, Sie selbst um Rat zu fragen, aber nie hatte ich Mut genug dazu. Oft, o vielleicht merkten Sie es, war ich in Bouchés Garten im Begriff, Ihnen zu sagen, wie innig ich Sie verehrte, wie glücklich mich Ihr Vertrauen, Ihre Freundschaft, Ihr Rat machen würde; Ihnen meine Lage zu schildern, Sie zu fragen, was ich tun sollte; aber nie gelang es mir. Endlich wurde mir der Briefwechsel unerträglich. Ich brach ihn unter einem falschen, aber scheinbaren Vorwande ab. Es war im Julius vorigen Sommer. Seitdem lebe ich weit ruhiger, nicht eben glücklich – denn Familienuneinigkeiten, die Verschiedenheit meines Charakters und des Charakters aller, mit denen ich leben muß, und was, ich schwöre es Ihnen, mich am meisten kränkt, Sie so selten sehen, mit Ihnen so selten recht von Herzen sprechen zu können, macht mir manche kummervolle Stunde. Aber wenn ich dann auch ein andermal etwas tue, wovon ich glaube, daß es Ihren Beifall erhalten würde, wenn Sie es wüßten, so macht mir das eine herzliche Freude. Überhaupt, solange ich Ihre Freundschaft, vielleicht gar Ihr Vertrauen besitze, solange Sie mit mir zufrieden sind, werde ich nie klagen. Aber sagen Sie mir ja – o ich beschwöre Sie darum, wenn Sie es nicht sind. Und dann noch eine Bitte, teuerste, innigstgeliebte Freundin, machen Sie für mich eben die Ausnahme, die Sie für die Veit gemacht haben. Ich habe hierin gleiche Ansprüche mit ihr. Auch ich, das beteuere ich Ihnen, will Ihnen nie etwas geheimhalten, wie nachteilig es mir auch sein möchte. Und wie könnte ich es auch Ihnen, der ich soviel danke, die ich so innig verehre, der ich so gern, was ich besitze, aufopfern möchte! – Da haben Sie nun vier vollgeschriebene Seiten, und alle von mir. Nun müssen Sie mir aber auch künftigesmal erlauben, ganz von mir zu schweigen und bloß Ihren vorigen Brief zu beantworten. Leben Sie tausendmal wohl, beste Freundin. Wilhelm

Wilhelm von Humboldt an Henriette Herz

[Tegel] Sonnabend nachmittag 1786

Eben habe ich eine recht glückliche Stunde genossen. Jetzt muß ich Ihnen schreiben, beste Freundin, mein Brief wird heiterer werden, und Sie sind sicher, daß ich, wenn ich von den Ursachen meiner Unruhe oder meines Mißmutes rede, gewiß nicht übertreibe. Ich war eben ausgeritten. Es ist hier im Walde ein kleines, niedliches Birkental, abgelegen vom Wege, am Fuße eines ziemlich hohen Berges. Da hab ich Ihren Namen in eine recht schöne Birke gegraben, und deswegen, und weil man da so still und einsam sitzen kann, besuche ich diesen Ort so oft. Mein kleines Pferd findet nun schon den Weg ohne Zügel dahin und bleibt jedesmal bei dem Baume stehen, dann steig ich ab, und es graset indes. Klingt das nicht romantisch? Freilich wohl. Aber mag es immer. Ich danke doch einmal diesem kleinen Tale die süßesten Stunden dieses Sommers, meine reinsten Empfindungen, meine besten Vorsätze; und wie Sie auch darüber urteilen mögen, ich kann mich Ihnen einmal nicht anders zeigen, als ich bin. Verzeihen werden Sie mir doch gewiß. Ich hatte Ihren Brief bei mir; ich habe ihn recht oft gelesen. Wie kann ich Ihnen je genug für Ihre herzliche Teilnehmung an meinem Schicksal, für Ihre freundschaftliche Besorgnis danken. Wahrlich, wenn ich noch so traurig, noch so niedergeschlagen wäre, ein Brief, wie der Ihrige, würde mich wieder aufheitern. Wenn Sie es je fühlten, und gewiß fühlten Sie es, wie erquickend die Teilnahme der Freundschaft in jedem traurigen Augenblick ist, und wenn Sie wissen, was Sie, teuerste Henriette, mir sind, welchen Einfluß Sie und das, was Sie mir sagen, oder was Sie mir schreiben, auf mich, auf die ganze Stimmung meiner Seele hat; o so glauben Sie mir gewiß, daß ein Brief, wie Ihr letzter, mich ganze Tage von Kummer vergessen macht. Aber nennen Sie es doch nicht Zudringlichkeit, wenn Sie Vertrauen von mir fordern, wenn Sie wünschen, daß ich Ihnen etwas sagen soll, wovon Sie vielleicht glauben, daß ich es Ihnen verheimliche. In meinen Augen ist eine solche Forderung nur eine Erlaubnis, um die ich selbst schon gebeten hätte, wenn ich nicht fürchtete, zuviel von mir selbst zu reden. Sonst, liebe Freundin, soll nichts, nichts was mich angeht, ein Geheimnis vor Ihnen sein. Glücklich für mich, wenn Sie es nur immer hören wollen. Fahren

Sie ja fort, es mir jedesmal, wie Sie jetzt getan haben, zu sagen, wenn Sie glauben, daß ich etwas auf dem Herzen habe, was ich Ihnen nicht sage. Sie wissen es ja, meine Beste, ich habe zu niemand ein so völliges, so uneingeschränktes Vertrauen als zu Ihnen, und, ich darf es ja wohl sagen, ich glaube es Ihnen bewiesen zu haben. Noch mit niemanden – die Nächsten meiner Familie ausgenommen – sprach ich, das schwöre ich Ihnen, von der Sache, von der wir gestern am Fenster redeten, und ich schmeichle mir, daß Sie vorteilhaft genug von mir denken, um diese Unterredung für den größten Beweis meines Vertrauens zu Ihnen zu halten. Wenn Sie mich nur nicht schon tadeln, auch nur mit Ihnen davon gesprochen zu haben. Aber Sie sind ja die beste, ja – ich kann es mit Wahrheit sagen – die einzige Freundin, die ich habe, und Sie haben sich gegen mich immer so edel, so vortrefflich, so großmütig gezeigt. Wäre ich dessen wohl wert, wenn ich Ihnen nicht alles, alles anzuvertrauen bereit wäre. Und der Punkt, von dem wir sprachen, ist gerade ein so wichtiger für mich, hat einen so nahen, so großen Einfluß auf meine ganze Lage, daß es unmöglich ist, diese zu kennen, ohne davon unterrichtet zu sein. Schade, daß ich hierüber nichts schreiben kann. Und warum nicht? werden Sie sagen. Nicht darum, liebste Freundin, weil ich fürchtete, meine Briefe würden noch von andern als von Ihnen gelesen; aber es steht dann so für ewig da – und der Gedanke ist mir verhaßt. Es wird ja wohl noch einen Nachmittag geben, ehe ich Sie auf ein halbes Jahr – o und wer weiß nicht, ob nicht auf ein ganzes! doch davon nachher – verlassen muß, wo ich Sie allein finde; und dann erlauben Sie Ihrem Freunde sein ganzes Herz, auch über diesen Punkt, vor Ihnen auszuschütten. Ich hoffe doch, Sie sollen mit mir und mit meinem Betragen zufrieden sein. Schon längst hätte ich mich gern deswegen gerechtfertigt; aber gegen wen? Nur gegen Sie darf ich es, und nur gegen Sie, teure Henriette, interessierte es mich auch im Grunde. Aber ich eile, Ihnen das zu sagen, worum Sie mich in Ihrem Briefe fragen. Sie könnten gar denken, ich wollte der Antwort ausweichen, und das will ich doch nicht. Es ist mir ja so angenehm, daß ich mit Ihnen darüber reden darf. Ich sagte Ihnen schon gestern, daß die größte Ursache meines Mißmutes in mir selbst liege, und das ist auch gewiß sehr wahr. Ich übergehe den Kummer, den mir so mancher

Fehler macht, den ich noch immer an mir bemerke. Denn mit wie vielem Rechte ich ihn auch anführen könnte, so könnte es Ihnen eine erkünstelte Bescheidenheit scheinen; und das möchte ich so ungern. Ich habe, Gott weiß, ob durch die Natur oder durch Gewohnheit oder durch irgendeinen Umstand meines Lebens, einen Zug des Charakters erhalten, der meiner künftigen Bestimmung ganz zuwider ist. Nicht daß ich nicht Lust hätte, arbeitsam und tätig zu sein, nein, liebste Freundin, vielmehr ist es mein einziger Zweck, nützlich zu werden, und ich bin bereit, diesem Zwecke alles, wie schwer es auch werden möchte, aufzuopfern. Aber ich muß künftig mit vielen Menschen leben, und gerade mit Menschen von meinem Schlage, wie ich sie nicht liebe. Und jetzt ist es mein einziger Wunsch, soviel als möglich allein, und einsam zu sein, jetzt würde ich, wenn ich meiner Meinung folgen könnte, die Einsamkeit nur mit der Gesellschaft eines Freundes, oder einer Freundin, wie Sie, vertauschen. Und nun ist es nicht bloß das Unangenehme, mit ihnen leben zu müssen, es entsteht auch noch das daraus, daß auch ich ihnen notwendig mißfallen muß, daß sie mich schief beurteilen und nur etwa eine und gerade die Seite an mir herausheben, auf die ich selbst den wenigsten Wert setze. Allein dies ist bei weitem nicht alles. Es gibt etwas, das seinen Sitz weit tiefer, so tief in meiner Seele aufgeschlagen hat, daß nichts es so leicht daraus verbannen wird. Es ist einmal mein einziger Wunsch, meine einzige Sehnsucht, die einzige Art der Glückseligkeit, die ich mir denken kann – zu lieben und wiedergeliebt zu werden, und dieses Glück werde ich nie, nie genießen. Fragen Sie nicht warum, teuerste Freundin. Ich kenne mich zu gut, die Ursache liegt in mir, und ich kann sie nicht ändern. Wenn ich selbst ein Mädchen fände, die gerade so wäre wie ich, ich selbst würde sie kaum lieben. Ich sagte neulich zur Hollwede von einem Mädchen, das sie kennt, daß nur den ersten Tag es Überwindung kosten würde, sie zu lieben, hernach würde man recht glücklich mit ihr sein. Von mir möchte ich statt des Tages die ersten Jahre sagen, und auch dann möchte ich nicht den Erfolg versprechen. Ich weiß es zu gut, ich kann nichts als Gegenliebe wiedergeben, und das ist so wenig; aber die, das fühle ich, würde rein und treu und herzlich sein. Denn, was für mich noch das Unglücklichste ist, wenn ein Eindruck auf mein Herz geschieht, da ist er so tief, daß auch eine lange Zeit ihn auszulöschen Mühe hat! Glauben Sie darum nicht, daß ich vielleicht jetzt noch die liebe, von denen ich Ihnen in meinen ersten Briefen ein paarmal schrieb. Das war nicht rechte Liebe; damals hielt ich es wohl dafür. Aber ich fühl es, die war es nicht, die hätte sonst länger gedauert. Nehmen Sie nun diese innere Stimmung meiner Seele, denken Sie jene äußere Lage, von der wir noch gestern sprachen, hinzu, vergessen Sie auch ja nicht, daß ich nirgends auf der Welt so gern bin als bei Ihnen, teuerste Freundin, und daß ich jetzt nur so selten kommen kann – und dann frage ich Sie selbst, ob ich nicht Ursache, volle Ursache habe, traurig zu sein? Gewiß habe ich sie, und nur erst seit wenigen Monaten öffnen sich meinem Auge frohere Aussichten. Diese Aussichten gewährt mir die Freundschaft, die Sie mir beweisen. Oh, liebe Henriette, Sie können soviel dazu tun, meinem Herzen mehr Ruhe und meiner Seele mehr Heiterkeit zu verschaffen, wenn Sie fortfahren, mir so gut zu sein, als ich glaube – o verzeihen Sie meiner Offenherzigkeit –, daß Sie mir sind, wenn Sie mir Ihr Vertrauen wenigstens insofern geben, daß Sie mir alles das sagen, was Sie über mich denken. O tun Sie es ja. So selten ich Sie auch jetzt sehe, so sehe ich Sie doch zu oft, als daß ich nicht hie und da etwas sagen oder etwas tun sollte, das Ihnen mißfällt. Sagen Sie es mir doch jedesmal. Es ist mir ja so wichtig, ganz so zu sein, als Sie es wünschen, und haben Sie mich je widerspenstig gesehen? Auch in meinen Briefen mag so manches stehen, was Sie anders wünschten. Schreiben Sie es mir doch immer, wenn Sie vielleicht einmal glauben, daß ich nicht recht offenherzig schreibe, daß ich Ihnen etwas verschweige oder daß das, was ich Ihnen sage, nicht ganz so wahr ist; oder wenn ich einmal Ihre Güte mißbrauchen, wenn ich zu vertraulich werden sollte. – Hier haben Sie nun, was Sie forderten, beste Freundin. Die größte Ursach liegt, wie Sie sehen, in mir selbst und wird, wie ich glaube, nie gehoben werden. Nennen Sie es immer Schwachheit, nennen Sie es gar Schwärmerei; haben Sie nur wenigstens Mitleid mit mir, spotten Sie nur nicht darüber. Es ist doch einmal etwas, das ich empfinde, und so lebhaft empfinde, etwas, das sich nicht wegspötteln und nicht wegvernünfteln läßt. Nie hätte ich es Ihnen so ausführlich geschrieben, wenn Sie mich nicht dazu aufgefordert hätten. Lassen Sie mich nun aber auch Ihr Urteil darüber wissen, sagen Sie mir recht ausführlich, was Sie über mich und mein Schicksal denken. Von wem möchte ich das lieber wissen als von Ihnen, beste Henriette. – O ich nenne Sie jetzt immer bei diesem traulichen Namen; der Gedanke, Sie so nennen zu dürfen, ist mir so angenehm; aber wenn ich es auch nur darf, wenn Sie mich auch nur dieser Vertraulichkeit werthalten. O schreiben Sie es mir, wenn ich nicht soll. Aber Ihr Stillschweigen wird mir eine Erlaubnis sein, und darin danke ich Ihnen schon im voraus von ganzem ganzem Herzen dafür. Ich sagte erste von Frankfurt. Stellen Sie sich vor, man fängt jetzt an davon zu sprechen, daß es wohl leicht nötig sein dürfte, daß ich statt eines halben ein ganzes Jahr da bliebe. Sie können sich vorstellen, was mir dies für eine neue erfreuliche Aussicht gibt. Noch ein halbes Jahr länger von Ihnen entfernt zu sein! O das würde mir schwer werden! Bis jetzt aber ist noch alles ungewiß, und Kunth ist nicht dafür! Ich werde, das können Sie leicht denken, dagegen arbeiten, soviel ich kann. Allein wenn man nun sagt, daß es nützlich, vielleicht sogar notwendig ist, und wenn ich einsehe, daß man recht hat, was will ich dann tun? Auf alle Fälle kommt aber doch alsdann Kunth und mein Bruder auf Ostern zurück, und ich bleibe allein den Sommer in Frankfurt. Nun ist es wohl endlich Zeit, diesen überlangen Brief zu schließen. Mich soll nur wundern, was Sie dazu sagen werden. Wenn Sie aber auch mit vielem, was ich geschrieben habe, unzufrieden wären, so können Sie es doch damit nicht sein, daß ich es schrieb. Sie forderten ja doch Wahrheit. Leben Sie recht wohl, teuerste Freundin, und denken Sie manchmal an Ihren Freund.

W.

Wilhelm von Humboldt an Henriette Herz

[Tegel] Sonnabend früh [August 1787]

Wie geht es Ihnen denn, was machen Sie, beste teuerste Freundin? Mehr als acht Tage sind nun verflossen, seitdem ich Sie nicht gesehen, seitdem ich keine Zeile von Ihnen gelesen habe. Und da ich Sie das letztemal sah, waren Sie so mißvergnügt, so traurig. Ich kann Ihnen nicht beschreiben, wie lang mir die Zeit seit dem Freitag geworden ist, da ich zum letztenmal bei Ihnen war. Die Hollwede und alle, die sonst noch hier sind, klagen, daß ich unaufgelegt, daß ich verdrießlich bin; aber wie soll ich's ändern? Es sind nur noch zwei Monate hin, so muß ich mich auf ein ganzes halbes Jahr von Ihnen trennen, und nun werden mir von den wenigen Tagen, da ich Sie noch sehen, da ich noch Ihren Umgang genießen könnte, noch so viele geraubt. O und wenn dies nur die letzten wären, die ich verlieren muß; aber wer weiß, welche Hindernisse mich noch um so manchen Dienstag und Freitag bringen. Schon künftigen Freitag kann ich nicht zu Ihnen kommen. Mein jetziger Aufenthalt hier macht, daß ich ein paar Stunden, die ausgefallen sind, nachholen muß, und dazu ist kein anderer Tag als Freitag übrig. Dann bin ich also bis nach sechs Uhr beschäftigt, und dann ist es zu spät: Nehmen Sie nun dies alles zusammen, und setzen Sie noch hinzu, daß ich Donnerstag auf einer Hochzeit sein mußte, da drei Stunden lang Pfänderspiele spielen, wobei alles auf ein leidiges Küssen hinauslief – und Sie wissen, was ein Kuß bei einem Pfänderspiele ist –, dann bis an den Morgen um drei Uhr tanzen, daß ich heute wieder tanzen muß, und daß man bei allen diesen Gelegenheiten doch wenigstens lustig scheinen muß, daß ich kaum einen habe, dem ich sagen kann, daß ich mißvergnügt bin, und keinen, dem ich sagen könnte, warum ich es bin, und ich frage Sie selbst, liebste Freundin, ob ich nicht volles Recht habe, verdrießlich zu sein? Möchten nur Sie recht vergnügt indes gewesen sein! Wie bald würde ich dann das Unangenehme dieser acht Tage vergessen! Wie oft habe ich daran gedacht, und wieviel hätte ich darum gegeben, nur zu erfahren, ob Sie vergnügter wären, als Sie es Freitag nachmittag waren. Ich wünsche wohl, daß Sie einmal drei oder vier Wochen allein auf dem Lande zubringen könnten. Ihre Gesundheit und Ihre Ruhe würden gewiß dabei gleich viel gewinnen. Der ungestörte Genuß der freien Natur würde – ich glaube Sie genug dazu zu kennen – Ihre Seele heiterer, für jeden angenehmen Eindruck empfänglicher machen; und dann würde weniger Gelegenheit zu Verdruß und Kummer sein, der Sie doch hier schwerlich je ganz entgehen können. Wie sehr bedaure ich Sie deshalb, teuerste Freundin. Und doch ist eben dies auf der andern Seite mit einem Vorteile verknüpft, den Sie gewiß um keinen Preis würden verlieren wollen. Denn woher entspringt eigentlich so oft dieser Kummer? Die, mit denen Sie am meisten leben und die vielleicht oft die Gelegenheit dazu sind, denken gewiß auch edel, lieben Sie gewiß aus dem Grunde ihres Herzens; aber sie empfinden nur nicht so fein, so lebhaft als Sie, und darum können sie sich oft nicht vorstellen, daß das, was sie sagen oder tun, einen solchen Eindruck auf Sie machen werde, da sie es gewiß nicht sagen und nicht tun würden, wenn sie das wüßten. Wären Sie, liebste Freundin, weniger empfindsam, weniger gefühlvoll, so würden Sie gewiß ruhiger leben. Wollten Sie aber wohl, ich frage Sie selbst, wollten Sie wohl diese größere Ruhe um einen solchen Preis erkaufen?...

Sonntag morgen

Das war wieder ein ganzer Nachmittag vertanzt, von drei Uhr bis zehn. Vergnügen hat es mir eben nicht gemacht; aber es tötet doch wenigstens die Zeit und übertäubt gleichsam die Langeweile. Sonst habe ich recht gefühlt, wie wenig Vergnügen das Tanzen gewährt, wenn einem die Gesellschaft, mit der man tanzt, nicht wert ist. Aber, werden Sie fragen, war denn die Gesellschaft so schlecht, so langweilig? Das eben nicht, liebste Freundin, es waren recht hübsche Mädchen, ein paar sogar schön, auch tanzten sie sehr gut; es fehlte ihnen nur etwas mehr Geist und Bildung, und Sie wissen es, ich bin einmal verwöhnt. Vor einiger Zeit hätte es mir in dieser Gesellschaft gewiß sehr gut gefallen. Aber gestern hätte sie noch besser sein können, und ich würde doch wenig Vergnügen genossen haben. Ich konnte es immer noch nicht vergessen, daß alle diese Gesellschaften daran schuld waren, daß ich Freitag nicht hatte zu Ihnen kommen können. Und überhaupt – ich sollte es Ihnen nicht sagen, Sie könnten es wieder für Schmeichelei halten, aber es ist es gewiß nicht –, jede Gesellschaft, wo Sie nicht sind, ist mir jetzt uninteressant, höchst uninteressant, und Sie wissen gewiß selbst aus Erfahrung, wie nah das Uninteressante an das Langweilige grenzt. Eine halbe Stunde habe ich mich gestern von den übrigen losgemacht. Da bin ich spazieren gewesen und habe an Sie gedacht, teuerste Freundin, habe gewünscht, o recht innig gewünscht, daß Sie vergnügter sein möchten, als ich es war.

Sie sind so gütig gewesen, mir Dienstag durch andere sagen zu lassen, daß Sie nicht in die Gesellschaft kommen würden. Wie sehr danke ich Ihnen dafür. Ich sehe daraus, daß Sie doch manchmal an mich denken, daß es Ihnen leid tut, wenn Sie mir selbst das Vergnügen rauben müssen, Sie zu sehen; und wie soll ich Ihnen ausdrücken, wie sehr mich das freut....

Wilhelm von Humboldt an Henriette Herz

[Berlin] Sonnabend nachmittag

... Sie schreiben mir von La Roche. Sie haben gewiß sehr recht, teuerste Henriette, seine Freundschaft ungern verlieren zu wollen. Soviel ich ihn kenne, ist er ein überaus guter Mensch, und noch hörte ich kein Urteil über ihn fällen, das nicht damit übereinstimmte. Aber Sie werden sie auch nicht verlieren. La Roche ist gewiß nicht unbeständig, und mißverstanden kann er Sie unmöglich haben. Die Frage, die Sie ihm in Ihrem Briefe vorgelegt haben, ist gewiß sehr gerecht, und ich wüßte nicht, wie er auf irgendeine Art daraus eine Veränderung in Ihren Gesinnungen gegen ihn vermuten könnte. Sie fragen ihn ja, ob er eigentlich *Sie selbst* lieb hat, oder bloß das, was nur zu Ihnen gehört, was nur Abdruck, nur Bild Ihres Innern – Ihres Geistes und Ihres Herzens –, nicht dieses Innere selbst ist. Das, dächt ich, müßte ihn freuen. Ich bin Ihnen auch für die Antwort Bürge, und nicht bloß für die Antwort des Mundes, nein auch für die Antwort des Herzens. Gewiß, liebe Henriette, auch unter den Bedingungen, die Sie machen, würde La Roche ebendas für Sie empfinden, was er jetzt empfindet. Und wer, der Ihre Freundschaft besitzt, würde das nicht? La Roche denkt gewiß zu edel, um Jugend und Schönheit – wie mächtig auch die Reize von beiden sind – allein zu schätzen, um sie nicht da ganz zu vergessen, wo er Vorzüge findet, die weit vortrefflicher, weit erhabner als jene sind. – Sie sind eine glückliche Frau, Henriette, Sie genießen das Glück, von manchen guten Menschen geliebt zu werden, gewiß ein seltenes, aber darum nur noch beneidenswerteres Glück. Ich beneide es Ihnen nicht, beste Freundin, ich wollte gern jede Glückseligkeit entbehren, wenn ich dadurch machen könnte, daß Sie sie genössen. Ich wünsche nur, daß Sie es immer genießen mögen, und das werden Sie gewiß, denn wenn irgendein irdisches Glück dauernd ist, so ist es dieses. – Ich schließe heute hier; ich will noch spazierenreiten. Sie wissen doch wohin? Ich werde gewiß viel Vergnügen haben. Es ist ein schöner Abend, und ich bin ja allein. Leben Sie recht wohl, liebe Henriette.

W.

Wilhelm von Humboldt an Henriette Herz

[Frankfurt a. d. Oder]

Donnerstag abend um 12 1/2 Uhr

Ihr kleines Briefchen, liebe Henriette, hat mir viel, sehr viel Freude gemacht, mehr als mancher langer, den Sie mir oft schrieben. Denn in diesen klagten Sie oft, und in dem heutigen kurzen schreiben Sie, daß Sie vergnügt, daß Sie glücklich sind. Sie sind glücklich, Henriette, durch das Bewußtsein edler Taten, durch das Gefühl innerer Herzensgüte. O möchte doch nie eine widrige Begebenheit Sie hindern, alles das Glück zu genießen, was Ihnen dies Gefühl, das Sie gewiß immer begleitet, verschafft! Sie nähen also mit der guten Veit für das kleine Mädchen. Ist das nicht mehr Verdienst, als wenn Sie ihr etwas geben, das Ihnen keine Mühe zu erwerben gekostet hätte, ein Geld, das Ihnen unnütz gewesen wäre? Klagen Sie nicht, daß Sie nicht reicher sind, Henriette. Die Wohltaten, die Sie jetzt tun, kosten Ihnen mehr Sorge, mehr Arbeit, aber sie sind auch verdienstlicher, sie machen Ihnen auch mehr Freude. Nicht wahr, Liebe? Ich bin begierig, ob Sie den Vorschlag wegen des Mädchens annehmen werden? Es würde mir viel Freude machen, Gott, Henriette, die Vergnügungen des Herzens sind die einzigen, recht beglückenden, recht beseligenden. Was ist gegen sie alle Freude, die Eitelkeit, Ruhmsucht, Ehrgeiz, sogar die Ausbildung des Kopfes und Gelehrsamkeit gewähren? Und doch wie selten genießen wir diese Vergnügungen des Herzens? Diese Vergnügungen, die aus dem Bewußtsein edler Taten, und der daraus entspringenden Liebe der Menschen, und zwar der edelsten besten Menschen entstehen. Es gab eine Zeit in meinem Leben, wo ich sie gar nicht kannte, wo mir ein Lob, ein Beifall, denn ehrgeizig war ich immer sehr, mehr wert war als ein herzliches Gespräch, als eine der Freundschaft geweihte Stunde. Aber wieviel anders ist das jetzt! Ich bin noch nicht gleichgültig gegen das Lob von Männern, deren Urteil beweisend ist. Aber für den Mangel des Genusses der Freundschaft und Liebe kann es mich nie in keiner Rücksicht entschädigen. Ich freue mich, daß Sie so glücklich sind, meine teure, herzensliebe Henriette! O könnte ich doch machen, daß Sie immer so wären. Gott! wenn meine Henriette so recht ruhig, recht zufrieden wäre, wieviel wollte ich darum geben. Aber wählen Sie sich nur immer so gute Menschen zum Umgange, dann werden Sie selten Kummer empfinden. Sie leben jetzt, dünkt mich, so recht, als es Ihrem Herzen und Ihrem Charakter gemäß ist; mit wenigen, nur mit zwei, aber mit den vortrefflichsten Menschen. Möchte ich doch erst wieder in diesem Zirkel sein. Wie glücklich wollte auch ich mit Ihnen leben! Aber wie viele Wochen müssen noch verstreichen, ehe die so lang, so sehnlich gewünschte Zeit herbeikömmt. Wieviel kann indes noch vorgehen? Was kann nicht die schönen Pläne, die ich jetzt mache, zerstören. Und wird dann auch G. bei uns sein? Und wenn das nicht ist, dann sind wir doch getrennt, dann sind wir doch weniger glücklich. Doch wozu diese Chimären! Karl wird dasein, wir werden uns täglich sehen, wir werden ganz das Glück reiner Liebe genießen. Sie müssen es schon Ihrem Wilhelm verzeihen, wenn ihm sein Unmut manchmal Grillen in den Kopf setzt, die er sonst nicht haben würde. Meine Lage ist zwar nicht schlimm hier. Aber ich bin nicht bei Ihnen, nicht bei der Veit, nicht bei Karl. Darin allein liegt die Quelle meines Mißvergnügens. Oh! Ich danke Ihnen herzlich, daß Sie mir diese Einsamkeit noch durch Ihre Briefe ertragen helfen. Was machte ich ohne diese? Sie sind doch nicht böse darüber, Liebe, daß ich immer einen hierbehalte? Aber den kann ich gewiß in acht nehmen, der fällt gewiß niemand in die Hände. Und ich kann unmöglich ganz ohne einen Brief von Ihnen sein. Ich trag ihn immer bei mir, und wenn ich Muße habe, so lese ich ihn und danke Ihnen in meinem Herzen, daß Sie mir ihn schrieben. Ich kann so Ihren Ring hier nicht tragen. Darum freue ich mich auf Göttingen. Da kann ich ihn tragen! Weil ich von Göttingen rede, es ist nun gewiß, daß S. mitgeht. Seine Eltern haben es erlaubt. Er ist mir sehr lieb. Er ist ein herzlich guter und fleißiger Junge. Sehr viel Kopf hat er zwar nicht, aber doch genug, doch soviel, um ein recht brauchbarer, nützlicher Mann zu werden, und was kann man mehr verlangen. Ich für mein Teil bin mit diesem Ruhme zufrieden, wenn ich ihn nur erlangen kann; ach und sollte ich das nicht? – Ich will nun für heute schließen, Henriette, morgen abend schreibe ich weiter. Was sagen Sie denn zu der Verwirrung, die in meinen Briefen herrscht? Ich schreibe Ihnen, wie ich's denke. Und das wird Ihnen, hoff' ich, lieb sein. Sie sind ja die Vertrauteste meines Herzens. Nicht wahr, ist's Ihnen nicht lieb? – Gute Nacht, liebe Henriette.

Wilhelm von Humboldt an Henriette Herz

[Frankfurt a. d. Oder]
Sonntag abend um 7 Uhr

Arme Henriette, also sind auch Sie unglücklich! O das, das fehlte nur noch, um mich die Härte meines eigenen Schicksals ganz fühlen zu lassen. Ihr Brief hat mich in Unruhe und in Bestürzung gesetzt. Ich habe ihn zwei, dreimal überlesen, und soll ich Ihnen noch sagen, welche Empfindungen er in mir hervorgebracht hat? Und was noch das Schlimmste ist, so muß ich diese Empfindungen verbergen. Kunth fragte mich schon ein paarmal diesen Nachmittag, was mir fehle? Warum ich so ungewöhnlich traurig sei? Ich schützte Kopfschmerzen vor. Was sollte ich antworten? Aber was ist denn vorgefallen, liebste, beste Henriette? Oh, ich bitte Sie, schreiben Sie es mir, schreiben Sie es mir, und ganz so, wie es ist. Jetzt bitte ich Sie um Vertrauen, jetzt bitte ich Sie, mir die eigentliche Ursach Ihres Kummers zu entdecken. Denn jetzt kann ich Ihnen vielleicht nützlich werden, jetzt Ihnen vielleicht durch manches, was auch ich hörte, Aufschlüsse geben. Sie schreiben, daß man Sie so falsch beurteilt, daß das soweit geht, daß Sie Berlin deswegen zu verlassen wünschen, Gott, Henriette, was ist das, und wer ist daran schuld? Und wie ist das so plötzlich entstanden? Ich weiß wohl, daß man schon immer unwürdige, nur Verachtung verdienende Urteile von Ihnen gefällt hat. Ich weiß, daß Meyering davon wenn nicht die Schuld, doch wenigstens die Veranlassung ist; daß man wenigstens jetzt von ihm am meisten spricht. Ich habe Sie selbst so oft verteidigt, mich so oft nur hüten müssen, nicht durch zu große Heftigkeit und Erbitterung den Leuten Gelegenheit zu geben, zu glauben, daß auch ich parteiisch für Sie sei, und Ihnen dadurch mehr schädlich als nützlich zu sein. Ich erinnere mich noch besonders einesmals diesen Sommer, wo – Sie sollten es kaum glauben – Carmer, den Sie nicht leiden können, mit ungewöhnlicher Wärme Ihre Partei nahm – Sie wußten dies alles, Sie sprachen einigemal mit mir davon und sagten mir sogar, daß Sie das nicht beunruhige, weil es in Berlin jeder jungen und auch nur leidlich hübschen Frau so gehe. Wie kommt es nun, daß Sie jetzt auf einmal so bewegt darüber sind? Bing scheint mir ein zu unbedeutender Mensch, um auch mit aller Bosheit Ihnen viel schaden zu können. O erklären Sie es mir, ich bitte, ich beschwöre Sie darum. Ich werde nicht eher nur etwas ruhiger sein. Sie können ja – soll ich es Ihnen noch beteuern – auf meine Verschwiegenheit rechnen. Ich müßte ja der verabscheuungswürdigste, verworfenste aller Menschen sein, wenn ich Sie, gütige, freundschaftliche Henriette, hintergehen könnte. Und auch durch Unbesonnenheit verrat ich gewiß nichts. Ich spreche sogar überhaupt ungern von Ihnen. Nur mit der Veit und La Roche tue ich's gern; sonst verrät mein Mund und mein Gesicht zu sehr, was ich für Sie empfinde, und das wird so oft falsch beurteilt. Und daß Sie sogar wünschen, sich von Berlin auf eine Zeitlang zu entfernen! Um Gottes willen, arme, unglückliche Henriette, es muß weit gekommen sein. Ich weiß, wie wert Ihnen Berlin ist, wie wert Ihre Veit; wie wert – ich kann's doch hinzusetzen, La Roche, der nun bald hinkommt, und ich weiß, daß Ihre Schwester keine Frau für ihn ist. – Doch ich muß nun zu Tisch gehen. Sobald ich wiederkomme, noch soviel ich kann. Leben Sie wohl so lange, meine liebe, liebe Henriette. Gott, wenn ich Ihnen doch helfen könnte. Gern, gern wollt ich noch jede glückliche Stunde dafür einbüßen, die ich jetzt noch habe. O Sie gute, liebe Henriette! Ich kann den Namen nicht genug wiederholen, der meinem Herzen so über alles, so unendlich mehr als jeder andere teuer ist, und ewig sein wird!

Nach Tisch

... O Henriette, ich fühle jetzt selbst zu sehr das Schreckliche einer solchen Lage, um Sie nicht davor zu warnen. Melancholie mit allen ihren unseligen Folgen würde Ihr Los sein. Ach, die Tränen stehen mir in den Augen, indem ich dies schreibe. Ich zittere, wenn ich Sie mir in diesem Zustande denke, ich beschwöre Sie, führen Sie den Entwurf nicht aus, selbst dann, wenn Ihr Mann ihn billigte, nicht aus. Sie schreiben mir, Sie hätten es ihm vorgeschlagen, sagten Sie ihm aber auch die Ursache? Und was meint denn er dazu? O schreiben Sie es mir doch auch, wenn Sie mir doch auch sagen wollten, ob er wohl merkt, woher anfangs Meyerings großer Eifer, ihm zu dienen, gekommen ist, und warum er jetzt erkaltet? Nehmen Sie sich nur jetzt in acht, liebe teure Henriette, beharren Sie nur jetzt fest bei dem Entschlusse, niemanden zu trauen, den Sie nicht recht genau kennen, gute und edle Seelen, wie die Ihrige, werden so leicht getäuscht. Schränken Sie den Kreis Ihrer Vertraulichkeit auf die Veit, Meyering, denn in diesem Punkt, glaub ich, sind Sie auch bei ihm sicher, und vorzüglich auf La Roche ein. Ich wollte wohl Bürge dafür sein, daß der immer der vorteilhaften Meinung entsprechen wird, die wir beide jetzt von ihm haben. Wollen Sie auch mir den Teil Ihres Vertrauens erhalten, den ich jetzt besitze, o so machen Sie mich so glücklich, so glücklich dadurch, und so sollen Sie es gewiß nie bereuen. Und doch, Henriette, doch habe ich einen Fehler begangen und begehe ihn noch, über den ich nicht eher ruhig sein werde, bis ich nicht Erklärung und Verzeihung darüber von Ihnen erhalten habe. Ich wollte ihn Ihnen schon oft gestehen, aber die Furcht, dadurch vielleicht Ihre Freundschaft und Ihr Vertrauen ach! auf ewig zu verlieren, oder doch die Furcht, Ihnen, wenn Sie es wüßten, vielleicht nicht so oft antworten zu dürfen, hielt mich zurück. Doch jetzt soll sie es nicht länger. Sprechen Sie mein Urteil, Henriette, sein Sie nur nicht, o nur nicht zu streng, nur darum bitte ich Sie. Das Posthaus ist nur etwa fünfzig Schritt von unserm Hause entfernt, und Kunth und Löfflers können jedesmal sehen, wenn jemand ins Posthaus geht. Nun fügt sich's gerade so, daß immer, wenn ich ausgehe, Kunth zu Hause ist, ich kann also nie wagen, ins Posthaus hineinzugehen, aus Furcht, bemerkt zu werden. Ich habe daher die Briefe an Sie, nur einige wenige ausgenommen, durch meinen Bedienten besorgen lassen. Das, Henriette, das ist der Fehler, den ich begehe, für den ich Verzeihung bitte. Denn mein Bedienter ist einmal noch in Berlin mit einem Briefe an Ihren Mann geschickt worden und hat den Brief, weil Ihr Mann gerade bei der Veit gewesen ist, dahin gebracht. Er kann also wenigstens wissen, daß Sie und die Veit in Verbindung stehen, er kann fühlen, daß immer noch ein Brief darin liegt. – Die Gefahr ist klein, ich gestehe es; aber sie hat mich doch sehr beunruhigt und beunruhigt mich noch.

Wilhelm von Humboldt an Henriette Herz

[Frankfurt a. d. Oder]
Sonntag abend um 12 Uhr
[Mit deutschen Lettern]

Wundern Sie sich nicht über die neue Gestalt meines Briefes, liebe Henriette. Sie fragen mich in Ihrem vorletzten Briefe, ob es mir wohl gleichviel sei, ob wir uns deutsch oder hebräisch schrieben? Ich schließe aus der Frage, daß Sie lieber deutsch schreiben wollen. Hab ich Sie unrecht verstanden, so sagen Sie's mir, und Sie sollen wieder hebräische Schrift bekommen. Aber warum fragen Sie mich erst? ist es nicht Bewegungsgrund genug, etwas zu wollen, daß Henriette es will? Gewiß, meine Teure, das ist es, und nicht bloß in Kleinigkeiten wie diese, sondern auch in wichtigen Dingen. Glauben Sie darum nicht, daß ich Ihnen überall blindlings folgen werde. In vielen Stücken werd ich's gewiß, aber in allen wird Henriette selbst es nicht wollen. Aber mein Herz, das gesteh ich, wird zuerst immer Ihrer Meinung sein, und mein Verstand wird viel Mühe haben, es zu überzeugen, daß doch auch Sie sich vielleicht geirrt haben, daß es Ihnen vielleicht nicht möglich war, die Sache von allen Seiten zu sehn. Aber, um auf das Hebräische zurückzukommen, so ist es mir wirklich gleichviel, wie wir uns schreiben. Das Hebräische ist mir freilich teuer, weil wir uns darin zuerst geschrieben haben. Man liebt auch solche leblose, an sich nichtssagende Dinge wegen der Ideen, die man damit verknüpft. Es ist vielleicht eine Schwachheit, aber geht es Ihnen nicht auch so, teure Henriette? Doch auf der andern Seite schreiben wir wahrscheinlich beide das Deutsche geläufiger als das Hebräische, und dann können wir uns vielleicht, ohne mehr Zeit auf unsren Briefwechsel zu verwenden, länger schreiben. Und soll ich Ihnen noch sagen, wie wichtig es mir ist? Und auch Ihnen, gute Henriette, weiß ich, ist es lieber. Es ist nicht mehr bloß Stolz, wenn ich das sage. Es wäre Undankbarkeit, Ihre Liebe zu verkennen. Gott! sie macht mich so glücklich! Mehr zu befürchten haben Sie gewiß auch nicht, wenn wir uns deutsch schreiben. Fände man einen Ihrer hebräischen Briefe, so wäre die Verfasserin doch bald erraten, und je versteckter dann, je schlimmer. Und gewiß, Sie brauchen nichts zu befürchten, meine Beste. Ich schicke Ihnen ja die Briefe immer wieder zurück; und wer müßte ich sein, wenn ich weniger vorsichtig damit umginge? Ich kenne die Menschen, die mich umgeben, ich weiß, daß sie Sie nicht verstehn würden, selbst Kunth nicht, und an meinen Bruder, so gut er sonst ist, ist gar nicht zu denken. Ach, und ich freue mich so innig, daß ich Sie verstehe und daß Sie mir das zutrauen und mir so naiv, so offenherzig schreiben! O Henriette, sich eines reinen Herzens und schuldloser Absichten bewußt zu sein, und sich dann ganz einer dem andren zu vertrauen, das ist das seligste Gefühl. Sagen Sie mir, könnte ich bei der heißesten, aber nicht so edlen, nicht so reinen Liebe des schönsten, klügsten, besten Weibes, eines Weibes wie Henriette, wenn solch ein Weib auch einer solchen Schwachheit fähig wäre, nur halb so glücklich sein, als ich es jetzt bin? O meine Teuerste, ich bin von gewissen Seiten beneidenswert glücklich, beneidenswert glücklich, daß ich Sie gefunden, daß Sie mich lieben. Der Gedanke an Sie tröstet, richtet mich bei jedem Kummer, bei jedem Verdrusse auf; und wenn er mich manchmal nicht heiter zu machen vermag, so macht er mich doch ruhig und versetzt mich in einen Kummer, der selbst so süß ist!...

Wilhelm von Humboldt an Henriette Herz

[Frankfurt a. d. Oder]
Montag nacht um 1 Uhr

Ich danke Ihnen herzlich, liebe Henriette, für Ihr englisches Briefchen. Sehn Sie, Sie waren bange, es würde Ihnen an Stoff dazu fehlen, und nun haben Sie noch für einen andren übrig. Denn Sie erwähnen der Visite bei Bauers noch nicht. Meinen englischen Briefen müssen Sie es ansehn können, wieviel Mühe es mir macht, Ihnen weniger vertraulich zu schreiben. Ich möchte so gern für jedes ›Madam‹, ein ›my dearest Harriet‹ schreiben. Setzen Sie es immer an die Stelle, vielleicht sind sie Ihnen dann erträglicher. Aber, beste Henriette, Sie haben eine kleine Unvorsichtigkeit begangen, die uns bald hätte teuer kosten können. Begehn Sie sie ja ein andermal nicht wieder. Sie hatten Brenna die Aufschrift auf Ihren englischen Brief machen lassen. Sie hatten wahrscheinlich nicht daran gedacht, daß Brenna auch immer die Adressen auf den Briefen der vermeinten Sophie macht und daß Kunth die Hand kennt. – Er kennt sie so gut, daß er mir die

Briefe gewöhnlich gleich so gibt, als sie kommen, noch versiegelt und an ihn adressiert. Hören Sie nur, wie's mir gestern ging. »Die Herz hat mir«, sagte er, »einen Brief an dich geschickt, aber er scheint nicht von ihr zu sein. Die Aufschrift ist von Sophiens Hand.« Sie können denken, wie ich erschrak. Ich ließ mir aber nichts merken; und es gelang mir, glaub ich, ihn zu überreden, daß er sich irre. Bis jetzt hat er wohl keinen Verdacht geschöpft; aber nehmen Sie sich doch ja künftig in acht. Es wäre doch sehr schlimm, wenn er erführe, daß die Briefe von Ihnen wären, nicht wahr? O Gott! teuerste Henriette, tausendmal habe ich mir schon bittre Vorwürfe gemacht, daß Sie meinetwegen etwas wagen, das Sie in der Folge bereuen könnten! Geben Sie mir nur in Ihrem Herzen das Zeugnis, daß ich Sie nicht darum bat, daß ich kaum mir nur heimlich es zu wünschen erlaubte. Ich wußte, welch ein Leben ich hier ohne diese Briefe führen würde; aber ich hätte lieber alles verlieren als Sie bitten wollen, nur das Geringste zu wagen. Sie selbst, innigstgeliebte, traute Freundin, Sie waren gütig, großmütig genug, mir es anzubieten. Sein Sie nur jetzt darum nicht böse auf mich, o gewiß nicht! Ich brauche sicher alle nur ersinnliche Vorsicht, und in wenigen Monaten ist der Zwang vorbei, dann schreiben wir uns frei. Wenn Sie nur bis dahin hübsch vorsichtig sind, dann ist gewiß nichts zu fürchten.

Ihr Mann schreibt mir in den paar Zeilen unter Ihrem Briefe von dem kleinen Aufsatz, den ich in Zöllners Lesebuch habe einrücken lassen. Ich habe nicht geglaubt, daß Sie etwas davon erfahren hätten. Aber da Sie es, wie ich nun vermute, schon seit einiger Zeit wissen, so wundert es mich, daß Sie mir nicht davon geschrieben haben. Sie sind doch nicht böse, liebe Henriette, daß ich es Ihnen nicht früher gesagt habe? Doch nein, das sind Sie nicht, daß es mir nicht an Zutrauen zu Ihnen mangelt, hab ich Ihnen, glaub ich, bewiesen, und Sie versprachen mir auch, mir immer zu sagen, wenn Sie böse wären, und Sie haben mir nichts gesagt. Warum ich aber bis jetzt nichts davon erwähnt habe? Je nun die Wahrheit zu gestehn, hab ich diesen Aufsatz nie leiden können. Er lag schon seit zwei Jahren in meinem Pult. Den Mittag, als Ihr Mann bei uns im Tiergarten aß, schlug Kunth, ich wahrlich nicht, Zöllnern vor, ihn mit abdrucken zu lassen; und nun mußte ich in den letzten Tagen, wo ich schon so viel Sorgen und Unruhe und Verdruß hatte, Tag und Nacht sitzen und umarbeiten und Vorreden machen. ... Leben Sie wohl, liebe teure Henriette. Wenn ich nur erst wieder bei Ihnen wäre! Nur bei Ihnen und Brenna kann ich glücklich sein. Gute Nacht, Innigstgeliebte!

Wilhelm

Wilhelm von Humboldt an Henriette Herz

[Frankfurt a. d. Oder]
Freitag abend 1787

... Ihr liebtet mich schon vorher, wie oft hab ich das mit inniger Rührung empfunden; ich liebte Euch, das weiß Gott. Aber jetzt habt Ihr mir durch diese Verbündung gleichsam ein Recht auf Eure Liebe, Eure Treue, Euer Vertrauen gegeben; nun haben wir uns gegenseitig gelobt, einander einen Vorzug in unsrem Herzen vor allen übrigen Menschen zu geben, bis wir vielleicht einen finden, den unsre Verbündung glücklich machen kann, mit dem wir dann gleich redlich, als jetzt mit uns, unsre Liebe teilen. O Henriette, nun bist Du ganz mein! Einen stärkern Beweis Deiner Liebe, Deines Vertrauens konntest Du mir nie geben, als indem Du mich in diese Verbündung aufnahmst, indem Du mich würdigtest, wie mit einer Schwester vertraut mit Dir auf Du und Du zu reden. Oh! wahrlich – soll ich es Dir noch schwören? – nein, nie wird Dein Wilhelm dieses Vertrauen mißbrauchen. Er wird es verdienen, gewiß verdienen; Du wirst ihn durch Dich ganz glücklich sehn, und dadurch selbst glücklich sein! – Es schlägt sieben. Ich muß hier schließen. Die Löffler ist ausgegangen, und da ihr Mann krank ist, soll ich sie abholen. Lebe wohl so lange!

Wilhelm von Humboldt an Henriette Herz

[Frankfurt a. d. Oder]
Dienstag abend um 7 Uhr 1787

Wie herzlich hab ich mich gefreut, Deinen und unsres lieben Alexanders Brief zu erhalten! O wenn Du so ganz wüßtest, so wie ich's fühle, wieviel mir immer jeder Deiner Briefe ist, wie oft ich sie lese, wieviel Freude mir jede Zeile macht! Es ist ja der einzige

Genuß jetzt, da wir voneinander getrennt sind! Wohl uns nur, daß wir es nun nicht mehr lange sein werden, daß ich nun mit jedem Tage den Augenblick näher sehe, wo ich meine Henriette und meine Brenna wieder in meine Arme schließe! – Der arme Alexander. Er schreibt mir, Mittwoch spätestens reise er ab. Ach Gott! vielleicht sitzt Ihr jetzt eben zum letztenmal auf lange Zeit beisammen. O könnte ich doch auch diese wehmütige Szene mit Euch teilen. Wie Euch sein muß, wenn Ihr nun wieder allein seid! Ihr wart jetzt gewohnt, ihn täglich zu sehen, Ihr brachtet so manchen glücklichen Abend mit ihm zu, und nun ist das, wenigstens auf mehrere Monate, wieder dahin! Sage es selbst, Henriette, wenn die Erfahrung uns nicht allmählich an diesen steten Wechsel unsrer Glückseligkeit gewöhnte, wie könnten wir solche Trennungen ertragen? Zwar hat Karl recht, die Seelen bleiben vereint, wenn auch Hunderte von Meilen ihre Hüllen trennen. Aber wenn sie sich nur auch gegenseitig mitteilen, gegenseitig verstehn könnten! Ohne das ist jede Idee zwar tröstend, beruhigend, aber sie tut dem sehnenden Herzen dennoch nicht Genüge. Glücklich nur, daß Du in Brenna und Brenna in Dir einen Ersatz für unsre Abwesenheit – wie stolz müßte das jedem andern klingen! Aber Dir doch nicht, meine Teure? Wir lieben uns ja gegenseitig! – hat. Seid Ihr nicht beneidenswert glücklich gegen uns? Ihr seid doch immer zwei gleichgestimmte Seelen beisammen; aber wir? wir müssen jede Empfindung in uns selbst verschließen. Doch ich will ja nicht klagen.

Was Du und Alexander von unsrer Verbündung schreiben, scheint auch mir sehr gut und sogar notwendig. Du hast wohl recht, daß selbst das Adressieren an einen von uns nicht sicher genug ist, besonders Deines Mannes wegen. Und bei Chiffren ist, sobald sie nur gut gewählt sind, gar nichts mehr zu besorgen. Und was ist die kleine Mühe, den Chiffre zu lernen, gegen den großen Vorteil der Sicherheit, der daraus entspringt! Wir können Dir gewiß alle für diesen Vorschlag herzlichen Dank wissen. Denn Du hast wohl recht, daß wir verloren wären, wenn ein andrer es fände. So unschuldig, und nicht bloß so unschuldig, sondern gewiß so edel, so vortrefflich diese Verbündung ist, so würden nicht alle so gerecht davon urteilen. Der eine würde Schwärmerei, überspannte Empfindsamkeit darin sehn, der andre vielleicht gar versteckte Absichten, die nur dessen würdig wären, der so etwas vermuten könnte, und wenigstens würden wir dem Gespötte manches schalen Kopfs ausgesetzt sein. Ich will nicht einmal von dem Eindruck reden, den es bei aller Vernunft und sonstigen Herzensgüte auf Deinen und Veit's Mann machen könnte. Und doch würde ich gerade die noch am wenigsten fürchten. Also ist gewiß keine Sorgfalt, auch die größeste nicht, überflüssig, um das Geheimnis unsrer Verbündung mit ins Grab zu nehmen. Nimm Dich nur recht in acht, liebe Henriette, ich bitte Dich um Deiner selbst willen, wenn ich nach Berlin komme. Wenn man sich immer Du nennt, so entschlüpft das Wörtchen so leicht auch da, wo es nicht gehört werden sollte, und dann fehlt es nicht selten an Gegenwart des Geistes, das Versehn wieder durch einen Scherz gutzumachen. Aber ist es Dir nicht lieber, daß wir uns Du nennen? Ich gestehe Dir, meine Liebe, ich wünschte es schon oft. Wenn ich einem so von ganzer Seele gut bin, wenn ich ihm mein ganzes Herz so zeige, wie es ist – und o sage es selbst, tat ich das Dir nicht immer, seitdem wir uns näher kannten? –, dann brauche ich so ungern die Sprache auch des kleinsten Zeremoniells. Wenn ich manchmal an Dich schrieb und das, was ich schrieb, bei mir überdachte und Dich dann in Gedanken Du nannte – denn in Gedanken konnte ich es nicht anders –, dann wünschte ich oft: möchtest Du auch jetzt so schreiben können, das traute Du würde sich viel besser zu der Herzlichkeit dieser Empfindung passen, und welchen Schaden könnte es haben? Ich kannte mein Herz und meine Gesinnung gegen Dich, und ich kannte auch Henrietten. Jetzt nenn ich Dich Du und darf Dich so nennen und danke es Dir in meinem Herzen, sooft ich es tue. – Was Alexanders Vorschlag betrifft, so billige ich ihn völlig. Wollten wir wohl so stolz sein zu glauben, daß wir alles so gut eingerichtet hätten, daß es keiner Verbesserung mehr fähig wäre? Und wenn wir das nicht glauben, muß dann nicht jedes Mitglied ebensogut als wir das Recht haben, neue Vorschläge zu machen? Darum, daß wir die ersten waren, welche die Verbündung stifteten, kommt uns doch nicht eigentlich ein Vorrecht zu. Und wer weiß, ob wir nicht durch solche neue Mitglieder manche gute neue Idee mehr erhalten. Schreibe doch also Alexander und bitte ihn, Deinen und seinen Vorschlag, wenn er's noch nicht getan hat, den Regeln zuzusetzen. Vergiß auch nicht, mir den von Alexander erfundenen Chiffre zu schicken. Du weißt, daß ich mir Alexanders Aufsatz abgeschrieben habe. Ich werde mir ihn denn auch im Chiffre abschreiben und das alte verbrennen, damit wir ganz sicher sind. – Wie soll ich denn Alexandern jetzt schreiben? Geradezu, oder durch Dich, liebe Henriette? Schicke mir doch, wenn ich geradezu schreiben soll, seine Adresse. Ich weiß nicht einmal recht den Ort, wo er ist. Ich dachte, er hieße Schönebeck, aber er schreibt mir von Schöningen. Schreibe es mir doch recht ausführlich. – Die gute Brenna grüße tausendmal. Ich erwarte mit sehnlichem Verlangen ihren zeigbaren, aber noch mehr einen nicht zeigbaren Brief von ihr. – Du, Henriette, wirst mir doch wohl auch bald wieder schreiben? O tue es ja! Bedenke nur, wie wenig Freude ich ohne Deine Briefe habe. Und es macht Dir, das weiß ich, ja auch Vergnügen, mit einem Freunde zu reden. Lebe nun wohl, meine beste, teuerste Henriette! Gott! Ich liebe Dich unaussprechlich. Du hast mich so glücklich gemacht. Wärest Du es nur halb so sehr auch durch mich geworden! Lebe wohl, traute Freundin, und liebe Deinen

W.

Wilhelm von Humboldt an Henriette Herz

[Frankfurt a. d. Oder]
den 23. Februar 1788

Liebe Freundin, der gestrige Tag war in der Tat nicht bloß der glücklichste, den ich in Frankfurt verlebte, sondern überhaupt einer der fröhlichsten meines Lebens. Minettens Ankunft machte mir eine große und noch dazu ganz unerwartete Freude; und wie sehr, wie unendlich wurde diese Freude durch Ihren so freundschaftlichen Brief vermehrt! Dadurch vermehrt, daß Sie äußern, es Minetten zu beneiden, daß nicht auch Sie mir die Freude machen können, Sie nach dieser längern Trennung einmal wiederzusehn! Die Güte und die Herzlichkeit, mit der Sie mir schreiben, hat mich innigst gerührt. Denn ich weiß, wenn Sie so schreiben, so fühlen Sie auch so; und waren wir nicht immer einig, daß die süßeste Wonne, die ein nicht ganz fühlloses Herz genießen kann, aus der Freundschaft edler, vortrefflicher Menschen entspringt? Nur das Gefühl, daß noch so vieles, was Ihre Freundschaft Sie von mir glauben läßt, nicht so ganz wahr ist, konnte meine Freude vermindern. Oh! in der Tat, Sie tun sich sehr unrecht, wenn Sie glauben, daß meine Bildung durch Sie nichts mehr gewinnen könnte; und wenn ich stolz genug sein könnte, zu glauben, daß Sie recht hätten, daß es wirklich so wäre, wem würde ich es danken müssen als Ihnen? Sie wissen, ich schmeichle nicht – was ich sage, das fühl ich. Aber ich weiß es zu gut, wieviel ich durch Sie und durch Ihren Umgang, vortreffliche Frau, schon gewonnen habe; und meine Mutter müßte wenig Anteil an meinem Schicksale nehmen, wenn nicht auch sie es bemerkt und sich mit mir darüber gefreut hätte. – Ich erwarte mit Sehnsucht die Zeit, wo ich wieder bei Ihnen sein kann, und liebte ich Minetten nicht so sehr, so mißgönnte ich ihr das Vergnügen, Ihnen diesen Brief bringen zu können. Glücklich nur, daß jetzt nur noch wenige Wochen mich von meinen Freunden trennen. Leben Sie wohl, und vergessen Sie nie

Ihren Freund
Humboldt

Grüßen Sie doch die gute Veit.

Wilhelm von Humboldt an Henriette Herz

[Göttingen] d. 9. Mai 1788
[Zum Teil in Ziffern]

Gott! Gott! Ihr lieben, trauten Weiber, Schwestern, Freundinnen, wie glücklich, wie unbeschreiblich glücklich bin ich in diesem Augenblick! Oh! wenn ich doch nur alles das, warum ich es bin, auch so mit einem Worte sagen könnte; aber das so langsam, so nach und nach herauszubringen, das bin ich heute kaum imstande. Oh! meine Brust ist so voll, so voll, daß ich nicht schreiben, nicht reden, nicht denken kann! Stellt Euch nur vor, morgen abend bin ich bei Kunth, und die ganzen folgenden acht Tage sind wir beieinander, unzertrennlich beieinander, wachend und schlafend, zu Fuß, zu Pferde, zu Wagen, auf und unter der Erde! Und was sich der gute liebe Kunth freuen wird! Er erwartet mich erst den 11. in Goslar, und ich werde nun schon den 10. abends hinkommen. Aber ich rede da von Goslar, als wenn Ihr schon alles wüßtet. O verzeiht mir's, aber ich kann unmöglich jetzt nach der Ordnung erzählen. Lest nur Kurts [Kunths?] Brief, den ich Euch mitschicke. Daraus werdet Ihr alles sehen. Auch Karoline seh ich nun wahrscheinlich. Wie nur mein Herz das alles wird fassen können! Den Zirkel, den wird nun Karl auch küssen, und Karoline wird ihn küssen, und dann geb ich ihn Euch zurück, und dann küßt Ihr ihn wieder. Und meinen Ring, Jette, wie wir alle die Verbundenen auf dem Sofa ihn küßten? Den küßt nun Karl auch. O welche Freude, welche unbeschreibliche Wonne! Wenn ich nur nicht so unruhig wäre; denn ich schwör's Euch, kaum kann ich die Feder halten. Mein Herz fliegt nur. Wenn doch die Tage Augenblicke wären. Ach! morgen Abend erst seh ich meinen Karl, morgen Abend schließ ich ihn erst in meine Arme. Wie sich unsre Herzen gegenseitig ergießen werden. Oh! morgen Nacht schlafen wir gewiß nicht, dann sitzen wir und reden von Euch. Wenn Ihr es doch schon auch wüßtet, dann könntet Ihr auch sitzen und von uns reden. Gott! welch Entzücken wäre das. Und nun zu all der Freude und der Trunkenheit, in die mich der Gedanke, Karl und Karoline zu sehn, versetzte, kam nun noch Euer Brief, und so unvermutet, ich erwartete ihn erst Dienstag. O Brenna, Du warst noch unter meinem Fenster! Gott, Gott, könnt ich Dich doch jetzt in meine Arme drücken, könnt ich Dir mit tausend Küssen den herrlichen, den liebevollen, den himmlischen Gedanken lohnen! Meine Vernunft, sagst Du, hätte das nicht getan! Oh! Brenna ich bitte und beschwöre Dich, sage das nicht. Wehe der Vernunft, die sich da widersetzt. Sie mag für kalte unempfindliche Menschen taugen, aber für Euren Wilhelm taugt sie nicht, Deinen Wilhelm, den Du, den Jette, den Karl so lieben, für den taugt sie nicht, den würde sie entehren! Du bist glücklicher durch mich geworden, sagst Du! Oh! Brenna sage das nicht, ich kann's, ich vermag's nicht zu fassen. Es ist, als wollte mein Herz zerspringen, wenn ich den Gedanken nur denke. Und ich kann ihn nicht denken. Er hebt mich in einer Höhe empor, vor der mich schwindelt. Oder nein, sag es mir oft, sag es mir immer. Es wird meiner Seele wieder Ton, meinem Herzen wieder Kraft geben. Es wird mich mit mir und den Menschen wieder aussöhnen; ich werde mein Dasein wieder schätzen, weil Du dadurch glücklicher wurdest. Oh! wie es mich hinriß, als ich diese Stelle Deines Briefes las, es war mir dabei, als wären unsre Seelen nicht bloß mehr verschwistert, nein als wären sie eins, eins. Aber was redest Du von unermüdeter Sorgfalt? Ist Drang des lieberfüllten Herzens auch Sorgfalt? Konnte ich glücklich sein, ohne Dich glücklich zu sehn? Was sagst Du von den Angelegenheiten eines Herzens, die ich vergessen hätte? Sind denn die Angelegenheiten der Deinigen nicht auch die meinigen? Sind denn nicht Du und ich und ich und Du, Jette und ich, und Karl und Jette, und Karl und Du, kurz *wie* Du uns miteinander verbinden magst, sind wir nicht alle eins, nicht so eins, daß wir uns nicht mehr den Worten nach trennen können? O sei ferner so glücklich, liebe mich ferner auch so, und Du wirst mich noch glücklicher machen, als ich schon ehemals durch Dich und durch Jette und Karl war. – Und Du, geliebte, traute Jette, wie hat mich Dein Brief entzückt, wie der naive Ausdruck Deiner Liebe, die aus jedem Worte hervorleuchtet! Die ganze Nacht träumte ich von Dir, und wie wir uns küßten, und wie ich vor Deinem Schoß auf den Knien lag, und wie wir uns ansahen, und wie wir uns dann zuwinkten und zuriefen, wie wir von Karl und Brenna sprachen! Gott, was ich glücklich war! Antworten kann ich Dir unmöglich jetzt auf Deinen Brief. Schreib Du mir recht viel. Sobald ich zurückkomme, schreib ich, und schreibe einen recht langen Brief von Karl und Karoline und mir. Ich schicke den Brief wieder an Brenna. Vielleicht bist Du auch dann schon von Prenzlau zurück. Nun lebt wohl, o recht wohl und denkt an mich, und an Karl und mich zusammen, denn wir denken ja nun auch zusammen an Dich. Gott, wie ich Dich liebe. So oft wähnt ich, nun könne die Liebe nicht höher steigen, und doch stieg sie noch immer! Oh! das hat keine Grenzen; ist grenzenlos und unendlich, wie die Allgüte, die uns dies Gefühl einhauchte. Leb wohl, Ihr Trauten!

Euer W.

Wilhelm von Humboldt an Henriette Herz

Den 11. November 1787

Ich kam den 8. zurück, Ihr Lieben, und fand Eure Briefe hier. Mit welchen Empfindungen sie mich erfüllten, kann ich Euch nicht beschreiben. Ich antwortete Euch gleich den folgenden Tag ein paar Zeilen. Tausend Geschäfte und Sorgen – denn noch nie erinnere ich mich einer Zeit, in der ich so wenig zu mir selber komme als jetzt – hinderten mich, Euch mehr zu sagen. Gestern erhielt ich auf einmal Eure Briefe durch Bing. Ihr könnt nicht glauben, wie ich erschrak, als ich sah, daß Ihr meinen ersten Leipziger Brief nicht empfangen hattet. Ich lief gleich hin zu dem Menschen, dem ich die Besorgung übertragen hatte. Zum Glück beruhigte er mich. Er sagt, Du wärst, Jette, grade einen Tag früher von Leipzig abgereist als er, er habe also den Brief dem ältern Vieweg gegeben, der Buchhändler in Berlin ist, und Vieweg habe versprochen ihn zu besorgen. Hast Du ihn also nun noch nicht, so schicke gleich zu Vieweg hin, und gib mir augenblicklich Nachricht. Ich hoffe, es soll alles gut gegangen sein. Auf meinen Kommissionär kann ich mich verlassen, und Vieweg kenne ich auch. Ich habe überdies gesagt, daß der Brief nicht von mir, sondern von einem guten Freunde von mir sei.

Nun, Liebe, laßt mich auf alles das antworten, was Eure Briefe zusammen enthalten. Ich antworte Euch allen dreien zugleich, es geht Euch doch alle drei gleich nah an, und ich spare etwas Zeit, die mir bei der ungeheuern Last von Geschäften, die ich habe, so teuer ist. …

… Ob wir das langsame Jahr überspringen und K.V.B. gleich aufnehmen wollen, mein Karl? Ist das noch eine Frage? Das Jahr war nur festgesetzt, damit jeder Gelegenheit hätte, den Neuaufzunehmenden genau kennenzulernen. K.V.B. kennen wir jetzt schon, Karl kennt sie, Du kennst sie, und wir kennen Euch und Eure Menschenkenntnis. Überhaupt gesteh ich Dir, lieber Karl, daß es mir nicht ganz gefällt, eine Zeit zu bestimmen, eh jemand aufgenommen werden soll. Welche Zeit man auch so allgemein annehmen mag, so läßt sich nicht vermeiden, daß sie nicht im einzelnen Fall zu kurz oder zu lang sei. Suche die Stelle, wenn Du die Regeln für Karoline abschreibst, anders zu fassen. Überhaupt kannst Du vielleicht bei dieser Abschrift noch manche kleine andre Abänderung machen. Wichtige wüßte ich zwar nicht, aber z. B. stehen Zeichen darin, die doch keiner von uns je macht, kaum weiß, die auch Herzen, die sich lieben und eine natürliche Sprache durch Miene und Blick kennen, leicht entbehren können. Bliebe dies und vielleicht einiges andre weg; so würde auch unsre ganze Loge weniger die Gestalt eines Ordens haben. Denn nimmt man nun das Wesentliche aus der Loge heraus; so läßt sich doch alles auf folgende sehr simple Sätze herausbringen:

Der Zweck unsrer Loge ist Beglückung durch Liebe. Daher hat auch ein Verbündeter gegen den andern eigentlich keine Pflichten. Denn die Liebe kennt keine Pflichten. Sie beseligt eben darum so sehr, weil sie für das, was andre aus Pflicht tun, höhere beglückendere Prinzipien kennt.

Weil der Zweck der Loge Beglückung durch Liebe ist, und der Grad des Glücks wahrer Liebe immer im genausten Verhältnis mit dem Grade der moralischen Vollkommenheit der Liebenden steht; so ist moralische Bildung das, wonach jeder Verbündete am eifrigsten strebt.

Die Verbündeten haben alle Schranken des bloß konventionellen Wohlstandes untereinander aufgehoben. Sie genießen jede Freude, die nicht mit dem Verlust höherer Freuden erkauft wird. Jeder Verbündete geht mit jedem Neuaufgenommenen ebenso vertraut um als mit den alten Verbündeten. Dadurch werden die sonst notwendigen langen Prüfungszeiten erspart, dadurch wird der erste Augenblick der Bekanntschaft ebenso beseligend gemacht, als sonst vielleicht erst das zweite Jahr hätte sein können. Wie sehr fühlte ich das mit Lina!

Gleichsam um beweisen zu können, daß wir zueinander gehören, haben wir ein simples äußerliches Zeichen, den Namenszug der Verbündete.

Ich soll also, lieber Karl, nach Erfurt oder Rudolstadt, Karoline aufzunehmen. Gern will ich's tun. Wer könnte so eine Freude versäumen. Aber freilich wird's Mühe kosten, es mit meinen Geschäften zu vereinigen. Mehr als vier, fünf Tage werde ich nicht abwesend sein können. Schreibe mir mehr von Karolinens Charakter. Nicht so bloß Bewunderung. Schildre mir sie genau. Schreib mir allenfalls einige interessante Gespräche, die Du gewiß mit ihr hattest.

Was mein Journal betrifft, so streiten sich Kunth und Du, liebe Jette, wahrlich um ein Ding, das gar nicht vorhanden ist. Ich schrieb nur sehr wenig auf, von den meisten Orten nichts, und was aufgeschrieben ist, ist so unleserlich, daß nur ich es herausbringen kann. Ich werde aber jetzt noch es umarbeiten, und dann erhältst Du – kannst Du noch fragen? – alles.

May und Gentz, die Du in Leipzig sprachst, kenne ich nur von Ansehn. Sie haben mir Deinen Gruß gebracht. May ist ein guter Mensch und der vertrauteste Freund von Karolinens Bruder Franz. Gentz ist ein Windbeutel, der jedem Weibe den Hof macht. Nun lebt wohl alle drei. Schreibe mir bald, Karl, recht ausführlich über alle Punkte dieses Briefes. Sei indes glücklich. Gewiß, Du wirst noch einmal L. besitzen. Arbeite nur, Deine Lage zu verändern. Kommst Du denn nicht nach Berlin? Du schreibst mir doch bald, Jette? Und Du, o geliebte Brenna. Ich hatte so lange nichts von Dir. Soll denn Dein Wilhelm nicht mehr durch Dich glücklich sein?

Euer W.

Für L. erhaltet Ihr Sonntag einen Brief.

Karoline von Dacheröden an Wilhelm von Humboldt

Montag [5. Januar 1789]

Ich muß doch nun auch Deinen Brief beantworten, mein Lieber. In der Tat hatte ich die paar Worte, die Du den ersten Tag über Jettens, Brendels und Karls Unzufriedenheit mit Dir hattest fallen lassen, für nichts mehr als Scherz genommen, um so mehr, da mir die Weiber und Karl verschiedenemal geschrieben und nicht eine Silbe berührt hatten, welches Du aus den Briefen, die ich Dir von ihnen gegeben, selbst ersehen wirst. Ich weiß eigentlich nicht recht, was ich über den Vorwurf, den sie Dir machen, daß Du bloß Weiber aufsuchtest, Dich mit ihnen zu weit und mit zu vielen verbreitetest, sagen soll, weil ich, um darüber zu urteilen, Deine Briefe sehen müßte und ob sie dazu Anlaß gegeben; was aber die an mich gerichteten Briefe, die zu schwärmerisch sein sollen, betrifft, so haben Karl, Brendel und Jette unrecht. Außer daß die Grenze zwischen tiefer, wahrer Empfindung und Schwärmerei so fein ist, daß sie nur von wenigen entdeckt wird, so ist es immer vermessen, des andern Gefühle despotisieren oder auch nur beurteilen zu wollen, weil auch bei der innigsten und genauesten Kenntnis seines Charakters es uns doch unmöglich ist, den Gang seiner Empfindungen zu durchschauen und das Letzte und Höchste seiner Gefühle zu bestimmen. Daher kann bei dem einen *wahre* Empfindung sein, was bei dem andern nur erborgt ist, und daher läßt sich durchaus nichts Allgemeines über dies Sujet sagen, ohne Gefahr zu laufen, ein ungerechtes Urteil zu fällen. Was den andern Vorwurf betrifft, den Dir die lieben Geschöpfe gemacht haben, so finde ich ihn ernsthafter. Mangel an Vertrauen würde Mangel an Liebe voraussetzen, und Mangel an Liebe in einer Verbindung wie die unsre – ich mag nicht alles hernennen, was daraus folgen würde, denn Dein Herz hat sich auch nicht des fernsten Gedankens eines solchen Mangels schuldig gemacht. Wilhelm! ich sollte vielleicht nicht über eine Sache urteilen, die Dich betrifft, aus Furcht, für parteiisch erklärt zu werden, weil ich sie schon längst in einem so ähnlichen Gesichtspunkt betrachtet habe und noch betrachte – doch nein! Ich will Dir meine Ideen darüber ohne Hehl sagen: mein Herz sagt mir, daß es seine innigste Überzeugung ist, daß kein Schatten von Parteilichkeit stattfindet, und daß es sich gern eines Besseren will belehren lassen, wenn ihm die Richtigkeit einer andern Meinung so anschaulich gemacht wird, wie ihm jetzt die Wahrheit seiner eigenen ist. Nach meinen Begriffen besteht die höchste Schönheit unsres Wesens in einer gewissenhaften Erfüllung aller unsrer Pflichten und *ihrem richtigen Verhältnis untereinander.* Diese Schönheit hört auf, sobald eine einzige vernachlässigt oder verletzt wird, und das Ganze leidet dadurch.

Ich weiß nicht, ob ich mich deutlich genug ausgedrückt habe, aber das Bild dessen, was ich meine, schwebt vor mir. Sage mir, ob Du mich verstanden hast und ob Du meiner Meinung bist. Nach diesem Grundsatz gehe ich weiter und wende ihn auf einzelne Umstände an, denn ich strebe im Herzen nach jenem harmonischen Verhältnis, weil es mir aller Vollkommenheit höchster Inbegriff ist. Unsre Verbindung legt einem jeden von uns dieselben Pflichten auf, aber sie würde nach meiner Einsicht ihren schönsten Zweck verfehlen, wenn sie so in andre Pflichten eingriffe, daß dieselben verletzt würden, da sie dazu beitragen soll, uns in der Ausübung aller Tugenden zu stärken und uns zum Edlen und Schweren zu erheben. Andre und von ihr verschiedene Pflichten hat ein jeder von uns, denn es wäre eine Ungereimtheit, zu behaupten, daß wir nur für sie existieren sollten, da nichts Einzelnes, sondern die Vervollkommnung des Ganzen für uns Zweck sein muß, und da der gewiß den rechten Gesichtspunkt noch nicht hat, der nur eine Lieblingsidee herausgezogen hat und sie verfolgt. Wenn Karl, Jette und Brendel behaupten, daß die Aufdeckung alles dessen, was uns von andern anvertraut wird, mit zu den Pflichten der Verbindung gehört, so scheinen sie mir unrecht zu haben, denn wie könnte die Erfüllung einer Pflicht nur durch die Verletzung einer andern bewirkt werden, um mit unbefleckter Schöne im Herzen zu blühen? Und diese Verletzung ist nicht ein Hirngespinst der Einbildung: sie ist reell. Jene Offenherzigkeit gegen die Verbündeten geschieht auf Kosten eines fremden Guts, das uns heilig sein muß. Ich weiß die Gründe, die unsre Lieben für die Richtigkeit ihrer Meinung anführen: die wichtigsten sind, daß jene Personen, die uns ein Geheimnis anvertrauen, es ihnen ebensogut anvertrauen würden, wenn sie sie so genau kennten, wie sie uns kennen, und zweitens, daß wir die Verbindlichkeit bei der Aufnahme in die Verbindung eingegangen sind, soviel uns möglich Menschenkenntnis zu vermehren. Ich ehre diese beiden Gründe, allein sie haben Ausnahmen und Einschränkungen. Über den ersten könnte ich sagen, daß, da meist kleine Nuancen die Verschiedenheit der Charaktere bestimmen, die Möglichkeit sehr leicht existieren könnte, daß ein zu unserer Verbindung nicht gehöriger Freund uns Sachen anvertraute, die er nie unsern übrigen Verbündeten sagen würde, denn obgleich kein wirklich guter Mensch einem guten abgeneigt sein kann, so ist doch dieses Nichtzurückstoßen noch ungeheuer weit von jenem Erguß der Seelen entfernt, wo gleichsam aus zwei Wesen eins wird und Seele um Seele sich tauscht, und was den zweiten Grund betrifft, so ist mir das Gute nicht mehr gut, wenn es durch etwas Böses getan wird. Dies würde hier nach meinen Begriffen der Fall sein. Vermehrung wahrer Menschenkenntnis ist sehr schätzbar, aber die Art, wie man zu ihr gelangt, muß tadellos sein, damit sie Nutzen bringe.

Karl hat in seinem letzten Briefe etwas sehr Wahres gesagt, was mächtig an mein Inneres sprach. Die Worte weiß ich nicht mehr, aber der Sinn war ungefähr der: ›Das Gute bleibt ewig gut, wenn es sich auch durch alle Krümmungen des Bösen durchwinden muß.‹ Ich wende den Satz um, und es wird nicht weniger wahr sein, und sage: ›Das Schlechte bleibt schlecht, und wenn es sich auch in den reizendsten Formen einzwänge‹, und am Ende laß mich den gewiß nicht unwichtigsten Grund noch hersetzen: es wäre unsrer unwert, etwas wider unsre Überzeugung zu tun. Wider ihre Grundsätze handeln nur schwankende Charaktere, die eigentlich gar keine haben und deren Wille und Meinungen immer in des andern Gewalt sind. Auf solche Menschen kann man nicht bauen. Es ist gut und ist recht, daß Du gemacht hast, daß dieser Unterschied unsrer Denkungsart einmal zur Sprache gekommen ist, in einer so genauen und innigen Verbindung wie die unsre muß nichts unerläutert bleiben, was uns selbst betrifft. Es ist zu wichtig. Darum dringe Du nur auf Erklärung und Zurechtweisung von den andern, mein Wilhelm, denn es ist möglich, daß wir im Irrtum sind; dringe darauf in Deine und meine Seele, denn ich sehe aus Deinem Briefe und aus Deinen Gesprächen, daß die Überzeugung unsres Verstandes über diesen Punkt so übereinstimmend ist, wie es nur irgend von zwei verschiedenen Wesen denkbar ist. Ich müßte mich sehr irren, wenn Karoline hierüber nicht auch unsrer Meinung wäre. Sie hält sehr viel von Diskretion, und sie hat recht, diese ist ein heiliges Band der Gesellschaft. Was nun die Forstern einzeln betrifft, ihre Freundschaft, ihr Briefwechsel, so sehe ich nicht ein, von was Dich das *ableiten* könnte. Uns darüber zu vergessen, zu vernachlässigen, zurückzusetzen, uns um einer neuen Bekanntschaft willen lauer zu lieben ist nicht denkbar – auch ist dieser Gedanke gewiß nie in Jettens, Karls und Brendels Herz gekommen, und in das meine? – O Wilhelm, wenn Du so vor mir stehst und Du mich ansiehst mit dem Blick – ich weiß nicht, was für einen Namen ich ihm geben soll, es ist so etwas Unbeschreibbares darin –, dann bebt es mir durch alle Adern und mit jedem Tropfen Blutes zum Herzen: er liebt mich!! – Eins sind wir, ineinandergewebt durch tausend Gefühle, verbunden durch die heiligsten Bande. Gott, ewiger Vater, Vater der Liebe, schau segnend herab! das Ziel, nach dem wir alle wallen, ist deiner unsterblichen Kinder nicht unwert. –

Sei wieder heiter, mein Geliebter – laß diesen Mißverstand unter Euch sein wie einen leichten Nebel, der einen Augenblick vor die glänzende Scheibe der Sonne getreten – aber ihre feurigen Strahlen zerstreuen ihn bald, und er entflieht, und sie tritt glänzender hervor. O daß ich Dich in meine Arme schließen könnte, guter, treuer, sanfter Wilhelm, und Dir sagen: das ist Deiner Jette, Deiner Brendel und Deines Karl Kuß; sie tragen Dich alle mit unendlicher Liebe im Herzen. – Aber wozu denn auch das, ich werde Dir's wohl nicht zu sagen brauchen, selbst ihre Briefe, so schmerzhaft sie Dir sein müssen, müssen Dir auch wieder Beweis ihrer Liebe sein. Wilhelm, Wilhelm! ich sage Dir, Du bist mir mit Deinem reinen, einfachen Herzen unaussprechlich teuer, ach! in jedem Augenblick möchte ich Dir das sagen, möchte es Jetten, Brendel und Karolinen sagen, wie ich Dich, wie ich sie liebe, wie diese Liebe mein Leben trägt und welchen wohltätigen Einfluß sie auf mein Wesen hat. Ewiger Gott! welches Meer von Liebe quillt in meinem Herzen! o Du, der Du diese Empfindung mir gabst, laß sie ein Quell des Segens werden für meine teuren Geliebten!

Karoline von Dacheröden an Wilhelm von Humboldt

[Erfurt,] Mittwoch abend [21. Januar 1789]

... Ich bin jetzt voller Erwartung, Briefe von unsern Lieben aus Berlin zu empfangen. Karoline, die ihre Gedanken über die Vorschriften hingeschrieben hat, wird eine große Revolution in das bekannte System bringen, von der ich mir viel verspreche. Ich habe Karls Papiere nicht gelesen, aber ich kann mir denken, daß unsre Vorstellungsarten und die Deinige sich hierüber sehr begegnen werden und unter anderen die festgesetzten Regeln oder, wie Jette immer schreibt, die ›Statuta‹ sich ein für allemal empfehlen werden. Ich denke doch, sie werden uns eine Abschrift zukommen lassen....

Karoline von Dacheröden an Wilhelm von Humboldt

[Erfurt,] Donnerstag [9. April 1789]

... Ich bin mit allem dem, was Du Karln über Verbindungssachen schreibst, gar sehr zufrieden. Närrisch genug, daß Karl und die Weiber bis auf den letzten Augenblick bei ihren lieben Statuta beharren wollen. Ich habe bis jetzt noch nicht eine Zeile von dem Aufsatz gesehen, den ihnen Karoline vor drei Monaten geschickt hat, noch von ihren Anmerkungen. Das einzige, was ich an Deinen Vorschlägen für einen Augenblick einzuwenden fand, war, daß man nicht genötigt sein solle, die Ursachen anzugeben, warum man diesen oder jenen nicht aufnehmen will. Ich habe es aber nachher besser bedacht und gefunden, daß Du vollkommen recht hast. Die Verbündeten müssen durch die innige Kenntnis ihres Charakters und ihr gegenseitiges unbegrenztes Zutrauen gegeneinander versichert sein, daß der, der die Aufnahme verweigert, triftige Gründe haben muß, wenn er sie gleich ihrem Urteil nicht unterwirft. Der Zwang, diese Ursachen mitzuteilen, wäre mit völliger Freiheit, an der uns so viel liegt, nicht kompatibel und könnte in andre Pflichten greifen, die uns darum nicht weniger heilig sein dürfen, wenn sie auch mit der Verbindung in gar keinem Zusammenhange stehen....

Wilhelm von Humboldt an Karoline von Dacheröden

30. Mai [1789]

... Wohl hast Du recht, meine Li, Dich zu wundern, welche Freude Brendel und Jette und Karl an ihren Statuten finden; ich kann's auch nicht recht einsehen. Überhaupt haben sie, dünkt mich, viel zu hohe Begriffe von der Verbindung, glauben noch immer, daß von der Verbindung auch, wenn außer uns ein Fremder zutritt, etwas abhängt. Und das, gesteh ich Dir, begreife ich nicht. Soll nie ein andrer zu uns kommen, so gibt's keine Verbindung mehr unter uns, als die der Himmel knüpfte, indem er unsre Seelen harmonisch schuf. Oh! und was, was gleicht dieser Verbindung! was bedürfen so verschwisterte Seelen noch eines äußern Bandes! Ich weiß nicht, ob Du den Brief meiner guten Karoline gelesen hast, den sie mir neulich für die Weiber schickte. Doch auf alle Fälle kennst Du auch ohne das ihre Lage und ihre Art zu denken. Ich begreif es so wohl, ich sehe es so klar, daß die Verbindung im strengsten Verstande ihr unlieb sein muß, daß sie ihr auf der andern Seite wenig oder, laß uns aufrichtig sprechen, nichts geben kann als die Hoffnung, durch eben diese Verbindung einmal wieder einen Freund wie Karln, eine Vertraute wie Brendel und Jetten zu bekommen, eine Hoffnung, die doch, wie schön sie ist, auch manches, vorzüglich in ihrer Lage, gegen sich hat. Nimm nun uns übrige. Gewinnen wir durch die

Verbindung? Was könnten wir durch einen Namen gewinnen? Und ist's mehr als Name? Nie, nie werde ich's zugeben, daß das Gefühl, was mich für Euch alle durchglüht, Werk der Verbindung sei. Oh! das ist Gottes Werk, ewig wie das unendliche Wesen, das es mir gab, und erhaben wie er über jedes irdische Schicksal. Und können wir denn nicht auch ohne Verbindung früher zu Fremden Vertrauen gewinnen, ihnen früher unsre Liebe schenken? ...

Wilhelm von Humboldt an Karoline von Dacheröden

[Berlin,] den 29. Januar [1790]

... Mit den Frauen geht's unendlich besser. Ich werde sie bald ganz beruhigt haben. Es wird mich innigst freuen; Jette ist doch sehr liebenswürdig, und Brendel hat viel Stärke. In ihrer Familie gefällt mir Brendel nicht. Sie kennt kaum die Idee, ihren Mann glücklich zu machen – ich wüßte doch nicht, wie ich ohne diese alleinige Idee mit einem Geschöpf, wie es auch sei, so nah leben könnte. Doch kenn ich das ganze Verhältnis noch nicht genug. Ich mag ihr unrecht tun. ...

Wilhelm von Humboldt an Karoline von Dacheröden

[Berlin,] 23. März [1790]

... Ich weiß nicht, ob ich Dir schon schrieb, daß die Veiten, seitdem ich hier bin, mit einem jungen Sohne niedergekommen ist. Ich bin sehr oft bei ihr und noch öfter bei Jetten, die ich jetzt Italienisch lehre. Dennoch geht es mit Jetten noch gar nicht gut. Sie behauptet, es sei keine Vertraulichkeit mehr zwischen uns, ich sei geändert usf. Ich sehe kein Mittel ab, das in ihr zu ändern, also laß ich's gehen. Doch tut's mir innig leid, daß sie sich dadurch weniger glücklich und mir ihren Umgang durch unaufhörliche Anspielungen weniger angenehm macht. Der eigentliche Fehler ist, daß sie sich ewig nur mit sich beschäftigt, ewig auf sich alles zurückführt, daß sie darum auch immer meistenteils mit sich, manchmal aber auch mit dem Betragen anderer gegen sie unzufrieden ist, daß sie sich nie in sich, sondern nur immer in andern sieht, daß sie, was sie dem andern ist, nicht aus seinem ganzen

Wesen sieht, sondern nach gewissen Dingen, die ihr nun einmal Maßstab sind, beurteilt, daß sie einen schlechterdings nicht versteht und dabei über alle Beschreibung empfindlich ist, endlich, daß sie wenig eigenes Nachdenken und wenig tiefes Gefühl hat, aber das Süße und noch mehr den Wert, der in beidem liegt, kennt und nun nach beidem so in guter Unschuld strebt, ohne zu bedenken, daß dies Streben ewig umsonst ist. Dem allen ungeachtet besitzt sie aber doch eine Herzensgüte, eine Liebenswürdigkeit, eine Naivität und eine Anhänglichkeit, die immer jeden an sie anziehen wird....

Henriette Herz an Unbekannt

Berlin, den 20sten Mai 1790

Sehr herzlich hat Ihr Brief mich gefreut, meine liebe gute Seele, ich brauch es Ihnen, wenn Sie auch nur wenig mich kennen, nicht zu sagen, daß glückliche Menschen mich freuen, und wenn ich diesen Menschen nur liebe, so hätt ich doch selber Freude, nehme dreifachen Teil an ihrem Glück. Es ist so selten, glückliche Menschen zu sehen, daß ich es immer nicht zu glauben wage, wann mir einer sagt, daß er es ist, und doch liegt die Quelle der Glückseligkeit so ganz in uns selbst, es geht aber gewöhnlich so, wir übersehen das Gute, was uns nahe liegt, und suchen es auf, wo wir es nie finden. Das fühle ich selbst oft sehr lebhaft, daß ich alle Unannehmlichkeit, die mir zuweilen aufstößt, arg räsonieren könnte, und doch hänge ich ihr nach, und jeder Mensch, wenige ausgenommen, tun dasselbe. Es geht hier wie mit den Elenden, die das mühseligste Leben eher ertragen, als daß sie selbst es enden, der Gedanke: das kannst du immer noch, dazu ist's immer Zeit: fällt sie zurück, bis die Natur es endet. Ich wollte in diesem Brief gar nicht räsonieren, und unvermerkt verfalle ich darin. – Ich habe Ihren Brief an unsere Brendel gelesen, warum, meine Liebe, quälen Sie sich selbst so sehr. Sie wird Sie gewiß immer lieben, die gute Brendel, und wer Sie kennt, wird Sie lieben, freilich gehört ein längerer Umgang dazu, Sie zu kennen, als mit vielen anderen Menschen. Aber wenn man Sie einmal kennt, so können Sie wirklich gewiß sein, daß man Sie liebt. Ihr zurückgehaltenes, etwas schüchternes Wesen macht die Menschen glauben, daß Sie nicht lieben und nicht geliebt sein wollen. – Ich weiß es besser und liebe Sie sehr herzlich, warum wollen Sie es mir nicht glauben, daß ich Ihre sehr warme Freundin bin, warum wollen Sie mich denn so ganz und gar nicht dafür erkennen, ich hätte es doch so gerne, daß Sie es wüßten, daß ich Sie liebe und daß Sie mich dafür wiederliebten; ohne es sich einfallen zu lassen, daß ich Sie verehren will, kann ich über dieses Gefühl von Vernachlässigung und Verachtung nichts sagen, weil ich selbst oft sehr darüber leide, wie oft zweifle ich nicht an die Liebe derer, an denen ich hänge und von deren Liebe ich doch wirklich überzeugt sein könnte, und doch habe ich oft sehr unglückliche Stunden drüber. Wir müßten stolzer werden, liebe Seele, ohne Wert ist kein Mensch, und wir sollten es sein. Sie werden mit mir viele andere Menschen unter uns fühlen, warum sollten wir es nicht einsehen, daß wir vor vielen anderen Vorzüge haben, sind unsere Freunde mehr als [unleserlich] nur gut, so werden sie das Gute, das wir haben, schätzen, und wenn sie ernstlich uns lieben, das Nichtgute verbessern, sind sie weniger als wir, so tragen wir zu ihrer Besserung bei. Wir sind also im gleichen Falle Liebende, wir wollen uns einander helfen und uns lieben. Ich gestehe Ihnen, daß es mir lieber wäre, wenn Sie geradezu etwas wider mich hätten, falls daß Sie aus Schüchternheit mich nicht lieben, denn das erste könnte ich widerlegen, das zweite aber ist schwer oder doch langsam nur zu ändern.

Leben Sie wohl, liebe beste J., behalten Sie mich lieb oder vielmehr grüßen Sie mich lieber. Das wird mir viel Freude sein.

Ihre H.

Brendel hat mir gesagt, daß Sie abreisen, wie sonderbar Binny sich beträgt, ich bin, wie Sie wissen, sonst mehr für B. als für L., aber jetzt hat sie wirklich sehr recht, es fällt jedem auf, der sie sieht, sie stiefelt beständig des jungen Adels halber. Humboldt ist durch Stieglitz empfohlen und Brinckmann durch Humboldt. Sie kennen den einen, wissen, wie gut und klug er ist. Sie kann ihn aber nicht leiden und entfernt sich, wenn er kommt. Auch mit mir spricht sie nicht, am meisten noch mit Brinckmann. Ebenso beträgt sich Joseph; er spricht mit niemandem, brummt beständig. Wenn er bei uns ist, so bleibt er bei H. und kommt zum Essen erst vor. Wozu soll das Geheimnisvolle? Die Menschen könnten so glücklich miteinander sein und machen sich selbst das Leben schwer. D[unleserlich] mag sagen, was sie will, ruhig ist es nicht in ihr, das merkt man sehr, auch hat sie mir gesagt, daß sie so ungeduldig sei und nichts tun könne. – Meine Nachschrift wird größer als [der] Brief selbst. Leben Sie wohl, meine teure Freundin. Schreiben Sie mir bald, ich höre die Entschuldigungen nicht gerne von Ihnen, daß Sie mir so lange nicht geschrieben haben.

Vor 3 Tagen habe ich den Brief in Berlin angefangen und endige ihn hier in Schöneberg. Ich wohne bei Itzig und lebe wie Gott in Frankreich.

Wilhelm von Humboldt an Karoline von Dacheröden

[Berlin,] den 26. Juni [1790]

... Schon in jedem Briefe hab ich Dir von den Menschen reden wollen, mit denen ich hier lebe. Aber nie komme ich dazu. Es ist so schwer, von Menschen zu reden. Ich will Dir auch nur von meinen Empfindungen mit ihnen sagen. Mit Jetten bin ich sehr auseinandergekommen. Ich kann mir nicht helfen, sie erscheint mir so ganz anders, als ich sie sonst in den Träumen meiner Phantasie sah. So wenig wahres und tiefes Gefühl, selbst mit Karln nicht, so viel Selbstsüchtiges, Kleines, Eitles und so viel Laune, dann selbst wenig Güte. Des Mangels an Delikatesse, noch mehr an Grazie will ich nicht einmal gedenken. Ich würde glauben, ich irrte mich, wenn nicht Brendel und ihre übrigen Vertrauten im Grunde ebenso von ihr dächten. In jedem Verhältnis, in dem sie ist, muß sich der andere immer mit ihr beschäftigen. Sie beschäftigt sich nie mit ihm. Und dann die Sucht, alles wissen zu wollen, nach dem Erzählen alle Vertraulichkeit zu messen. Einmal hat sie mir sehr weh getan. Sie war einen Abend so launisch, und Brendel selbst litt dadurch so viel. Wir waren darauf einen Augenblick allein. Ich bat sie, anders zu sein, wenigstens gegen uns, die sie liebten, lag vor ihr wie sonst so oft, bat sie so freundlich und gut, daß Brendel mich kaum begriff, und sie blieb wie erst, gab mir einen kalten Kuß und fing, wie ich kaum schwieg, einen neuen Zank mit Brendel an. Es empörte uns beide, und wir ließen sie reden und gaben ihr recht. Jede andere, Du, wenn Du nicht mich, wenn Du einen andern nun so, wie ich es tat, so vor Dir gesehen hättest, hättest es nicht einen Augenblick erduldet. Ich begreife wohl, wie das in ihr ist, begreife, wie es neben manchem Guten bestehen kann, und darum bin ich ihr noch recht gut, aber wie sonst kann ich nicht sein, selbst nicht scheinen, und scheinen kann ich ihr noch weniger, da sie die Liebe nach so ganz andern Dingen mißt. Meinen Blick hat sie nie verstanden, überhaupt hatte ich dies Gefühl auch sonst nie mit ihr; sie sagte mir auch oft sonst, daß sich, was ich fühlte, nicht in mir ausdrückte, und da kriegt ich den Namen sans expression. Und ich glaubte das so, daß es mir manchmal weh tat, wenn ich anfangs neben Dir saß und nun so gewiß dachte, daß Du nichts in mir sähest, mein Blick, mein Händedruck nichts Dir sagten, bis ich so beglückend das Gegenteil in Dir las. Da fühl ich's denn wohl, daß die arme Jette sich mir fremder denkt noch, als sie mir ist, dann, daß es sie wechselweis kümmert und verdrießt. Aber glaub mir's, Lina, ich kann nicht mehr tun. Davon sagst Du doch Karln nichts? Zwar ist er in vielen Punkten einig mit mir über Jetten. Aber er fühlt, daß er mehr auf sie wirken kann, und darum, glaub ich, ist sie ihm soviel mehr. Ich mag wenigstens niemandes Empfindung beurteilen. Viel anders ist's mit Brendel. Ich bin wie immer und noch enger mit ihr. Sie ist unbeschreiblich unglücklich. Wenn Du den Mann kenntest, es gibt dafür keinen Ausdruck, für diese Plattheit und Hohlheit und Härte und Weibischheit! Und mit diesem Mann wachsen nun noch die Gefühle für mich. Sie liebt mich in jedem Verstande des Worts. Sie fühlt und weiß, daß sie mir nicht ist, was ich ihr bin, und nun läßt bald Stolz, bald Liebe selbst, weil sie mich zu beunruhigen glaubt, sie schweigen. Das gibt ihr so eine edle, hohe und gehaltene Stimmung und, wenn sie sich einmal hingibt, so unendliche Fülle der Empfindung. Sympathisieren könnt ich nie mit ihr. Ihr Leben unter den platten Menschen, ihr Unglück selbst gibt ihr so eine Härte der Verzweiflung oft; so ein Lachen, weil man nicht weinen mag, ist so oft in ihr, sie ist mir das lebhafteste Bild mutwilliger Zerstörung einer schönen, herrlichen Blüte, sooft ich sie sehe, und so wechselt Bewunderung und Bedauern in mir. Und von allen andern ist sie so ummauert, es sieht keiner in sie, selbst Jette nicht, mit der sie doch am vertrautesten ist, diese Einsamkeit verödet sie noch mehr. Gegen mich nimmt sie sich unendlich schön, und doch kann ich ihr so wenig sein, seh ich sie selbst so selten....

Wilhelm von Humboldt an Karoline von Dacheröden

Sonnabend [18. September 1790]

Heute erst war ich bei Jetten und Brendel. Aber es war nicht Nachlässigkeit von mir. Gestern hatten die Juden Lange Nacht, wo sie nicht besuchbar sind, und vorgestern war ich in Tegel. Ach, so eine lange Nacht, liebe Li! Wenn ich so heraussah, und es war noch so finster. – Aber ich muß Dir noch von Jetten erzählen. Es ist doch ein sonderbares Weib, wirklich so kleinlich, von wenig innerem Gehalte. Ich fühle das immer mehr und mehr, und es tut mir leid, weil ich selbst empfinde, daß ich noch kälter und wirklich verschlossen dadurch werde. Aber sie fordert auch so Vertraulichkeit, und ich kann nicht von Dir mit ihr reden. Sie versteht einen doch nicht und ist gleich so fordernd, so anmaßend. Ich habe ihr also fast nichts als so das Gewöhnlichste von Dir gesagt, aber freilich merkte ich auch wohl, daß es ihr gar nicht recht war. Sie spricht aber auch wirklich entsetzliche Dinge von mir. Stell Dir nur vor, neulich hat sie ganz positiv erzählt, wie ich eigentlich Dich nicht liebte, sondern hier in Berlin eine ganz andere Verbindung hätte. Ich schreibe Dir das, damit Du mich doch nicht tadelst, wenn ich mich mehr von ihr zurückziehe. Denn sage, wieviel Schwachheit gehört dazu, so etwas sich einzubilden und es dann erst zu erzählen und das von mir zu erzählen, für den sie doch noch immer Achtung und Liebe haben will. Sie wird mir noch manche unangenehme Stunde hier machen, und was mir das drückendste ist, so sind alle ihre Schwächen doch von so einer Art Gutmütigkeit begleitet, um die es einem manchmal leid tut. Und freilich verliert sie jetzt viel. Auch Karl soll ihr häufig in geändertem Tone schreiben. Und wie könnt es anders sein? Alle diese Verhältnisse waren erzwungen....

Wilhelm von Humboldt an Karoline von Dacheröden

[Berlin,] Sonntag abend [14. November 1790]

Schilt Billn nicht, daß er so kindisch ist. Hat heut noch eine Entdeckung gemacht, die ihn so gefreut hat. Li heißt auf hebräisch *mein,* brauche nun nicht mehr zu sagen ›meine Li‹, Li ist schon mein; aber Bill heißt nicht Dein und ist doch auch Dein. Ach! wohl ist er Dein.

– – Der arme Karl hat mit Jetten so viel zu tun. Ich weiß nicht, ob ich Dir schon davon schrieb. Vor etwa sechs Wochen hatte ich mit Jetten eine übergroße Konferenz. Du weißt Jettens und Karls altes Verhältnis. Jette liebt Karln wirklich. Denn wenn mir auch das nie Liebe eigentlich scheint, was sie fühlt, so spreche ich doch so ungern über anderer Empfindung ab. Es ist doch wohl das Höchste, was sie zu fühlen vermag. Denn wem außer mir gewährte das Schicksal das Glück, eine Liebe zu genießen, gegen die jede, auch die glühendste Empfindung kalt scheint? Ach, es scheint mir so ungerecht, mich dieses Glücks zu überheben, nach dem Maßstabe der Wonne, die Du mir gibst, den Gefühlen, die Dein einziges Wesen in mir weckt, andere zu beurteilen, daß ich vielleicht nie so sanft und behutsam im Beurteilen anderer war, als ich es jetzt bin. Jette liebt also Karln, und Karl – Karl hat sie wahrscheinlich nie geliebt oder höchstens eine kurze Zeit es nur geglaubt und hernach ihr die Idee, durch die er sah, daß sie Freude hatte, nicht entreißen wollen. Ich könnte eine solche Täuschung nicht unterhalten. Es gibt doch keinen Genuß ohne Gefühl der Wahrheit; nur ist es wohl kindisch, das hier anzuwenden, da der Getäuschte ja Gefühl der Wahrheit hat. Aber mir kommt's immer so vor, als sei die Freude dessen, was wahr ist, doch immer höher als die dessen, was wir nur dafür halten, selbst auf so lange, als die Täuschung währt. Es kommt nicht bloß, dünkt mich, auf unser Meinen und Glauben, sondern vor allem auf die Wirkung des Gegenstandes an, den wir empfinden. Indes tat das Karl. Seit einigen Monaten aber wurde er kälter und nachlässiger, und endlich schrieb er einmal: ›Ich bin von der Bühne abgetreten, nehme teil an allem, bin aber für mich nicht mehr interessiert.‹ Denke, wie Jette das auffaßte. Aber sie ist keines eigentlichen Schmerzes fähig. Sie tut einem wohl leid, weil sie leidet, aber es ist immer mehr Verdruß als Schmerz und dieser Verdruß nie ohne sichtbares Streben, ihn bemerklich zu machen. Sie fragte mich um Rat. In die Sache selbst mocht ich mich nicht mischen, ich sagte, sie würde Karln nur nicht verstanden haben, hätte sie aber recht und liebte Karl sie wirklich nicht, nun, so gäb es nur ein feines und edles Mittel, ungeliebt still zu lieben und zu dulden. Alles das nahm sie recht gut auf, schrieb aber Karln, gewiß nicht, ohne daß er merken mußte, wie es in ihr sei. Denn das kann sie gar nicht. Auch schrieb sie ihm, er möchte den Winter nicht herkommen. Ich versicherte zwar immer, es hätte ohnehin keine Gefahr, allein umsonst, sie muß wirken, arrangieren: so geschah's. Karl ließ den Brief bis heute unbeantwortet. Heute aber ist's auch ein Paket, das auf einmal das halbe Verbindungsarchiv füllt. Ich sprach seitdem nicht mit ihr davon. Sage selbst, ist's möglich, mit so verschieden empfindenden Menschen über so etwas zu reden? Schon daß Karl nicht herkommen sollte! ...

Karoline von Dacheröden an Wilhelm von Humboldt

[Erfurt,] Mittwoch abend [24. November 1790]

... Armer Karl hat so viel mit Jetten zu schicken. Daß Jette ihn liebte, wußte er wohl, und er legte etwas darauf. Ich erinnere mich einiger Worte, die er mir einmal schrieb und die mir sehr auffielen: ›Ich war Jettens *erste* Liebe, und *darin* liegt für einen Mann etwas sehr Schmeichelndes.‹ Ich konnte nie solchen suffizienten Ton mit unsres lieben Karls Wesen reimen. Jette tut mir weh, denn in ihrer Natur ist die Empfindung, die sie für Karln hegt, die höchste, aber sie weiß nicht, was wahre Liebe ist. Das Bedürfnis, ihren Schmerz, ihren Verdruß, wenn Du es so nennen willst, bekanntzumachen, kann ich nicht leiden. Es ist so klein, es zeugt von so wenig innerem Gehalt und Leben in eignen, teuer erkauften Gefühlen – laß mich abbrechen. ...

Wilhelm von Humboldt an Karoline von Dacheröden

Montag mittag [29. November 1790]

Ich schrieb Dir ja wohl neulich, daß Karl Jetten geantwortet hat. Es war eine fürchterlich dicke Epistel. Gelesen hab ich sie nicht, aber Jette ist nicht zufrieden damit. Sollen sonderbare Sachen drinstehen. Die Liebe wird eine Seifenblase, ein Possenspiel usf. genannt. Der arme Karl, ich glaube, ich versteh ihn. So schreibt er, wenn er nicht schreiben will, wie er ist. Wäre Jette anders und mehr, so würde sie mir weh tun. Einmal geglaubt zu haben, von Karln geliebt zu werden, und dann auf einmal die schöne Hoffnung hingeben zu müssen, das muß tief schmerzen. So wie Jette ist mit ihrem leichten, alles bald vergessenden Sinn, schadet's wenig. Indes wollt ich, Karl hätte sich anders genommen. Wäre er nur am Anfang wahr gewesen. Diese Täuschungen geben ja doch kein Glück. War er's aber da nicht oder täuschte er sich selbst, so sollte er jetzt es werden. Sagte er geradezu, daß er sie nicht liebte, es wäre besser. Er ließe sie doch dann wirklich in das Innere seiner Seele sehen, und sie behielte den Genuß dieses Anblicks und das Bewußtsein, daß er ihre Gefühle, wenn nicht in einem liebenden, doch in einem gütigen, teilnehmenden Herzen trüge. Bei nicht erwiderter Liebe kann nichts trösten als der Anblick der hohen Schönheit des geliebten Gegenstandes. Der hebt die Seele und macht ihr zugleich die Empfindung selbst noch teurer, die sie verzehrt. Allein so, sind die Ideen Wahrheit in Karln, hält sie sie dafür – oh! dann ist's doch zerstörend, über seine eigenen liebsten, innersten Gefühle so sprechen zu hören. Hält sie sie nicht für Wahrheit? – Einer Erdichtung wert geachtet zu werden, das muß schrecklich sein. – Karl mit diesem wahrhaft großen Herzen, mit dieser Wahrheit und Tiefe des Gefühls, so zu schreiben! Auch las ich den Brief nicht. Also mag vieles entstellt sein. – Hat Karl gefehlt, so ist's nur sein alter Fehler, die Dinge nicht gehen zu lassen, wie es das Schicksal und sein Gefühl will, sondern mit seiner Vernunft hineinzuräsonieren. Und in diesem Fehler liegt doch auch wieder ein sehr großer Teil der Schönheit seines seltenen Wesens, denn diese Stärke des Entschlusses bei dieser Heftigkeit der Empfindung fand ich noch nirgend, am wenigsten bei Menschen, die mehr gewöhnt sind, ihr Gefühl als ihren Kopf zu beschäftigen, wie es bei Karln der Fall ist. Sie weiß ziemlich genau, wie ich über sie denke, weiß aber doch dabei, daß ich nie aufhören werde, ihr gut zu sein, und ist es mir wieder. Anfangs habe ich sehr gewaltsam zerrissen. Aber mein Wesen trägt es nicht, unwahr zu sein, und ich unternehme nie, wovon ich fühle, daß ich's nicht auszudauern die Kraft habe.

Dorothea Veit an Gustav von Brinckmann

Berlin, den 25sten Dez. 1791

... Bei unserer Herz werden Sie manches verändert finden, wenn man anders eine ewige Wiederholung gewisser Auftritte neu nennen kann; wenn Sie das nicht verstehen, so müssen Sie Geduld haben, bis Sie es selbst hören und sehen können. Sie ist ein ganz eigenes Wesen, die Henriette! man kann sie trotz aller ihrer Fehler und trotz der gêne, die ihre Freunde ausdauern müssen, doch nicht verlassen! Die berühmten Freitagsabende bei Herz dauern noch immer fort; aber sie werden jetzt so entsetzlich ennuyant, daß ich ernsthaft Anstalten machen will, um mich von diesem Klub los zu machen. Stellen Sie sich vor, Herz führt die Leute mit keinen andern Worten zusammen als: ›Der Herr ... auch ein großer Kantianer!‹, und wenn er dann so recht viel zusammengehetzt hat, denn können Sie sich den Lärm denken! Und unter dieser Philosophen Hetze müssen wir Frauen denn sitzen, und hier und da kömmt wohl einer, der sich unter unsern Schutz begibt, aber wir dürfen nicht ein Wörtchen reden, wir würden die Philosophie profanieren; kurz – man konnte Spaldingen (der vorigen Freitag da war) die Langeweile vom Gesicht lesen; und das ist doch sonst ein Mensch, der gegen jede Langeweile undurchdringlich ist. ...

Briefe von Marcus Herz

Marcus Herz an Anton Graff

Wohlgeborner, insonders hochzuehrender Herr.

Ihr schönes Meisterstück ist wohlbehalten angelangt, von Herrn Darbes aufgespannt und hängt nun bereits seit acht Tagen in meiner Stube zur Bewunderung aller echten Kunstkenner. Die Ähnlichkeitskritiker denken sich bald hier, bald da vollkommenere treffendere Züge. Ich selbst kann wegen der zu genauen Bekanntschaft mit dem Urgegenstand über diesen Punkt nicht befugter Richter sein. Indessen, was auch an dieser Kleinigkeit sein mag, so ist es doch nur eine Kleinigkeit, bei welcher der wahre Geschmack sich kaum verweilt und der allenfalls bei Ihrer einstmaligen Gegenwart in Berlin mit einem Pinselzuge abzuhelfen ist.

Nebst meinem ergebensten Dank folgt hier eine Anweisung

von 10 Stück Louisdor und 3 Stück Dukaten an den Herrn Gregory, die Sie einzukassieren belieben werden.

Haben Sie die Güte, mich in Ihrem freundschaftlichen Andenken zu behalten, und besuchen uns bald wieder.

Berlin, den 5. Mai 1792

Ihr ergebenster Diener und Freund
Marcus Herz

Meine liebe Frau im Original macht Ihnen für die Mühe, die Sie sich mit Ihrem Gesichte gegeben, einen so freundlichen Knix, der, einem andern als meinem lieben Graff gemacht, mich leicht zur Eifersucht reizen könnte.

Marcus Herz an seine Frau

[Ohne Datum]

Soeben war mein lieber Salinger bei mir, die Menschen bleiben nur bis Freitag hier und sind morgen und übermorgen abend in der Komödie, um die von ihnen bestellten Wallenstein und Piccolomini zu sehn. Ich esse nebst Lemos heute mittag bei ihnen und bedarf Deines Essens nicht. Meine Anordnungen sind nun folgende:

Morgen mittag essen die Leute bei uns draußen en Familie, ich kann Dir nicht helfen. Du mußt es schon machen, es bedarf keiner Traktierung, wenig und gut und weich. Des Abends verlassen sie uns, und ich wünsche dann wohl eine Partie zu haben. Bestelle bei Loewen, was Du nicht selbst haben kannst.

Donnerstag mittag aber dinieren wir bei Loewen. Bestelle, denke ich, für 15 Personen zum Taler und 4 Gr. Lade die Ephraims dazu ein, auch die Salomon und Mendelssohn. Die übrigen besorge ich, ich werde auch eine Partie zum Abend behalten, wo wir kalt bei Loewen oder bei uns speisen werden.

Ich habe die Idee, heute nicht zu Dir zu kommen, das Wetter ist zu elend, ich will mancherlei zu Hause tun und dann vielleicht bei Halles sein.

Es soll seit gestern mit Sarah auf eine neue Medizin etwas besser gehen.

Guten Tag
Herz

Briefe des Freundeskreises 1797–1807

Schleiermacher an seine Schwester Charlotte

Den 4ten Oktober 1797

Daß Dein Brief die Nachricht von dem Abscheiden Deiner treuen und so sehr geliebten Stubengefährtin enthalten würde, hatte ich wohl im voraus vermutet, ja sogar von Herzen gewünscht, denn bei einem Übel von der Art, was hilft da langes Leiden, wenn doch keine Besserung zu hoffen ist. Welchen Eindruck dies alles auf Eure Kinder gemacht haben muß, kann ich mir gar leicht vorstellen und freue mich herzlich jeder guten Empfindung, welche dieses Bild bei mancher unter ihnen hervorbringen wird, wenn auch jetzt unmittelbar wenig davon zu bemerken wäre. Bekannte Personen und besonders solche, die ihre Wohltäter gewesen sind, sterben zu sehn, das pflegt auch Kindern schon sehr heilsam zu sein. – Auch ich bin in diesen letzten Wochen durch die Krankheit eines Mannes erschreckt worden, mit dem ich freilich so genau nicht verbunden war als Du mit L., aber für den ich mich doch von ganzer Seele interessiere. Der alte Propst Spalding nämlich, ein Mann von beinah 83 Jahren, bekam vor einigen Wochen eine ziemlich heftige Ruhr und war lange in Gefahr. Aber welche Natur, sich in solchem Alter durch solches Übel hindurchzuarbeiten, und er hat es richtig getan und zwar wohnt er noch in seinem Sommeraufenthalt Charlottenburg, wo er doch nicht jeden Augenblick, wenn ihm etwas Besonderes zustieß, ärztliche Hülfe haben konnte. Jetzt ist über den herrlichen Mann ein neues Unglück ausgebrochen: seine Frau, die seiner mit der größten Zärtlichkeit und Sorgfalt gepflegt hat, hat nun die Ruhr in einem weit heftigeren Grade bekommen, als er sie hatte, und man ist sehr für ihr Leben besorgt; seit gestern fängt sie an, sich etwas zu bessern. Die Zärtlichkeit, welche zwischen diesen beiden ehrwürdigen Alten stattfindet, und die kindliche Verehrung aller ihrer Kinder und Angehörigen ist in unsrer Stadt, wo es fast zum guten Ton gehört, mit seinen nächsten Blutsverwandten so wenig als möglich nahe verbunden zu sein, ein seltnes Beispiel echt patriarchalischer Eintracht und Pietät, und was ich davon höre – denn ich sehe nichts davon, weil sie Besuche unter solchen Umständen nicht gern haben –, erfreut mich immer fast bis zum Entzücken.

Meine verreisten Freunde – ich habe schon in meinem letzten Briefe, wo ich nicht irre, der Reise der beiden Dohnas erwähnt – bleiben etwas länger als Deine Lotte, denn sie sind noch nicht zurück und werden erst gegen Ende des Monats erwartet. Über sie wie über Lotte Schede freue ich mich herzlich. Wie gern gönne ich es jedem guten Menschen, von Zeit zu Zeit die Freuden des Wiedersehns mit den Seinigen zu genießen. Daß L. zu ihrem Vorteil verändert befunden worden ist, nimmt mich gar nicht wunder. Ich weiß aus eigner Erfahrung, daß nichts mehr bildet als das Bilden andrer Menschen und nur in der Selbsttätigkeit zu einem großen Zweck die Frauenzimmer, und besonders bei Euch, nur als Vorsteherinnen oder in der Erziehung froh werden können. Dies zusammen muß freilich eine große Wirkung aufs Gemüt machen. Die Heiterkeit, mit der sie zurückgekommen ist, hat freilich verursacht, daß ihr Dein Zustand noch weit übler erschienen ist, als er gewesen sein mag, aber gewiß wird von ihrer Freudigkeit auch viel auf Dich übergegangen sein, und wenn sie und ihre Sorge um Dich nicht wäre, wie bange müßte mir bei Deiner fortwährenden Schwachheit sein. Grüße sie herzlich von mir. – Sonderbar, daß mir auch kurz vor der Ankunft Deines Briefes etwas Ähnliches begegnet ist wie Dir, in Absicht auf Ähnlichkeit. Ich gehe unter den Linden und begegne da einem sehr anständig, aber sehr bescheiden angekleideten jungen Frauenzimmer, welches Dir – den einzigen Umstand abgerechnet, daß sie etwas, jedoch auch nicht bedeutend, größer war – so vollkommen glich, wie mir noch nie etwas vorgekommen ist. Sie schien zu promenieren und hatte einen Bedienten hinter sich; ich beobachtete sie ein paar Mal die Linden auf und ab, um zu hören, ob sich niemand zu ihr gesellen und ob sie nicht sprechen würde; am Ende aber ging mir nicht sowohl die Neugierde als vielmehr die Zeit aus, und ich mußte ganz unbefriedigt abtrollen. Einige Tage darauf bin ich bei Herz zu einem Tee, wo viele Leute waren, und siehe da, auch ein Gesicht, von dem ich nicht zweifeln konnte, daß es das nämliche sei, welches ich vor wenigen Tagen vergeblich verfolgt hatte. Es war ein Fräulein aus Sachsen, aber Deinen Ton der Sprache und Dein Lachen hatte sie nicht. Sollte die Ähnlichkeit vollkommen sein, so müßte ich an ihr auch noch eine kleinere Nase gefunden haben als die Deinige, die, wie Du wohl weißt, ungebührlich klein ist. Ich sprach mit ihr, und sie redete sehr verständig und ungezwungen über Iffland, über das Theater, über einige Bücher und was dergleichen Unterhaltungs-Plätze in solchen Zirkeln mehr sind; aber ein besonderes Interesse fand ich denn auch nicht an ihr.

Für heute leb wohl, ich habe Dir noch viel zu sagen, und der Brief wird sich wohl noch ein paar Posttage gedulden müssen.

Den 22sten Oktober

Aus den paar Posttagen sind ein paar Wochen geworden, und dessen, was ich Dir zu sagen habe, ist unterdes nicht weniger, sondern mehr geworden. Da sind vor einigen Tagen die Dohnas zurückgekommen und haben mir viel aus Preußen erzählt. Alles befindet sich wohl, alles lebt einträchtig; der frohen Feste sind während dieses Aufenthalts viele gefeiert worden, unter anderm ist Graf Louis' Geburtstag den 8ten September mit einer großen militärischen Fête begangen worden. Graf Fabian, der bisher als Junker in Königsberg vielerlei Unannehmlichkeit erduldet, ist Offizier geworden, und meiner erinnern sich alle, wie die Grafen versichern, freundlich und liebreich. Es tut mir doch immer noch sehr wohl, von dort zu hören, und mein herzliches Interesse an diesen lieben Leuten wird nie aufhören. – Da haben die Grafen noch einen andern Dohna mitgebracht, und in dem hab ich einen alten Bekannten entdeckt, den ich als Knabe in der Anstalt zu Niesky gekannt habe und der mit Carl auf einer Stube wohnte. Es war ein außerordentlich schönes Kind und ist jetzt, mit starken traits und von den Pocken verdorben, nichts weniger als hübsch; was innerlich aus ihm geworden, das kann ich freilich von einmal sehen nicht beurteilen. Eigentlich wollte ich Dir aber von einer weit interessanteren Bekanntschaft erzählen, die ich zwar dem äußeren nach schon diesen Sommer gemacht, die aber erst seit kurzem für mich recht wichtig und fruchtbar geworden ist. Es ist nichts Weibliches, sondern ein junger Mann, der Schlegel heißt und sich jetzt hier aufhält. Ich lernte ihn zuerst in einer geschlossenen Gesellschaft kennen, von der ich ein Mitglied bin, wo man zusammenkommt, um sich Aufsätze vorzulesen, schöne schriftstellerische Werke zu beherzigen, literarische Neuigkeiten mitzuteilen usw. Ich weiß nicht, ob ich Dir von dieser Gesellschaft, unter dem

Namen der Mittwochsgesellschaft, schon etwas geschrieben habe; wo nicht, so soll Dir nächstens eine nähere Nachricht davon zu Diensten stehn. Hier lernte ich Schlegel zuerst kennen, dann sah ich ihn öfters bei Herz, und Brinckmann, der seine Bekanntschaft schon vor einigen Jahren gemacht hatte, brachte uns näher zusammen. Er ist ein junger Mann von 25 Jahren, von so ausgebreiteten Kenntnissen, daß man nicht begreifen kann, wie es möglich ist, bei solcher Jugend so viel zu wissen, von einem originellen Geist, der hier, wo es doch viel Geist und Talente gibt, alles sehr weit überragt, und in seinen Sitten von einer Natürlichkeit, Offenheit und kindlichen Jugendlichkeit, deren Vereinigung mit jenem allen vielleicht das wunderbarste ist. Er ist überall, wo er hinkommt, wegen seines Witzes sowohl als wegen seiner Unbefangenheit der angenehmste Gesellschafter, mir aber ist er mehr als das, er ist mir von sehr großem, wesentlichen Nutzen. Ich bin zwar hier nie ohne gelehrten Umgang gewesen, und für jede einzelne Wissenschaft, die mich interessiert, hatte ich einen Mann, mit dem ich darüber reden konnte. Aber doch fehlte es mir gänzlich an einem, dem ich meine philosophischen Ideen so recht mitteilen konnte und der in die tiefsten Abstraktionen mit mir hineinging. Diese große Lücke füllt er nun aufs herrlichste aus; ich kann ihm nicht nur, was schon in mir ist, ausschütten, sondern durch den unversiegbaren Strom neuer Ansichten und Ideen, der ihm unaufhörlich zufließt, wird auch in mir manches in Bewegung gesetzt, was geschlummert hatte. Kurz, für mein Dasein in der philosophischen und literarischen Welt geht seit meiner näheren Bekanntschaft mit ihm gleichsam eine neue Periode an. Ich sage: seit meiner *näheren* Bekanntschaft, denn obgleich ich seine Philosophie und seine Talente weit eher bewundern lernte, so ist es doch eine Eigenheit von mir, daß ich auch in das Innere meines Verstandes niemand hineinführen kann, wenn ich nicht zugleich von der Unverdorbenheit und Rechtschaffenheit seines Gemüts überzeugt bin. Ich kann mit niemand philosophieren, dessen Gesinnungen mir nicht gefallen. Nur erst, nachdem ich hievon soviel Gewißheit hatte, als man mit gesunden Sinnen aus dem Umgang und den kleinen Äußerungen eines Menschen schöpfen kann, gab ich mich ihm näher und bin jetzt sehr viel mit ihm. Er hat keine sogenannte Brotwissenschaft studiert, will auch

Friedrich Schlegel

kein Amt bekleiden, sondern, so lange es geht, spärlich, aber unabhängig von dem Ertrag seiner Schriftstellerei leben, die lauter wichtige Gegenstände umfaßt und sich nicht so weit erniedrigt, um des Brotes willen etwas Mittelmäßiges zu Markte zu bringen. An mir rupft er beständig, ich müßte auch schreiben, es gäbe tausend Dinge, die gesagt werden müßten und die gerade ich sagen könnte; und besonders, seit er mich in der erwähnten Gesellschaft eine kleine Abhandlung hat vorlesen hören, läßt er mir keinen Tag Ruhe. Wir kauen jetzt an einem Projekt, daß er auf Neujahr zu mir ziehn soll, und ich würde mich königlich freuen, wenn das zustande käme; denn jetzt kostet mich jeder Gang zu ihm hin und zurück immer eine Stunde Weges. Nota bene den Vornamen hat er von mir, er heißt Friedrich; er gleicht mir auch in manchen Naturmängeln, er ist nicht musikalisch, zeichnet nicht, liebt das Französische nicht und hat schlechte Augen. Seit 8 Tagen habe ich einen großen Teil meiner Vormittage, die ich sonst sehr heilig halte, bei ihm zugebracht, um eine philosophische Lektüre mit ihm zu machen, die er nicht gut aus den Händen geben konnte. Daß ich so viel von ihm geplaudert habe, wird Dir hoffentlich nicht unlieb sein, da er zu denen gehört, die mir jetzt hier die liebsten sind. – –

Ich weiß nicht, ob ich Dir gesagt habe, daß die Kirchenrätin C. jetzt hier ist; auch einer traurigen Familien-Angelegenheit halber. Ihre Tochter, die seit 10 Jahren mit einem Offizier verheiratet und lange unglücklich gewesen ist, kann es nun nicht länger aushalten; sie ist von ihm gegangen, und es ist eine Scheidung im Werke. Nichts ist jetzt gemeiner als traurige Eheverhältnisse, und wenn das zu Christi Zeiten mehr die Härtigkeit des Herzens bewies, so scheint es jetzt mehr von der Erbärmlichkeit desselben herzurühren, davon, daß es die Leute von Anfang an mit ihrem Leben und Lieben auf nichts Ordentliches anlegen und keinen Begriff und keinen Zweck damit verbinden. Glücklich ihr, die ihr das *so* wenigstens äußerlich nicht zu sehn braucht. Adieu, laß bald wieder von Dir hören. Dein treuer Bruder.

Schleiermacher an seine Schwester Charlotte

Den 31sten Dezember 1797

Wie ist das Jahr zu Ende gegangen, ohne daß diese Epistel vorwärtsgekommen ist! Da kam das Fest, wo ich diesmal gepredigt habe, da kam Schlegels Einziehen und Einrichtung bei mir, und so ist die Zeit vergangen, ohne mich zu fragen. Eine herrliche Veränderung in meiner Existenz macht Schlegels Wohnen bei mir. Wie neu ist mir das, daß ich nur die Türe zu öffnen brauche, um mit einer vernünftigen Seele zu reden, daß ich einen guten Morgen austeilen und empfangen kann, sobald ich erwache, daß mir jemand gegenübersitzt bei Tische und daß ich die gute Laune, die ich abends mitzubringen pflege, noch früh jemand mitteilen kann. Schlegel steht gewöhnlich eine Stunde eher auf als ich, weil ich meiner Augen wegen des Morgens kein Licht brennen darf und mich also so einrichte, daß ich vor 1/2 9 Uhr nicht ausgeschlafen habe. Er liegt aber auch im Bette und liest, ich erwache gewöhnlich durch das Klirren seiner Kaffeetasse. Dann kann er von seinem Bett aus die Türe, die meine Schlafkammer von seiner Stube trennt, öffnen, und so fangen wir unser Morgengespräch an. Wenn ich gefrühstückt habe, arbeiten wir einige Stunden, ohne daß einer vom andern weiß; gewöhnlich wird aber vor Tisch noch eine kleine Pause gemacht, um einen Apfel zu essen, wovon wir einen gemeinschaftlichen schönen Vorrat der auserlesensten Arten haben; dabei sprechen wir gewöhnlich über die Gegenstände unsrer Studien. Dann geht die zweite Arbeitsperiode an bis zu Tisch, d.h. bis halb zwei. Ich bekomme mein Essen, wie Du weißt, aus der Charité, Schlegel läßt sich seines aus einem Gasthause holen. Welches nun zuerst kommt, das wird gemeinschaftlich verzehrt, dann das andere, dann ein paar Gläser Wein getrunken, so daß wir beinah ein Stündchen bei unserm Diner zubringen. Über den Nachmittag läßt sich nicht so bestimmt sprechen; leider aber muß ich gestehn, daß ich gewöhnlich der erste bin, der ausfliegt, und der letzte, der nach Hause kommt. Doch ist nicht die ganze Hälfte des Tages dem gesellschaftlichen Genuß gewidmet; ich höre einigemal die Woche Collegia und lese einigemal welche – versteht sich privatissime, nur einem oder dem andern guten Freunde, und dann erst gehe ich, wohin meine Lust mich treibt. Wenn ich abends zwischen 10 und

11 nach Hause komme, finde ich Schlegel noch auf, der aber nur darauf gewartet zu haben scheint, mir gute Nacht zu geben und dann bald zu Bette geht. Ich aber setze mich dann hin und arbeite gewöhnlich noch bis gegen 2 Uhr, denn von da bis halb 9 kann man noch vollkommen ausschlafen. Unsre Freunde haben sich das Vergnügen gemacht, unser Zusammenleben eine Ehe zu nennen, und stimmen allgemein darin überein, daß ich die Frau sein müßte, und Scherz und Ernst wird darüber genug gemacht. Seit Schlegel hier ist, ist es doch schon ein paarmal geschehn, daß ich einen ganzen Abend zu Hause geblieben bin und daß wir zusammen von 7–10 einen traulichen Tee getrunken und uns dabei recht ausgeplaudert haben. Wahrscheinlich aber wirst Du auch wissen wollen, wie ich nun bei dieser nächsten aller Bekanntschaften den Mann selbst finde? Ich weiß wirklich nicht, wieviel ich Dir schon von ihm gesagt habe, und so stehe denn ein für allemal eine kleine Schilderung von ihm hier. Was seinen Geist anbetrifft, so ist er mir so durchaus supérieur, daß ich nur mit vieler Ehrfurcht davon sprechen kann. Wie schnell und tief er eindringt in den Geist jeder Wissenschaft, jedes Systems, jedes Schriftstellers, mit welcher hohen und unparteiischen Kritik er jedem seine Stelle anweist, wie seine Kenntnisse alle in einem herrlichen System geordnet dastehn und alle seine Arbeiten nicht von ungefähr, sondern nach einem großen Plan aufeinander folgen, mit welcher Beharrlichkeit er alles verfolgt, was er einmal angefangen hat – das weiß ich alles erst seit dieser kurzen Zeit völlig zu schätzen, da ich seine Ideen gleichsam entstehn und wachsen sehe. Aber nach seinem Gemüt wirst Du unstreitig mehr fragen als nach seinem Geist und Genie. Er ist äußerst kindlich, das ist gewiß der Hauptzug darin; offen und froh, naiv in allen seinen Äußerungen, etwas leichtfertig, ein tödlicher Feind aller Formen und Plackereien, heftig in seinen Wünschen und Neigungen, allgemein wohlwollend, aber auch, wie Kinder oft zu sein pflegen, etwas argwöhnisch und von mancherlei Antipathien. Sein Charakter ist noch nicht so fest und seine Meinungen über Menschen und Verhältnisse noch nicht so bestimmt, daß er nicht leicht sollte zu regieren sein, wenn er einmal jemand sein Vertrauen geschenkt hat. Was ich aber doch vermisse, ist das zarte Gefühl und der feine Sinn für die lieblichen Kleinigkeiten des Lebens und für

die feinen Äußerungen schöner Gesinnungen, die oft in kleinen Dingen unwillkürlich das ganze Gemüt enthüllen. So wie er Bücher am liebsten mit großer Schrift mag, so auch an den Menschen große und starke Züge. Das bloß Sanfte und Schöne fesselt ihn nicht sehr, weil er zu sehr nach der Analogie seines eignen Gemüts alles für schwach hält, was nicht feurig und stark erscheint. Sowenig dieser eigentümliche Mangel meine Liebe zu ihm mindert, so macht er es ihm doch unmöglich, ihm manche Seite meines Gemüts ganz zu enthüllen und verständlich zu machen. Er wird immer mehr sein als ich, aber ich werde ihn vollständiger fassen und kennenlernen als er mich. Sein Äußeres ist mehr Aufmerksamkeit erregend als schön. Eine nicht eben zierlich und voll, aber doch stark und gesund gebaute Figur, ein sehr charakteristischer Kopf, ein blasses Gesicht, sehr dunkles, rund um den Kopf kurz abgeschnittenes ungepudertes und ungekräuseltes Haar und ein ziemlich uneleganter, aber doch feiner und gentlemanmäßiger Anzug – das gibt die äußere Erscheinung meiner dermaligen Ehehälfte. In Deinem Brief, meine Liebe, kommt auch etwas vom wahren ernstlichen Heiraten vor, das mir ein sehr wichtiges Kapitel ist; auch die leiseste Vermutung, daß mir das lächerlich sein könnte, kann nicht Dein Ernst sein, da Du weißt, wieviel mir Häuslichkeit und Herzlichkeit ist. Ich will Dir nächstens meine Gedanken darüber recht ausführlich mitteilen; denn fragmentarisch will ich mich auf einen solchen Gegenstand nicht einlassen; nur so viel, daß leider, leider, Deine Vermutung wohl wahr werden könnte! Ich habe gestern abend ein langes und sehr merkwürdiges Gespräch mit der Herz gehabt darüber, wieviel jedem Menschen von dem, was eigentlich in ihm ist, verlorenzugehn pflegt durch äußere Lagen. Ach, wie viel ginge in mir verloren bei diesem Sinn fürs Familienleben, wenn ich nicht heiratete – und doch! aber ich will mich nicht melancholisch machen, denn wenn ich bei diesem Punkt verweile, bin ich auf dem geraden Wege, es zu werden. – –

Schleiermacher an Henriette Herz

[Berlin,] d. 1t. Januar 1798,
4 Uhr morgens

Hier haben Sie Ihr Fragment, liebe Freundin, die Überzeugungen, die es enthält, stehen für sich, aber die Aussichten für mich mag Ihre fortdauernde Güte wahr machen.

Wenn eine ruhige und schöne Seele sich zwischen den lieblichen Ufern des Wohlwollens und der Liebe bewegt, so gestaltet sie ihr ganzes Leben sich ähnlich. Es gleicht einem stillen Bach, der nicht nur die Bläue des Himmels in voller Klarheit abbildet, sondern aus dessen Spiegel selbst die grauen trüben Wolken in milderer Gestalt zurückstrahlen, weil die schönen Bilder der buntfarbigen Blumen, mit denen jene Ufer überall besetzt sind, sich unmittelbar mit ihrem düsteren Kolorit vermischen. Wenn die zarten Äußerungen eines solchen Gemüts sich nur dem Vertrauteren offenbaren, wie der nur das Herz seines Freundes schlagen hört, der am Busen desselben ausruht, so vervielfältigt es dafür sein ganzes schönes Dasein. Denn, wer ein schöngestaltetes Leben mitgenießend anschauen darf, dem fließt das seinige gewiß ruhig daneben hin, und wem es vergönnt ist, auf der Ruhe eines wohlgeordneten Gemütes mit seinen Blicken zu verweilen, dessen Leben kann auch nicht ohne Züge von Schönheit bleiben, weil ein solcher Anblick mit dem wohltätigsten Zauber alles, was den Grazien feind ist, entkräftet und verscheucht....

Schleiermacher an seine Schwester Charlotte

Berlin, d. 30st. Mai 1798

... Du mußt Dich nicht wundern, Liebe, daß es mit meinem Schreiben so auffallend schlecht geht, es steckt nichts dahinter als das lautere Wohlbefinden und Lebensgenuß. Der Sommer hält mich an tausend Stricken gefangen und läßt mich nicht los; ich komme kaum dazu, die Hälfte von alle dem zu tun, was ich mir vorsetze, und doch kann ich eigentlich nicht unzufrieden mit mir sein. Ich lebe, ich mache andern angenehme Stunden, ich bin ihnen nützlich beiher, was kann man denn auf dieser Welt mehr tun? Am meisten lebe ich jetzt mit der Herz; sie wohnt den Sommer über in einem niedlichen kleinen Hause am Tiergarten, wo sie wenig Menschen sieht und ich sie also recht genießen kann. Ich pflege jede Woche wenigstens einmal einen ganzen Tag bei ihr zuzubringen. Ich könnte das bei wenig Menschen, aber in einer Abwechslung von Beschäftigungen und Vergnügungen geht mir dieser Tag sehr angenehm mit ihr hin. Sie hat mich Italienisch gelehrt oder tut es vielmehr noch, wir lesen den Shakespeare zusammen, wir beschäftigen uns mit Physik, ich teile ihr etwas von meiner Naturkenntnis mit, wir lesen bald dies, bald jenes aus einem guten deutschen Buch, dazwischen gehn wir in den schönsten Stunden spazieren und reden recht aus dem Innersten des Gemüts miteinander über die wichtigsten Dinge. So haben wir es seit dem Anfang des Frühlings getrieben, und niemand hat uns gestört. Herz schätzt mich und liebt mich, sosehr wir auch voneinander unterschieden sind. Der Herz ihre Schwestern, ein Paar liebe Mädchen, freuen sich, sooft ich komme, und sogar ihre Mutter, eine verdrießliche und strenge Frau, hat mich in Affektion genommen. Kannst Du nach diesem wohl denken, daß uns vonseiten unserer besten Freunde ein paar unangenehme Tage gekommen sind? Schlegel und die Veit haben zusammen Besorgnisse gebrütet, daß ich gegen jenen und die Herz gegen diese, ihre älteste und unzertrennliche Freundin, kälter würden. Die Veit machte mir Vorwürfe, daß ich Schlegeln nicht wäre, was ich ihm sein könnte, daß ich über sein Tun und seine Werke nicht offen gegen ihn wäre, daß ich sein Gemüt nicht schonte, zu ihr käme ich auch nicht, man müßte am Tode sein, um meine Teilnahme zu erregen, ich wäre alles nur par charité, und wenn die Leute wieder auf den Beinen und glücklich wären, ließe ich sie gehn. Schlegel bekannte mir aufrichtig, er wäre eifersüchtig auf die Herz, meine Freundschaft mit ihr wäre so schnell und so weit gediehen, als er es mit mir nicht hätte bringen können, er sei fast nur auf meinen Verstand und meine Philosophie eingeschränkt, und sie habe mein Gemüt. Was hatte ich da ins klare zu bringen, und wie stach ich ab gegen die andern mit meiner Ruhe und Sicherheit. Beim Licht besehn, war dann neben dem allen noch etwas andres. Beide nämlich, sowohl Schlegel als die Veit, hatten einige Besorgnis, daß ich mich über mich selbst täuschte, daß Leidenschaft bei meiner Freundschaft gegen die Herz zum Grunde läge, daß ich das früher oder später entdecken und daß es mich unglücklich machen würde. Das war mir denn zu arg, und ich habe ausgelassen darüber stundenlang gelacht. Daß gewöhnliche Menschen von gewöhnlichen Menschen glauben, Mann und Frau könnten nicht vertraut sein, ohne leidenschaftlich und verliebt zu werden, das ist ganz in der Ordnung, aber die Leiden von uns beiden! So wunderbar war es mir, daß ich mich gar nicht darauf einlassen konnte, sondern nur ganz kurz Schlegeln auf mein Wort versicherte: es wäre nicht so und würde auch nie so werden. Die arme Herz aber war ein paar Tage ganz zerrüttet über diesem Mißverständnis. Dem Himmel sei Dank, ist aber alles wieder im Gleichen, und wir gehn ungestört unsres Weges fort. Von Schlegel habe ich aber jetzt wenig Genuß. Seit einigen Tagen ist sein Bruder aus Jena hier, der als Dichter und als neuer Übersetzer des Shakespeare bekannt ist. Er wohnt in der Stadt in einem Hause, wo ich nur wenig sein kann, und Schlegel ist fast immer da. Dieser Bruder hat weder die Tiefe noch die Innigkeit des hiesigen, er ist ein feiner, eleganter Mann, hat sehr viel Kenntnisse und künstlerische Geschick und sprudelt von Witz, das ist aber auch alles. Ich habe Schlegeln geweissagt, daß sein Bruder keinen Sinn für mich haben würde, und wie es scheint, habe ich recht. Vor einigen Tagen habe ich mit ihnen beiden bei Iffland gegessen, den ich sonst schon ein paarmal gesehn habe, und mich da sehr gut amüsiert. Das komische Talent dieses Mannes ist ganz einzig, er ist voll lustiger und ergötzender Anekdoten, und die agiert er gleich so köstlich, daß man so seiner Kunst weit mehr froh wird als auf dem Theater. Dabei ist er höchst gutmütig, was Leute mit dieser Gabe so selten sind, und das Bewußtsein, daß er seiner Gesinnungen wegen, mit denen er aber nicht prahlt, Achtung verdient, läßt es einem recht wohl bei ihm sein. Die Herz ist auch sehr auf dem Wege der Besserung, und ich denke, sie soll in acht Tagen ganz wiederhergestellt sein. Alsdann geht auch der ältere Schlegel wieder ab, und ich bekomme den meinigen wenigstens zum Teil wieder und hoffe ganz in mein gewohntes Leben zurückzukehren. ... Deinen Wunsch, etwas von mir gedruckt zu sehn, kannst Du jetzt noch auf eine andre Art erfüllen; aber freilich nur sehr im kleinen. Die beiden Schlegels nämlich geben zusammen ein neues Journal heraus unter dem Titel: Athenäum. In dem zweiten Stück desselben steht unter der Rubrik: *Fragmente* eine große Menge einzelner Gedanken, von denen freilich viele, welche sich bloß auf die abstrakte Philosophie beziehen, Dich eben nicht interessieren können; andere aber wirst Du gewiß gern lesen. Unter diesen nun sind mehrere von mir, und ich überlasse Dir, wenn Dir dies Journal zu Gesicht kommt, herauszufinden, wo Du etwas von meiner Art witterst; ich dächte, es sollte Dir nicht schwer werden, mich zu entdecken. Schicken kann ich Dir's nicht, weil man einzelne Stücke nicht bekommt; auch wird das zweite Stück nur eben erst gedruckt. So weit hat mich nun Schlegel gebracht, aber daß ich etwas Größeres schreiben sollte, daraus wird nun nichts. Ich kann meine Zeit besser brauchen, und überdies macht es mir eine höchst unangenehme Empfindung, etwas von mir gedruckt zu sehn. Kaum habe ich es bei diesen paar Gedanken ausgehalten, die zusammen wohl schwerlich einen Bogen ausmachen.... Romane kommen jetzt überhaupt nicht vor meine Augen. Statt aller andern habe ich vor einiger Zeit mit der Herz den ›Wilhelm Meister‹ wieder gelesen. Ihre Krankheit hat aber eine Unterbrechung gemacht, und wir sind mitten in den ›Bekenntnissen einer schönen Seele‹ stehngeblieben. Daß Goethe hierbei irgendeinen Original-Aufsatz in Händen gehabt hat, ist mir sehr klar, und ich getraue mich sogar mit der größten kritischen Gewißheit ganze Stellen anzugeben, die gewiß echt und bis auf Kleinigkeiten unverändert, und andere, die gewiß sein Machwerk sind. Im Anfang hat er gewaltig viel teils gemacht, teils anders zusammengestellt, um die ganze Denkungsart, wie die Leute sagen, psychologisch einzuleiten und verständlich zu machen, und hat dadurch eigentlich nichts verständlich gemacht, als daß er nichts davon versteht. Die Anmaßung, auch so etwas in einem Buch zu haben, welches gewissermaßen die ganze menschliche Natur umfassen soll, hat sich selbst gestraft. Ich rede, als ob Du den ›Wilhelm Meister‹ gelesen hättest, und weiß es doch nicht; ich wollte aber wohl, Du läsest ihn der Merkwürdigkeit wegen.... Einen andern unserer lieben Schriftsteller, Friedrich Richter, den Verfasser des ›Hesperus‹, werde ich wahrscheinlich in einigen Wochen sehn; er hält sich jetzt in Leipzig auf und will eine Reise nach Berlin machen....

Henriette Herz an Graf Wilhelm von Dohna

Berlin, den 10ten Juli 1798

Ja, ich bin wieder völlig hergestellt, lieber Graf, nur daß ich noch fühle, daß ich krank war. Recht innigen Dank sage ich Ihnen für Ihren herzlichen Anteil an meiner Gesundheit. Ich war wohl nicht gefährlich krank, habe aber sehr viel gelitten und war entsetzlich herunter, jetzt fühle ich nur noch kleine Spuren meiner Krankheit, die eine gute Diät, nicht sowohl Eß- als Luftdiät, bald völlig vertilgen wird.

Gar sehr erfreuen mich die Nachrichten Ihrer wahrlich sehr glücklichen Reise. Schöne tote und lebendige Natur haben Sie genossen, alles, was Erfreuliches Ihnen auf dieser Reise werden konnte, ist Ihnen geworden, und es war gewiß nicht wenig. Goethes schöne Augen scheinen gewaltig auf Sie gewirkt zu haben, Sie erwähnen seiner so oft. Haben Sie Schiller nicht gesehen? er ist ja wohl auch in Weimar, wie käme sonst die Imhoff dahin. Wie hat Ihnen meine weiland Freundin, die Verfasserin der ›Agnes‹, gefallen? Sie sagen ja kein Wort über sie. Hat die bescheidene liebenswürdige junge Dichterin ihr so alles weggenommen? Hätte ich Ihren Reiseplan so recht gewußt, so hätte ich Ihnen noch manche Empfehlung gegeben, das heißt mich mehreren meiner Bekannten, nicht um Sie zu empfehlen …

Leben Sie wohl und haben Sie Dank für Ihren jedesmaligen Gruß in Alexanders Briefen. In jedem der seinigen an Sie sollte ein recht freundlicher von mir sein, denn jedesmal gebe ich ihm einen für Sie, und bekommen Sie ihn nicht, so ist es seine Schuld.

Adieu

H.

Schleiermacher an seine Schwester Charlotte

Berlin, d. 25st. Juli 1798

… Am Anfang dieses Monats hat mich Schlegel verlassen, um mit seinem Bruder auf einige Wochen nach Dresden zu gehn, wo sie eine verheiratete Schwester haben. Da, wie ich aus Deinem Brief sehe, die preußischen Jahrbücher auch in Deine Gegend kommen und zwar ziemlich bald, so werde ich mein Exemplar von dem schönen Gedicht, welches der ältere Schlegel kurz vor ihrer Abreise auf die Huldigungsfeier gemacht hat, lieber für Karl aufheben. Aufmerksam will ich Dich hiemit darauf gemacht haben; es ist ein Meisterstück von Versifikation und an Gedanken und Wendungen so reich, wie ich noch kein Gelegenheitsgedicht gesehn habe. Hoffentlich wird es Dir auch gefallen. Der Strohwitwerstand ist mir nun gar sehr fatal vorgekommen und will mir noch immer nicht schmecken, ob wir uns gleich die letzte Zeit von Schlegels Hiersein wenig sahen und uns nun wie zärtliche Eheleute alle acht Tage schreiben. Dieser Zustand beschleunigte denn eine traurige Entdeckung, die ich sonst vielleicht später gemacht haben würde. Zwar hatte unser ganzer Zirkel schon darüber geklagt, daß ich von Herzen maussade wäre, entblößt von aller Munterkeit und allem Witz; aber nun fühlte ich auf einmal, daß ich nicht nur schwerfällig, sondern von Herzen krank war. Zu nichts aufgelegt, schläfrig von Morgen bis Abend, matt in allen Gliedern. Dieser Zustand und besonders die Schläfrigkeit vermehrte sich täglich. Herz rät mir einen Aderlaß. ... Das ist mir nun freilich herrlich bekommen, und ich befand mich schon nach einigen Stunden weit munterer, den folgenden Tag aber bekam ich die fürchterlichsten Schmerzen am Arm; ich schleppte mich mit Mühe zur Herz; ihr Mann war denselben Morgen ins Bad gereist. Der Chirurgus wurde geholt, und als er die Ader, die ganz geheilt zu sein schien, besah und befühlte, verfiel ich, der ich einen tüchtigen Puff aushalten kann und nichts weniger als weichlich gegen den Schmerz bin, aus bloßem Schmerz in eine Art von Ohnmacht. ... Doch ist das Kleinigkeit, und ich bin froh, die fatale Schlafsucht los zu sein und wieder arbeiten zu können; denn ich habe Schlegeln versprochen, in seiner Abwesenheit recht fleißig zu sein. ... Am Huldigungstage, von dessen Feierlichkeiten ich nichts sah, weil ich meinen Arm keinem Gedränge aussetzen wollte, hatte ich das Vergnügen, daß die Herz ihre Sommerwohnung wieder bezog, und ich habe seitdem wieder manche schöne Stunde bei ihr zugebracht. Auch meine Reise nach Freienwalde habe ich mit ihr gemacht. Wir hatten einen schönen Tag, waren beide sehr aufgelegt und haben eine schöne Menge interessanter Dinge abgesprochen. Dort wohnte ich in einem Hause, wo unten ein verrückter Mensch war, wo ich abends ein Stümpfchen gezogenes Licht auf dem schmutzigsten Küchenleuchter bekam und wo die Schweine haufenweise bis in die zweite Etage hinaufstiegen und sich vor meiner Tür lagerten. Doch ich war den ganzen Tag mit Herzens, und so ging mich mein Logis nichts weiter an. Das Badeleben und die Badegäste habe ich gleich abscheulich und fade gefunden; aber die Gegend ist nächst Potsdam gewiß die schönste, die man in dieser armen Mark Brandenburg haben kann. Ich fand eine üppige und mannigfache Vegetation, dergleichen ich seit meinem Aufenthalt in der Mark nicht gesehen habe; ich freute mich, den vaterländischen Fleiß wieder zu sehn, und jeder Tag zeichnete sich durch eine Fahrt nach einem interessanten Punkt in der Nähe aus, so daß ich nur einmal in schlechtem Wetter auf dem eigentlichen Brunnen war. Meinen Rückweg mußte ich allein machen, die Herz wird mit ihrem Mann erst morgen zurückkommen. Unterdes habe ich hier schon wieder eine Fatalität gehabt. Sack hatte vom Kirchendirektorio den Auftrag, mich zu fragen, ob ich als Hofprediger nach Schwedt gehn wollte, einem angenehmen Städtchen, wo die Gemeine nicht unbedeutend und das Gehalt von der Art ist, daß die Stelle zu den besseren gehört. Sack war sehr dafür, und Du kannst denken, daß die Sache mir den Kopf nicht wenig warm machte. Alles wohl überlegt, habe ich es aber abgelehnt. Denke Dir, daß ich dort von so manchem Studium, welches ich hier mit Eifer betreibe, gänzlich hätte Abschied nehmen müssen, daß meine wissenschaftliche Bildung wegen der Entfernung von allen Hülfsmitteln und dem Mangel an literarischem Umgang ihre Endschaft erreicht hätte, daß ich in ein luxuriöses Städtchen gekommen wäre, wo die Geselligkeit in Festen und Spielen besteht, und daß ich mich von meinen hiesigen Freunden hätte losreißen müssen, ohne andere zu finden, um diesen Preis ein Einkommen von etwa 600 Talern zu erkaufen, mit dem man doch eine Familie nur sehr kümmerlich ernähren kann, dazu, denke ich, ist es im Notfall in zehn Jahren auch noch Zeit genug. …

D. 2ten August. … Manchmal möchte ich mir einreden, wenn man Bücher schriebe, erzöge man auch an der Welt nach bestem Wissen; es ist aber nicht wahr, es ist nur ein wunderliches Treiben ohne Leben, ohne Anschauung, ohne Nutzen. Das Predigen ist wohl etwas mehr, aber nach der gegenwärtigen Einrichtung doch auch wenig genug. Doch ich bin ganz von Deiner Reise abgekommen. Daß Du Albertinis nicht gesehn hast, tut mir sehr weh; gar zu gern wüßte ich, wie er lebt mit seinem Amt und mit seiner Frau, und ob er Kinder hat, und ob er noch an mich denkt. Wie oft erinnere ich mich bei meinen gemeinschaftlichen Lesereien mit Schlegel und mit der Herz an unsre Nieskyschen Studien. Weit auseinander sind wir freilich jetzt und aus aller Verbindung; aber wie es im Grunde seines Herzens aussieht, daß weiß ich doch noch recht genau, und sein ganzes Wesen kann ich mir, wie es jetzt sein muß, sehr lebhaft denken. Er möchte seinen alten Pylades mehr verändert finden, wenn wir noch einmal zusammenkämen. …

D. 4t. August. Soeben, meine Liebe, komme ich von der sich so nennenden reisenden Dame, die in ihren Briefen über Berlin der jüdischen Frauen so angelegentlich und so sonderbar gedenkt. Es ist Madame Unger, eine kränkliche, ältliche, grämliche Frau, die Berlin gewiß seit vielen Jahren nicht länger als auf einige Tage verlassen hat. Warum sie so eine eigne Pique gegen die Juden hat, weiß ich nicht, sie soll aber in ihr schon sehr alt sein. Daß junge Gelehrte und Elegants die hiesigen großen jüdischen Häuser fleißig besuchen, ist sehr natürlich, denn es sind bei weitem die reichsten bürgerlichen Familien hier, fast die einzigen, die ein offenes Haus halten und bei denen man wegen ihrer ausgebreiteten Verbindungen in allen Ländern Fremde von allen Ständen antrifft. Wer also auf eine recht ungenierte Art gute Gesellschaft sehn will, läßt sich in solchen Häusern einführen, wo natürlich jeder Mensch von Talenten, wenn es auch nur gesellige Talente sind, gern gesehn wird und sich auch gewiß amüsiert, weil die jüdischen Frauen, die Männer werden zu früh in den Handel gestürzt, sehr gebildet sind, von allem zu sprechen wissen und gewöhnlich eine oder die andere schöne Kunst in einem hohen Grade besitzen. Auch ich würde ein paar von diesen Häusern besuchen, wenn ich nicht den Zirkel meiner Bekanntschaften ein für allemal geschlossen hätte und wenn mich nicht dieses Mißverhältnis zwischen den beiden Geschlechtern abschreckte, bei dem es nur gar zu auffallend ist, daß man nur der Frauen wegen hingeht. Mit Herzens und Veits ist das eine ganz andere Sache. Die ersten sehen zwar auch viele Fremde, und es kommt nicht leicht ein merkwürdiger Mensch nach Berlin, der sie nicht besuchte, und auch hier sind sie in den ausgebreitetsten Verbindungen, aber sie halten doch nicht, was man ein offenes Haus nennt, und ich besonders bin meistenteils en famille bei ihnen und vermeide es, große Gesellschaft dort zu sehn, weil mir wirklich zu wenig daran liegt. Sie besonders, die Herz, schränkt ihre persönliche Bekanntschaft sehr ein, und wenn sie nicht des Mannes wegen müßte, und weil sie einmal eine bekannte Frau ist, so würde sie gewiß nur mit ein paar Menschen leben. Veits aber sind gar nicht in diese Klasse zu setzen und leben sehr eingezogen. In dieser Rücksicht also gehöre ich weder unter die Elegants noch unter die jungen Gelehrten, obgleich ich mich in anderer Rücksicht bestrebe, zu beiden gerechnet zu werden. Mit Sack habe ich auch dieser Tage eine Herzenserleichterung über meinen jüdischen Umgang gehabt. Er sagte mir offenherzig, er hätte auch deswegen gewünscht, daß ich nach Schwedt gegangen wäre, weil er fürchte, meine Art zu existieren möchte meiner Beförderung hier hinderlich sein, und ein paar Jahre Abwesenheit würden das besser gutmachen, was sich sonst vielleicht nicht ändern ließe. Er sei, wie ich wisse, nicht pedantisch genug gegen den Umgang mit Juden zu sein (wie denn auch sein Vater und sein Schwiegervater mit Mendelssohn viel umgegangen sind), aber für diese bureaux d'esprit, für den Umgang, wie ihn Madame Unger beschriebe, habe er doch keinen Sinn, und wenn es gar zu bekannt wäre, daß ich so ganz unter diesen Menschen lebte, so müßte das doch auf viele Leute einen nachteiligen Eindruck machen, und er selbst besorge, der Ton, den man in diesen Gesellschaften nach und nach annehme, würde mir mit der Zeit Gleichgültigkeit und Widerwillen gegen mein Amt geben. Über den letzten Punkt suchte ich ihn denn zu beruhigen und ihn über das erste eines Besseren zu überzeugen. Was kann einem doch das unbefugte Schreiben über Gegenstände, die der Schreiber nicht recht kennt, für Not machen! Die Lieder aus dem ›Meister‹, welche Du wünschest, habe ich schon abgeschrieben hier. Musiziert nur fleißig, Ihr lieben Lotten, und recht schöne Sachen. Nicht alles, wovon Du mir gesagt hast, kenne ich, das Matthissonsche nicht, nur die Reichardtschen Kompositionen von Goethe. Schreibe mir doch, ob Ihr diese Goethischen Lieder von Reichardt alle habt, oder welche Ihr abschriftlich besitzt, so kann ich Euch entweder die ganze Sammlung schicken oder wenigstens von Zeit zu Zeit eins einlegen. Wenn ich nur wüßte, was Ihr liebt, würde ich keinen Brief notenleer schicken; meine musikalischen Freundinnen werden mir dazu gern behülflich sein. Ich gehe jetzt öfter als sonst, um Musik zu hören, ins Theater und habe nun kürzlich zwei gar herrliche Operetten gehört, den ›Arur‹ von Salieri und die beiden kleinen Savoyarden von Dalayrac. Bei Gelegenheit des letzten sah ich denn auch in einem kleinen Stück, das vorher ging, unsern Iffland wieder spielen, ein Vergnügen, das ich lange nicht genossen habe und das mich ganz aufs neue ergriff. ...

Schleiermacher an Henriette Herz

Landsberg, d. 3t. September 1798

Noch weiß ich zwar nicht gewiß, liebe Freundin, ob mir die gestrige Post einen Brief von Ihnen gebracht hat, denn es ist aus Versehen nicht hingeschickt worden, ich zweifle aber doch gar sehr daran. Lanke tut mir also doch Schaden; wenn es Ihnen aber nur Vergnügen macht, wenn Sie nur im Freien leben und Ihre Sehnsucht nach Dorf einmal recht befriedigen können, so will ich mirs gern gefallen lassen. Gestern habe ich gepredigt, zur großen Freude der Cousine, ob auch der andern Menschen, weiß ich nicht, denn ich habe es ganz ohne gute Lebensart betrieben und ihnen eine Lektion gegeben, von der ich wußte, daß sie sie gar wohl brauchen könnten. Einen eignen Eindruck hat es auf mich gemacht, auf meiner alten Kanzel zu stehen, es war halb Freude, halb Schreck, und beides scheint mir sehr natürlich. Denn es war, als wären die zwei Jahre, die zwischen mir und der Gewohnheit, hier zu predigen, stehen, auf einen Schlag vernichtet, und wieviel Schönes und Herrliches liegt nicht in diesen zwei Jahren! Es ist nicht wahr, daß man das Gute am lebhaftesten durch den Kontrast fühlt, hier, wo ich des Guten und Schönen so viel habe, fühle ich das, was mir durch Sie geworden ist, so lebhaft als je. Geschmollt hat die Cousine gestern auch ein wenig mit mir. Seien Sie nicht boshaft und meinen Sie, das wäre ja doch im Grunde ein Kontrast; nein, es gehört zu ihren Eigentümlichkeiten. Kann man denn gar nichts ausrotten, was einmal in einem gewesen ist? Beinah sollte ich das denken; daß die Cousine das

Schmollen nicht läßt, daß bei mir, wie Sie bemerkt haben, noch Spuren von Heftigkeit sind und daß ich noch mit Hitze spiele, das sind einige starke Beweise. Es ist traurig, und ich könnte eine Elegie darüber machen, auf der andern Seite ist es doch aber auch sehr bedeutend und gehört mit zu der Ewigkeit, die ich um keinen Preis missen möchte. Haben Sie nichts von dergleichen Reliquien aufzuweisen? Ich finde gar nichts, Sie sind, wie Sie waren und sind und sein werden. Von heute will ich mich auch darüber hermachen, die Predigt aufzuschreiben, die recht gut werden kann, wenn ich sie noch bearbeite, und so hoffe ich denn doch etwas zu bringen. Mit den beiden Essays ist es nichts: ich habe nicht mitgebracht, was ich schon dazu aufgeschrieben habe, ich habe auch nicht Ruhe und Muße genug, und die Hauptsache ist, daß ich sie in Ihrer Nähe und unter Ihren Auspizien arbeiten muß. Die ›Offenheit‹ habe ich der Cousine vorgelesen, sie hat aber keinen besonderen Eindruck auf sie gemacht, einige von meinen kleinen haben ihr weit besser gefallen, und gegen den Katechismus verschwindet ihr alles. Leider habe ich auch die, welche Schlegel aus meinen andern Rhapsodien herausgezogen hat, noch einmal gelesen, nun Fragmentarischeres gibt es wohl nichts; ich wollte, er hätte es mir überlassen, so hätte die Fragmentenmasse einen großen Fleck weniger....

Schleiermacher an Henriette Herz

Landsberg, d. 6t. September 1798

Mein Gott, wie bin ich überströmt von lauter Herrlichkeit und Freude von Berlin her. Sie im Tiergarten, Schlegel zurück und zum Überfluß sogar in Oranienburg, und unabhängig von allen Nachrichten Eure lieben schönen Briefe, es ist wahrlich fast zuviel. Ich weiß nicht, warum ich Sie so früh nicht zurück erwartet hatte. Sie sind eigentlich sehr kurz in Lanke gewesen und haben doch so viel Entzücken eingesogen, und das schlechte Wetter ist nicht einmal ein Leiter gewesen, der Ihnen diese elektrische Fülle wieder abgezogen hätte? Führen Sie mich doch ein in die Mysterien Ihrer unbefriedigten Wünsche. Wir müssen wirklich etwas erfinden, damit sich diese Elektrizität nicht häuft und uns irgendwo einschlägt. Ach, Liebe, meine Saat steht so schön, meine Wohnungen sind alle so niedlich und heimisch, daß mir wohl vor dem kleinsten Wölkchen bange sein darf, das irgendwo aufsteigt, und gar in Ihnen? Ich will einmal meine kalte und fühllose Seite herauskehren und Ihnen sagen, daß ich gar nicht begreife, was und wie's Ihnen das Land tut. Sind *wir* etwa nicht mit in der großen Tätigkeit? Eigentlich gibt es doch keinen größeren Gegenstand des Wirkens als das Gemüt, ja überhaupt keinen andern; wirken Sie etwa da nicht? O Sie Fruchtbare, Sie Vielwirkende, eine wahre Ceres sind Sie für die innere Natur und legen einen so großen Akzent auf jene Tätigkeit in die Außenwelt, die so durchaus nur Mittel ist, wo der Mensch in dem allgemeinen Mechanismus sich verliert, von der so wenig bis zum eigentlichen Zweck und Ziel alles Tuns hingedeihet und immer tausendmal soviel unterweges verlorengeht! Und jenes Tun und Treiben, wobei sich der Mensch müht und schwitzt, was er doch eigentlich nie tun sollte, ist es nicht lärmend und tobend gegen unsere stille Tätigkeit? Wer vernimmt etwas von uns? was weiß die Welt von unsrer inneren Natur und ihren Bewegungen? Ist ihr nicht alles Geheimnis? Eine Priesterin der Venus Urania sollte nie der Isis dienen, der ungestaltenen mit ihren tausend Brüsten, an die sich alles nichts werte anlümmelt. Jene Göttin hat freilich nur zwei, aber sie sind der Sitz der Freundschaft und Liebe, und sie deckt sie mit einem Händchen gegen die Blicke aller Personen der Welt. Da und nur da wollen wir anbeten, und vor diesem Altare werden Sie gewiß bekennen müssen, daß Sie an der rechten Stelle stehen. Sehen Sie nur, was Sie getan haben und noch tun und tun werden, und gestehen Sie, daß dieses Tun und Bilden unendlich mehr ist als alles, was der Mensch über das große Chaos, welches er sich zurechtmachen soll, gewinnen kann. Bin ich nicht recht dithyrambisch geworden, und das aus lauter Polemik! Aber recht habe ich doch! und künftiges Jahr will ich wirklich die physikalische Reise machen und die große Elektrisier-Maschine in Lanke besehen.

Schleiermacher an Henriette Herz

Landsberg, d. 9t. September 1798

Arme Freundin, was ist Ihnen begegnet! dacht ich doch, wunder was für ein Unglück es wäre. Ja, das müssen Sie allein fühlen, da kann ich Ihnen nun nicht helfen. Es ist freilich unbequem, wenn zwei Personen eine geworden sind und sind doch für den Dritten noch nicht ein Individuum. Übrigens ist es mir eben recht, daß Schlegel ein wenig den Korsaren gegen Sie spielt und alles, was er von Ihnen auf offener See oder an alliierten Küsten findet (Sie sehen, ich habe eben die Zeitungen gelesen), als eine gute Prise aufbringt. Es gibt einmal kein ander Mittel gegen Sie. Was schadet's auch, daß er alle guten Worte weiß, die zwischen uns gewechselt werden, er kennt ja doch die innerste Quelle derselben, und so könnte er sie in Ermangelung unserer Mitteilung aus eignen Kräften supplieren, und sein Recht daran läßt sich aus dem ewigen Gesetz deduzieren, daß jeder alles verdient, was er sich anzueignen versteht. Ich habe nichts dagegen, daß Sie Ihr Vertrauen nicht erzwingen, das aktive nämlich, aber auf das passive hat Schlegel doch durch seine doppelte Verbindung ein volles Recht, und ich fordere es für ihn aus meinem Recht. Lassen Sie uns wenigstens eine Welt sein, Sie werden sehen, es gibt einen schönen Sphärenklang, und wir werden alle glücklich sein. Lassen Sie sich auch nicht schwindeln! Zwei solche Menschen überspringen sich nicht. Wenn ich nicht so viel Mut hätte und so viel aufs Unvergängliche hielte, hätten Sie mir wahrlich bange machen können. Fühlen Sie denn nicht selbst die Ewigkeit von allem, was ist, und es ist nicht eine untrügliche, sittliche Anschauung, daß dasjenige ist, was sich so offenbart? Sie üben durch diese Furcht ein kleines Vergeltungsrecht aus; waren doch jene auch bange, daß wir uns übersprangen. Ich weiß auch nicht, wie Ihnen aus unserm Standpunkte diese Höhe so überhoch scheinen kann, wir stehen freilich auf einem andern Gipfel; aber es gibt noch nicht Maßtheorie genug für diese Größe, um zu bestimmen, welcher höher ist. Wer nur auf dem Boden gehn kann, für den ist freilich eine Kluft dazwischen; die geht uns aber nichts an. …

Henriette Herz an Graf Wilhelm von Dohna

Berlin, den 15t. Oktober [17]98

Mit jedem Posttage hoffte ich, ein paar Zeilen von Ihnen zu erhalten, lange habe ich vergebens gehofft, und ich danke Ihnen jetzt für die freundliche Erfüllung dieser Hoffnung. Der Aufenthalt in Königsberg wird Ihnen in der Folge noch besser behagen als jetzt, denn noch können Sie nicht eingewöhnt sein, und das gehört doch allerdings dazu, um sich wohl zu fühlen. Die kleine Veränderungen, die in und um Ihre Verwandte und Bekannte gewiß während Ihrer Abwesenheit vorgegangen sind, werden Ihnen mehr auffallen, wenn Sie mehr mit Ihnen gelebt haben, und werden Ihnen wieder verschwinden, teils, weil Sie sich daran gewöhnt, und teils, weil die andern sich wieder verändern werden. Dieser ewige Wechsel ist tröstend und schrecklich, was man bleibend wünscht, vergeht, und was wir wegwünschen, bleibt gewöhnlich. Nur mit Leichtsinn oder Kälte kann man ununterbrochen glücklich sein, und wer mögte es wohl um diesen Preis!

Meine Art zu leben, ist noch immer die, welche Sie kennen, und ohne gewaltsame Eingriffe des Schicksals mögte sie wohl fürs Leben so mit mir bleiben. Ich bin bald mehr, bald weniger in Gesellschaft, bald mehr, bald weniger fleißig, geize, soviel ich kann, mit der Zeit und benutze das Ergeizte nach meinen Kräften, wozu Schleiermacher mir sehr hülfreiche Hand leistet. Nie werde ich es Ihnen vergessen, daß Sie mir die Bekanntschaft dieses Mannes verschafft haben, kann ich noch etwas Gescheites in der Welt werden, so verdanke ich es ihm.

Vorgestern haben Schleier, meine Schwester Brenna und ich Tee bei Alexander getrunken. Herz war zu faul, um mitzufahren. Alexander ist jetzt sehr wohl und findet viel Geschmack am Reiten, was ihm gewiß sehr zuträglich ist, er ist heiter und froh und nur dann trübe, wenn von Ihrer lieben Schwester Friederike die Nachrichten nicht ganz so erwünscht sind. Herz beruhigt ihn dann, weil er in der Tat gar keine Gefahr sieht und von kleinen Rückfällen nichts besorgt. Ich wünsche nur, daß Ihre arme Schwester bald imstande sein mögte, die Reise nach Königsberg zu machen, wo sie doch gute Ärzte haben kann, wenn sie will, und ich hoffe, daß sie, um völlig hergestellt zu sein, kleine Vorurteile, die sie gegen einen oder den andern hat, willig ablegen wird. Die

Veit ist so glücklich, einen Wunsch erfüllt zu sehen, den sie schon 14 Jahre lang hegt, den nämlich, von ihrem Manne getrennt zu werden, in einigen Wochen wird sie geschieden und frei. Ich freue mich damit, weil es sie glücklich zu machen scheint, tausend kleine Umstände aber verhindern, daß meine Freude rein sei. Sie wird vorderhand in Berlin bleiben, und diese sehr verdrüßliche Sache wird mit aller möglicher Schonung und Delikatesse betrieben.

Leben Sie wohl, lieber Graf Wilhelm, erhalten Sie mir Ihr Andenken und sagen mir zuweilen, wie es Ihnen innerlich und äußerlich geht. Sagen Sie mirs, wenn Sie ein Haus gefunden, wo man Sie so gern so freundlich aufnimmt, als Sie bei uns es waren, und was Ihre Bescheidenheit und Güte für so unersetzlich hält.

Herz, meine Schwester, mein Bruder und Schleier grüßen Sie alle aufs freundschaftlichste.

Ihre Freundin
Henriette Herz

Schleiermacher an seine Schwester Charlotte

[Berlin,] D. 26st. Oktober [1798]

... Daß Du Dich über meine Art zu exisitieren beunruhigtest, habe ich Deinem letzten Briefe eben nicht abmerken können und es also auch ehrlicherweise nicht gedacht, ob ich es gleich gewissermaßen erwartete. Hättest Du aber nicht, meine Liebe, die ich so gern mit allem bekannt mache, was zu meiner Existenz gehört, ebenso aufrichtig sein können als der gute Sack, der nicht halb soviel davon weiß? Ich wünschte nur, Du hättest Dich über Deine eigentliche Meinung deutlicher erklärt, so wäre ich gewiß, Dich vollständiger zu beruhigen als ihn, der manches schlechterdings nicht sehen will, wie es ist. Das glaubst Du mir gewiß auf meine bloße Versicherung, daß in meinem Verhältnis zu den Frauen nicht das geringste ist, was auch nur mit einem Anschein von Recht übel gedeutet werden könnte; Du wirst in allem, was ich über sie gesagt habe, auch nicht eine Spur von Leidenschaft angetroffen haben, und ich versichere Dich, daß ich von jeder Anwandlung dieser Art weit entfernt bin. Die Zeit, die ich mit ihnen zubringe, ist keineswegs bloß dem Vergnügen gewidmet, sondern trägt unmittelbar zur Vermehrung meiner Kenntnisse und zur Anspornung meines Geistes bei, und ich bin zugleich wieder ihnen auf dieselbe Art nützlich. Daß übrigens die Herz eine Jüdin ist, schien anfangs gar keinen nachteiligen Eindruck auf Dich zu machen, und ich glaubte, Du seist mit mir überzeugt, daß, wo es auf Freundschaft ankommt, wo man ein dem seinigen ähnlich organisiertes Gemüt gefunden hat, man über solche Umstände hinwegsehn dürfe und müsse. Es streitet auch ein solcher Umgang gar nicht so sehr mit meinen äußern Verhältnissen, als Du denken magst. Herr Teller und Herr Zöllner, zwei der angesehensten Geistlichen, sind beide öfters im Herzischen Hause, freilich nicht auf dem vertrauten und herzlichen Fuß als ich, aber ich denke, wenn man um unwichtigere Absichten willen dieses alte Vorurteil beiseite setzen darf, so muß dies da um so rechtmäßiger sein, wo die Absicht reeller und die ganze Art des Umgangs erheblicher ist. Sage mir nur recht bestimmt, Liebe, was Dich drückt in dieser Sache, es liegt mir gar zuviel daran, daß Du ruhig über mich bist. …

D. 8t. November

Das ist eine lange Pause, die gar nicht in meinem Plan lag; aber ich war diese Zeit über zu beklemmten Herzens, als daß ich ein vernünftiges Wort hätte schreiben können. Mir selbst ist nichts begegnet, aber allerlei Unheil, das meine Freunde betraf und mir viel zu schaffen machte, hat mich sehr angegriffen. Die Herz und ich haben alle unsere Kräfte angestrengt. Wie wir beide über alle Verhältnisse des menschlichen Lebens einig denken und fühlen, das habe ich auch bei dieser traurigen Gelegenheit mit Freude wahrgenommen. Selbst da, wo unser herrschendes Gefühl Unzufriedenheit über unsere Freunde sein mußte, waren wir immer ganz einig. Wenn ich je die Herz hätte heiraten können, ich glaube, das hätte eine kapitale Ehe werden müssen, es müßte denn sein, daß sie gar zu einträchtig geworden wäre. Es macht mir oft ein trauriges Vergnügen zu denken, welche Menschen zusammengepaßt haben würden, indem oft, wenn man drei oder vier Paar zusammennimmt, recht gute Ehen entstehen könnten, wenn sie tauschen dürften. Ebenso geht es mit den Menschen, welche zusammen Geschäfte treiben oder sich in die Hand arbeiten müssen; es ist fast alles verkehrt und könnte mit leichter Mühe besser sein. Dem Schicksal, welches die Menschen für das rechte halten, laufen sie nach, so weit ihre Füße sie tragen können; aber nach angemessenen Menschen gehn sie keinen Schritt und wüßten sie nicht einmal festzuhalten, wenn sie sie haben. Verzeihe mir diese Anmerkungen; sie sind aus dem, was ich in diesen Tagen erlebt habe, entsprungen. ...

Dorothea Veit an Gustav von Brinckmann

Berlin, den 2. Februar 1799

Seit drei Wochen bin ich, nach vielen Kontestationen, Szenen – nach manchem Schwanken und Zweifeln – endlich von Veit geschieden, und ich wohne allein, aus diesem Schiffbruch, der mich von einer langen Sklaverei befreit, habe ich nichts gerettet als eine sehr kleine Revenue, von der ich nur äußerst sparsam leben kann, vielen guten, frohen Mut, meinen Philipp, einige *Menschen*, mein Klavier und das schöne Bureau, den ich von Ihnen habe und vor dem ich Ihnen jetzt schreibe – da haben Sie in wenigen Worten alles, was ich nun *besitze* – aber wie soll ich Ihnen alles herrechnen, was ich *losgeworden* bin? – Jetzt, jetzt wünscht ich, Sie wären wieder einmal in unserer Mitte! Sie täten mir grausames Unrecht, lieber Freund, wenn Sie nicht recht überzeugt wären, daß ich oft, sehr oft mit der freundschaftlichsten Teilnahme Ihrer gedenke, ich wenigstens habe den festen Glauben, daß, wären Sie jetzt hier, ich dürfte Sie mit zu der kleinen Zahl Auserwählten zählen, die ich bei dieser Gelegenheit bewährt gefunden habe, und würdig, meine Freunde zu heißen. O lieber Brinckmann! ich habe manche Menschen kennengelernt bei diesem Vorfall, der meine ganze Wachsamkeit erforderte – meine lange Untätigkeit verhinderte es bis jetzt: es war mir nichts wichtig genug, es zu untersuchen, nicht einmal die Menschen, die sich meine Freunde nannten, – wenn ich auch nur diesen Vorteil davon hätte, es wäre schon der Mühe wert! – Wie durch einen Zauberschlag kam mir Ihr Brief gerade jetzt, in einem Moment, wo ich seit langer Zeit wieder einmal recht lebhaft, recht tief im Herzen das Bedürfnis fühle, alles, was mir lieb, was mir wert ist, recht eng um mich zu versammeln und mich meines erworbenen, meines kostbaren Eigentums zu erfreuen, wie eine Freigelassene, die nun erst etwas ihr eigen nennen darf, nachdem sie sich selbst angehört; und nun mit eifersüchtiger Sorgfalt es bewacht. Denken Sie sich mein Gefühl, solange ich lebe, ist dies das erstemal, daß ich von der Furcht frei bin, eine unangenehme Unterhaltung, eine lästige Gegenwart, oder gar eine demütigende Grobheit ertragen zu müssen. Kaum fühle ich mich noch recht – noch bis jetzt ist mir es wie einer, der lange eine große Last getragen, er glaubt sie noch zu fühlen, nachdem er ihrer schon längst entledigt ist. Jetzt bin ich, was ich längst hätte sein sollen, lieber Freund! jetzt bin ich glücklich, und gut – *keine Gruselei* mehr, keine Beschämung, vielleicht würden Sie mich auch nicht mehr so hart finden, ich lebe in Frieden mit allem, was mich umgibt! – Es war noch eben Zeit – hätte ich diesen letzten glücklichen Moment nicht festgehalten und benutzt, so wäre es dann zu spät gewesen, und – glauben Sie mir – ich hätte es nicht ertragen – was die Welt ein geehrtes Alter nennt, wäre für meine Überzeugung ein schmachvolles Alter gewesen, und dies wollte ich nicht erleben – *mein Tod* war beschlossen, wenn ich hätte unwürdig leben müssen! Diese innere Notwendigkeit hat mich bestimmt, einen Schritt zu tun, der, wie Sie längst denken werden, die öffentliche Meinung gegen sich hat – vielleicht wird selbst bis nach Paris allerlei darüber geschrieben werden – von allen Motiven, die man mir unterschieben wird, glauben Sie nichts, als was ich Ihnen hier darüber geschrieben – ich habe nach meiner Überzeugung gehandelt; daß ich es bis jetzt noch nicht getan habe, ist unverzeihlich von mir, zu meiner Verteidigung kann ich nur das einzige anführen, daß ich bis jetzt meine Rechte eigentlich gar nicht kannte, die Freunde, denen ich mich entdeckte, nicht meiner Meinung waren, so daß ich mich fürchtete, ganz allein stehen zu müssen. – Schlegel, Schleiermacher und die Herz haben mich jetzt redlich unterstützt – und nun erzählt man sich freilich vieles. – Wären Sie doch hier, lieber Freund! Unsere kleine Levin hat freilich recht viel Verstand – aber an Weltklugheit fehlt es uns beinah allen, von Ihnen würde ich lernen – Ihren guten Rat würde ich oft in Requisition setzen! Daß Jette nach Wien reist, um dort ihre Selbständigkeit an sich und ihre Pädagogik an anderer Leute Kinder zu probieren, das wissen Sie vermutlich schon durch sie selbst – ich würde ihre Entfernung von mir nicht so ruhig zugegeben haben, wenn ich nicht dächte, daß es ihr im Grunde doch nicht schaden kann, ihre Kräfte zu versuchen, da sie, sobald sie will, zu mir zurückkehren kann und es doch alsdann vorteilhaft für uns beide sein wird, wenn sie gelernt hat, etwas Ernsthaftes auszuführen – ich werde doch auch auf irgendeine Unternehmung sinnen müssen, wodurch ich meine Einkünfte etwas verbessere; und das können wir ja dann gemeinschaftlich besser als einzeln. Wären Sie doch hier und könnten uns aussinnen helfen! wenigstens lachen helfen über die tausend närrische Plane. – – –

Schlegel schreibt jetzt vortreffliche Sachen; im Athenäum – einen Roman – das sind die wirklichen – Plane hat er unendlich, und auch zu lauter Unendlichem. Welch eine vortreffliche Seele ist dieser Schlegel! Von ihm Ihnen zu schreiben wäre ein vergebliches Bestreben. Sie kannten ihn etwas, Sie ahndeten in dieser kurzen Bekanntschaft manches – wenn Sie aber so wie ich um ihn wären, und so nah der Entwicklung dieser reichen üppigen Fülle von Geist, Seele und Leben. Beneiden Sie mich immer um diesen Genuß – oder noch besser, kommen Sie und teilen Sie ihn – – mit Tieck lebe ich viel und schätze ihn ungemein hoch. Grüßen Sie doch Humboldts, den D. Veit und den Bildhauer Tieck, auch meinen Bruder, wenn Sie ihn sehen. Humboldts ganz besonders. – Schlegel hat mir aufgetragen, Sie herzlich zu grüßen, er schreibt Ihnen gewiß bald.

Die Ihrige
D. V.

Friedrich Schlegel an Novalis

[Berlin, 17. Februar 1799]

– – – Wir wünschen sehr, Dich zu sehen. Du würdest Dich an Dorothea freuen, an äußerer Bildung und Zierlichkeit steht sie der Schwägerin weit nach. Sie ist nur eine Skizze, aber durchaus in einem großen Stil. Ihr ganzes Wesen ist Religion, obgleich sie nichts davon weiß. Wenn sie mich verlöre, sie würde mir nach indischem Gebrauch folgen aus eigentlicher Religion und ohne zu ahnden, daß das außerordentlich, oder auch nur, daß es recht wäre. Ich sage Dir das, weil ich es Dir nicht länger verhehlen mag, daß ich ihr Deine Mysterien mitgeteilt habe. Alle diese Gedanken und Ansichten sind ihrem Gefühl so nah, daß es mir unnatürlich schien, sie nicht einzuweihen. Ja die Religiosität ihres Gefühls ist um so entschiedener, als ihr Verstand noch vom Unglück so betäubt ist. – – –

Schleiermacher an Henriette Herz

Potsdam, d. 15t. Februar 1799

... Ich habe einen Dialog im Platon gelesen, ich habe ein kleines Stück Religion gemacht, ich habe Briefe geschrieben, kurz, ich habe alles versucht, außer die gute Lebensart, und was soll ich mit der ohne Gesellschaft? Aber es geht alles nur sehr mittelmäßig. Vielleicht geht's morgen besser, wenn ich ein Federmesser habe und mir die Feder nach meiner Hand schneiden kann. Ach, liebe Jette, tun Sie Gutes an mir und schreiben Sie mir fleißig, das muß mein Leben erhalten, welches schlechterdings in der Einsamkeit nicht gedeihen kann. Wahrlich, ich bin das allerabhängigste und unselbständigste Wesen auf der Erde, ich zweifle sogar, ob ich ein Individuum bin. Ich strecke alle meine Wurzeln und Blätter aus nach Liebe, ich muß sie unmittelbar berühren, und wenn ich sie nicht in vollen Zügen in mich schlürfen kann, bin ich gleich trokken und welk; das ist meine innerste Natur, es gibt kein Mittel dagegen, und ich möchte auch keins. In Landsberg war ich zwar weiter von Ihnen, aber was hilft mir der Raum, ich war doch nicht so verkommen und lebte in einem bessern Klima. Mein letzter Gedanke, als Sie mir Lebewohl sagten und mir mit wenigen Worten ein so inniges Gefühl Ihrer Freundschaft gaben, war, daß das Wegreisen doch auch etwas Schönes sei; es war sehr frevelhaft, aber doch auch sehr religiös, ja wenn man nur nicht fortbliebe! Doch ich will Sie nicht weichmütig machen, Sie werden meiner doch genug denken. Vergessen Sie nicht, mich in jedem Brief um die Religion zu mahnen, damit sie mir nicht ins Stocken gerät. Berichten will ich Ihnen treulich, wie weit ich bin, aber Handschrift schicke ich wohl nicht eher, bis ich die zweite Rede zu Ende schicken kann; ich habe bemerkt, daß es der Religion nicht bekommt, wenn ich gar zu kleine Portionen ins reine schreibe. ...

Schleiermacher an Henriette Herz

Potsdam, d. 25st. Februar 1799

... Mit Ihrer Ansicht von der Veit haben Sie freilich recht, mit ihr und Schlegel würden Sie nicht leben können, aber war nicht jede andre Ansicht nur ein langer Irrtum? Könnten Sie das nicht wissen, daß ihr Leben nicht so ruhig neben dem Ihrigen hinfließen würde, daß sich beide am Ende vermischen könnten? Darauf müssen Sie sich freilich bereiten, aber sehen Sie es nur recht an, so wird auch das kein drückendes und störendes Gefühl erregen. Ihre Liebe zur Veit gleicht auch darin deren Leben, daß so wenig Einheit in ihr ist wie in einer wahren Person; sie hat unmerklich alle ihre Züge geändert, und es kommt nur darauf an, daß Sie sich dessen bewußt werden, so werden Sie sie doch immer wieder erkennen. Bewahren Sie das Bild ihres kindlichen Alters in Ihrem schönen Herzen, aber lassen Sie sie sich auch so gefallen, wie sie jetzt ist, mit einem andern Charakter und mit den Spuren der Zeit und der Begebenheiten. ...

... Die dritte Rede liegt mir noch gar nicht fertig im Kopf, es fehlt mir noch eine Inspiration, und ehe die nicht kommt, kann ich nichts anfangen. So etwas läßt aber lange auf sich warten. Wüßte ich doch, wie Wilhelm Schlegel es immer macht de se battre les flancs, wenn's not tut, ich täte es ihm gern nach. Von Friedrich habe ich noch immer keine Zeile, was mich sehr beunruhigt. Von Furcht und Hoffnung sage ich Ihnen nichts, ich habe keine als Sie. Möchte ich Sie bald in einer ruhigen Stimmung wissen ohne irgendeinen Mißlaut. Wie gepeinigt werde ich Freitag in dem Zehlendorf sein, und doch kann ich nicht die andre Hälfte auch machen, weil ich Sonnabend hier nicht fehlen darf. Es ist freilich nur ein optischer Betrug, daß ich Ihnen dann näher wäre, aber es quält mich doch. Was macht das Griechische? Ich lege es Ihnen recht ans Herz. ...

Schleiermacher an Henriette Herz

[Potsdam,] Sonntag, d. 3t. März, abends 1799

Heute habe ich die größte Hälfte des Phädon gelesen und nur zwei Seiten Religion gemacht; ich habe aber nun noch sechs dergleichen zu machen und hoffe also immer noch, Dienstag fertig zu werden. Im Ernst aber merke ich, daß hier alles nach und nach schlechter wird, und wenn die folgenden Reden nicht gar erbärmlich werden sollen, so muß ich schon aus Religion um der Religion willen nach Berlin kommen, aus Religion, denn wahrlich, ich will das Universum in Ihnen schauen. In jeder Rücksicht habe ich's nötig, mir einmal gütlich zu tun. Es ist so viel Bedürfnis in meinem Wunsch, Sie zu sehen, als in Ihrem unmöglich sein kann. Das können Sie mir immer lassen, Ihrer ist nur desto schöner. Das Athenäum habe ich bekommen und heute viel in den ›Gemälden‹ geblättert, die doch gar schön sind. Auch im Hülsen habe ich geblättert; das ist aber nur Zeitverderb, man muß ihn ordentlich lesen und noch mehr als lesen. Klar ist er eben nicht, und ich hoffe, daß meine Religion wenigstens etwas mehr hierin leistet. Es scheint mir, als ob Sie die Veit wenig sähen, da Sie weder Schlegels Nichtwohlbefinden noch des Aufsatzes erwähnt haben, den ihm Hülsen doch schon vor mehren Tagen geschickt hat und der sogar religiös und heilig sein soll. Es ist aber Naturreligion, und da weiß ich nicht, ob es mir viel tun wird. Meine Religion ist so durch und durch Herzreligion, daß ich für keine andre Raum habe. …

Schleiermacher an Henriette Herz

[Potsdam,] Dienstag, d. 5t. März,
morgens halb zwei Uhr, 1799

Carolinens Wort über die ›Lucinde‹ ist gar schön, aber über Ihr Urteil, liebe Freundin, kann ich nicht eher etwas sagen, bis ich mehr von der ›Lucinde‹ kenne. Nur gegen das Dilemma möchte ich im voraus protestieren. Nicht als ob etwas ein Kunstwerk im strengsten Sinne wirklich ist, sondern ob es eins sein will, das muß drüber entscheiden, ob es einen Zweck haben muß oder nicht; von der materiellen Seite mögen Sie dann über das, was besser ungedruckt wäre, ganz recht haben. Die Frage bleibt aber immer, ob es die Form nicht gefordert hat und ob das Ganze nicht ein anderes Individuum hätte sein müssen, wenn dies anders sein sollte. Verstehen werden Sie den Hülsen wohl, aber Sie werden sich gewaltig durchlesen müssen durch den Stil und den sehr dunkeln Faden, die Sachen scheinen mir aber nicht schwer.

Was dieser und Hardenberg zur Religion sagen werden, darauf wäre ich neugierig. Was Sie mir darüber sagen, ist sehr schön, aber haben Sie auch die Liebe gehörig ausgepumpt, ehe Sie Ihr Urteil einfüllten? Das nicht Mißverstandenwerden wäre mir sehr viel, aber können Sie mir dafür stehen, daß man nicht, um es nicht mißzuverstehen, außer der Religion auch mich kennen muß? Das ist eben die Frage, die wir nicht auflösen können, weil es unseren Experimenten an der ἀκϱιβεια gar sehr fehlen müßte.

Schleiermacher an seine Schwester Charlotte

Potsdam, d. 23st. März 1799

... Der Herz ihr Leben ist freilich ganz anders, still und ruhig, ohne solche Stürme und Angst vor Schiffbruch, wie der Benecke ihres, und ich kann also auch solche Verdienste nicht um sie haben, auch ist ihr Gemüt und ihr Charakter in sich viel fester, daß sie sich auf sich selbst verlassen kann und meiner nicht bedarf. Ich gehöre aber doch in anderer Rücksicht wesentlich zu ihrer Existenz, ich kann ihre Einsichten, ihre Ansichten, ihr Gemüt auf mancher Seite ergänzen, und so tut sie mir auch. Etwas Leidenschaftliches wird zwischen uns nie kommen, und da sind wir wohl in Beziehung aufeinander über die entschiedensten Proben hinweg. Nimm es nicht für Eigendünkel, daß ich darüber so gewiß spreche; es ist eine lange Erfahrung und eine sorgfältige Beobachtung, was mich dazu in Stand setzt, und ich glaube, wenn Du uns nur eine Stunde zusammen sähest, würdest Du dieselbe Überzeugung haben. Was mir in dieser Art begegnet ist, habe ich Dir aufrichtig bekannt, es ist mir eine lehrreiche Begebenheit, die ich aber auch nicht missen möchte, und die Grunow und ich sind nun in einem freundschaftlichen Verhältnis, was durch keine Rückerinnerung verstimmt wird. Es liegt sehr tief in meiner Natur, liebe Lotte, daß ich mich immer genauer an Frauen anschließen werde als an Männer; denn es ist so vieles in meinem Gemüt, was diese selten verstehen. Ich muß also, wenn ich nicht auf wahre Freundschaft Verzicht tun will, was Du denn doch auch nicht fordern wirst, auf diesem sonst so gefährlichen Standpunkt stehenbleiben, der aber eben deswegen, weil ich *so* darauf stehe, nicht so gefährlich ist. Dessen will ich mich aber nicht überheben, sondern immer auf meiner Hut sein. Du meinst, eben diese Verhältnisse wären wohl auch meinen Berufspflichten im Wege und setzten mich wenigstens einem bösen Schein aus. Was das erste betrifft, da mußt Du Dich nun lediglich auf mein Wort verlassen, daß es nicht so ist. Ich verrichte alles, was mir obliegt, sehr pünktlich und genau, aber darauf würde ich, wie Du leicht denken kannst, gar keinen Wert legen, wenn ich nicht auch wirklich mit ganzem Herzen dabei wäre, eine Sache, die wenige von meinen Freunden recht verstehn und die nur die Herz sich eigentlich reimen kann. Was aber den Schein betrifft, so habe ich darüber meine eignen Grundsätze; ich glaube, daß es meinem Stande gradezu obliegt, ihn zu verachten, ich meine, nicht aus leidigem Übermut Dinge zu tun, die man sonst nicht tun würde, nur um zu zeigen, daß man sich aus der gemeinen Meinung nichts macht, sondern das, daß, sooft es hinreichend Gründe gibt, etwas zu tun, man nach dem Schein dabei nichts fragen müsse. Das ist, wie mir's scheint, sehr nötig und ganz eigentlich Pflicht. Daß ein Mann mit einer rechtlichen Frau allein ist, Stunden und halbe Tage lang, ist wohl gar nichts Auffallendes in der Welt, und niemand sucht einen bösen Schein dahinter. Eine Frau eigentlich zur Freundin zu haben ist schon übler, und daß die Herz grade eine Jüdin ist, gereicht gewiß vielen zum Anstoß; aber das ist eben eins von den jämmerlichsten Vorurteilen. Gewacht habe ich bei ihr nur auf ausdrückliches Bitten ihres Mannes, als ihre weiblichen Freundinnen nicht mehr konnten, und ich finde darin nichts unter der männlichen Würde. Das liegt wohl nie in wirklichen Diensten, die man einer Frau erzeigt, sondern nur in der kleinlichen Galanterie und den süßlichen Aufmerksamkeiten, zu denen ich, wenn sie mir auch nicht sonst zuwider wären, immer zu unbeholfen sein werde. ... Jeder Mensch muß schlechterdings in einem Zustande moralischer Geselligkeit stehn; er muß einen oder mehrere Menschen haben, denen er das Innerste seines Wesens, seines Herzens und seiner Führungen kundtut, nichts muß in ihm sein womöglich, was nicht noch irgendeinem außer ihm mitgeteilt würde. Das liegt in dem göttlichen Ausspruche: Es ist nicht gut, daß der Mensch allein sei, mehr als irgend etwas anderes. Ihr steht in einer solchen Art von Geselligkeit mit Euren Arbeitern und bedürft selten anderer Menschen dazu. Dergleichen gibt es aber in der Welt nicht, und da die Menschen gegeneinander mit ihrem Innern wie billig sehr zurückhaltend sind, so muß man sich erst ein sehr freundschaftliches Vertrauen erwerben, ehe man so etwas herauslockt, und um zu so einer vertrauten Freundschaft zu kommen, muß man mit mehreren Verbindungen anfangen, in denen man sie suchen und anzutreffen hoffen kann. So mußt Du die Sache auch ansehn, und in der Tat bin ich bei allen Menschen, die ich sehr liebe, mehr oder weniger Arbeiter, und sie sind es auch bei mir. Da hast Du mein Glaubensbekanntnis über diesen Gegenstand ganz offen und so ausführlich, als ich es jetzt geben konnte. Du wirst wenigstens, hoffe ich, daraus sehen, wie ernstlich ich Deine freundlichen Warnungen nehme und wieviel mir daran liegt, mein Gemüt und mein Leben so offen als möglich vor Dich hinzustellen und Dich in Stand zu setzen, daß Du richtig darüber urteilen könnest. Du sollst diese Aufrichtigkeit immer bei mir finden, es ist mir gar viel daran gelegen, daß dieses Verhältnis unter uns bewahrt bleibe. ...

Schleiermacher an Henriette Herz

[Potsdam,] Sonntag, d. 24st. März 1799

Ich habe mich beim Kaffee (denken Sie nicht, daß ich alle Nachmittage welchen trinke, aber wenn ich so unmittelbar von der Kanzel komme, pflegt er sehr gut zu schmecken) mit Ihrem Briefe unterhalten, den ich heute früh nur sehr flüchtig durchlaufen konnte, und will nun ein wenig mit Ihnen plaudern, vor Abend komme ich doch nicht zur ›Religion‹ und vor übermorgen wird doch wohl das Letzte nicht abgehen. Ich habe jetzt eine häßliche Periode, es sind die kurzen Tage bei mir; ich bin um Mitternacht schläfrig und komme doch vor sieben Uhr nicht auf, und dann gibts noch eine Sonnenfinsternis nach Tisch. Mit gestern bin ich zufrieden, ich habe ein gut Teil von der Religion gemacht, die Sie bekommen, und noch ein gut Teil drüber, was nur noch nicht ins reine geschrieben ist, und am Abend habe ich zwar keine Religion, aber doch etwas sehr Religiöses gemacht, eine große Epistel an meine Schwester, die eine ausführliche Deduktion meines Lebens und meiner Grundsätze von manchen Seiten erhielt, denn das gute Mädchen hatte allerlei Bedenklichkeiten über mich gehabt, über meine Verhältnisse zu den Frauen, zu meinem Amt, zur Männlichkeit und so dergleichen. Es war mir recht etwas Heiliges, ihr das ganz auseinanderzusetzen, und ich hätte es Ihnen gern zu lesen gegeben; es war ein Bogen, so eng beinah wie der, den ich Ihnen heut geschickt habe, und ich habe ihr in einem Stück geschrieben, die Tassen Tee abgerechnet, die dazwischen getrunken sind. So ein Brief ist ein ordentliches Werk, und er war in seiner Art auch gemacht, ob er gleich ganz aus dem Herzen kam. Mir ist bange danach, das liebe Mädchen einmal zu sehen, aber es ist doch keine Möglichkeit dazu.

Beim Tee. Zittern Sie nur nicht, meine Predigt enthielt zwar rührende und christliche Sachen, aber sie war weder rührend noch christlich, und so wird sie schwerlich gefallen haben, ob sie gleich sehr gut war. Morgen früh habe ich nun noch einmal zu predigen, und dann sind die lieben Festtage auch vorbei zu meiner Freude, wäre nur auch die Religion erst fertig, dann würde ich ganz frei atmen und auch einmal wieder nach Berlin kommen. Mit Sack zu sprechen, kann ich wohl nicht vermeiden, ich kann's höchstens in die Länge ziehen, weil wir doch für eine Zeit genug haben, ausführlich zu reden. Werde ich in Ihrem nächsten Brief eine Äußerung von Schlegel über die dritte Rede finden? Ich bin begierig darauf. ...

Schleiermacher an Henriette Herz

[Potsdam,] d. 27st. März 1799

... Das ist recht fatal, daß Sie die letzten Seiten immer ungelesen gelassen haben, so konnten Sie freilich zu gar keinem Totaleindruck kommen, und ich bin nun nicht einmal vor der traurigen Wahrheit sicher, ob sie wirklich keinen gibt. Wenn sich die beiden Gedanken nicht durch das Ganze durchziehen, daß alle religiöse Menschen zugleich Priester sind und daß alle Eins sind, so habe ich meinen Endzweck allerdings verfehlt und der Polemik gegen den gegenwärtigen Zustand der Dinge, so wichtig diese auch ist, zuviel Spielraum gelassen. Warum haben Sie sich mit dem Weggeben der Bogen so geeilt? Unger kann sie doch nicht eher zur Zensur schicken, bis er die Rede ganz hat ... D. 28st. ... Da habe ich eine ganze Weile über das Christentum meditiert, welches sich nun bald äußerlich gestalten soll, es wird aber wohl noch einige Tage innerlich wachsen müssen, und da Schlegel mich ausdrücklich gebeten, recht faul zu sein und mir alle Zeit zu lassen, so will ich's noch diese Woche so innerlich wallen lassen. Wüßte ich nur erst Ihre und Schlegels Meinung über die vierte Rede, und hätte ich nur eine recht genaue Idee davon, wie weit der Druck ist. Ob Sack die vierte Rede schon gehabt hat, werde ich wohl morgen erfahren. Sonderbar ist es, daß ich in der ersten und zweiten Rede noch jetzt nichts zu verbessern oder zuzusetzen wüßte (obgleich Schlegel an der zweiten auch noch manches auszusetzen hat), an der dritten und vierten aber schon mancherlei. Ob das gerade ein Beweis ist, daß die ersten beiden vollkommen sind, weiß ich nicht, es ist aber ein Beweis gegen das Machen überhaupt.

Schleiermacher an Henriette Herz

[Potsdam,] Dienstag [d. 2t. April] morgens

Da ist ihr Brief. ... Das ist ja eine rechte Sympathie, Sym und auch Pathie, daß Sie auch dumm und faul gewesen sind. Was das mit dem Archiv ist, möchte ich doch wissen; aber so geht's, wenn man sich erst mit solchen Leuten abgibt. Soll mir der Feßler einen Refüs geben dürfen? Könnte ich mich ärgern, so täte ich's. Ich habe nichts gegen den Biester, es war ja mein erster Vorschlag, aber taugt es, daß Herz mich meldet? Das sieht aus, als machte ich Partie mit ihm, und Biester ist eine Plaudertasche, die das in der christlichen Welt herumträgt; am Ende mögte er einen Krypto-Judaismus riechen. Überlegen Sie das, aber ohne Herz, versteht sich. Ich kann ja leicht, wenn es soweit ist, ein paar Zeilen an Biester schreiben. Mit der ›Lucinde‹ werden wir wohl beide unsre Not haben. Der vertraute Freund eines Predigers soll so ein Buch schreiben, und dieser soll nicht mit ihm brechen! Ich werde es machen wie Sie und habe es schon unterschiedlich so gemacht. ...

Schleiermacher an Henriette Herz

[Potsdam,] D. 10t. [April 1799]

... Ein halber Bogen ist fertig und etwas zum zweiten gemacht, ich zweifle aber doch, daß dieser gegen die Postzeit morgen noch fertig wird, denn für heute ist Feierabend. ... Ich kann jetzt schon wieder des Morgens besser arbeiten als in der Nacht, das ist ein sichres Zeichen, daß Sommer wird, wenn nur meine Morgen ruhiger wären. Sack ist mir oft eingefallen bei der Arbeit mit seinem zu *originell*, das ist ein recht theologisches Diktum! Mein Christentum, bis zu dem ich übrigens noch nicht gekommen bin, wird ihm wohl auch zu originell sein, obgleich es eigentlich sehr alt ist. In dem Briefe von der Veit, der übrigens, wie Sie leicht denken können, zugleich Schlegels Brief war, stand von der vierten und fünften Rede nichts als Berufung auf Sie. Sie werden also jeden Tag Manuskript bekommen, bis ich nähere Nachricht habe, denn nach den letzten Progressen zu schließen, muß Unger schon morgen an der fünften Rede anfangen, und dann werde ich eben immer so mitkommen mit dem Setzer. Die Idee der Vorrede scheint Schlegel zu behagen; Sie haben noch kein Wörtchen darüber gesagt. Sehr liegt sie mir nicht am Herzen, und wenn sie mir nicht von selbst kommt, werde ich sie nicht holen, es kann recht gut ohne Vorrede gehen. Doch wie der H. Geist will. Übrigens ist's ein schöner Brief, der Veit ihrer. Sie klagt über das Herauswenden alles Inneren in der ›Lucinde‹ und meint, meine Kühnheit in der Religion tröste sie nicht. Da hat sie auch recht, es ist ein großer Unterschied. Bei der ›Religion‹ kann man sich nur wundern, wie man so etwas der Welt sagen mag, bei der ›Lucinde‹ vielleicht auch, wie man so etwas seinen Freunden sagen mag, für die es einen viel individuelleren Sinn hat als für die Welt, ich sage vielleicht, weil ich doch eigentlich keine rechte Idee von der ›Lucinde‹ habe. ...

Schleiermacher an Henriette Herz

[Potsdam,] Freitag, d. 12t. April früh [1799]

Da ist Ihr Brief, an dem ich diesmal vieles durchaus nicht verstehe. Ich verstehe noch immer nicht, wie das mit den zwei Tagen zusammenhängt, an denen Sie nichts von mir gehört haben, da ich täglich geschrieben habe. Ich verstehe nicht, wie Sie haben glauben können, daß ich nach Berlin kommen würde, da wir so bestimmt ausgemacht hatten, daß ich nicht eher als nach Beendigung der ›Religion‹ kommen sollte. ... Ich könnte noch mehr Unbegreifliches finden, als da ist, daß Sie, qui court la ville und alle Viertel befährt, nur nach der Ziegelstraße nicht kommen können und es für ein großes Glück halten müssen, die Veit auf der Akademie zu sehen, daß Sie immer noch von meinen zwei Tagen reden, aber Ihnen gar nichts darüber einfällt, daß ich nun wirklich volle zweimal 24 Stunden gewesen bin, ohne von Ihnen zu hören, und daß Sie den Brief, den ich Montag abend auf die Post gegeben, erst Dienstag abend erhalten zu haben scheinen. Oh! und ein Hauptstück hatte ich vergessen, daß Sie reden, als wäre zu vermuten, ich würde nun nichts tun als immerfort machen, und daß Sie sich unser schönes Leben gar nicht denken können. Kurz, das einzige, was ich recht begreife, ist, daß Sie *recht* meine Jette sind: das lese *ich* in und zwischen allen Zeilen. ...

Freitag, d. 12t. April, abends [1799]

... Denken Sie, auch die Eleonore hat schon von der Unanständigkeit der ›Lucinde‹ reden hören, wahrscheinlich durch Parthey und Nicolai, wie weit das schon verbreitet ist! Ich habe sie letzthin förmlich eingeladen, meine Reden nicht zu lesen; ich fühle, sie seien dunkel, und es würde sie fast niemand verstehen, mit dem ich nicht sonst aus der Sache gesprochen hätte. Nun schreibt sie ihrer Mutter, sie habe gehört, Schlegels ›Lucinde‹ sei gar so natürlich, daß eine sittliche Frau sie nicht lesen könne, und so seien ihr zum Unglück die Bücher der beiden Freunde verboten, das eine, weil es ihr zu hoch, und das andre, weil es zu natürlich sei. Auch habe ich heute Nicolais Briefe der Adelheid durchblättert, was ich wohl hätte bleiben lassen sollen; ich hätte die schöne Zeit für die Religion brauchen können, von der ich erst eine Seite gemacht habe. Das ist einmal wieder ein schlechtes Buch. Und welche Dummheit und zugleich auch welche Perfidie, Dinge, die in den Fragmenten stehen, einem Menschen in der Konversation in den Mund zu legen und einen vis à vis von seiner Geliebten wörtlich aus dem Fichte und Kant sprechen zu lassen. Das Naivste ist, daß die Adelheid schreibt: Wer wohl der Fichte sein mag, von dem er sprach? Dann kam auch noch ein gestiefelter Kater vor, der auf den Dächern der dramatischen Kunst herumspaziert, ob das wohl derselbe ist? Das mag Nicolais Theorie von der Wirklichkeit sein, daß eine Frau so zuhören muß. Ein paarmal sind Fragmente von mir zitiert; da habe ich unaussprechlich gelacht. …

Schleiermacher an Henriette Herz

[Potsdam,] Dienstag, d. 16t. April 1799

Als Ihr Brief ankam, hatte ich eben die ›verkehrte Welt‹ gelesen und war sehr guten Humors, und so hat es mich weniger affiziert, was Sie mir von der Publizität meiner Autorschaft sagen. Wenn die Leute mit mir davon reden wollen, werde ich sie fragen, ob sie nicht wissen, daß ich inkognito geschrieben habe. Unter den Juden mag es am Ende herumkommen, wenn es nur die Geistlichen nicht erfahren, das ist das Eigentliche. …

Lassen Sie sich doch die ›verkehrte Welt‹ geben. Es ist wirklich sehr witzig, und ich habe schrecklich lachen müssen. Der Tieck ist doch einzig in seiner Art. Aber was Bernhardi in der Bambocciade gemacht hat, scheint mir noch schlechter zu sein als der erste Teil. Wenn der Tieck sich den Bernhardi nicht angeschafft hätte, ich gäbe was drum! Vielleicht sagen aber so viele Menschen: wenn der Schlegel sich nicht den Schleiermacher angeschafft hätte!! …

Beim Montag bleibt's auf jeden Fall, und wenn ich Geld hätte, käme ich sogar Sonntag; denn einige Stunden sind besser als einige Taler. Daß ich soviel bei Ihnen bin als möglich, wissen Sie. Auf den Abend mit Heindorf freue ich mich; ich bin ihm wirklich sehr gut, und wie Sie ihm die Unschuld nicht abgemerkt haben, wenn Sie mit ihm von Menschen gesprochen haben, begreife ich nicht. Mit dieser Art von Unschuld aber wird man mit der Welt nicht durch andre bekannt, weil man immer von falschen Voraussetzungen ausgeht. Es gibt hierin auch eine ursprüngliche Anschauung; wer zu der nicht kommt aus sich selbst, der ist eben für dieses Fach verloren. Über die Unschuld mache ich auch wohl einmal einen Essay. Eigentlich glaube ich, daß ich von den Menschen ziemlich viel weiß, von ihrem Innern nämlich, da habe ich bald eine klare Anschauung; aber in dem, was man Welt nennt, in der Kenntnis ihrer Routine und ihren kleinen Tricks, da bin ich ein grausamer Stümper; es scheint mir immer nicht der Mühe wert, darauf zu sehen. Jenes kostet mich nichts als Zeit, und dazu hat man sie ja. Ich möchte wohl einmal etwas schreiben, wo das alles drin wäre; aber das ist auf viele Jahre hinaus; ich müßte lange am Stoff sammeln und weiß auch keine Form dazu. …

Schleiermacher an Henriette Herz

[Potsdam,] d. 2t. Mai 1799

Heute habe ich in den Zeitungen von Fichtes kleiner Demütigung gelesen. Ein falscher Schritt zieht immer den andern nach sich. Er mußte es freilich den Leuten sagen, daß sie sich bei der Demission, die sie ihm gäben, unter diesen Umständen auf sein Fordern derselben nicht berufen könnten; aber das hätte auf eine ganz andre Art geschehen müssen. Und um so etwas zu sagen, wie er in seinem ersten Briefe sagte, von mehreren, die ihm nachfolgen würden, da muß man seiner Sache und seiner Leute sehr gewiß sein. Ein anderes Katheder findet nun Fichte gewiß nicht, und im ganzen, muß ich gestehen, halte ich es für ein vorteilhaftes Ereignis, daß seine Philosophie vom Katheder, wohin sie gar nicht paßt, vertrieben ist. Spinoza hat eine philosophische Professur abgelehnt, ohnerachtet er so enthusiastisch für seine Philosophie war, als Fichte nur immer für die seinige sein kann, und hat sehr wohl daran getan. …

Schleiermacher an seine Schwester Charlotte

Berlin, d. 23st. Mai 1799

… Hernach ist mir die Zeit wieder so hingegangen in dem Stumpfsinn, der bei mir immer entsteht, wenn ich isoliert bin. Darüber kann ich nicht heraus; ohne Freund, ohne herzliches Gespräch, ohne Wechsel zwischen Arbeit und geselligem Genuß ist für mich kein Leben, und wenn ich ein paar Jahre so existieren müßte, würde es mir schwer werden, mich selbst beisammen zu halten. In dieser Rücksicht bin ich denn unendlich froh, wieder hier zu sein, obgleich mir eben auch keine glückliche Zeit bevorsteht. Die Herz macht eine Reise nach Dresden und dem Harz, Schlegel wird wahrscheinlich um dieselbe Zeit auf einige Wochen nach Jena reisen, und ich habe mich noch dazu in ein paar weitläufige Arbeiten eingelassen, die mich einen großen Teil meiner Zeit kosten, aber freilich auch dazu dienen werden, meinen Stil zu bilden und mir manche Kenntnisse zu verschaffen. ...

Friedrich Schlegel an Schleiermacher

[1799]

Ich ward das letztemal eben unterbrochen, liebster Freund, als ich Dir noch einige Nachrichten von den Effekten Deiner Rede geben wollte.

Goethe hat sich mein prächtiges Exemplar geben lassen und konnte nach dem ersten Lesen von zwei oder drei Reden gegen Wilhelm die Bildung und die Vielseitigkeit dieser Erscheinung nicht genug rühmen. Je nachlässiger indessen der Stil und je christlicher die Religion wurde, je mehr verwandelte sich dieser Effekt in sein Gegenteil, und zuletzt endigte das Ganze in einer gesunden und fröhlichen Abneigung. Also ein neuer Beleg für die innere Duplizität dieses Mittels.

Hardenberg hat Dich mit dem höchsten Interesse studiert und ist ganz eingenommen, durchdrungen, begeistert und entzündet. Er behauptet, nichts an Dir tadeln zu können und insofern einig mit Dir zu sein. Doch damit wird es nun wohl so so stehen. Er hat mir einen Aufsatz über Katholizismus verheißen, auch will er über Dein Buch mir etwas aufschreiben. Ich verspare also das übrige bis dahin, da ich ihn ohnehin nur einen halben Tag gesehen und nichts gründlich mit ihm habe durchsprechen können. – –

Schelling geht es mit Deinen Reden fast wie Fichten. Jedoch hatte er Hochachtung und sagte mir, wenn Du nun etwa noch etwas des Inhalts oder der Art schriebst, oder auch etwas zur Verteidigung der jetzigen Schrift, so wolle er dann damit anfangen und hernach auch die jetzige Schrift gründlich studieren, die ihm wie Fichten sehr schwer zu lesen und zu verstehn wird. Er ist ungefähr ebensoweit darin gekommen wie Fichte.

In dem Meßkatalog ist eben nicht viel von Bedeutung, auch

nicht viel, was uns gute Hoffnung gibt, ich meine für Deine Notizen.

Der Fabel vom Herzog magst Du nur allenthalben widersprechen. Was er etwa darüber gesagt hat, wissen wir nicht, und es geht uns nichts an: aber sagen lassen hat er uns *nichts*, und Goethe würde, wenn es damit was auf sich hätte, sich nicht so günstig für die Teufeleien geäußert haben, wie er getan hat.

Persönlich kann ich mit Schelling sehr gut fertig werden, ja ich habe sogar einen Anfall gehabt, ihn zu lieben. Von seiner Naturphilosophie hält er beinah nicht mehr als billig, und übrigens arbeitet er im stillen an einem großen Gedicht über die Natur, und groß dürfte das wohl in jeder Rücksicht werden.

Wie groß erst die Ungeduld und dann die Freude über Dorothea war, kannst Du denken. Aus der ersten hast Du mich durch Deinen letzten Brief errettet, der mir sehr erfreulich war. Nun habe ich gar keine Entschuldigung mehr, wenn ich nicht arbeite; daher sollst Du auch bald erhalten, was nötig ist. Das verfluchte Lesen! Ich habe einmal wieder alle italienischen Dichter gelesen. Das schlimmere Denken nicht zu erwähnen.

Daß Fichte die Ideen liest, überrascht mich mehr, als daß es mich freut. Die Form oder Unform wird ihm zu sehr widerstehen. Ich werde ihm doch selbst darüber schreiben müssen. Aber Freund, Du hättest unrecht, wenn Du nicht die Zeit nutztest. Das geht darauf, daß Du in Deinem letzten Brief an Dorothea Fichte seit ihrer Abreise noch nicht wieder gesehen hattest.

Was ich noch sagen wollte. Du siehst nun also, daß Du mit den eigentlichen Philosophen (Hülsen geht immer mehr über die Philosophie hinaus; den rechne ich also nicht) durch die Reden nicht en rapport kommen kannst. Das tut auch gar nichts; da Du es aber doch wohl überhaupt wollen wirst, so wäre es ein Motiv, das über Spinoza oder auch das über die Grenzen der Philosophie recht bald zu schreiben. Vielleicht würde auch dieses letzte nicht zu lang fürs Athenäum.

Schleiermacher an Henriette Herz

[Berlin, d. 19t. Juni 1799] Mittwoch abend

... Diesen Mittag habe ich bei der Veit gegessen, habe dann meine Notiz von Kants Anthropologie dort zu Ende ins reine geschrieben, und dann sind wir in Bellevue gewesen, wo die Akazien göttlich riechen; hernach habe ich mit Schlegel noch ein wunderbares Gespräch über mich gehabt, wobei wir uns wahrscheinlich beide nicht verstanden haben. Er notiziert jetzt die Religion, und da studiert er mich ordentlich; er will mein Zentrum wissen, und darüber haben wir nicht einig werden können. Ob ich mich wohl selbst so verstehe, wie er mich verstehen will? Ich habe ihm gesagt, ich würde wohl nie bis ins Zentrum kommen, mit dem *Machen* nämlich, meinte ich; das hat er für eine Blasphemie gegen mich selbst genommen, kurz, wir sind nicht zusammengekommen. Was ist denn mein Zentrum? wissen Sie es? Gestern, denken Sie sich, habe ich in der größten Eil wenigstens zehn Bogen Religion lesen müssen, weil der Setzer, der nun wirklich auf dem letzten Bogen ist, die Druckfehler verlangte. Das hat mich entsetzlich fatigiert. In Schlegels Notiz, die erst angefangen ist, steht unter anderm, ›der Stil der Reden sei eines Alten nicht unwürdig‹; das ist wohl zuviel gesagt. Übrigens bin ich sehr begierig darauf, was alles in dieser Notiz stehen wird. – Gute Nacht! in welchem Nest mögen Sie schlafen? Morgen kommen Sie nach Ilsenburg, und ich denke, mit dem Harz soll Ihnen eine neue Göttlichkeit und ein neuer Enthusiasmus aufgehen. ...

Schleiermacher an Henriette Herz

[Berlin,] d. 1t. Juli 1799

Wie ich mit Friedrich stehe, weiß ich eigentlich nicht; es drückt mich gewaltig. Auch nun bin ich nicht ganz Ihrer Meinung; unsre Gemüter sind wohl recht füreinander, Friedrichs und meines, nur nicht auf die Art wie Ihres und meines, sondern eben insofern sie einander nicht ähnlich zur Ergänzung. Daß man unter diesen Umständen nicht so leicht auf den rechten Punkt zusammen kommt, ist natürlich; aber es kann doch gehen und muß gehen, wenn Schlegels Heftigkeit und Ungeduld uns nicht aus dem Wege bringt. Ich weiß nicht, ob er ein solches heruntergebrachtes

Verhältnis leiden kann, ich kann es nicht, und werde mir nächstens das Herz fassen, wieder mit ihm zu reden. Es ist nur so übel, daß ich ihn ungern jetzt auf eine Art affizieren möchte, die ihn beunruhigt, weil es einen solchen Einfluß auf seine Arbeiten hat. Ach, es ist ein großes Elend! Mit Dorothea kann ich über diese Dinge gar nicht reden; sie stellt sich so sehr auf einen unrechten Standpunkt, daß ich gar nicht hierüber sprechen kann. Worauf Sie zurückgehen, das ist wohl etwas. Sein gänzliches Nichtverstehen unseres Verhältnisses geht aus mehreren Stellen in der ›Lucinde‹ klar hervor; aber es ist doch nicht alles, er versteht auch mein Verhältnis zu ihm nicht und deutet meine Demut und meine ehrerbietige Schonung nicht recht, aus der ich mir gar vieles versage. Doch das muß man mündlich besprechen, und ich hoffe auch dafür viel von Ihrem Hiersein. Was Sie von Tieck in den Zeitungen gelesen haben, weiß ich nicht; mir ist nichts dergleichen vorgekommen; aber übermütig wird er nicht werden durch das Lob, weil er die Menschen viel zu sehr verachtet. Übrigens überzeuge ich mich, daß er sehr viel ist für die deutsche Literatur, und zwar etwas, was weder Goethe noch Schiller noch Richter sein können, und was vielleicht außer ihm niemand sein kann; müßte er sich nur nicht auch mit seinen Arbeiten eilen. Die Grobheiten im Athenäum werden Sie doch auch wohl billigen, wenn es notwendige Wahrheiten sind und wenn sich zeigen läßt, daß es nach richtigen Begriffen viel gröber wäre, wenn man sie anders sagte. Mit der Natur, das ist mir noch immer nicht klar. Sie haben sie doch eben auch als einen toten Stoff angesehen, der behandelt werden muß, und es ist Ihnen immer der von uns eingefallen, der gerade diese oder jene bestimmte Gattung desselben am besten behandeln konnte. Aber wie haben Sie ihn denn selbst behandelt? Friedrich meint in seiner Notiz, wo ich mich in der Religion der Natur nähere, da offenbare sich meine Irreligion als Mangel. Er hat besondere Begriffe von Natur, die ich noch nicht verstehe, aber meine Behandlung derselben verstehe ich wohl. Was Sie mir oft als Polemik ausgelegt haben, daß ich gleich geradezu auf die Unendlichkeit der Chemie gehe, damit ist es mir bitterer Ernst, obgleich mancher einzelne Genuß dabei verlorengeht, der aber freilich von einer Art ist, die ich für niedriger halte. Ein großes Wort hat Friedrich doch über mich gesagt in unserm Gespräch, ich weiß nicht recht, woher es bei ihm gekommen ist, aber wahr ist es nach allen Seiten, nämlich ich müsse aus allen Kräften darauf arbeiten, mich innerlich frisch und lebendig zu erhalten. Niemand ist dem Verwelken und dem Tode immerfort so nahe als ich, ich kann das weder konstruieren noch demonstrieren, aber es ist leider wahr. Mit dem Befragen, das übertreiben Sie, liebe Jette, und ich bitte Sie, schlagen Sie einmal die entgegengesetzte Maßregel ein. Es ist nichts wohltätiger für mich, als wenn man mich über mich zum Reden bringt, ich dächte, Sie müßten das gefühlt haben, sooft es der Fall gewesen ist. Es mag eine schwierige Operation sein, aber ich bitte Sie inständig, lassen Sie es sich nicht verdrießen. ...

Schleiermacher an Henriette Herz

[Berlin,] Donnerstag, d. 4t. Juli 1799. Abends.

Wissen Sie wohl das Neueste, liebe Freundin? Fichte ist hier, vorderhand auf einige Wochen, um sich zu besehen. Friedrich hatte es schon seit einiger Zeit gewußt und ihm eine Chambre garnie unter den Linden besorgt; es war aber tiefes Geheimnis, und da man das Schicksal der Briefe nicht wissen kann, habe ich Ihnen nichts davon schreiben mögen. Auch Tieck hat es nicht gewußt und sich heute des Todes gewundert. Heute früh brachte ihn Dorothee zu uns, und wir sind, ein paar Stunden ausgenommen, den ganzen Tag zusammen gewesen. Beschreiben kann ich ihn nicht, und sagen kann ich Ihnen auch nichts über ihn, Sie wissen, daß mir das nicht so früh kommt.

Schleiermacher an Henriette Herz

[Berlin,] Freitag [d. 5t. Juli 1799], abends

Ich habe ordentlich eine kleine Furcht davor, daß Fichte gelegentlich die Reden lesen wird; nicht davor, daß er viel dagegen einzuwenden haben möchte, das weiß ich vorher, und es macht mir nicht bange, sondern nur, daß ich nicht weiß, wo er mir alles in die Flanke fallen wird, und daß ich nicht werde würdig mit ihm darüber reden können. Bei der ›Lucinde‹ ist er eben und hat Friedrich gesagt, vieles einzelne gefalle ihm, um aber eine Meinung über die Idee des Ganzen zu haben, müsse er es erst recht studieren. Er hat schon heute einen Besuch von der Polizei gehabt, man hat so horchen wollen, ob er etwa gesonnen sei, sich hier zu etablieren. Er hat dann gesagt, er sei zu seinem Vergnügen hier und wisse nicht, wie lange er sich aufhalten werde. Observiert wird er wahrscheinlich provisorisch von der kleinen Polizei. Es sollte mir leid tun, wenn er irgend Unannehmlichkeiten hätte, und es wäre auch höchst inkonsequent. Große Sachen habe ich noch nicht mit ihm gesprochen, ich will es so sachte angehen lassen nach meiner Manier. ...

Schlegel hat mir letzthin verschiedentlich demonstriert, ich müßte einen Roman schreiben; meine religiösen Ideen über Liebe, Ehe und Freundschaft ließen sich nicht anders mitteilen, und mitgeteilt sollten sie werden, also müßte ich den Roman auch schreiben können. Ich habe ihm gestanden, ich hätte es schon seit einiger Zeit als meinen Beruf gefühlt, ich zweifle aber am Können, und das tue ich auch noch. Mit Ihrem Nichtschreibenkönnen, liebe Jette, das hat nichts zu sagen, üben müssen Sie sich freilich an allerlei Formen; aber dann ist auch gar nicht daran zu zweifeln. Wir wollen schon machen. Lassen Sie uns nur erst wieder zusammen leben.

Dorothea Veit an Schleiermacher

Jena, den 11. Oktober 1799

– – Denken Sie sich, ich war auf dem Wege von Leipzig hieher einen Mittag in Weißenfels. Ein gewisser Doktor Lindner, der mit mir fuhr, besuchte Hardenberg, und ich habe nichts dazu getan, ihn zu sehen, so begierig ich auch war. Lindner durfte es ihm gar nicht einmal sagen, daß ich dort wäre. Er kommt mir erschrecklich paradox und eigensinnig vor nach allem, was ich von ihm höre; er ist ganz toll in Tieck und in seine Frau, als Tiecks Frau, verliebt und verachtet alles übrige. *Alles* übrige, sagt man. Wie lange dieses Delirium anhalten wird, weiß man nicht zu sagen. Enfin, mir hat aber sein Wesen, das ich schon immer ahndete, eben keinen Mut gemacht, ihm mit einem Schritt zuvorzukommen, um seine Bekanntschaft zu machen. Ungeheuer aber ist es, daß Goethe hier ist und ich ihn wohl *nicht* sehen werde. Denn man scheut sich ihn einzuladen, weil er wie billig das Besehen haßt, und er geht zu niemandem als zu Schiller, obgleich Schlegels und Schelling ihn täglich auf seiner alten Burg besuchen, in der er haust. Bis die andre Woche bleibt er nur hier. Zu Schiller geht man nicht; also, ich werde in Rom gewesen sein, ohne dem Papst den Pantoffel geküßt zu haben. Es ist unrecht, und was noch mehr ist, dumm, und was noch mehr ist, lächerlich. Aber man kann mir nicht helfen. – –

Mit Friedrich, der mir immer lieber wird, je mehr ich andre neben ihm sehe, will es nur nicht so recht fort; das Arbeiten wird ihm immer schwerer, und er dadurch immer betrübter. Ich hüte mich, ihm meine tiefe Besorgnis blicken zu lassen, weil das ihn völlig niederdrücken würde; auch Wilhelms sind mit mir darüber einverstanden, daß man ihn nicht quälen dürfte, und man läßt ihn in Ruhe. Das ist wirklich das einzige, was man für ihn tun kann, damit er nicht zerstört werde.

– – Es scheint, die Berliner können nicht ruhen; sie können ebensowenig ein Leben als einen Roman sich ohne geschloßnen Schluß denken, und nehmen nun gar bei mir die heilige Taufe als völligen Ruhestand und Auflösung an. Wie wäre es, wenn sie mich tot sein ließen? so wären sie aus der Ungewißheit, und mir geschähe auch kein kleiner Dienst damit. – –

Dorothea Veit an Schleiermacher

Jena, den 28. Oktober 1799

– – Sie haben mir schön geschrieben, lieber Schleier. Ich war einmal einen Morgen bei Ihnen, wie Friedrich in Dresden war; da waren Sie ungemein gut, und ebenso ist mir Ihr Brief vorgekommen. Lieber Freund, sein Sie gut gegen Friedrich; denn niemand ist so gequält wie er bei seinem Nichtgelingen. Reden kann ich nicht viel darüber; wie es gehen wird, weiß ich auch nicht. Jetzt arbeitet er, wie er sagt, am zweiten Teil der ›Lucinde‹; aber er ist nicht so frei, so munter, als er sein sollte. Es ist entsetzlich, daß ihn die *Sorgen* am Arbeiten verhindern, anstatt ihn zu spornen. Noch entsetzlicher ist es, daß die Sachen, die er doch in so kurzer Zeit gemacht hat, nicht so viel eintragen, daß er wieder ruhen und sammeln könnte. Entsetzlich, daß er von Kunstwerken leben soll, die wie Handwerksarbeiten bezahlt werden. Bei alledem habe ich die beste Hoffnung, daß wenn wir ihm nur noch einige Jahre durchhelfen, so wird es gewiß besser gehen. Die Welt scheint ja wieder von der Sonne beschienen zu werden, die *Guten* siegen ja wieder. Ich träume mir noch immer, daß Schlegel einmal eine andre Karriere ergreift, als die er jetzt hat. Gibt uns das Schicksal einen *Staat*, so wird er gewiß auch noch *Bürger*. Bald, nur bald, lieber Himmel, ehe es für uns zu spät ist! Was in aller Welt sagen Sie nur zum Bonaparte? Darf man wohl dem Glück eines wahrhaft großen Menschen mißtrauen?

Schelling? Ich weiß noch nicht viel von ihm, er spricht wenig; sein Äußeres ist aber so, wie man es erwartet; durch und durch kräftig, trotzig, roh und edel. Er sollte eigentlich französischer General sein, zum Katheder paßt er wohl nicht so recht, noch weniger glaube ich in der literarischen Welt. Überhaupt bin ich der Meinung jetzt: Ihr revolutionären Menschen müßtet erst mit Gut und Blut fechten, dann könntet Ihr, um auszuruhen, schreiben, wie Götz von Berlichingen seine Lebensgeschichte. Darum gefällt mir auch Benvenuto Cellini so gut. Ich möchte auch gern einmal vom Luther lesen; ich ahnde, daß der eine rechte Ähnlichkeit von den beiden haben muß. Und so sollte es mit Euch nur auch sein. Denn Euer Wesen und Euer Wollen, das paßt zum Literarischen ganz, und zur Kritik und alle dem Zeuge, wie ein Riese in ein Kinderbettchen. Ich sehe es jetzt recht deutlich, daß die, die das Ruder führen, höfliche, kalte, geschmeidige Flachköpfe sind und Euch nicht brauchen können zu den kleinen Maschinen, die sie für ihre schwächlichen Hände eingerichtet haben. Sie gehen tief gebückt durch die kleine Pforte, und Ihr wollt gerade aufrecht durch; freilich zerstoßt Ihr Euch die Köpfe. Der Zwist mit der Literaturzeitung ist angezettelt, und es wird wohl nun bald etwas Öffentliches darüber erscheinen. Wilhelm ist ein rüstiger Kämpe; aber mir tut es leid, daß er Witz und Kräfte gegen die Wichte so verschwenden muß. Nächstens sollen Sie ein herrliches Sonett erhalten, die Frucht einer herrlichen Stunde von Wilhelm und Tieck (Tieck ist aber ein Geheimnis dabei). Ich habe es recht gewünscht, daß Sie hier dabeigewesen wären, um das Sprudeln und das Funkensprühen der beiden Menschen zu sehen. Sie hätten sich gewiß ebensosehr als ich ergötzt. Überhaupt ist Tieck hier eine gute Figur; er nimmt sich sehr brav aus und ist an seiner rechten Stelle. – Ja, lieber Freund, Sie sollten herkommen; wenn es so recht kunterbunt hergeht mit Witz und Philosophie und Kunstgesprächen und Herunterreißen, dann erinnere ich mich sehr lebhaft Ihrer. Sie würden eine rechte Lust haben, und schwerlich würden Sie Zeit genug zu Ihrem mystischen Kugelwerfen nach Tische und zu den gefährlichen äquilibristischen Stuhldrehungen finden; denn sagen Sie, was Sie wollen, das waren doch nur immer Zeitverkürzungen, wenn sie gar zu lang werden wollte.

Daß ich den Hardenberg nicht aufsuchte, war ganz recht (als *ich* angenommen). Mich setzt eine Bekanntschaft, vollends eine so interessante Bekanntschaft, immer in Verlegenheit, die hernach so sänftiglich allmählich abnimmt; dazu gehört aber Zeit, und die hatte ich nicht. Hätte ich seine Bekanntschaft machen können, ohne daß er die meinige hätte machen müssen, so wäre es angegangen. Dann gehört auch einiges – Selbstbewußtsein will ich es nennen – dazu, um jemand so zu sich zu rufen, um ihn zu besehen. Eine solche edle Dreistigkeit haben nur schöne Frauen, oder sollten nur diese haben. Er kommt gewiß diesen Winter noch her. Wahr ist es, daß er ganz kürzlich eine sehr wunderliche Manier angenommen hat. Und nach dem, was man sich hier von ihm erzählt, ist es etwas wunderbar! So zum Beispiel ist er ganz toll und rasend in Tieck verliebt, und behauptet, das wäre noch ein ganz andrer Dichter als Goethe u. dergl. (*und dergleichen*, ist eine von Schellings Redensarten). Daß ich den Papst nicht gesehen, darüber kann mich kein Mensch trösten. –

Dorothea Veit an Schleiermacher

Jena, den 15. November 1799

Lieber Freund, es ist nicht recht, daß Sie so selten schreiben, Hardenberg ist hier auf einige Tage. Sie müssen ihn sehen; denn wenn Sie dreißig Bücher von ihm lesen, verstehen Sie ihn nicht so gut, als wenn Sie einmal Tee mit ihm trinken. Ich rede nur von der reinen Anschauung, zum Gespräch bin ich gar nicht mit ihm gekommen, ich glaube aber, *er* vermeidet es; er ist so in Tieck, mit Tieck, für Tieck, daß er für nichts anders Raum findet. Enfin, mir hat er's noch nicht angetan. Er sieht aber wie ein Geisterseher aus und hat sein ganz eignes Wesen für sich allein, das kann man nicht leugnen. Das Christentum ist hier à l'ordre du jour: die Herren sind etwas toll. Tieck treibt die Religion wie Schiller das Schicksal; Hardenberg glaubt, Tieck ist ganz und gar seiner Meinung; ich will aber wetten, was einer will, sie verstehen sich selbst nicht, und einander nicht.

Nun hören Sie!

Gestern mittag bin ich mit Schlegels, Caroline, Schelling, Hardenberg und einem Bruder von ihm, dem Lieutenant Hardenberg, im Paradiese (so heißt ein Spaziergang hier), wer erscheint plötzlich vom Gebirg herab? Kein andrer als die alte göttliche Exzellenz, Goethe selbst. Er sieht die große Gesellschaft und weicht etwas aus, wir machen ein geschicktes Manöver, die Hälfte der Gesellschaft zieht sich zurück, und Schlegels gehn ihm mit mir grade entgegen. Wilhelm führt mich. Friedrich und der Lieutenant gehen hinterdrein. Wilhelm stellt mich ihm vor, er macht mir ein auszeichnendes Kompliment, dreht ordentlicherweise mit uns um und geht wieder zurück, und noch einmal herauf mit uns, und ist freundlich und lieblich und ungezwungen und aufmerksam gegen Ihre gehorsame Dienerin. Erst wollte ich nicht sprechen. Da es aber gar nicht zum Gespräch zwischen ihm und Wilhelm kommen wollte, so dachte ich, hol der Teufel die Bescheidenheit, wenn er sich ennuyiert, so habe ich unwiederbringlich verloren! Ich fragte ihn also gleich etwas, über die reißenden Ströme in der Saale, er unterrichtete mich, und so ging es lebhaft weiter. Ich habe mir ihn immer angesehen, und an alle seine Gedichte gedacht; dem Wilhelm Meister sieht er jetzt am ähnlichsten. Sie müßten sich totlachen, wenn Sie hätten sehen können, wie mir zumute war, zwischen Goethe und Schlegel zu gehen. Die Wasserprobe des Unmuts habe ich ehmals glücklich überstanden, werde ich auch die Feuerprobe des Übermuts überstehen? An Friedrich machte er auch ein recht auszeichnendes Gesicht, wie er ihn grüßte, das freute mich recht.

Schleiermacher an seine Schwester Charlotte

Berlin, d. 20st. November 1799

... Auf die Art sind denn alle anderen Arbeiten und Geschäfte auch während dieser Zeit liegengeblieben, und ich habe während der letzten vier Wochen auch noch nicht zu Atem kommen können. Überdem habe ich recht viel innern nagenden Kummer gehabt über meines Freundes Schlegel häusliche und öffentliche Angelegenheiten und die üble Lage, in welcher er sich gegen die Welt gesetzt hat. Der guten Herz ist es ebenso in Rücksicht ihrer Freundin, der Veit, gegangen, und da haben wir fleißig zusammen geklagt, uns getröstet und vergebliche Entwürfe gemacht. Dabei leidet die Herz schon seit sechs Wochen an den Folgen eines Falles, wobei sie sich die Hand beschädigt hat, und meine andre Freundin, die Grunow, hat mir auch das Herz schwer gemacht durch allerlei bittre Unannehmlichkeiten, die sie betroffen haben und die ich durch eine mit dem besten Willen und dem reinsten Eifer begangene Unvorsichtigkeit vielleicht vermehrt und verlängert habe. Dies alles zusammen genommen wird es Dich nicht wundern, daß ich lange Zeit geistig unwohl und auch einige Tage körperlich krank gewesen bin. Ein heftiger, mir bisher völlig unbekannter Kopfschmerz hat mich acht Tage recht ernstlich gequält und ist nur einer großen spanischen Fliege gewichen, die mir der gute Herz wohl früher hätte verordnen können. ...

D. 21st. Weiter hatten mich gestern die Augen und die Nacht nicht schreiben lassen, und heute sind mir schon tausend Erinnerungen und Gedanken, auch wohl einige Wünsche, aber wenige, durch den Sinn gegangen, und ich bin von freundlichen Beweisen des Andenkens meiner Guten umgeben und von dem tröstlichen Gefühl ihrer Freundschaft durchdrungen. Die Herz und ihre Schwester haben mich recht niedlich beschenkt; und die Grunow hat mich mit ihrer Schwester besucht, und wir haben recht vernünftig aus dem Innern des Gemütes miteinander gesprochen. Meine männlichen Freunde, Alexander Dohna und Schlegel, sind abwesend, und wie es Männern geht, vielleicht fällt ihnen nicht einmal ein, daß heute mein Geburtstag ist; von Dir aber weiß ich, daß Du meiner heute besonders in schwesterlicher Liebe gedenkst, und von Karl hoffe ich es ebenfalls. ...

Dorothea Veit an Schleiermacher

Jena, den 9. Dezember 1799

Friedrich ist recht fleißig am Gespräch, es wird lang! Er ist wieder froh, seitdem ihm das Arbeiten vonstatten geht. – Er entbietet Ihnen seinen Gruß; Europa und der Widerborst werden beiderseits *nicht* im Athenäum gedruckt! Dem Himmel sei es tausendmal und noch tausendmal gedankt. Ich war gleich von vorneherein sehr dagegen, aber das war eine Stimme in der Wüste. Endlich wollte es Wilhelm nicht ohne eine Note, die wollte Schelling nicht, Goethe ward zum Schiedsrichter genommen, und der hat es ganz und gar verworfen! Vivat Goethe! Der ist übrigens nebst Schiller nach Weimar gereist, kömmt aber in acht Wochen wieder und hat gesagt, nun sie ihn so öffentlich und gradezu als Haupt einer Partei ausschrien, wollte er sich auch auf eine honette Weise als ein solches zeigen. Ein Gedicht, das Wilhelm gemacht hat und das ihm sehr gefiel, hat er mit nach Weimar genommen, um es anonym den Schlegels Feinden vorzulesen und den Eindruck [zu] bemerken, den es machen wird. Tieck hat ihm in zwei Abenden seine ›heilige Genoveva‹ vorlesen müssen, von der er überaus viel Gutes gesagt hat. Von Ihnen hat er gesagt, Sie gehörten sehr zum Berge, nämlich zu Schlegels. Jean Paul war in Jena, wir haben ihn aber nicht gesehen; er hat aber Tieck einigemal besucht. Fichten habe ich einigemal gesehen, aber noch nicht recht ordentlich gesprochen; heute abend wird er mit seiner Frau und seiner Schwägerin hier sein, Schlegel wird ›Heinrich IV.‹ vorlesen, den er eben fertig hat. –

Schleiermacher an Gustav von Brinckmann

Berlin, d. 4t. Jan. 1800

... Von Voß kann ich Dir gar nichts sagen. Ich habe ihn einen einzigen Augenblick beim Herausgehn aus dem Schauspiel grade nur gesehn: er hat hier fast allein mit Spalding gelebt, und der war damals in Friedrichsfelde, das heißt out of my reach; denn die Dohnas aus Preußen waren eben hier, und ich konnte keine Reisen machen. Fichte, der nun auch nicht mehr hier ist, habe ich freilich kennengelernt: er hat mich aber nicht sehr affiziert. Philosophie und Leben sind bei ihm, wie er es auch als Theorie aufstellt, ganz getrennt, seine *natürliche Denkart* hat nichts Außerordentliches, und so fehlt ihm, solange er sich auf dem *gemeinen Standpunkt* befindet, alles, was ihn für mich zu einem interessanten Gegenstand machen könnte. Ehe er kam, hatte ich die Idee, über seine Philosophie mit ihm zu reden und ihm meine Meinung zu eröffnen, daß es mir mit seiner Art, den gemeinen Standpunkt vom philosophischen zu sondern, nicht recht zu gehen scheine. Diese Segel habe ich aber bald eingezogen; da ich seh, wie eingefleischt er in der natürlichen Denkart ist, und da ich innerhalb seiner Philosophie nichts an derselben auszusetzen habe, das Bewundern aber für mich kein Gegenstand des Gesprächs ist und es außerhalb derselben keine andern als die ganz gewöhnlichen Berührungspunkte gab, so sind wir einander nicht sehr nahegekommen. Lehrreich ist er nicht; denn detaillierte Kenntnisse scheint er in andern Wissenschaften nicht zu haben (auch in der Philosophie nicht einmal, insofern es Kenntnisse darin gibt), sondern nur allgemeine Übersichten, wie unsereiner sie auch hat. Das ist übrigens sehr schade, weil er eine ganz herrliche Gabe hat, sich klarzumachen, und der größte Dialektiker ist, den ich kenne. So sind mir auch eben keine originellen Ansichten oder Kombinationen vorgekommen, wie er denn überhaupt an Witz und Phantasie Mangel leidet. Überdies habe ich ihm zuletzt abgemerkt, daß er ein beinah passionierter Freimaurer ist, und früher schon bin ich gewahr worden, daß er notdürftig Eitelkeit besitzt und gar gern Parteien macht, unterstützt und regiert, und was solche Wahrnehmungen auf mich für einen Eindruck machen können, weißt Du ohngefähr.

Von Schlegels ›Lucinde‹, die doch bald nach der Ostermesse herausgekommen ist, scheinst Du im Oktober noch nichts gewußt zu haben, denn sonst, hoffe ich, würdest Du sie auch schon gelesen und ein Wörtchen darüber gesagt haben. Hier in unserm Teile von Deutschland ist das Geschrei dagegen allgemein; der Parteigeist verblendet die Menschen bis zur Raserei, und die Verletzung der Dezenz, dieses höchst unbestimmte Verbrechen, dessen man bezüchtigen und loslassen kann, wie und wen man will, läßt auch vernünftige Menschen alles Schöne und Vortreffliche in diesem Buch und seinen eigentümlichen, gewiß großen Geist übersehen. Wenn man die Leute an die Alten erinnert und sich erbietet, ihnen in ihrem Wieland und andern verehrten Häuptern weit verführerische Dinge zu zeigen, so sind sie freilich in Verlegenheit. Überhaupt ist bei den meisten dieser Punkt nur Vorwand, um eine Brücke zu Schlegels Persönlichkeit zu finden, und bei andern ist es Verdruß, daß sie für die Verletzung der Dezenz nicht die Valuta in barem Sinnenkitzel empfangen haben, wie es doch hergebracht ist. Schon seit langer Zeit bin ich in Versuchung, etwas über die ›Lucinde‹ zu schreiben, damit die Leute doch dieses recht und das andre endlich auch einmal sehen, es sind nur äußere Verhältnisse, die mich daran gehindert haben; ich hoffe aber noch eine gute Auskunft zu finden. …

Dorothea Veit an Schleiermacher

Jena, den 6. Januar 1800

Was sagen Sie zu den Stanzen? Ich meine zu Friedrich seinen? Und was werden Sie erst sagen, wenn Sie hören, daß *ich, ich selbst* diese Stanzen-Wut und -Glut über unser Haus gebracht habe! Ich lese nämlich in einer Italienischen Reisebeschreibung, daß die Italiener in Stanzen improvisieren und daß Tassos und Meister Ludwigs ottave rime im Munde alles Volks dort sind. Ich nicht faul, lasse gleich meinen Florentin in solchen niedlichen fließenden Stanzen improvisieren, und sie gelingen mir so wohl, daß sie des Meister Wilhelms ganzes Lob erlangen. Diesem meinem Ruhm ward natürlich nachgeeifert, so entstanden Schellings Stanzen, und nun gar der heilige Friedrich! der mit seinem Glanz uns so verdunkelt, daß wir uns schämen, auf derselben Bahn mit ihm zu treten. Eben darum will ich es mir aber nicht nehmen lassen, daß ich die erste war, die es wagte. – – Friedrich ist sehr fleißig, es geht aber mit allem ersinnlichen Fleiß doch nur langsam vorwärts. Im übrigen geht es uns allen so gut, und wir leben so angenehm, als gewiß nur wenig Menschen in einem so engen Zirkel sich werden rühmen dürfen. –

Dorothea Veit an Schleiermacher

Den 14. Februar 1800

– Wie sehr mich Ihr Vorsatz mit der *Über Lucinde* freut, kann ich Ihnen nicht sagen; aber ich muß Ihnen gestehen, daß ich es erwartete von Ihnen – möchte es doch kein Verhältnis geben, das Sie abhält, Ihren Namen zu Ihrer aufrichtigen Meinung zu geben! Friedrich steht mit Bohn in Unterhandlung wegen der Briefe; er hat ihm sehr artig geantwortet, stößt sich aber gewaltig an der Anonymität, Friedrich will ihm nun wieder schreiben, doch hoffentlich wird er Ihnen eigenhändig über die Sache schreiben. – – Wolle mich nur das Glück begünstigen, daß ich noch einige Jahre lang meinen Freund unterstützen könnte! Es ist gewiß, und hier kann man das eher wahrnehmen als in Berlin, daß er in einigen Jahren große Schritte tun muß. Er arbeitet auch jetzt redlich und unermüdlich, aber wie kann man von einem Künstler verlangen, daß er mit jeder Messe ein Kunstwerk liefere, damit er zu leben habe? *Mehr verfertigen* kann er nicht, es dürfen aber nur einige Umstände zusammentreffen, so bekömmt er *mehr bezahlt*, und das müssen, das dürfen wir hoffen; treiben aber und den Künstler zum Handwerker herunterdrängen, das kann ich nicht, und es gelingt auch nicht. Was ich tun kann, liegt in diesen Grenzen: ihm Ruhe schaffen und selbst in Demut als Handwerkerin Brot schaffen, bis *er* es kann. Und dazu bin ich redlich entschlossen. – – O mein Freund! ich bin beschämt, daß ich Ihnen so viel für mich zu tun und zu denken gebe, wodurch werde ich Sie belohnen können? Wann werde ich Ihnen eine *reine Freude* mit meinen Briefen machen können? Ohne Aufträge, Besorgungen und Besorgnisse? Was werden Sie zu diesem ungeheuer großen schwatzhaften Briefe sagen? Ich konnte heute mit diesen Sorgen der wirklichen Welt für keinen Preis das lose und übermütige Wesen im Roman treiben, ich entschloß mich also, um nicht in dummen Trübsinn zu verfallen, Ihnen recht vieles zu schreiben und, was man nennt, mit Ihnen zu plaudern. Ich sitze dabei auf Ihrem gelben Sofa, die Füße bequem hinaufgelegt, Sie sitzen neben mir und treiben Scherz und Hohn mit meinen Sorgen und meinem betrübten Gesicht! Friedrich sieht über uns hin und denkt an das, was wir sagen, aber mit einem so tiefen Ausdruck, daß man schwören möchte, er denkt an die neue Mythologie. Apropos, wie gefällt

Ihnen diese? Jetzt brütet er den zweiten Teil der ›Lucinde‹ witzig aus. Selten hat er einen so schönen, naiven, witzigen, erfreulichen und freundschaftlichen Brief geschrieben, daß er mich recht in die Seele erfreut. –

Schleiermacher an Henriette Herz

Berlin, den 21sten März 1800

Meinem Freund Schlegel geht es jetzt in Jena bei seinem Bruder recht wohl, und seine Briefe sind mir immer recht erfreulich wegen der guten Stimmung, die darin herrscht. – – Außerdem hat sich die Anzahl meiner Freunde um einen vermehrt, dessen Bekanntschaft ich mittelbarerweise durch Schlegel bei einer besonderen Gelegenheit gemacht habe, aber nur schriftlich. Es kam ein Brief von ihm an Schlegel, gerade den Abend vor der Abreise des letzteren; er trug mir auf, ihn zu beantworten, und die Sache, wovon die Rede war, gab Veranlassung zur Mitteilung so vieler Ideen aus dem Innersten des Herzens, daß wir uns durch einen Brief hin und her vertrauter geworden sind, als es sonst durch langen Umgang geschehn kann. Dir brauche ich das nicht weiter zu erklären, Du kennst aus mannigfachen Erfahrungen dieses glückliche und schnelle Berühren des Gemütes. Es ist ein junger Mann von viel Geist und Kenntnis, und dem Namen nach kannte ich ihn schon aus einem Buch, das er geschrieben hat, und aus Schlegels Erzählungen. Er hat sich aber aus der gelehrten und übrigen Welt ganz zurückgezogen und lebt mit einer Frau, die er kürzlich geheiratet, und ein paar Kindern, die er erzieht, in großer Einfachheit und Stille auf dem Lande, einige Meilen von hier, wo ich ihn im Sommer gewiß auf ein paar Tage besuchen werde. Sein Name ist Hülsen, und ich empfehle ihn im voraus Deinem Gedächtnis. Es soll mir nicht wieder so gehn wie mit meinem Stettiner Freunde, daß ich ihn einige Jahre habe, ehe Du etwas davon weißt. – –

Schleiermacher an Gustav von Brinckmann

Berlin, d. 22st. März 1800

... Gar sehr empfehle ich Dir Friedrich Schlegels Gespräch über die Poesie in dem neuesten Stücke des Athenäums, welches in diesen Tagen erscheint – es ist voll sehr schöner Ideen und gewiß das Klarste, was er noch geschrieben hat. Nur die neue Mythologie hat mir so etwas Sonderbares an sich; ich kann nicht begreifen, wie eine Mythologie *gemacht werden* kann. Dagegen sind die Ideen noch ein, hoffentlich das letzte, Produkt seiner sich immer mehr verlierenden innern Unfertigkeit und ungeordneten Fülle von Gedanken und Anregungen. Dies ist ein Zustand, durch den er nach seinem ganzen innern Wesen, der Art seiner Bildung und der Größe seines Zieles und seiner Ansichten notwendig hindurch mußte, und ich glaube nach vielen Anzeichen ihn nun am Ende desselben zu sehen. Etwas Gründlicheres und dann hintennach Witzigeres als die Notiz von Wilhelm Schlegel über Voß etc. ist mir lange nicht vorgekommen. Der Wettgesang ist eine herrliche Idee, und die Eigentümlichkeit vortrefflich gehalten; nur der Zusammenhang ist mir etwas zu lose. Was von Garve darin steht, ist von mir, und ich bitte Dich dabei nicht an das zu denken, was Du vielleicht von Schlegel im Manuskript über ihn gelesen hast. Es ist dies nun der zweite Versuch, den ich im Rezensieren, wenn Du dies so nennen willst, mache, und beide sind mir, wie ich sehr bestimmt fühle, mißlungen. Doch muß ich's weiter versuchen; denn das Rezensieren ist mir durchaus notwendig, um mich im Lesen zu üben, nur daß ich's ein andermal nicht wieder drucken lassen werde. Hier hast Du eine Relation von mir, die doch so gründlich ist, als ob Du mein Pfleger wärest und mich gesprochen hättest. Daß Du von dem, was ich über Schlegel sage, keinen Gebrauch machst, bitte ich nicht erst. ...

Schleiermacher an seine Schwester Charlotte

Berlin, den 29sten März 1800

Wir haben heute des guten Alexander Dohnas Geburtstag gefeiert, mit einem Tee bei unsrer gemeinschaftlichen Freundin Herz. Wir waren alle recht innig vergnügt, und wie wir beide uns freuten, einen so guten und lieben Freund zu haben, so freute auch er sich über uns. Von seinen Eltern und Geschwistern bekam er die zärtlichsten Briefe, voll Liebe und Dankbarkeit, die freilich dieses Jahr besonders in Regung waren, weil er doch durch seine Anwesenheit so sehr das gemeinschaftliche Wohl und die häusliche Ruhe befördert und noch fast jedem besonders nützlich gewesen war.

Es ist etwas ganz eigenes und hat so etwas Patriarchalisches an sich, wie die ältesten Söhne in diesen vornehmen Häusern gehalten werden; die Geschwister sehn ihn an als den zweiten Vater, die Mutter ehrt ihn als ihren künftigen Beschützer, und der Vater selbst glaubt ihm von allem Rechenschaft schuldig zu sein. Alexander verdient es aber auch, er ist ein gar trefflicher Mensch.

Dorothea Veit an Schleiermacher

[Jena,] Den 11. April 1800

– – Sie behaupten, Sie hätten keinen Respekt für meine Gründe, mich nicht taufen und trauen zu lassen. Wieso das? Verdiente die Absicht, wenigstens noch mittelbar Einfluß auf die Erziehung meiner Kinder zu haben, keine Achtung, so weiß ich doch nicht, wodurch ich sie sonst bei Ihnen erhalten könnte, besonders da ich ein solches Glück mir versage, bloß dieser Absicht zu Gefallen. – Auch mit Ihnen und mit unseren besten Freunden würden wir wohl wahrscheinlich mehr einig werden, wenn es geschähe; Sie sind ja alle dafür. Also wenn Sie es für Recht und in unsrer Lage für das beste halten, so mag es geschehen. Aber unter keiner andern Bedingung, als daß Sie beide Handlungen verrichten, weil das allerstrengste Geheimnis dabei notwendig ist, das nur zu seiner Zeit offenbar werden muß. Fichte und Alexander Dohna sehe ich nächst Ihnen als meine besten Freunde an, und diesen beiden mögen Sie alles mitteilen und mit ihnen überlegen, wie es am besten zu veranstalten sei. Ihr alle würdet Euch doch besser in uns finden, wenn wir getraut werden; auch Hardenberg und Charlotte; wer wird nun solchen Freunden zu liebe nicht tun, was man auch sonst vielleicht nicht getan hätte?

Dorothea Veit an Schleiermacher

[Jena,] Den 28. April 1800

Friedrich ist diesen Morgen um fünf Uhr zu Vater Goethe nach Weimar gewallfahrtet. Er hat mir aufgetragen, Ihnen zu schreiben, daß er auch Heindorfs Meinung in Ansehung des Platon wäre. Da ich um eine nähere Erläuterung dieses Diktums bat, schalt er mich naseweis und sagte, er würde Ihnen das schon nächstens selbst schreiben. Ich war nicht wenig zornig und hätte es gewiß nicht der Mühe wert gehalten, Sie eigenst 3½ Groschen für diese Worte ausgeben zu lassen; auch habe ich es ihm nachgerufen, daß ich nun gar nicht schreibe, aber in diesem Moment schickt Frommann nach dem Manuskript der Lucindenbriefe; ich habe es hingegeben, soweit es da ist. Aber nun sein Sie hübsch fix, lieber S., denn der Druck geht heute noch an. Er wollte einen Titel haben; es kommt ja wohl kein anderer dazu als darauf steht. Sollte etwa Friedrich noch einen dazu machen, einen ausführlicheren äußeren, so ist es immer noch Zeit. – –

Über unsre liebsten wichtigsten Angelegenheiten schreibe ich Ihnen ein andermal. Ihre Gründe gegen die *Heimlichkeit* sind triftig; auch *war* mir diese gleich ängstlich, nur in der Angst dachte ich sie mir.

Die Lucindenbriefe, mein guter Freund, sind echte Briefe, und nehmen Sie dafür mein Lob und meinen Dank. Was noch mehr ist, sie sind weiblich; was noch mehr ist, mädchenhaft, der von Caroline transzendental mädchenhaft. Gegen den *Effekt* hatte ich ein kleines Gefühlchen darin. Was meinen Sie? Den letzten Brief habe ich, povera me! noch nicht lesen können, auch den vierten Monolog in Grunowscher Hinsicht noch nicht, der Sommer und der Frühling nehmen mir Zeit und Gedanken. Zumal solch ein Frühling! welches schöne Land!

Schleiermacher an seine Schwester Charlotte

[Berlin,] D. 7t. Juni 1800

... Eine andere ebenso des Gegenstandes wegen interessante Bekanntschaft habe ich vor ein paar Tagen gemacht, nämlich des beliebten Schriftstellers Friedrich Richter, genannt Jean Paul. Du hast mir zwar nie geschrieben, daß Du etwas von ihm gelesen hättest, indes wird Dir sein Name gewiß nicht unbekannt sein, und Du wirst Dich erinnern, daß ich Dir einmal einige Stellen aus seinem ›Hesperus‹ geschickt habe, welche Dir zu gefallen schienen. Leider habe ich ihn zuerst in einer großen, sehr vermischten Gesellschaft gesehn, wo wir uns beide nicht gefallen haben. Er fand, daß mir von allem Guten, das er von mir gehört, nichts anzusehn noch anzuhören wäre, und ich fand eben auch an ihm nicht den Ausdruck des Gefühls und der Kindlichkeit, den ich erwartet hatte. Indes soll er in vertrauter Gesellschaft ganz anders sein; mit mir ist das grade auch der Fall, und es wird also darauf ankommen, ob wir Gelegenheit haben werden, uns so zu sehn. ...

Schleiermacher an Gustav von Brinckmann

Berlin, d. 9t. Juni 1800

... Den Jean Paul über Fichte habe ich noch nicht gelesen; in einer Anmerkung komme ich auch vor, es ist aber ein wunderliches Wort. Wenn alle seine Widerlegungen so sind, so wird er eben nicht viel ausrichten. Ohne mein Bewußtsein soll mir immer der theologische Begriff von Religion zum Grunde gelegen haben, da ich ihn überall mit dem philosophischen vergleiche und darunter subsumiere, so daß doch jeder, wenn ich auch unrecht hätte, sieht, daß ich mir ihr Verhältnis sehr bestimmt und immer auf gleiche Weise gedacht habe und daß mir ohne mein Bewußtsein nichts passiert ist. Und das schließt er, weil das Universum nur durch *einen* Geist für einen Geist zu einem Ganzen wird, wo denn der ganze Streit, der erst abgetan werden soll, in dem unterstrichnen einen liegt. Daß er jetzt hier ist, wirst Du wissen, und die Levi Dir vielleicht mehr von ihm schreiben, ich habe ihn nur ein paarmal flüchtig gesehen, und er hat keine besondere Notiz von mir genommen. Er will eigentlich nur Weiber sehen und meint, selbst eine Gemeine wäre immer, wenn auch nicht eine neue Welt, doch ein neuer Weltteil. An unsern Gelehrten findet er mehr Talent als genialisches Gefühl, wobei er aber allemal den Bernhardi ausnimmt, ich weiß nicht, ob Du diesen jungen Mann, der jetzt Tiecks Schwager, gekannt hast, und er ist wohl nicht übel in mancher Rücksicht; aber daß gerade Richter ihn so unmenschlich lieben kann, gehört für mich unter die Unbegreiflichkeiten und ist mir ein starker Beweis gegen seine Männerkenntnis. Übrigens ist er ganz voll von seiner Polemik gegen den Idealismus, und er meint sie gewiß, ob sie gleich dem Titan angehängt ist, nicht bloß für die Nichtdenker. Dabei äußert er höchst kuriose Sachen: so findet er es zum Beispiel höchst verdammlich, namentlich auch an mir, wie er gegen Schlegel geäußert hat, wenn man Idealismus spricht in andern als den hergebrachten idealistischen Terminologien, oder, wie er sich ausdrückt, in der realistischen Sprache, weil dann die Leute etwas vor sich hätten, was sie zu verstehen glaubten und doch nicht verständen. Nun sage mir nur, ob es ein anderes Mittel gibt, sich ihnen verständlich zu machen, als wenn man denselben Gedanken in Formeln, die ihnen bekannter sind, ausdrückt. Ich halte das für die größte philosophische Kunst und wollte wohl, es wäre wahr, daß ich sie geübt hätte. Richter meinte damit weniger die Reden als die Monologen, die ihm Schlegel gegeben hat. Dieser schreibt mir, er habe darüber nicht unverständig und über manches sogar herzlich und mit Liebe gesprochen, besonders über die Stelle vom Sterben der Freunde. Die ist ihm freilich am analogsten, und ich dachte, als ich sie niederschrieb, daran, daß er sie lieben müßte. Dir will ich sie hiemit auch noch besonders empfohlen haben, damit Du Dich möglichst lange vor der Sünde hütest. Weißt Du wohl, wieviel von mir mit Dir sterben würde? Allen, die Dich wirklich kennen, deren sind freilich nur sehr wenige, mußt Du unersetzlich sein, aber mir noch mehr als andern, welches Du auch recht gut wissen kannst. …

Dorothea Veit an Schleiermacher

Jena, den 16. Juni 1800

– – Die Lucindenbriefe habe ich zu mir genommen und muß Ihnen dafür danken, denn es ist wahr, daß Sie mich manches in der ›Lucinde‹ haben besser verstehen gelehrt, wenigstens ihm klar und bestimmt seinen Platz angewiesen, wo ich es hinzutun habe; sie sind eine erfrischend gereifte Frucht, aus der Lucindenblüte gesprossen, und Eleonorens Fragmente waren für mich der süße Kern. Mich dünkt, Sie haben so scharfsinnig noch nichts geschrieben, und so leicht und klar; Friedrich rühmte auch die religiöse Gewissenhaftigkeit. Soll ich Ihnen aber ein Geständnis ablegen? Eigentlich dürfte ich gar nicht darüber urteilen, denn ich fühle es deutlich, daß Sie es weit schlechter hätten machen können, und ich hätte mich dennoch damit gefreut, ich fühle es, daß die Absicht mich besticht; jede andere Polemik wäre überflüssig, die Absicht der Briefe ist an sich schon eine fürchterliche Rache, und die Zuneigung ist vollends das Flammenschwert, das den Unverständigen am Eingang des Paradieses entgegenblitzt. Dem Himmel sei Dank, daß diese nicht ist weggenommen worden, wie Sie es anfangs willens waren. Die andern sind sehr vom Versuch über die Schamhaftigkeit entzückt; ich will aber nicht zu schamhaft sein, Ihnen zu gestehen, daß ich ihn noch nicht so recht fort habe; es wird aber wohl noch kommen. Mir war es, als zögen Sie Diskretion und Bescheidenheit mit hinein; Schamhaftigkeit habe ich mir immer als das Bewußtsein der Blöße gedacht, das ganz natürliche Gefühl, wovon in der Bibel steht, daß es die Menschen durch den Fall erhielten mit dem Verstand zu gleicher Zeit. Also je mehr Verstand, desto mehr innerliche Schamhaftigkeit wegen des bekannten Bewußtseins, aber auf keinen Fall eine Tugend. Haben Sie eben so gemeint? – –

War denn Jean Paul nicht bei Jetten? Über diese Begebenheit müßte sie mir doch schreiben! was hat er zu ihr gesagt? was sagt sie von ihm? – Daß Sie glauben, er könne Sie nicht leiden, und daß Sie ihn sich abstemmen, das habe ich aus den Monologen verstehen lernen. Seinen ›Titan‹ habe ich lesen wollen, aber es geht nicht, man lernt nichts Neues von ihm darin, es sind immer dieselben Narren mit andern Kappen. – Vorige Woche habe ich einen Brief von Humboldt gehabt, also auch wahrscheinlich Jette einen. Er wird im Herbst hier durch nach Berlin reisen. – Übrigens geht es uns gut. Wir haben hier seit einiger Zeit hübschen Spaß mit einigen Bewundrern und Nachahmern von Tieck und Friedrich, die auch in Tiecks Journal tüchtig persifliert werden. Der eine ist Clemens Brentano; der legt sich darauf, Tiecks Nachahmer zu sein; und schämt sich seiner sentimentalen Ader, die er doch gar nicht verleugnen kann. Er hat eine Farce geschrieben, ›Gustav Wasa‹, worin er glaubt, der Tieck des Tiecks zu sein; es ist aber herzlich dumm und toll, und klingt doch wie Tieck ungefähr, so daß sich dieser tüchtig darüber erbost, und darum hat er ihn auch so derb mitgenommen im Journal. Uns hat er aber den

Anfang eines sentimentalen Romans zu lesen gegeben; der ist ungleich besser, und das verdrießt ihn nun wieder, er will von Teufels Gewalt satirisch sein. Kurz, es ist ein Hauptspaß!

An Ludwig Tieck

[Ohne Datum]

Wie geht es denn mit dem poetischen Journal; ich habe nur noch nichts, was mir gut genug dazu scheint, sonst hätte ich es Dir längst geschickt. Fröhlich ist doch ein rechter Esel, daß er Bernhardi noch nicht angefangen hat zu drucken, am Ende werden sich beide noch darüber zanken müssen. Richter ist hier, bis dato hat er sich aber nicht in mich verliebt, ja was noch schlimmer ist, er hat mich noch nicht einmal besucht. Sein beständiger Umgang und teuerster Freund ist ein blonder fader Hr. v. Ahlfeldt, auf den Du Dich auch vielleicht besinnst, und seine Geliebte Madam Bernhard, geborne Gad, die über Iffland in den Denkwürdigkeiten nichts Denkwürdiges schrieb und die sich billig mit dem Theater=[unlesbar] verheiraten sollte. Nächst diesen Personen liebt er Bernhardi, der ihn einigemal besucht und Deinen Brief abgeholt hat, am meisten. Ich habe ihn bei der Vegelin gesehn, aber nicht drei Worte mit ihm gesprochen, denn er trieb ein beständiges Aufundablaufen in dem Garten, und die Damen waren so bemüht um ihn, daß ich, da ich jetzt nicht so behende auf den Füßen bin, gar keinen Anteil an der Unterhaltung nehmen konnte.

Die Herz hatte neulich eine ganze Gesellschaft auf diesen großen Mann gebeten, ich wollte ihn doch gern sprechen hören und war auch von der Partie, aber denke Dir die Kränkung, die die Herz erdulden mußte: er geht mit der Bernhard vor ihrem Fenster vorüber, ohne zu ihr heraufzukommen und sein Versprechen zu erfüllen.

Die Herz aber verlor beinah die Fassung, mir war es verdrießlich, den vergeblichen Weg gemacht zu haben, aber ich gab mich bald zufrieden; Du weißt, daß ich mir aus solchem Kennenlernen überhaupt nicht viel mache. – –

Ein Gedicht von der Veit habe ich gesehen bei Gelegenheit eines Puterbratens, wo Du und die übrigen Personen spaßhafterweise darin angebracht seid. Findest Du es denn auch witzig?

Schleiermacher an Henriette Herz

Berlin, d. 8t. Juli 1800

Gestern habe ich nach der bekannten Notwendigkeit den ›Titan‹ durchlesen müssen. Es sind doch wahrlich alles die alten Sachen und auch in der Geschichte und den Dekorationen die alten Erfindungen, welches eine schreckliche Armut verrät. Selbst die Charaktere sind, wenn auch nicht geradezu kopiert, doch ganz in dem alten Genre. Indes ist vieles besser als im ›Hesperus‹ oder in der ›Loge‹, selbst die Geschmacklosigkeit. Nun ist noch der Anhang übrig, den ich noch beim Frühstück lesen will, und die ›Clavis‹.

Zwischen dieser Zeile und der vorigen liegt der ganze Anhang, den ich indes gelesen habe. Nachgrade wird doch Richter so klug, die Sachen, die gar nicht in das übrige hineinwollen, allein zu drucken, es richterisiert aber doch so sehr, daß sie dem andern angehängt werden müssen und daß sie auch unter sich nicht zusammenhängen dürfen. Nur, wie er den Anhang komisch und satirisch nennen kann, ist schwer zu begreifen. Das einzige recht Komische ist eine Satire auf ihn selbst, eine Anweisung, seine Bücher zu machen, nämlich ein Erzählungsspiel, wo man in eine angefangene Erzählung hineinbringen muß, was einer sagt. Doch wird es nicht übel genommen, wenn man auch bisweilen nur scheint, es hineingebracht zu haben. Auch fängt er an, Noten zu machen zu seinem Witz, und schließt sogar mit einer solchen, und wenn noch mehrere Frauen ihm sagen, daß er *schwer* sei, fällig nämlich, so wird er gewiß noch mehrere Verbesserungen dieser Art anbringen. ...

Ich verlasse Sie nun, beim Frühstück die ›Genoveva‹ zu Ende zu lesen, die ich heute wegschicken muß. Es ist wohl gar viel Schönes darin, aber man muß es öfter lesen und ordentlich studieren, wozu ich nur leider jetzt keine Zeit habe. Auch Tiecks poetisches Journal, soweit es hier ist, habe ich gestern gelesen. Es ist denn so allerlei nach seiner Manier. Kritik und Theorie ist für jetzt eben noch nicht darin, und die angefangenen Briefe über Shakespeare enthalten fast noch gar keinen Shakespeare, und die Form hat mich bei weitem nicht so interessiert, wie mich Schlegel vermuten ließ. So ist mein Fichte nicht, daß die Leute sich hineinlesen könnten! Dafür ist gesorgt. Aber die meisten werden eben nicht wissen, was ich will, und wer das Buch nicht gelesen hat, kann von der Notiz schwerlich das Geringste verstehen.

Schleiermacher an Friedrich Schlegel

[Berlin,] Freitag, d. 11t. [Juli 1800], abends

Soeben komme ich von Bernhardi, der mir zu meinem großen Erstaunen sagt, Tieck hätte noch zuletzt an mich bestellt, daß ich bei der Korrektur des ›Heinrich von Ofterdingen‹ die Orthographie durchaus beobachten sollte, die – ich weiß nicht Du oder Wilhelm – angefangen hätte. Nun weiß ich gar nicht ein Sterbenswort davon, daß ich diese Korrektur machen soll, und was noch mehr ist, ich kann es auch nicht. Es tut mir sehr leid, daß ich Hardenberg diese erste Gefälligkeit nicht erzeigen kann; aber der Kalender drängt mich so, daß ich es nicht wagen darf, denn Korrekturen sind für mich meiner schlechten Manieren wegen etwas sehr Zeitspieliges. Bernhardi hat sie sehr bereitwillig übernommen und wird sie gewiß ebensogut machen als ich.

Über den Platon solltest Du mir bald recht ausführlich schreiben, wahrscheinlich wirst Du auch eher ein Spezimen von Übersetzung anfertigen können als ich, und aus dieser Gelegenheit läßt dann am allerbesten und anschaulichsten nach allen Seiten hin über das Übersetzen und die ganze Behandlung sich erklären. Sollte man nicht auch zu jedem einzelnen Dialog eine Art von, versteht sich, ganz kurzer Einleitung machen, um eine Ansicht aufzustellen und über manches Rechenschaft zu geben, was von der Art ist, daß es sich in Noten nicht so gut tun läßt? . .

Schleiermacher an Gustav von Brinckmann

Berlin, d. 19t. Julius 1800

... Zu schicken hätte ich Dir auch etwas, nämlich meine ›Briefe über die Lucinde‹. Da aber Friedrich Bohn in Lübeck sie verlegt hat, so kannst Du sie dort näher haben. Sie sind eigentlich mehr etwas über die Liebe als etwas über die ›Lucinde‹, und ich erwarte, daß wir in Rücksicht der wenigen Gedanken, die sie enthalten, eben nicht sonderlich differieren werden. Im ganzen bedeuten sie nicht viel, und laß Dir darum ja Zeit, sie zu lesen, bis

Du nichts Besseres zu tun hast. Über den Stil der Briefe und über die Form des Versuchs wünschte ich dann wohl gelegentlich Deinen Meinung zu vernehmen. Nächstdem habe ich nicht längst eine Anzeige von Fichtes Bestimmung des Menschen fürs Athenäum beendigt, durch die ich mir wahrscheinlich seinen Unwillen zuziehen werde. Hätte ich das früher bedacht, oder wäre es mir im Schreiben so vorgekommen, so würde ich in Absicht auf die Manier vielleicht ganz anders verfahren sein, meine Meinung aber ebenfalls nicht verschwiegen haben. Die Tugendlehre verdient allerdings gar sehr, daß man sie studiert, dies schließt aber nicht aus, daß nicht sehr viel dagegen zu sagen wäre. Du siehst, wenn mir kein größeres Unglück droht als das Verfichten, so steht es noch gut genug um mich. Namentlich ist mir's wohl nie eingefallen, auf dem Wege eines formalen Gesetzes zur Religion kommen zu wollen, und ich hoffe, Jacobi wird dies auch nicht aus den Reden herauslesen können, wenn er sie ordentlich liest. Ich wünsche, daß der liebenswürdige Mann mich auch ein wenig lieben möge mit der Zeit; er ist der einzige von unsern namhaften Philosophen, von dem ich mir dies wünsche. Reinhold ist mir höchst gleichgültig, und Fichte muß ich zwar achten, aber liebenswürdig ist er mir nie erschienen. Dazu gehört, wie Du weißt, für uns etwas mehr, als daß man [ein], wenn auch der größte, spekulative Philosoph sei....

Schleiermacher an Friedrich Schlegel

Berlin, d. 2t. August 1800

... Das Athenäum ist nun nicht nur so weit, als die Aushängebogen zeigen, sondern ich habe eben die Korrektur vom Titel, Inhalt und Druckfehlerverzeichnis gehabt, so daß es nun gewiß bald in die Welt geht und hoffentlich nicht weniger Skandal machen wird als jedes andre. Vor ein paar Tagen war ich bei Fichte; es kam die Rede aufs Athenäum; ich hatte die ›Unverständlichkeit‹, die ich der Herz vorgelesen, in der Tasche und ließ sie ihn auch lesen. Du kannst denken, daß er sein großes Ergötzen daran hatte. Bei der ersten Erwähnung des Tendenzenfragments meinte er: er hätte gleich gar wohl verstanden, daß ihm und Goethe durch das Fragment kein großes Kompliment hätte gemacht werden sollen, und hätte sich immer des Todes gewundert, daß die Leute so wenig begriffen, was eine Tendenz wäre. Er war nun etwas gespannt, wie die Sache hier ablaufen würde, aber der Schulterklimax und die Enkel brachten ihn in den vollkommensten guten Humor. Da ich ihm die Notiz von der Bestimmung doch nicht geben konnte, habe ich auch noch nicht mit ihm davon geredet; die Vorklagen haben etwas gar zu Klägliches an sich. Er scheint übrigens jetzt sehr fleißig zu arbeiten, hoffentlich doch an der neuen Darstellung der Wissenschaftslehre....

Was macht denn die zweite Lucinde, lieber Freund. Ehe die nicht fertig ist, glaube ich doch nicht recht an den Platon. Ich weiß nicht, ob ich Dir schon geschrieben habe, daß Brinckmann in Eutin gar viel mit Jacobi gewesen ist, daß er ganz entzückt von ihm ist und mir auch noch viel von ihm schreiben will. Ich habe ihn gebeten, Jacobi doch aufzufordern, daß er sein Innerstes einmal auf eine direkte Art ohne Polemik zutage geben möchte.

Sage mir doch, warum Bohn meine Briefe nirgends hat ankündigen lassen. Da sie im Meßkatalog auch nicht stehn, so kann ja ihre Existenz gar nicht bekannt werden, und das sollte mir doch leid tun, nachdem ich sie einmal geschrieben habe. Hat einer von Euch gelesen, was Nicolai wieder in der Berliner Monatsschrift geschimpft hat? Ihr habt mir meine Frage, wie ich Hardenbergs Hymnen signieren sollte, nicht beantwortet, und ich habe daher aus eigner Machtvollkommenheit Novalis gesetzt.

Dorothea Veit an Schleiermacher

[Jena, August 1800]

Dafür sei Gott gedankt, daß Sie sich endlich nicht mehr von Herz einen Maulkorb anlegen lassen; es war sündlich, daß Sie es bisher litten. Es muß nichts in der Welt geben, um das man sich den Despotismus gefallen läßt. Man kann nicht von den Leuten verlangen, sie sollten verständig sein; aber warum jene das Gegenteil von andern sollten verlangen können dürfen, ist doch auch nicht abzusehen. Mir gefällt nun Ihre Engelsche Notiz ganz über die Maßen sehr; es ist ein ewiges Wetterleuchten von Witz. Friedrich betet ebenso die Notiz der Bestimmung an. Wahrhaftig, Sie sollten doch einmal Herz unterderhand fragen, ob er verlangt, daß

Sie pour l'amour de ses beaux yeux mit dem Engel mehr Umstände machen sollten, als Sie sich selbst mit Fichten erlaubt haben. Friedrich hat einen Brief von Fichten gehabt. Übel scheint er nichts genommen zu haben; aber soviel ich von dem verstehe, was er darüber sagt, scheint er sich zu wundern, daß man nicht jedes Ding in der Welt für abgetan und fertig hält, sobald *er* darüber etwas gesagt hat, so als ob *seine* Meinung der Schlußstein wäre, nach dem sich nichts mehr hinzufügen läßt. Nehmen Sie meine Bewunderung und meine Anbetung wegen der Rezension im Archiv. So vortrefflich haben Sie sich meinem Gefühl nach noch nirgend ausgesprochen, wo die Rede nicht von Ihnen selbst war. So klar, so kräftig und nachlässig habe ich nichts mehr von Ihnen gelesen, diese Ruhe der Ansicht habe ich auch sonst nirgend von Ihnen gefunden; zu gleicher Zeit haben Sie sich auch in Absicht des Stils kunstreich, doch nicht künstlich verborgen, so daß ich wohl Ihre Gesinnungen darin vermutete, aber Ihre Art sich auszudrükken durchaus nicht darin finden konnte, wie wir es schon vermuteten, daß es von Ihnen sein könnte. Am zweiten Teil wird gedichtet, das weiß ich, wenn aber auch daran wird gedruckt werden können, das wissen die Götter! ich bin selbst still und ergeben, denn darüber hat kein Mensch Gewalt.

Schleiermacher an Friedrich Schlegel

Berlin, d. 8. August [1800]

... Das mit der Lucinden-Anzeige ist lustig und hat mir ungemein viel Spaß gemacht! Freilich weiß ich um das Geheimnis, und eben deshalb schwieg ich ganz darüber; ich bin auch in einer Rücksicht Urheber desselben; denn daß Ihr nicht gleich erfahren habt, von wem sie ist, geschah auf meine Veranlassung. Übrigens ärgert es mich recht, daß Fichte sie nicht geschrieben hat, damit der Spaß auch einmal so käme, daß man etwas von Fichte für meins hielte. Wenn es Euch nur nicht geht wie Hülsen, der nur zwischen Fichte und Schelling schwanken zu dürfen glaubte und sich gar nicht einfallen ließ, daß ein Dritter die Reden geschrieben haben könnte. Mein Gott! hinterm Berge wohnen auch manchmal Leute! Aber nun habe ich Euch genug herumgezogen und will mich nun der speziellen Erlaubnis bedienen, welche mir der Verfasser sowohl als der Herausgeber gegeben haben. Euch zu erzählen, daß – ich die Ehre gehabt habe, diese Anzeige zu schreiben. Es kam ganz zufällig. Bernhardi sprach mit mir von seinen Kritiken und sagte, er würde schon lange im Archiv die ›Lucinde‹ angezeigt haben, wenn er sie nur recht verstände; es wäre ihm eine zu harte Nuß. Ich entgegnete drauf, ich glaubte wohl sie soweit zu verstehen, daß ich sie anzeigen könnte, und hätte schon lange ein kleines Lüstchen dazu gehabt; er bat mich drum, und ich war sehr bereitwillig. Es war zu der Zeit, als ich mit den Briefen beinah fertig war, und ich hoffte, ihm durch dieses Manœuvre jede Vermutung wegen der Briefe besser abzuschneiden; aber ganz im Gegenteil, er behauptet aus der Anzeige, die er schon hatte, als die Briefe herkamen, diese erraten zu haben. Dies scheint mir aber hyperkritisch; denn was in beiden vorkommt, sind wohl nur solche Dinge, die man gar nicht umgehen kann, wenn man von der ›Lucinde‹ redet, und es freut mich, daß Ihr bei Euren Divinationen von dieser Übereinstimmung nicht ausgegangen seid. Mich zu verleugnen, darauf bin ich übrigens gar nicht ausdrücklich ausgegangen, sondern nur mich in den Grenzen und der Manier einer solchen Anzeige zu halten und in einigen Wendungen Bernhardi nachzuahmen, der mir anfangs sagte, es solle unter seinem Namen gehen....

Dorothea Veit an Schleiermacher

Den 31. Oktober 1800

Mit klopfendem Herzen und errötenden Angesichts, als müßte ich sie Ihnen selbst in die Hände geben, schicke ich Ihnen die Aushängebogen; die übrigen sollen folgen, sowie ich sie erhalte. Sie behalten sie geheim, lieber Freund, wenigstens fürs erste, an die Herz, und wenn Sie es gut finden Ihrer Freundin, mögen Sie das Geheimnis anvertrauen. Wenn ich meiner eignen Überzeugung trauen dürfte, so würde ich Sie ersuchen, mir lieber nicht Ihr Urteil darüber zu schreiben; denn nun hilft's nichts, es muß fertiggemacht werden, und an Mut darf es mir nicht fehlen; aber Friedrich behauptet noch immer, es wäre recht amüsant, trotzdem daß es mir je länger, je mehr kindisch vorkömmt. Die beiden Sonette sind von Friedrich, sie werden vorgedruckt. Er hat sie mir heute vor acht Tagen an meinem Geburtstage gemacht. Das zweite ist sogar mit allen Flammen, Farben und Blumen Wort für Wort aufgeführt worden. Nämlich des Morgens gab er mir die Sonette; auf den Abend waren wir bei Paulus, da ward ich denn in ein Zimmer geführt, wo mir zuerst grüne, rote und weiße Flammen entgegenbrannten, die Ritter chemisch veranstaltet hatte. Diese Farben haben mehr als einen Sinn; für uns bedeuten sie Glaube, Liebe und Hoffnung; in der ersten Person wird Ritter gemeint als die weiße Flamme, die zweite rote ist Friedrich, und ich habe der Hoffnung Grün. Bei diesem Feuer brachten mir Philipp und die kleine Paulus, beide phantastisch aufgeputzt, ein Gehänge von Orangeblüten und einen Kranz von Myrte und Lorbeer, mit den Kindern nahte sich die Paulus und bekränzte mich damit, neben ihr stand Friedrich und brachte mir reife Pomeranzen und Rosen in einer Schale, und (hier erkennen Sie den ganzen Friedrich) mitten in diesem Tumult von Leben, Feuer, Blüten und Früchten, während Ritter auf dem Klavier die Arie von Erwin und Elmire spielte ›mit vollen Atemzügen saug ich Natur aus dir‹ und die Paulus es sang, brachte er mir einen verwelkten Veilchenkranz, den ihm Auguste einmal geschickt hatte, mit einem höchst rührenden Gedichte dazu. Ich war, als alle diese Dinge wie bekannte Erscheinungen so nach und nach heraustraten, wie in einem Traum, in dem man träumt, daß man träumt. Erst wie das Ganze beisammen war, besann ich mich, daß es das Sonett sei.

Friedrich schreibt Ihnen noch nicht; er ist auf seine bekannte Weise mit einem Gegenstande immer so einzig beschäftigt, daß es ihm nicht möglich ist, etwas anders vorzunehmen. Jetzt ist er nun wieder ganz bei den Vorlesungen. Wird *er* aber schwer über den Dingen oder die Dinge schwer über ihm – es ist nicht zu entscheiden, aber gewiß ist, daß das Leben ihm sauer wird. Gott helfe ihm und gebe ihm *Ruhe*! Wie die Vorlesungen ausfallen werden, das hängt nur vom Beifall ab, und dieser hängt ja wieder von den Vorlesungen ab. Aber hier ist es, wo die Ruhe ihn verläßt. Wie viele bezahlende Zuhörer er haben wird, ist noch nicht ausgemacht, und zu manchen Ausgaben haben ihn seine sanguinischen Hoffnungen verleitet, denen man nur fruchtlos widerspricht; ja sogar die schädlichsten Folgen hat es auf seine Stimmung und seine Arbeiten, wenn man es wagt, diesen zu widersprechen. Wilhelm ist noch nicht hier, kommt aber recht bald. Cotta hat geschrieben und scheint zurückzuziehen; Wilhelm ist ganz beruhigt darüber, daß die Annalen den Weg vieler Projekte gehen; Friedrich wünscht nichts mehr als das; Ritter ist über und über froh darüber, und Sie, mein Freund? welche Hast haben Sie denn mit diesen Annalen? haben Sie nichts Besseres zu tun? Denken Sie doch an Ihren Roman, an den Plato; lassen Sie Friedrich an den Plato, an die griechische Poesie und an die ›Lucinde‹ denken, Wilhelm an Shakespeare und an Tristan – seht, das sind andere Dinge! Mir war recht bange zumut bei diesen kritischen Anstalten. Laßt ja die Kritik zu Hause; es ist ein schlechtes Handwerk und ist in schlechten Händen; und Ihr sollt Euch nicht die Finger damit beschmutzen, denn Ihr lernt nichts zu von Eurem Kritisieren, und die andern danken schön. –

Schleiermacher an Dorothea Veit

Berlin, d. 6t. Dezember 1800

Schelten dürfen Sie nicht, liebe Freundin, daß ich Ihnen noch nicht wieder geschrieben habe. Da war erst der ›Florentin‹ zu lesen, und das konnte, da Jette und ich ihn zusammen lesen wollten, nur an einem ruhigen Abend geschehen, wo Herz abwesend war. Ihnen etwas darüber zu sagen, dazu bin ich noch gar nicht kompetent, das verspare ich, bis ich ihn einmal wieder allein und mit Bedacht gelesen haben werde, wozu ich noch nicht wieder habe kommen können. Jetzt kann ich Ihnen nur sagen, daß er ein sehr niedliches Buch ist, daß vieles drin mir sehr vorzüglich angelegt und ausgeführt geschienen hat, daß die Sprache etwas Eigentümliches hat, was ich noch nicht zu charakterisieren weiß, aber was einen sehr angenehmen Eindruck macht, und daß ich mich besonders darüber gefreut habe, daß die psychologischen Leser bei der Erzählung des Florentin, wo sie vollkommene Aufschlüsse über das Entstehen seines Charakters suchen werden, so hübsch geprellt werden. Nur die Stanzen! Diese sind meiner Meinung nach ein großer Fehler. Bedenken Sie nur, wie unwahrscheinlich, daß ein Maler *solche* Stanzen improvisiert! beinahe ebenso unwahrscheinlich, als daß eine Frau, die nur eben zuerst einen Roman schreibt, nebenbei solche Stanzen macht. Bewundert haben wir Sie überhaupt was Ehrliches, Jette und ich; auch gezankt wurde dabei, denn wir waren über manche Dinge sehr verschiedener Meinung. Doch das sind nur einzelne Dinge, die ich sparen muß, bis ich ihn noch einmal gelesen habe. Machen Sie nur, daß das Velin bald kommt. Jette ist ohnedies höchst ungeduldig, den ›Florentin‹ bald in jedermanns Hände zu wissen, teils aus bekannter Menschenliebe, teils damit er durch seine persönliche Gegenwart die nachteiligen Gerüchte widerlegen möge, die ihm vorangegangen sind....

Schleiermacher an seine Schwester Charlotte

Berlin, d. 20st. Dezember 1800

... Ich faßte erst nach Michaelis den Entschluß, ein Bändchen Predigten drucken zu lassen, wozu mancherlei Umstände und verschiedene sich von mir verbreitende Meinungen mich veranlaßt. Der Buchhändler, dem ich die Besorgung übertrug, äußerte mir erst, nachdem Dohnas weg waren, den Wunsch, sie noch vor Anfang des jetzigen Monates in die Druckerei geben zu können, und da habe ich denn, weil ich überhaupt keine Predigten aufschreibe, sondern nur ausführliche Entwürfe davon zu Papier bringe, tüchtig arbeiten müssen, und sooft ich mir vornahm, an Dich zu schreiben, dachte ich: erst kannst du doch noch diese Predigt fertigmachen. Darüber ging der Posttag hin, dann glaubte ich, es sei noch Zeit genug, und fing eine neue an, und so hat sich dasselbige Aufschieben mehrere Male wiederholt. Dem ohnerachtet bin ich erst in der Mitte des Monats mit der Arbeit zustande gekommen, wozu der Zustand meiner Gesundheit auch nicht wenig beigetragen hat. Seitdem ich in meiner neuen Wohnung bin, leide ich an einem eignen Übel, welches meine Ärzte sich nicht zu erklären wissen; Hände und Füße schwellen mir sehr merklich, welches dann in einigen Stunden wieder vergeht; dies ereignet sich des Tages mehrere Male, ohngefähr wie Ebbe und Flut. ... Nun habe ich mich drein ergeben, geduldig zu erwarten, wie es ablaufen wird. Wenn das Übel größer wird und sich zu irgendeiner bestimmten Krankheit determiniert, so wird sich dann auch am besten etwas Tüchtiges dagegen tun lassen. Mein Geburtstag ist mir stiller und wehmütiger vergangen als wohl sonst. Ich erhielt am

Morgen kleine Geschenke von der Herz und Alexander und ein freundliches Briefchen von der Grunow, dann Briefe aus Landsberg von der Benecke und dem Onkel, und von der guten Tante eine selbstgestrickte Weste. Dies Geschenk ist mir doppelt wert und rührend gewesen, weil ich weiß, daß Handarbeiten ihr Mühe machen und sie sich nicht gern mehr, als notwendig ist, damit abgibt. Den Mittag aß ich bei der Herz, wo auch Alexander war; den übrigen Teil des Tages war ich wieder zu Hause, teils arbeitend, teils mancherlei Gedanken und Empfindungen Raum gebend. Ich wollte auch schreiben, das Papier lag vor mir, aber die Feder entfiel mir immer wieder. Zu der Wehmut, die mich beherrschte, gab größtenteils die Grunow Veranlassung, von deren trauriger Lage in ihrer unwürdigen Ehe ich ein paar Tage vorher aufs neue ein lebhaftes und nur allzu schmerzliches Bild vors Gemüt bekommen hatte. Daran knüpften sich dann Gedanken und Sorgen um andere Freunde, Fragen und Vermutungen über meine eigene Zukunft, und wenngleich das Vertrauen auf eine höchste Regierung bei mir ein ständiges Gefühl ist, das mich eigentlich niemals verläßt, so kann doch damit eine innige Wehmut bei der Aussicht, daß dieser und jener geliebte Mensch zu immerwährenden Prüfungen und Leiden bestimmt ist, gar wohl bestehen. Du wirst mich verstehn, und darum erkläre ich Dir das nicht weiter. ...

Abends. Da bin ich wieder, um weiter mit Dir zu plaudern, und damit Du doch siehst, was ich ohngefähr mit meiner Zeit anfange, will ich Dir zuerst erzählen, wo ich unterdes gewesen bin. Zuerst war ich ein paar Stunden bei der Herz und habe Griechisch mit ihr gelesen, welches ich sie jetzt lehre. Du weißt, sie hat keine Kinder, ihre Wirtschaft ist in so guter Ordnung, daß sie ihr nur ein paar Stunden täglich zu widmen braucht, und so wendet sie einen guten Teil ihrer Zeit darauf, sich in der Stille allerlei Kenntnisse zu erwerben. In den neueren Sprachen hat sie es lange zu einer seltenen Fertigkeit gebracht und kennt alles, was es darin Schönes und Gutes gibt. Da habe ich ihr denn geraten, sich auch mit dieser, die in so vieler Hinsicht das größte Meisterstück des menschlichen Geistes ist, bekannt zu machen. Es ist ihr anfangs, weil es so ein ganz anderes Wesen ist und auf eine ganz eigne Weise betrieben werden muß, sehr sauer geworden; nun aber kann ich schon sehr schöne Sachen mit ihr lesen und versäume nicht gern eine Stunde, die wir uns einmal bestimmt haben. Dann war ich eine Stunde auf der Ressource, dem einzigen Ort, wo ich bisweilen den größten Teil meiner Herren Amtsbrüder und einen Teil der Herren vom Magistrat sehe, die mich einmal, wenn es ihnen so gefällt, zum Prediger in der Stadt wählen sollen. Auch lese ich dort gelehrte Zeitungen und spiele dann und wann eine Partie Billard, welches Dir bei meiner bekannten Blindheit lächerlich scheinen kann, aber doch so notdürftig geht und meinen Augen recht gut bekommt. Von da bin ich zu Hause gegangen und habe bei meinem Abendbrot überlegt, was ich morgen am letzten Sonntage des Jahrs und Jahrhunderts zu Gemüte führen will. Dies weiß ich nun; der Tee, die Milchbrote und die geräucherte Wurst sind verzehrt, ich habe den großen Stuhl, auf dem ich beständig sitze, von dem kleinen Eßtisch herumgedreht zum großen Arbeitstisch, an dem ich dann immer noch bis nach Mitternacht sitze. Das ist jetzt meine gewöhnliche Lebensordnung; sehr selten bin ich einen ganzen Abend aus, aber nie laß ich einen Tag vergehn, ohne Bewegung zu haben und Menschen zu sehen, welches beides der Gesundheit meines Leibes und meiner Seele höchst notwendig ist. Alle meine Freunde haben ihre bestimmte Zeit, wenn ich sie am liebsten besuche; zur Grunow springe ich manchmal des Vormittags auf ein Stündchen herüber, dann ist sie entweder ganz allein oder hat nur ihre Kinder bei sich, und es läßt sich ein gescheutes Wort mit ihr reden. (Hoffentlich wirst Du nicht auf den Gedanken kommen, als geschähe das hinter dem Rücken des Mannes! Gott bewahre, er weiß es und darf nichts dawider haben.) Außerdem bin ich aber fast alle Woche einmal des Abends da. Zu Eichmanns gehe ich am liebsten zum Mittagessen, denn dann gehn die Kinder nach Tische in die Schule, und man kann noch eine Stunde ruhig plaudern. Die arme Frau hat ihr jüngstes Kind verloren, und der Mann, der, obwohl sehr brav und achtenswert, doch ein wenig verdrießlicher Natur ist, hat seitdem, wie mir's vorkommt, an übler Laune sehr zugenommen. Die Herz sehe ich am liebsten zwischen dem Mittagessen und der Teestunde, denn in dieser Zeit kommt nicht leicht jemand als vertrautere Freunde des Hauses; überraschen mich dann am Ende Fremde, so bleibe ich, je nachdem sie mir gefallen, wohl noch ein Stündchen oder nehme gleich meinen Abschied; zu größeren Gesellschaften lasse ich mich nur selten einmal bitten. Professor Spalding besuche ich immer des Abends, so auch einen andern jüngeren Sprachgelehrten, den ich sehr lieb habe; das geschieht aber nur alle Monate einmal. Außerdem gibt es noch ein paar Orte, wohin ich so im Vorbeigehn auf ein halbes Stündchen zu gehn pflege. Zu Hause arbeite ich dann abends von 7 oder 8 bis 12 oder 1, und das oben Beschriebene ist mein tägliches Abendbrot. Das gilt für den Winter. Im Sommer, wenn Herzens im Tiergarten und Eichmanns in Charlottenburg wohnen, ist es freilich ein anderes. Da ich einmal im Zuge bin, von meinen Bekannten und Freunden zu reden, will ich auch Deine Fragen nach einigen entfernten beantworten. Lotte Schede lebt bei ihrem Bruder in Kalisch, der dort Regierungsrat ist; sie war im Sommer auf ein paar Wochen hier, und ich habe sie noch ganz die alte gefunden, außer daß sie an Lebhaftigkeit noch gewonnen, dabei aber auch etwas von provinzieller Frivolität angenommen hat, was mir nicht ganz gefiel, indes kann das auch nur ein Schein sein, und ich habe es mir möglichst ausgeredet, um sie noch ebenso lieb haben zu können. Meinen guten Hülsen kenne ich noch immer nicht persönlich, seine Frau ist, wie leicht vorauszusehen war, im Herbste gestorben, er hat seine Zöglinge fortgeschickt, Haus und Garten verkauft und lebt jetzt einige Meilen weiter von hier, auch auf dem Lande bei einem Freunde, und wird wahrscheinlich im Frühjahr irgendeine große Reise machen, vielleicht auch das, ohne daß ich ihn gesehen habe. Er hat mir seit der traurigen Begebenheit noch nicht geschrieben, was ich ihm auch gar nicht übelnehme. Ach! das sind die wahren Unglücksfälle, alles übrige ist nichts. Die Veit hat meinen Zorn nicht erregt; aber die wunderliche Wendung ihres Schicksals und das Auffallende und Verwerfliche, was ihre Handlungsweise in den Augen der Welt hat, bekümmert mich sehr tief und ist ein Gegenstand ernster Sorge für mich, eben weil sie und Schlegel mir so im Herzen wert sind. Sie hatte sehr triftige, uns, die wir den ganzen Zusammenhang kennen, hinreichende Ursachen, sich von hier zu entfernen. Schlegels Bruder und Schwägerin luden sie zu sich ein, und sie lebt in deren Hause in Jena. Friedrich lebt auch in Jena, und Du kannst denken, wie die Welt über dieses ganze Verhältnis redet.

Auch würden sich beide schon auf das gesetzmäßigste und heiligste verbunden haben, da sie allerdings mit ganzer Seele aneinander hängen, wenn nicht die Bedingungen, unter denen allein ihr Mann sich dazu verstehn wollte, ihr den jüngsten Knaben zu lassen, der ihrer mütterlichen Pflege und ihrer verständigen Erziehung ganz unumgänglich bedarf, es nicht unmöglich machten. Dies geht nun, solange es geht, aber wenn der ältere Schlegel, der schon seit langer Zeit mit seiner Frau nicht im besten Vernehmen lebt, sich über kurz oder lang von dieser trennt, so weiß ich in der Tat nicht, was die arme Frau anfangen will. Das sind unglückliche Verwicklungen, die aus den Widersprüchen in unsern Gesetzen und unsern Sitten entspringen und denen oft die besten Menschen nicht entgehen können. Dazu kommt noch, daß Schlegel nicht ganz ohne seine Schuld in der literarischen Welt eine große Menge von Feinden hat, und am wenigsten hat dieses Verhältnis, dessen wahren Zusammenhang fast kein Mensch genau weiß, ihnen entgehn können, und so muß die arme Veit bald namentlich, bald ungenannt sich in allen Streitschriften und satirischen Ausfällen mit herumtragen lassen. Es ist eine unglückliche Geschichte, und ich bedaure die beiden Menschen von ganzer Seele, die nur deshalb so manche Kränkungen erdulden müssen, weil sie einfacher und redlicher gehandelt haben, als die Welt es gewohnt ist. Du siehst, daß auch ich mit meinen Freunden und für sie genug zu leiden habe, wie es sich denn gebührt und ein fühlbares Herz es nicht anders zu erwarten hat. Für jetzt macht mir unter allen die Herz am wenigsten Not; indes lassen sich auch Zeiten und Umstände voraussehen, wo ich für sie nicht weniger in Kummer sein werde. Schlegel verursacht mir in gewisser Hinsicht auch unmittelbare Unannehmlichkeiten; aber die sind das wenigste und leichteste. Es gibt nämlich Menschen, die, ohnerachtet ich mit der gelehrten Welt für jetzt noch rein gar nichts zu tun habe, bloß weil ich sein persönlicher Freund bin, ihre literarische Feindschaft gegen ihn auch auf mich ausdehnen; allein ich nehme gar keine Notiz davon, gehe ganz still meinen Gang fort und denke, so sollen sie es bald satt haben.

D. 29st. ... Mit meinem Lesen ist es, wie Du siehst, schlecht bestellt; selbst die merkwürdigsten Erscheinungen in der Literatur sind gewöhnlich sehr lange vorhanden, ehe ich sie genieße. So habe ich zum Beispiel Schillers ›Wallenstein‹ und Wielands ›Aristipp‹ noch nicht gelesen, Werke, worauf die Aufmerksamkeit der ganzen lesenden Welt gerichtet ist. Dies kommt größtenteils daher, weil das Lesen mir größtenteils weit mehr Zeit kostet als hundert andern Menschen. Um etwas so gut zu verstehn, als ich es wünsche, muß ich es gleich zwei-, dreimal lesen und dann noch einzelne Stellen besonders, sonst bekomme ich kein rechtes Bild von dem Ganzen. Aus eben dem Grunde, wenngleich nur im kleinen, komme ich höchst selten ins Theater. Ich sehe nicht gern ein Stück, was ich nicht vorher gelesen habe, weil mir sonst auch vieles verlorengeht; am liebsten nehme ich das Buch mit ins Schauspielhaus und blättere in den Pausen immer den folgenden Akt durch. Will ich überdies alles ordentlich sehen, ohne mir durch ein allzu scharfes Glas die Augen zu verderben, so muß ich ganz vorn im Parterre sein, und dazu gehört bei beliebten Stücken, daß man fast zwei Stunden eher kommt, als es angeht. Konzerte, deren es im Winter hier viele gibt, besuche ich aus andern Gründen nicht. Teils sind sie sehr teuer, teils mache ich mir gar nichts aus der Virtuosen-Musik, selbst nicht aus dem Virtuosen-Gesang, notabene habe ich auch die ›Schöpfung‹ von Haydn noch nicht gehört; sie wird aber in acht Tagen hier von der Königlichen Kapelle aufgeführt werden, und vielleicht gehe ich dann doch hin, hier habe ich sehr verschiedene Urteile darüber gehört; einige sind ganz davon entzückt, andern scheint es mit Künsteleien überladen zu sein; der Text ist mir nicht bekannt, er pflegt aber größtenteils bei solchen Dingen schlecht zu sein. Die Musik, die ich am liebsten und oftesten höre, ist die der Singakademie, wo lauter Kirchenmusik im großen Stil aufgeführt wird und ich mich oft der Festmusiken und Wechselchöre auf den Gemeindesälen erinnere. Ich weiß nicht, ob ich Dir von diesem Institut jemals geschrieben habe oder ob Du es sonst kennst. …

Schleiermacher an seine Schwester Charlotte

Berlin, d. 12t. Februar 1801

… Über meine Gesundheit, meine Liebe, sei nur außer Sorgen. Das Schwellen, es mag nun damit beschaffen gewesen sein, wie es wolle, ist ganz vorbei. Herz, obgleich seine Mittel dies bewirkt zu haben scheinen, behauptet noch immer, er wisse nicht, wie es damit eigentlich zusammengehangen habe. Mir lag auch immer die Wassersucht dabei in Gedanken, indes ist eine solche, die nur in den fleischigen Teilen ihren Sitz hat, selten gefährlich, und so war ich auch für mein Leben noch nicht besorgt. Daß ich aber irgend einmal an einem chronischen Übel, und an diesem eher als an jedem andern, sterben werde, macht meine ganze Konstitution sehr wahrscheinlich, welche eigentlich doch schwach und dabei von jeder hitzigen Krankheit in einem sonderbaren Grade abgeneigt ist, so daß ich keine Übel, wozu Fieberbewegungen gehören, bekommen kann, wenn auch alles um mich herum daran leidet. Weder die Influenza noch die Katarrhal-Fieber, an denen jetzt in Berlin von allen, die nicht körperliche Arbeit treiben, gewiß der siebente Mensch daniedergelegen hat, haben mir das Geringste anhaben können. Um desto weniger aber darfst Du besorgen, irgend einmal unvermutet eine traurige Nachricht zu bekommen, indessen habe ich doch auch dafür gesorgt, so wie auch gewöhnlich in meinem Schreibtisch ein Papier liegt, welches meine Dispositionen enthält und von Zeit zu Zeit geändert wird. Dies sollte sich wohl jeder Mensch zur Pflicht machen und besonders jeder Mensch, der Papiere hat. In diesem Punkt werde ich jetzt wahrscheinlich in eine große Verlegenheit kommen, indem es allen Anschein hat, daß Alexander bald irgendwohin in die Provinz als Kammer-Direktor versetzt werden wird; dann weiß ich keinen Mann, den ich dazu beauftragen könnte, und einer Frau meine Papiere vermachen, das hieße noch zu guter Letzt meinem Leben den Stempel der Paradoxie aufdrücken, worüber ohnedies genug geklagt wird. Noch dazu müßte es die Herz sein, denn der Grunow könnte es nur Verdruß machen. Daß Du Dir, ohne es zu sehen, mein Wesen und Verhältnis mit der Herz nicht denken kannst, ist eigen, da es doch in der Tat viel leichter und viel weniger schwierig ist als das mit der Grunow. Es ist eine recht vertraute und herzliche Freundschaft, wobei von Mann und Frau aber auch gar nicht die Rede ist; ist das nicht leicht sich vorzustellen? Warum gar nichts anders sich mit hineingemischt hat und nie hineinmischen wird, das ist freilich wieder eine andere Frage; aber auch das ist nicht schwer zu erklären. Sie hat nie eine Wirkung auf mich gemacht, die mich in dieser Ruhe des Gemüts hätte stören können. Wer sich etwas auf den Ausdruck des Innern versteht, der erkennt gleich in ihr ein leidenschaftsloses Wesen, und wenn ich auch bloß dem Einfluß des Äußeren Raum geben wollte, so hat sie für mich gar nichts Reizendes, obgleich ihr Gesicht unstreitig sehr schön ist, und ihre kolossale königliche Figur ist so sehr das Gegenteil der meinigen, daß, wenn ich mir vorstellte, wir wären beide frei und liebten einander und heirateten einander, ich immer von dieser Seite etwas Lächerliches und Abgeschmacktes darin finden würde, worüber ich mich nur sehr überwiegender Gründe wegen hinwegsetzen könnte. Wie wir miteinander umgehn, davon habe ich Dir wohl schon genug gesagt, willst Du aber noch irgend etwas darüber wissen, so frage nur, denn es ist mir ängstlich, daß Du Dir gerade das nicht sollst vorstellen können. Daß ihre eine Schwester Brenna, die, welche ich meine Schwester nannte, schon seit einiger Zeit in einem reichen Kaufmannshause in Hamburg ist als Gesellschafterin, glaube ich Dir damals geschrieben zu haben. Anfangs war das arme Mädchen sehr traurig, jetzt hat sie sich eingewöhnt, und es geht ihr sehr gut. Die jüngste Sara, mein Töchterchen, ist noch bei der Mutter, welche je länger, je mehr ihr Gesicht verliert und verdrießlicher wird, so daß das gute Kind oft recht schwere Tage hat. Dabei liebt sie jetzt recht ernstlich einen jungen Arzt, der aber noch gar kein sicheres Etablissement hat und mit dem wir andern alle in mancher Hinsicht nicht so zufrieden sind, als wir es mit ihrem Freunde zu sein wünschten. Das macht ihr denn auch manchmal das Herz schwer....

Schleiermacher an Henriette Herz

Berlin, d. 17t. Mai 1801

...Passiert ist denn doch unterdes allerlei; man muß nur wegreisen, so geschieht schon etwas. Lassen Sie sich nur vorrechnen. Erstlich ist Fichtes ›Nicolai‹ in aller Stille in Jena gedruckt worden. Wilhelm hat sich, der Zensurfreiheit wegen, als Herausgeber auf den Titel gesetzt und eine petillante Vorrede dazu gemacht. Als ich bei ihm war, gab er mir ein Exemplar. Er versichert, daß nichts ausgelassen worden, als eine die sächsische Regierung betreffende Anmerkung, und so haben denn doch die Leute, was das Pasquillartige und das Schimpfen betrifft, entsetzlich gelogen.

Sie wissen, wie ich über diese Sache denke, und es gibt nur ein paar Stellen, die ich gerne striche. In diesen kommen allerdings ein paar Schimpfnamen vor, allein nach dem, was die Leute hier posaunt haben, wird sie jedermann sehr mäßig finden, und sie werden gar keinen Effekt machen. Zweitens ist die ›Maria Stuart‹ gedruckt, die ich aber noch nicht gesehen habe. Drittens ist Schillers Macbeth da, von dem Schlegel wunderliche Dinge erzählt, so daß es mich grausam in den Fingern juckt, ihn zu rezensieren; wer nur Zeit hätte! Viertens ist auch der zweite Teil der Charakteristiken und Kritiken da, der wirklich mit einer Notiz von Friedrich über den ›Boccaccio‹ schließt, welche viel Studium voraussetzt. Fünftens, und das ist mir eigentlich fatal, wird am ›Platon‹ wirklich gedruckt, und Friedrich weiß schon, daß der ›Phädrus‹ sechs Bogen betragen wird. Das rechnet er immer zuerst aus. Unmöglich kann er auf diese Art meine Arbeit gründlich durchgehen, und das Ganze wird leider Gottes gewiß nichts Rechtes. Das wären Berichte, mehr weiß ich nicht, und ich hoffe, Sie haben genug....

Schleiermacher an Ehrenfried von Willich

[Berlin,] D. 11t. Juni 1801

... Mit Jette bin ich gewöhnlich einen Tag um den andern von eins bis fünf Uhr; wir essen dann zusammen, lesen, plaudern, schlafen auch wohl und gehn spazieren. Die beste Freude ist, wenn ich einmal einen ganzen Vormittag mit ihr sein und leben kann, aber das hat sich jetzt noch nicht machen wollen. Sie grüßt Euch beide gar herzlich. Gestern haben wir uns an einer schmählichen Rezension der Monologen in der Deutschen Bibliothek ergötzt. Es ist ordentlich das Verhängnis dieser Welt oder wenigstens dieser Zeit, daß das Heiligste und der Scherz dicht nebeneinander liegen sollen, denn ich habe mich des herzlichsten Lachens dabei nicht enthalten können, und es schien mir bei näherer Betrachtung eine ganz natürliche Wirkung, daß die Monologen Spaß dieser Art erzeugen müssen. Aber wie gern kehrte ich zu dem Ernst zurück, und wie schön und heilig war mir dann gleich wieder zumut. Du warst dabei, das kannst Du denken, Du bist ja das Schönste, was sie mir eingetragen haben, und von Dir weiß ich am gewissesten und sehe es aus Deinem Briefe aufs neue, daß Du das Innerste darin klar, wie es ist, aufgefaßt hast. Aber wie hat Dir mein langsames Auffassen eine Furcht vor einem einseitigen Auffassen geben können? Vielmehr bin ich eben durch diese Langsamkeit am besten davor gesichert, denn sie ist ja nichts anders als die Maxime, daß alles einzelne nur ein Teil ist und daß man erst mehrere Teile haben muß, um es recht zu verstehen, das ruhige Abwarten einer vollendeten Anschauung und eine aufrichtige Abscheu gegen das einseitige Urteilen und die superkluge voreilige Menschenkenntnis aus einzelnen Zügen. So sei auch nur nicht bange vor meinem naiven Bewegen und Fertigmachen, wenn ich Disharmonien in Dir zu finden glaube. Das werde ich nicht lassen, aber glaube mir, es ist gut so. Es gibt keine lebendige Erkenntnis als die selbsterworbene, so auch von Menschen, und es wäre eine unverzeihliche Trägheit, bei dem ersten flüchtigen Gedanken, der mir etwa durch den Kopf ginge, gleich zu fragen, sondern ich werde allerdings erst hinsehn nach allen Seiten und so den Gedanken entweder zerstören oder fertigmachen, aber wenn er nun fertig zu sein scheint, dann werde ich Dich fragen, ob auch dem also ist. Du wirst schon sehen, wie ich das treibe, und es wird Dir gewiß recht sein. Aber warum sorgest Du denn voraus, daß ich Disharmonien in Dir zu sehn glauben werde? Das geschieht mir gar nicht so leicht. Ich gehe bei wirklichen und wahren Menschen immer von der Voraussetzung aus, daß, was in ihnen ist, auch zu ihrer Natur gehört, und überzeuge mich schwer vom Gegenteil, so daß auch von mir geglaubt wird, ich sei gegen ihre sogenannten Fehler viel zu indifferent, ja zärtlich....

Schleiermacher an seine Schwester Charlotte

Berlin, d. 1t. Julius [1801]

... Nun noch etwas Erfreulicheres. In der ersten Hälfte des Mai habe ich eine kleine Ausflucht nach Prenzlau gemacht. Herzens wollten beide hinreisen, um ihre dort verheiratete Schwester zu besuchen, und da es mir angeboten wurde, nahm ich die Gelegenheit wahr, mitzureisen. Herz konnte hernach nicht, weil er ein paar gefährliche Kranke bekam, und da wir uns alle aus dergleichen Ziererеien nicht viel machen, so fuhr ich mit ihr und ihrer jüngsten Schwester, meiner kleinen Tochter, wie ich sie gewöhnlich nenne, hin. Von der Reise ist nicht viel zu sagen; es sind zwölf Meilen, und wir machten sie mit doppelten Pferden in einem Tage, fuhren des Morgens um drei Uhr aus und waren abends um acht Uhr da; auf der letzten Hälfte hatten wir einen sehr heftigen Regen, der uns aber nur vielen Spaß machte. Ich war vornehmlich hingereist, um einen gewissen Prediger Wolf und einen Herrn von Willich, auch einen jungen Theologen, kennenzulernen, die ich beide durch die Herz und auch sonst durch andere Freunde kannte, die ebenso allerlei von mir gehört hatten und ebenso nach meiner persönlichen Bekanntschaft verlangten, als ich nach der ihrigen. An Willich habe ich einen recht herzlichen Freund gefunden, der mich sehr liebt, an allem, was in und mit mir vorgeht, herzlichen Anteil nimmt und es auch alles versteht, und in dem ich auch soviel Schönes und Gutes finde, daß wir uns gegenseitig gar innig zugetan sind. Ich war nur drei Tage dort, aber freilich haben wir uns in dieser Zeit wenig verlassen. Willich war gewöhnlich bis spät in die Nacht da und des Morgens bald wieder auf dem Platz, und es ist in dieser Zeit so vielerlei vorgekommen und berührt worden, daß wir uns schneller kennenlernten und also auch lieb gewannen, als sonst in so kurzer Zeit bei mir der Fall zu sein pflegt. Ich gebe mich nicht leicht weg, stelle mich nicht gleich Menschen in ein blendendes, schmeichelhaftes Licht und bin mit meinem ersten Urteil über Menschen und meinen ersten Mitteilungen an sie sehr vorsichtig. Die Herz meint deshalb, ich wäre zu verschlossen, und vielleicht ist es Dir nicht unlieb zu hören, was sie mir über das Besondere dieses Falles schrieb. Du kannst Dir ja ohnedies meine Art mit ihr zu sein noch immer nicht denken; vielleicht tragen einige geschriebene Worte von ihr etwas dazu bei. Du mußt nur im voraus wissen, daß die Herz noch 14 Tage da blieb und ich allein auf der Post zurückreiste, die dort spät des Abends abgeht, daß wir den letzten Abend bei ihrer Schwester zusammen waren, nämlich Wolf, ich und noch ein paar Hausfreunde, die aber nicht so dazu gehören, Punsch tranken und sangen (u. a. Schillers Lied an die Freude), wobei ich ein sehr inniges, stummes Gespräch mit Willich hatte. So schrieb mir bald darauf die Herz: ›Mir ist begegnet, was ich nicht für möglich hielt, ich habe Sie noch lieber bekommen; nicht etwa, weil ich etwas Neues, Schönes in Ihnen entdeckt hätte, denn ich kenne ja schon lange alles in meinem Freunde; die Leichtigkeit aber und die Offenheit, mit der Sie Willich entgegenkamen, der schöne Wille, sich ihm zu zeigen, wie Sie sind, das hat Sie mir viel, viel lieber gemacht. Alles das gehört zwar zu Ihnen, es bleibt aber oft verborgen, Sie denken, es hat ja Zeit, man bleibt ja lange zusammen; hier hatte es keine Zeit, und Sie benutzten die schönen Stunden so herrlich. Aber auch nicht verschwendet haben Sie die schöne Gabe; Willich ist voll von Ihnen und reichlich hat er wieder gegeben, was er empfing. Mein Herz war sehr voll, als Sie fortgingen; Ihr und Willichs Näherkommen während des Gesanges hatte ich mit inniger Freude und Rührung gesehen, und stimmte ich nicht ins Chor mit ein, so war es die Unmöglichkeit, einen Ton von mir zu geben, denn die Bewegung des Gemüts erstickte Worte und Töne; gern aber hätte ich Euer beider Hände an mein Herz gedrückt und dem andern Freundschaft gegeben, wie sie der eine schon hat. Sie gingen alle und ließen mich zurück.‹ (Die andern begleiteten mich alle nach dem Posthause, nur die Herz blieb zurück, weil sie nicht wohl war und die Nachtluft scheuen mußte.) ›Mir war's lieb, daß ich allein blieb, ich dachte Ihnen nach und ward nicht gestört. Mir war wohler zumut als seit langer Zeit; mit wahrer Andacht fühlte ich alles, was gut und schön ist, mit Andacht und tiefer, reicher Rührung. Alles kam zurück, Willich setzte sich neben mich, ihm war ebenso, und still und heilig feierten wir Ihr Andenken. Er sagte mir leise, er sei lange nicht so religiös gewesen, als in diesen Momenten; ich freute mich des Einklangs und schwieg.‹ Wie mich das wieder gerührt hat, kannst Du denken, aber freilich muß auch das Anschauen einer werdenden Freundschaft auf eine so fühlende Seele einen eignen und tiefen Eindruck machen. Willich ist mir sehr wert; er hat nicht das große, nicht den tiefen, alles umfassenden Geist von Friedrich Schlegel; aber meinem Herzen ist er in vieler Hinsicht näher und hat im Leben und fürs Leben mehr einen dem meinigen ähnlichen Sinn. Gelegentlich und nach und nach wirst Du wohl mehr von ihm erfahren.

Schleiermacher an seine Schwester Charlotte

Berlin, d. 10t. November 1801

... Daß der ältere Schlegel den größeren Teil des Sommers hier war, weißt Du. Er reiste im August nach Jena, ist aber jetzt schon wieder hier, um den ganzen Winter hier zu bleiben. Der nimmt auch meine Teilnahme sehr in Anspruch. Ich weiß nicht, ob ich Dir schon von dem fatalen Verhältnis zwischen ihm und seiner Frau geschrieben habe, die ihm für die große Achtung, die er ihr beweist, und für die mehr als väterliche Zärtlichkeit, mit der er ihre Tochter aus der ersten Ehe geliebt hat, mit einer nicht einmal verhehlten Untreue lohnt, wodurch sie ihn zum Gespötte gemeiner Menschen macht, und zwar, da er in Deutschland so sehr bekannt ist, in einem sehr ausgebreiteten Kreise. Gott weiß, warum er den Mut oder die Lust nicht hat, sich ganz von ihr zu trennen, und wie es ihm möglich ist, mit dem jungen Manne, den sie liebt und begünstigt, sogar in einer Art von vertrauter Freundschaft zu stehen; dieser übertriebenen Gutmütigkeit ohnerachtet kann er es denn doch, wie sehr natürlich, in ihrer Nähe nicht lange aushalten und ist gewiß froh gewesen, als die Zeit herankam, da ihn die getroffene Verabredung wieder hieher rief. Das Allerübelste ist, daß die Frau alles Mögliche tut, um die beiden Brüder miteinander zu entzweien, weil Friedrich dem älteren den Rat gegeben hat, den ihm jeder vernünftige Mensch geben würde, und weil er sie vielleicht bisweilen die Verachtung hat fühlen lassen, welche sie verdient. Dieses Bestreben ist ihr nicht ganz mißlungen, und dabei leiden nun Friedrich und die Veit, die so gern still und ruhig vor sich hin lebten, innerlich gar sehr.

Wie diese fatalen Verhältnisse mich schmerzen, und wie unendlich leid es mir um den Wilhelm tut, ihn in diesem Zustande zu sehen, das kann ich Dir gar nicht genug sagen. ... Ich wollte Dir noch sagen, daß ich in ein paar Wochen auch meinen lieben Friedrich Schlegel hier erwarte; er wird, aber freilich nur auf ein paar Wochen, bei mir wohnen, wir haben viel miteinander zu reden, und es ist einiger gemeinschaftlichen Arbeiten wegen sehr notwendig, daß wir einmal zusammenkommen. ... Da hast Du nun einen ausführlichen Bericht von mir, an dem Du nur noch den Artikel von der Gesundheit vermissen möchtest. Mit der ist es recht gut bestellt, und alle Menschen sagen, daß ich noch nie so wohl ausgesehen, auch lebe ich in jeder Hinsicht Diät, Arbeit, Bewegung und Schlaf sehr ordentlich; im letzteren Punkte geschieht es freilich nicht ganz willkürlich, ich würde gern bisweilen später in die Nacht hinein arbeiten, allein die Natur widersetzt sich dem. Am Anfang des vorigen Monats war ich vierzehn Tage sehr elend; allein es war nur ein Zufall, an dem ich alle Jahr im Frühjahr oder Herbst einmal leide, der sich ohne Medizin wieder verliert und von dem keine Spur weiter übrigbleibt....

Schleiermacher an Ehrenfried von Willich

Berlin, d. 13t. Dez. [180]1

Du weißt, lieber Freund, von Jette, was mich bis jetzt abgehalten hat, Dir zu schreiben, und was überhaupt mir jetzt wenig Zeit übrigläßt für die abwesenden und anwesenden Freunde, nämlich die längst gewünschte Anwesenheit dessen, der mir in so vielen Hinsichten so unendlich wert ist. Was ihn selbst betrifft, so habe ich ihn ganz unverändert wiedergefunden in dem, was mir zusagt, und auch in dem, worin wir voneinander abweichen – aber in seinem Denken und Umfassen menschlicher Erkenntnis, in Kunst und Wissenschaft hat er wohl noch größere Fortschritte gemacht. Alles hat sich mehr gestaltet und ist deutlicher herausgetreten, besonders ist er in das Wesen der Poesie sehr tief eingedrungen, und wir werden wohl in den nächsten Jahren eine Menge von Studien in verschiedenen Gattungen von ihm erhalten, die sich doch alle mehr oder minder dem Meisterhaften nähern werden. Er hat jetzt ein Trauerspiel gemacht, wogegen zwar, was die Komposition betrifft, viele vieles einwenden werden, aber alles einzelne ist so durchaus und rein tragisch und das Ganze in einem so großen Stil, daß alle jene theoretischen Einwendungen bei keinem Unbefangenen den Eindruck besiegen werden. Es liegt eine alte spanische Romanze zum Grunde, und es wird bereits gedruckt. – Den ›Platon‹ abgerechnet, werden wir also eine Zeitlang in unsern literarischen Arbeiten ganz verschiedene Wege gehen. Er wird durch Poesie die Darstellung seiner ziemlich poetischen, theoretischen Philosophie vorbereiten, und ich werde meine praktische Philosophie in verschiedenen Werken darlegen, von denen sich manche doch noch, in der Einkleidung wenigstens, dem poetischen gewissermaßen nähern werden. – Daß Friedrichs Hiersein Dein Herkommen verzögert, ist freilich ein übler Umstand; indes, wenn es Dir nur späterhin nicht an einer guten Gelegenheit fehlt, so ist nichts daran verloren. Ich könnte Euch beide doch nicht genießen, da Ihr Euch noch nicht kennt, und Friedrich gehört gar nicht zu denen, mit welchen man sich bald befreundet. – –

Schleiermacher an Ehrenfried von Willich

Berlin, d. 13t. Jan. [180]2

Schlegels fortdauernde Anwesenheit bringt, ohnerachtet ich weniger von seiner Gesellschaft genieße, als ich wünsche und auch wohl verlangen könnte, mein ganzes Leben in solche Unordnung, daß ich mir zu allem, was ich am liebsten tue, zum Besuch unserer Freundin und zum Briefschreiben die Zeit nur abstehlen muß. Seine äußern Verhältnisse, sein Mangel an innerer Freiheit in Absicht auf den Gebrauch seiner Zeit und die Notwendigkeit, während seines Hierseins für unsere gemeinschaftliche Arbeit das Beste zu tun, damit es an mir wenigstens nicht fehle – dies alles kommt auf eine sehr ungünstige Art zusammen. Denke Dir das alles so konfus durcheinander als möglich, und erkläre Dir daraus mein Nichtschreiben und mein Schreiben. Schlegel reist übrigens d. 27st. huj., es müßten denn irgend außerordentliche Umstände eintreten, und wenn sich damit Deine Aussichen zum Herreisen, wie ich hoffe, vereinigen lassen, so zaudere ja nicht und denke, daß es mir gar herzlich lieb sein wird, Dich hier zu sehn. Auf unsere Reise nach Prenzlau ist unter den gegenwärtigen Umständen wohl gar nicht zu denken....

Henriette Herz an Ehrenfried von Willich

Berlin, den 14. Januar 1802

... Denn kommen müssen Sie, und das bald, denn Schlegel reist heute über 14 Tage ab. Das ist gerade Ende Januars, und träfe es sich auch, daß Sie um ein oder zwei Tage früher kommen, als er reist, so finde ich wohl ein Zimmer in meiner Nähe, wo Sie so lange bleiben, bis Sie zu Schleier ziehen können. Sie *schlafen* dann nur aus meinem Hause, wachen nur bei mir und Schleier. So lernen Sie doch auch Schlegel kennen, wenn auch nur äußerlich, denn innerlich paßt Ihr nicht. Ich wollte, daß mein Haus so eingerichtet wäre, daß Sie bei mir wenigstens ein paar Tage wohnen könnten, jetzt geht es aber nicht, und ich finde schon etwas aus meiner Nähe. Schöne Tage sollen es werden, mein guter Freund. Aber freilich anderer Art als jene erste in Prenzlau. So wie das Erste wird nie wieder etwas, und äußerst niederschlagend ist es, wenn man während eines schönen Genusses sich sagen muß, dies ist der letzte der Art für dein ganzes Leben. Ja, mein Ehrenfried, ich bin jetzt in dem Fall, mir sagen zu müssen, daß ich jetzt meine schönste Zeit verlebe, und recht eigentlich *ver*lebe, denn das Ende derselben ist vielleicht, ja gewiß näher, als ich selbst erwarte, und doch werd ichs ertragen und gut ertragen müssen, wenn ich gegen das, was mir bleibt, nicht ungerecht sein will. Ich muß Schleiers halber wünschen, daß er versetzt werde, denn seine Stelle ist schlecht; ich muß wünschen, daß Dohna versetzt werde, weil es besser für ihn ist, und *was* verliere ich in diese beiden Menschen, wie nehmen Sie mir das Schönste aus meinem Leben mit sich fort! Vielleicht kommt eine Zeit der Wiedervereinigung, aber welche ungeheuere Kluft zwischen jetzt und dann!

Schleier hat wenig Freude von Schlegel, und es verstimmt ihn sehr, daß er so wenig von ihm hat. Sie können denken, daß ich zu delikat bin, mit ihm darüber zu sprechen, er sagte mir aber etwas davon, und das übrige sah ich. Ihre Besorgnis, die ich in Schleiers Brief las, ist durchaus unbegründet; und wenn Sie ihn durch und durch kennten, so könnte sie gar nicht in Ihnen aufkommen. Was soll denn ich sagen, wenn Sie durch Schlegel zu verlieren glauben? bin ich nicht viel weniger als Sie dem Geiste nach? Und da nur ist Schlegel uns überlegen; in allem übrigen stehen wir gleich mit ihm, wenn nicht höher, und das erkennt und fühlt Schleier; wir haben also gar nichts zu verlieren und also nichts zu besorgen. Sie nun gar nicht, und ich bin auch ruhig, da ich sogar durch seine Liebe zu einer andern nichts verloren habe....

Henriette Herz an Ehrenfried von Willich

den 21. Jenner 1802

Sie wissen es nun schon, mein Freund, daß Schlegel den 24. reist und daß Sie nun kommen können, wenn Sie wollen, je eher, je lieber; zu mir kommen Sie zuerst. Mein Haus liegt am Wege zu Schleier. Sie kommen über die Königsbrücke, und wenn Sie darüber sind, gehen Sie in die erste Querstraße rechter Hand ins zweite Haus von der Ecke, No. 22 in der neuen Friedrichstraße, und nachdem es nun an der Tageszeit ist, danach richten wir uns mit dem übrigen. Sie bringen doch den Wilhelm mit?...

Schleiermacher an seine Schwester Charlotte

Berlin, d. 29st. Januar 1802

... Daß es mir eine große Freude gewesen ist, diesen langen entbehrten Freund bei mir zu haben, kannst Du leicht denken. Mancher Endzweck seines Besuches ist freilich trotz der langen Zeit nicht erreicht worden, besonders haben wir nicht so viel über unsere gemeinschaftlichen Arbeiten geredet und studiert, als die Absicht war; aber das konnte ich, da ich ihn so genau kenne und da leicht vorauszusehen war, daß er in mancherlei Verbindungen und Zerstreuungen hineingeraten würde, sehr leicht berechnen, und es hat mich also nicht sonderlich gestört; nur das tut mir leid, daß mein Zeitverlust verhältnismäßig so ungleich größer gewesen ist als der Genuß, den ich von Friedrich gehabt habe. Übrigens ist in den drittehalb Jahren sein ganzes Wesen noch stärker hervorgetreten; die ganze Richtung seines Geistes ist bestimmter zu sehn, er ist über das, was er in der Welt leisten wird und soll, gewisser geworden, und ebenso ist auch in seinem Charakter alles, um deswillen ich ihn liebe, und alles, was mir fremd ist und widerstrebt, noch gewaltiger, kräftiger und deutlicher als zuvor. Der Herz hat er besser zugesagt, und sie ist vertrauter mit ihm geworden als sonst, wozu freilich wohl vieles beiträgt, daß die unangenehme Empfindung über jene kritischen Zeiten vorüber ist, daß er nun schon so lange und mit solcher Treue ihre Freundin wirklich glücklich macht und zu einem höheren Dasein hebt, als sie sonst genoß, und daß er ernstlich damit umgeht, ihrer Verbindung auf dem einzigen Wege, der ihnen offensteht, nun auch vor der Welt gesetzmäßiges Ansehn zu geben. Die Grunow, die ihn jetzt erst kennengelernt hat, hat ihn sehr liebenswürdig gefunden. Wie ich ihm vorgekommen bin, weiß ich nicht genau; aber er hat mich schon immer für ein in meiner Art ganz fertiges und vollendetes, unveränderliches Wesen gehalten, soviel ich weiß. Auch schien er ein sehr bestimmtes und richtiges Gefühl davon zu haben, wo wir auseinander gehen und was mir an ihm nicht gefallen kann. Viele meiner Bekannten, die es herzlich gut mit mir meinen, aber mich wohl nicht so genau kennen, und die an Schlegel manches anders sehn, als es ist, und alles, was ihnen mißfällt, sehr vergrößert erblicken, haben auch bei diesem Besuch wieder gefürchtet, am Ende möchte doch der genaue Umgang mit ihm nachteilig auf mich wirken und manches in meinem Gemüt umändern und verstimmen. Ich begreife nicht, wie man so etwas von jemand besorgen kann, dem man doch einige Festigkeit und innern Wert zutraut, und ich überlasse es der Zeit, ihnen zu zeigen, daß ich noch immer derselbe bin. Während dieser Zeit habe ich auch die Freude gehabt, von Hülsen (ich habe seiner doch gewiß gegen Dich erwähnt), der mir seit dem betrübenden Tode seiner Frau nicht geschrieben, nicht nur einen Brief zu haben, sondern ihn auch persönlich kennenzulernen. Etwas anders, wie das gewöhnlich zu gehn pflegt, habe ich ihn doch gefunden, als ich ihn mir aus seinen Briefen vorgestellt hatte, aber nicht zu seinem Nachteil, sondern heiterer, kindlicher, irdischer. Das Erste, was ich mir darüber zu sagen wußte, und das beste, was ich auch noch weiß, ist, daß ich mir seine Briefe immer mit einem unrichtigen, zu feierlichen Akzent gelesen habe. Sonderbar war unser erstes Zusammentreffen. Es war des Abends, und ich wollte auf eine Stunde den älteren Schlegel besuchen und finde unten vor der Haustür einen großen, schwarzen, in einen dunkeln Mantel eingehüllten Mann, der unbeholfenerweise die Klingel nicht finden konnte. Ich klingle, wir gehen zusammen die Treppe hinauf, ohne ein Wort miteinander zu reden. Oben fragt er mich, ob hier Professor Schlegel wohne; ich bejahe es, führe ihn ins Vorzimmer, weise ihn zu Schlegel hinein, gehe aber nicht mit, weil ich noch einen Augenblick seinen Wirt sprechen wollte. Als ich darauf hineinkomme, redet mich Schlegel bei Namen an und fragt mich, ob ich etwa mit Hülsen gekommen wäre. Darauf wir beide zugleich:

Wie, das ist Hülsen? Wie, das ist Schleiermacher? und fallen einander in die Arme. Nach einer stillen Beschauung von ein paar Minuten waren wir, als ob wir uns schon jahrelang täglich gesehen hätten. Hülsen war nur wenige Tage hier, er hing nicht ganz von sich ab, und ich habe ihn nur den ersten Abend eine halbe Stunde auf der Straße ganz allein gehabt; doch ist mir das Sehen von Angesicht sehr viel wert, und ich hoffe, es wird sich machen, daß wir in diesem Jahre noch einmal zusammenkommen. Der Schmerz hat seine Gewalt nun verloren, und die Bewegung, mit der er jetzt von seiner Gattin sprach, wird ewig bleiben, aber sein Leben ist noch zerrissen, er hat noch keinen festen Punkt, keine Bestimmung wieder gewonnen; unser Briefwechsel soll, denke ich, recht lebhaft fortgehn. Nächsten Mittwoch erwartet mich schon wieder eine ähnliche Freude, und eben deshalb will ich auf jeden Fall vorher diese Epistel abschicken. Nämlich Willich, den Du aus meiner Prenzlauer Reise kennst, wird herkommen und mit seinem Zögling, einem jungen Grafen Schwerin, einige Tage bei mir wohnen. Das ist recht die Ergänzung zu Schlegels Besuch, denn Willich hat grade das, was ich an Schlegel vermisse; worüber ich diesem schweige, darüber kann ich mich jenem am besten mitteilen, und wiederum in allem, worin ich von Schlegel lerne und dieser weit über mir steht, kann ich Willichs Lehrer sein....

D. 8t. Februar. Da ist doch der Brief nicht weggekommen vor Willichs Ankunft; zu allerlei kleinen Störungen und dem Bestreben, die versäumten Freunde auch noch in der Zwischenzeit zu sehen, gesellten sich leider beträchtliche Augenschmerzen, welche mir das Schreiben in der Nacht unmöglich machten. Nun ist Willich seit dem 3t. hier und wird bis zum 19t. bleiben. Daß ich mehr Genuß von ihm habe als von Schlegel, kannst Du Dir leicht denken. Er lebt ganz mit mir und der Herz. Des Vormittags sind wir, wenn er nicht ausgeht, um irgendeine Merkwürdigkei zu besehen, gewöhnlich zu Hause; teils arbeitet jeder für sich etwas, teils lesen wir interessante Sachen zusammen, und da wir beide Tee frühstücken, so gibt das ein schönes Plauderstündchen bei der Spiritus-Flamme, gewöhnlich bis nach neun Uhr. Essen wir des Mittags zu Hause, so sind wir des Abends bei Herz, oder es geschieht umgekehrt. Auch dort wird interessant gesprochen oder gelesen;

so haben wir in zwei Abenden den herrlichen Roman gelesen, der das letzte, unvollendete Werk des seligen Hardenberg ist (von dem ich Dir einmal das Lied: Sehnsucht nach dem Tode, abgeschrieben habe), oder es sind auch einige Menschen da, die so für uns die liebsten in der Berliner Welt sind. Zu Hause lesen wir gewöhnlich, was ihm aus Schlegels Schriften das liebste ist, oder ich teile ihm meine aufgeschriebenen Gedanken mit oder Briefe von Hülsen, von Wedecke, von der Grunow. Ins Theater wird er wohl noch öfter gehn, und dann kann ich unterdes das Nötigste abmachen. Bis jetzt habe ich ihn nur einmal hinbegleitet, um die ›Maria Stuart‹ wieder zu sehn. Jetzt macht er mir den üblen Scherz und ist krank. Wenn nichts Ärgeres dahinter ist, wie ich hoffe, so hat er wenigstens ein vollständiges Flußfieber, und ich befleißige mich, einen großen Teil der Nacht bei ihm zu wachen, um zu sehn, wie es ihm geht. Sein Wilhelm ist ein guter Junge, der uns gar nicht stört; er hat Freundschaft geschlossen mit dem ältesten Sohn der Veit und findet sich sehr glücklich....

Henriette Herz an Ehrenfried von Willich

den 4ten März 1802

... Mein Schicksal nahet sich seiner Vollendung, nur noch zwei Schläge und es ist vollendet, ich bin dann tot, ohne gestorben zu sein. Sie werden mich nicht verstehen, mein Freund, und schlecht nur werde ich mich deutlich machen.

Sie können zeugen, wie wenig ich an mich gedacht, und wie noch weniger ich über mich gesagt habe bei der Verhandlung über *Stolp*. Glauben Sie denn aber, daß ich gar nichts gefühlt habe von dem, was Schreckliches für mich in der Bestimmung lag, daß Schleier Berlin verlassen muß? Die Tränen, die ich an jenem heiligen Morgen vergoß, waren nicht reine Freudentränen, nicht aus reiner Teilnahme waren sie vergossen an das Glück unseres Freundes, das auf *dem* Wege sich ihm näherte. Ich habe wohl auch still an mich dabei gedacht und fühlte tief, was ich verlor an den prächtigen Freund; denn zum Teil verloren ist man füreinander, wenn ein weiter Raum uns trennt, und bleibt man lange getrennt, so schleicht sich doch auch manch Fremdes ein, woran man sich erst gewöhnen muß, wenn das Glück uns auch wird, einander wiederzusehen. Ich sah die Erfüllung von Schleiers höchstem Wunsch und schwieg, machte mir selbst nicht klar, was ich verlor durch ihn, und äußerte auch das leiseste Wort nicht über meinen Verlust gegen Schleier. So ertrug und ertrage ich den Gedanken an die Trennung von ihm besser. Ich hatte diesen Schlag des Schicksals erwartet, mußte ihn sogar Schleiers halber wünschen und war dagegen gewaffnet mit Festigkeit und Mut; beide, mein Freund, werden jetzt auf eine noch härtere Probe gesetzt, und dennoch muß ich aushalten und gut aushalten.

Alexander ist nach Marienwerder versetzt und geht in der Mitte Aprils dahin ab. Nur *einen* Tag konnte ich mich nicht fassen, obschon ich auch diesen Schlag vorhersah und zwar als nahe, jetzt aber bin ich gefaßt, obschon kein Tag mir ohne Tränen vergeht. Es ist eine *sehr* harte Prüfung für mich, Ehrenfried, denn was Alexander seit 10 Jahren ungeteilt mir war, wird kein Mensch mir wieder und ich keinem. Er bleibt mir aber, wie Schleier mir bleibt, und ungeteilter noch. Sie wissen nichts von ihm, mein Guter, es ist aber seine Schuld allein, er ist sehr edel und gut, nur hat er eine Erziehung bekommen, die seine Außenseite, oder doch seine Äußerungen so wunderlich bildete, daß das schöne Innere nur selten sichtbar wird, und nur dem, der ihn ganz kennt, wird es hell und klar. – Ich werde aufrecht bleiben bei dem, was ich jetzt leide, weil ich Kraft genug habe, mir zu sagen, daß mir ein seltnes Glück ward und daß ich nicht klagen darf, wenn es, wie alles, was den Menschen nur angehört und nicht er selbst ist, dem Wechsel unterworfen ist. Glücklich schöne Stunden hatte ich, und alles, was an Kraft in mir ist, will ich zusammennehmen, um mich an das zu halten, was ich hatte, und nichts mehr zu wünschen; die Fähigkeit zur Freude und zum Glück will ich mir erhalten, damit, wenn es mir wieder kommen sollte, ich es gehörig würdigen kann. Böse Zeiten habe ich erwartet, sie kommen an, und ich will nicht erliegen.

Was in diesem Moment meine Trauer noch vergrößert, ist Herzens Unwohlsein, das ihn so gewaltig ängstigt, daß ich ganz ängstlich *mit* ihm werde....

Schleiermacher an Henriette Herz

Stolp, d. 3t. Juni 1802

Sehr angenehm hat mich Ihr Brief überrascht, liebe Jette, ich hatte so zeitig auf keinen gehofft. Aber ehe ich etwas Weiteres schreibe, nur ein Wörtchen. Ich kann mir nicht helfen, es geht mir wie Salm, hier in der Entfernung ist es mir ganz unmöglich, Sie zu sagen, ich weiß nicht, wie wunderlich es auf mich wirkt, und noch kann ich nicht dahinterkommen, warum es mir hier so unerträglich ist, als es mir dort nicht war. Ich denke, dort sagte meine ganze Art, mit Euch zu sein, immer Du, wenn auch die Lippen Sie sagten, und so mag vielleicht noch etwas Pikantes im Kontrast gelegen haben, was die Unerträglichkeit versüßte. Hier fällt jene Auxiliärsprache weg, und es bleibt nur der leidige Schein von Fremdheit, die doch zwischen uns nie sein kann. Laß mich also. Wer unsre Briefe lesen kann, kann immer das Du auch lesen. Du kannst es halten, wie Du willst, aber es sollte mich wundern, wenn es Dir nicht auch so gemütlicher wäre. Zuerst, liebe gute Freundin, sei doch so heiter, als es Dir möglich ist. Du weißt, wie wenig ich jemanden zumute seine Natur zu ändern. Deine besteht eben von dieser Seite betrachtet darin, daß Du nur in der Zukunft lebst, darum machst Du so gern Pläne, darum denkst Du so ungern an den Tod. Zu dieser Natur gehört aber unumgänglich notwendig, wenn nicht das Ganze ein leerer Zirkel sein soll, auch dieses als die andre Hälfte, daß Du eine Prophetin sein mußt und also die Zukunft auch in der Gegenwart sehen und führen. Genieße also jetzt schon die Freude an allem Guten, was Du durch Deine seltene wohlwollende Tätigkeit noch um Dich her stiften wirst; genieß also schon jetzt die Ruhe, die es Dir geben wird, eine Menge von schwierigen Verhältnissen so richtig behandelt zu haben und unter tausend Entbehrungen Dir selbst immer treu geblieben zu sein; genieße endlich schon jetzt die späte Zukunft, die Deine Freunde Dir bereiten werden. Du brauchst es nicht zu bereuen, daß Du mich nicht an die goldenen Worte erinnert hast; ich habe sie nie vergessen....

Schleiermacher an Ehrenfried von Willich

Stolp, d. 15t. Junius [180]2

... Von allem Literarischen bin ich bis jetzt hier noch rein abgeschnitten gewesen, habe auch noch nichts gelesen als Schellings ›Bruno‹, den ich mir mitgebracht hatte. Unter den Geistlichen hier ist sicherlich kein literarischer Mensch, ich werde also anfangen müssen Journale zu lesen und werde mir nächstens eine Meile von hier den Pastor Haken aufsuchen, den Verfasser der grauen Mappe. Vielleicht ist doch noch etwas mehr an ihm als seine ganz leidliche Prosa. Von meinen Amtsverhältnissen kann ich auch noch wenig sagen. Beifall scheine ich zu finden, indes habe ich freilich erst dreimal gepredigt und rechne noch gar nicht auf etwas Bleibendes. Morgen fange ich die Katechisationen an; das wird mir hoffentlich wohltun.

Ich wollte, ich könnte Dir etwas sagen von meinem Abschied von Leonoren, wie wir uns gesegnet und an alles, auch an das Sterben in dem Jahre, das noch zwischen uns liegt, gedacht haben. Ich bat sie, auch wenn ich stürbe, aus ihrer jetzigen Lage herauszugehen. Auch das war schon in ihr gewesen, und mit einem Tone, den Du noch nicht an ihr kennst, sagte sie: Wenn du stirbst, will ich in Ruhe deine stille, traurige Witwe sein. Als sie mir erzählte, was für Stützen und Freunde ich ihr zurückließ, sagte sie unaussprechlich rührend: Deine Lotte soll meine Schwester sein, Willich mein Bruder, Jette mein Rat, Brenna meine Gesellschaft. Ich hoffe, Du freust Dich über diese Stelle. ...

Schleiermacher an Eleonore Grunow

Stolp, d. 8t. Juli 1802

... Mittwoch war die Synodalversammlung der hiesigen Diözese, und der Propst hatte die Artigkeit, mich dazu einzuladen. Damit ging fast der ganze Tag hin. Das hat mir einmal wehmütige Empfindungen gemacht! Ach, liebe Freundin, wenn man so unter 35 Geistlichen ist! Ich habe mich nicht geschämt, einer zu sein; aber von ganzem Herzen habe ich mich hineingesehnt und hineingedacht in die hoffentlich nicht mehr ferne Zeit, wo das nicht mehr so wird sein können. Erleben werde ich sie nicht; aber könnte ich irgend etwas beitragen, sie herbeizuführen! Von den offenbar Infamen will ich gar nicht reden, auch wollte ich mir gern gefallen lassen, daß einige dergleichen unter einer solchen Anzahl wären, besonders solange die Pfarren noch 1000 Taler eintragen, aber die allgemeine Herabwürdigung, die gänzliche Verschlossenheit für alles Höhere, die ganz niedere sinnliche Denkungsart, sehen Sie, ich war gewiß der einzige, der in seinem Herzen geseufzt hat: gewiß, denn ich habe so viel angeklopft und versucht, daß ich sicher den zweiten gefunden hätte.

Daß ich den Friedrich nicht liebe, lassen Sie sich ja nicht von Jette einreden. Daß sie es glaubt, ist ganz natürlich. Sie weiß, daß Friedrichs Charakter dem meinigen ganz heterogen ist, und sie glaubt nicht, daß man das Heterogene lieben kann. Dann habe ich auch vieles an ihm mit meiner bekannten Offenheit gegen sie getadelt und ihren Tadel eingestanden. Sie weiß, daß Friedrichs übermächtige stürmische Sinnlichkeit mir in einigen ihrer Äußerungen unangenehm und gleichsam meinem Geschmack zuwider gewesen ist, auch daß ich mit großer Mißbilligung gesprochen von der Leichtigkeit, mit der er sich bisweilen einem unrechtlichen Verfahren in seinen Angelegenheiten nähert, und nun erscheint ihr das als das Wesentliche seines Charakters, weil das Gegenteil davon, Ruhe und Ordnung, das Wesentliche des ihrigen ist. Sie weiß, daß es ihm an Sinn fehlt für manches, was mir viel wert ist, und nun glaubt sie, es fehlte ihm an Gemüt überhaupt, und meint, es wäre eigentlich nur sein Geist, was mich anzöge, und ich wäre mir selbst nicht klar. Aber ich verstehe mich hier sehr gut! Des Geistes wegen liebe ich niemanden. Schelling und Goethe sind zwei mächtige Geister, aber ich werde nie in Versuchung geraten, sie zu lieben, gewiß aber auch es mir nie einbilden. Schlegel ist aber eine hohe sittliche Natur, ein Mann, der die ganze Welt, und zwar mit Liebe, in seinem Herzen trägt, die Sinnlichkeit ist gar nicht in einem unschönen Mißverhältnis zu seinen übrigen Kräften, er ist auch dem Geiste nach gar nicht unrechtlich, wenn er es gleich dem Buchstaben nach bisweilen wirklich wird. Ich habe das der Jette öfters angedeutet; sie hat es aber nicht finden können, und so habe ich mir weiter keine vergebliche Mühe gegeben. Ich verlasse mich darauf, sie wird ihn noch sehen, wenn er wird fertig geworden sein in Absicht auf die Darstellung seines Wesens, und dann wird sie ihn und mich besser verstehen. Machen Sie auch noch einen Versuch, ihr das zu lehren und zu kommentieren; vielleicht gelingt es Ihnen besser! ...

Schleiermacher an Eleonore Grunow

[Stolp,] D. 29st. Juli 1802

Ich lese jetzt täglich, wenn auch nur ein halbes Stündchen, irgend etwas Schönes! Besonders habe ich den *Ofterdingen* vor. Den müssen Sie doch auch haben, und sobald Reimer aus seinem Vaterlande zurück ist, soll er Ihnen ein Exemplar schicken. Dies geht nicht allein auf die Liebe und auf die Mystik, die kannte ich ja schon im Hardenberg, sondern auch auf die dem Ganzen zugrunde liegende große Fülle des Wissens, auf die bei solchen Menschen so seltene Ehrfurcht vor dem Wissen und auf die unmittelbare Beziehung desselben auf das Höchste, auf die Anschauung der Welt und der Gottheit. Gewiß, Hardenberg wäre neben allem anderen ein sehr großer Künstler geworden, wenn er uns längst gegönnt worden wäre. Das war aber freilich nicht zu verlangen; er war nicht sowohl durch sein Schicksal, als durch sein ganzes Wesen für diese Erde eine tragische Person, ein dem Tode Geweihter. Und selbst sein Schicksal scheint mir mit seinem Wesen zusammenzuhängen. Ich glaube nicht, daß er seine Geliebte richtig gewählt oder vielmehr gefunden hatte, ich überzeuge mich fast, sie würde ihm zu wenig gewesen sein, wenn sie ihm geblieben wäre. Meinen Sie nicht auch, daß man dieses aus seiner Mathilde schließen kann? Scheint sie Ihnen nicht im Vergleich mit der Art, wie alles andre ausgestattet ist, etwas zu dürftig für den Geist? Und würde er nicht eine andre haben schildern müssen, wenn ihm sein Gemüt mit dem Bilde einer reicheren Weiblichkeit wäre erfüllt gewesen? Damit tröste ich mich wenigstens für ihn. Doch läßt sich eigentlich nichts Bestimmtes darüber sagen, da leider das Ganze nicht vorhanden ist. ...

Schleiermacher an Henriette Herz

Stolp, den 10ten August 1802

Den Nachrichten von Frommann wegen des Platon sehe ich mit Furcht und Schrecken entgegen, denn, wenn Schlegel ihn wieder sitzenläßt und er also den Platon aufgibt, so ist mein schönes Projekt, dies Jahr noch einen Teil meiner Schulden zu bezahlen, verdorben und ich werde übel genug daran sein. Freilich werde ich Himmel und Erde bewegen, um mir dann für mich allein einen Verleger zum Platon zu verschaffen, aber darüber geht auch im besten Falle ein halbes Jahr wenigstens hin. Unverantwortlich wäre es von Friedrich, aber ich vermute es fast. Von ihm weiß ich noch nichts, ich hoffe nun durch Sie, vermittelst Veit, bald etwas zu hören. Fleißig bin ich ziemlich gewesen. Morgen werde ich mit der ersten Bearbeitung des Sophisten fertig, eines der fruchtbarsten Gespräche, worin mir aber nur zwei sehr schwere und verdorbene Seiten bis jetzt etwas unverständlich geblieben sind, und welches ich – wenn mir über diese auch noch ein glückliches Licht aufgegangen ist – so klar machen zu können glaube, als nur irgend etwas dieser Art gemacht werden kann; wie ich denn überhaupt täglich besser den Platon verstehen lerne, so daß mir darin nicht leicht jemand gleichkommen möchte. Das Prophetische im Menschen und wie das Beste in ihm von Ahndungen ausgeht, ist mir aus diesem Beispiel ganz aufs neue klar. Wie wenig habe ich den Platon, als ich ihn zuerst auf Universitäten las, im Ganzen verstanden, daß mir oft wohl nur ein dunkler Schimmer vorschwebte, und wie habe ich ihn dennoch schon damals geliebt und bewundert, und wie habe ich über Kant, den ich damals auch etwa mit ebensoviel Glück und Kraft studierte, ganz dasselbe Gefühl gehabt von seiner Halbheit, seinen Verwirrungen, seinem Nichtverstehen anderer und seiner selbst, wie jetzt bei der reifsten Einsicht.

Schleiermacher an Henriette Herz

Stolp, d. 19t. August 1802

Mit meinem Reichtum, meine herzlich liebe Jette, das hat seine volle Richtigkeit. Glaube nur, ich halte gutes Buch darüber, und Du glaubst nicht, wie ich meine Freude habe an jedem Zuwachs, der, dem Himmel sei Dank, gerade seit dem Punkt meiner

Verwe(a)isung (die beiden Lesarten sind gleich richtig) so gesegnet gewesen ist. Denke nur an Reimer, an Dein immer näheres Verhältnis mit Leonore, an Lottens Liebe zu ihr und an den schönen Anfang, den sie gemacht hat, in meinen ganzen Kreis hineinzutreten. Denkst Du, daß ich das alles nicht fühle und daß es mich nicht glücklich macht? Nein, so schlimm steht es nicht um mich, sondern ich sage es mir recht oft, daß es wohl wenige glücklichere Menschen geben mag als mich. Aber kann nicht auch der reichste Mensch einen augenblicklichen Mangel haben, wenn er nun grade *alles* auf Zinsen getan hat? Siehst Du, das ist grade mein Fall, und hier ist kein Geld zu haben, und alle Prozente, die ich böte, würden nichts helfen. Es kann mir niemand helfen als Ihr, indem Ihr mir recht fleißig bare Rimessen schickt. Und ich habe ja seit Deiner Rückkunft alle Ursache, Dich zu loben. Nur Dein Wundern begreife ich nicht an etwas, das Du nicht nur lange kennst, sondern das auch so tief in meiner innersten Natur liegt. Oder liegt das nicht in meiner Natur, daß ich kein unabhängiges Dasein habe? Daß alle meine Tätigkeit ein Produkt der Mitteilung ist, und daß sie also nur mit dieser in Verhältnis steht? Für alles, was ich tun soll, kommt es darauf an, daß ich lebendig affiziert werde, und Eure Briefe helfen nicht nur meinem Sein, sondern auch meinem Wirken mehr als irgend etwas; ja sie allein sind es, an die ich mich halten muß und ohne die auch alles Gefühl meines Reichtums grade zum Wirken und Arbeiten nichts helfen könnte....

Schleiermacher an Henriette Herz

[Stolp,] Dienstag, d. 24st. August [1802]

... Zu dem allersimpelsten Unterschiede zwischen Liebe und Freundschaft gäbe es einen sehr leichten Übergang von hier aus, den ich aber demütig der Lucinde überlasse, die Du überdies nach diesem simplen Unterschiede wohl nicht gefragt hast. Aber was ist denn nun der geistige Unterschied, in welchem zuletzt auch dieser physische gegründet sein muß? Denn beides hängt gewiß genau zusammen. Wie sollte es sonst zugegangen sein, daß ich nie in meinem Leben in einem Gefühl gegen Dich aus den Grenzen der Freundschaft herausgegangen bin und daß auf der andern Seite in meiner Zuneigung zu den Mädchen ein gewisses Analogon von Liebe so leicht zu spüren ist? Ich will Dir aus meinen Papieren das verständlichste Fragment abschreiben, ein paar andre sind so kurz und so viel Mittelideen ausgelassen, daß ich erst darüber nachdenken mußte, um sie zu verstehen. Freundschaft geht auf gegenseitige Ergänzung und Unterstützung der Individualität, es sei nun zum Behuf des Selbstbildens oder des Wirkens außer sich. Liebe geht auf vollkommne Anschauung, auf gänzliche Vereinigung des Bewußtseins, auf Hervorbringung eines lebendigen Bildes, daher auch die Erzeugung mit der Liebe verbunden ist und nicht mit der Freundschaft. Zur Liebe allein gehört daher notwendig die Verschmelzung der Personalität im ganzen Umfange (Personalität und Individualität unterscheide ich nämlich so, daß zur letzteren nur das innerliche Charakteristische gehört, vermöge dessen der Mensch eine eigne Darstellung der Menschheit ist, zur Personalität alles, vermöge dessen er ein abgesondertes Wesen in der äußeren Welt ausmacht; sein Körper, seine Organe, seine Rechte, seine bestimmte Lage in der Welt). Diejenigen, welche in der Liebe bloß diese Verschmelzung wollen, sind praktische Materialisten, die von der Individualität nichts wissen. Von der rechten Liebe aber ist die Freundschaft ein natürliches Resultat, daher strebt auch jede rechte Liebe nach Ehe, welche im geistigen Sinn die Vereinigung zwischen Liebe und Freundschaft ist. In der Freundschaft daher liegt nicht die Liebe, denn es gehört dazu nur eine diskursive Erkenntnis der Individualität. Dem Geschlechtstriebe korrespondiert im Geistigen das Gefühl von der Einseitigkeit eines Geschlechts als Darstellung der Menschheit. Notwendig entsteht daher die Liebe nur zwischen Personen verschiedenen Geschlechts; möglich aber ist sie auch zwischen Personen desselben Geschlechts, aber ohne Verkehrtheit wohl nur unter Voraussetzung organisch verschiedener Zustände. So war die Knabenliebe der Griechen, welche in der Tat wahre Liebe ist und sich entschuldigen läßt, weil ihre ganze Individualität sich nur politisch äußerte, die Frauen aber keine politische Existenz hatten und also das Gefühl gegen sie nie eigentliche Liebe sein sollte. Bei den Römern hingegen und allen Modernen ist sie höchst unnatürlich und lasterhaft. Dies ist das Fragment, wahrscheinlich aus diesem entstanden ist folgender

Zusatz. ›Wenn Gott in der Schöpfungsgeschichte spricht: Laßt uns ein Bild machen, das uns gleich sei, so darf man nur denken, daß er dies zu der eben geschaffenen Erde sagt, und es ist ein sehr schöner bedeutungsvoller Mythos.‹ Das sind aber lauter tote Buchstaben. Leonore muß sie beleben, wenn sie erst der philosophischen Zeichensprache das Recht angetan hat, sie zu belächeln. Redet Ihr aber etwa zusammen darüber, so bitte ich mir ein förmliches Protokoll darüber aus, und es darf nichts verschwiegen werden, denn man kann über alles reden, das ist der gemeinschaftliche Grundsatz der Freundschaft und Liebe. Die unterstrichenen Zeilen sind übrigens in der Theorie der Hauptpunkt, und wenn Du Dir ein Studium machen willst, so deduziere daraus alles, was in den Lucindenbriefen über die Liebe gesagt ist. ...

Denke nur, ich habe mir das Herz genommen, Frommann zu fragen, ob er, falls Schlegel uns im Stiche läßt und er also von diesem Unternehmen zurückgeht, den Platon mit mir allein wagen will. Wenn er es nun annimmt, so denke, welche ungeheure Arbeit ich im Fall von Schlegels Treulosigkeit zwischen hier und Ostern bekommen würde; denn die beiden Bände, welche um diese Zeit im ersten Fall fertig werden sollten, sollen es im zweiten auch, und ich habe noch fünf Dialogen zu übersetzen nebst einer großen historischen Einleitung zu machen. Dennoch bin ich fest entschlossen, wenn Frommann nicht will, einen andern Verleger zu suchen; denn liegenlassen kann ich den Platon nun nach so vieler Arbeit unmöglich. Zu meinem Troste habe ich ganz das Gefühl, daß nun eine treffliche Arbeitszeit für mich angehen wird. ...

Schleiermacher an Eleonore Grunow

[Stolp,] Sonnabend, d. 28st. August [1802]

... Von Friedrich weiß ich unmittelbar noch gar nichts, und auch mittelbar werden Sie durch Jette wahrscheinlich eher etwas von ihm erfahren als ich. Den ersten Nachrichten sehe ich, was unsre gemeinschaftlichen Arbeiten betrifft, mit großen Sorgen, was aber ihn selbst angeht, mit vieler Freude entgegen. Frankreich behage ihm, wie es wolle, so wird er doch nun, wenn ihn der Geldmangel nicht zu sehr drückt, einmal in voller Ruhe und im Gefühl des ungestörten Besitzes leben, und sowohl die Nation als die dort aufgehäuften Kunstschätze werden ihn von tausend Seiten affizieren. Gedanken die Fülle werden daraus hervorgehn, ob aber auch Werke und wie bald, das wird die Zeit lehren. An meine Werke glaube ich jetzt je länger, je mehr, und auch ich werde den Winter sehr still und sehr fleißig zubringen. Die Kritik der Moral soll geschrieben werden, und mein liebster Genuß werden die größten und schönsten Briefe sein an andre Freunde, besonders aber an Sie. Ich fühle es schon im voraus, und wenn ich diese Briefe in Gedanken vergleiche mit denen, die Sie von Potsdam aus bekamen, als ich die Reden über die Religion schrieb, so macht das den schönsten Überblick aus über eine merkwürdige Periode des Lebens....

Schleiermacher an Henriette Herz

Stolp, d. 6t. September 1802

Nach der neuesten Ordnung der Dinge, liebe Jette, ist heute Dein Geburtstag, und ich will ihn eben in der stillen Abendstunde einsam mit russischem Tee feiern und mit vielen treuen und guten Gedanken an Dich und über Dich. Es ist der erste solche Tag seit unserer Trennung, wie viele wird es geben? Wie lange wird sie dauern, wie wird sie sich enden, und was wird von unsern schönen Entwürfen für die ferne Zukunft in Erfüllung gehen? Doch daran will ich eigentlich gar nicht denken; diese stumme, verschleierte Person soll sich nicht zwischen uns drängen, sie macht doch immer einen wunderlichen Eindruck, und man verstummt mit ihr. Laß uns lieber an Zeit und Raum gar nicht denken, sondern nur an uns und was uns das Liebste ist, wieviel Schönes, was die Götter verliehen haben, und wir dessen froh sind und dabei gedeihen. Dieses Innere und Wahre wird und muß noch immer schöner und vollkommner werden. Ja, laß es uns stolz und froh gestehen, daß es nicht viel solche vereinigte Kreise von Liebe und Freundschaft geben mag als den unsrigen, der so wunderbar zusammengekommen ist, fast aus allen Enden der moralischen Welt. Alle sind meiner Seele in diesem Augenblick gegenwärtig, welche gemeinschaftlich dazu gehören. Mögen sie sich alle noch immer enger um Dich, jeder nach seiner Weise und mit seinen Gaben des Geistes und des Herzens, vereinigen. Ich habe Dir auch einen gestern eingelaufenen Gruß von Alexander zu bringen, wiewohl er Deines Geburtstags nicht erwähnt, am Ende hat er auch wohl das Privilegium, die wechselnde Ordnung der Dinge vergessen zu haben. Deine letzten Briefe hatten ihn sehr glücklich gemacht, sollte ich mit der nächsten reitenden Post Dir schreiben, er müßte aber seine Antwort noch einen Posttag aufschieben. Nun wirst Du sie wohl mit dieser Nachricht zugleich bekommen; aber doch will ich mich des Auftrages gern entledigen, besonders heute. Warum komme ich noch immer nicht zu dem rechten schriftlichen Umgang mit unserm Freunde? Wir schreiben, aber es bleibt immer eine Art von Geschäftsbriefen. Er will wohl stärker aufgemuntert und angestoßen sein, als meine Weise ist; ich will aber mein Bestes versuchen.... Heute habe ich einen bedeutenden Fortschritt in der Kritik der Moral gemacht; ich habe den ganzen Plan vollständig entworfen und mir für jeden Abschnitt ein eignes Heft gemacht, in welche ich nun die bereits gesammelten Materialien nach und nach eintrage, wobei sie auch schon etwas an Ausbildung gewinnen, und nun kann ich bei dem weiteren Lesen und Sammeln gleich genauer auf die Stelle Rücksicht nehmen, die ein jedes bekommen soll, wodurch denn alles gar sehr erleichtert wird. Aber freilich, ich habe doch noch Kants Tugendlehre, Fichtes Sittenlehre, manches vom Platon und die letzte Hälfte des Spinoza zu lesen; das will etwas sagen. Überdies wäre es eigentlich meine Schuldigkeit, noch die beiden Werke des Helvetius zu lesen, wenn ich sie nur zu bekommen wüßte. Ich habe deshalb nach Danzig geschrieben, zweifle aber an dem Erfolg; weißt Du sie mir etwa auf ein paar Wochen zu schaffen? Die ›Kritik‹ soll übrigens wohl ein ganz gutes Buch werden, und so künstlich, daß niemand, selbst nicht ein kritisches Genie wie Friedrich, meine eigne Moral daraus soll erraten können, so daß diese den Leuten noch vollkommen neu sein wird. Gott gebe seinen Segen zur Vollendung....

Schleiermacher an Henriette Herz

[Stolp,] Sonnabend, d. 11t. September [1802]

Über Schlegel habe ich Bernhardi ziemlich ausführlich geschrieben, doch sehe ich aus Deinem Briefe, daß mir noch ein Nachtrag übrig ist. Du redest nämlich von seinem Benehmen gegen mich;

das ist freilich nach unsern Begriffen nicht das Schönste, aber es ist ganz in seiner Natur, und warum sollte die Äußerung seiner Natur gegen mich meiner Liebe mehr Eintracht tun als dieselben Äußerungen gegen andere? Dann fehlte es mir ja an der ersten Rechtlichkeit in der Beurteilung der Menschen. Auch benimmt er sich eigentlich gegen mich nicht anders als gegen sich selbst, und kann ein Freund mehr verlangen? Was Dich aber so ganz besonders an ihm stört, das ist der Mangel an Sentimentalität. Aber warum soll denn diese durchaus überall sein? Kannst Du Dir kein schönes Gemüt denken als unter dieser Form? Es ist eben auch ein wunderliches Wort, und ich wollte, Du gäbest Dir und mir einmal genau Rechenschaft, was Du darunter verstehst. Das Lieben aus Willen ließe sich noch eher auf Dich und Dohna anwenden, zwischen Euch existiert doch die Macht der Gewohnheit; ich denke aber doch nicht so, am wenigsten von Dir. Am Ende werden sie doch auf unsern Rat zurückkommen und an die deutsche Grenze zurückkehren; versteht sich, nachdem sie unnützerweise noch andre Teile von Frankreich durchzogen haben....

Schleiermacher an Henriette Herz

Königsberg, den 26st. Oktober 1802

Eben, liebe Jette, habe ich in einem Buch von Scheffner etwas gelesen über die Koketterie, was mich natürlich auf Deinen vorletzten Brief und die Konfessionen in demselben zurückführt. Ich möchte aber wieder bei der Frage anfangen, was nennst Du Koketterie? Wollen wir an den Sokrates denken, der eine athenische Hetäre in der Kunst unterrichtet, die Menschen zu fangen? Etwas Ähnliches ist es freilich immer, allein es macht doch darin, ob diese Kunst eine liberale oder illiberale ist, einen großen Unterschied, ob der ganze Mensch gefangen werden soll oder nur seine Sinnlichkeit. Das letzte ist nach meiner Ansicht die Koketterie, welche eigentlich zu tadeln ist, und zwar um so mehr, wenn sie nicht auch *nur* die Sinnlichkeit braucht, um die Sinnlichkeit zu fangen, sondern wenn sie Geist und Verstand sogar als Mittel braucht, und der eigentliche Triumph doch nur auf die Sinnlichkeit gerichtet ist. Die Absicht überhaupt und das bewußte Bestreben, Männer an sich zu ziehen, liegt in der weiblichen Natur und gehört zu ihr (bei Mädchen ist es mehr Wunsch und Instinkt, bei Frauen mehr Wille und Absicht), nicht etwa als ein Fehler, sondern ganz notwendig und wesentlich. Denn nur dadurch entgehen die Frauen der Erniedrigung, zu welcher sie Fichte verdammt, untätig zu sein in dem ganzen Prozeß der Liebe vom ersten Anfang an. Es ist aber nicht nur in der Liebe so, sondern auch in der Freundschaft, weil Ihr auch diese in Eurer dermaligen Lage nicht offen anbieten dürft, so daß dies mir sehr wohl bekannte Phänomen meiner Ansicht von dem Unterschiede der Freundschaft und Liebe gar nicht im Wege steht. Auch nicht dies, daß die Koketterie der Freundschaft und der Liebe nicht wesentlich unterschieden sind. Das allgemeine Geschlechtsbewußtsein muß doch immer der Punkt sein, von dem man ausgeht; es muß erst arrangiert werden, wie es hiermit gehalten werden soll, ehe sich eine Verbindung zwischen Mann und Frau bestimmt zur Freundschaft entscheiden kann. Kommen wir nun auf Dich, so kann ich nur von Dir und mir reden, weil ich den Anfang Deines Verhältnisses mit einem andern, auch gegen Louis, nicht gesehen habe. Gegen mich habe ich Dich nie auf eine solche Art kokett gesehen, die ich tadeln möchte; ich weiß nicht, wo Du je etwas getan hättest, meine Sinnlichkeit zu fangen. Daß ich mich auch ohne Dein Zutun nie in Dich verliebt habe, dazu haben zwei sehr verschiedene Dinge beigetragen. Erstlich meine Überzeugung, daß Du Alexander angehörtest, der mich Dir zuführte, und zweitens das Gefühl unseres unermeßlichen physischen Abstandes voneinander. Ich würde mir lächerlich vorgekommen sein, wenn ich mich in irgendeiner sinnlichen Situation mit Dir gedacht hätte, und eben darum kam es mir auch so abgeschmackt vor, wenn die Leute dergleichen von uns vermuteten. Abgesehen nun von Dir, das heißt von der ernsthaften Seite der Sache, bohre ich Dir einen sehr graziösen Esel dafür, daß Du geglaubt hast, mir ein Mystère zu verraten. Nein, meine gute Jette, diese Erwartung läßt sich so wohlfeil nicht erfüllen; da Du sie aber einmal erregt hast und es gewiß dergleichen gibt, die ich noch nicht weiß, so sehe ich Dich an als in meiner Schuld und gebe Dir auf, immer tiefer zu gehen, bis Du auf etwas Geheimes kommst, was mir wirklich noch geheim ist. Dann sollst Du mir auch auflegen können, was Du nur immer willst.

Noch ein Wort von Deiner Sentimentalität. Da hast Du doch zwei ganz verschiedene Dinge vermischt; das Rechtliche, Edle ist eins, das Zarte und Feine ein ganz anderes. Es gibt große Gemüter, die mehr politisch oder künstlerisch sind als ethisch und denen die Verhältnisse, worin sich das Zarte und Feine gewöhnlich zeigt, zu klein sind, weil sie immer weiter sehen. Man kann ihnen deswegen das Schöne doch nicht absprechen, wenn man sich nur auf den Gesichtspunkt stellt, auf welchem man sie recht übersehen kann. Zum Teil gehört auch Friedrich zu diesen, wiewohl es nicht immer das Große ist, was ihn empfänglich für das Zarte macht. Ich möchte noch weiter gehen und sagen, es kann große und schöne Gemüter geben, freilich nicht, denen es an Gefühl fürs Rechtliche fehlt, aber die berufen sind, es zu verletzen, weil sie an solcher Stelle stehen, wo sie die Grenze desselben bestimmen sollen. Du siehst, auch diesen kann ich das Gefühl für das Rechtliche nicht erlassen, gar wohl aber jenen das Gefühl für das Zarte, nämlich nicht überhaupt, aber doch fast in allen einzelnen Fällen. Du mußt es Dir besonders zur Pflicht machen, nicht aus Vorliebe für das Zarte das Gefühl für das Große zu verlieren....

Schleiermacher an Henriette Herz

[Stolp,] Montag, d. 15t. [November 1802] abends

...Warum Dich die Männer nicht *mehr* suchen, fragst Du? Erstlich suchen sie Dich ja, und zweitens geht das in Männer-Mysterien hinein, die Du auch nicht zu wissen scheinst. Weil Du indessen fragst, so will ich Dich auch gar nicht schonen, sondern Dir vorrechnen, daß Du entsetzlich viel Fehler an Dir hast oder eigentlich nur einen, geistig und körperlich. Wenn die Männer auch nicht bloß ihre Sinnlichkeit befriedigen wollen, so soll diese doch immer mit affiziert werden, das ist, was ich an ihnen hasse, aber es ist doch so. Nun bist Du freilich sehr schön, aber ich möchte sagen, Du bist zu schön, Du bist zu imponierend und zu wenig pikant, es ist nichts an Dir, was ein bißchen liederlich aussähe, und das ist so notwendig für die Asthenie der Männer. Auch Dein Imposantes ist zu passiv; es frägt gar nicht: wollt Ihr nicht niederknien allesamt?, sondern es sagt nur ganz gelassen: ich will doch sehen, was Ihr mit mir machen sollt. Ebenso kläglich steht es nun um Deinen Geist; Du bist nicht recht witzig, nicht recht schalkhaft, nicht recht herrschsüchtig; kurz, die asthenische geistliche Sinnlichkeit kommt auch zu kurz, und Du wirst Dich mit all Deinem Charakter, Deinem Verstand und Deiner Schönheit mit ein paar so treuen Hunden begnügen müssen wie Alexander und ich. Jetzt sagst Du doch nur noch im Scherz, daß Du an uns zweifelst; Gott sei Dank, daß wir soweit sind mit Dir Ungläubigen! Mit dem *Behandeln* hast Du mich mißverstanden. Ich meine es gar nicht offensiv (wie hätte mir das einfallen können, und wieviel Esel soll ich Dir bohren!), sondern nur defensiv, auf welche Art Du Deinen Posten verteidigst, wenn es jemand entweder im ganzen auf ein Verhältnis anlegt, das Du nicht magst, oder im einzelnen die Grenzen forcieren will, die Du ihm in Dir gesteckt hast. Eine solche Taktik muß wohl auch die absichtloseste Frau haben, und gerade eine solche am meisten. Hierauf bleibst Du also mit der Antwort im Rest. Mit der Treue, liebe Jette, solltest Du nur auch den Anfang machen, Dich zu explizieren, daß ich nur erst weiß, was Du darunter meinst; Du weißt ja, daß mir die gewöhnlichen Worte in solchen Dingen immer zu kraus und unverständlich sind. Ich kann den Sinn Deiner Frage, ob es Grade in der Treue gibt, kaum ahnden und habe Dich fest im Verdacht, daß Du schon seit Jahren eine partielle Untreue im Schilde führst, weil Dir die Sache so sehr am Herzen liegt. Diese Vermutung soll ein Sporn sein, Dich desto eher zur Explikation zu bewegen. Mein Gott, nun geht mir das Licht aus, und ich wollte noch an zwei oder drei andere Briefe schreiben. Gute Nacht.

Schleiermacher an Henriette Herz

Stolp, den 22st. November 1802

Ich habe diesmal meinen Geburtstag zwei Tage lang gefeiert, und gewiß, die Freude und der Schmerz verdienten jeder seine ganze Feier. Die Freude ist mir heute gekommen durch Eure Briefe, Du, Brenna, die Eichmann und Lotte, und wer nicht geschrieben hat von meinen Geliebten, ist mir doch ebenso nah und gegenwärtig gewesen. Liebe Kinder, sagt mir nur, ob es einen reicheren und glücklicheren Menschen gibt als mich, so geliebt von solchen Menschen und so vielen, wahrlich eine ganze Schar. Ich weiß recht gut, daß unter allem Lieben und Guten, was auch Du mir sagst, viel Schönes und zu Schönes ist; aber ich nehme es eben doch recht gern hin, weil es die Liebe verschönert hat. Wie habe ich Dich umarmt in Gedanken, meine liebe, einzige Jette, und auch nicht ohne Tränen. Ja, Du wirst mir immer bleiben mit Deiner Liebe und Treue, Du und alle; das hoffe ich nicht zu erleben, daß ich irgendeine Seele, die mir so nahe gewesen ist, anders verlieren sollte als durch die Hand der Natur. Die Treue, liebe Jette, ist wohl nichts Eigenes und Besonderes, wo die Liebe reif und besonnen gewesen ist; nur für ein unvollkommenes Verhältnis, als alle die meinigen sind (die von der ersten Klasse meine ich), kann die Frage danach sein. ...

Denke Dir den Spaß, ich gehe jetzt ordentlich mit einem förmlichen Tituskopf herum. Wem ich das verdanke? Gewiß keinem Friseur, sondern wie gewöhnlich einer Frau. Kriegt mich eine in Danzig vor und findet meine Haare zu lang (das waren sie auch freilich, denn seit Berlin war keine Schere darauf gewesen), ich sollte mich nur hinsetzen, sie wollte sie mir eins, zwei, drei, ein wenig verschneiden. Und siehe da, wie ich aufstehe, bin ich ein förmlicher Titus. Das Übel war nun geschehen, und also ließ ich mir gar nichts merken, zumal mich jedermann sehr emballiert fand. Aber mir hatte dergleichen, da sie meine geistliche Würde wußte, gar nicht geträumt. Noch zur rechten Zeit hat mir die Wedecke eine große Locke abgeschnitten, nun habe ich keine mehr zu verschenken. Ihr werdet Euch recht lustig machen über dies Mißgeschick, besonders die göttliche Brenna. ...

Henriette Herz an Ehrenfried von Willich

Berlin, den 25sten November 1802

Ich lebe jetzt, so gut ich, nach der Lage, in welcher ich bin, leben kann, obschon nicht ohne alle Besorgnis. Herz' Gesundheit ist nicht recht gut, obgleich er heiter ist und seine Geschäfte ohne Anstrengung besorgt. Für den Augenblick läßt mich dies wohl ruhig, aber für die Zukunft nicht, ja nicht einmal für die nahe. Von meinen Freunden bin ich zwar getrennt, brauche aber dafür auch keinem Überlästigen zu leben, und das ist ein großer Gewinn. Ruhig und still bin ich in mir und nur um Herz betrübt, oder um

Schleier, von welchem ich Ihnen weiter unten sprechen werde. Meine Zeit bringe ich allein mit dem Griechischen zu und mit meinem Briefschreiben an Schleier und Alex. Meine andern Sprachen müssen ruhen so wie meine Chemie. Täglich gebe ich eine oder zwei Stunden Unterricht, einem Pensionär, den wir haben, ins Französische und zwei anderen jungen Leuten ins Englische und Italienische. Den einen habe ich fast erzogen, und mit der Familie des andern bin ich so, was man liiert nennt, den unterrichte ich schon zwei Jahre, und er macht mir Freude. Von unserem Pensionär fürchte ich das Gegenteil, doch weiß ich eigentlich noch zu wenig von ihm. Des Abends bin ich gewöhnlich aus, weil meine Augen mir das Lesen und Schreiben bei Lichte durchaus nicht erlauben....

Wie Alex durch Humboldts gelitten hat, soll ich Ihnen sagen? Ach Gott, dazu müßte ich Ihnen eine förmliche Charakteristik von beiden aufstellen, und das kann ich jetzt nicht. Das nur müssen Sie wissen, daß beide gleich schlecht sind. Kalt sind sie gegen alles, nur für sich nicht; ihre Eitelkeit, ihre Ehr- und Ruhmsucht sind die herrschenden Züge ihrer Charaktere. Gemüt haben beide nicht. Daß nun, um jedem zu gefallen, wozu ihre Eitelkeit sie treibt, sie oft falsch sind, ist sehr natürlich, und daß ein so treues Gemüt wie Alex dadurch leiden mußte, ist ebenso natürlich. Seine Handschrift ist übrigens wahr, aber steif, wie seine Erziehung war; die Folgen davon werden ihm ewig ankleben.

Schleier hat ihn jetzt zweimal gesehen; er war auf einer Geschäftsreise und mußte sich drei Wochen in Danzig aufhalten, wo Schleier durchmußte auf seiner, wie ich fürchte, zwecklosen Reise. Viel Freude hat unser Freund auf dieser Reise gehabt. Drei herrliche Tage hat er bei Wedecke verlebt, von denen er Ihnen wohl schon geschrieben hat.

Ludwig Börne, Tagebuchaufzeichnung

Freitag, den 3. Dezember 1802
(Vormittag 11 Uhr)

Ich bin jetzt fast 4 Wochen hier. Die Zeit scheint mir bald eine Ewigkeit, bald eine Stunde.

Ich kann mir gar nicht recht vorstellen, daß ich diese Menschen erst seit 3 Wochen kennen soll; Mad. Herz zum wenigsten hat für mich ein so bekanntes Gesicht, daß ich sie schon irgendwo gesehen zu haben glaube; denn als ich sie *hier* zum erstenmal sah, hätte ich gewußt, daß *sie* es sei, wenn man mir's auch gar nicht gesagt hätte. – Ich kann mich nicht deutlich machen, aber ich verstehe mich. –

Ich wollte, daß mir Bendavid die Geometrie planmäßiger nach einem Buch lehrte. –

Ich habe es gar nicht gern, daß mich Herz über Tisch lesen läßt. Zu einer andern Zeit wäre es mir viel angenehmer; und muß es denn nicht für Madam Herz und ihre Schwester sehr langweilig sein, immer wenn auch schon gegessen ist, am Tische sitzen zu bleiben, bis ich mit dem Lesen fertig bin? Ich hätte mir die Mutter der Frau Professorin Herz nicht so vorgestellt. Jetzt, da ich ihre Schwester ohne Hut gesehen habe, gefällt sie mir nicht mehr so wie sonst. –

Als ich gestern mittag Madam Herz fragte, wer der Schleiermacher sei, von dem sie so oft sprächen, und sie mir antwortete: »Ein sehr guter Freund von mir«, kam ich in einiger Verlegenheit; aber ich dachte gar nichts dabei und wußte mir einen *solchen* Eindruck dieser Worte gar nicht zu erklären. (Und auch jetzt, da ich dies abschreibe, weiß ich nicht, was ich davon denken soll.)

Das Essen an unserm Tische ist sehr gut gekocht. – –

Ich kann mich in der Tat nicht genug verwundern, daß Madam Herz für ihr Alter noch so jung aussieht. Ich antwortete ihr gestern, ich schätzte sie 28 bis 30 Jahr; eigentlich glaubte ich bestimmt zu wissen, daß sie erst 24 Jahr alt sei, denn Herr Fränkel hat es mir gesagt. Ich schämte mich aber, ihr zu sagen, daß ich sie noch für so jung hielt. Warum? kann ich selbst nicht begreifen. Ich setzte also noch einige Jahre zu. Aber 34, das ist erstaunlich. Mir wäre es lieb, sie wäre 10 Jahre älter, und noch lieber, 10 Jahre jünger. (Sie werden lachen, wenn ich Ihnen gestehe, daß mich Ihre 36 Jahr denselben Abend ein wenig verdrießlich gemacht hatten.) –

Schleiermacher an Georg Reimer

Stolp, d. 29st. Dezember 1802

... Meine Freunde in Preußen wollten mich gern nach Königsberg bringen, wo eine Hofpredigerstelle leer war; ich wollte aber nicht hinreisen, weil ich wußte, daß sie schon dem Bruder eines dortigen Kaufmanns zugesichert war. Endlich ließ ich mich durch ein auch von ihnen geglaubtes falsches Gerücht verführen, als ob dieser sie ausgeschlagen. Er ist nun doch gewählt worden, und ich bin vorderhand wieder fest hier. Dies ist die äußerliche Geschichte meiner Reise. Sehr wert ist sie mir aber gewesen durch das Wiedersehen alter Freunde und durch einige neue Bekanntschaften mit Freunden von diesen, so daß nun unter meinen nächsten Lieben Du und Willich die einzigen sind, deren vertrautesten Kreis ich nicht auch kenne. Mich wundert, ob mir nicht auch das noch beschieden ist, mich dem schönen Kreise von Menschen in Deinem Vaterlande und auf Rügen zu nähern, der mir durch Euch beide so wert ist. Am glücklichsten war ich in Preußen auf dem Lande im Hause meines Wedecke, von dem ich Dir wohl auch schon allerlei gesagt und geschrieben. Was für Menschen sind das beides, was für eine Ehe, und was für ein häusliches Leben! Daß es Dir mit Fr. Schlegel so schlecht geht, tut mir um so mehr leid, da er mir fest versprochen hatte, Du solltest nie über ihn zu klagen haben. Mich indes und Frommann behandelt er mit dem ›Platon‹ nicht besser, und ich wollte, die Sache wäre nur erst auf eine gute Art auseinander, denn an ein fröhliches Gedeihen ist doch nicht zu denken. Das Neueste von ihm habe ich kürzlich in den Zeitungen gelesen, ich selbst habe seit jener durch Dich erhaltenen Einlage nichts von ihm erhalten, und an Frommann hat er erst im Oktober die Einleitungen zu zwei Dialogen geschickt, aber noch keine Übersetzung. Wegen der ›Kritik der Moral‹ möchte ich Dich noch bitten, wenn Du es irgend vermeiden kannst, niemanden einzelne Bogen davon zu lesen zu geben. Mir ist nichts fataler als das Herumreden über Sachen, die noch niemand übersehen kann.

Ludwig Börne, Tagebuchaufzeichnung

Mittwoch, den 19. Januar 1803
(Morgen 9 Uhr)

Er ist tot, und alle meine Freuden sind hin. Ich muß Madame Herz verlassen und das schönste Glück! – Alle meine Gefühle sind abgestumpft; und ich brüte dumpf über mein schreckliches Geschick. Und keinen Freund, an den ich mich festhalte; einsam und verlassen stehe ich da. Er lebt nicht mehr, und man blickt nicht auf mich; ich bin wie unter der Menge verloren, und man sucht mich nicht. – Von meiner Liebe soll ich scheiden, von meiner Liebe, die an meinem Leben hängt. – Dies Unglück kam mir zu schnell, ich *kann* es nicht ertragen. – Ein schöner Traum war's, ein wonnevoller Traum, und jetzt habe ich ausgeschlafen. – Und wie wird *sie* ihr Unglück tragen können? – Allgütiger! Nimm nur von *ihr* die Last, lege sie mir auf, daß ich völlig zu Boden gedrückt werde. Mache *sie* nur froh und glücklich und laß mich sterben. Sterben? Wie kann ich sterben, ist denn ein Leben ohne sie?? – – Könnte ich meinen Schmerz nur denken, dann wollte ich mich eher beruhigen; hätte ich nur Worte, ich würde mich trösten.

(Nacht 12 Uhr)

Sie will mich behalten, ich soll nicht weg von ihr. Hört Ihr's, Ihr Menschen?

Sonnabend, den 22. Januar 1803

Ich kann es nicht fassen, dies unverhoffte, herrliche Glück. Sie gewährt mir gerne, mich ferner an ihren Augen zu sonnen. –

Henriette Herz an Ehrenfried von Willich

[Ende Januar 1803]

Fordern Sie in dieser zerstörten Zeit kein Detail von mir, mein Bruder. *Völlig erwartet* kam mir der Schlag; der Schmerz zerriß mich also nicht, obschon ich ihn fühle. Das Nähere von dem, was war, und von dem, was sein wird, sollen Sie erfahren mit allen Umständen, aber erst dann, wenn ich mehr äußere Ruhe habe.

Fremder Menschen Trost bedarf ich nicht. Keiner, kaum meine Freunde wissen meine wahren Trostgründe. Leben Sie wohl, mein Ehrenfried, ich sage Ihnen, wir wollen zusammenhalten in Not und Tod.

Schleiermacher an Henriette Herz

Stolp, d. 26st. Januar 1803

Gott, meine einzige Jette, wie unerwartet schnell ist das über Dich gekommen! Welche sonderbare, kritische Zeit, die unser aller Leben so gewaltsam plötzlich durcheinander schüttelt! Bedenklich sehe ich dem Schicksal ins Auge, was es uns wohl daraus bereiten will; aber noch verrät es sich mir mit keiner Miene. Mit dem Ernst hast Du recht. Alles, was so tief ins Leben eingreift, muß Ernst machen. Wieviel mehr noch der Tod und besonders dieser; denn Herzens Verhältnis zu Dir und Deinem Leben war ein vielfaches und wunderbar verschlungenes. Ich will Dir nicht zuviel auflegen auf den Grund Deines Bekenntnisses, daß Du fertig in Dir warst über alles; es gibt erste Eindrücke und Wirkungen der begleitenden Umstände, über die man nicht vorher fertig sein konnte, und diese walten immer zuerst. Laß sie ruhig ihr Recht behaupten. Dein Fertigsein und Deine Ruhe bleibt Dir unter ihnen doch versehrt. Wissen aber möchte ich gern alles, wie es Dir ergangen ist, und was Dich bewegt. Schreibe mir doch, soviel als Dir unter den mancherlei Verwirrungen möglich ist, und was Dir mies ist, mir zu wiederholen, weil Du es Alexander schon geschrieben, das laß mir Brenna sagen. Beständig denke ich an Euch, aber wie ins Blaue, solange ich nichts Genaues weiß. Außer der Sache selbst, und wie erschütternd und herzzerschneidend sie vielleicht war, je nachdem Herzens letzter Gemüts- und körperlicher Zustand gewesen ist, denke ich mir nun tausend lästige, unangenehme Dinge, die jene Zerschneidungen wieder zerschneiden auf die widrigste Art, kurz, einen vielfach schrecklichen Zustand, der Deine ganze Kraft auffordert. Dabei ist mir bange für Deine Gesundheit. Den Brustkrampf, der so gern den Gemütsbewegungen folgt, ist nun in dieser Kälte eine fürchterliche Idee. Um Gottes willen wache über Deine Gesundheit und gib mir jeden Posttag wenigstens davon ein paar Zeilen Nachricht. Pläne und weitere Aussichten liegen mir nach meiner Art, wie Du weißt, noch sehr fern, aber über das Nächste und Gegenwärtige bin ich sehr, sehr bekümmert....

Georg Ludwig Spalding an Schleiermacher

Berlin, den 27./28. Februar 1803

Herz ist unterdes gestorben. Es wird Sie für seine Witwe erschüttert haben. – Ich habe sie gesehen, und ich glaube, sie wird die Verminderung des Glanzes in ihrer Lage mit Würde tragen. Anerbietungen von der Levi hier, und der Arnstein in Wien, bei ihnen zu leben, soll sie ausgeschlagen haben der Unabhängigkeit wegen; welches mir sehr gefällt. Das Gerücht, sie sei Erzieherin der jüngsten zehnjährigen Prinzessin von Kurland geworden, machte mir Freude, als ich es für wahr hielt. Nun verwandelt es sich in eine englische Lehrstunde, bezahlt, wie sie mir sagte, wie jede andre. Diese Bezahlung, über die ich also auch besser berichtet bin, schwellt das Gerücht an mit aller Gewalt. Herzlich wünsche ich, daß die Frau wenigstens nie Nahrungssorgen empfinde. – Mit andern Empfindungen als der Eitelkeit lese ich jetzt Tiedges Urania; mit Empfindungen eines gutmütigen Neides, oft auch einer mir entschiedenen Inferiorität. Nicht allein strahlt eine durchaus schöne Seele aus diesem gefühlvollen frommen Gedichte, sondern auch eine hohe Bildung der Sprache und Versifikation. Ob wahre Poesie darin sei, kann ich, wie Sie wissen, nicht beurteilen. Aber nächstens werde ich den Verfasser besuchen und ihm für sein Werk danken. Die Materien dieses Gedichtes begeisterten mich zu einer Epistel, die ich beilege. –

Ludwig Börne an Henriette Herz

Montag, den 28. Februar [1803]

Ich bin in der schrecklichsten Lage, dorthin zieht mich die Vernunft, und hierher reißt mich mein Herz. ›Schweige‹, ruft jene, ›rette dich‹, spricht dieses. Ja, ich will, ich darf, ich kann nicht mehr schweigen. Soll ich mein Innerstes zerreißen? – Edle Frau, verzeihen Sie mir, vergeben Sie meinem Herzen, wenn es fehlen sollte, es ist ein Kind, ein schwaches krankes Kind. – Ihre Schönheit, Ihre Liebenswürdigkeit, und Ihre freundschaftliche Teilnahme an mich, hat schon längst in meiner Brust eine Leidenschaft angefacht, die mich glücklich oder elend [machen], die mir nützen oder schaden wird, nachdem Sie es wollen oder das Schicksal es beschlossen hat. Ihre Menschenliebe verspricht mir: Sie werden nicht zürnen; Ihr edles Herz läßt mich hoffen, Sie werden mich dulden, aber mein Unwert raubt mir jede Hoffnung. Unmöglich kann Ihnen meine heiße Liebe entgangen sein, sie leuchtete stets aus meinen Augen, sie sprach aus jedem Wort hervor. – Ich schreibe dies gelassen, ohne Hitze, doch nicht ohne Überlegung nieder. Ich habe geflissentlich die ruhigste, kälteste Stunde gewählt, damit ich weiß, was ich tue. Macht mich dieses Geständnis in Ihren Augen strafbar, und nehmen Sie es mit Unwillen auf, so häufen Sie namenlose Schmerzen auf mich, die ich nicht werde ertragen können. –

Ludwig Börne an einen Freund

Dienstag, den 8. März
(Morgen 9 Uhr)

Wie mir so wohl ist, wenn ich mich in ihren großen schwarzen Augen spiegeln kann! Wie ich mich so selig fühle, Freund, teuerster Freund! Und Brenna, ihre gute liebenswürdige Schwester, wie ich die so warm, so brüderlich liebe. Es ist ein Glück, von einem guten Herzen geliebt zu werden, und nicht minder eine Seligkeit, eine gute Seele zu lieben; ist mir auch jenes noch nicht zuteil geworden, so genieße ich doch diese in ihrer ganzen Fülle. – – – Werde ich denn nie glücklich werden? – Wo liegt denn die Quelle meines Glückes? Wo – In mir selbst? –

Ludwig Börne an Henriette Herz

Donnerstag, den 10. März [1803]

Ich finde keine Worte, Ihnen mein Entzücken und meine Freude auszudrücken. Das Tuch haben Sie selbst getragen, und jetzt ist es mein. Ich küsse es hunderttausendmal, danken kann ich nicht. –

Ludwig Börne an Henriette Herz

Den 11. März 1803

Ich setzte mich hin, meinem Vater zu schreiben, hatte aber weder Mut noch Kraft genug, ihm das zu sagen, wozu ich mich so fest entschlossen zu haben glaubte. Die Feder entfiel meinen Händen, Tränen verfinsterten mein Auge, als ich ihm meinen schrecklichen Wunsch vorzutragen anfing. So ist der Mensch. Er will von seinem Übel befreit werden und entsetzt sich doch vor der schmerzhaften Operation, sich ein Glied abschneiden zu lassen. Ich kann mir nicht selbst diese Qual bereiten; tun Sie es. Ich bitte, schreiben Sie meinem Vater, daß ich nicht mehr in Berlin bleiben wolle, und er solle mir erlauben, daß ich nach Hause oder anderswo hinreise.

Sie sind grausam; Sie behandeln mich so kalt, Sie sind sehr grausam gegen mich. Reicht man doch dem Verurteilten noch Wein und Kuchen; und was bin ich anders? – Doch danke ich dem liebevollen Gotte, daß er mir das Gefühl für diese Schmerzen nahm. – Wer dem Richtplatz entgeht, fühlt kein Kopfweh mehr. Wollen Sie tun, worum ich Sie bat?

Louis

Ludwig Börne an Henriette Herz

[Ohne Datum]

Ich sende Ihnen hier einen Teil von dem, was ich gestern in mein Tagebuch geschrieben habe. Nicht alles; es wäre sonst zuviel gewesen, und ich wünsche, daß Sie es nicht mit Unbehagen lesen möchten. Was mir noch übrigblieb, schicke ich Ihnen morgen, so wie überhaupt jeden Tag zwei Seiten voll. Ich habe den Wunsch, Ihnen zu gefallen, soviel als möglich zu unterdrücken gesucht, damit er auf die freie und wahre Vorstellungsart meiner Gedanken und Empfindungen keinen Einfluß habe. Auch habe ich von Ihrem hellen Verstand und edlen Herzen eine zu hohe Meinung, als daß ich zu befürchten brauchte, mir durch meine freien Geständnisse bei Ihnen zu schaden; oder mich durch manche Fehler und Schwächen, die ich aufdecke, in Ihren Augen herabzusetzen.

Louis

Sollten Sie etwas finden, worin ich mich geirrt habe, oder sonst etwas, das Ihnen Gelegenheit gibt, mich zu berichtigen oder zurechtzuweisen, so bitte ich Sie, mit mir darüber zu sprechen.

Schleiermacher an Friedrich Schlegel

Stolp, d. 15t. März [1803]

Du wirst Dich nicht wundern, lieber Freund, daß ich Deinen Brief an die Herz auch mir zu Herzen genommen und ihn als an mich geschrieben angesehen, bis auf die Hauptsache freilich, zu der ich leider nichts tun kann. Ihr armen Menschen, in welchem Zustande seid Ihr, und welch ein schreckliches Gefühl muß es sein, so zu leiden und zu wissen, daß durch etwas, was eigentlich so leicht herbeizuschaffen sein sollte als Geld, alle Pein könnte hinweggenommen werden. Ich bin vielleicht in einer andern Art ebenso unglücklich, aber ich habe doch das Gefühl, daß mir nichts Äußerliches in der Welt helfen kann, und dieses ist sehr tröstlich und aufmunternd. Das Unglück bekommt dadurch einen ganz anderen Charakter; es ist doch ein vernünftiges Wort mit ihm zu reden, und es lohnt im schlimmsten Fall immer der Mühe, es kennengelernt zu haben. Wollte Gott, ich hätte Geld; ich könnte es Euch mit jener derben Zunötigung anbieten, welche versichert, daß, wenn das Dargebotene nicht genommen wird, es doch nur für die Schweine geht. Tu nur um Gottes willen alles Mögliche, lieber Freund, um Dir irgendein Schicksal zu fixieren, sonst ist es unvermeidlich, daß Ihr immer wieder in einen ähnlichen Zustand zurückfallt. Geht es in Frankreich nicht, so sieh Dich lieber nach irgendeinem Kanal im südlichen Deutschland um. Nur an Dorpat denke nicht. Die Besoldungen sind dort gar nicht so, daß Du auch nur in zehn Jahren erübrigen könntest, was die Reise und die Einrichtung Dich kosten würde, und überdies haben, wie ehemals in Göttingen, die Professoren das Wahlrecht, unter denen ich keinen wüßte, der Dich gern dort sähe, außer etwa der ehrliche Morgenstern, der gewiß dort ebensowenig als irgend sonstwo in der Welt Einfluß hat.

Ich hätte nicht erwartet, so traurige Nachrichten von Euch zu hören, weder von Eurer Lage noch von Eurer Stimmung. Dein letzter Brief handelte so ruhig vom ›Platon‹; Dorothea selbst schien so gute Aussichten zu haben und sprach von der bevorstehenden Einrichtung als von einer Sache, deren Schwierigkeiten übersehen und berechnet wären. Wenn ich Dich bitte, doch ja alle Deine Kräfte zusammenzuhalten, um sie der Sorge für ihr Gemüt zu widmen, so ist es nicht, als zweifelte ich, sondern nur der natürliche Wunsch, daß, wenn Du in Deinem Namen schon genug getan, Du auch in meinem noch etwas tun mögest. Wie gern wäre ich Euch, ich, der ich hier zu nichts nutz bin und leider nichts zu versäumen habe! Deine Sehnsucht nach mir hat mich unendlich gerührt, aber, lieber Friedrich, kannst Du glauben, ich könnte Dich vergessen haben? Es waren die Erwartungen und die Täuschungen meines eignen Zustandes, die mich gänzlich unfähig zum Schreiben machten. Laß mich auch jetzt nicht von meinem Zustande reden; warum soll ich in Deinem Leiden noch das Bild des meinigen aufhängen. Die ›Kritik der Moral‹ wird freilich erscheinen, *wann* aber, weiß ich noch nicht. Ich tue alles Mögliche; aber das Gefühl von dem, was Leonore leidet und sich selbst leiden macht, und die Ahndung eines verhunzten Lebens für sie und mich, das sind schlechte Hülfen bei der Arbeit, und so kannst Du denken, daß meine Überzeugung von dem *Wie* eben auch nicht sehr erfreulich ist. Was Du der Herz vom Platon sagst, ich hätte mehr Lust, ihn allein zu übersetzen, und Du *wünschtest* nur, daß es erst entschieden wäre, läßt mich besorgen, daß Du mich über diesen Punkt gänzlich mißverstanden hast. Meine *Lust* soll nur das Surrogat der Deinigen sein, und die Entscheidung dieses Punktes brauchst Du gar nicht zu *wünschen*, da sie gänzlich auf Dir beruht. Denn wenn Du es nur nicht aufgibst, so habe ich gar nicht nötig, an ein Alleinübersetzen zu denken, und wenn Frommann Dein Manuskript hat, wovon er mich jedoch noch nichts wissen lassen, so hast Du schon entschieden. Dieser Wunsch also ist bloß von mir auszusprechen, und ich lege ihn Dir hiemit auf die Zeit, wenn Du wieder Ruhe haben wirst, zur freundlichen Beherzigung vor.

Henriette Herz an Ludwig Börne

1803, 19. März

Sie sehen, daß ich für Sie fühlte und Ihrem Wunsche zuvorgekommen bin, Ihr Vater *muß* nun entscheiden, und Sie sollten ihn auch durch einige Zeilen bitten, Sie nach Hause kommen zu lassen, weil Sie in Berlin nicht taugten. Nach Jahren, mein guter Louis, wollen wir über die jetzige Zeit sprechen.

H.

1803, 19. März

Ich schicke Ihnen hier eine Abschrift von einem an Ihren Vater bereits abgeschickten Briefe, ich hielt diese Art, Sie von Berlin zu entfernen, für die beste, und ich teile den Brief Ihnen mit, weil ich wahr gegen Sie sein will und Sie dadurch vielleicht aus der Verlegenheit kommen, in welcher Sie sich vielleicht, wegen des Briefes, den auch Sie heute an Ihren Vater schreiben müssen, befinden. Zu sprechen haben wir übrigens den Brief betreffend nichts.

H.

Ludwig Börne an Henriette Herz

Sonnabend, den 19. März [1803]

Das Leben ist ein Traum, und ich träumte hier ein schönes Leben. Ich bin nun aufgewacht, es ist zu Ende. Haltet mich fest, ihr guten Engel, kettet mich an diesen fürchterlich schönen Gedanken: ich will sterben. Sie stößt mich von sich, das schmerzt; sie tut es mit feindlicher Kälte, das bringt mich zur Verzweiflung. Sie liebt mich nicht, das will wenig sagen; aber sie haßt mich nicht, *das* ist das schrecklichste. – Nicht lieben und nicht hassen. Gleichgültig. Gleichgültigkeit und meine glühende Liebe, Feuer und Wasser. – Was habe ich nun von meinem ganzen Leben? Welchen Genuß? – O hätte ich geschwiegen und mich bis ans Grab mit der lieblichen Hoffnung gelabt! Ich zog aber den Vorhang mit neugieriger Hand und unersättlichem Herzen hinweg, und jeglicher Wahn ist vorüber, es liegt sonnenklar vor meinen Augen, welch ein Kind, welch ein eitler Tor ich war. – O ich kenne Euch, Ihr Menschen, ganz gut. –

›Nach Jahren wollen wir von der jetzigen Zeit sprechen.‹ Gute

Frau, die Toten sprechen nicht. – Ich soll fort; gut, das kann mich heilen; ich soll mir einen Arm abnehmen lassen; ich genese, wenn ich die Operation überstehe, aber wie, wenn ich ihr unterliege? Ich bin sehr schwach, ertrage wenig Schmerz.

Ich habe mich einschläfern lassen, ich fühlte keine Schmerzen mehr; nicht weil ich gesund bin, sondern weil ich schlafe. Ich erwache und mit mir die Schmerzen.

Was habe ich versprochen? Die Flamme will ich verbergen, in mir verschließen, ruhig und fleißig sein? Ich Tor betrüge ja mein eignes Herz. – Ich soll kalt sein, wo ich liebe, und höflich, wenn ich glühe? – Vater im Himmel, ich falle vor dir nieder und flehe dich mit reinem Herzen an; ende meine Qual, oder gib mir Kraft und Ausdauer, sie geduldig zu ertragen. Sende mir einen Freund, der meine Schmerzen lindre und mit warmer Teilnahme meine Tränen trockne. – Segne meine Angebetete, meine Heißgeliebte, mache sie froh und glücklich, und mich – nimm weg von dieser Erde, die mir so wenig Freude trägt. – O Gott vergib mir, es war ein Ausbruch meiner Schmerzen. Ich werde ohne Murren dulden. Du weißt, was mir gut ist, und wirst gewiß noch alles zu meinem Besten lenken.

Mag mich das Glück noch einst bis zum Himmel erheben, es wiegt mir diesen unglücksvollen Tag nicht auf.

Ludwig Börne an den Apotheker Lezius

Den 20. März [1803]

Da ich auf einige Zeit meiner Gesundheit wegen von hier abreisen werde, so bitte ich Sie, mir meine Rechnung zu schicken. Ich werde in meiner Stube sehr von Ratten und Mäusen geplagt, die ich bisher nicht habe vertilgen können, da ich jetzt verreise, so könnte ich in meiner Stube Gift legen; wollen Sie mir wohl durch Überbringerin eine Quantität Arsenik versiegelt schicken?

Der Ihrige
Louis

Ludwig Börne an Henriette Herz

Den 31. März [180]3

Lesen Sie dieses Billett und zürnen Sie nicht! Es sind die letzten Worte *dieser* Art, die ich Ihnen schreiben werde. Die Antwort, die Sie mir vorhin gaben, hat mich so niedergeschlagen, als ich wünschte, daß Sie mich froh gemacht hatten, Sie sagten, Sie können mich nicht froh machen. Das kam Ihnen unmöglich von Herzen, denn wer anders als Sie ist die Ursache meines Kummers, wer anders könnte die Quelle meines Frohsinns sein? Da ich Sie so unaussprechlich liebe, wie können Sie mir es verargen, daß ich in Ihrem Wohlwollen mein höchstes Glück setze und daß die Erwartung desselben mein einziger, mein heißester Wunsch ist? Sie waren sonst so freundlich, so teilnehmend, so herzlich gegen mich? Warum sind Sie es jetzt nicht mehr? Soll mich dies nicht schmerzen? O erbarmen Sie sich meiner, daß mir das Leben nicht so jammervoll, so freudenleer dahinfließt.

Ich bitte Sie um Antwort, ich bitte Sie recht sehr darum. Sein Sie nicht böse, es sind die Sterbeworte meines kranken Herzens.

Henriette Herz an Ludwig Börne

[Ohne Datum]

Es ist völlig wider unsere Abrede, daß ich dergleichen Worte von Ihnen annehme, Louis, deshalb schicke ich sie Ihnen zurück. Ich wollte, daß strenger Ernst immer der herrschende Ausdruck in meinem ganzen Wesen gegen Sie gewesen wäre, vielleicht hätte ich dann anders auf Sie gewirkt und glücklicher, oder Sie hätten es wenigstens nicht zu sagen gewagt, wie ich auf Sie gewirkt habe.

Ich wiederhole, was ich erst gesagt, Sie allein können sich froh machen; ich kann *nichts* dazu tun.

Ludwig Börne an Henriette Herz

[1. April 1803]

Sie sehen, was ich für Sie tun kann. Ich entziehe mir die einzigen glücklichen Stunden, wo ich Sie ohne zu stören sehen könnte, bloß um Ihren frohen Kreis durch kein verdrießlich Gesicht zu stören. – Doch ich merke, Sie wollen mich, wie Sie es nennen, *taufen* lassen, Sie tun sehr wohl daran, Frau Professorin; und ich wundre mich recht sehr, daß Sie zur Anwendung dieses Mittels nicht früher geschritten sind, da Sie doch die Unfehlbarkeit der guten Wirkung dieser Arznei gewiß genau berechnet haben werden.

Henriette Herz an Ludwig Börne

[Auf der Rückseite
des vorstehenden Briefes]

Ich bitte Sie mir zu *sagen*, was ich wissen soll, nach Ihrem gestrigen Zettel nehme ich nichts Geschriebenes von Ihnen.

Henriette Herz an Ludwig Börne

[1. April 1803]

Sie kamen heiter zu uns gestern abend, nach Brennas Spaß verließen Sie das Zimmer, wir fanden Sie im Finstern, als wir zu Tische kamen, Sie waren stumm und verließen uns bald. *So erschienen Sie*, was konnte ich mir anders denken, als daß Brennas Spaß Sie verdrüßlich gemacht? Ich bin mir gegen Sie nicht das geringste bewußt, und sehr leid ist mirs Ihretwegen, daß Sie wieder leiden. Lassen Sie mich Sie doch diesen Abend heiter finden!

Ludwig Börne an Henriette Herz

[Ohne Datum]

Sie haben mich sehr aufgeheitert, ja sogar lustig gemacht. ›*Ich kann Ihre Liebe zu nichts gebrauchen.*‹ Ich danke für diese Worte, sie machen mich um 100 Jahre klüger, nur lassen Sie sie ja nicht laut werden, sie könnten die beißendste Satire auf Ihr Geschlecht abgeben.

Henriette Herz an Ludwig Börne

[13. April 1803 ?]

Ich muß wiederholen, was ich Ihnen schon unzählige Male gesagt habe, *mehr* als freundlich *kann* ich Ihnen nicht sein. Lügen mag und werde ich nicht; ich muß also *Ihr* [die] für mich sehr drükkende Verdrüßlichkeit ertragen, wenn das Bekanntwerden mit der Grenze meines Wohlwollens sie nicht endlich heben wird. Ich halte Sie bei Gott weder für schlecht noch für gemein, das könnte ich Ihnen beweisen, wenn ich Ihre Briefe hier hätte, in welchen ich von Ihnen geschrieben; könnte ich Sie aber durch eine Lüge zum herrlichsten Menschen machen, ich würde dieser Lüge mich nicht schuldig machen. Daß Sie mich übrigens mehr als viele Menschen interessieren, gegen die ich auch freundlich bin, das liegt in unserm ganzen Verhältnis. Verderben Sie sich und mir das Zusammensein nicht. Müssen Sie mir denn ewig von dieser unseligen Leidenschaft sprechen.

Ich darf es eigentlich gar nicht anhören.

Ludwig Börne, Tagebuchnotiz

Dienstag, den 19. April [1803]

(Morgen 6 Uhr)

Ich habe schon um 5 Uhr das Bett verlassen. Ich öffnete das Fenster. Es hatte die Nacht geregnet, und es wehte eine frische erquickende Luft. – Ich merke jetzt erst, daß ich zärtlich und für meine teure Gesundheit sehr besorgt bin; denn ich trug Bedenken, mit offener Brust ohne Halstuch ans Fenster zu treten. ...

Ich höre von Mad. Herz lieber, *guter Louis*, als *lieber Louis*; am allerliebsten *mein guter Louis*. Mein, – es liegt ein Himmel in diesem Worte. – Vor einiger Zeit schrieb sie mir, sie wollte mich nicht länger bei sich behalten; dies brachte mich der Verzweiflung nah; ich konnte nicht weinen und erstickte fast. Am Ende des Billetts stand: ›Nach Jahren, *mein guter Louis*, wollen wir über die jetzige Zeit sprechen.‹ Dies löste meine Brust. Ich vergoß Tränen, und es ward mir leichter.

Madam Herz lenkt mit 3 Worten mein Gemüt, wie man die Marionette mit dem Drahte lenkt. Zauberei der Liebe. – – Und sie sollte nicht eitel sein? Zwar habe ich noch keine Äußerung der Eitelkeit bemerkt, aber ich zweifle doch nicht dran. – Ist sie doch schön und ein Weib!...

Ludwig Börne, Tagebuchnotiz

Donnerstag, den 21. April [1803]

(Vormittag halb 10)

Brenna wollte von ihrer Schwester den angebotenen Wagen nicht annehmen, das gefiel mir, und es ist schön und lobenswert, wenn sie ihn standhaft ausschlägt. –

Ich wünsche oft, schön zu sein. Dies ist der albernste Wunsch, den man nur haben kann, und ich schäme mich so, daß ich diese Schwäche sehr ungern der Herzin gestehe. Aber es ist so. –

Heute habe ich Brenna wieder sehr lieb. Ich weiß wirklich nicht, ob es an ihr oder an mir liegt, wenn sie mir den einen Tag besser gefällt als den andern. Ich habe eben so viele Gründe für mich als für sie. Madam Herz spricht zwar, sie könne es begreifen. Sie tut aber Brenna zuviel. Ich habe gewiß auch Schuld daran....

(Abend 8 Uhr)

Daß ich glaube, der Herzin alle Falten meines Herzens aufgedeckt zu haben, das ist ein Selbstbetrug ohne Ende. Ich war doch zuweilen so von mir eingenommen, daß ich glaubte, ich wär ein Feind der Schmeichelei. Das ist kein Mensch. –

Ich sagte der Herzin, heute wäre ich fleißig gewesen, und ich war es nicht. Ich wollte nicht lügen, ich hatte nur nicht Geistesgegenwart genug, die Wahrheit zu sagen. –

(3/4 auf 10 Uhr)

Das ist eine kalte, sehr unpoetische Nacht, und ach, ich Sentimentaler weiß gar nicht, was ich machen soll.

Wir sprachen gestern bei einer Gelegenheit, die Sie nicht vergessen haben, von sentimentalen Seelen. Wahre echte Sentimentalität gleichet dem reinen kräftigen Kornbranntwein, der, mäßig genossen, den Gesunden stärkt und erwärmet. Aber die herrschende Sentimentalität unsrer nervenschwachen Jünglinge und schwindsüchtigen Frauen macht schläfrig und erhitzt, wie unsre überzuckerten Modeliqueurs nur erschlaffend sind...

Schleiermacher an Henriette Herz

Stolp, den 25sten Mai 1803

– – Warum soll ich es denn grade machen, daß Reimer Dir seine Frau bringt, warum kannst Du es nicht bei der ersten Gelegenheit, die sich darbietet, ganz ungezwungen und simpel? ich denke auch, es wird schon geschehen sein, ehe ich an Reimer schriebe. Die Frau wird Dir gefallen, wenn Du sie erst kennst. Es ist eine höchst kindliche Seele, und ja nicht etwa die leere Unschuld, aus der ich mir nicht viel mache, wie Du weißt, sondern sie hat Tiefe genug. Tue mir doch die Liebe und stelle dies allein an. Es würde mir wirklich eine besondere Freude sein. – – Denke Dir, daß ich neulich bei Gelegenheit, als mich Spalding fragte, ob ich ein Buch geschrieben, das man mir fälschlich zuschreibt, ihm die Lucindenbriefe bekannt habe; ich bin begierig, was er zu denen sagen wird (bei dieser Gelegenheit las ich sie wieder, wie wurde mir dabei zumut). Ich bin so weit mit ihm, daß ich gern noch weiter kommen möchte, und mein Glaube an seinen Glauben an mich macht mich dreist. Brahe aus Königsberg hat sich nun ordentlich in Korrespondenz mit mir gesetzt und ist also gewissermaßen als eine Augmentation meines Etats anzusehen. Ach, es hilft mir alles nichts! ich glaube, Jacobi könnte jetzt plötzlich mein Freund werden, und es würde mich nicht recht freuen. Freude habe ich an nichts! ich jage recht danach, aber umsonst. Einen Plan habe ich gemacht, liebe Jette, und das muß Dich erfreuen, ich fühle, daß mir im Sommer eine Reise recht heilsam sein wird, ja fast notwendig, um mir etwas Elastizität wiederzugeben. Nach Berlin mag ich nicht, solange dort alles im alten Zustande ist, das möchte ich nicht aushalten. – –

Schleiermacher an Henriette Herz

[Stolp,] 10ten Juni 1803

Es ist geschehen, liebe Jette, sie hat mich aufgegeben, sie hat getan, wie Du dachtest und wie ich nach allen ihren Äußerungen, die später waren, nicht erwarten konnte. Es ist recht gut, daß ich ihr diesen Brief, den Du ihr schicken wirst, in der ersten Milde geschrieben habe. Jetzt bin ich nicht mehr so. Gestern abend stand ich ganz ausgekleidet, im Begriff schlafen zu gehen, mit den Armen auf den Tisch gestützt, zwei Stunden lang; da überfiel es mich in seiner ganzen Bitterkeit und Herbe. Aber die Unglückliche, sie wird doch auch das hören müssen. Sie fühlt schon, daß es ihr das Leben kostet, und sie wird auch bald sterben. Ich kann ordentlich wünschen, daß sie eher stürbe als ich; denn wenn sie meinen Tod erlebte, würde sie wieder eine andre Reue anfallen. Sie mag sich sputen, denn Gram und Anstrengung werden auch mir bald zu Gift werden. Noch habe ich wenig an mich gedacht, aber wenn es kommt, überfällt mich ein kaltes Grausen. Was soll hier aus mir werden? Alle Morgen reichte ich ihr in Gedanken den Tee und scherzte freundlich mit ihr beim Frühstück, und wenn mir der verwaiste Knabe guten Morgen bot, dachte ich, armer Junge, deine Mutter ist noch nicht da. Und wie oft sah ich sehnsuchtsvoll nach dem Platz, wo ihr Schreibtisch stehen sollte. Hier brennt mir die Stelle unter den Füßen. Dann graut mir vor dem liebeleeren, beruflosen, Gott und Menschen höhnenden Leben eines Hagestolzen. Ich muß mich anschließen an ein Hauswesen, muß helfen eine Familie bilden und Kinder erziehen. Hier ist keins so, und Gott sei Dank, daß ich nicht nach Königsberg gekommen bin, dort auch nicht. Nach Berlin sehne ich mich. Da könnte ich leben bei Eichmanns oder noch stiller und reiner bei Reimers; da hätte ich Dich, da könnte ich auch den armseligen Beruf des Gelehrten noch besser treiben, ja sehr armselig kommt er mir vor, wenn die Würze der Liebe fehlt, wenn sich die Geliebte des Herzens nicht bewegt unter den Büchern und Papieren. Wenn sie Dich nicht scheut, wenn sie Dich sieht, liebe Jette, so wahr Du mich liebst, sei ihr liebevoll und mild, öffne ihr Deine Brust, laß sie ihre tiefen Schmerzen aushauchen daran, und laß es sie nicht entgelten, daß sie Deinen Freund unbeschreiblich elend gemacht hat. Ja, liebe Jette, wenn wir auf dem Felsen stehen werden am Meere, wirst Du einen Unglücklichen neben Dir haben, dem bis auf Dich und ein paar andre Menschenherzen alles so einerlei ist hier oben und so öde wie dort unten. Ich kann nicht mehr, liebe Freundin, ich zerfließe in Seufzer und Tränen. O weh, und es ist erst Morgen! Ich habe sie gebeten, wie Du lesen wirst, Dir den Brief zurückzuschicken auf ein paar Tage. Tue mir die Liebe, laß' Brenna eine Abschrift davon nehmen und schicke sie entweder mir oder geradezu an Wedecke. Doch lieber das letzte. Bleibe mein Trost und meine Stütze, halte mich, solange Du kannst, so hoch es geht. Könntest Du nur auch ihr etwas sein, ihr, die tausendmal unglücklicher sein wird als ich!...

Ludwig Börne an Henriette Herz

Den 9. Juli 1803

Ich grüße Sie herzlich, liebe Mutter. Leben Sie recht wohl, und wünschen Sie mir Glück zu meiner Reise. Ich wollte nicht mehr nach Charlottenburg kommen, ich fürchtete so sehr das Abschiednehmen von Ihnen, als ich mich freue auf die Zeit, wo ich Sie wiedersehen werde. Möge ich Sie froh und glücklich wiedersehen, wie ich Sie verlasse. Vergnügen Sie sich recht in Dresden, und kommen Sie gesund zurück. Den Ort, wo ich so frohe und so traurige Tage verlebt habe, die Menschen, die ich anbetete, und die ich doch so oft gekränkt habe, verlasse ich mit gepreßtem Herzen, das wissen Sie. Ich danke Ihnen für das, was Sie mir *waren*, nicht für das, was Sie mir haben *sein wollen*; dafür habe ich keine Worte; möge es Gott belohnen! Ich werde mich bestreben zu werden, was ich nicht bin; und was Leidenschaft in mir verdarb, soll Leidenschaft wieder gutmachen. Bleibe ich, wie ich bin, so sehen Sie mich nicht wieder, so wahr Gott lebt. Von dem, was ich Ihnen je gesagt oder geschrieben habe, nehme ich kein Wort zurück; ist es wünschenswert, daß ich meine Gesinnung verändre, so wird es kommen mit der Zeit und mit dem Verderbnis meines Herzens. Adieu!

Empfehlen Sie mich der Dmlle. Itzig und Blanc und Mad. Levy.

Louis

Henriette Herz an Ludwig Börne

[Ohne Datum]

Adieu, mein guter Louis, sage ich Ihnen auf schriftlich lieber als mündlich; alle meine Gedanken waren Sie heute, ich dachte für Sie und in Ihnen. Wenn Sie den Punkt, auf welchem Sie jetzt stehen, so recht beherzigen wollten, so können Sie ein trefflicher Mensch werden, wenn nicht, so gehen Sie zugrunde, ohne einmal das Bewußtsein davon zu haben. Louis, man muß sich entweder umbringen oder alles sein, was man nach seinen Kräften sein kann, und hat man einmal den Mut zum ersten nicht, so muß man ihn zum andern haben, und es ist großer Genuß dabei.

Mit sehr gerührtem Herzen schwöre ich es Ihnen, daß mein Anteil an Sie *nie* aufhören wird, wenn Ihr Herz gut bleibt und weich und treu. An Ihr Besserwerden wird mein Herz sich erfreuen, und wenn Sie Ihre Kräfte benutzen, so werden Sie besser, und ich werde Sie wiedersehen. Fangen Sie ein neues äußeres Leben an, und richten Sie es so ein, daß Sie durch Erbärmlichkeiten nicht leiden, worunter ich die zu großen Geldausgaben verstehe. Ich drücke Ihnen mit Wärme und Rührung die Hand. Was ich Ihnen sein wollte, als Sie bei mir waren, will ich Ihnen auch sein in jeder Fremde, nehmen Sie das an, mein lieber Louis, und wenden Sie in diesem Sinne sich immer so an mich, offen und frei ohne Rückhalt. Adieu, reisen Sie glücklich und grüßen Sie Reil. Haben Sie auch heute an Ihren guten Vater geschrieben? Adieu Adieu, Sie sollen bald in Halle etwas von mir hören.

Schleiermacher an Henriette Herz

Stolp, d. 2t. August 1803

Das ist ja herrlich, liebe Jette, daß Du schon im Fluge Besitz genommen hast von Deiner neuen Wohnung. Eigne sie Dir recht an, fest, aber nicht schwer, sondern frei und luftig, und genieße recht schöne Tage darin. Möge auch eine Zeit kommen, wo Du Deine liebsten Freunde darin begrüßest. Mit Alexander wird das nicht lange währen, aber mit mir? Denke dabei nicht an meine Gesundheit, sie ist besser, als ich dachte. Auch der Tod äfft mich mit leeren Hoffnungen. Von meiner Brust fühle ich wenig mehr, und was ich fühle, hat einen offenbar rheumatischen Charakter angenommen. Auch vernachlässigt sie der Arzt ganz und fürchtet nur, weil ich schrecklich gelb-grün aussehe und ganz gelbe Augen habe, für meine Leber, für die mir gar nicht bange ist, indes esse ich ganz geduldig seine Asafoetida und Ochsengalle, denn er ist ein braver Mann, und die Dinge können mir nicht schaden. Aber wie werde ich nach Berlin kommen? Sosehr ich mich sehne nach Euch, so ist mir der Gedanke fürchterlich....

Schleiermacher an Alexander von Dohna

Stolp, d. 9t. Januar 1804

Was Sie, bester Graf, mir neulich rieten, auf irgendeinem Wege zu suchen, ist mir heute ganz ungesucht gekommen, nämlich durch die Hand des Professor Paulus ein offizieller Antrag, die Professur der praktischen Theologie protestantischer Sektion in Würzburg anzunehmen. Diese Professur ist gerade die einzige, die ich gern annähme, denn mit den gelehrten Fächern der Theologie mag ich meine Zeit nicht ausfüllen, und eine philosophische möchte ich, wo Schelling ist, nicht verwalten. Man weiß übrigens, daß ich reformiert bin, will aber dort von diesem Unterschied keine Notiz nehmen, und ich würde so zugleich eins der ersten Beispiele, um eine meiner Lieblingsideen zu realisieren. Die äußern Bedingungen sind nicht glänzend, aber ganz annehmlich. ...

Schleiermacher an Henriette Herz

[Stolp,] April 1804

... Man hat mir nun den Abschied aufs bestimmteste verweigert; die Idee, mich als Professor und Universitätsprediger nach Halle zu schicken, scheint sehr ernstlich gemeint zu sein; ob man sie wird ausführen können, ist eine andre Frage. Vorderhand hat man mir eine, was mir sehr recht ist, ziemlich unbedeutende Zulage von 200 Reichstalern gegeben. Doch wahrscheinlich weißt Du das alles schon. Alexander glaubt gar nicht an die Möglichkeit einer förmlichen Abschiedsverweigerung und war fest überzeugt, ich müsse nun nach Würzburg gehen. Ich bin über das Ganze sehr erfreut, vorzüglich weil so viel mir ganz unerwartete

Wertschätzung darin liegt und weil es ein erfreulicher Beweis ist, daß doch bisweilen etwas ganz ohne das, was man Konnexionen nennt, geschehen kann....

Schleiermacher an Henriette Herz

Halle, den 22sten Oktober 1804

Mein Amt habe ich nun angetreten und zwar gleich alle drei Kollegia angefangen. Ich bin ziemlich zufrieden mit mir, besser als ich dachte; was die Studenten sind, weiß ich nicht, und von Zulauf ist übrigens gar nicht die Rede. Gemeldet haben sich nur sehr wenige, aber freilich waren weit mehr als die gemeldeten heute drin, von denen indessen viele nur als Neugierige anzusehen sind, die sich wieder verlieren. Du weißt, daß ich den anfänglichen Beifall mehr fürchtete als wünschte, und so bin ich mit dieser Lage der Sache ziemlich zufrieden. – –

Schleiermacher an Henriette Herz

Halle, den 15ten August 1805

Habe ich Dir denn schon geschrieben, daß ich nun auch Goethes Bekanntschaft gemacht habe? Gleich nach meiner Rückkunft sah ich ihn noch eine Stunde bei Wolf, den Tag darauf ging er nach Lauchstädt. Vorgestern war ich auf einem großen Diner mit ihm bei Wolf; gestern haben sie eine kleine Reise zusammen angetreten, und nach ihrer Rückkunft will er, glaube ich, noch 14 Tage hierbleiben, wo ich ihn denn hoffentlich mehr sehen werde. Er war gleich das erste Mal sehr freundlich zu mir, aber freilich ins rechte Sprechen bin ich noch nicht mit ihm gekommen, denn damals war Gall an der Tagesordnung, und neulich waren gar zuviel Menschen da. Steffens hat hier drei öffentliche Vorlesungen gegen Gall gehalten, über die man wahrscheinlich wunderlich genug in die Welt hinein urteilen wird. Schreibe mir doch ja, wenn Du in Berlin etwas darüber hörst. Steffens lacht und meint, ich würde mit meiner letzten Predigt, die auch eine solche Tendenz hatte, ebenso viel Ärgernis gegeben haben und ebenso bekrittelt werden.

Schleiermacher an Henriette Herz

Halle, den 23sten August 1805

– – Von Goethe kann ich Dir wahrlich weiter nichts sagen, als ich Dir gesagt. Als Mine Wolf herüberging, ihm zu sagen, ich wäre da, lag er auf dem Bett und las und sagte: ei das ist ja ein edler Freund, da muß ich ja gleich kommen, und so kam er denn auch bald und nahm mich wie einen alten Bekannten, und ich auch so; denn man kann das sehr bald. Worüber ich am liebsten mit ihm spräche, darauf bin ich noch nicht gekommen; er war eben damals von Gall und Schiller voll, und das zweite Mal waren zuviel Leute da, als daß ich mich hätte besonders an ihn machen sollen. Ich hoffe Dir aber bald mehr zu sagen, wenn ich ihm anders nicht mißfallen habe; er soll gestern mit Wolf zurückgekommen sein. Die, welche Goethe früher gekannt haben, sagen übrigens fast einstimmig, daß er sich sehr zu seinem Nachteil verändert habe, in eben dem Sinne, wie man das von seinen Werken und seinen Kunstansichten sagen kann. Aber wie seine Werke immer noch etwas Herrliches sind, so ist er doch noch eine der edelsten und liebenswürdigsten Gestalten, die man sehen kann.

Henriette Herz an Ehrenfried von Willich

Berlin, den 24sten August 1805

Unser Schleier kennt dies Bedürfnis nach freundlicher Umgebung in mir, und war, so lange wir uns kennen, immer der Gedanke in ihm, daß wir einst zusammen leben müßten, so ist er doch jetzt um vieles lebendiger, da die Möglichkeit sich so sehr nähert. – Ja, lieben Freunde, der entscheidende Schritt wäre schon getan. Leonore wäre schon bei ihrem Bruder, wenn nicht ein kaltes Fieber sie an dem Tage, oder doch am vorhergehenden, befallen, welcher bestimmt war, sie zum Teil zu befreien – doch wird dies nun in wenigen Tagen geschehen – der Himmel gebe seinen Segen, daß nicht wieder, wie schon dreimal geschehen, etwas von oben herab komme, das es verhindere; geht alles gut, so haben wir künftigen Sommer auf Rügen ein heiliges Fest. Mein Herz hebt sich hoch, wenn ich es mir durchdenke. Schleier will, daß ich alsdann gleich einen Versuch mit Halle mache, das werde ich aber wohl nicht. – Auch kann Alexander sich noch gar nicht mit der Idee bekannt machen, daß ich Berlin völlig verlassen sollte; er meint, ich verlöre viel – er irrt aber, Berlin ist leer für mich, Reimer und Jösting allein sind mir *eigentlich* lieb hier – was kann ich also verlieren. Schleiers Nähe ist von unschätzbarem Wert für mich, und in literarischer Rücksicht gewinne ich in Halle auf jede Weise. Bin ich erst in mir selbst recht klar und gewiß, daß Leonore es wie Schleier wünscht, dann komme ich wohl und lebe schön und ruhig im Arm der Freundschaft. Bis dahin lebe ich hier mein leeres Leben fort und lerne, so viel ich kann, ohne die geistreiche, tätige Hülfe, wie die von Schleier war.

Es ist so sehr lange, daß ich gar nichts von meinen lieben Geschwistern gehört habe, daß ich dieses Mal besonders begierig nach einem Briefe von ihnen bin. Wie und wo habt Ihr gelebt? Wie geht es meiner guten Jette, die nun bald dem schönsten Ziele zum ersten Mal sich nähert? Einer von Euch muß mir recht bald und recht ausführlich schreiben.

Von mir selbst ist es besser, daß ich schweige, denn Erfreuliches kann ich meinen Lieben wenig mitteilen. Nun, ich habe ja schöne Zeiten gehabt, sehr schöne, und die Erinnerung daran will ich festhalten; bin ich ja jetzt noch sehr reich in der Liebe meiner Freunde, und wenn ich erst wieder ganz gesund bin, so wird meine alte mir angeborene Heiterkeit wohl zum Teil wiederkehren, und geht alles gut, so sehen wir uns froh nach bevorstehendem Winter versammelt auf dem mir heiligen Rügen....

Schleiermacher an Henriette Herz

Den 26sten [August 1805]

Goethe ist gestern abend mit Wolf zurückgekommen, und heute bin ich schon hingebeten, und zwar ohne andere Gesellschaft; da wird sich also mehr reden lassen, und nächstens sage ich Dir auch etwas mehr. Goethe ist übrigens gar nicht so für Gall, daß uns das irgend trennen könnte; Du kannst ja auch leicht denken, daß ich nicht gradezu gegen Gall auf der Kanzel geredet habe, aber wohl gegen die schlechte Gesinnung, die sich durch das einzelne offenbare, und dies gelte sowohl von der Menschenkenntnis als von dem Einwirken auf die Menschen, als auch von dem Urteil über die Menschen. Du siehst vielleicht schon hieraus, daß nichts einzelnes besonders auf Gall ging, sondern eben im gleichen Sinne die ganze Predigt. Die Leute deuteten aber einzelne Ausdrücke ganz besonders, die ebensogut auf jeden Physiognomiker alten Schlages gehen konnten als auf Gall. Hätte ich Zeit, so schriebe ich Dir die ganze Predigt auf.

Schleiermacher an Henriette Herz

[10. April 1806]

– – Wegen Louis Börne hast Du etwas recht und er etwas recht und ich gar nicht unrecht. Freundlich bin ich ihm übrigens immer, aber gleichgültig ist er mir sehr. Wie soll man mehr Interesse an einem Menschen nehmen, als er selbst an sich nimmt? Er fängt gar nichts mit sich selbst an, vertändelt seine Zeit, versäumt seine Studien, ruiniert sich durch Faulheit und sieht das selbst mit der größten Gelassenheit an und sagt nur immer, es wäre ihm nun einmal so, und wenn er sich zu etwas anderem zwingen wollte, so wäre es ja dann doch nicht besser. Wie kann man auf einen Menschen wirken, der sich so den Willen selbst wegräsonniert. Ich weiß nicht, ob er untergehen wird; manche Natur rettet sich aus diesem Zustande; aber in diesem Zustande ist nichts auf ihn zu wirken und kein Teil an ihm zu nehmen. Dabei ziert er sich noch und ist falsch. So hat er sich zum Beispiel gegen mich angestellt, als ginge er höchst ungern nach Frankfurt und fürchte sich dort vor der schrecklichsten Langenweile. Dagegen versichert mich die Reil, er habe sich gefreut darauf wie ein Kind. Wie er klagen kann, daß er trübe ist, begreife ich wohl, aber nicht, wie Du es als Klage aufnehmen kannst. Was hat ein gesunder junger Mensch, dem nichts abgeht, trübe zu sein. – Aber Trübsinn kommt aus seiner Untätigkeit, die ihn schlaff macht. Du kannst ihm das alles schreiben; ich sage es ihm auch selbst, wenn er wiederkommt. Schade ist es um ihn, wenn er in diesem Gange bleibt, aber helfen kann ihm niemand, wenn er sich nicht selbst hilft. –

Schleiermacher an Henriette Herz

[10. Oktober 1806]

– – Mit Louis Börne und mir, liebe Jette, wäre es, wie wir beide sind, nichts geworden. Er liebt und hätschelt seine Faulheit und Eitelkeit und will von allen Menschen entweder gehätschelt werden oder hochmütig über sie wegsehen. Das letzte kann er nicht über mich und das erste kann ich nicht gegen ihn; denn Faulheit und Eitelkeit sind mir an jungen Leuten ekelhaft und verhaßt. Auf diese Weise ist er eigentlich von mir abgekommen. Ein interessanter Mensch, wenn Du es so nennen willst, kann er wohl immer bleiben; aber weiter glaube ich nicht, daß er etwas wird; zumal ich auch nicht einmal ein entschiedenes tüchtiges bestimmtes Talent an ihm bemerkt habe, auf welches ich meine Hoffnung setzen könnte, daß es Herr über ihn werden und ihn durcharbeiten werde. – –

Henriette Herz an die Freunde auf Rügen

Berlin, den 18ten Oktober 1807

Ich hoffe, daß Ihr, meine geliebten Freundinnen, meine Schwestern, die Briefe von Schleier und meinen kleinen erhalten habt, doch schweigt Ihr so lange gegen uns. Die Majorin Boyen ist seit einigen Tagen hier und hat mir von Stralsund und Rügen erzählt; sie war lange auf Wittow, kennt Schwarzens alle, sagte mir, daß Lotte in Stettin versprochen sei, daß Theodor jammere, daß er seine schönsten Wünsche nicht befriedigen könne, daß Ihr in Sagard seid und daß Pistorius sich erhole; denn sie war drei Tage in Garz, wo sie Lotte Pistorius kennenlernte. Von unserer Lotte Kathen wußte sie mir nichts zu sagen.

Wie unglückselig bevölkert war das stille Rügen, und wie ist es jetzt besetzt! von welchen Menschen! Wenn ich mir Sagard denke, Euer stilles Haus, das Willichsche, von Menschen bewohnt oder besucht, die nicht wert sind, von Eurer Existenz zu wissen, Menschen ohne Sinn und Gefühl für jedes bessere, für jedes wahre Gute. Der augenblickliche Genuß ist ihnen alles, über diesen hinaus kennen sie nichts, und welcher Genuß! So sehe ich dieses ruchlose Volk, und mein Schicksal will es vielleicht, daß ich unter ihnen lebe.

Ja, lieben Schwestern, ich werde wohl zu Ostern Berlin verlassen müssen, weil die Pensionen noch immer nicht gezahlt und die Interessen noch immer nicht entrichtet werden. Von beidem lebte ich still und sehr angenehm, ich konnte Pflichten gegen die Meinen erfüllen, und ich konnte viel Gutes genießen – der Krieg drohte mir gleich anfangs eine Änderung meines Schicksals, und dieser Friede hat die Drohungen erfüllt. Meine mir nur mit mancher Aufopferung, mit vieler Entsagung erhaltene Freiheit muß ich nun auf einige Jahre aufgeben und mir ein anständiges Unterkommen suchen. Meine sehr unverdiente Zelebrität und die Jüdin sind mir in Deutschland im Wege; durch die erste fürchtet man sich vor meinen Forderungen, durch die andere wird alles gescheut, mir bleibt also das Ausland allein. Rußland ist mir so kalt, fern und fremd, daß ich wie an ein Grab denke, wenn ich dorthin sollte. Frankreich bleibt mir also allein; doch lasse ich nichts unversucht, in Deutschland bleiben zu können, und ich gebe Euch hiermit den Auftrag, Euch auch in Eurem Lande für mich umzusehen.

Ich habe nur zwei Bedingungen zu machen, freie Reise und freies Leben im Hause. Geld zu meiner Kleidung bleibt mir hinlänglich, ich brauche also keins zu nehmen, doch weiß ich, daß die Leute nur mit Geld bezahlen, was man ihnen oder ihren Kindern tut – sie mögen mir also etwas geben, wenn ihnen wohler dabei ist. Die Gouvernantenkünste verstehe ich alle, und Gesellschaft kann ich auch leisten. Die Pflichten der Erzieherin sind sehr schwer, ich würde sie aber treu erfüllen und mit *ganzer Seele.* Wo ich Gesellschaft leiste, da könnte man wohl zuweilen Langeweile haben, denn gesellschaftliches Talent bewegt sich frei am schönsten. Ich scherze, lieben Kinder, und wenn ich lebhaft daran denke, wie ich meiner Unabhängigkeit entsagen muß, so blutet mir das Herz. Meine eigentliche heitere Laune wird mich viel tragen lassen und meine Kraft und mein Wille alles. Schleier wird nun hier wohnen, und ich muß dennoch fort. Brenna ist in Prenzlau und wahrscheinlich brustkrank; entferne ich mich weit, so sehe ich sie wahrscheinlich nicht wieder. Meine Mutter ist alt, die Witwe meines verstorbenen Bruders lebt einzig in mir jetzt, und dennoch muß ich fort, wenn Vernunft und Recht es heischen. Noch habe ich eine schwache Hoffnung, bleiben zu können. Schwerer als je ist jetzt ein Unterkommen zu finden, weil alle Länder gelitten und jeder sich einschränkt.

Soll ich Euch wohl sagen, was mir vor einiger Zeit durch den Sinn ging? Ich *vertraue* es Euch, aber sagt es nicht weiter. Die Kathen suchte eine Erzieherin für ihre Kinder und bat mich, ihr eine zu suchen; jetzt wollte ich mich selbst vorschlagen, aber wie eine andere, und wollte zur bestimmten Zeit kommen. Dann fiel es mir aber ein, daß die Jüdin der alten Kathen vielleicht nicht recht sei und daß Kathen selbst es vielleicht sonderbar finden würde, – da wagte ichs nicht. Ihr könnt denken, daß bei Freunden mir am wohlsten wäre und daß, was bei Fremden mir Pflicht allein zu tun befähle, Neigung hier vollziehen hülfe. Ich habe nicht den Mut, zu nehmen, ohne zu geben, sonst könnte ich vielleicht bald hie, bald da bei Freunden, guten Freunden und Bekannten leben, die mir einen Aufenthalt angeboten; ich will aber nützlich sein für das, was man mir gibt.

Henriette Herz an Henriette von Willich

Berlin, den 2ten Dezember 1807

Liebe, liebe Jette, ich zögere nicht länger, ich komme zu Euch, ich nehme an, was Lotte mir reicht, ich nehme es, weil ich auch geben kann und will.

Paris mit all seinen Herrlichkeiten hat unter den Umständen, selbst wie ich es einige Zeit sehen könnte, gar keinen Reiz für mich, so angenehm die Umstände auch sein mögten. Von dem Grundsatz nicht abgehend, nützlich sein zu wollen für das, was man mir gibt, habe ich ein Anerbieten in Paris fast ganz ausgeschlagen und zum Teil ein ähnliches in Wien, und nur weil ich dort unter bekannteren Menschen leben konnte, habe ich es *fast* angenommen und wünsche mir Glück, meine geliebte Jette, daß ich es nicht ganz angenommen, jetzt, da ich zu Euch kann. Schon habe ich den ersten Schritt getan, um mich völlig loszumachen, und immer gewisser wird mirs, daß ich komme. Nur einen Brief will ich noch von dorther abwarten, als Antwort auf den meinen, um dann Deiner trefflichen Schwester mit Gewißheit zu sagen, daß ich komme.

Ja, Jette, was ich mir nur immer wünschen konnte, wird mir

durch Charlottens Anerbieten. Ich lebe bei Freunden und bin ihnen nützlich bei ihren Kindern. Gerade so wünschte ich mirs, und ich schwöre Dirs, Jette, daß ich eine ganze Nacht hindurch nur immer an alles das dachte, was mir Gutes und Schönes bevorstand – durch Lotte und Euch. Noch immerwährend denke ich daran, will mir den Gedanken aber selbst nicht so festhalten, weil ich ihn doch vielleicht noch aufgeben muß, da ich mich von Wien noch nicht frei weiß und ich fürchten muß, weil da wirklich reines Wohlwollen mich wünscht, obschon man mich eigentlich nicht nötig hat, schwer loszukommen. Überdies sind die Schwestern der Frau hier, und eine von diesen ist meine sehr gute Freundin. Du und Louise kennen sie. Ihr habt sie einen Abend, wo so viel Menschen hier waren, bei mir gesehen. Levy heißt sie: ist eine sehr treffliche Frau in jeder Rücksicht, obschon ihr vielleicht trotz ihrer Bildung etwas fehlt, das ihre Umgebungen sie nicht erreichen ließen. Diese nun wünscht natürlich, da sie mich schon auf einige Zeit hier verlieren soll, daß ich zu ihrer Schwester gehe, wo sie selbst hinzukommen Hoffnung hat und liegt nur immer an, mich völlig zu entscheiden, da ich auch dort, obschon sie keine Kinder hat, nützlich sein kann.

Ich müßte Eurer aller Liebe nicht wert sein, wenn ich nicht die Vorzüge in jeder Art würdigen sollte, die ein Wohnen mit Lotten und in Eurer Nähe für mich hätte, und wenn ich nur früher Dir oder Lotten mitgeteilt hätte, was Schleiers und mein Gedanke sogleich war – nämlich zu Lottens Kindern zu gehen –, so wäre ich jetzt in gar keiner Verlegenheit und könnte sagen, ich komme im Frühjahr.

Es zieht mich so *sehr vieles* zu Euch hin – unter andern auch die Nähe Berlins. Es ist möglich, daß die Sachen sich für mich so vorteilhaft wenden, daß ich zum nächsten Winter wieder in meine alte Lage komme, und mehr als je wäre das gerade jetzt wünschenswert für mich, weil Schleier hier wohnt – von Wien kann ich nicht so schnell fort, weil es so gar weit ist. Und da Lotte ein gutes Mädgen bei den Kindern hat, würde ich mir kein Gewissen machen, sie nach 5–6 Monaten zu verlassen, und würde in der Zeit wenigstens für sie tun, was ich könnte, um nicht umsonst dagewesen zu sein.

Siehst Du, meine Jette, diesem Gedanken nach kann ich nicht, wie Du es wünschst, bald hier und bald dort sein, selbst wenn ich länger bleibe nicht, denn der Unterricht in einer Sprache oder in Musik sei auch noch so gering, so schadet doch jede Unterbrechung, und würde ich auch Rügen nicht wieder verlassen, ohne Jasmund – d. h. Sagard und Stubbenkammer und den Berthahain zu sehen, auch Bobien und Wiek, so müßte das doch schnell abgemacht werden. Wenn Ihr in Poseritz seid, so sehen wir uns öfterer, auch wohnet Ihr wohl einmal ein wenig in Götemitz und ich sehe Dich, liebe Jette, dann mehr mit den süßen Kindern und spiele mit ihnen und herze sie.

Zufällig habe ich eben die ersten Zeilen dieses Briefes gelesen und sehe, daß ich ihn mit einer Gewißheit angefangen, die ich, wie die Folge zeigt, nicht geben konnte – mein Wunsch war der Überlegung zuvor geeilt, und so sprach ich Dir auch. Noch mehrere Wochen werden darüber hingehen müssen, vielleicht gar Monate, ehe ich selbst gewiß, so *ganz gewiß* sein kann zu kommen. Denn hart kann ich nicht abbrechen, was ich zum Teil begonnen, weil auch Freundschaft, wenn auch nicht wie die unsere, mit anbot, was ich nicht fordern konnte. Nicht mißverstanden zu werden, weder von Euch noch von Lotten, darf ich hoffen. Schleier, alle meine Freunde und besonders meine Verwandten freuen sich überaus, daß ich in die Arme der Freundschaft gehen soll statt in die Fremde. In meinem Herzen tönt es immer, *ich komme*, und doch kann ich es noch nicht aussprechen. Wäre Lotte jetzt in der Notwendigkeit, jemand für ihre Kinder suchen zu müssen, so würde die Ungewißheit, in der ich sie jetzt meinetwegen lasse, mir sehr peinigend sein, so aber bin ich ruhig. Teils in der fast gewissen Hoffnung, daß ich komme, und teils in der, daß Lotte mich gerne aufnimmt, wenn ich ihr auch erst später die Gewißheit meines Kommens gebe. ...

Briefe aus Rom 1817–1819

Schleiermacher an Henriette Herz

[Juli 1817]

Liebe Freundin, der spätere von diesen Briefen kam Dienstag abend mit der Post, der frühere mit Fritz Dohna Mittwoch mittag an. Ich gab mir Dienstag abend noch vergeblich Mühe, einen Boten nach Zossen zu bekommen, und ehrlich gesagt, den Einfall, eine Stafette zu schicken, bekam ich zu spät. Nun ich diese Briefe nach München schicken muß und die dortigen schrecklichen Postgesetze kenne, weiß ich kein anderes Mittel, als den andern Brief, der ein klein wenig angesiegelt war, auch aufzumachen, um diesen hineinzulegen.

Den Vaterchen Jacobi grüße doch sehr verehrungsvoll von mir und sage ihm, ich glaube, wir würden uns verständigen, wenn wir uns sprechen könnten, durch Schreiben möchte ich es gar nicht darauf anlegen, weil ich in dieser Kunst zu tief unter ihm stände. Unter verständigen aber meine ich nicht gerade völlig eins werden, denn daran zweifele ich freilich, sondern nur zu einer übereinstimmenden Vorstellung von unserer Differenz gelangen, die mir Jacobi ganz anders anzunehmen scheint, als ich sie sehe. Übrigens hindern sie in mir gar nicht meine herzliche Verehrung. Aber wie soll ich auf dieses Sprechen hoffen, eher, als wenn in zwei Jahren aus der Schweizerreise etwas wird und es mir möglich ist, dann über München zu gehen.

Jette fährt fort, sich ganz vortrefflich zu befinden, und die Kleine auch, welche zwischen Hildegard und Mathilde schwankt. Wolltest Du nun nicht noch das Geheimnis bewahren, so bäte ich Dich zu Gevatter, um darin Deine Erstlinge zu haben. Indes Deiner guten Wünsche und daß Dir das Kind doch ans Herz gelegt ist, bin ich auch ohne das gewiß. Übrigens ist die ganze Stadt voll davon, daß Du Dich in Zossen habest taufen lassen; woher, das weiß ich nicht. So geht es aber gewöhnlich mit solchen Dingen. Woher es kommt, dem habe ich nicht nachspüren können; – von uns geht es nicht aus, es müßte denn sein, daß die alte (?) sich in aller Unschuld verschnappt hätte, doch kann ich das auch nicht recht glauben. Ich habe es noch niemanden zugestanden, Arndt hat mich gut eingeübt auf das Lügen.

Eine unerwartete Freude harrt Deiner in Rom – die vortrefflichste Gelegenheit, viel englisch zu sprechen. Bunsen nämlich hat eine reiche Engländerin geheiratet und lebt mit ihr als ein großer Herr in Frascati. Ist das nicht eine sonderbare Geschichte? Nach Rom schreibe ich Dir zunächst durch Niebuhr oder Brandis, bis ich Anweisung von Dir bekomme. – Aus Alexanders Brief an mich ist nur nachzuholen die Bestätigung von Helvetius Leiden an Herzerweiterung oder Pulsadergeschwulst, doch schreibt Alexander, er sei anscheinend gesund. Im Sept. kommt er vielleicht her und bleibt den Winter. Da will ich ihm noch einmal zureden, den Magnetismus zu versuchen. Die Scharnhorst-Dohna ist jetzt hier, ich habe sie aber noch nicht gesehen, sie wohnt leider bei Schmelzer. Fritz kommt künftigen Monat mit seinem Regiment durch. – Die beiden Sack sind zurückgekommen, sonst unverändert, aber sie sind in eine etwas widerwärtige Intoleranz und buchstäbliche Orthodoxie hineingekommen, aus der sie sich allmählich herausarbeiten müssen. Der jüngste hat bedeutenden Anstoß genommen an meiner Zueignung an de Wette. Meine Schrift über eine Synodalverfassung wird mir hoffentlich die Herzen aller verständigen Geistlichen gewinnen, mit Ausnahme derjenigen, welche gern etwas Papst sein wollen. Die hiesigen dieser Art sollen auch sehr aufgeregt sein und davon sprechen, daß ich in der Synode eine Rolle spielen wollte wie Massenbach in der Württembergischen Ständeversammlung! Neulich war ich mit Nicolovius zusammen bei Eichhorn. Er sprach aber, wiewohl von der Sache die Rede war, kein Wort von meiner Schrift. Ich hätte ihm sonst ins Gesicht gesagt, was ich sonst laut genug sage, daß er in meiner Achtung ungeheuer verloren hat dadurch, daß er den von mir getadelten Entwurf sanktioniert hat. Der alte Sack hat sich sehr zufrieden über meine Schrift erklärt, und das ist mir sehr lieb.

Du siehst, liebe Jette, wie ich alles durcheinanderschreibe in den unruhigsten Augenblicken, allein ich bin ziemlich durcheinandergetrieben, und wie auf dem kleinen Tisch alles durcheinanderfällt, so will sich auch in der Zeit nichts schicken. Unsre gute Lotte ist noch ab und zu sehr leidend, indes scheint sie doch im Ganzen in der Besserung zu sein. Alles grüßt, und unsere Herzen sind mit Dir. Ein andermal schreibe ich Dir auch mehr aus dem

Herzen, als ich jetzt kann. Für diesmal hast Du auch billig an Alexanders Briefe genug. Gott geleite Dich und laß es Dir recht wohl gehen.

Dein
Alter Ernst

Henriette Herz an F. C. Sibbern

Zossen, 6ten Juli 1817

Lassen Sie mich Ihnen das große Wort gelassen aussprechen, lieber Freund: *d. 26. d. M.* reise ich von hier – nach *Italien.* Auguste Klein ist meine Reisegefährtin, ein tüchtiger Bedienter unsere Begleitung. Wir werden sehr langsam reisen, werden über Leipzig und Nürnberg gehen, dann nach München, wo wir vierzehn Tage bleiben wollen, um alles recht zu genießen, dann durch Tirol nach Verona, Venedig und Florenz, wo wir 3–4 Wochen bleiben, und in der Mitte Septembers denken wir in Rom zu sein, wo wir den Winter über bleiben. – Mit einfachen trocknen Worten habe ich Ihnen da hingestellt, was mich so lange schon bewegt, was mir in goldenem Schein in meiner Kindheit schon vorschwebte, womit meine Jugend schwärmte und was mir in meinem immer reifer werdenden Alter wünschens- und begehrenswert blieb. Meine Bekannte glauben, ich werde nicht wiederkommen; ich weiß es besser; Deutschland nicht nur, sondern Berlin bleibt meine Heimat – nicht etwa, weil ich dort geboren bin, sondern weil mein besseres Leben mir darin aufgegangen ist, weil mein innerer Sinn darin geweckt worden ist durch Dinge, Menschen, Leben. 2 Jahre könnten wohl darüber gehen, ehe ich völlig in Ruhe bin; dann bleibe ich aber auch ganz stille sitzen, gehe nur noch zuweilen zu meiner geliebten Schwester nach Prenzlau und warte übrigens, bis das Leben hier zu Ende geht, hoffe auf ein anderes und werde stets daran arbeiten, daß durch Tugend und Religion es ein seliges werde....

Henriette Herz an Louise Seidler

Rom, im Februar 1818

Den 12.

Vor einer Stunde brachte Thürmer mir Ihren Brief, meine liebe Louise, und im ersten Gefühl der Freude, die er mir machte, will und muß ich Ihnen dafür danken und Ihnen sagen, wie ich es recht erkenne, daß es lieb und gut von Ihnen ist, mir geschrieben zu haben! Durch einen von hier abgehen wollenden Künstler wollten wir Ihnen schreiben, er reiste aber nicht, und so unterblieb auch unser Schreiben; jetzt, durch Ihre Freundlichkeit von neuem angeregt, verschiebe ich es nicht länger und werde den Brief durch Ringseis besorgen lassen.

Wie soll ich nur anfangen Ihnen zu erzählen, zu sagen, wie glücklich und angenehm unsere Reise war und wie unendlich herrlich es hier ist! Ja, liebste Louise, wer nicht notgedrungen muß, der soll nicht sterben, ohne Rom gesehen zu haben, ohne durch Tirol dahin gereist zu sein. Wie übertrifft die Wirklichkeit jede Beschreibung! wieviel höher steht Tirol mit seinen Bewohnern, als selbst Goethe sie beschreibt!

Wie wohl mir in München war, das müssen Sie gesehen haben; dem verehrten trefflichen Jacobi, dessen flüchtige Bekanntschaft wie ein schöner Traum mir vor der Seele schwebte, näher zu sein, ihn zu sehen, zu sprechen, mich seiner Freundlichkeit, deren er mich würdigte, zu freuen, die Bekanntschaft von Schellings, Gotters, Niethammers und des bei Jacobis versammelten Kreises – alles das war eine schöne Weihe zur Erfüllung meines Jugendtraumes.

Mit München ging mir fürs erste das Leben mit interessanten Menschen unter, das der Natur ging aber auf, und wahrlich, alles, was ich bis jetzt Großes, Schönes und Herrliches gesehen habe, vermindert den Eindruck nicht, den jenes herrliche Land auf mich gemacht hat. Alle Beschreibung der Natur und der Menschen dort gibt keinen Begriff von der Wirklichkeit – ich schweige also auch gegen Sie davon, liebe Louise, und sage Ihnen nur, daß, vom Himmel begünstigt, wir glücklich in Verona ankamen.

Verona war nun eigentlich die erste große italienische Stadt, die wir sahen, und in ihr die ersten Überbleibsel großer, längst vergangener Zeiten. Das schöne Amphitheater verfehlte seine Wirkung nicht auf uns, auch gingen wir gläubig in ziemlich starkem Regen nach einem kleinen, wüsten Garten und holten uns ein Steinchen von Julie und Romeos Grabe. Durch unsern Bankier, einen Schweizer, sahen wir das Merkwürdigste in Verona, und nach drei Tagen reisten wir ab, gingen durch das schöne, aber öde und wüste Padua längs der Brenta nach Venedig. Liebste Louise, bilden Sie sich ja nicht ein, durch alles, was Sie gelesen, gesehen und gehört haben von dieser Zauberstadt, auch nur einen entfernten Begriff von ihr zu haben; in jeder Hinsicht übersteigt sie das Bild, das man sich von ihr macht. Bunt, voll und fast kleinlich ist alles, was ich von Venedig gemalt gesehen habe. Die Paläste stehen aber in grauer, stiller Pracht längs des großen Kanals, indes ein auf keine Weise zu beschreibendes Leben auf dem herrlichen Marcusplatz und der Riva schiavone in unendlichen Gestalten und Tönen sich zeigt. Berauscht vom Unerwarteten, Großen, Reizenden war ich die ersten Tage, und die fünf Tage unseres dortigen Aufenthalts verstrichen in einem Genuß, und das Bild Venedigs steht wie ein schöner Zauber vor meiner Seele. Von Verona nach Florenz hielten wir uns nur einen Vormittag in Bologna auf; in Florenz waren wir 4 Wochen, und dort sah ich zuerst mehrere herrliche Marmorbilder, deren schwache Nach- und Abbildungen ich früher an mehreren Orten gesehen hatte. Wie Bekannte in verklärter Gestalt traten sie mir entgegen – und mit Wahrheit kann ich Ihnen sagen, liebe Louise, daß ich zuerst vor ihrer mächtigen Herrlichkeit so erschrak, daß mir die Brust eng ward, ich die Augen niederschlug und mich wegwandte. Vor der Gruppe der Niobe war dies besonders der Fall; allmählich ward ich vertrauter mit ihnen und kehrte gern und freudig immer wieder zu ihnen zurück. Deutscher Umgang fehlte mir in Florenz, und nachdem ich alles tüchtig, nach meinen Kräften, gesehen hatte, verließ ich es gerne, um dem höheren Ziele entgegenzueilen, und vergnügt und gesund kamen wir am 11. Oktbr. vormittags um 12 Uhr in Rom an. War ich den ganzen Morgen des letzten Reisetages außer mir, so war ich es nicht weniger, als ich endlich wirklich durch das Tor einfuhr, den Obelisk, die auf dem Platze liegenden Kirchen usw. sah. Das Wetter war herrlich in den ersten Tagen unseres Hierseins, und mir war oft, als hätte ich

Flügel an der Seele, so leicht, so gehoben, so getragen fühlte ich mich. In den ersten Tagen sah ich mehr, als ich vertragen konnte, und der sich einstellende Regen machte mir die nötige Ruhe erreichbar. Der Regen hielt ungewöhnlich lange an, wir waren aber dennoch sehr glücklich, denn wir waren in Rom! In Frau von Humboldt, der gegenüber wir unser kleines Quartier bereit fanden, umarmte ich eine längst bewährte Freundin, in den Söhnen der Friedrich Schlegel liebe junge Freunde, die ich wie Söhne selbst liebe, da sie meinem Herzen durch die Liebe der Mutter nahe verwandt sind; in den beiden Schadows sah ich alte, gute Bekannte, und ebenso machte ich in den ersten Tagen die Bekanntschaft von Cornelius und Overbeck. Bin ich in meiner Unkunde und Unwissenheit in der Kunst schon nicht berechtigt, etwas darüber auszusprechen, so darf ich Ihnen doch sagen, daß die Arbeiten dieser jungen Männer mich wunderbar, jedes nach seiner Individualität, ergriffen. Den jüngsten Schadow sah ich beim Abschiede von Berlin als einen zierlichen jungen Weltmann und eleganten Porträtmaler, der durch einige ähnliche Porträts vornehmer Personen schon eine Art von Ruf hatte, der ihn über die Gebühr eitel machte. Den jüngsten Veit (Philipp, den Sie wohl von Dresden her kennen) sah ich als Anfänger der Malerkunst Berlin verlassen, nachdem er von der schönen Prinzeß Wilhelm ein gut gedachtes, aber dürftig und schwach ausgeführtes Bild gemalt hatte. Von Overbeck kannte ich ein kleines Madonnenbildchen mit steifen Falten und gelben steifen und starren Haaren, von Cornelius Zeichnungen zum Faust und den Nibelungen – nichts in Farben –, und wie fand ich alle diese Leute, nachdem ich sie ganz anders zu finden, nach Goethes Main- und Rheinreise glauben mußte! Schadow war ein Porträtmaler geworden, der jedes Porträt zum Tableau erhöhte, so wie in seinen Kompositionen sich stilles frommes Gemüt ausspricht, und zwar auf die lieblichste Weise durch Form und Farbe. Philipp Veit, der im Jahre 11 sein erstes Ölbild malte, dessen Studien durch den Freiheitskrieg Deutschlands, den er mitgemacht hatte, unterbrochen wurden, hatte Riesenschritte gemacht, und stehen seine Gestalten und ihre Umgebungen vielleicht jenen an Lieblichkeit nach, so drücken sie doch ebenso tiefen Sinn auf vielleicht kräftigere Weise aus. Overbeck verbindet mit eben diesem tiefen, stillen

Sinn eine ungewöhnliche Grazie in Männer- und Frauengestalten. Cornelius steht vor allen hoch da, und alles, was ich früher von ihm gesehen hatte, verschwindet gegen das, was er seitdem gemacht hat und jetzt macht. Der tiefe Ernst in den älteren Manneskköpfen, die Milde und Männlichkeit und sogar Lieblichkeit und Innigkeit in den jüngeren, die hohe Weiblichkeit in den Frauenköpfen ist in allen seinen Kompositionen gleich groß und schön. Bartholdy, der preußische General-Konsul, gab den vier Genannten zuerst Gelegenheit, ihr Talent in der Freskomalerei zu zeigen, und das kleine Zimmer, das er in der gemieteten Wohnung konnte malen lassen, enthält viel, sehr viel Schönes, und jetzt läßt der Marchese Massimi in seinem Palaste zwei Säle malen – den Dante und den Tasso – d. h. die Haupt- und bedeutenderen Nebenmomente beider Gedichte darstellend. Cornelius hat sich den Dante, Overbeck den Tasso gewählt; und beide haben schon Kartons dazu fertig, die ein selten herrliches Werk versprechen. Overbeck hat erst das Mittelstück der Decke ganz fertig; das befreite Jerusalem in der Gestalt einer auf einem prächtigen Sessel sitzenden Frau, der zwei Engel eben die Ketten abgenommen haben, die sie schwebend noch in den Händen haben. Die schöne Gestalt sieht ernst und fest und mit erlaubtem stolzen Gefühl aufwärts, den Wert der Freiheit fühlend, doch anerkennend, von wannen sie ihr kommt. Cornelius, der sehr schnell arbeitet, hat schon zwei Kartons mit vielen Figuren fertig, von denen die meisten trefflich gelungen sind.

So, liebe Louise, hat der eigene Genius diese Jünglinge über das erhoben, wonach sie sich mit Gewalt bilden wollten: ich meine, daß ihr besserer Genius sie bewahrt hat vor den Unvollkommenheiten derer, nach deren Vollkommenheiten sie mit Recht strebten und streben, die sie in einem gewissen Grade schon erreicht haben und hoffentlich immer mehr erreichen werden. Hätte Goethe die Arbeiten dieser jungen Männer gesehen, er würde vieles nicht über sie haben sagen lassen; sähe er sie noch, er nähme manches zurück. Ich habe Ihnen nur diejenigen genannt, die mit Recht als die vorzüglichsten genannt werden – es gibt aber noch einige, die Lob verdienen, und dazu gehören der älteste Veit, der langsamer als die andern arbeitet, daher auch weniger große Fortschritte gemacht hat; seine Bilder sind melancholisch in Komposition und vielleicht auch in Farben, derselbe tiefe, fromme Sinn aber ist auch in ihnen. Lassen Sie uns den Geist, der über jene gekommen ist, nicht tadeln, wenn er auch etwas in sie gebracht, das vielleicht aus ihnen wegzuwünschen wäre. Ist es in unserer Macht, zu sagen, daß sie so streng sittlich, so gründlich künstlerisch, so rechtlich, wacker, fromm und treu wären, wenn sie geblieben, was sie waren? Und das waren die meisten? Etwa Protestanten? Nein – sie waren nichts, sie waren ohne alle Religion, denn wären sie Protestanten im wahren Sinne des Wortes gewesen, so könnten sie ja wohl alles gewesen und geworden sein, was sie jetzt als Katholiken sind.

Ich habe Ihnen, liebste Louise, flüchtige Worte über die neue Kunst hier und gar keine über die alte gesagt, denn mit meinem Verstehen der Kunst steht es schwach; ich fühle sie allenfalls – die Menschen und die Natur verstehe ich besser, und so erfreue ich mich täglich des Umgangs mehrerer Künstler, die den Abend gerne teilnehmen an unserem Teetisch, der mit seinem siedenden Kessel uns nordische Abende nach südlichen Tagen bereitet – so entzückt mich täglich der dunkelblaue Himmel, die herrlichen, mit Schnee bedeckten Berge, die in der schönsten Mittag- und Abendbeleuchtung vor mir liegen, indes ich in warmer Sonne unter ewig grünen Bäumen stehe, auf hellgrünem Rasenteppich, der mit den mannigfaltigsten Blumen von ungeheurer Farbenpracht bedeckt ist – umgeben vom Duft der fast nie verblühenden Veilchen, nie aufhörendem Vögelgesang, indes fast rund umher die jetzt reifen Pomeranzen mich aus dunkelgrünem Laube anglühen. Sagen Sie nur, wie das alles eine arme Nordländerin, die im Schnee geboren und erzogen ist, aushalten soll – mir ist auch oft, als könnte ich es nicht – und nun in all dieser Himmels- und Erdepracht gesammelt und aufgehäuft Schätze der Kunst aus ihren besten Zeiten, in unglaublichem Maße, ja, aufgehäuft und einzeln; denn in jedem Winkel der Stadt findet man Andenken der großen Kunstzeit! Und doch, und doch gibt es treffliche Menschen, denen das alles nicht genügt, denen es in Rom nicht gefällt – die sich in dem, was da ist, stören lassen durch das, was sie vermissen, die über das Nichtgute, das wirklich da ist, das nicht sehen, was klar, groß und herrlich da liegt.

Zu diesen aber gehört der Kronprinz von Bayern nicht, an dessen großer Freude an Rom ich meine eigne Freude habe, dieses ist ein einziger Prinz, wahrlich, in dessen Nähe man vergißt, wie hoch er in der äußeren Welt über einem steht. Er erkennt in vollem Sinne den Wert und das Verdienst der hiesigen deutschen Künstler nicht nur, sondern alles, alles, was hier zu erkennen ist – läßt sich durch nichts stören im Genuß der Herrlichkeit, die einem gesunden inneren Sinne hier überall, aus jedem Winkel, von jedem alten Gemäuer, in hohen Sälen, wie vom Rasen, entgegenstrahlt. Er ist in einem Entzücken, das ich vollkommen mit ihm teile, und wahrhaft wohl tut es mir, daß er die deutschen Künstler, und besonders die Preußen, auszeichnet. Eberhardt, seinen Landsmann und künftigen Untertan, hat er erst während seines jetzigen Aufenthaltes recht kennen und würdigen gelernt. Steht er als Bildhauer nicht so hoch, wie mancher andere, und besonders wie Thorvaldsen – der wahrlich auf selten hoher Höhe steht –, so ist er als Komponist bewundernswert und wahrhaft groß. Das tiefste Gemüt spricht sich in anmutigen Gestalten und Zusammensetzungen in seinen Zeichnungen aus, auch wird der Kronprinz ihn hoffentlich beschäftigen. Dieser besucht alle deutschen Künstler und hat sich mit seinem Gefolge mit altdeutscher Tracht bekleidet; er meint, Ringseis sähe wie ein Geisterbeschwörer darin aus; und finde ich auch das grade nicht, so sieht er doch wunderlich genug mit seinem Schnurr-, Knebel- und Zwickelbart aus, der seinem mageren Gesicht ein wunderliches Ansehen gibt.

Den 17.

Nun, liebste Louise, will ich nur aufhören; denn wieviel ich auch noch zu sagen hätte, so muß ich es, denn wo die Zeit hernehmen? Des Vormittags scheint mich die Sonne zum Zimmer hinaus, ich kann es nicht aushalten im Hause, und den Abend sind entweder Leute bei uns oder wir sind später drüben bei Frau von Humboldt, wo auch immer deutsche Künstler sind. Dann habe ich die Bekanntschaft einiger englischer Häuser, die mir auch zuweilen einen Abend nehmen, und auf diese Weise lerne ich denn geläufig deutsch und englisch sprechen, an Italienisch ist nicht zu denken, da mich die italienischen Gesellschaften langweilen und ich die Bekanntschaften dieser sonst wirklich zuvorkommenden Leute vernachlässige.

Leben Sie wohl, recht wohl, streben Sie danach, uns noch in Rom zu sehen, die Reise ist bequem und nicht sehr kostbar.

Grüßen Sie Jacobis; wie soll ich Ihnen aber sagen, wie alle und wie jeden, mit Liebe und Dank? Sie werden es wohl wissen: Schellings, Roths, Niethammers, und wer freundlich meiner gedenkt. Schreiben Sie mir bald wieder, ich sage Ihnen meine Adresse in dem Papierchen, in welchem die Veilchen liegen: ein paar Veilchen, in der Villa Pamphili gepflückt!

Leben Sie wohl und sein Sie gewiß, daß wir Ihrer oft freundlich gedenken.

Henriette Herz

Henriette Herz an Frau Professor Horkel

Rom, den 28st. Febr. 1818

Haben Sie recht herzlichen Dank, meine liebe Freundin, für die mir durch die Nordländer geschickten Zeilen – ein liebes Zeichen Ihres Andenkens waren sie mir, und diese durch jene gesandten sollen Ihnen außer dem Danke noch sagen, daß mir heute wie in den ersten Tagen meines Hierseins Kauer mit seinen Durchschlägen alter Zeilen, mit seinen durch die deutschen Künstler aufgehendem neuen Kunstlichte, feinem dunkelblauem Himmel (der heute zwar grau ist), seinem ewigen Frühling usw. wahrhaft entzückt – nicht jedem undeutlichen Menschen aber wird es da gut – so auch dem armen Atterbom – dem ist nicht wohl hier, er und viele andere lassen sich stören in dem Genuß dessen, was hier ist, durch den Mangel dessen, was nicht ist. Und dadurch sind die denn grundbedauernswert und es [ist] ihnen ganz und gar nicht zu helfen. Küder hat sich auch hier nicht gefallen – ich habe ihn zwar nicht selbst gesprochen, weiß es aber von den anderen, die es haben – wie gerne hätte ich ihn nicht ausgefragt über Schliers, die Weiß usw. usw. Er kam aber nicht zu mir und ich gerade in den wenigen Tagen meines Hierseins nicht zur Humboldt – ich hatte die ersten sehr betrübten Tage in Rom. Hatte eben durch jene mitreisenden Herren die Todesnachricht von meiner einzigen Nichte, die Tochter meiner armen Schwester Herz, bekommen und war nicht geeignet, in Gesellschaft zu sein. Sonst wäre es mir besonders lieb gewesen, Küder zu sprechen und ihm noch für meine echt protestantischen Freunde die Versicherung mitzugeben, daß ich weder katholisch geworden sei noch es werden würde – wie man in Berlin von mir gesagt hat und sagt in London. Herr von Humboldt hat es der Frau geschrieben: ich komme mir gewaltig vor, daß man um meiner Seele Heil so besorgt scheint – wäre ich aber nicht lange schon eine gute feste Protestantin, so würde ich in Rom nicht werden – wie weit also von der Katholikin! Wer unbefangenen Sinnes hier ist, wird mich besser verstehen, als man es in der anderen kann – genug davon – glauben Sie mir aber, was ich Ihnen gesagt habe. Nun habe ich die Bitte einer Freundin an Sie – meine jüngste Schwester, Nathan, ist durch unglückliche Spekulation ihres Mannes in die Notwendigkeit versetzt worden, etwas zu ihrem Unterhalt zu unternehmen – d. h. sie und ihr Mann haben in der H. Geiststraße Nr. 51 eine Materialhandlung – schaffen Sie ihnen Kunden, wenn die Waren gut sind. – Ich sage dieser großen Bitte, aus dem höchst grundtiefen und wahrlich göttlichen Kummer gesandt, nichts hinzu. Daß mir die Bestellung am Herzen liegt, können Sie sich denken. Leben Sie wohl, recht wohl. Gott stärke Sie in Zeiten, wo Sie Trost aller Art bedürfen. Und bewahre Sie davor so lange als möglich. Grüßen Sie die Weiß, die Sebbe und Haustein sehr herzlich von mir... Wir Berliner haben aber wirklich etwas Kaltes, höchst Vernünftiges, und wir wollen es uns nur gestehen, etwas, das wenigstens feind der Philisterei – es ist kein Land der Kunst und Poesie. Wer in diesem lebt, dem kann nicht wohl darin sein! Wenn er nicht an manchem hängt und in und mit diesem lebt – dem armen Atterbom ist auch nicht wohl darin geworden – denn seine Art ist nicht die unsere – und man hat gar wenig Mitleid bei uns – denn sogar hier sind die Deutschen nicht mild gegen das, was sie lieber nicht beachten sollten. Arns schwarzer Samtkragen mit Leinen und wunderbar gestickt macht gewaltige Sensation unter ihnen, und ich hatte nicht den Mut, ihm zu raten, daß er ihn abtrennen lasse. Was ich übrigens für ihn tun kann, soll geschehen – er ist nicht glücklich. Das fühlt man ihm bald an und die gesunde kräftige Natur des Hjort wird ihm wohltun....

Alexander von Humboldt

Alexander von Humboldt an Henriette Herz

[Ohne Datum, ca. 1845]

Ich muß Ihnen sagen, teure Freundin, wie lebhaft die Freude des Königs war, als ich ihm, schön eingerahmt, Ihr liebliches Bild, von Elise Fränkel (1821) gezeichnet, gebracht habe. Ich verdankte es dem Wohlwollen von Marianne Mendelssohn, die von mir erfuhr, wie sehr der König ein Bild von Ihnen wünschte, ›wie Sie ihm in der jugendlichen Einbildungskraft vorschwebten‹. Er fand das Bild nicht schön genug, doch aber teilweise sehr ähnlich. »Das ist dazu der einfache Turban, das Kopftuch, wie ich es noch vor mir sehe.« Ich werde suchen, das Bild der Königin zu verbergen. Wir sollten beide, in unserem Alter, den Hof mehr zu meiden wissen.

Ich höre freudige Nachricht von Ihrer Genesung und werde kommen, Ihnen diese Freude auszudrücken. Frau v. Bülow ist jetzt trüber, als sie in den ersten Tagen war.

Mit alter Verehrung Ihr unleserlichster

A. Humboldt

Dienstag.

Antworten Sie nicht an einem mardi gras.

d. 20. Nov. 1845

Wenn ich so glücklich war, meine teure Freundin, Sie heute durch das gemütliche Andenken des Königs zu erfreuen, des Königs, der, wie er sich ausdrückt, ›von früher Jugend an Ihren Namen mit inniger Hochachtung hat aussprechen hören‹, so habe ich jetzt schon Veranlassung, auch die kleine Ungewißheit zu heben, die in meiner Erzählung zu liegen schien. Ich war, indem ich Sie verließ, bei dem Geh. Kabinetts-Rat Müller, der mir alles bestätigte, was ich gestern abend aus dem Munde des Königs empfing. Der König hat nämlich gestern abend schon ein Handbillett an G. E. R. Müller geschrieben, diesem meine Eingabe geschickt und auf das bestimmteste ausgedrückt,

es sollen Ihnen jetzt durch mich für das laufende Jahr fünfzig Stück Fr. d'or gebracht werden, und vom 1. Jan. 1846 an sollen Sie lebenslänglich eine jährliche Pension von fünfhundert Talern ziehen.

Es ist alles schon ausgefertigt, aber der König hatte es zarter gefunden, da Sie um nichts gebeten und die ganze Sache ohne Ihr Wissen geschehen ist, keine Kabinetts-Ordre an Sie zu richten. Ich werde eine schriftliche Antwort vom König darüber erhalten, in der Ihrer auf das ehrenvollste erwähnt ist. Dazu geht der Befehl unmittelbar an die Kasse, welche die Pension zahlt.

Ich beschwöre Sie, mir nicht zu antworten.

Mit alter Verehrung
Ihr
Alexander Humboldt

Zeugnisse

Dem Herrn Doctor Marcus Herz
und Mademoiselle Jette Lemos
an ihrem Vermählungstage gewidmet

Dies ist die holde, muntre Hebe!
Wer sah der Göttin Abbild je,
So ganz im feinsten Reizgewebe;
Und schöner noch als Pasithe?

Welch edler Zauber in den Zügen!
Wie Himmel in dem Auge blickt!
Den Gott der Donner zu besiegen,
Hätt's ihr, der Juno gleich, geglückt!

Wie blühend ihrer Wangen Rosen!
Wie schlank der Wuchs! welch edler Gang!
Wie unschuld – liebevoll ihr Kosen!
Die Stimme, welcher Silberklang!

Ihr angenehmes frohes Scherzen,
Ihr aufgeklärtester Verstand;
Das Minniglich' in ihrem Herzen;
In ihr – der Schöpfung Meisterhand! –

Und wie bei trübsalsvollen Szenen
Empfindsam ihr die Zähre rollt!
Wie mitleidsvoll, ohn es zu wähnen,
Sie Notbedürftgen freudig zollt!

So ist sie, meines Freundes Jettchen,
Und so vollkommen mußt sie sein!

Ein anmutreiches, sanftes Mädchen,
Das Lohn für Kummer kann verleihn!

Dies Mädchen lohnet den Verehrer
Erhabener Philosophie,
In den Gefühlesquellenlehrer,
In der Empfindungstheorie!

Der Denken noch durch Tun vergrößert,
So weisheitsvoll wie Sokrates.
Der Körper heilt, und Seelen bessert,
Der Liebling des Hippokrates. –

Wer Welten mißt mit einem Blicke;
Der Erdengüter Innres kennt,
Der rechnet sich's zum echten Glücke,
Wenn heiße Lieb im Herzen brennt!

So bringe denn die Nektarschale,
Du frohe Götterpflegerin!
Dem sehnsuchtsvollen Ehgemahle
Als Wonne höchster Wonne hin!

Aus ›Henriette Herz. Ihr Leben und ihre Erinnerungen‹ von Joseph Fürst, 1850:

Henriette Herz war von einem so hohen Wuchse, daß ihre Gestalt ziemlich weit die durchschnittliche Größe ihrer Geschlechtsgenossinnen überragte. Unter den Frauen Berlins möchte ihrer Zeit nur die Königin Luise von Preußen sie in dieser Beziehung erreicht haben. Bis zum Eintritt des Alters gesellte sich zu diesem ausgezeichneten Wuchse eine höchst gefällige Fülle der Formen, welche scharf das Maß innehielt, erforderlich, um der ganzen Gestalt nicht den Eindruck des Schlanken zu rauben. Gewährte sie hiernach beim ersten Blick vorherrschend ein imposantes Bild, so daß es ihr in Berlin den Namen der tragischen Muse zuwege brachte, so bot bei einem näheren ihr Kopf das der zugleich reinsten und mildesten weiblichen Schönheit. Selten nur mag die Natur ein Profil erzeugt haben, welches sich in solchem Maße wie das ihre den schönsten aus der Zeit griechischer Kunst näherte. Namentlich war die fast lotrechte Linie, in welcher die Nase sich an die Stirn ansetzte, in dieser Beziehung klassisch, ein Vorzug, welcher noch an dem Kopfe der Greisin zu erkennen war, und nicht minder staunenswert war die Reinheit des Ovals ihres Gesichts. Dem kleinen Munde, dessen perlengleiche Zahnreihen von zugleich feingezeichneten und vollen Lippen umsäumt wurden, war das anmutigste Lächeln eigen. Der Glanz der dunklen, im Bogen von feinen schwarzen Brauen umwölbten, in mildem Feuer leuchtenden Augen wurde durch einen frischen, aber durchaus zarten Teint gehoben, und dieser wieder durch das reichste dunkle Haar. Was Laien an ihrem Äußeren tadelten, während Künstler auch darin eine wunderbare Übereinstimmung mit dem kanonischen Verhältnisse aus der klassischen Zeit griechischer Skulpturen sahen, war, daß der Kopf im Verhältnis zu dem übrigen Körper etwas klein erschien.

Ihre Sprachkenntnisse gaben Anlaß, sie zu den gelehrten Frauen zu zählen. Und in der Tat wußte sie von den alten Sprachen Hebräisch, Griechisch und Latein, von den neueren Französisch, Englisch, Italienisch, Spanisch und Schwedisch, und die letzteren, namentlich das Französische, Englische und Italienische, sprach sie mit Geläufigkeit. Aber die Sprachen, mit Ausnahme der hebräischen, welche sie erlernen mußte, weil ihr Religionsunterricht es erforderte, waren ihr nie etwas anderes als ein Mittel, auf dem geeignetsten Wege die Kenntnis der Literatur der betreffenden Völker zu erlangen, sowie bei ihrer Hinneigung zu einer höheren Geselligkeit und in ihrem Bestreben, aus ihrem Umgange den möglichst größten geistigen Nutzen zu ziehen, dazu, sich mit den vielen Ausländern, zu welchen sie in Beziehung kam, in deren Muttersprache unterhalten zu können.

Marcus Herz war mit allen damaligen Trägern der Intelligenz Berlins befreundet, und gern übertrugen diese ihre Freundschaft auch auf die junge, schöne und empfängliche Frau. Daß die innigsten Beziehungen, in welche sie zunächst trat, die zu den Koryphäen der Belletristik und der geistvollen Freunde derselben waren, ist begreiflich. Wir finden in ihrem näheren Umgange die damals glanzvollsten Namen unter den ersteren, deren Glorie freilich eine spätere Literaturepoche um etwas verdunkelt hat. Ramler, Engel, Moritz gehörten in kurzem zu den Schriftstellern, mit welchen sie vielfach in und außer ihrem Hause verkehrte. Aber auch zu dem älteren Spalding, der trotz der vorgerückten Jahre den Bewegungen der schönen Literatur mit Teilnahme und jugendlicher Lebendigkeit folgte, zu Teller, welchem bis zu seinem Lebensende der Sinn für alles Schöne treu blieb, zu Zöllner, trotz seines geistlichen Standes sehr gewandter Weltmann und angenehmer und belehrender Gesellschafter, bildeten sich bald freundschaftliche Verhältnisse, ein noch vertrauteres zu Dohm, etwas später ein gleiches zu dem jüngeren Spalding. Die Musik war in ihrem Kreise durch den vielseitig gebildeten Reichardt vertreten, die Skulptur durch Schadow. Auch der nirgends fehlende Nicolai huldigte trotz der ihm inwohnenden Prosa der Jugend und Schönheit, ja sogar der damals fast schwärmerischen Sentimentalität der interessanten Frau. – Schon in den achtziger Jahren traten, kaum noch Jünglinge, die Brüder Humboldt in ihren Kreis, und ihre Beziehungen zu ihnen wurden bald sehr freundschaftliche, nicht lange nach ihnen Graf Christian Bernstorff, Gentz und der spätere preußische Minister Graf Alexander von Dohna-Schlobitten, dessen Verhältnis zu ihr vielleicht mehr als das irgendeines ihrer anderen Freunde den Charakter der Liebe trug und welcher, trotz seines hohen Standes und seiner hervorragenden Stellung in der Gesellschaft wie im Staatsdienste, nicht Anstand nahm, ihr nach dem Tode ihres Gatten seine Hand anzubieten, welche sie jedoch aus den achtungswertesten Motiven nicht annahm. Die neunziger Jahre führten ihr unter mehreren ausgezeichneten Männern von Brinckmann, Feßler, Friedrich Schlegel, endlich Schleiermacher zu, welcher wohl derjenige ihrer Freunde war, an welchen das innigste und dauerndste Band sie knüpfte. Daneben blieb ihr von fremden Notabilitäten, welche Berlin in seinen Mauern sah, fast nichts fern, und für mehrere derselben ward ein kurzer Aufenthalt Anlaß zu lange fortgesetzter brieflicher Mitteilung.

Johann Gottfried Schadow erzählt 1849
(Kunst-Werke und Kunst-Ansichten):

Bis ins Jahr 1783 wurde der Zutritt im Hause des Dr. Marcus Herz ihm so vertraulich, daß die schöne Frau des Hauses ihm Modell saß zu ihrer Büste. Mann und Frau empfingen an zwei Abenden der Woche Gesellschaft.

In jener Zeit lebten in Einverständnis: Gedike, Biester, Nicolai, Engel, Ramler, Moses Mendelssohn, Spalding, Teller etc. Marcus Herz als praktischer Arzt und als Verfasser der Abhandlung vom Schwindel, außerdem witziger Kopf, stand allgemein und auch bei seinen Kollegen in hoher Achtung. Des Lavoisier Entdeckungen hatten ihn dermaßen bezaubert, daß er kostbare Apparate herbeischaffte, um uns an Nachmittagen Experimente vorzutragen. Als leidenschaftlicher Tabakraucher blieb er Herr in seinem Zimmer. Hier empfing er an den Gesellschaftsabenden junge Ärzte, durchreisende Gelehrte, unter denen nur namentlich anzuführen Geheime-Rat Selle, der Königliche Leibarzt; N. Kunth, Erzieher der berühmten Brüder Wilhelm und Alexander von Humboldt; Klaproth; Staatsrat Karsten etc.

Im Salon der Hausfrau daneben waren zugleich mehre jüngere Männer, der deutschen Dichtkunst ergeben, das hierin Neuerscheinende beibringend, besprechend, rezitierend und kritisierend. Von den vielen Namen sind wenige in der Erinnerung geblieben: der Schwede Brinckmann, von dem Verse im Druck erschienen; Woltmann, auch Geschichtsschreiber; einer namens Meyer, Almanach versifax; Meyering; von Kleist und die Gebrüder Grafen Dohna; der ältere Graf wurde Staats-Minister, der jüngere bekleidete mehre Gesandtschaften. Der berühmte Schleiermacher kam mehre Jahre später erst hinzu.

Einen Abend war unser Er [Schadow] mit beiden Eheleuten allein; der Wohnung gegenüber war ein Tanzboden, man hörte Musik, das Stampfen und Juchhee der Tänzer. Frau Herz sagte zu ihrem Manne: was hilft uns die feine Bildung, zu diesem Grad von Fröhlichkeit bringen wir es nie. Ihr Mann sagte: dagegen entbehren jene auch des stillen Genusses, den ein gutes Buch gewährt, und der Mitteilung von Entdeckungen im Bereiche der Naturkräfte zum Wohle der Menschheit.

Außer der Büste, seinem eigentlichen Fache, zeichnete unser junger Künstler Profile nach dem Leben; das von Marcus Herz wurde gestochen.

Karl August Boettiger veröffentlichte 1838 in dem zweiteiligen Buch ›Literarische Zustände und Zeitgenossen‹ das Tagebuch einer Reise nach Berlin im Jahre 1797. Darin heißt es:

Marcus Herz, Arzt beim jüdischen Lazarett und Professor der Philosophie in Berlin, waldeckischer Hofrat, gehört zu den geistreichsten und interessantesten Männern des *gelehrten Berlins* und ist mit seiner berühmten und um ihrer Schönheit und ihres Verstandes willen hochgepriesenen Frau ebenso der Mittelpunkt des philosophierenden und ästhetisierenden Zirkels, als die Itzigsche Familie in ihren zwei Repräsentantinnen, Mad. *Wolf* und Mad. *Levi*, einen gedrängten Kreis von Anbetern körperlicher, durch alle Künste des Reichtums und der Kultur erhöhter Reize in sich zu versammeln weiß. ...

An dem wackern Herz möchte auch der scharfsinnigste Judenspäher keine Spur seiner Abstammung entdecken. Er ist kleiner untersetzter Statur, hat ungemein sprechende Augen und ein redendes, fast mimisches Mienenspiel, drückt sich sehr fließend, bestimmt und treffend aus, ohne nach Witz zu haschen, den er weit weniger sucht als findet, kleidet gern seine Beobachtungen und Tadel über andere in kleine Anekdoten und Geschichten ein, wovon die Anwendung auf den gegenwärtigen Fall von selbst in die Augen springt, und hat ein sehr frohmütiges, nichts weniger als satyrisches und kaustisches Lachen. Er ist gewiß einer der tätigsten Menschen in Berlin als Arzt und Gelehrter. Andere Ärzte rollen bei einer weit weniger ausgebreiteten Praxis beständig in einer Kutsche herum, und diese zu besitzen ist gewöhnlich das erste Ziel eines jungen Berliner Arztes. – Er durchläuft die große Stadt beständig zu Fuße. Im Sommer wohnt seine Frau in der Mitte des Tiergartens. Da bringt Herz die Morgen und Abende zu und hat daher schon darum alle Tage eine halbe Meile zu laufen. Rechnet man dazu die häufigen Besuche der Fremden, die er alle mit großer Bereitwilligkeit aufnimmt, Korrespondenz,

Schriftstellerei, Vorlesungen usw., so begreift man kaum, wie dieser rastlos tätige Mann nicht von Geschäften erdrückt wird und immer noch Zeit übrig hat, die jüngsten Blüten in jeder Literatur zu brechen und wieder in seine Gespräche und Vorlesungen zu verpflanzen. Freilich kommt ihm dabei seine alles Neue sogleich prüfende und durchschauende Frau und der Vorzug großer Städte, durch Fremdenbesuch sogleich alles Neue zu erfahren, sehr zustatten.

Ich fand ihn, als ich am Tage meiner Ankunft mit meinem braven Sander und seiner liebenswürdigen Frau abends in den Tiergarten fuhr, in der kleinen Laube sitzend, die der Sommerwohnung gegenüber fast jede Familie, die in den an der Seite des Parkes hinlaufenden Häusern sich aufhält, in das Gehölze selbst zu bauen und von da aus, indem man Tee trinkt und plaudert, die Vorübergehenden, Fahrenden, Reitenden zu mustern pflegt. Er schmauchte sein Abendpfeifchen und ging, während ich mit seiner Frau sprach, auf und ab. –

Mad. Herz ist eine langbekannte, perennierende Schönheit, seit Jahren Gegenstand vieler unerhörter Wünsche und schöngeisterischer Huldigungen. Man hatte sonst ein Sprüchwort: Wer den Gensd'armenmarkt und Mad. Herz nicht gesehen, hat Berlin nicht gesehen. Sie gehört durch ihre *kolossalischen Vollkommenheiten* zu den stolzen junonischen Schönheiten. Ihre Büste bis auf die Mitte ist im vollkommensten Ebenmaße, wozu aber die unteren Teile nicht in rechtem Verhältnisse stehen. Sie scheint mir weniger Temperament, aber viel Leidenschaftliches für Ehre und Auszeichnung zu haben. Jetzt wenigstens ist sie damit zufrieden, an ihren Triumphwagen alle Männer und Jünglinge von Geist wenigstens auf einige Zeit gespannt zu sehen. So war eben Friedr. Schlegel der erklärte Verehrer ihrer geistigen Reize. Sie liest und deklamiert vortrefflich, sie dichtet und spricht fertig Englisch und Französisch usw. Aber was mir vorzüglich von ihr gefallen hat, sie macht mit allen diesem nicht die geringste Parade und scheint es vorauszusetzen, daß, wer zu ihr kommt, schon hinlänglich von ihren Kenntnissen unterrichtet sei. Sie kann aufmerksam *hören* und andere ohne Verdruß viel und lange sprechen lassen. Goethe ist ihr Liebling. Beständig kam sie auch in ihren Unterredungen mit mir auf ihn zurück, und sie war sichtbar unzufrieden, als ich ihr, durch mein Wort gebunden, die Aushängebogen von Goethes ›Hermann und Dorothea‹ nicht mitteilen konnte. Sie leugnete es nicht, mit Jenisch über ›Wilhelm Meister‹ oft gesprochen zu haben, und daß vieles in dessen Schrift darüber auch ihre Überzeugung sei; allein sie teilte übrigens ihres Mannes Gesinnungen – von welchem sie überhaupt gewiß zu ihrem eigenen Vorteile in ihren Gesinnungen und Urteilen weit mehr abzuhängen scheint, als die gewöhnlichen schöngeisterischen Weiber – über Jenischens Charakterlosigkeit und lächerliche Eitelkeit....

Ich hörte ihn [Marcus Herz] noch den letzten Mittwoch meiner Anwesenheit in Berlin an dem Versammlungsorte der Gesellschaft, die er vorigen ganzen Winter mit höchst interessanten physikalischen Vorlesungen unterhalten hatte, im Tiergarten, eine Vorlesung über inflammable Luft halten und sah ihn mehr als 15 Experimente mit außerordentlicher Fertigkeit und Behendigkeit machen. Er hatte sich die Hauptpunkte zwar aufgeschrieben, las aber nur wenig ab. Sein Vortrag ist klar und ohne Wortfülle und Schönrednerei lebhaft. Es waren mehr als 60 Menschen in dem kleinen Saale beisammen, mehr Frauen als Männer, und doch herrschte die größte Aufmerksamkeit und bei vielen sichtbare Wißbegierde, wie selbst aus ihren Fragen hervorging. Bei den Experimenten half ihm ein Bruder seiner Frau, auch ein junger Arzt. (Die Familie ist ursprünglich portugiesisch und heißt *Lemos.*) Kein Experiment verunglückte, und besonders gefiel mir das letzte, wo durch das Auf- und Niederschieben eines oben und unten offenen Glaszylinders über einem Flämmchen aus brennbarer Luft der Zylinder selbst einen harmonikaartigen Glockenton, solange das Glas noch nicht erwärmt ist, von sich gibt. Der Ton ist nach dem größern und kleinern Umfange des Zylinders heller oder tiefer. Herz versuchte es mit vier verschiedenen Zylindern, und ich teilte ihm darauf noch die Vermutung Goethes mit, bei welchem wir vor zwei Jahren ebendiesen Versuch probiert hatten, daß sich wirkliche Akkorde herausbringen lassen würden, wenn man recht viele Zylinder nacheinander anwenden könnte. – Herz, der alle diese, zum Teil mit beträchtlichem Aufwande verbundenen Experimente unentgeltlich macht und sich für hinlänglich belohnt hält, wenn nur recht viele Kenntnisse aus der Bücherwelt ins gemeine Leben übergehen, verdient gewiß von allen, die an dieser Gesellschaft teilnehmen können, den lebhaftesten Dank. Dies ist im edelsten Sinne des Wortes *großstädtisch.*

Der bekannte Naturforscher Karl Asmund Rudolphi besuchte im Jahre 1802 Berlin. In seinen ›Bemerkungen aus dem Gebiete der Naturgeschichte‹ (1804) schreibt er:

Sowohl um die Bekanntschaften der einheimischen als auch der fremden Gelehrten, die hier zum Besuch sind, zu machen, sind die gelehrten Gesellschaften, wie überall, und so auch in Berlin vorzüglich wichtig, und das ist auch wirklich ein Hauptvorteil, den sie stiften....

Es gibt noch sonst eine Menge Gesellschaften in Berlin, woran Gelehrte teilnehmen, z. B. die Harmonie, das Montagskränzchen im englischen Hause, worin z. B. Goeckingk und Nicolai sind; sonntags ist sehr oft bei Herz eine Akademie; er selbst ist itzt kränklich.

In den ›Denkwürdigkeiten des eigenen Lebens‹ schreibt Karl August Varnhagen von Ense über die Zeit um 1808:

Unsere gemeinsamste Vereinigung hatten wir jüngern Freunde in dem Reimerschen und Schleiermacherschen Hause sowie auch bei der Hofrätin Herz; besonders zu der letzteren kamen wir gern und oft, weil hier die freundlichsten und zartesten Bezüge zugleich durch Bildung und Freiheit begünstigt waren und keine Störung auch nur denkbar schien. Das Erlernen und Üben fremder Sprachen war bei Madame Herz schon eine althergebrachte Gewohnheit und gab den Halt- und Mittelpunkt der vielfachsten geselligen Verbindungen, die vermöge solches in regelmäßigen Partien abwechselnden Stoffes nicht ganz leer werden konnten, bis nicht zum wenigsten eine ganze Literatur erschöpft war. Aber außer diesen Literaturen und Sprachen nahm ihr gebildeter Geist auch an Gegenständen des Denkens und Betrachtens allen liebreichen Anteil, den man von der Freundin Schleiermachers wohl erwarten durfte. Harscher empfing für seine dialektischen Nachfragen und Grübeleien hier eine unerschöpfliche Nahrung, und alles, was er über bestimmte persönliche Verhältnisse zur Berichtigung oder Erweiterung seines Wissens zu erfahren wünschte, sowie das, was er von seinen idealen Vorstellungen für das wirkliche Leben an einem taktfesten Bewußtsein – dafür aber galt ihm jedes echt weibliche – zu prüfen suchte, wurde hier durchgesprochen und in allen möglichen Formen mit allen nahen Belegen literarischer und persönlicher Beispiele geschmückt, meistens geistreich und nicht selten kühn und wunderlich erörtert. Liebe, Freundschaft, Weiblichkeit und andre solche Gegenstände haben den großen Reiz, daß sie, auch wenn man das Allgemeine über sie schon ausgemacht und abgetan hätte, noch stets für die nächste Anwendbarkeit ein weites, mehr oder minder fruchtbares Feld eröffnen, auf dem jeder im stillen seine Persönlichkeit mag weiden lassen. Auf der andern Seite war freilich dem Übelstande nicht ganz zu entschlüpfen, daß unter geistig verbundenen Personen, denen in den wissenschaftlichen Räumen alle Türen geöffnet waren, das Gespräch bisweilen unerwartet in irgendeine abgelegene Kammer sich verlief, wo man sich unbequem und verfangen fühlte. So geschah es wohl, daß Liebe sich zur Ehescheidung wandte, Weiblichkeit zu Sitten der Griechen und Orientalen führte, was denn Harscher ohne viele Umstände bis zur befriedigenden Einsicht verarbeitete, die Damen hingegen nicht ohne schmerzlich beibehaltenes Lächeln in Verwunderung und Verlegenheit vorübergehen ließen. Weit härter noch und bis zur Grausamkeit peinlich konnte Marwitz werden, der eines Abends am Teetisch alle seine Beredsamkeit aufbot, um der gütigen Wirtin, der großen und starken Frau, gründlich ins Gesicht hinein zu demonstrieren, weibliche Grazie sei mit einer solchen Gestalt, die er beschrieb, schlechterdings unverträglich. Vergeblich boten wir alles auf, das schreckliche Gespräch zu beendigen, wenigstens abzulenken oder zu mäßigen, wir sahen diese schönen, noch mit Mühe freundlichen Züge schon ganz dem Übergange zum Weinen nahe, aber nichts konnte den arglosen Redner stören, er verstärkte nur immer mehr seine Gründe und Beweise, und als er endlich, durch fühlbare Winke aufmerksam gemacht, seines abscheulichen Verstoßes inne wurde, vollendete er ihn dadurch, daß er nun ganz erschrocken um Verzeihung bat und wiederholt beteuerte, ganz ohne Bemerkung der Person so gesprochen zu haben. Schleiermacher kam selten zu diesen gewöhnlich ungemein heitern und ergötzlichen Abenden; auch pflegte seine Anwesenheit uns nicht zu erfreuen, er war gewöhnlich müde, verdrießlich, schnitt die Unterhaltung ab, und wenn er alles gehörig ins Stokken gebracht, schlief er wohl gar ein. Auch in seinem eignen Hause und bei Reimer war seine Verstimmung auffallend, und man schrieb sie größtenteils körperlichem Übelbefinden zu, das freilich in dieser Zeit einem wo nicht gebeugten, doch bedrängten Geiste leichter als sonst obherrschend wurde.

Unter den mancherlei Personen, die wir aus dem vieljährig gesammelten Lebensschatze unsrer Freundin hier oft beziehungsreich nennen oder schildern hörten, waren die Brüder von Humboldt und Frau von Humboldt, Friedrich Schlegel und seine Frau, Tieck und noch andre solchen Ranges und Interesses vorgekommen, kein Name jedoch vielfältiger und bedeutender als der von Rahel Levin. Die übrigen waren fern, diese aber lebte mit uns in derselben Stadt, sie war mit Schleiermacher und der Hofrätin Herz genau bekannt und nur zufällig jetzt außer Umgang mit ihnen; das Verlangen, sie kennenzulernen, wurde deshalb oftmals rege. Madame Herz sprach von ihr immer als von etwas Einzigem, Unvergleichbarem, und wenn auch in das strömende Lob hin und wieder einiger Tadel einfloß, zum Beispiel von allzu großer Freiheit im Aussprechen ihrer Denkart und von zu geradem und selbständigem Befolgen der eigentümlich gefaßten Überzeugung, wobei die Weiblichkeit zuweilen mehr Bewahrung des Scheins und wenn auch nur verstellten Einklang mit der Welt verlangen dürfte, so hatte sie es doch auf keine Weise hehl, daß sie vor ihr sonst in jeder wesentlichen Beziehung alle Segel strich. Wenn eine Frau, die selber so gebildet, so kenntnisreich, so fein und sittig vor unsern Augen stand, daß sie uns für alles Frauenwesen, wie es in der Schleiermacherschen Ethik sich darstellte, fast ein höchstes Muster und die lebendige Ausübung zu sein schien, in solcher Weise von einer andern sprach und sie unbedingt über jede Vergleichung erhob, so war das freilich sehr auffallend. Und Harscher insbesondere drang darauf, Madame Herz möchte ihre Freundin einmal mit uns zusammen einladen, wo er denn doch die Vergleichung zugunsten der ersteren ausfallen zu sehen im voraus entschlossen war und dies offen genug bekannte. Der Besuch wurde verabredet. Rahel erschien, aber nur auf eine Stunde, da sie an Fieber litt, und also wenig dazu bestimmt, den etwas befangenen Zuschnitt der kleinen Gesellschaft abzuändern. Harscher gewann ihr keine Aufmerksamkeit ab, und als Schleiermacher kam und gleich erfreut und ermuntert sich neben sie setzte und mit ihr in lebhaftes Gespräch einging, wurde jede andere Anknüpfung unmöglich. Wir waren nicht wenig erstaunt, sowohl im Scherze als im Ernste Schleiermacher nur in zweiter Rolle zu sehen, indem er willig eine gebotene Unterordnung anzunehmen schien und wirklich ein paarmal wie geschlagen verstummte oder doch gar sehr zu kurz kam. Als der für diesmal nicht auf längere Zeit beabsichtigte Besuch sich wegbegab, brachte er die Dame zu ihrem Wagen hinab und konnte, als er zurückgekehrt war, ihres Rühmens kein Ende finden. Mehr aber als die Worte zeugte seine Stimmung für den guten Eindruck, denn sie blieb aufgeweckt und gekräftigt für den ganzen Abend. Für uns war das ein doppeltes Phänomen, wir hatten ihn noch niemals untergeordnet und seit langer Zeit nicht so belebt gesehen. Madame Herz suchte vergebens bei Harscher den Dank für ihre bereitwillige Veranstaltung; er war mißvergnügt, daß alles gleichsam nur für Schleiermacher gewesen und dann verschwunden. Ihn ärgerte sogar dessen fortdauernde Munterkeit, und gern hätte er die ganze Erscheinung verneint oder verkleinert, deren Übergewicht er doch zu fühlen genötigt und deren vollen Wert zu ahnden er gewiß fähig war. Ich teilte seine Mißempfindung, allein in ganz anderm Bezuge, denn ich wünschte sehnlich, mit diesem wunderbaren Wesen näher bekannt zu werden, gegen welches die andern so schnell verblaßten. Und schon sah ich insgeheim mich mit ihm einverstandener und zusammengehöriger als mit diesen.

Aus Briefen Rahels an Karl August Varnhagen von Ense:

29. November 1810

Mad. Herz lebt geputzt; ohne zu wissen, daß man sich ausziehen kann, und wie einem dann ist.

28. September 1811 aus Dresden nach Prag

Die Hofrätin Herz ist seit gestern hier; ich habe sie heute abend in Körners Vorzimmer mit Meier gesprochen, sterile, affektiert.

Freitag, den 9ten September 1814

Du weißt, wie ich gebetene Gesellschaft hasse, nicht Soireen und Kotterien. Gestern war ich bei der Herz, die mich auf der Straße attrapierte, zum Tee, mit Ludwig Tieck, mit Graf und Gräfin Dohna, Philipp Veit – hübsch –, einer Oberhofmeisterin und Hofdame von Prinzeß Wilhelm, Staatsrat Uhden und Gemahlin und Körners aus Dresden. Ich sprach nur mit Graf Dohna, Fräulein Körner und Tieck. Er las den ›Sommernachtstraum‹: göttlich. Sonst war es gräßlich: ich fuhr ihn nach Hause, er wohnt bei dem Staatsrat Alberti, nicht weit von mir.

Sonnabend, den 10ten früh halb 8 im Bette

Fouqué, der hier war, überanekdotete auch ihn [Tieck]: welches sehr leicht ist: denn er spricht oft schwer: klagt oft darüber: und noch gestern: daß er sich so leicht vernichtet fühle; durch Ennui; welches ihm den Abend bei Mad. Herz geschehen war – ich *sah* es; weil ich ihn kenne, und lachte so, daß ich mir das Tuch vorhalten mußte, weil es Fräulein Körner und die Gräfin nicht ahndeten, in ihrem breiten Dasein, ohne Unterfutter!

Die Malerin Louise Seidler, Freundin Goethes,
schreibt in ihren ›Erinnerungen‹ 1873:

Gleich nachdem ich in Rom angekommen war [im Jahre 1818], besuchte ich Frau Dorothea Schlegel, die Mutter der beiden Veit, deren Ruhm so herrlich im Erblühen war. Sie war geistreich, freundlich und wohlwollend, so daß man sich trotz ihrer Häßlichkeit und des brennenden Blicks ihrer großen dunkeln Augen doch unendlich angezogen fühlte. Wie Henriette Herz wohnte Frau von Schlegel in dem Hause, welches einst Angelika Kauffmann besessen und worin diese Künstlerin ihr Dasein beendet hatte.

Eigentümlich war übrigens der Kontrast zwischen Dorothea Schlegel und Henriette Herz. Diese genoß in jeder Hinsicht allseitige Verehrung; über ihrem ganzen Wesen lag der Zauber der Schönheit und Anmut ausgegossen; echt weibliche Herzensgüte zeichnete sie aus. Ganz Bescheidenheit, ließ sie ihre mannigfachen Begabungen, besonders ihre großen Sprachkenntnisse, selten ahnen. Sie war nicht genial und geistreich wie Dorothea Schlegel, die von Witz und Leben sprühte. Dorothea imponierte unbewußt; nebenbei verstand sie es meisterlich, jedem etwas Passendes, Liebes und Angenehmes zu sagen. Gern setzte sie fremde Vorzüge ins rechte Licht und suchte dieselben vorteilhaft zur Geltung zu bringen. Waren beide Frauen beisammen, so überragte die häßliche Dorothea doch die schöne Herz bei weitem. Allein während das Leben der letzteren in unschuldigster Reinheit strahlte, konnte das der Schlegel nicht vor einem strengen Richterstuhle bestehen. Noch eine Scheidewand war da. Der Protestantismus, zu dem sich Henriette Herz bekannt hatte, wirkte trotz aller Vermittelungsversuche störend auf das sonst so innige Freundschaftsverhältnis der beiden seit ihrer frühen Jugend miteinander bekannten Frauen sowie auf deren ganzen Kreis ein. Dorothea war mit ihren acht- und neunjährigen Söhnen in Köln zur katholischen Kirche übergetreten; auch Overbeck und andere damals in Rom lebende Maler waren katholisch, teils durch Geburt, teils durch Wechseln mit dem Glauben. Bitter empfand dies Henriette Herz, und oft schien es mir, als ob Frau von Humboldt (von der ich sogleich näher sprechen werde), sosehr sie die überwiegende Genialität Dorothea Schlegels anerkannte, die arme Henriette durch doppelte Freundlichkeit für manche durch die katholischen Elemente erfahrene Zurücksetzung entschädigen wollte. Auf mich, die im Protestantismus geboren war, hatte der Unterschied der Konfession wenig Einfluß; wie mit beiden, von mir, jede in ihrer Art, geschätzten Frauen, verkehrte ich freundschaftlich mit meinen Kunstgenossen, gleichviel ob diese Katholiken waren oder nicht.

Caroline Bauer, Mitglied des Schauspielhauses,
in ihren Erinnerungen ›Aus meinem Bühnenleben‹ 1871:

Als ich sie sah, im Jahr 1824, war sie schon über sechzig Jahre alt, aber noch immer eine anmutvolle königliche Erscheinung mit silbergrauen Locken, den wunderschönsten siegenden dunklen Augen und einem liebreizenden Lächeln. Dabei milde und in der Unterhaltung zurückhaltend; hierin der stärkste Kontrast zu der sprudelnden Rahel und dem närrischen Zaunkönig Bettina. Aber, was Henriette Herz sagte, hatte Charakter, Geist, Klarheit und war immer wohltuend. Als ich sie nur einmal gesehen hatte, begriff ich sogleich die langjährige Herzensfreundschaft Schleiermachers zu der schönen Jüdin. Der kleine, verwachsene Pastor an der Dreifaltigkeitskirche mit den seelenvollen Augen und dem herzenswarmen Munde ... liebte in Henriette nicht die berauschende Frauenschönheit, – nur den schönen, klaren, großen Menschen, zu dem er notwendig ›Du‹ sagen mußte. – Ebenso begreiflich aber war mir, daß der siebzehnjährige Ludwig Börne die um volle zweiundzwanzig Jahre ältere Henriette Herz bis zum Wahnsinn, – ja bis zum projektierten Rattengift lieben konnte und daß der Staatsminister Graf Dohna-Schlobitten aller gesellschaftlichen und höfischen Vorurteile nicht achtete und der Witwe des jüdischen Arztes Marcus Herz Hand und Namen bot. Sie aber dankte ihm herzlich für beides und – – blieb Henriette Herz und Schleiermachers geistige Freundin. Alexander und Wilhelm von Humboldt vergaßen nie, daß Henriette Herz das erste schönheitsstrahlende edle Frauenideal ihrer Jünglingsjahre gewesen war. Die reizendste Frau Berlins hatte sie die hebräische Schrift gelehrt, in derselben mit den jungen Söhnen von Schloß Langweil (Tegel bei Berlin) korrespondiert und mit ihnen die neumodische Menuet à la Reine geübt und getanzt. Die beiden berühmten Humboldts blieben der alternden Freundin in zarten Huldigungen treu.

Therese Schlesinger, Frau des berühmten Schauspielers Eduard Devrient, war durch ihren Lehrer Zelter in das Abraham Mendelssohnsche Haus eingeführt worden. In ihren ›Jugenderinnerungen‹ 1905 berichtet sie:

Unter den Frauen waren es die Hofrätin Herz und Rahel von Varnhagen, die mein ganz besonderes Interesse in Anspruch nahmen. Frau Herz war eine imposante Gestalt; ihr edles, regelmäßiges Gesicht zeigte ebensoviel Verstand als Herzensgüte. Sie beherrschte angeblich sieben Sprachen und benützte diese Fähigkeit auf die schönste Weise, indem sie täglich arme Mädchen mit unermüdlichem Eifer unterrichtete. Ich selbst kannte mehrere, welche durch sie in den Stand gesetzt waren, sich ihren Unterhalt zu erwerben.

Die Schwedin Malla Montgomery-Silverstolpe besuchte in den Jahren 1825/26 ihre Freundin Amalie von Helvig in Berlin. In ihrem Tagebuch ›Das romantische Deutschland‹ (1912) schrieb sie:

Den 18. [September 1825.] Ich ging zu Amalie. Dahin kam auch Frau Bardeleben und Atterboms ehemalige Reisegefährtin in Italien, Frau Herz, eine große dicke Frau, die sicherlich einmal sehr schön gewesen ist. Die Italiener sollen von ihr gesagt haben, sie gleiche ›una bella statua male ristorata‹. Das Gespräch war lebhaft und wurde es noch mehr, als die kleine Zauberin Bettina kam.

Den 23. [Februar 1826.] Abends bei Frau Herz mit Amalie, Frau von Bardeleben, einem Fräulein Solmar, die sehr gut singen soll, einem andern blonden Mädchen, Adelheid Kund, und unseren Engländern Hughes und Chilvers, denen sich noch ein neuer, Spry, zugesellte, der mir fast noch besser gefiel als die anderen.

Den 9. [Mai 1826.] Abends bei Helvigs mit Bettina, Fouqué, Frau Herz u. a.

Den 25. [Juli 1826.] Abschiedsvisite bei Dieffenbachs und den Damen Bardeleben, Kund, Herz und Varnhagen.

Aus Ludwig Börnes Berliner Briefen:

18. Februar 1828

Ich zog mich gleich darauf an und suchte die Herz auf, in der Wohnung, wie sie der Adreßkalender angab. Ich stieg die zwei Treppen eines kleinen Hauses hinauf, und da sah alles so ärmlich aus, daß mir das Herz wie zusammengeschnürt war, als ich bedachte, in welchem Glanze ich einst die Herz gesehen, und in welcher bedrängten Lage ich sie wiederfinde. Sie war nicht zu Hause. Nach einigen Stunden kam ich wieder, und da fand sich zu meiner großen Freude, daß ich irregegangen. Darauf besuchte ich die echte Herz, die in einer ganz andern Gegend recht hübsch wohnt. Ich wurde mit Freude und Herzlichkeit aufgenommen. Die Herz ist jetzt vierundsechzig Jahre alt, aber die Spuren ihrer Schönheit erkennt man noch. Ich habe sie in ihrem Sommer gesehen – eine Juno! und das war damals das Wort in jedes Mund. Die Herz lebt in beständiger Tätigkeit und benutzt die Viertelstunden, als wären es Tage. Darin erscheint sie mir sehr weise und darum achtenswert. Sie vollbringt ihre Arbeiten, als wären es Vergnügungen, und behandelt ihre Vergnügungen als Geschäfte. Jeden Vormittag von 9–12 Uhr unterrichtet sie die Kinder armer, einst vermögender Eltern in allen lebenden Sprachen, und zwar unentgeltlich. Sie tut dies schon seit 1813. Damals nämlich, im Befreiungskriege, als sich die Frauen zur Krankenpflege in den Spitälern vereinigt, habe sie an dieser Wohltätigkeit nicht teilnehmen können, weil sie ihren Abscheu gegen Kranke nicht zu überwinden vermochte; um aber nicht müßig zu bleiben, habe sie die Kinder derer, welche der Krieg in Armut gestürzt, zu unterrichten begonnen, und so fahre sie noch immer fort. Ich besuche die Herz alle Tage, weil sie es wünscht und ich es gern tue Beim zweiten Male fand ich den Fürst bei ihr. Da kam auf meine Schriftstellerei die Rede. Als ich bemerkte, ich hätte viel Glück, sagte die Herz, ich hätte nicht weniger Verdienste. Zwar erfreue sie sich weniger an meinem Humor – (dieser ist den Frauen selten zugänglich, bemerkte ich) –, aber jede sentimentale Zeile von mir mache ihr die größte Freude. Meine Rede über den Jean Paul habe sie entzückt.

27. Februar

Als ich heute mittag zur Herz kam, um sie zu einem Essen abzuholen, wo wir beide eingeladen waren, fand ich drei junge Leute bei ihr am Tische essend, und sie saß dabei und legte vor und sprach mit ihnen. Ich hätte sie so malen mögen, so liebenswürdig erschien sie mir. Sie gibt nämlich jeden Mittwoch vier armen Studenten zu essen. Das ist doch schön, da sie gar nicht vermögend ist. Aber das ist noch wenig; man muß ihre Aufmerksamkeit und freundliche Bedienung dabei sehen. Die Nettigkeit der Gedecke, die Fülle der Speisen – es war gekocht für zehn – und den ungenierten Appetit der jungen Leute. So was geschieht in Frankfurt nicht, gewiß wenigstens nicht auf solche Art. Die Herz trug ein weiß Atlas Kleid und einen weißen türkischen Bund auf dem Kopfe und sah um fünfzehn Jahre jünger aus, als sie ist.

4. März

Da gefiel mir die Herz wieder gar nicht. Das Kunstwerk ergreift sie, und sie begreift es nicht. Auswendig gelernter Enthusiasmus, triviale Galerie – Bemerkungen, und untertänigste Huldigung jeder legitimen Fratze, ohne eigenes Urteil, ob dem Bilde auch Huldigung gebühre.

4. März

Ich habe soeben die Herz verlassen, ich habe den Abend bei ihr zugebracht. Es waren noch einige Herren da. Solange wir allein waren, spielten wir Schach. Während sie auf das Brett sah, sah ich sie unbemerkt an. Ihr faltenreiches Gesicht erschien mir als ein Vorhang, hinter dem sich ihre einstige Schönheit versteckt hielt. Ich zog ihn weg, aber es war nichts dahinter. Ich war so gerührt, daß ich mir die Königin darüber nehmen ließ. O die grausame Zeit, die alles zerreißt und zermalmt, ehe sie es verschlingt! – Dann fing sie aber mit einem Kunstkenner ein langes und breites von Gemälden zu sprechen an, und da machte ich mich wieder über sie lustig. ›Das Fleisch dieses Malers gefällt mir nicht... sein Fleisch ist gut... sein Fleisch ist zu schwammig...‹ So ging es in einem fort; mir ward ganz übel. Ich glaubte bei einem Metzger zu sein.

3. März

Über meine alte gute Herz machen sich die Leute sehr lustig, weil sie sich wie ein junges Mädchen kleidet und lieber vom Teufel als vom Altsein reden hört. Ich verteidige sie, und im Ernste. Das Alter ist ein Übel, denke ich, und wenn man ein unvermeidliches Übel, das man fühlen muß, nicht auch sehen will und die Augen zumacht, ist denn das zu tadeln? Es wird keiner der Herz ins Gesicht sagen, sie sei alt, und wenn sie selbst es sich vergessen machen kann, wem schadet das? Die Weiber sind alle so.

24. März

Die Herz ist eine sonderbare Frau! Sie hat unglaublich wenig Geld und weiß doch durch eine kluge Ökonomie sich so einzurichten, daß sie viele Wohltaten üben und ihrem Hauswesen einen Schein von Behaglichkeit geben kann. Neulich hatte sie eine Soiree, wobei Gesandte, Minister, sogar eine Prinzessin war. In Frankfurt hat man keine Vorstellung davon, wie eine Prinzessin zwei enge Treppen zu einer getauften Jüdin, die keine tausend Gulden Einkommen hat, hinaufkriechen mag, um eine Tasse Tee und ein Stückchen Wurst zu verzehren. – An der Herz habe ich einen merkwürdigen Charakter-Zug oder vielmehr Geistes-Zug wahrgenommen, den ich noch bei keinem andern Menschen beobachtet. *Etwas Dummes begreift sie gar nicht!* Wenn einer etwas Dummes sagt oder tut, wenn auch zum Spaße, oder sie hört davon erzählen, fährt sie auf, als hätte sie eine Tarantel gestochen, und kömmt ganz außer sich. Es gibt nichts Lächerlicheres und ist ein Beweis von großer Beschränktheit.

7. April

Einen Tag vor Ostern ging ich mit der Herz die Treppe ihres Hauses herab, da begegnet ihr eine Familie, Mutter, Töchter, Vater, Söhne, die im nämlichen Hause wohnte und die eben heimkehrten. Die Herz sank einer nach der andern schweigend um den Hals, man küßte sich und flüsterte einige leise, halb geseufzten Worte. Alles war so still, so traurig, so tränenvoll, man schied endlich bekümmert, still und schweigend. Ich fragte die Herz: es wäre wohl im Hause jemand gestorben? Keineswegs. Was war's? Die Familie kam vom Abendmahl...

29. April

Ich komme soeben von der alten Herz, von der ich Abschied genommen. Sie reichte mir die Wange zum Kusse. Als ich vor fünfundzwanzig Jahren in Tränen zerfließend von ihr ging, und ich kein einziges Wort vor Rührung sprechen konnte, da war ich siebzehn Jahre alt, sie in ihrem Sommer, ich liebte sie und durfte damals nur ihre Hand küssen. Und jetzt. Il vaut mieux jamais que tard.

Ehrenfried von Willich, der Stiefsohn Friedrich Schleiermachers, in seinen Jugenderinnerungen (1910):

Auch in den kleinen Abendgesellschaften der Hofrätin Herz, die noch immer [um 1830] einen ziemlich ausgebreiteten Verkehr hatte, war ich öfters. Mein Vater blieb ihr bis an sein Lebensende ein treuer Freund und sie uns eine liebe Hausfreundin. Sonntags pflegte sie bei uns Mittag zu essen. Mit meiner Mutter hatte sie, seitdem der Nimbus, welcher zur Zeit ihrer ersten Bekanntschaft die ›große Jette‹ umgab, längst geschwunden war, kein näheres Verhältnis. Beide Naturen hatten im Grunde wenig Berührungspunkte, und von der Fischer und ihrem Zauberkreis hielt sich die Herz immer fern. Sie wurde sehr alt und überlebte auch noch meine Mutter.

Der dänische Naturphilosoph Henrik Steffens erzählte in seinen Erinnerungen ›Was ich erlebte‹ 1842:

Als ich mit [Alexander von] Humboldt die nächtliche Promenade antrat, verließen wir die Hofrätin Herz, diese durch Geist, Bildung, imponierende Schönheit und liebenswürdige Persönlichkeit ausgezeichnete Freundin Schleiermachers, deren herzliche Zuneigung, gehoben durch die reichsten Erinnerungen eines Lebens, mich noch in hohem Alter beglückt.

Wilhelm von Humboldt an Charlotte Diede

Tegel, 3.–7. März 1832

Der Mensch muß also nicht anders lernen wollen, als um sein Denken zu erweitern und zu üben, und das Denken muß immer mit dem Wissen gleichen Schritt halten. Dies Wissen bleibt sonst tot und unfruchtbar. In Männern findet sich das sehr oft, ja man möchte es als die Regel ansehen. Es fällt weniger auf, weil ihnen ihr Wissen gewöhnlich zu äußeren andren Zwecken, und wären diese auch nur Mitteilung andren unfruchtbaren Wissens, erfordert wird und also darin einen gewissen Nutzen, wenigstens eine Anwendung findet. Aber ich habe dasselbe auch bei Frauen gesehen, und da erregt das Mißverhältnis des Denkens zum Wissen ein viel größeres Mißbehagen. Ich kenne von meiner frühesten Jugend an, noch vor der Universität, eine dieser Art, der ich durch alle Perioden ihres Lebens gefolgt bin und selbst eine Zeitlang Unterricht gegeben habe. Sie kennt sehr gründlich die alten und die meisten neueren Sprachen, ist frei von aller Eitelkeit und Affektation, versäumt nie über den Büchern eine häusliche Obliegenheit, hat aber durch ihr Wissen nichts an Interesse zugewonnen. Obgleich sie die ersten und schwersten Schriftsteller aller Nationen gelesen hat, schreibt sie darum keinen Brief, der einem sonderlich zusagen könnte. Daß Christus seine Jünger gerade aus der Zahl ungebildeter und unwissender Menschen wählte, erwähnen Sie ganz recht in dieser Beziehung. Es hing aber auch mit den Zwecken und der Natur der Religion zusammen, die er stiften wollte, und unter dem Volke, unter dem er aufstand, gab es in seiner Zeit kein anderes Wissen als ein totes und mißverstandenes Auslegen der heiligen Bücher, welches die Schriftgelehrten auf eine spitzfindig hochmütige Weise mit Bedrückung und Verachtung des Volks trieben.

Aus ›Meine Lebensgeschichte‹ von Fanny Lewald (1871):

Es war schon ziemlich spät am Tage und dämmerig, als ich zum ersten Male bei ihr eintrat. Die Hofrätin, welche ich immer als eine der schönsten Frauen ihrer Zeit hatte bezeichnen hören, war damals schon in der Mitte der Siebziger und saß, eben von einem Krankheitsanfalle genesen, mit einem weißen Oberrocke und einer weißen, etwas großen Haube angetan, in einem alten, niedrigen Lehnstuhl, nahe an dem Fenster.

Sie empfing mich sehr verbindlich, obschon ich damals keinen äußeren Anspruch irgendeiner Art vor ihr geltend zu machen hatte, wiederholte mir das Freundliche, was die Dame, welche mich ihr vorstellte, ihr über mich gesagt, und tat eine Reihe jener Fragen an mich, welche wohlwollende, lebenssichere Menschen dem Neuling in der Gesellschaft als die Brücke unterbreiten, auf welcher er über die ersten Minuten hinwegkommen kann.

Ich hatte dabei Gelegenheit, sie zu betrachten und, so alt und verfallen ihre Züge waren, die vollendete Regelmäßigkeit ihres Kopfes zu bemerken. Die große freie Stirne, die vorspringende Braue und der edle Schnitt der Nase waren noch unverkennbar, obschon der Mund tief eingesunken war und das Kinn dadurch hervortrat, auch die Augen sahen noch klug und freundlich in die Welt, und vor allem war die Stimme noch sehr angenehm, die ganze Art und Weise ihres Behabens wohltuend.

Da man ihr gesagt hatte, daß ich eine Königsbergerin sei, sprach sie davon, daß sie früher viel liebe Freunde in Ostpreußen gehabt und in Tagen, welche vor meiner Geburt gelegen, dort mit vielen Personen in nahen Beziehungen gestanden habe. Sie fragte mich nach einem und dem andern unter den Lebenden, erhob sich dann plötzlich mit der Langsamkeit, welche ihr körperlicher Zustand ihr auferlegte, aus ihrem Lehnstuhl, und ich wurde dabei von ihrer Größe überrascht, die, trotz ihrer Gebeugtheit durch die Jahre, mir, nachdem ich sie zuerst sitzend erblickt hatte, fast unnatürlich erschien. Schon ihre Erzählungen von Zeiten, die für mich einer sehr fernen Vergangenheit angehörten und von denen sie mit einem Ausdruck naher Gegenwärtigkeit sprach, hatten für mich etwas Mythisches gehabt; nun aber die große, magere Gestalt in dem weißen Gewande im Dämmerlicht vor meinen Augen langsam hoch und immer höher emporstieg, hatte die Erscheinung geradezu etwas Gespenstiges, und ich hätte mich kaum gewundert, wenn sie sich allmählich in Nebel gehüllt und aufgelöst und sich so meinen Blicken entzogen hätte. Es war ein Eindruck, der mir für immer unvergeßlich geblieben ist.

Später, als ich ihr näher bekannt wurde und sie öfter besuchen durfte, bemerkte ich, daß ihr Oberkörper im Verhältnis zu ihrer

Gestalt eigentlich zu klein war, so daß sie sitzend nur die gewöhnliche Frauengröße zu haben schien, während sie in der Zeit ihrer vollen Kraft über die Höhe unseres Geschlechts hervorgeragt haben und eine wahrhaft majestätische Frau gewesen sein soll.

Sie wohnte, als ich sie kennenlernte, in der Markgrafenstraße in dem ersten Stockwerk eines alten und ziemlich verfallenen Hauses. Über eine finstere Treppe und einen ebenso finsteren Flur trat man durch eine kleine, kaum möbliert zu nennende einfenstrige Stube in das zweifenstrige Wohnzimmer ein, das mit der höchsten Einfachheit eingerichtet war. Keines von den modernen Möbeln, die wir jetzt beinahe zu den Unentbehrlichkeiten rechnen, keine Fauteuils, keine Causeusen, kein großer Spiegel, keine Nippessachen waren darin zu sehen. Ein mattfarbiges Papier bedeckte die Wände, ein dunkler, großer Teppich den Fußboden. Es waren ein Sofa und Stühle da, auf denen man sitzen konnte, ein runder Tisch, um den man saß, es hing auch ein alter Spiegel über der Kommode, es fehlten eben keine Möbel von denen, welche dem notwendigen Bedürfnis entsprachen, aber über dieses hinaus war nichts vorhanden, und doch vermißte man nichts, sondern man fühlte sich behaglich, sobald man eintrat, ja, man kam sich altgewohnt in diesem Raume vor, weil man in demselben nichts zu besehen und zu betrachten, sich über gar nichts zu verwundern hatte. Selbst die Büste ihres Freundes Schleiermacher, welche auf dem Sekretär stand, und die Porträts, welche hie und da an den Wänden hingen, fielen nicht als etwas Fremdes auf. Man hatte sie oft gesehen, diese Bilder der beiden Humboldts und ihrer großen Zeitgenossen; aber man blickte sie in den Zimmern dieser Frau doch mit ganz anderen Augen an als sonst, denn diese Frau hatte jene Männer in den Tagen ihrer Jugend gekannt, und ihr waren die Menschen Lebensgenossen und nahe Freunde gewesen, in welchen wir aus der Ferne die großen Männer unseres Volkes verehrten.

In den Zimmern der Hofrätin Herz befand sich, soviel ich mich erinnere, nur ein einziges Bild, das den Anspruch machen konnte, ein Kunstwerk zu heißen. Es war das Porträt der Hofrätin selbst, welches sie als dreizehnjähriges Mädchen darstellte, und zwar, wie die Sitte des achtzehnten Jahrhunderts es mit sich brachte, in einem antiken, irgendeiner Göttin oder Muse entlehnten Kostüm. Das Porträt war von der Malerin Therbusch, der Freundin Lessings, gemalt und so außerordentlich schön, daß man es nicht für wahr gehalten haben würde, wäre das Bild, welches der bekannte, vortreffliche Porträtmaler Graff zu Anfang dieses Jahrhunderts von ihr gemacht, nicht noch viel vollendeter in seiner regelmäßigen Schönheit und strahlender in dem Ausdruck von Hoheit und Güte gewesen.

Obschon nun niemand besser als die Hofrätin Herz in edle, kunstgeschmückte Räume hineingepaßt haben würde, so hob doch in ihrem Falle grade die schmucklose Einfachheit ihres Zimmers ihr eigenes Bild und die vornehme Würde ihrer Person, wie ein bescheidener Hintergrund, nur mächtiger hervor. Wenn man sie in der einfachsten Kleidung, von schlichtestem Hausrat umgeben, in ihrem engen Zimmer sah, und sich erinnerte, daß die Schönheit dieser Frau einen europäischen Ruf gehabt, daß seit sechzig Jahren kaum ein bedeutender Mann gelebt, den sie nicht gekannt und der sie nicht verehrt, daß Mendelssohn und Mirabeau, daß Schiller und Goethe, Jean Paul, die Schlegel, Fichte, die Humboldts, Schleiermacher und Börne, daß die ersten Künstler und Künstlerinnen aller Länder, daß die Gebildeten unter den Fürsten und Herrschern unserer Zeit der Schönheit und dem Geiste dieser Frau gehuldigt hatten, so gewann die eingehende Freundlichkeit, welche sie dem Geringsten angedeihen ließ, etwas Bezauberndes und Rührendes zugleich.

Selbst als ich sie schon länger kannte und die Gewohnheit das Überraschende des ersten Eindrucks ausgeglichen hatte, überkam mich in ihrer Nähe stets jene Empfindung nachdenkender Feier, von welcher man sich in den Ruinen großer Bauten aus vergangenen Zeiten ergriffen fühlt. Unwillkürlich sah man den Zug der Geister an sich vorüberziehen, welche sich dieser Frau einst mit Neigung und Anteil zugewendet, unwillkürlich meinte man auf dem Antlitz der Greisin den Widerschein vergangener Tage erblicken zu können. »Ich habe alle Menschen gekannt!« sagte sie einmal scherzend, als ich mich wunderte, wie genau sie sich einer nicht eben bedeutenden Person aus meiner Vaterstadt erinnerte, und ich möchte ihrem Worte hinzusetzen: alle Welt hat sie gekannt! Denn wie sie die Freundin unserer geistigen Heroen gewesen, so war sie für die nachfolgenden Geschlechter zu einem geistigen Wahrzeichen von Berlin geworden, und wer sie gesehen und gekannt hat, bewahrt noch heute ihr Andenken sicherlich mit Liebe.

Es war ein Vergnügen, sie sprechen, und ein Genuß, sie erzählen zu hören. Alle ihre anmutigen und würdigen Eigenschaften kamen dabei gleichmäßig zur Geltung. Sie suchte niemals die Aufmerksamkeit auf sich oder die Unterhaltung an sich zu ziehen; aber sie war mitteilsam, und das Sprechen machte ihr Freude, wie die Übung einer Kunst, in welcher sie Meister war. Alles was sie sagte, zeugte von einem wohlgeordneten Verstande, nichts kam zur Unzeit, nichts ungeregelt und wüst hingeworfen zum Vorschein, und doch machte nie etwas den Eindruck der Berechnung oder der Absichtlichkeit; denn sie war so vollkommen harmonisch ausgebildet, daß sie sich nur natürlich gehenzulassen brauchte, um eine edle und wohltuende Wirkung auf jeden Menschen hervorzubringen, der Sinn für das Edle und Schöne hatte.

Jenen liebevollen Sinn, welcher jedes Streben ehrt, jeder Begabung entgegenkommt, hatte die Hofrätin Herz sich noch in ihrem späten Alter erhalten, und er kam auch mir zugute. Formensicher, wie sie war, wußte sie mich den verschiedenen Personen, die ich bei ihr traf, in einer Weise vorzustellen, welche diese zu ähnlicher Rücksicht für mich aufforderte; und diese gleiche, fördernde Güte hatte ich auch in Frau Sara Levy angetroffen, welcher ich noch früher als der Hofrätin Herz vorgestellt worden war und welche die Eigenschaft, eines der Wahrzeichen von Berlin zu sein, in gewissem Sinne ebenso wie die Hofrätin Herz für sich in Anspruch nehmen konnte. Sie war noch um ein Jahr älter als diese letztere und von Geburt Jüdin wie sie; aber während die Hofrätin in der Mitte ihres Lebens zum Christentum übergetreten, war Frau Levy dem mosaischen Glauben treu geblieben und hatte sich eine Mission daraus gemacht, die Vertreterin desselben zu sein, wo man sich gegen ihn erhob, und dabei jeden Fortschritt zur geistigen Bildung bei seinen Bekennern in der liberalsten Weise zu unterstützen. Ebenso reich, als die Hofrätin unbemittelt, ebenso unschön, als diese schön gewesen, waren die Frauen von früher Jugend auf Freundinnen gewesen und einander an Güte des Herzens und an Wohltätigkeit völlig gleich; nur daß bei der Hofrätin Herz alles, was sie tat, ein Gepräge hoher weiblicher Anmut an sich trug, während in Frau Levy überall ein gewisses männliches Wesen unschön hervortrat.

Anhang

Nachwort

Nicht ohne schriftstellerisches Geschick begann Henriette Herz 1818 in Rom die Aufzeichnung ihrer Erinnerungen. Sie fühlte sich am Ziel ihres Lebens in der Gesellschaft und erwartete keine Höhepunkte mehr. Ihr Blick, so glaubte sie, war ›freier und geeigneter zur Umschau über die Wandelungen geworden‹, welche sie seit den frühen Jahren miterlebt hatte. Mehrfach hat die Matrone sich an die Arbeit gemacht. Diese ersten Niederschriften führte sie ab 1823, 1824 und 1829 konsequenter weiter. Doch dann verließen sie wohl die Kraft und der Mut, dieses Unternehmen zu Ende zu bringen. Sie war immerhin über sechzig Jahre alt. Es war ruhiger um sie geworden. Und vielleicht hat die sonst immer Bescheidene ihr Leben als gar nicht so exemplarisch angesehen. Wie von plötzlicher Unlust gepackt, bricht sie ihre Aufzeichnungen mitten in einem Satz ab.

Als Rahel Varnhagens Briefwechsel 1833 erschien, erschrak Henriette Herz zutiefst. Die Scheu, ihr Innerstes und die engen Beziehungen zu namhaften Freunden vor der Welt bloßzulegen, ließ sie ihre seit Jahrzehnten gesammelte Korrespondenz nahezu vollständig vernichten. So besitzen wir von ihr bedeutend weniger schriftliche Zeugnisse als von anderen Frauen der Romantik, da Henriette Herz annahm, durch die Veröffentlichung ihres Briefwechsels mit bedeutenden Männern und Frauen könne eigentlich nur sie selbst sich eine Ehre antun. Abgesehen von einigen Abschriften sind nur wenige originale Briefe und eine Niederschrift ihrer Erinnerungen von ihrer Hand erhalten geblieben. Ihre Tagebücher, die sie wenigstens seit 1784 führte, und ihr italienisches Reisetagebuch von 1817 bis 1819 sind verschollen. Doch bald schon haben Freunde ihr deutlich machen können, wie eigentlich verantwortungslos die Vernichtung der Briefschaften war, und sie versuchte, durch mündliche Mitteilung das Verlorene einigermaßen zu ersetzen. Der Berliner Schriftsteller Joseph Fürst, mit dem sie seit Ende der zwanziger Jahre bekannt war, hat unter Verwendung der ihm vorliegenden Notizen und ihres damals noch vorhandenen Tagebuchs Ende der dreißiger Jahre in zahllosen Unterhaltungen mit Henriette Herz die ihr wichtigen Begegnungen und Urteile festgehalten. Oft verführte eine einzige Frage oder ein Name sie zu längeren Erzählungen, und verließ sie ihr Gedächtnis bei Einzelheiten, versprach sie darüber nachzusinnen. Gleich nach den Gesprächen, so schreibt Fürst, habe er mit der Niederschrift begonnen; eine Veröffentlichung war erst nach dem Ableben von Henriette Herz vorgesehen. Die erste Auflage erschien 1850.

Die Erinnerungen der Henriette Herz wurden seitdem oft zitiert. Schon bald erhoben sich aus dem Freundeskreis Stimmen, bezeichnenderweise fast ausschließlich von Frauen, daß manches verzerrt dargestellt sei. Karl August Varnhagen von Ense aber schreibt in seinen Tagebüchern, Henriette sei viel zu fein und zu geschmackvoll gewesen, um zu lügen. ›Aber sich etwas einzureden und fest einzubilden, dazu war sie geschickt und bereit, und dies den Leuten dann, wie sich selber, als Wahrheit vorzutragen, war nicht gegen ihr Gewissen‹, – eine Meinung, die er aus den Urteilen von Sarah Levy, Bettina von Arnim, Wilhelmine Schede und Hanna Steffens über dieses Buch schlußfolgerte. Da es aber nur Vorhaltungen, nicht aber Richtigstellungen gab, bleiben diese Erinnerungen eine einzige und einzigartige Quelle über die frühe Berliner Romantik. Henriette Herz' Absicht war es, noch Unbekanntes oder nur oberflächlich Gekanntes zur Sprache zu bringen, Irrtümliches zu berichtigen oder durch kleine Pinselstriche an bereits fixierten Bildern einige neue Züge hervorzuheben. Nur mühsam ließe sich aus der reichen Memoiren- und Briefliteratur ein ähnliches Bild jener Jahre entwerfen.

Die preußische Metropole machte die ersten Schritte auf dem Weg von der märkisch-brandenburgischen Residenz- zur Königsstadt von Weltrang. Im ausklingenden 18. Jahrhundert begann eine Epoche ständiger geistiger Neuorientierungen, die, erschüttert von der Französischen Revolution, den Befreiungskriegen und schließlich von der Julirevolution, allmählich den Boden für eine neue Gesellschaft fruchtbar machte, deren geistig-sittliche Errungenschaften in der Aufklärung wurzelten. Die Zeit des Zopfes, in der Rang und Geburt bestimmend waren und in der der Hof die zentrale gesellschaftliche Rolle spielte, wandelte sich in ein Gesellschaftsprinzip, das auf den persönlichen Werten des einzelnen beruhte. Gegenseitig erlöste man sich von den Fesseln der geistlos gewordenen Herkunft und fühlte sich geheimnisvoll verbunden. Alles, was Esprit in sich verspürte, drängte zueinander, um am großen heraufbeschworenen Wechsel des Jahrhunderts teilzuhaben. Zwischen 1790 und 1806 lebte man das ›erträumte Idyll einer gemischten Geselligkeit‹, in dem man sich den gesellschaftlichen Ordnungen entziehen konnte. Man kam zusammen, um sich ›im freien Umgang vernünftiger, sich bildender Menschen‹ (Schleiermacher) zu üben. Es wurden Freundschaften geknüpft, Briefe gewechselt, Ehen gelöst und gestiftet. Rahel Varnhagen sprach von den ›Geistern aller Zonen‹, die sich winken; und Wilhelm von Humboldt verglich die Literaturgesellschaft in engerem Sinne mit einer unsichtbaren Loge. Zu den gelockerten Sitten, den sich in dem sonst so märkisch karg und strengen Berlin ausbreitenden Luxus und der Genußsucht (vgl. Brief Georg Forsters an Jacobi vom 23. 4. 1779) traten Ideen, die alle Seiten des gesellschaftlichen Lebens umgestalten wollten und neue Umgangsformen hervorbrachten.

In Berlin waren es neben den älteren deutschen Wissenschaftlerkreisen, den Gelehrten und ›schönen Geistern‹ der französischen Kolonie vor allem die jüdischen Bevölkerungsteile, die sich durch das rasche Aufgreifen der ihrer eigenen Emanzipation entgegenkommenden neuen Kulturmomente hervortaten. Seit Moses Mendelssohn stellten die jüdischen Häuser zwischen der adligen und bürgerlichen Gesellschaft praktisch ein neutrales Terrain dar, weil laut Gesetz selbst die reichsten und gebildetsten Juden nicht gleichberechtigt waren. Wissen wurde weitergegeben, Begegnungen wurden vermittelt, Konnexionen stellten sich her, die den Anspruch der Individualität tolerierten. Die Juden erwarben sich so bei den Gelehrten und Künstlern, der Beamten-Intelligenz, der Geistlichkeit, dem Adel, dem Militär und der Diplomatie ein Ansehen, das man ihnen nie zuvor gezollt hatte. Es herrschte ihnen gegenüber eine merkwürdige Balance von Zuneigung und Aversion, von freudiger Duldung und häßlichem Widerwillen. In zunehmendem Maße gaben die wohlhabenden und kunstliebenden Berliner Juden der preußischen Hauptstadt ihr Gepräge. Man fand sich zu anspruchsvollen Vorträgen, Experimenten, Lesungen, Theateraufführungen und Konzerten im privaten Kreis zusammen. Vor allem die Frauen eilten voran, die höchsten Stufen der Kultur zu ersteigen, ohne die mittleren betreten zu haben; Schleiermacher hat treffende Schilderungen darüber hinterlassen, Ludwig Börne bestätigt das für die zwanziger Jahre, und wenn Theodor Fontane Ende des Jahrhunderts schreibt, daß in Berlin das gesellschaftlich höher potenzierte Leben immer nur ›ein Juden-, will sagen Jüdinnenleben gewesen ist‹, war der Bezug auf Henriette Herz, Sarah Levy, Rahel Varnhagen und Dorothea Veit deutlich genug.

Henriette Herz entstammte einer aus Portugal über Hamburg eingewanderten jüdischen Familie. Sie wurde am 5. September 1764 als dritte Tochter von acht Kindern Benjamin de Lemos' in Berlin geboren. Gefördert durch ihren Vater, hatte sie die Möglichkeit, sich frühzeitig ein für ihren Lebenskreis überdurchschnittliches Wissen anzueignen. Sie erlernte mit Leichtigkeit mehrere Sprachen und machte sehr schnelle Fortschritte in der Musik. Im ganzen gesehen war ihre Kindheit in der jüdischen Gemeinschaft Berlins nicht unglücklich verlaufen. Geprägt wurden jene Jahre durch die Liebe zu einer Tante und zu ihrem vielbeschäftigten Vater, der erster Arzt des jüdischen Krankenhauses war; Henriettes Sinn für Wohltätigkeit, der bis zu ihrem Lebensende ein wichtiger Zug ihres Charakters war, stammt gewiß von ihm.

Für Henriette Herz begann ihr Leben in der Gesellschaft damit, daß sie im Alter von noch nicht dreizehn Jahren mit dem jüdischen Arzt Marcus Herz verlobt und nach drei Jahren, am 1. Dezember 1779, mit großem Zeremoniell verheiratet wurde.

Marcus Herz war in diesen Jahren bereits ein angesehener Arzt. Der mehr als siebzehn Jahre ältere Mann war von seinen Eltern zum Kaufmannsberuf bestimmt worden, für einen Juden in Berlin fast die einzige berufliche Entwicklungsmöglichkeit. Als er fünfzehn geworden war, schickten ihn die Eltern zur entsprechenden Ausbildung nach Königsberg. Doch dort wandte er sich bald, seinen ursprünglichen Neigungen folgend, dem Studium der Philosophie und der Medizin zu. Immanuel Kant, der in jenen Jahren an der Königsberger Universität lehrte, verfolgte die Entwicklung seines bevorzugten Schülers sehr aufmerksam und gab ihm 1770 bei seiner Rückkehr in die Heimat Empfehlungsschreiben an Moses Mendelssohn, Johann Heinrich Lambert und Johann Georg Sulzer mit. Wieder zu Hause, schriftstellerte Herz ein wenig und ernährte sich durch verschiedene kleine Ämter, bis er schließlich, unterstützt von seinem Freund David Friedländer, das Medizinstudium in Halle fortsetzen und 1774 mit der Promotion beenden konnte. Danach ließ er sich als praktischer Arzt in Berlin im jüdischen Krankenhaus nieder. 1785 ernannte ihn der Fürst von Waldeck zu seinem Leibarzt und Hofrat, und 1787 wurde er von Friedrich Wilhelm II. zum Professor der Philosophie mit jährlichem Gehalt berufen. Diese Würdigungen verdankte Marcus Herz neben seinen herausragenden ärztlichen Leistungen vor allem seinen Kollegia über Medizin, Philosophie und Experimentalphysik, die er seit 1776 vor einem auserwählten Zuhörerkreis in seinem Hause hielt. In ihnen brachte er auch die Kantsche Philosophie erstmals in Berlin vor einen verständnisvollen Kreis. Die ›Grundlagen zu meinen Vorträgen über die Experimentalphysik‹ veröffentlichte Marcus Herz 1787. Weiten Kreisen über Berlin hinaus wurde er bekannt durch die medizinischen Beiträge in der von Campe, Basedow und Trapp seit 1784 herausgegebenen ›Allgemeinen Revision des gesamten Schul- und Erziehungswesens‹. In der Folge suchten viele und bedeutende Leute den Kontakt zum Haus des Ehepaars Herz, unter ihnen Mitglieder des königlichen Hauses, der Kultusminister Karl Abraham von Zedlitz und die jungen Brüder Humboldt. Kamen hochgestellte Fremde nach Berlin, besuchten sie das Haus Herz wie eine Sehenswürdigkeit. Hin und wieder wurde darüber eine Zeitungsmeldung verbreitet.

›So jung und unwissend ich auch war‹, schreibt Henriette Herz, ›unterhielten sie [die Gäste] sich doch viel mit mir, weil sie mir und auch wohl sich selbst einbildeten, ich sei klug, weil ich hübsch war; doch waren diese Gespräche nicht ohne Nutzen für mich, denn es waren größtenteils gescheite Leute, die sie führten, und konnten sie auch nicht immer mit mir sprechen, so sprachen sie doch zu mir.‹ In einer Zeit, da die schönen Weiber unter die Talente ihrer Männer gerechnet wurden (Lichtenberg), war Henriettes Sinn für alles Wissenschaftliche aufsehenerregend. Hinzu kam ihre ungewöhnliche Sprachkenntnis. Deutsch und Hebräisch waren ihr geläufig, die wichtigsten modernen Sprachen – Französisch, Italienisch, Spanisch – beherrschte sie; Französisch sogar so gut, daß sie selbst Unterricht erteilen konnte. Englisch betrieb sie intensiv mit praktischem Erfolg: Sie übersetzte zwei Reiseberichte (›Mungo Parks Reisen in das Innere Afrikas‹ 1799; ›Isaac Welds Reise in die Vereinigten Staaten von Nordamerika‹ 1800). Henriette Herz hatte auch Latein und Griechisch gelernt und war in die Geheimnisse des Sanskrit eingedrungen. Durch zufällige Bekanntschaften und freundschaftliche Beziehungen kamen Kenntnisse in Schwedisch, Türkisch und Malayisch hinzu.

Marcus Herz liebte die Geselligkeit. Sein geschliffener philosophischer Verstand und sein Witz, die Goeckingk in mehreren Gedichten verehrte, machten ihn zu einem angenehmen Gesellschafter. Literarisch stand Marcus Herz ganz unter dem Einfluß der Aufklärung. Als unverständlich und verstiegen lehnte er alles ab, was über die Klarheit und Schärfe Lessings, den er noch persönlich kannte, hinausging; selbst Goethe und Schiller stand er kritisch gegenüber. Er genoß, wie die von Schadow überlieferte Anekdote belegt, ausschließlich mit dem Verstand. Wirkungen auf das Gemüt konnte er nicht nachvollziehen. Sein nüchterner Rationalismus und die ungestüme Empfindsamkeit seiner jungen Frau trafen mit Wohlwollen und anerkennender Duldung aufeinander. Der wissenschaftliche und streng geistige Tenor überwog. Bei Marcus Herz traf man sich, um philosophische, theologische und naturwissenschaftliche Probleme zu erörtern, bei ihr fanden sich der Literatur ergebene Frauen und Männer ein. Hier wurde rezitiert, besprochen, kritisiert, angepriesen und kräftig geflirtet und getändelt. Das Haus Herz in der Spandauer Straße, später in der Neuen Friedrichstraße 22 und letztlich in der Markgrafenstraße 59, und auch der Sommerwohnsitz in der Tiergartenstraße 18, war für viele Jahrzehnte einer der Mittelpunkte des geistigen Lebens der preußischen Hauptstadt geworden. Es entstand das Sprichwort: Wer den Gensd'armenmarkt und Mad. Herz nicht gesehen, hat Berlin nicht gesehen. In den Erinnerungen schrieb Henriette Herz: ›Ich glaube nicht viel zu behaupten, daß es damals in Berlin keinen Mann und keine Frau gab, die sich später irgendwie auszeichneten, welche nicht längere oder kürzere Zeit, je nachdem es ihre Lebensstellung erlaubte, diesen Kreisen angehört hätte... Eine lange Reihe von Jahren lebte ich mit allen vorzüglichen Menschen Berlins in geselligem Verkehr ...‹ Hunderte kannten sie, doch sie entgegnete dann: ›Ich habe sie gekannt.‹

Als vielbeschäftigter Arzt und Philosoph ließ Marcus Herz seiner Frau ausreichend Spielraum, sich ihren Interessen und den Schwärmereien der Zeit zuzuwenden. Sich häufig selbst überlassen, wußte Henriette Herz Ende 1787 einen Kreis junger Leute um sich zu scharen, der sich ›Tugendbund‹ nannte und die ›gegenseitige sittliche und geistige Heranbildung sowie Übung werktätiger Liebe‹ befördern wollte. Es gab ein Statut, sogar eigene Chiffren, und man duzte sich untereinander. Zu diesen ›Freimaurern des Herzens‹ gehörten die Brüder Alexander und Wilhelm von Humboldt, Karl von La Roche, Staatsrat Kunth, damals der Jugenderzieher der beiden Humboldts, Sarah und Mariane Meyer, die späteren Frauen von Grotthuis und von Eybenberg, Caroline von Wolzogen, Dorothea Veit, Henriette Mendelssohn und andere. Karoline von Dacheröden, Sophie Schubart, Karoline von Beulwitz und Therese Heyne standen brieflich in engem Kontakt zu diesem Bund. Auch die Freundin Rahel Levin war zur Teilnahme aufgefordert worden. Wie spätere Aufzeichnungen ihres Mannes aussagen, wies sie dieses jedoch entschieden zurück, weil sie in den Zielen des Bundes ›nur empfindsames Tändelwerk und eitles Schöntun‹ entdeckte. Die Verbündeten sollen es ihr lange nachgetragen und ihre Ablehnung als Mangel an edlem Streben gewertet haben. Trotz der wertherschen Überspanntheit war die Selbsteinschätzung der Mitglieder sachlich genug geblieben: die weiblichen Tugendbündler ließen sich ihre Briefe zurückschikken. Der Tugendbund, die erste Antwort der Jugend auf das ›Schloß Langeweile‹ (Alexander von Humboldt) der Aufklärung, und die Besiegelung lebenslanger Freundschaften klang 1792 aus. Ihre Mitglieder werden auch später immer wieder in ihrer gegenseitigen Beziehung genannt, so als hätten die empfindsamen Bindungen sich doch für lange Jahre als dauerhaft erwiesen.

Einst führte der preußische Prinz Louis Ferdinand die vierzigjährige Henriette Herz zur Herzogin Dorothea von Kurland mit den Worten: ›Betrachten Sie diese Frau! Sie ist nie so geliebt worden, wie sie es verdiente!‹ – ›Und er hatte Recht, der geniale Prinz!‹ fügte Henriette Herz in ihren Erinnerungen hinzu. Dieser harte Vorwurf traf ihren Mann, der eigentlich nur ihr älterer Freund gewesen war. Andererseits verdankte sie ihm das Bewußtsein, eine ganze Epoche mit wachem Blick erlebt zu haben. ›So unendlich gut mein Mann gegen mich war, so liebend er sich die Bildung meines Geistes angelegen sein ließ, – eine Liebe, wie ich sie im Herzen trug, kannte er nicht. Die Ehe bildete für ihn nicht einen Mittelpunkt seines Seins‹, bekannte sie später.

Es hat nicht an stürmischen Attacken kecker Jünglinge und raffinierten Bemühungen älterer Männer gefehlt, die für sie entbrannten. Als junges Mädchen war sie den Nachstellungen preußischer Offiziere ausgesetzt. Die Jungvermählte beichtete dem Ehegatten ein zugesagtes heimliches Treffen mit dem späteren englischen Gesandten Ewart. Unerhört blieben die Liebesbeteuerungen eines jungen Herrn von Meyering und des siebzehnjährigen Ludwig Börne, der im Jahr vor Marcus Herz' Tod als Pensionär in dessen Haus aufgenommen worden war. Ekstatisch verliebte sich Börne in die Achtunddreißigjährige, der er glühende Briefe und offene Liebeserklärungen zusandte. Als er milde von ihr zurechtgewiesen wurde, trug er Selbstmordgedanken. Bereits ein berühmter Schriftsteller, kam Börne im März 1828 wieder nach Berlin. Er war auch häufig bei Henriette Herz, doch seine pubertäre Liebe hatte sich in eine Art kritische Verehrung gewandelt. Selbst Friedrich Nicolai, in Gesellschaft ein feiner und zurückhaltender Mensch, und der verwöhnte Mirabeau huldigten ihr. In Rom waren die Reize der Mittfünfzigerin noch stark genug, um den zwanzig Jahre jüngeren Immanuel Bekker sich lebhaft um eine eheliche Verbindung mit Henriette bemühen zu lassen.

Ludwig Geiger interpretierte, daß die meisten ihrer Beziehungen mit jüngeren und älteren hochgestellten, geistig hervorragenden Männern des In- und Auslandes Jahre, ja mitunter Jahrzehnte gepflegt wurden, ohne daß einer dieser Männer, auch keine Frau, von Henriette Herz etwas Ehrenrühriges hätte sagen können, so daß sie sich auch im Alter zu keiner Schuld hat bekennen können. Ihrem italienischen Tagebuch vertraute sie am 1. Dezember 1817, ihrem Hochzeitstag, an: ›Unsittlich habe ich freilich nie gelebt, wenn auch Jugend mich fehlen machte.‹ Sophie von La Roche schrieb an Henriette Herz: ›Es ist schwer, geistvoll und schön zu sein, weil man immer in Gefahr ist, von Männern, die gern leiten oder gern versuchen wollten, verleumdet zu werden.‹ War es Naivität oder Koketterie, als Henriette Herz Schleiermacher fragte, warum die Männer sie nicht mehr suchen? ›Nun bist Du freilich sehr schön‹, weihte der Freund sie am 15. November 1802 in ›Männermysterien‹, ein, ›aber ich möchte sagen, Du bist zu schön, Du bist zu imponierend und zu wenig pikant, es ist nichts an Dir, was ein bißchen liederlich aussähe, und das ist notwendig für die Asthenie der Männer. Auch Dein Imposantes ist zu passiv; es frägt gar nicht: wollt Ihr nicht niederknien allesamt?; sondern es sagt nur ganz gelassen: ich will doch sehen, was Ihr mit mir machen wollt. Ebenso kläglich steht es nun um Deinen Geist; Du bist nicht recht witzig, nicht recht schalkhaft, nicht recht herrschsüchtig; kurz die asthenische geistliche Sinnlichkeit kommt auch zu kurz, und Du wirst Dich mit all Deinem Charakter, Deinem Verstand und Deiner Schönheit mit ein paar so getreuen Hunden begnügen müssen wie Alexander und ich.‹ Ein ebenso ›getreuer Hund‹ war Chamisso, der nicht versäumte, ›seine Herrin, die Herz‹ in Briefen an Eduard Hitzig und Wilhelm Neumann grüßen zu lassen.

Anders verhielt sich die Beziehung zum Grafen Alexander von Dohna. Aus anfänglich ritterlicher Verehrung erwuchs eine feste Freundschaft. Dohna ist vermutlich der einzige Mann gewesen, zu dem sie eine tiefe Neigung gefaßt hatte.

›Mein Schicksal nahet sich seiner Vollendung, nur noch zwei Schläge und es ist vollendet, ich bin dann tot, ohne gestorben zu sein‹, schrieb sie verzweifelt am 4. März 1802 an den Freund Ehrenfried von Willich, als Alexander von Dohna nach Marienwerder versetzt und Schleiermacher nach Stolp berufen worden war. ›Es ist eine sehr harte Prüfung für mich, Ehrenfried, denn was Alexander seit 10 Jahren ungeteilt mir war, wird kein Mensch mir wieder und ich keinem ... Ich werde aufrecht bleiben bei dem, was ich jetzt leide, weil ich Kraft genug habe, mir zu sagen, daß mir ein seltnes Glück ward und daß ich nicht klagen darf...‹ Vier Monate später, am 6. Juni, schrieb sie: ›Ich vertrage Alexanders Abwesenheit sehr schlecht, und ich weiß nicht, wie es mit mir werden wird, wenn das so fort geht ... Meine Gegenwart wirkte so wohltätig auf ihn, daß, was tief in ihm verborgen lag, ans Licht kam.‹ Alexander von Dohna fühlte sich seinerseits so sehr an Henriette Herz gefesselt, daß er sich zeitlebens, auch als sie seinen Ehevorschlag verwarf, zu keiner Ehe entschließen konnte.

Friedrich Schleiermacher verdankte die Beziehungen zu den Berliner Gesellschaftskreisen um Herz, Veit, Levy und Reichardt seinem alten Freunde Gustav von Brinckmann und dem ältesten der Dohnaschen Söhne, Alexander, mit dem er aus seiner Hauslehrerzeit in Schlobitten bekannt war. Schon während seines ersten Berlin-Aufenthaltes 1794 war Schleiermacher bei Marcus Herz eingeführt worden. Unbeholfen, voll Schulstaub und ohne richtigen Mut, blieb er da noch fremd. Als Friedrich Schleiermacher dann zwei Jahre später als Prediger der Reformierten Gemeinde an die Charité berufen wurde, schloß er sich enger an Henriette Herz an. Zunächst begnügte er sich als stiller Beobachter, wie er es überhaupt bevorzugte, lieber en famille bei Herz zu sein. Doch dann entwickelte sich zwischen beiden ein Grad der Vertrautheit, der sich über Konfessionen und Ressentiments hinwegsetzte. Es liege tief in seiner Natur, hatte Friedrich Schleiermacher an seine Schwester geschrieben, daß er sich immer intensiver an Frauen anschließe, da so vieles in seinem Gemüte sei, was Männer selten verständen. Sein vielbesprochenes Verhältnis zu Henriette Herz und seine Korrespondenzen mit Frauen belegen und erhellen diese Äußerung. ›Es ist eine recht vertraute und herzliche Freundschaft, wobei von Mann und Frau aber auch gar nicht die Rede ist; ist das nicht leicht vorstellbar?‹ fragte Schleiermacher seine Schwester. ›Warum gar nichts anders sich mit hineingemischt hat und nie hineinmischen wird, das ist freilich wieder eine andere Frage; aber auch das ist nicht schwer zu erklären. Sie hat nie eine Wirkung auf mich gemacht, die mich in dieser Ruhe des Gemüts hätte stören können. Wer sich etwas auf den Ausdruck des Innern versteht, der erkennt gleich in ihr ein leidenschaftsloses Wesen, und wenn ich auch bloß dem Einfluß des Äußeren Raum geben wollte, so hat sie für mich gar nichts Reizendes, obgleich ihr Gesicht unstreitig sehr schön ist, und ihre kolossale königliche Figur ist so sehr das Gegenteil der meinigen [Schleiermacher war leicht verwachsen – d. Hg.], daß, wenn ich mir vorstellte, wir wären beide frei und liebten einander und heirateten einander, ich immer von dieser Seite etwas Lächerliches und Abgeschmacktes finden würde.‹ Die Beziehung zwischen dem evangelischen Theologen und der orthodoxen Jüdin war eines jener idealen Freundschaftsbündnisse, die in Berlin Aufsehen machten und ausreichend Stoff für Medisance und Anekdotenjägerei lieferte. Schleiermacher nannte man allgemein den ›Parasol der Madame Herz‹, und unter den Linden hing eine Karikatur aus, die die ›große Herz‹ darstellte, die den ›kleinen Schleiermacher‹ spazierenführt, indem sie ihn im Strickbeutel mit sich trägt, aus dem er nur mit dem Kopf heraussieht. Darunter stand: ›Die Hofrätin Herz hat sich ein Ridicul angeschafft.‹

Die vielen kleinen Briefe, die Schleiermacher fast täglich aus Potsdam an Henriette Herz schrieb, geben am besten Aufschluß, welchen Einfluß Henriette auf ›Schleier‹, wie er im Freundeskreis genannt wurde, hatte. Stück für Stück teilte er ihr das Entstehen seiner ›Reden über die Religion‹ mit und erwartete ihr Urteil; sie wiederum wünschte seine Meinung über ihre ›Fragmente‹ und nahm seine Hilfe bei der Übersetzung der zwei Reiseberichte aus dem Englischen in Anspruch. Als die Bücher dann erschienen, verweigerte Schleiermacher die Annahme eines Teilhonorars. Doch Henriette Herz wußte, daß er sich stets einen Schreibschrank mit vielen Fächern, ähnlich dem, an welchem Spalding arbeitete, gewünscht hatte. Sie ließ einen völlig gleichen anfertigen, den er nun nicht abschlagen konnte.

Weil ihre ausgedehnte Korrespondenz nicht erhalten ist, die Auskunft darüber geben könnte, wie ihr Wesen auf Freunde wirkte und wieder zurückstrahlte, hat man von ihr gesagt, sie sei geistig nicht produktiv gewesen. Von Fürst wissen wir, daß sie nicht wagte, mit eigenen Schöpfungen an die Öffentlichkeit zu treten, weil ihr Vertrauen in ihre schaffende Kraft zu gering war. Sie hatte zwei Novellen geschrieben, von denen die eine die Zustimmung ihrer immer scharf urteilenden Freundin Dorothea erhielt, während die andere getadelt wurde. ›Ich übertrug den Tadel auch auf die erste. Ich sah beide von da ab mit Unlust an, und vernichtete sie bald mit Lust.‹

Als Schleiermacher sich 1802 aufgrund verschiedener Mißhelligkeiten – sein geistlicher Vorgesetzter F. S. G. Sack hatte ihm gerade die Beziehung zu jüdischen Damen vorgeworfen – in seinem geistlichen Amt veranlaßt sah, einem Ruf nach Stolp zu folgen und bis 1807 Berlin verließ, vertauschten beide das ›Sie‹ der Anrede mit dem ›Du‹. Nach dem Tode von Marcus Herz (1803) stand er ihr tröstend und hilfreich zur Seite. In Stolp erging es Schleiermacher gesundheitlich nicht gut. Hinzu kamen seelische Bedrängnisse in seiner sich seit 1799 hinschleppenden, für ihn zunehmend peinlicher werdenden Beziehung zu Eleonore Grunow, die ihn in seinen Briefen mit großer Gewißheit von seinem Tode sprechen lassen. Henriette Herz und Schleiermacher gaben sich das Gelübde, ›daß, wenn wir unser Lebensende herannahen fühlen, wir einander rufen wollen‹. Ihr Verhältnis war so vertraut, daß Friedrich Schlegel sich sogar aus Jena noch ein wenig eifersüchtig zeigte.

Friedrich Schlegel war im Juni 1797 für zwei Jahre aus Jena nach Berlin gekommen, um hier das Zentrum der Spätaufklärung für die romantische Bewegung zu erobern. Außerdem führte er wichtige Verhandlungen mit dem Verleger Vieweg über die Herausgabe des ›Athenäums‹. Auf Empfehlung des ehemaligen Hofkapellmeisters Reichardt wurde Friedrich Schlegel in den Salon von Henriette Herz eingeführt. Eine Neuorientierung der geistigen Interessen begann. Die neuen ästhetischen Ansprüche gingen einher mit der Forderung nach einer neuen Geselligkeit. Bereits Kant hatte darauf hingewiesen, daß eine gute Gesellschaft abhängig sei von dem Verhältnis der Musen zu den Grazien. In seinem ›Versuch einer Theorie des geselligen Betragens‹ (1799) führte Schleiermacher aus, daß sich in der Geselligkeit die Persönlichkeit äußere. In dem Kreis innerlicher Gemeinschaft der Freunde erfüllte sich nach ihrem damaligen Ideal das wahre Leben. Schleiermacher, der Schlegel bereits in der Feßlerschen Lesegesellschaft kennengelernt hatte, befreundete sich eng mit ihm. Er schrieb über ihn an seine Schwester: ›Ich bin zwar hier nie ohne gelehrten Umgang gewesen, und für jede einzelne Wissenschaft, die mich interessiert, hatte ich einen Mann, mit dem ich darüber reden konnte. Aber doch fehlte es mir gänzlich an einem, dem ich meine philosophischen Ideen so recht mitteilen konnte, und der in die tiefste Abstraktion mit mir hineinging. Diese große Lücke füllt er nun aufs Herrlichste aus; ich kann ihm nicht nur, was schon in mir ist, ausschütten, sondern durch den unversiegbaren Strom neuer Ansichten und Ideen, der ihm unaufhörlich zufließt, wird auch in mir manches in Bewegung gesetzt, was geschlummert hatte. Kurz, für mein Dasein in der philosophischen und literarischen Welt geht seit meiner näheren Bekanntschaft mit ihm gleichsam eine neue Periode an.‹

Stark belastet wurde das Verhältnis im Freundeskreis durch die Vorgänge um die ›Lucinde‹. Henriette Herz und Schleiermacher begünstigten die Beziehung zwischen Dorothea Veit und Friedrich Schlegel und versuchten auszugleichen und Angriffe abzuwenden. Friedrich Schleiermacher ist dem heftig attackierten Freund beigesprungen. Das Mißverstehen der ›Lucinde‹ durch das größere Lesepublikum weckte seinen Oppositionsgeist. Er veröffentlichte anonym die ›Vertrauten Briefe über Friedrich Schlegels Lucinde‹. Sie blieben der einzige Erklärungs- und Rechtfertigungsversuch in einer Übermacht an Kritik. Noch im Jahre 1808 rühmte Henriette Herz sich gegen den Kreis um Varnhagen, daß Schleiermacher ihr zur Ehre gesagt habe, die Briefe über die ›Lucinde‹ habe mehr sie als er geschrieben.

Bis zum Tode ihres Mannes lebte Henriette Herz in gesicherten Verhältnissen. Ihr Leben blieb im ganzen gesehen auch späterhin ruhig und ausgeglichen. Viele Stunden widmete sie der Lektüre. Obwohl noch mitten im gesellschaftlichen Leben Berlins stehend, war sie nun häufiger von einsamen Stimmungen erfaßt.

Eine Ehe mit Alexander von Dohna hatte sie nicht gewollt. An Aufforderungen, wirksam zu werden, hat es nicht gefehlt, doch später schrieb sie: ›Man hat mich nicht genug benutzt, als ich noch fähig war zu nützen.‹ Als Henriette Herz Schleiermacher ihren Mangel an Tätigkeit und immer wieder ihr nutzlos vorübereilendes Leben beklagte, notierte er in sein Tagebuch: ›Das Menschen Hüten- und Regierenwollen ist doch ein gar tiefer und eingewurzelter Fehler. Ich habe ihn noch neulich wieder bei J[ette] bemerkt und sie sah nicht einmal das Unrecht davon ein.‹ Schon im September 1798 hatte Schleiermacher versucht, ihr Selbstvertrauen zu stärken, indem er ihre persönliche Wirkung als ihre eigentliche Aufgabe umriß: ›Eigentlich gibt es doch keinen größeren Gegenstand des Wirkens als das Gemüt, ja überhaupt keinen andern, wirken Sie etwa da nicht? O Sie Fruchtbare, Sie Vielwirkende, eine wahre Ceres sind Sie für die innere Natur und legen einen so großen Akzent auf jene Tätigkeit in die Außenwelt, die so durchaus nur Mittel ist, ...‹ Am 3. Juni 1802 schrieb ihr der Freund: ›Deine [Natur] besteht ... darin, daß Du nur in der Zukunft lebst, darum machst Du so gern Pläne, darum denkst Du so ungern an den Tod. Zu dieser Natur gehört aber unumgänglich notwendig, wenn nicht das Ganze ein leerer Zirkel sein soll, auch dieses als die andre Hälfte, daß Du eine Prophetin sein mußt und also die Zukunft auch in der Gegenwart sehen und führen. Genieße also jetzt schon die Freude an allem Guten, was Du durch Deine seltene wohlwollende Tätigkeit noch um Dich her stiften wirst; genieß also schon jetzt die Ruhe, die es Dir geben wird, eine Menge von schwierigen Verhältnissen so richtig behandelt zu haben und unter tausend Entbehrungen Dir selbst immer treu geblieben zu sein; genieße endlich schon jetzt die späte Zukunft, die Deine Freunde Dir bereiten werden.‹

Die Bedrängnisse des für Preußen so unheilvollen Jahres 1806 betrafen auch Henriette Herz sehr ernst und direkt. Die Zinsen ihrer Kapitalien und die Einkünfte aus der Witwenkasse wurden von den französischen Okkupanten zurückbehalten oder nur spärlich und unregelmäßig gezahlt. Bekannte und Freunde waren ihr behilflich, die für sie äußerst dringlich gewordene Frage nach einem angemessenen Einkommen zu klären. In ihrer materiellen Sorge hatte sich Henriette Herz an Wilhelm von Humboldt, der damals Minister-Resident beim päpstlichen Stuhl in Rom war, mit der Bitte gewandt, ihr entweder in Rußland oder durch Bekannte in Paris eine Stelle als Erzieherin in der Maison de St. Cyr zu verschaffen. Sie machte die Bekanntschaft des Henri Campans, des Sohnes der Vorsteherin dieses Erziehungsheimes, der Auditeur im französischen Staatsrat und kurze Zeit Chef der preußischen Postverwaltung war. Auf kürzestem Wege konnten nun die Verhandlungen geführt werden. Henriette Herz sollte die Erziehung einer Nichte Joachim Murats, Schwager Napoleons und bald danach König von Neapel, übernehmen. Aber man forderte von ihr eine Namensänderung, vielleicht nur wegen der im Französischen schwierigen Aussprache. Sie lehnte ab. Auch ein anderes Projekt – Rahel Levin versuchte, ihr eine Erzieherstelle in Écouen an der von Napoleon gegründeten Mädchenschule zu verschaffen – zerschlug sich.

Eine Aufforderung, die preußische Prinzessin Charlotte, die spätere Kaiserin von Rußland, zu unterrichten, verdankte sie dem bei Saalfeld gefallenen Prinzen Louis Ferdinand sowie den Beziehungen der kurländischen Herzogin Dorothea und auch Friedrich Delbrücks, die ihr bei Hofe gutes Ansehen verschafft hatten. Doch auch in diesem Falle lehnte sie ab, da man von ihr die Taufe forderte, die sie mit Rücksicht auf ihre noch lebende Mutter zurückwies. ›Meine sehr unverdiente Zelebrität und die Jüdin sind mir in Deutschland im Wege... Rußland ist mir so kalt und fern und fremd, daß ich wie an ein Grab denke, wenn ich dorthin sollte.‹

Wilhelm von Humboldt schrieb Henriette Herz am 18. November 1807 aus Rom: ›... Ihr Plan, nach Frankreich oder Rußland zu gehen, schmerzt mich vorzüglich und gefällt mir ganz und gar nicht. Ich möchte Sie Deutschland erhalten, wieder nur Deutsche könnten Ihren Wert in jenen Landen erkennen, und sollten wir, nachdem schon so viel verloren gegangen, auch noch die besten Menschen verlieren?‹

Rahel Levin wollte sie in ihr Haus aufnehmen. Die Jugendfreundin Fanny von Arnstein bot ihr ein gleiches aus Wien an. Und bereits 1805, in einer Zeit tiefer Depression, wollte Henriette Herz zu Schleiermacher ziehen, der in Halle eine Professur bekleidete, und ›schön und ruhig im Arm der Freundschaft‹ leben. Der aus dem Halberstädter Dichterkreis kommende Goeckingk unterstützte sie wirksam. Goeckingk lebte seit 1793 in Berlin als Geheimer Oberfinanzrat und gehörte schon seit den achtziger Jahren zu Henriette Herz' Verehrern. Er vermittelte ihr eine Tätigkeit als Französischlehrerin bei der jungen Prinzessin Dorothea von Kurland.

Monate später entschied sich Henriette Herz, zur älteren

Schwester Henriette von Willichs, Charlotte von Kathen, auf deren Rügenschen Landsitz Götemitz als Erzieherin zu gehen. Die Bekanntschaft mit dieser Familie geht auf den Juni 1804 zurück, als sie gemeinsam mit ihren Freunden Ehrenfried von Willich und Schleiermachers Verleger Georg Reimer sich erstmals hier aufhielt. Kurz nach ihrer Ankunft traf im Frühjahr 1808 Friedrich Schleiermacher in Götemitz ein. Während dieses Aufenthaltes fand er in der jugendlichen Witwe seines im Jahr zuvor verstorbenen intimen Freundes Ehrenfried von Willich, zu der er bisher ein mehr väterliches Verhältnis hatte, seine Frau. Einige Jahre später verheiratete sich hier im Jahre 1817 Ernst Moritz Arndt mit Nanna Maria Schleiermacher, der Halbschwester Friedrich Schleiermachers. Henriette Herz lernte in diesem abgelegenen romantischen Eckchen den Physiker Hans Christian Oersted und den Philosophieprofessor F. C. Sibbern kennen und korrespondierte lange Jahre mit ihnen; der Briefwechsel mit Sibbern läßt sich bis in die vierziger Jahre verfolgen.

Nach fast zweijähriger Abwesenheit wandte sich Henriette Herz im Mai des Jahres 1809 wieder ihrer Geburtsstadt zu. Die Zahlungen aus der Witwenkasse kamen nun stetig, aber sie fand jetzt nicht mehr den rechten inneren Anschluß an die Gesellschaft. Zwar war sie an vielem beteiligt, aber die ursprünglichen geselligen Kreise hatten sich aufgelöst, und so spielte sie in jener bewegten Zeit nicht die Rolle, die sie lange Jahre an der Seite ihres Mannes innehatte. Sie konnte sich schwer damit abfinden und kleidete sich, wie auch später, auffallend jung, so daß Rahel 1810 bissig bemerkte: ›Madame Herz lebt geputzt; ohne zu wissen, daß man sich ausziehen kann, und wie einem dann ist.‹ Doch drei Jahre später schrieb sie: ›Die Herz ist unendlich tätig, ich sporne sie noch mehr.‹ Henriette war durch Friedrich Schleiermacher in die preußisch-patriotischen Kreise um den Verleger Georg Reimer eingeführt worden. Wie Varnhagen in seinen ›Denkwürdigkeiten‹ berichtet, traf sich der Zirkel regelmäßig abwechselnd bei Reimer, Henriette und an den Sonnabenden bei Schleiermacher. Henriette Herz arbeitete nicht, wie es für Frauen üblich war, in den Lazaretten, weil sie ihren Abscheu gegenüber Kranken nicht überwinden konnte, sondern ließ Waisenkindern Fürsorge und Förderung zuteil werden. Während der Kämpfe in und um Berlin flüchtete sie kurzzeitig nach Breslau und Schlesien.

Karl August Varnhagen von Ense, der nach der Schließung der Hallenser Universität wieder in Berlin weilte, hat Henriette Herz in dieser äußerlich wie innerlich bedrückenden Zeit erlebt: ›Das Erlernen und Üben fremder Sprachen war bei Madame Herz schon eine althergebrachte Gewohnheit und gab den Halt- und Mittelpunkt der vielfachsten geselligen Verbindungen... Aber außer diesen Literaturen und Sprachen nahm ihr gebildeter Geist auch an Gegenständen des Denkens und Betrachtens allen liebreichen Anteil, den man von der Freundin Schleiermachers wohl erwarten durfte... Liebe, Freundschaft, Weiblichkeit und andre solche Gegenstände haben den großen Reiz, daß sie, auch wenn man das Allgemeine über sie schon ausgemacht und abgetan hätte, noch stets für die nächste Anwendbarkeit ein weites, mehr oder minder fruchtbares Feld eröffnen... Auf der andern Seite war freilich dem Übelstande nicht ganz zu entschlüpfen, daß ... das Gespräch bisweilen unerwartet in irgendeine abgelegene Kammer sich verlief, wo man sich unbequem und verfangen fühlte.‹ Die Geselligkeiten waren ein wenig steif und mühsam. Um so mehr pries Henriette Herz ihre Freundin Rahel, die in jenen Jahren ebenfalls keine Rolle in der Gesellschaft spielte und die sie heimlich wohl immer etwas wegen ihrer Leidenschaftlichkeit und Lebhaftigkeit beneidet hatte.

Nachdem Schleiermacher 1807 aus Halle nach Berlin an die Dreifaltigkeitskirche und später an die Universität berufen wurde, kam Henriette Herz in näheren Kontakt mit seiner Familie. Häufig war sie bei ihm zu Gast. Auf eine stille, verständnisvolle Weise beteiligte sie sich an den Sonnabendgesprächen in Schleiermachers Arbeitsstube in der Kanonierstraße 4.

Schon wenige Wochen nach dem Tode ihres Mannes schickte Henriette Herz mit Einverständnis der Eltern Ludwig Börne zu Marcus Herz' Schüler Reil nach Halle. Die Leere des Hauses ließ sie aber nicht zur Ruhe kommen. Ihre Schwester Brenna zog zu ihr. Jetzt fühlte Henriette Herz sich auch nicht mehr so an Berlin gebunden, wie es die Praxis ihres Mannes erforderlich gemacht hatte. Nicht oft hatte sie zuvor Berlin verlassen. Eine Reise zur

Messe nach Leipzig im Jahre 1784, eine Reise 1799 nach Dresden und auch gelegentliche Besuche bei ihrer Schwester Johanna in Prenzlau bildeten Höhepunkte. In ihrer Entscheidung im wesentlichen ungebunden, reiste sie nun öfter, soweit es ihre Mittel erlaubten. Ihre gesellschaftlichen Kontakte schufen ihr genügend Verbindungen, und rasch vermochte sie an den Orten ihres jeweiligen Aufenthaltes Geselligkeiten um sich aufzubauen. Im Sommer 1803 war sie bei Körner in Dresden, in den Jahren 1805 und 1810 erneut in der sächsischen Metropole. Hier machte sie bei ihrem letzten Aufenthalt die Bekanntschaft Goethes, die ihr nicht das ›Anbrechen einer neuen Lebensepoche‹ brachte, obwohl sie ihn seit Jahren hoch verehrte. Dafür gewann sie hier die Freundschaft und Achtung der Malerin Louise Seidler.

Von Juni bis September 1811 hielt sich Henriette Herz in Wien bei ihrer Freundin Fanny von Arnstein auf. Trotz des Verkehrs in den glänzenden Adelskreisen fühlte sie sich in dieser gesellschaftlichen Repräsentation nicht so recht wohl, obwohl sie die Welt der Schönheit begierig in sich aufnahm, wie Karoline von Humboldt berichtete. Nach mehrjähriger Trennung traf sie in Wien ihre Freundin Dorothea und deren Mann Friedrich Schlegel mit den Söhnen Philipp und Johann Veit wieder, die hier in bescheidenen Verhältnissen lebten.

Italien war für Henriette Herz' Generation, wie noch für die zwanziger Jahre unseres Jahrhunderts, *das* Bildungserlebnis. Die Begegnung mit dem antiken heidnischen Rom, das jetzt Zentrum des Katholizismus war, bedeutete in jenen Jahren zugleich Flucht aus der Enge und Idylle der deutschen Kleinstaaterei, die durch den Wiener Kongreß manifestiert worden war. Henriette Herz hatte allerdings erkannt, daß Berlin wenn auch kein Land der Kunst und Poesie, so doch wenigstens nicht philisterhaft war. ›Wer in diesem lebt, dem kann nicht wohl darin sein! Wenn er nicht an manchem hängt und in und mit diesem lebt... und man hat gar wenig Mitleid bei uns ...‹ Dieses Urteil kommt dem Lessings und Schillers sehr nahe. Berlin aber blieb ihre Heimat.

Bevor Henriette Herz nach Rom aufbrach, tat sie einen Schritt, der schon lange in ihr beschlossen war: den Übertritt zum Christentum. Es war nicht allein der Umgang mit den Aufklärern und Freidenkern, der sie wie viele Juden und vor allem Jüdinnen um die Wende zum 19. Jahrhundert zum Christentum konvertieren ließ, sondern das Bedürfnis nach Assimilation, nach vollkommenem Zugehörigkeitsgefühl zum Vaterland. In ihrer Jugend hatte Henriette Herz dem orthodoxen Judentum angehört. Dorothea Veit, die zum Zwecke der Verheiratung mit Friedrich Schlegel konvertiert hatte, wird den ersten Gedanken dazu ausgelöst haben. Der Umgang mit Schleiermacher und den anderen aufgeklärten Theologen mag sein übriges dazu getan haben. Doch erst nach dem Tode einer Schwester (1815) und dem der Mutter im Frühjahr 1817, die einen Religionswechsel als schwer empfunden haben würde, ließ sie sich in Zossen von Superintendent Wolff taufen. Das sollte im Stillen geschehen. Doch jemand mußte sich ›in aller Unschuld verschnappt‹ haben, Henriette Herz nahm an, daß es Schleiermacher selbst gewesen sei. Die ganze Stadt war voll davon, daß sie sich habe taufen lassen. Als dann in Rom sogar Gerüchte auftauchten, sie sei katholisch geworden, schrieb sie an eine Freundin nach Berlin: ›Ich komme mir gewaltig wichtig vor, daß man um meiner Seele Heil so besorgt scheint – wäre ich aber nicht lange schon eine gute feste Protestantin, so würde ich es in Rom nicht werden – wie weit also von der Katholikin!‹

Am 26. Juli 1817 reiste Henriette Herz von Zossen aus in Begleitung der Malerin Auguste Klein weiter über Leipzig, Jena und Nürnberg nach München, wo sie einige Tage bei Schelling blieb, ›in dessen Haus sie die Geselligkeit besonders verschönte‹. Hier traf sie auch Louise Seidler wieder, mit der sie gemeinsam Kunstschätze besichtigte. ›Die edle Frau‹, erinnerte sich Louise Seidler, ›wurde mir durch ihren gebildeten Geist, ihr tiefes Gefühl und ihre Anmut täglich teurer. Wie gern hätte ich sie nach Rom, wohin sie nur gar zu bald abreiste, begleitet.‹

Etwa vierzehn Tage blieb sie in ›Deutschlands heimlicher Hauptstadt‹, um alles recht genießen zu können. Durch Tirol ging es nach Verona, Venedig und Florenz. Immer näher kam sie dem, was sie schon lange bewegte und was ihr im Alter wünschens- und begehrenswert blieb. Ihre Freunde glaubten, daß sie in der Ewigen Stadt den Rest ihres Lebens zubringen werde, aber Henriette Herz hielt zwei Jahre für ausreichend.

Am 11. Oktober 1817 vormittags zwölf Uhr erreichte sie Rom. Ihre Freundin Karoline von Humboldt begrüßte sie herzlich. Sie hatte für Henriette Herz eine Wohnung in jener Villa gemietet, in der einst Angelika Kauffmann wohnte und die jetzt verschiedene Künstlerwohnungen beherbergte. Rasch fand sie Aufnahme in den Kreisen der deutschen Künstlerkolonie um Cornelius, Overbeck, die Veits, die Schadows und den bayerischen Kronprinzen Ludwig. Tage voller Erlebnisse und gehobener Stimmung blieben in ihrer Erinnerung. Der Philologe Immanuel Bekker schloß sich ihr an und blieb ihr auf den Ausflügen ein ständiger Begleiter. Später kamen Dorothea Schlegel, Louise Seidler, Fanny Caspers, Bertel Thorwaldsen, Per Daniel Amadeus Atterbom, Adam Oehlenschläger und die Brüder Riepenhausen hinzu. Am 2. April 1819 reiste auch Friedrich Schlegel für kurze Zeit an.

Henriette Herz erlebte in Rom das Aufblühen einer neuen Kunst. Die Fresken in der Casa Bartholdy und dann im Hause Marchese Massimis eröffneten die Reihen der nazarenischen Meisterwerke. Sie begeisterte sich für die Farben der Nazarener ebenso wie für die altdeutschen Festlichkeiten der Künstlerkolonie. Sie maßte sich nicht an, als Kunstkennerin zu gelten, aber ihr Schönheitssinn, der sich bisher nahezu ausschließlich in der Wissenschaft und Literatur ausgelebt hatte, wurde nun auch auf dem Gebiet der Kunst befriedigt.

Am 2. Mai 1819 brach sie gemeinsam mit Karoline von Humboldt und dem preußischen Gesandtschaftssekretär Dr. Brandis wieder nach Deutschland auf. ›Die edle, schöne Henriette Herz war der allgemeine Liebling geblieben; viele Tränen flossen ihr nach. Während der letzten Tage ihres Aufenthaltes in Rom bemühte sich jeder, ihr noch irgendeine Aufmerksamkeit zu erweisen; ich selbst überreichte ihr eine von mir angefertigte Kopie des Erzengels Michael von Perugio..., über welche Henriette Herz große Freude hatte.‹ (Louise Seidler) Im September 1819 kam sie in Berlin an. Während ihrer Rückreise hatte sie im Hause Ernst Moritz Arndts in Bonn eine Hausdurchsuchung erlebt. Die ›Demagogenverfolgung‹ nach den ›Karlsbader Beschlüssen‹ hatte begonnen. Am 15. Juli 1819 schrieb sie in ihr Reisetagebuch: ›Gestern habe ich hier im Hause etwas erlebt, was ich nie erlebt haben wollte.‹ Ihr Vertrauen in das preußische Vaterland, das nach den Befreiungskriegen eine restaurative Entwicklung nahm, war erschüttert. Obwohl sich Henriette Herz' Leben nahezu ausschließlich in privater Sphäre abspielte, zeigt das Kapitel ›Zeitgeschichtliches‹ ihrer Erinnerungen, daß der ständige Kontakt mit führenden Männern in Staat, Verwaltung und Wissenschaft ihren Blick für die großen Entwicklungen der Gesellschaft geschärft hatte.

Nach ihrer Rückkehr wurde es still um Henriette Herz. Natürlich war sie wieder in den Gesellschaften bei Rahel oder bei den musikalischen Abenden bei Mendelssohns und unterhielt selbst kleine Gesellschaften. Aber sie stand abseits. Sie spürte selbst sehr deutlich, daß eine Epoche angebrochen war, in die sie sich nicht mehr hineinzufinden vermochte. Unter der Jugend, die die Ansprüche von ehemals nicht mehr gelten lassen wollte, fühlte sie sich verloren und unglücklich. Die ursprüngliche Zwanglosigkeit war in der Metternich-Ära allmählich der Gewolltheit gewichen, überschattet von wachsendem Mißtrauen.

Wenig ist über Henriette Herz' letzte Lebensjahre bekannt. Seit 1813 schon erteilte sie jeden Morgen zwischen neun und zwölf Uhr Kindern ›armer, einst vermögender Eltern‹ unentgeltlich Unterricht in allen lebenden Sprachen. Mehreren verhalf sie dadurch zu einem Lebensunterhalt. Wie erzählt wurde, meldeten sich so manche junge Mädchen bei ihr, die gehört hatten, daß sie ›Mädchens vermietet‹.

Mit wenig Geld ausgestattet, wußte sie sich durch kluges Wirtschaften so einzurichten, daß sie Wohltaten verüben und ihrer bescheidenen Wohnung ein wenig Behaglichkeit geben konnte. Mittwochs unterhielt sie einen freien Mittagstisch für vier Studenten, kochte dann aber immer für zehn. Ludwig Börne 1828 und zehn Jahre später Fanny Lewald erlebten die einfachen Räume der Greisin, deren einziger Schmuck Bilder der Freunde und sie selbst war. Wie in ihrer Jugend weiß und mit einem Turban bekleidet, empfing sie ihre Gäste, die mit Hochachtung vor ihrem Ruf zu ihr kamen.

Nur wenige neue Kontakte erwiesen sich als dauerhaft. Der Naturphilosoph Henrik Steffens, der aus Breslau einem Ruf nach Berlin gefolgt war, Luise Wolff aus Zossen und eine verwitwete Schwester blieben ihr bis zu ihrem Ende verbunden. Schmerzhaft erlebte Henriette Herz, wie die Freunde vor ihr starben: Wilhelm von Humboldt, Friedrich Schleiermacher, Ludwig Börne, Alexander von Dohna, viele ihr näher bekannte Männer und Frauen des Künstler- und Gelehrtenkreises, des Adels und des Bürgertums. Von ihren engsten Freundinnen wurde sie nur von Sarah Levy überlebt; Rahel starb 1833, Dorothea 1839.

Im Laufe der Jahre war das von den Eltern und ihrem Mann ererbte und ohnehin nicht sehr große Vermögen aufgebraucht. Henriette Herz mußte sich, als sie bereits die achtzig überschritten hatte, mit einer mäßigen Witwenpension begnügen. Der greise Alexander von Humboldt verwendete sich für sie beim König, beschaffte ihr 1845 ein königliches Geschenk von 50 Friedrichsdor und ab 1. Januar 1846 eine königliche Pension von 500 Talern jährlich. Man hatte darüber gesprochen, daß die Frauen von Geist so selten geworden wären, und Humboldt erinnerte dabei an die Hofrätin Herz. Es waren freundliche Worte der Ermunterung und das ›gemütliche Andenken‹ an seine früheste Jugend, als Friedrich Wilhelm IV. in die Vorträge von Marcus Herz über Physik mitgenommen worden war, die den König diese Order geben ließen. Geschickt hatte Alexander von Humboldt ihm ein Bildnis der Henriette Herz überreicht, über das der Monarch sich lebhaft freute, da die schöne Frau zu seinen angenehmsten Jugenderinnerungen gehörte. Dieses Bild, das er vor der Königin verbarg, war der Anlaß für Friedrich Wilhelm IV., die Herz am 6. Juli 1847 zu besuchen und mit ihr über die Vergangenheit zu plaudern – ein Ereignis, das auch der alles aufzeichnende Varnhagen vermerkte.

Nicht mehr lange konnte Henriette Herz sich ihrer erleichterten Umstände erfreuen. Sie starb kurz nach Vollendung ihres dreiundachtzigsten Lebensjahres am 22. Oktober 1847 abends nach acht Uhr, ohne viel zu leiden. Begraben wurde sie auf dem II. Jerusalemer Friedhof vor dem Hallischen Tor am heutigen Blücherplatz in der Nähe der Außenmauer Zossener-/Ecke Baruther Straße. Nach Schinkels Reihenentwurf wurde ihr Grabmal, ein 1,60 Meter hohes, gußeisernes, in einem Dreipaß endendes Kreuz, in der Berliner Königlichen Eisengießerei gegossen.

Am 25. Januar 1852 erhielt Varnhagen Besuch des oldenburgischen Barons von Rennenkampf und schrieb in sein Tagebuch:

›Was für Menschen kennen wir zusammen, haben wir zusammen gekannt! Humboldts, Tettenborn, Wallmoden, die Hofräthin Herz …‹

Rainer Schmitz

Zu dieser Ausgabe

Die Handschrift ihrer Jugenderinnerungen hat Henriette Herz noch zu Lebzeiten der langjährigen Freundin und Gesellschafterin Luise Wolff geschenkt. Aus deren Nachlaß gelangten die Aufzeichnungen in den Besitz von Professor Heinrich Hahn. Er übergab sie dem Literaturarchiv in Berlin, das 1896 für seine Mitglieder eine Ausgabe in 100 Exemplaren veranstaltete. Heute befindet sich die Handschrift im Archiv der Akademie der Wissenschaften der DDR.

Für unsere Ausgabe sind diese Aufzeichnungen nach dem Erstdruck von 1896 mit der Edition von Joseph Fürst zusammengestellt. Vergleichend wurde die bearbeitete Ausgabe von Landsberg (1913) herangezogen. Auch Fürst verwendet für seine Erstveröffentlichung 1850 teilweise die originale Handschrift; dadurch entstandene Dopplungen wurden beseitigt. Die zweite Auflage von 1858 war im Vergleich zur ersten um den Abschnitt ›Zeitgeschichtliches‹ erweitert worden; deshalb wird sie unserer Ausgabe zugrunde gelegt. Die Erinnerungen von Henriette Herz liegen somit hier erstmalig in ihrem ganzen Umfange vor.

Für unsere Edition wurden die Texte der Erinnerungen, Briefe und Zeugnisse unter Beibehaltung sprachlicher Eigenheiten und des Lautstandes heutigen Regeln der Orthographie und Interpunktion angeglichen. Unterschiedliche Schreibweisen der Personen- und Ortsnamen wurden vereinheitlicht, Abkürzungen aufgelöst. Namen und Abkürzungen von Namen, die nicht erklärt bzw. entschlüsselt werden konnten, fanden keine Berücksichtigung in den Anmerkungen.

Texte nach:

Mitteilungen aus dem Literaturarchiv Berlin, Band 1, 1896, S. 141–184.

Joseph Fürst, Henriette Herz. Ihr Leben und ihre Erinnerungen (1850), 2. Auflage, Berlin 1858.

Hans Landsberg, Henriette Herz. Ihr Leben und ihre Zeit, Weimar 1913.

Ludmilla Assing, Aus dem Nachlasse Varnhagens, Band 1, 1867.

Wilhelm und Karoline von Humboldt, Die Brautbriefe, Leipzig 1920.

Bönigk, Schleiermacher und seine Lieben. Nach Originalbriefen der Henriette Herz, Magdeburg 1910.

Ludwig Geiger, Briefwechsel des jungen Börne und der Henriette Herz, Oldenburg und Leipzig 1905.

Ungedruckte Briefe. In: Ungedruckte Predigten Schleiermachers aus den Jahren 1820 bis 1828, Leipzig 1909.
Hans Meisner, Schleiermacher als Mensch, Band 1 und 2, Gotha 1920–1922.
Hans Uhde, Erinnerungen der Malerin Louise Seidler, Berlin 1874.
Karl von Holtei, Briefe an Ludwig Tieck, Band III, 1864.
Franz Deibel, Dorothea Schlegel als Schriftstellerin im Zusammenhang mit der romantischen Schule, Berlin 1905 (Palaestra. 40).
Die Wiedergabe der Briefe vom 20. Mai 1790 und vom 28. Februar 1818 erfolgt mit freundlicher Genehmigung der Deutschen Staatsbibliothek Berlin / DDR, Sammlung Autographen.

Weitere Quellen:

Joseph Fürst, Briefe des jungen Börne an Henriette Herz, Leipzig 1861.
Ferdinand Gustav Kühne, Deutsche Männer und Frauen. Eine Galerie von Charakteren, Leipzig 1851, S. 214–244.
Heinrich Hahn, Aus dem Nachlaß von Henriette Herz. In: Nord und Süd, 1892, S. 58–74.
Mynster, Breve til og fra F. C. Sibbern, Kopenhagen 1866.

Anmerkungen

7 *inokulieren … vaccinieren:* Impfmethoden.

8 *vor zwei Jahren:* d. i. 1821.

9 *mit einem reichen israelitischen Hause:* Das Haus von Daniel Itzig. Mit den Töchtern, den späteren Frauen von Arnstein und von Eskeles, Levy, Oppenheim und Ephraim, war Henriette Herz auch später befreundet, vor allem mit Sarah Levy. Aus dem Itzigschen Hause kam auch Julius Eduard Hitzig (1780–1849), der enge Freund und Biograph E. T. A. Hoffmanns.

Laubhütte: Sukkot, das Laubhüttenfest, gehört mit Pesach und Schabuot zu den drei großen jüdischen Wallfahrtsfesten. Die Laubhütte (Sukka) ähnelt kleinen Gartenhäuschen, deren Dach aus Zweigen besteht.

10 *Zahl meiner Geschwister:* Henriette Herz hatte vier Brüder: Abraham, geb. 1766; Aron Beer, geb. 1772; Isaak (Itzig), geb. 1778; Daniel Leib, geb. 1780. Ihre Schwester Sara heiratete einen Herrn Nathan in Berlin; deren Sohn, der Referendar Natorff, fiel 1833 im Duell. Henriettes Schwester Johanna war in Prenzlau mit einem Arzt verheiratet, der ebenfalls Herz hieß. Ihre jüngste Schwester Brenna de Lemos starb 1815 unverheiratet in Berlin, wo sie als Pastellmalerin tätig war.

Der Vater starb etwa 1785; seine zweite Frau, geb. Charlesville, starb fast erblindet im Frühjahr 1817.

jüdische Kolonie: In Berlin gab es kein Ghetto, wie in anderen europäischen Städten. Die Juden wohnten jedoch konzentriert in der Spandauer Straße und Umgebung. Die Zahl der Familien war durch Reglement auf 400 festgelegt. Um 1772 hatte Berlin etwa 2000 jüdische Einwohner. Im Jahre 1801 waren von den 177000 Berlinern 3549 Juden.

Karmen: Gedicht, insbesondere Gelegenheits- oder Festgedicht.

Richard III.: wahrscheinlich jenes Stück von Christian Felix Weiße (1727–1804), das seinerzeit sehr beliebt war und von Lessing in seiner ›Hamburgischen Dramaturgie‹ gelobt wurde.

17 *mi paventi:* durch die Mara berühmt gewordene Bravourarie ›mi paventi, il figlio indegno‹ (Er möge mich fürchten, der unwürdige Sohn) aus der Oper ›Britannicus‹ von Carl Heinrich Graun (1703/04–1759).

18 *die andere ... Freundin:* Dorothea Veit.

19 *Leben des Siegwart:* ›Siegwart, eine Klostergeschichte‹ (1776) von Johann Martin Miller (1750–1814).

20 *Leihbibliothek:* die Leihbibliothek des Buchhändlers und Verlegers Hans Friedrich Vieweg in der Spandauer Straße.
nach einem Garten: Gartengrundstück im Tiergarten, das Sommeraufenthalt der Familie gewesen ist.
die andere: Dorothea Veit.

25 *1. Oktober des Jahres 1779:* Henriette wurde am 1. Dezember 1779 mit Marcus Herz verheiratet.

28 *Personen aus den höchsten Ständen:* Am Dienstag, dem 29. März 1791, meldete die ›Königlich privilegirte Berlinische Zeitung. Von Staats- und gelehrten Sachen‹ im 38. Stück: ›Vorigen Freitag beehrte der Osmanische Gesandte, mit einem Theile seines Gefolges, den Hrn. Professor Herz mit einem Besuch, welcher ihn, in Gesellschaft der Herren Generale v. Möllendorff und von Schlieffen Excellenzen, des Hrn. Geh. Legationsraths v. Diez, und mehrerer vornehmen Personen, drei Stunden lang mit den instruktivsten physikalischen Versuchen unterhielt.‹
jüngeren Brüder des Königs: Prinz Heinrich Friedrich Ludwig von Preußen und Prinz August Ferdinand von Preußen, Brüder Friedrich Wilhelms III. (1770–1840).
fünfjähriger Kronprinz: Friedrich Wilhelm IV. (1795–1861).
in einem vornehmen Hause: Kunth war Erzieher im Hause der Humboldts.
Ausspruch von Malebranche: aus ›De la recherche de la vérité‹ Paris 1764, deutsch 1776–1780.

30 *Eulers Brief:* Leonhard Eulers ›Briefe an eine deutsche Prinzessin über verschiedene Gegenstände der Physik und Philosophie‹ (1768–1772, deutsch 1769 ff.)
von einem uns befreundeten Hause: das jüdische Haus von Ezechiel Benjamin Cohen.

33 *Moritz' Erfahrungsseelenkunde:* ›Magazin der Erfahrungsseelenkunde‹, herausgegeben von Moritz, Pockels und Maimon, 1. Bd., 2. Stück, 1783, S. 44–73.

34 *Zirkassierin:* Tscherkessin.
Reil: Johann Christian Reil kam 1782 nach seiner Promotion zum Doktor der Medizin und Chirurgie ins Haus von Marcus Herz, um ein praktisches Jahr zu absolvieren. Reil überarbeitete hier seine Promotionsschrift ›Fragmenta metachematismi Polycholiae‹ und widmete sie Marcus Herz.

35 *junge, sehr liebenswürdige Frau:* Marianne Devidels, Tochter eines Hofjuweliers in Wien, heiratete den Bildhauer Johann Gottfried Schadow.
ihre Söhne: Rudolf und Friedrich Wilhelm von Schadow.
weil um diese Zeit ... die Erlaubnis gegeben ward: Nach einem Regle-

ment aus dem Jahre 1790 durften jüdische Männer ihre Bärte scheren und die Frauen ihr Haar offen tragen.

38 *meine Büste machte:* Johann Gottfried Schadow schuf 1783 Henriettes Gipsbüste. Der erste Versuch schlug beim Brennen fehl. Original in der Nationalgalerie Berlin.

39 *Sachez que:* Sie müssen wissen, daß die Komödie beendet ist und daß Sie niemals weder mich noch meinen Mann im Hause antreffen werden.

40 *von Freunden, deren älteste Tochter:* die jüdische Familie Levin und deren Tochter Rahel, die spätere Frau Varnhagen von Enses.

Bahrdt: Als Karl Friedrich Bahrdt die ›Deutsche Union‹ gründete und eine Liste der erlauchtesten Männer von ganz Deutschland als angebliche Mitglieder dieser Gesellschaft zusammenstellte, nannte er auch Marcus Herz.

42 *auf meiner Reise nach Italien:* im Jahre 1817.

44 *Beelitz:* ›... Mit Aufgang der Sonne kamen wir nach Beelitz, dort war alles voll von Reisenden und Juden aus Berlin, die auf die Leipziger Messe zogen, so daß wir nur mit Mühe ein schlechtes Frühstück erhielten ...‹ (Friedrich Wilhelm Joseph Schelling an seine Eltern, Leipzig, den 28. Juni 1797. ›Aus Schellings Leben. In Briefen‹, Leipzig 1869, Band 1).

Jüngling: der junge Karl von La Roche.

›Lieder zweier Liebenden‹: Der Gedichtband Goeckingks war 1777 erschienen.

45 *›Episteln‹:* Wahrscheinlich sind Goeckingks ›Sinngedichte‹ gemeint, die 1772 und erweitert 1778 erschienen.

Lazzi: komische Gebärden.

46 *Mein Lehrer:* Johann Georg Gottlieb Lehmann, Organist und Regens chori (Chorleiter) an der Nikolaikirche. Der ›Tod Jesu‹ wurde von ihm am 5. April 1781 aufgeführt.

Nach einem Jahr verließ er Berlin: Einer Notiz Sophie Beckers (Reisetagebuch) zufolge war Karl von La Roche 1784 wieder in Berlin.

Lesegesellschaften: Häufig wurden in den Lesegesellschaften auch gemeinschaftlich Bücher angeschafft, die nach einem beschlossenen System kursierten und über die diskutiert wurde. Neueren Untersuchungen zufolge (Otto Dann 1971) gab es in Deutschland in den Jahrzehnten um die Jahrhundertwende insgesamt etwa 400 bis 500 Lesegesellschaften.

48 *Er sagte dem Dichter davon:* In dem umfangreichen Briefwechsel Zelters mit Goethe erwähnt Zelter nur am 18. Dezember 1802 die Hofrätin Herz: ›... Von Ihren ungedruckten Gedichten habe ich bis jetzt keins aus Händen gelassen. ‚Des Schäfers Klage' habe ich nicht von Ihnen, und da mich die Frau Hofrätin Herz um meine Komposition bat und das Gedicht schon hatte, habe ich ihr solche gern gegeben ...‹

zweite Tochter Mendelssohns: Henriette Mendelssohn.

eine Lesegesellschaft, an welcher …: Es handelt sich um die sogenannte ›Mittwochsgesellschaft‹ oder auch als ›gelehrte Gesellschaft‹ bezeichnete Vereinigung, die 1783 ins Leben gerufen wurde (Undatierter Brief Biesters an Moses Mendelssohn aus dem Jahre 1783). Die Gesellschaft existierte bis 1798.

50 *Mittwochs-Gesellschaft:* geselliger Zirkel in Berlin, der einmal wöchentlich (Mittwoch) zusammentraf, um über wichtige Fragen der Politik, Wissenschaft und Kunst zu sprechen. Die Mitglieder waren Intellektuelle, die im Dienst von Staat oder Kirche standen. Sie wurde Ende 1796 als Antwort auf die Schwächung der Montags-Gesellschaft von dem ehemaligen Mönch Ignaz Aurelius Feßler gegründet. Nach Feßlers Weggang von Berlin im Jahre 1802 wurde sie auch Feßlersche Lesegesellschaft genannt. 1824 wurde sie durch Hitzig, Eichendorff und Alexis als ›literarische Mittwochsgesellschaft‹ wiederbelebt und existierte dann nach einer Neugründung 1863 noch bis in die dreißiger Jahre unseres Jahrhunderts. (Vgl. S. 140).

Englisches Haus: eines der vornehmsten und bekanntesten Berliner Restaurants und Gesellschaftshäuser in der Mohrenstraße 48.

52 *Kothurn:* sinnbildlich für ›mit tragischem Pathos sprechen‹.

54 *Morgenstunden:* Moses Mendelssohns philosophisches Hauptwerk ›Morgenstunden oder Vorlesungen über das Daseyn Gottes‹ erschien 1785 in Berlin.

56 *nun aber kam Friedrich Schlegel nach Berlin:* im Juni 1797.

Reichardt: Die Familie Reichardt war mit Herz gut bekannt, obwohl kaum etwas darüber verlautbar wurde, außer in einem Brief Börnes aus Halle vom 13. November 1804. Als Reichardts Ende 1806 wieder nach Berlin zogen, schrieb Schleiermacher an Henriette Herz: ›Möchtest Du nur recht viel mit Reichardts sein können, die sich so außerordentlich mit Dir freuen.‹

58 *›Mit der Lucinde …‹:* vgl. S. 280 ff.

61 *›Briefe, die neueste Literatur betreffend‹* (1759/65), *›Allgemeine Deutsche Bibliothek‹* (1765–1805): Hauptorgane der Aufklärung.

62 *›Richard der Dritte‹:* vgl. 3. Anm. zu S. 12.

64 *Universität:* Die Berliner Universität wurde im Jahre 1810 eröffnet.

Montags-Club: vornehmste Berliner Gesellschaft, 1748 von Schultheß gegründet, Hauptquartier der Berliner Aufklärer. Hier lernten sich Lessing und Moses Mendelssohn kennen.

65 *de rigueur:* unerläßlich.

68 *Pleureusen:* Trauerspitzen.

pour comble: um das Übermaß voll zu machen.

Rahels Briefwechsel: Henriette Herz kannte ›Rahel. Ein Buch des Andenkens für ihre Freunde‹ 1833 und erweitert 1834, ›Rahel Varnhagens Freundeskreis‹ 1834, sowie ›Rahel. Geistes- und Charaktergemälde …‹, 1835.

69 *Karl Philipp Moritz:* Die Darstellung ist in den Einzelheiten mit dem Aufsatz Karl August Varnhagen von Enses in dessen ›Denkwürdigkeiten und vermischte Schriften‹ Bd. 4 identisch.

Reisebeschreibung: ›Reisen eines Deutschen in England in dem Jahre 1782 in Briefen an Gedicke‹, Berlin 1783.

71 *Goethe interessierte sich ...:* Moritz hielt sich ab 1786 für zwei Jahre in Rom auf, wo er mit Goethe bekannt wurde.

72 *Mirabeau:* Honoré Gabriel de Riqueti Graf de Mirabeau. Vom 5. Juli 1786 bis 19. Januar 1787 weilte er als geheimer Agent der französischen Regierung in Berlin und wurde von Friedrich II. empfangen. Friedrich von Gentz führte ihn in die Gesellschaft ein. Mit Hilfe des deutschen Majors Mauvillon schrieb er ›De la monarchie prussienne sours Frédéric le Grand‹ 1788 (deutsch 1790/91). In dieser Schrift enthüllte er mit scharfem Blick die Schwächen des friderizianischen Staates. Aus Geldnot veröffentlichte er seine pikanten Berliner Depeschen 1789 (›Histoire secréte de la cour de Berlin‹, deutsch 1789).

75 *aimable roué:* Wüstling.

76 *dem jetzigen Könige:* Friedrich Wilhelm III., seit 1797 König von Preußen.

78 *Grotthuis:* Das Urteil über Frau von Grotthuis dürfte etwas zu abwertend sein. Ein in der ›Europa‹ vom 3. April 1850 aus dem Nachlaß von Riemer veröffentlichter Brief der Frau von Grotthuis läßt doch auf geistige Selbständigkeit und auf Gemüt schließen. Joseph Fürst sah darin eine gewisse innere Verwandtschaft mit Rahel, wenngleich minderer Tiefe.

80 *morganatisch:* nicht standesgemäß verheiratet, mit linker Hand getraut. – Erst im Jahre 1798 wurde es erlaubt, daß Christen und Juden heirateten, ohne die Religion zu wechseln (Vossische Zeitung, Nr. 154, 1798).

81 *Tugendbund:* Undatierte Notiz Karl August Varnhagen von Enses im Nachlaß (1867, Bd. 1): ›Henriette Herz hatte Raheln (1792?) eröffnet, sie gehöre einer Verbündung an, einer Art von Orden, den sie mit Wilhelm von Humboldt, Kunth, ihrer Schwester Brenna, Göckingk und noch einigen anderen Frauen und Männern, zu gegenseitiger Veredlung und Förderung gestiftet habe, und sie bot ihr an, selber auch in diese Verbündung zu treten. Rahel, in allen Dingen auf das Wesen blickend, erkannte in allem, was ihr die Herz mitteilte, nur empfindsames Tändelwerk, eitles Schönthun, und lehnte es ab, ein Mitglied zu werden. Die Verbündeten trugen es ihr lange nach, und rügten ihre Ablehnung als ein Mangel an edlem Streben!‹

82 *bewundernswerte Vorträge:* die ›Cosmos-Vorlesungen‹, die Alexander von Humboldt 1827/28 in der Singakademie hielt.

Sophie von La Roche (1733–1809): Von ihrer seit 1798 datierenden Verbindung mit Henriette Herz weiß man von Fürst, S. 168.

84 *mehrjährigen Aufenthaltes daselbst:* Wilhelm von Humboldt war von 1802 bis 1808 preußischer Resident am päpstlichen Stuhle.

88 *beeilte ich mich, ihn mit Schleiermacher bekannt zu machen:* Friedrich Schlegel und Friedrich Schleiermacher lernten sich in der Feßlerschen Lesegesellschaft kennen. Ihr näheres Verhältnis wurde dann von Henriette Herz gefördert (vgl. den Brief Schleiermachers an seine Schwester vom 22. Oktober 1797, S. 255 f. unserer Ausgabe).

Bijou: Kleinod.

92 *so haben wir uns denn auch öfter darüber ausgesprochen:* vgl. die Briefe von August bis November 1802 (S. 349 ff. unserer Ausgabe).

93 *Frau von Genlis:* In ihren Memoiren (Paris 1825, Bd. V, S. 49) schreibt Madame de Genlis, daß sie während ihres Aufenthaltes in Berlin Unterricht in Französisch, im Deklamieren und Verseschreiben gegeben habe. ›Zu den ersten Damen gehörten Madame Bernard, ebenso geistreich wie gefällig; Madame Herz, Gattin eines Mediziners, schön wie ein Engel und herausragend an Geist und Güte; Madame Cohen, Gattin eines sehr reichen Kaufmanns, und Monsieur Lombardi, Sohn eines Privatsekretärs des Königs.‹

94 *Repositorium:* Mit Fächern versehenes Gestell für Bücher u. a.

96 *Ce n'est pas ...:* Das ist nicht der Ton einer Tragödie.

Vous ne voulez ...: Sie wollen nicht die Tragödie lesen? Sie, die Sie dazu geschaffen sind, sie zu spielen? Sie mit Ihrem tragischen Gesicht?

Mais ... j'ai joué ...: Aber ich habe mein ganzes Leben lang Komödie gespielt.

97 *prouvez moi qu'elle ...:* Beweisen Sie, daß sie die Zeit hat, Bücher zu schreiben, die Kinder von Orléans zu erziehen und zu unterrichten und zu tun, was Sie sagen, dann werde ich Ihnen glauben.

Jean Paul: In einem Brief an seinen Freund Otto (Jean Pauls Briefwechsel mit seinem Freund Otto, 1833, Bd. 3, S. 356) berichtet Jean Paul von seinem Umgang in Berlin und spricht von ›dem berühmten Herz und dessen großer gelehrter Frau‹.

Jean Paul gedachte gern der Zeit, da er in Berlin als Nachbar von Marcus Herz in dem Lederschen Hause gewohnt hatte. Karl August Varnhagen hatte ihn da 1801 (?) im Garten an der Spree zuerst gesehen, mit Blättern in der Hand, die man ihm als zum ›Hesperus‹ gehörig insgeheim bezeichnete. (Karl August Varnhagen von Ense, Denkwürdigkeiten des eigenen Lebens, Bd. 2, 1845, S. 25 ff.).

99 *Er empfahl ihn mir brieflich:* Der Brief ist vom 1. September 1801 datiert. Vgl. Jean Paul, Gesammelte Werke, 3. Abteilung.

100 *Präbende:* Lebensunterhalt.

Schreiben: Die Passage in dem Brief vom 1. September 1801 lautet: ›Schleiermacher macht Predigten, die so gut sind, daß blos seine Reden noch 10mal besser sind.‹

101 *Expektorationen:* Gefühlsergüsse.

102 *bestanden hier nämlich medizinische Lehranstalten und Institute:* u. a. die Pepinière, die militärärztliche Schule, die Goercke leitete und an der Varnhagen seine Ausbildung erhielt.

108 *sein späterer Aufenthalt in Berlin:* Börne war im Jahre 1828 längere Zeit in Berlin (siehe auch S. 423 ff.).

109 *Reise nach Leipzig:* vgl. S. 40.

eine unserm Hause befreundete Familie: Levin.

ihre jüngste Tochter: Prinzessin Dorothea von Kurland gedachte bei der Schilderung ihrer Jugendzeit in Berlin besonders auch Henriette Herz (vgl. Dorothée Comtesse Jean de Castellan, Souvenirs de la Duchesse de Dino. Paris 1908, S. 141 ff.).

111 *Johannes von Müller:* ›Ungefähr in dieser Zeit [vgl. Anm. zu S. 125] kam auch Johann von Müller von Wien, um in Berlin eine höchst liberale Anstellung zu genießen und der Geschichtsschreiber Friedrichs des Großen zu werden. Auch diese Erscheinung machte Aufsehn, und der Name klang uns bedeutungsvoll entgegen, wenn auch wenigstens mir der Mann selbst damals noch nicht bekannt wurde.‹ (Karl August Varnhagen von Ense, Denkwürdigkeiten des eigenen Lebens).

115 *ihr Buch über Cagliostro:* ›Nachricht von des berüchtigten Cagliostro Aufenthalt in Mitau im Jahre 1779 ...‹ mit einer Vorrede von Friedrich Nicolai, 1787.

Hielt sie sich in Berlin auf ...: Bis zum Jahre 1806, als die Familie des Herzogs von Kurland ihren Sitz auf Schloß Sagan nahm, wohnte Elisa von der Recke im Schloß Friedrichsfelde bei ihrer Schwester Dorothea. In den Jahren 1814/15 lebte sie mit ihrem Freund Tiedge im heutigen Nicolaihaus in der Brüderstraße 13.

117 *Staël:* ›Ebenso [vgl. Anm. zu S. 125] entging mir Frau von Staël, von der allgemein gesprochen wurde und die uns schneller, als ihre Absicht war, wieder entschwand, weil sie die Nachricht von der lebensgefährlichen Krankheit ihres Vaters empfangen hatte. Sie entführte Schlegel'n mit sich nach der Schweiz, was wir nicht umhin konnten ihr zur Ehre zu rechnen, obgleich wir es ihm verdachten.‹ (Karl August Varnhagen von Ense, Denkwürdigkeiten des eigenen Lebens).

Etwas ärgerlich berichtet Friedrich Baron de la Motte Fouqué in seiner Autobiographie (Halle 1840, S. 263) von einer verpatzten Verabredung mit August Wilhelm Schlegel im Sommer 1804 in Nenndorf: ›Da trat die Erscheinung der Frau von Staël in Berlin dazwischen, und A. W. Schlegels näheres Anschließen an die geistreiche Fremde, welches zugleich einige Entfremdung früherer Freunde mit sich brachte, bis dann endlich die Reise nach Coppet uns den geliebten Meister und Genossen für viele Jahre völlig entführte. Die romantische Schule ging somit überhaupt einer Art von Auflösung in Betreff heiter persönlicher Wechselbeziehungen entgegen.‹

118 *Oh, j'y parviendrai!:* Oh, ich werde es schon schaffen!
Vous avez ...: Sie haben einigen Einfluß auf ihn.
120 *Je la verrai parler:* Ich werde Sie sprechen sehen.
qu'est-ce qu'elle dit?: Was sagt sie?
voir parler: sprechen sehen.
121 *ton de corps de garde:* Gardekorpston.
Anwesenheit Schillers: Schiller hielt sich vom 1. bis 17. Mai 1804 in Berlin auf.
125 *Schiller:* ›Im Frühjahr 1804 sah Berlin bedeutende literarische Gäste ankommen. Schillers Anwesenheit erregte große Bewegung, nicht nur in allen Gesellschaftskreisen bemühte man sich um ihn, auch im Theater und auf der Straße vor seiner Wohnung schallte ihm der Jubel entgegen. Leider hab' ich ihn nicht gesehen; ich war grade verstimmt und mochte die Gelegenheit, die ich besonders bei Fichte gut finden konnte, nicht aufsuchen.‹ (Karl August Varnhagen von Ense, Denkwürdigkeiten des eigenen Lebens).
126 *seine Ankunft:* Goethe war auf der Rückreise aus Karlsbad am 16. April 1810 für zehn Tage in Dresden geblieben.
129 *domestique de palace:* Palastdiener.
130 *Mais je ne connais que ...:* Aber ich kenne nur Madame Herz!
132 *Rom:* Am 28. Oktober 1818 kam Louise Seidler in Rom an. ›Schon der herzliche Empfang, den wir fanden, rührte uns tief, und in freudiger Bewegung erreichten wir das Haus, in welchem Henriette Herz für Frau von Loewenich und mich eine Wohnung gemietet hatte.
Noch am Tage meiner Ankunft in Rom hatte ich Gelegenheit, Bekanntschaft mit dem Historiensammler und späteren Kunstschriftsteller Passavant aus Frankfurt anzuknüpfen; demselben, der sich später durch sein treffliches, vom reichsten Wissen zeugendes Werk über Raffael einen berühmten Namen machte. Er war ein freundlicher, schöner und kenntnisreicher Mann. Wir holten unsern Reisegefährten, den treuen Schinz, der nicht weit von unserer Wohnung ein bescheidenes Quartier gefunden hatte, und gingen darauf dankerfüllten Herzens alle zu der uns so gefällig und dienstlich gewesenen Henriette Herz, wo wir mit dem originellen Tiroler Koch, Historien- und Landschaftsmaler, und dem braven, geschickten Suter aus Wien nebst dessen Frau zusammentrafen, mit denen wir nach deutscher Sitte Tee tranken. So endete mein erster Tag in Rom.
Am nächsten Morgen besuchte uns Henriette Herz, wir gingen miteinander nach der Villa Bartholdina. Der preußische Konsul Bartholdy hatte hier zur Förderung der jugendlich aufstrebenden Künstler Cornelius, Veit, Overbeck und Schadow einige Zimmer mit Fresken, deren Figuren lebensgroß waren, ausmalen lassen. ...‹
›... wenige Tage nachdem Fanny [Caspers] aus unserer Mitte geschieden war, machten auch Frau von Humboldt, Henriette Herz

und der preußische Gesandtschaftssekretär Dr. Brandis Anstalt, nach Deutschland zurückzukehren (2. Mai 1819). ... Die edle, schöne Henriette Herz war der allgemeine Liebling geblieben; viele Tränen flossen ihr nach. Während der letzten Tage ihres Aufenthaltes in Rom bemühte sich jeder, ihr noch irgendeine Aufmerksamkeit zu erweisen; ich selbst überreichte ihr eine von mir angefertigte Kopie des Erzengels Michael von Perugio ..., über welche Henriette Herz große Freude hatte. ... Sowenig wie Henriette Herz konnte auch Frau von Humboldt durch irgend jemand ersetzt werden.‹ (Erinnerungen der Malerin Louise Seidler, 1875[2]).
Scherzend schreibt Atterbom an Schelling (25. Mai 1818, ungedr.): ›Es soll hier in Rom eine ganze Colonie von deutschen Frauen errichtet werden, und alle diese Damen wollen zusammen wohnen, in Einem Hause. Die Minerva dieses wunderlichen Olymps wird wohl die Frau von Schlegel vorstellen; den Platz der Juno wird wohl keine der Frau von Herz streitig machen wollen. Schade, daß die alte Cybele, Frau von Humboldt, bald nach England abgeht! Fräulein Seidler muß sich sputen, damit sie ja ihre Aufnahme in diesen allerliebsten Frauenstaat nicht verfehle. Es sind schon zwei junge Fräulein dort, und Auguste Klein die dritte, die sich mit Malerei beschäftigen.‹ (Anmerkung Hans Uhdes zu den Erinnerungen der Louise Seidler).
›Was aber übel ist bei unserer häuslichen Einrichtung, ist, daß ich nie allein, nie ungestört seyn kann, weil mein Zimmer blos vom Mittelzimmer geheizt wird, woran alle Theil haben und des Gegeneinanderrennens kein Ende ist, besonders von der großen Frau [d. i. die junonische Gestalt der Henriette Herz]; da ich nun meine Thüre offen halten muß, so sind es ewige Anreden und Störungen.‹ (Dorothea Schlegel an Friedrich Schlegel am 30. Dezember 1818).

134 *deutsche Tracht:* von Friedrich Ludwig Jahn für seine Turner eingeführte Einheitskleidung: grobes, ungebleichtes Leinen mit weißem Kragen. Üblich war auch das Tragen langer Haare. ›... er [Philipp Veit] trägt auch einen deutschen Rock und Barrett; wie er sagt, tragen alle deutschen Künstler so in Rom.‹ (aus einem Brief Dorothea Schlegels an Friedrich Schlegel vom 22. Mai 1818).
Simonetta: oder Sermoneta. Henriette Herz wußte dies nicht mehr genau (Anmerkung von Joseph Fürst).

138 *Charles Scott:* ›Auf eine ausgezeichnete Weise wurde Scotts Name kürzlich hier gefeiert. Bei einem Feste war eine glänzende Maskerade, wo die meisten Helden der Scottischen Romane in ihrer charakteristischen Äußerlichkeit erschienen. Von dieser Festlichkeit und diesen Bildern sprach man hier wieder acht Tage lang. Besonders trug man sich damit herum, daß der Sohn von Walter Scott, der sich just hier befindet, als schottischer Hochländer gekleidet und, ganz wie es jenes Kostüm verlangt, nacktbeinig, ohne Hosen, bloß ein Schurz tragend, das bis auf die Mitte der Lenden reichte,

bei diesem glänzenden Feste paradierte. Dieser junge Mensch, ein englischer Husarenoffizier, wird hier sehr gefeiert und genießt hier den Ruhm seines Vaters.‹ (Zweiter der ›Briefe aus Berlin‹ von Heinrich Heine vom 16. März 1822).
›Walter Scotts Sohn ist hier und wird sehr geehrt, er ist auf das Geburtsfest der Cumberland [Herzogin Friederike Caroline von C. (1778–1841), Schwester der Königin Luise von Preußen] zu einer Maskerade eingeladen, wo alle Romane seines Vaters personifiziert waren. Er selbst war in seiner Hochländertracht, das heißt ohne Beinkleider, nur mit einer Schürze bekleidet, da. Die ganze Stadt kann sich noch nicht über diese Unverschämtheit zufriedengeben, alles spricht von seinen nackten Beinen ...‹ (Bettina von Arnim an Achim von Arnim, 7. März 1822).

139 *My father never ...:* Mein Vater sprach nie über ein solches Buch.
He never ...: Er sprach nie über ein Buch.
In my highland-dress: in meinem Schottenrock.

140 *Feßlersche Lesegesellschaft:* vgl. 1. Anm. zu S. 50.

143 *de rigueur:* unerläßlich.

149 *jenes herrliche ... Fest:* Das zahlreich geschilderte Fest fand am 29. April 1818 in der Villa Schultheiß auf dem Monti Paroli statt (vgl. F. Noack ›Deutsches Leben in Rom. 1700 bis 1900‹ 1907, S. 377 Nr. 15).

150 *eine Schwester Schleiermachers:* Nanny.
am 14. Juli: In der Nacht vom 13. zum 14. Juli 1819 wurden die führenden Köpfe der deutschen Jugend, unter ihnen Arndt und Friedrich Ludwig Jahn, verhaftet. Die ›Demagogenverfolgung‹ nach den Karlsbader Beschlüssen und der Ermordung Kotzebues am 23. März 1819 in Mannheim durch den Studenten Sand hatte begonnen. Eine Rehabilitierung erfolgte erst im Jahre 1840.

153 *regrettieren:* bedauern.

154 *Anerkennung der Unabhängigkeit der Vereinigten Staaten:* am 30. November 1782.

156 *comme il faut:* hier: von Rang, von Bedeutung.

157 *Kannegießern:* Biertischpolitik. Nach dem Lustspiel ›Der politische Kannegießer‹ (1722) des norwegisch-dänischen Dichters Holberg.

161 *Royalisten de pur sang:* Königstreue von reinem Blut.

162 *en escarpins:* in feinen Schuhen.
Untergilet: eine Art Weste.
Chevalier Reinhard: vermutlich François-Volkmar Reinhard (1759–1812). Ein Buch mit dem Titel ›Tableau de Berlin à la fin du dix-huitiême Siècle‹ war 1801 erschienen.
ci-devant: ehemalig.

164 *Danaergabe:* Bezug auf das von den Griechen (Danaern) im Kampf um Troja zurückgelassene hölzerne Pferd (Virgil ›Äneide‹ 2,4). Sprichwörtlich für ein Geschenk, das bei anscheinenden Vorteil gefährliche Nachteile für den Empfänger in sich birgt.

für allemal geladen: Spalding, Humboldt, ein sehr artiger und wohlunterrichteter Graf Dohna, der seit einiger Zeit hier ist, Ancillon und ich. Dieses Institut hat der jetzt nach Schweden zurückkehrende Brinkmann kurz vor seiner Abreise zustande gebracht: und es ist wirklich ein recht schätzbares Vermächtnis, was er seinen Freunden hinterlassen hat. ...‹ (›Briefe von und an Friedrich von Gentz‹, 1909, Bd. 1).

212 *auf ein halbes Jahr:* Wilhelm von Humboldt ging zum Studium nach Frankfurt/Oder, anschließend weiter nach Göttingen.

219 *Sie wissen doch wohin?:* vgl. S. 211.

das kleine Mädchen: Henriette Herz hatte sich eines elternlosen Mädchens angenommen (vgl. S. 84).

220 *Karl:* Karl von La Roche.

222 *Ihre Schwester:* Brenna de Lemos.

225 *my dearest Harriet:* meine teuerste Henriette.

226 *Zöllners Lesebuch:* Das ›Lesebuch für alle Stände. Zur Beförderung aller Grundsätze, ächten Geschmacks und nützlicher Kenntnisse‹ von Johann Friedrich Zöllner erschien seit 1781.

227 *Alexander:* Alexander von Humboldt.

232 *Karoline:* Karoline von Dacheröden.

234 *K. V. B.:* Karoline von Beulwitz.

242 *mit einem jungen Sohne:* Johann Veit.

246 *sans expression:* ohne Ausdruck.

247 *Lange Nacht:* bei den Juden die dem Gebete geweihte Nacht vor dem Versöhnungstage, der in der Regel in strengster Sabbatruhe und Einsamkeit gefeiert wird.

251 *gêne:* Tortur, Marter, Qual.

Ihr schönes Meisterstück: Das berühmte Porträt der Henriette Herz von Anton Graff stammt aus dem Jahre 1792. Nach Henriette Herz' Tod gelangte das Gemälde in den Besitz der Familie Schacow 1886 wurde es von der Berliner Nationalgalerie angekauft, wo es sich heute noch befindet. Vgl. S. 430.

255 *traits:* ausgeprägte Gesichtszüge.

262 *Fragment:* kurze Aphorismen und kritische Bemerkungen von Schleiermacher und Schlegel, zu dem Henriette Herz wohl auch einige Gedanken beigetragen haben mag, später im 1. Heft des ›Athenäums‹ 1798, S. 3–146, abgedruckt. (Vgl. auch S. 264 f)

263 *hat mich in Affektion genommen:* hier: betrachtet mich mit Wohlwollen.

par charité: durch Nächstenliebe.

264 *sein Bruder:* August Wilhelm Schlegel, der seit 1798 Professor in Jena war.

265 *Friedrich Richter:* Jean Paul.

266 *die preußischen Jahrbücher:* Die ›Jahrbücher der Preußischen Monarchie‹ erschienen seit 1798 in Berlin bei Unger.

Alexander: Alexander von Dohna.

267 *maussade:* verdrießlich.

269 *Nieskysche Studien:* im Pädagogium Niesky bei Görlitz, das Friedrich Schleiermacher seit Juni 1783 mit seinem Bruder besucht hatte.

Pylades: treuer Freund (des Orest).

eine eigne Pique gegen die Juden: Im 2. Band der ›Jahrbücher der Preußischen Monarchie‹ (1798, S. 17 ff.) hatte sich Friederike Unger, die Frau des Verlegers der ›Jahrbücher‹, anonym unter dem Titel ›Ueber Berlin von einem Reisenden‹ etwas abfällig über die jüdischen gebildeten Kreise geäußert.

271 *Lanke:* Ortschaft in der Mark Brandenburg, Niederbarnim, mit Park. Hier weilte Henriette Herz häufig bei Frau von Wülknitz, mit der sie befreundet war.

275 *kleine Veränderungen:* Das Verhältnis zwischen Dorothea Veit und Friedrich Schlegel war offensichtlich, die Scheidung der Ehe Veit wurde betrieben.

279 *kleine Levin:* Rahel (Varnhagen).

280 *einen Roman:* Friedrich Schlegels ›Lucinde‹. Der erste Teil erschien 1799 unvollendet.

281 *Religion:* Die erste Ausgabe von Schleiermachers ›Über die Religion. Reden an die Gebildeten unter ihren Verächtern‹ erschien 1799 anonym.

282 *de se battre les flancs:* sich an die Seite schlagen.

Phädon: Buch von Platon über die Bestimmung des Menschen.

283 *›Gemälde‹:* von August Wilhelm Schlegel im 1. Stück des 2. Bandes des ›Athenäums‹ 1799.

Carolinens Wort: Caroline Schlegel.

284 *Hardenberg:* Novalis.

ἀχριβεια: äußerste Sorgfalt.

288 *Archiv:* ›Berlinisches Archiv der Zeit‹, von Rambach und Feßler seit 1799 herausgegeben.

Refüs: Zurückweisung, abschlägige Antwort.

Biester: Die hier geschilderte Angelegenheit ist unklar. Hans Meisner vermutet eine Liebesgeschichte zwischen Biester und Brenna de Lemos.

290 *qui court la ville:* die Stadt durchläuft.

Ziegelstraße: Die geschiedene Dorothea Veit bewohnte eine kleine Wohnung in der Ziegelstraße, die damals durch ein unbebautes Gartengrundstück am Rande der Stadt führte.

Nicolais Briefe der Adelheid: die ›Vertrauten Briefe von Adelheid B.‹ (1799).

291 *gestiefelter Kater:* Ludwig Tieck; nach dessen Komödie ›Der gestiefelte Kater‹ (1797).

›verkehrte Welt‹: Ludwig Tiecks ›Die verkehrte Welt. Ein historisches Schauspiel‹ erschien 1798, wieder abgedruckt in Band 2 der ›Bambocciaden‹, einer Sammlung von satirischen und anderen

Schriften, die Tieck mit seinem Schwager August Ferdinand Bernhardi 1797 bis 1800 herausgab.

292 *Fichtes kleine Demütigung:* Fichtes Philosophie wurde stark angegriffen. Er sollte einen Verweis erhalten. Fichte kam dem zuvor, indem er im März 1799 seine Jenaer Professur aufgab und im Juli nach Berlin ging.

294 *en rapport:* in Beziehung.

296 *Grobheiten:* August Wilhelm Schlegels Kritik der Tieckschen Volksmärchen im ›Athenäum‹, 1. Bd., 1798, 1. Stück, S. 167.

297 *Chambre garnie:* möbliertes Zimmer.

298 *Enfin:* kurzum, endlich.

300 *Bonaparte:* Am 18. Brumaire (9. November des Jahres 1798) erklärte sich Napoleon zum Ersten Konsul.

Götz von Berlichingen: Die Selbstbiographie des Raubritters ›mit der eisernen Hand‹ wurde 1731 von Pistorius herausgegeben und diente als Vorlage für Goethes Drama (1773).

Benvenuto Cellini: Die 1558 entstandene Selbstbiographie des Künstlers ist in Deutschland durch Goethes Übersetzung (1803) bekannt geworden.

Zwist mit der Literaturzeitung: Die ›Lucinde‹ war heftig attackiert worden, vor allem von Daniel Jenisch in der ›Diogenes-Laterne‹ (1799). Schlegel wollte Jenisch zuerst wegen des beleidigenden Tones vor Gericht zur Verantwortung ziehen. Doch nachdem verschiedene andere Gegenschriften erschienen, hielt er einen sachlichen Disput in der Jenaer ›Allgemeinen Literaturzeitung‹ für besser.

302 *à l'ordre du jour:* an der Tagesordnung.

304 *Widerborst:* Gedicht von Friedrich Wilhelm Schelling: ›Heinz Widerborstens epikurisch Glaubensbekenntnis‹.

out of my reach: außerhalb meiner Reichweite.

307 *neue Mythologie:* Friedrich Schlegels.

308 *Stettiner Freunde:* Dazu gehörte G. W. Bartholdi, Gymnasiallehrer und Prorektor in Stettin. Ihn hatte Schleiermacher auf dem Gedikeschen Seminar in Berlin kennengelernt.

309 *Schlegels Gespräch über die Poesie:* ›Athenäum‹, 3. Bd., 1. Stück.

Notiz von Wilhelm Schlegel über Voß: witzige Notiz August Wilhelm Schlegels über Voß' ›Musenalmanach‹ im ›Athenäum‹, 3. Bd., 1. Stück.

311 *povera me!:* ich Arme!

312 *Jean Paul über Fichte:* ›Clavis Fichtiana‹, eine Satire auf den Idealismus Fichtes, Jacobi gewidmet, Anhang zum ersten Teil des ›Titan‹, 1800.

316 *›Titan‹:* Jean Pauls ›Titan‹ erschien in fünf Bänden 1800 bis 1803, ›Unsichtbare Loge‹ 1793, ›Hesperus‹ 1795.

Clavis: vgl. Anm. zu S. 312

Genoveva: Tiecks Trauerspiel ›Leben und Tod der heiligen Genoveva‹ in ›Romantische Dichtungen‹, Bd. 2, 1799–1800.

Tiecks poetisches Journal: 1800, enthält die ›Briefe über Shakespeare‹.

317 *Heinrich von Ofterdingen:* unvollendeter Roman von Novalis, erschien 1802 in seinen von Friedrich Schlegel und Ludwig Tieck herausgegebenen Schriften.

meine ›Briefe über die Lucinde‹: Schleiermachers ›Vertraute Briefe über Friedrich Schlegels Lucinde‹ erschienen 1800 anonym bei Friedrich Bohn, Lübeck und Berlin.

319 *Eutin:* kleiner Ort zwischen Lübeck und Kiel, wo Johann Heinrich Voß als Schuldirektor tätig war.

Nicolai: Er hatte im Juli in der ›Berlinischen Monatsschrift‹ einen Aufsatz über die ›Secunda Petri‹ veröffentlicht, worin er den von Kant verwendeten Begriff erklärt.

Engelsche Notiz: Vgl. die Rezension Schleiermachers zu Engels' ›Letzte Schriften‹ im ›Athenäum‹.

320 *pour l'amour de ses beaux yeux:* seiner schönen Augen zuliebe.

Rezension im Archiv: Schleiermachers Rezension von Friedrich Schlegels ›Lucinde‹ erschien 1800 im ›Berlinischen Archiv der Zeit‹.

zweiter Teil: von ›Lucinde‹; ist nicht erschienen.

321 *Aushängebogen:* von Dorothea Veits Roman ›Florentin‹.

322 *Philipp:* Philipp Veit.

323 *Annalen:* wahrscheinlich ›Europäische Annalen‹, die seit 1795 erschienen.

324 *Velin:* handgeschöpftes, weiches pergamentähnliches Papier.

329 *›Schöpfung‹ von Haydn:* Das Oratorium ›Die Schöpfung‹ war 1798 entstanden.

331 *Fichtes Nicolai:* ›Friedrich Nicolais Leben und sonderbare Meinungen. Ein Beitrag zur Literaturgeschichte des vergangenen und zur Pädagogik des angehenden Jahrhunderts‹ von Johann Gottlieb Fichte, herausgegeben von August Wilhelm Schlegel, Tübingen bei Cotta 1801.

petillant: funkelnd.

332 *Charakteristiken und Kritiken:* Die ›Charakteristiken und Kritiken‹ von August Wilhelm und Friedrich Schlegel erschienen 1801 in Königsberg.

Monologen: anonym erschienenes Werk von Friedrich Schleiermacher: ›Monologen. Eine Neujahrsgabe‹ 1800.

334 *zwölf Meilen:* Schleiermacher irrt, oder es ist ein Fehler der Briefabschrift. Eine deutsche Meile betrug 7532,5 m.

Wolf: ›In Zossen wohnte der Superintendent Wolf mit seiner Familie, ein alter Freund meines seligen Vaters und auch ein guter Bekannter meines Vaters Schleiermacher.‹ (Ehrenfried von Willich, ›Aus Schleiermachers Hause, Jugenderinnerungen‹, 1909).

337 *der mir … unendlich wert ist:* Friedrich Schlegel.

Trauerspiel: ›Alarcos‹ von Friedrich Schlegel (1802).

338 *huj.:* hujus, soviel wie ›des Monats‹.

340 *Wilhelm:* Graf Wilhelm von Schwerin-Putzar.

343 *den herrlichen Roman ... des seligen Hardenberg:* ›Heinrich von Ofterdingen‹.

345 *Auxiliärsprache:* Hilfssprache.

346 *Schellings ›Bruno‹:* Schellings Schrift ›Bruno. Ein Gespräch‹ (1802) über den Pantheismus Giordano Brunos.

352 *Frankreich:* Friedrich Schlegel und Dorothea Veit waren 1802 nach Paris gegangen.

354 *Kants Tugendlehre:* ›Metaphysik der Sitten‹ (1797).
Fichtes Sittenlehre: ›System der Sittenlehre‹ (1798).
Helvetius: Claude Adrien Helvetius' ›De l'esprit‹ (1758) und ›De l'homme et ses facultés intellectuelles et de son éducation‹ (1772).

355 *Buch von Scheffner:* Zugabe zum ersten Band der von Fr. Gedike herausgegebenen ›Annalen des preußischen Schul- und Kirchenwesens‹ (1800).

360 *Wie Alex durch Humboldts gelitten hat:* Die angesprochene Affäre war nicht zu erhellen.
einem Pensionär: Ludwig Börne.

363 *Er ist tot:* Am 19. Januar 1803 starb Marcus Herz.

365 *Tiedges Urania:* Das Lehrgedicht ›Urania‹ erschien 1801.

368 *Dorpat:* Universitätsstadt im Baltikum.

378 *Dmlle. Itzig:* eine der Töchter des reichen Fabrikanten Daniel Itzig. Die Itzigs wohnten, wie man aus Chamissos Jugendbriefen weiß, während des Sommers in Charlottenburg.
Blanc: vermutlich eine französische Gouvernante.
Mad. Levy: Sarah Levy, eine wohlhabende Jüdin, die eine reiche Geselligkeit entfaltete.

379 *neue Wohnung:* Markgrafenstraße 59.

383 *meiner guten Jette:* Henriette von Willich, geb. von Mühlenfels, erwartete ihr erstes Kind.
Goethe: Goethe war wie Gall und Reil, der ebenfalls in Halle lehrte, sehr an hirnanatomischen Forschungen interessiert.

384 *Louis Börne:* Börne war nach Marcus Herz' Tod zu Reil nach Halle gekommen.

385 *Schwarzens:* Familie Schwarz in Wiek auf Rügen.
Lotte in Stettin: Lotte Schwarz.

386 *Rußland:* Die Vermittlung als Kaiserin-Erzieherin der nach Rußland verheirateten preußischen Prinzessin Charlotte verdankte Henriette Herz dem Prinzen Louis Ferdinand und der Herzogin Dorothea von Kurland.
in Eurem Lande: Rügen gehörte damals zu Schweden.
Schleier wird nun hier wohnen: Nach der Schließung der Universität Halle durch Napoleon kam Schleiermacher nach Berlin als Prediger an die Dreifaltigkeitskirche.

387 *ich komme zu Euch:* An Charlotte von Kathen schrieb Schleierma-

cher: ›Mir war sehr bange vor allen Auswanderungsplänen, die unsere Freundin Herz machte, und ich tat, was ich nur konnte, um sie zu zerstören und auf Mittel zu denken, wie sie die Entscheidung der Dinge hier abwarten könne. Sie bei Ihnen zu wissen, ist mir aber wahrlich, wenn ich auch darunter verliere, weit lieber, als sie hier zu wissen. Lange ist mir nichts so Freudiges begegnet als dieses.‹

Paris: In Paris wollte man Henriette Herz als Erzieherin einer Nichte des Königs Murat gewinnen. Joachim Murat, ehemals Marschall von Frankreich, war seit 1805 König von Neapel.

388 *zu ihrer Schwester:* Fanny von Arnstein.

391 *Meine Schrift über eine Synodalverfassung:* ›Über die für die protestantische Kirche des preußischen Staates einzurichtende Synodalverfassung‹, Berlin 1817.

393 *Louise Seidler:* ›Als ich in München eben erst angekommen war, hatte ich die große Freude des Wiedersehens mit Frau Henriette Herz, welche ich schon in Dresden so liebgewonnen. Ich traf sie bei Schelling, in dessen Hause sie die Geselligkeit besonders verschönte. Wir besichtigten miteinander die Kunstschätze; Abends schrieben wir dann über das Gesehene Notizen nieder. Die edle Frau wurde mir durch ihren gebildeten Geist, ihr tiefes Gefühl und ihre Anmuth täglich theurer. Wie gern hätte ich sie nach Rom, wohin sie nur zu bald abreiste, begleitet; ein heißer Wunsch, dessen Erfüllung ich mir mit so vielen Schwierigkeiten verbunden dachte, daß ich ihm in meiner Seele keinen Raum zu geben wagte. So bat ich denn Henriette Herz, mir wenigstens von Rom aus öfters zu schreiben, denn es schien mir schon ein besonderes Glück, einen Brief von Rom zu bekommen. In der That hielt die liebenswürdige Freundin das mir gegebene Versprechen, und am 5. März 1818, an welchem Tage mich Pauline Schelling zu Tisch gebeten hatte, überraschte mich deren Gatte zum Dessert mit folgendem Briefe von ihr: ... [siehe S. 393 ff. unserer Ausgabe.]

Als ich diesen Brief gelesen hatte, beherrschte mich nur noch Ein Gedanke, Ein Gefühl: Italien zu sehen! Auch Schelling und die übrigen Freunde waren der Meinung, ich müsse Alles daran setzen, dieses Ziel zu erreichen. So schickte ich denn den Brief der Henriette Herz an meinen Vater, mit der Bitte, ihn auf irgend eine Art in die Hände meines gnädigen Gönners, des Großherzogs Carl August, gelangen zu lassen. Frau von Heygendorf, deren Theilnahme für mich schon einmal so wirksam in meinen Lebensgang eingegriffen hatte, übernahm abermals den Liebesdienst freundlicher Vermittlung. Der Erfolg war bald der günstigste. Schon am 3. Mai 1818 erhielt ich einen Brief der gütigen Künstlerin, in welchem sie mir anzeigte, daß der Großherzog mir abermals ein Geschenk von 400 Thalern bewilligt habe, mit der Erlaubniß, für diese Summe in Rom zu studiren.‹ (Louise Seidler, Erinnerungen der Malerin, 1875^{2}, S. 154 ff.)

›Henriettes Brief muß in den Münchner Künstlerkreisen einiges Aufsehen erregt haben. ‚Hätte ich Flügel', schreibt Schinz, nachdem er ihn gelesen hatte, in sein Tagebuch, ‚er hätte mich gleich zu einer Reise entschlossen gemacht.' Eines der mitgesandten Veilchen, das ihm Louise Seidler schenkte, erfüllte ihn mit dankbarer Freude.‹ (Anmerkung Hans Uhdes zur 2. Auflage der Erinnerungen von Louise Seidler, 1875).

395 *Söhne des Friedrich Schlegel:* Söhne Dorothea Schlegels aus erster Ehe, Johann und Philipp Veit.

397 *Kronprinz von Bayern:* Ludwig I., Karl August von Bayern (1786–1868).

399 *die Weiß:* die Frau des Kupferstechers David Weiß (1775–1846).

400 *jüngste Schwester:* Sara, verheiratet mit Nathan.

402 *König:* Friedrich Wilhelm IV., seit 1840 König von Preußen.
mardi gras: Fastnachtsdienstag.

426 *Il vaut mieux jamais que tard:* Es ist besser jemals als zu spät.

430 *Graff:* Vgl. 2. Anm. zu S. 251.

Erläuterndes Personenregister

Verzeichnis der Abbildungen

Inhalt